L'histoire] [de profil

Collection dirigée
par
Sylvie Gillet

Des biographies de femmes et d'hommes révélateurs de leur époque, aux yeux de leurs contemporains, avec l'assurance que nous donne le recul du temps.

Simples anonymes ou grandes figures, ils sont l'incarnation de questions sociales, scientifiques, politiques, idéologiques, intellectuelles que nos sociétés doivent interroger à nouveaux frais. Mis au jour, les problèmes existentiels de ces individus visent d'ailleurs les autres. Car à l'ère de la célébration des vies privées, cette collection a l'ambition de contribuer à rétablir au cœur des personnes le collectif et la vie de la cité.

Rédigées par des spécialistes que l'illusion biographique n'effraie plus, ces histoires de profil prennent au mot les nouvelles manières d'écrire l'histoire en puisant leurs sources dans tous types d'archives, en pratiquant l'interdisciplinarité, en fabriquant des objets dignes d'histoire, en soignant le style d'écriture.

Dans la même collection

Christian Chevandier, *La Fabrique d'une génération. Georges Valero, postier, militant et écrivain*, 2009.

Pierre Bouvier, *Aimé Césaire, Frantz Fanon. Portraits de décolonisés*, 2010.

Alain Garrigou, *Mourir pour des idées. La vie posthume d'Alphonse Baudin*, 2010.

Malika Rahal, *Ali Boumendjel (1919-1957). Une affaire française. Une histoire algérienne*, 2010.

Philippe Artières, *La Vie écrite. Thérèse de Lisieux*, 2011.

Catherine Delons, *L'Idée si douce d'une mère. Charles Baudelaire et Caroline Aupick*, 2011.

Claude Dubar (avec la collaboration de Vanilda Paiva et d'Alvino Andrade Macuxi), *Le Secret d'Alvino. Récits de vie d'un Indien du Brésil*, 2012.

Sylvain Venayre, *Disparu ! Enquête sur Sylvain Venayre*, 2012.

Daniela Campo, *La Construction de la sainteté dans la Chine moderne : la vie du maître bouddhiste Xuyun*, 2013.

François Chaubet, *Michel Crozier. Réformer la société française*, 2014.

Jacques Bonnet, *Eugène Atget. Un photographe si discret*, 2014.

Michel Lallement, *Logique de classe. Edmond Goblot, la bourgeoisie et la distinction sociale*, 2015.

Odile Roynette, *Un long tourment. Louis-Ferdinand Céline entre deux guerres (1914-1945)*, 2015.

LE TRAVAIL DE L'UTOPIE

Godin
et
le Familistère de Guise

Du même auteur

Des PME en chambre – Travail et travailleurs à domicile d'hier et d'aujourd'hui, Paris, L'Harmattan, 1990.

Histoire des idées sociologiques, Paris, Colin, 2 volumes, 1993. Quatrième édition : 2012.

Sociologie des relations professionnelles, Paris, La Découverte, 1996. Deuxième édition : 2008.

Les Gouvernances de l'emploi – Relations professionnelles et marché du travail en France et en Allemagne, Paris, Desclée de Brouwer, 1999.

Temps, travail et modes de vie, Paris, PUF, 2003.

Le Travail. Une sociologie contemporaine, Paris, Gallimard, « Folio », 2007.

Le Travail sous tensions, Auxerre, éditions Sciences Humaines, 2010.

Tensions majeures. Max Weber, l'économie, l'érotisme, Paris, Gallimard, 2013.

L'Âge du Faire. Hacking, travail, anarchie, Paris, Seuil, 2015.

Logique de classe. Edmond Goblot, la bourgeoisie et la distinction sociale, Paris, Les Belles Lettres, 2015.

Michel Lallement

LE TRAVAIL DE L'UTOPIE

Godin
et
le Familistère de Guise

Troisième tirage

Paris
Les Belles Lettres
2022

Premier tirage 2009

ISBN : 978-2-251-90001-8

Remerciements]

Sans l'impulsion initiale fournie par Chantal Nicole-Drancourt, ce livre n'aurait jamais vu le jour. Celui-ci doit également à toutes celles et ceux qui, à la bibliothèque du Conservatoire national des arts et métiers et au centre de documentation du Familistère de Guise, m'ont donné accès aux archives. Sans eux, cette recherche n'aurait pu aboutir. Je dois une mention toute particulière à Brigitte Rozet, qui a soutenu avec constance ce programme de recherche. Robert Pagès, malheureusement disparu après que j'ai entamé mon travail, a été le premier à me faire confiance. Le fin connaisseur de l'histoire du Familistère qu'est Frédéric Panni m'a été d'une aide précieuse. Il a accepté de lire en détail une première version de ce livre et d'y réagir en me fournissant de multiples informations, indications et suggestions. Je lui suis extrêmement redevable. J'ai également une dette à l'égard de Danièle Trancart, qui m'a permis de passer outre certains obstacles de méthode. Grâce à l'enthousiasme et la rigueur de Sylvie Gillet, le manuscrit a gagné en vigueur et en précision. Merci à toutes et à tous. Merci enfin à Corinne, Sofiane, Justine et Célestin qui, jour après jour, n'ont jamais cessé de supporter, à tous les sens du terme, mes activités d'écriture.

Introduction] [Godin, le travail et l'utopie

Il est en Thiérache, petite région du nord de la France, une terre d'utopie. Au XIXe siècle, ce bout de Picardie est le berceau d'une expérimentation fouriériste sans équivalent. En avril 1859, le manufacturier Jean-Baptiste André Godin trace les premières fondations du Familistère de Guise. Pour résoudre à sa façon la question sociale, Godin s'inspire du modèle de Phalanstère de Charles Fourier. Faute de fournir l'abondance communiste à ses employés, il leur promet les « équivalents de la richesse » : un logement digne, une éducation de qualité, une protection sociale contre les accidents de la vie, des commodités quotidiennes multiples, une liberté de mouvement, une morale nouvelle... Capitaine d'industrie qui s'impose au premier rang du marché mondial des appareils de chauffage à usage domestique, Godin est un républicain et un socialiste convaincu. Conformément aux idéaux qui imprègnent le mouvement ouvrier naissant, l'abolition du salariat compte parmi ses objectifs fondamentaux. Pour y parvenir, Godin fonde l'Association du travail et du capital, structure destinée à transformer les salariés en propriétaires de leur outil de production.

Cet ouvrage rend compte des multiples innovations dont le Familistère (ou Palais social) et l'usine de Godin ont été le théâtre tout au long de la vie de leur fondateur. Dans cette investigation de nature sociologique et historique, un intérêt particulier mais non exclusif est porté au travail, aux relations de travail et aux supports multiples du travail (le logement, la famille, l'éducation, etc.). En choisissant de focaliser l'attention sur le cas d'un employeur qui gère la totalité, ou presque, de la vie de son personnel, il s'agira de comprendre comment en plein XIXe siècle, en une période où l'action productive est sanctifiée et la condition de salarié vilipendée, l'utopie peut contribuer à l'institution du travail aux marges des modèles sociaux dominants. À ce titre, plusieurs interrogations servent de trame aux propos qui vont suivre : Quelles représentations du monde le Familistère produit-il ? Quelles formes identitaires s'y forge-t-il ? Comment Godin intègre-t-il ses ouvriers et leur famille ? Quelles règles structurent la vie à l'usine et au Palais social ?

[1. Le Familistère en fête

En ce jour de septembre 1882, le temps est incertain. Au Familistère, le moral n'est pas pour autant en berne. C'est que les heures qui viennent promettent réjouissance et bonne humeur. Tous les habitants du Palais social ont consacré la matinée à mettre la dernière main à la préparation de la fête de l'Enfance, traditionnelle cérémonie à la gloire de l'éducation et du mérite. Dans cette communauté paisible qui rassemble plus d'un millier de personnes, petits et grands s'affairent. Dans les logements, l'agitation est à son comble. Rires et éclats de voix résonnent à travers les galeries, les escaliers et les cours du Palais social. Après le déjeuner, tout est prêt, ou presque. À 14 h 30, les festivités commencent. Les différents conseils et comités de l'Association du capital et du travail, récente structure juridique en charge du Familistère, se sont donné rendez-vous dans la cour de l'aile gauche. Le personnel des services de l'usine et du Familistère, les pompiers, les archers et la fanfare les ont rejoints. Très vite, le groupe se met en branle. Après un détour par la cour du pavillon central où les attendent les enfants, la petite troupe se dirige vers le théâtre éloigné de quelques jets de pierre à peine. « À tout seigneur, tout honneur », Godin, fondateur du Familistère et administrateur-gérant de l'Association, marche en tête. À 65 ans, l'homme a encore de la superbe. Front haut, barbe drue, costume sombre de bourgeois et démarche assurée, Godin en impose. Par son allure et son assurance, il tranche singulièrement avec les ouvriers endimanchés qui ont envahi les sièges et les travées du petit théâtre.

Le fondateur a à peine pris place que déjà l'orchestre du Familistère offre une rapide entame musicale. Les héros du jour ne tardent pas à prendre le relais. Les prestations s'enchaînent : un chœur d'enfants chante *Le Renard et le Corbeau*, une toute jeune fille vient réciter un poème – *L'Enfant aveugle* – qui ne manque pas d'émouvoir l'assemblée, un des lauréats du concours cantonal provoque l'hilarité générale en

Le bal de la Fête de l'enfance dans la cour du pavillon central du Palais Social, photographie anonyme, 1909 (*coll. Familistère de Guise*).

déclamant *Le Bonnet de coton*, le jeune camarade qui lui succède joue sur une autre corde sensible encore en prononçant quelques vers vibrants sur la liberté. Puis vient le temps du discours de Godin. Bien que rompu à l'exercice de la parole, l'homme n'est pas un grand tribun. Mais ses convictions sont fortes et la langue sûre et soignée. Le sujet du jour concerne tout naturellement l'organisation des écoles du Familistère. C'est l'occasion d'entrer dans le débat sur la mixité scolaire et, pour Godin, de marquer sa différence avec la doctrine officielle. C'est à l'école, s'exclame-t-il, que le caractère des enfants doit être trempé. Foin de fausse pudeur ! L'école mixte est le lieu par excellence où les deux sexes peuvent apprendre le respect mutuel. Son discours achevé, Godin reste maître de cérémonie. Il procède à la distribution des diplômes et des prix aux élèves les plus méritants. Cette année, fait inédit, les tout nouveaux titulaires du certificat d'études bénéficient d'un bon d'épargne de 100 francs accordé par le conseil d'administration de l'Association.

La fin de l'après-midi s'achève tranquillement, au rythme des félicitations et des applaudissements. En soirée, tandis que le Palais social est battu par la pluie, un grand bal est donné dans la cour centrale. Il rassemble la jeunesse du Familistère, mais aussi celle de la ville qui ne manque jamais de s'associer à pareille opportunité. Le lendemain, après une nuit paisible, la fête reprend ses droits. Le temps est cette fois de la partie. Le matin est consacré aux jeux enfantins : yeux bandés, bâtons en main, les jeunes garçons s'efforcent de faire basculer des bouteilles de bois posées sur des poteaux. L'enjeu n'est pas purement ludique : huit prix, d'un montant variant entre 0,75 centime et 3 francs, sont proposés aux meilleurs. Pendant ce temps, les filles s'affrontent, pour des sommes un peu inférieures, au jeu des anneaux. D'autres tournois primés (carrousel, jeu des ciseaux) sont organisés en fin de matinée. L'après-midi est occupé par plusieurs représentations théâtrales données par les enfants de l'école. Un second bal clôt, en soirée, la fête de l'Enfance de l'année 1882[1].

Ainsi vont les fêtes au Familistère, îlot social qui, sous la gouverne de son fondateur, rassemble sur un même lieu espaces de travail, d'habitation, d'hygiène, de distraction et de consommation. À de nombreux égards, le Familistère semble relever d'un paternalisme bienveillant et éclairé. Le monde de Godin n'est pourtant pas réductible à une forme organisationnelle souvent vilipendée en raison du contrôle total imposé à des travailleurs tenus pour des enfants irresponsables[2]. Le Familistère n'est pas, autrement dit encore, un vulgaire couvent industriel où s'impose unilatéralement la volonté d'un employeur capricieux. Le Familistère de Guise est une rare, pour ne pas dire une unique, expérience durable de fouriérisme pratiqué[3]. Formé à l'école sociétaire, Godin entend donner au travail et aux travailleurs les droits qui leur reviennent. Il n'hésite pas pour ce faire à puiser au fond utopique et à déterminer son action, non à la décalquer, à partir des principes et des préceptes pensés par l'inventeur du Phalanstère.

[2. Le travail et la question sociale

Pour mieux appréhender l'originalité de l'expérience familistérienne, commençons avant toute chose par situer l'action de son fondateur. Godin appartient à ce groupe hétérogène d'hommes et de femmes préoccupés dans la seconde moitié du XIXe siècle par ce que l'on nomme alors la question sociale. Des bourgeois, des notables, des hommes politiques, des industriels, des fonctionnaires, des médecins, des architectes, des savants, de simples amateurs, etc., s'affairent au chevet d'une société en pleine transformation[4]. Dans ce chaudron social, les solidaristes développent des vues alternatives à un libéralisme économique qui ne jure que par les forces du marché. Parmi les nombreux autres agents collectifs qui, au soir de la vie de Godin et après sa mort, pèsent en faveur de ce nouveau paradigme de l'action réformatrice figurent notamment le Musée social, divers groupes socialistes, des sociétés savantes à visée réformatrice[5] ou encore des associations internationales porteuses de projets en faveur d'une protection accrue des travailleurs (contre les accidents du travail, le chômage...).

La question sociale qui hante la société française est directement liée aux transformations du travail. Lorsque Godin fonde le Familistère, nous sommes encore loin, il est vrai, de l'ordre usinier qui fascinera tant les sociologues du travail après la Seconde Guerre mondiale, Georges Friedmann en tête. Au milieu du XIXe siècle, la France n'a pas encore de classe ouvrière et une grande partie du travail industriel s'effectue dans les campagnes, dans des petits ateliers domestiques et selon des rythmes qui restent largement tributaires des exigences de l'activité agricole. Puis, par vagues d'exode rural qui accompagnent le développement de la grande industrie, la classe ouvrière prend progressivement forme. Le tableau brossé par ceux qui radiographient ce nouveau monde est plutôt sombre. Un salaire faible et jamais garanti, l'absence de solidarité instituée qui oblige les ouvriers démunis à se tourner vers la charité publique ou privée, des logements misérables et une promiscuité parfois difficilement supportable, des repas chiches et un penchant certain pour l'alcool, une mortalité précoce, des mœurs que les observateurs jugent souvent dissolues (absence de sentiment religieux, concubinage, natalité peu maîtrisée…), les traits les plus noirs sont volontiers surlignés à l'évocation d'un monde que la bourgeoisie juge d'autant plus dangereux qu'il lui est inconnu. Dans le stock des rapports et enquêtes consacrés à la question sociale, les descriptions de ceux qui dénoncent la misère ouvrière pour mieux frayer la voie au socialisme (Auguste Blanqui, Friedrich Engels, Flora Tristan…) jouxtent celles d'hygiénistes, d'économistes et autres moralistes soucieux de lever la part d'ombre qui entoure une population aux noms multiples et menaçants : prolétaires, vagabonds, nomades, mendiants…

La difficulté de la condition ouvrière s'explique aussi largement par les modes d'usage de la force de travail au sein des fabriques. En leur sein, selon le célèbre mot de Karl Marx, l'ouvrier ne se sert plus de l'outil mais il sert la machine[6]. Le travail ouvrier fait l'objet de nombreuses fresques littéraires et fournit le prétexte à moult témoignages pressés de rendre compte de la dureté et de la pénibilité des conditions de travail. K. Marx, le premier, emprunte abondamment aux rapports d'inspections du travail, aux journaux et revues du moment, etc., pour décrire l'aube d'une société industrielle dont la fabrique est l'incarnation mortifère. En fait, jusqu'à la fin du XIXe siècle, le prolétariat reste un groupe minoritaire. S'il attire tellement l'attention des intellectuels, des philanthropes ou encore des classes dirigeantes, c'est qu'il semble condenser sur et à lui seul des transformations radicales : bouleversement de l'organisation du travail avec l'irruption de la machine, conditions de travail délétères, faibles salaires, promiscuités urbaines, chambardement sur la scène politique… Au moment de la monarchie de Juillet, ce prolétariat déraciné, qui œuvre essentiellement dans les grands établissements mécanisés, ne représenterait selon Jules Michelet qu'à peine 400 000 personnes, soit un quinzième environ de la classe ouvrière.

Pour réformer les mondes du travail et endiguer la misère ambiante, les questions et options sont variées. Lors de la célébration du centenaire de la Révolution française, le gouvernement organise de multiples manifestations, dont un congrès d'assistance dont les préoccupations sont révélatrices. Parmi les interrogations figurent celle du caractère, obligatoire ou non, de l'assistance publique au bénéfice des indigents incapables de travailler (enfants, malades, vieillards, infirmes) et celle de l'organisation de la bienfaisance. Au terme de débats animés, un point de vue commun se construit peu à peu, qui s'impose comme principe structurant de l'action réformatrice du début du XXe siècle. La bienfaisance privée réformée et l'assistance publique doivent coopérer. Pour venir en aide aux plus démunis, il faut plus encore une « charité scientifique ». Seuls ceux qui en ont réellement besoin méritent le secours gratuit. Il ne faut pas se priver pour cela d'user des techniques les plus variées (enquêtes, visites à domicile, constitution de fichiers, échanges d'informations entre institutions d'assistance…). Le travail demeure par ailleurs le meilleur des remèdes à proposer aux valides pour les sortir de l'indigence. À l'examen du programme ainsi constitué quelques mois à peine après la mort du fondateur du Familistère, on comprend pourquoi l'action de Godin a été si innovante. En puisant aux sources du fouriérisme, il a tôt imaginé un système de protection sociale associé à des conditions de vie qui n'ont guère d'équivalent alors[7]. Pour cette raison, afin de caractériser l'entreprise de Godin, c'est un oxymore – celui d'utopie réalisée – qui revient souvent sous la plume des observateurs.

[3. Le travail et l'utopie

Durable, puisque l'Association du capital et du travail fondée par Godin en 1880 ne disparaît qu'en 1968 et que le Palais social est toujours en place aujourd'hui, l'expérience du Familistère ne relève pas à proprement parler de l'utopie. Godin et les siens en étaient au demeurant tout à fait persuadés. « Le Familistère de Guise n'a pas été fondé d'après les inspirations d'une étroite philanthropie. Ce n'est pas seulement pour soustraire au paupérisme quelques milliers d'ouvriers que M. Godin a créé cette puissante fondation ; il a voulu donner au monde un exemple pratique de la possibilité de l'harmonie sociale, naissant de l'alliance des intérêts, suivant les lois de la vie. L'Alliance du Travail et du Capital n'est plus une utopie ; les clauses du pacte fécond sont trouvées et appliquées[8]. » Certes perfectible aux yeux de celui qui l'avait conçue, la communauté familistérienne qui prend forme à Guise est ancrée dans la réalité de son époque. Elle ne vit pas hors du monde. Mieux, aux yeux de ses promoteurs cette expérience doit servir de modèle, toujours amendable, pour d'autres réalisations à venir.

De ce point de vue, Godin s'inscrit pleinement dans la filiation de C. Fourier. Non seulement ce dernier utilise peu le terme d'utopie mais, quand il le fait, la connotation est négative[9]. Pour le philosophe bisontin, l'utopie est synonyme de leurre et de chimère. Claude-Henri de Saint-Simon et Robert Owen n'incarnent-ils pas à eux seuls les chausse-trapes vers lesquelles précipitent les miroirs de l'illusion ? Le cas de R. Owen est un peu spécifique. Après qu'il a bénéficié de la considération de C. Fourier pour avoir réussi à atteindre le stade de la demi-association, R. Owen tombe finalement en disgrâce auprès du père de l'école sociétaire. Désireux pour sa part de donner corps et vie à sa science sociale, C. Fourier affirme haut et fort ne pas vouloir en rester au stade du songe éveillé. La mise au monde du Phalanstère sera la meilleure preuve que l'utopie n'est décidément pas de son fait. Godin est animé du même souci, qui entre en résonance directe avec les perspectives ouvertes en sciences au milieu du XIXe siècle. Sur les brisées de Claude Bernard, l'expérimentation s'impose alors comme critérium de la démarche scientifique. Les thèses rationalistes de l'auteur de l'*Introduction à la médecine expérimentale* (1856) feront écho en psychologie (Alfred Binet) et en sociologie (Émile Durkheim)[10]. Elles ne pouvaient manquer d'inspirer celles et ceux qui veulent agir sur l'homme et la société à l'aide de schémas et d'outils scientifiques. Godin le premier a lu Claude Bernard et Marcellin Berthelot.

Une telle mise au point oblige-t-elle à se défaire du paradigme de l'utopie ? Assurément non. Plutôt qu'à l'abandon, le court détour qui vient d'être opéré incite à prendre au sérieux les programmes qui, par la voie de l'imaginaire, invitent à rompre avec le monde tel qu'il est. Pour ce faire, l'utopie ne doit pas tant être considérée comme un modèle parfait que comme un discours à vertu performative qui fonctionne comme une langue. Godin n'a certes pas réussi ce pari fou de transformer en normes et en pratiques une rêverie désirable parce que porteuse de bienfaits sociaux. Mais tout au long de sa vie, et selon des séquences qu'il conviendra de définir, Godin s'est bien servi de la langue de l'utopie pour dire, impulser et concrétiser des projets multiples. L'utopie n'est donc pas qu'un horizon qui se dérobe sans cesse sous les pieds de ceux qui tentent de fouler le sol du non-lieu. Dotée d'une syntaxe et d'une sémantique, elle a également statut de discours dont le texte doit être décrypté dans les paroles, les écrits mais aussi les pratiques, les objets, les dispositifs matériels ou encore les règles qui structurent la vie familistérienne. L'utopie peut en somme être comprise comme une langue singulière qui sert à penser et à agencer autrement la vie des femmes et des hommes. C. Fourier s'y emploie activement jusqu'à sa mort. À Guise, Godin participe de ce même projet en rassemblant sous son aile des familles ouvrières auxquelles il souhaite fournir de nombreux équivalents de la richesse.

L'objectif de ce livre est d'observer concrètement comment, au sein du Familistère de Guise, le travail a pu prendre forme au risque d'une telle ambition. Voilà pourquoi C. Fourier, qui a tellement compté pour Godin, occupe une place importante dans le présent ouvrage. Prendre au sérieux les fictions du rêveur de Besançon puis ses retraductions multiples et dérivées par le fondateur du Familistère suppose de mobiliser la sociologie et la philosophie politique mais aussi de travailler à une nouvelle articulation entre ces deux traditions intellectuelles. Les sociologues du travail ont massivement dédaigné l'utopie. Ils continuent de le faire. Au nom de l'exigence empirique, la grande majorité des recherches qui auscultent le monde productif mettent surtout l'accent sur les pratiques, pour discerner par exemple les écarts entre le travail prescrit et le travail réel ou pour rendre raison des déterminants sociaux de la performance économique[11]. La sociologie, plus généralement, n'a pas complètement ignoré la question utopique[12]. Mais le travail reste le parent pauvre des études disponibles sur le sujet. Plus encore, le désenchantement que produit l'analyse sociologique invite dans la plupart des cas à regarder l'utopie avec la plus extrême circonspection tant demeurent forts les soupçons de manipulation à l'encontre de ceux qui inventent, construisent et diffusent un discours de l'Ailleurs et de l'Autrement.

La philosophie politique est une seconde tradition à laquelle on ne peut manquer ici de se référer. Parmi les multiples textes habituellement classés sur le registre utopique, celui de Thomas More est incontournable. L'inventeur du néologisme utopie[13] est en effet l'auteur d'une nouvelle forme de rhétorique qui, tout en s'inspirant de la tradition platonicienne, en pervertit en même temps les attendus. Pour être plus exact, *De optimo statu rei publicae deque nova insula Utopia (L'Utopie)*, qui paraît en 1516, irrigue depuis sa parution un ensemble de débats sur les fondements de l'ordre juste et bon. Bien qu'il soit explicitement évoqué dans le livre second (« Des arts et métiers »)[14], le travail n'est pas placé au centre de la réflexion. L'action productive est plus exactement encore le support d'un paradoxe apparent. T. More emporte délibérément le lecteur hors du monde (Utopie est une île) et, dans le même temps, son discours est porteur d'espoirs aux implications immédiates et concrètes : six heures de travail par jour suffisent pour que personne ne manque du nécessaire. C'est, qu'avec T. More, l'utopie n'a plus à voir avec les récits imaginaires et autres mythes de l'âge d'or des siècles précédents. Elle « n'évoque pas le bonheur d'un état pré-social antérieur aux contraintes du travail et de la propriété. Elle décrit une société de plein exercice où le travail et la propriété sont autrement compris et organisés[15]. »

L'utopie de T. More ne peut manquer d'attirer l'attention du sociologue pour une seconde raison encore. Parce qu'elle est tout le contraire d'un paradis perdu et, partant, d'un modèle à reconstruire, elle alimente un imaginaire au service du changement social. « Lorsque T. More donne lui-même l'étymologie explicative d'*Utopia*, *Anydrus*, *Amaurotum* ou *Ademus*, il dénonce cette étymologie comme la source de la désignation. Il refuse d'admettre que ces noms ont été construits de toutes pièces, savamment, pour signifier mystiquement un sens d'arrière-monde. Au contraire, il déclare qu'ils n'ont pas de sens et que c'est là leur vérité ou sa preuve : absurdité, preuve de la réalité fictive où l'étymologie ne signifie pas l'artifice, le déguisement, mais autre chose – une chose autre[16]. » Inutile donc de chercher dans d'improbables réalisations concrètes le sens et la vérité du discours utopique. Pour cette raison, le Familistère ne saurait être tenu pour l'incarnation imparfaite du Phalanstère de C. Fourier. Mais l'utopie sociétaire n'en est pas moins cette balise à défaut de laquelle Godin n'aurait pu ou su aiguiser à ce point son imagination organisationnelle.

Que ce soit en creux ou en délié, le lien entre travail et utopie se noue avec fermeté, on ne s'en étonnera point, au moment où l'industrie naissante bouleverse l'ordre social établi. Les socialistes s'emparent de mille façons de l'utopie[17], mais avec pour dessein commun de faire rupture avec les conditions d'activité et de vie qui s'imposent à la classe ouvrière. Dans ses *Nouvelles de nulle part*, par exemple, William Morris dénonce le travail-souffrance et fournit la clef d'une autre manière de voir et de faire. Au pays de nulle part, « n'importe quel travail est de nos jours agréable ; soit que l'espoir d'être honoré et de contribuer à la prospérité procure en travaillant une joyeuse exaltation, même lorsque l'ouvrage est par lui-même peu attrayant ; soit qu'il est devenu une agréable habitude, comme, par exemple, le travail qu'on pourrait appeler machinal ; soit enfin (et c'est le cas pour la plus grande partie de notre travail) qu'il se dégage de la besogne même une joie sensuelle et consciente. C'est, en d'autres termes, du travail d'artiste[18] ». W. Morris appelle, en utopie, à la réconciliation du travail et de l'art.

[4. Le prisme biographique

Pour parvenir à ses fins, le présent livre n'emprunte pas la démarche herméneutique couramment mobilisée par les philosophes. La manière de faire de certains n'est pourtant pas dénuée d'intérêt. Grâce à une analyse systématique des multiples épures d'un monde meilleur, E. Bloch par exemple nous a appris que les rêves éveillés sont des armes efficaces pour lutter contre l'immobilisme, l'aliénation ou encore le totalitarisme[19]. Dans une perspective différente, je propose pour ma part de saisir l'utopie à l'aide d'une problématique sociologique. Sur un cas précis, cet ouvrage applique un questionnement wébérien, qui invite à prendre au sérieux la force des croyances sur les pratiques socio-économiques[20]. Le prix à payer est parfois élevé puisque, pour comprendre la mécanique familistérienne et notamment les rouages fouriéristes qui la composent, il faut savoir affronter la complexité et la technicité parfois déroutantes des dispositifs inventés par Godin. Contrairement à ce qu'affirment certains exégètes, quand elle s'incarne hors du seul registre discursif, l'utopie n'est pas que transparence et simplicité.

Un homme est constamment au centre des propos qui vont suivre. Godin est, on l'aura compris, l'artisan de l'expérimentation dont cet ouvrage prétend rendre compte. N'y aurait-il pas contradiction, pour qui fait métier d'étudier les hommes au pluriel, de focaliser l'attention sur un seul d'entre eux ? En réalité, à condition d'éviter quelques pièges, il n'est pas aberrant pour un sociologue de se lancer sur la piste biographique tant il est vrai que l'expérience individuelle est un fil d'Ariane qui mène rapidement vers des pratiques et des représentations collectivement partagées. Quand il porte intérêt à Wolfgang Amadeus Mozart, Norbert Élias découvre par exemple combien les normes sociales s'opposent en lui, tout comme elles structurent sa relation entre lui et le monde[21]. La tension est si pesante qu'elle finit par provoquer le désespoir fatal qui conduit à la disparition rapide, à l'âge de 35 ans, du compositeur de génie.

Prometteuse parce que, grâce à elle, ce sont des pans du monde social qui se prêtent à la découverte, l'entreprise biographique est cependant menacée par trois grands risques au moins. Le premier a pour nom « hagiographie ». Les rayons des bibliothèques regorgent d'ouvrages à la gloire des « grands » hommes. Parce qu'elles se contentent de narrer des destins forgés à coup de volontés individuelles, ces publications trahissent les défaillances d'une manière datée et douteuse d'écrire l'histoire. Le deuxième risque de l'entreprise biographique est celui de l'« illusion ». Pierre Bourdieu a évoqué à différentes reprises les implicites contestables des méthodologies qui assimilent la trajectoire à une histoire, c'est-à-dire à une succession d'événements ordonnés et orientés. Cela pose problème dans la mesure où « essayer de comprendre une vie comme une série unique et à soi suffisante d'événements successifs sans autre lien que l'association à un "sujet" dont la constance n'est sans doute que celle d'un nom propre est à peu près aussi absurde que d'essayer de rendre raison d'un trajet dans le métro sans prendre en compte la structure du réseau, c'est-à-dire la matrice des relations objectives entre les différentes stations[22] ». Pour tenir le pari d'une écriture sociologique appliquée à une vie et à une œuvre, que celle-ci soit littéraire, politique, technique, industrielle…, il convient donc nécessairement, à la façon de N. Élias, de prendre au sérieux le jeu des forces sociales. Cela ne signifie pas qu'il faille pour autant écraser la singularité sous le poids de l'Histoire ou des Structures. Autrement dit, ce n'est qu'en considérant les manières dont un individu agit avec et contre le monde, façonne ce dernier autant qu'il est façonné par lui, qu'il devient possible de lui reconnaître un statut de créateur[23].

Le dernier risque est celui de la lecture située. La tentation est parfois grande, pour celui qui narre l'histoire, d'interpréter la parole d'un individu, ses convictions et sa trajectoire, ses actions et ses effets… à la lumière de catégories, d'intérêts et d'enjeux indéfectiblement liés à son positionnement de biographe dans le temps et dans l'espace social. Outre qu'elle conduit inéluctablement à la distorsion historiographique, une telle posture incite souvent à attribuer de façon exagérée des labels en paternité. Épurée de toute référence contextuelle, la célébration d'un homme ou d'une œuvre singulière est une stratégie classique au service des causes les plus variées. Or, en économie comme en littérature, en politique comme en esthétique, l'invention n'est jamais un acte ponctuel et isolé dont il serait loisible d'imputer la responsabilité à une personnalité unique. Godin n'est pas plus le père de la démocratie industrielle ou de l'économie sociale qu'Émile Durkheim ne l'est de la sociologie ou Frederick Taylor de l'organisation scientifique du travail. Tous ont certes imprimé une marque personnelle que l'on pourra juger décisive. Mais leur action n'aurait jamais pu voir jour, et encore moins compter, s'ils n'avaient été porteurs d'héritages multiples et s'ils n'avaient pas été pris dans le jeu de rapports sociaux aux effets multiples.

[5. La parole et l'action

Bien que certainement imparfaite, la stratégie retenue pour tenter de limiter les risques précédemment mentionnés cumule les options de méthode suivantes. La parole et l'action de Godin sont d'abord analysées en contexte. On ne peut espérer comprendre autrement l'expérimentation de Guise, et évaluer plus exactement la part de création institutionnelle qui revient en propre au fondateur. Outre l'environnement matériel, les débats politiques, philosophiques et moraux ont pesé lourd dans les orientations et les choix du fondateur. Parce que l'histoire de Godin est indissociable de celle du Familistère, les conditions de travail et de vie des hommes et des femmes qui vivent à Guise sous l'aile protectrice de l'industriel fouriériste sont au centre de cet ouvrage. J'ai refusé, second choix de méthode, de considérer Godin comme un bloc. Pas plus que d'autres, l'homme n'est exempt de contradictions et d'interrogations. Les tensions qui sont au cœur de ses pratiques et de ses représentations m'intéresseront donc tout particulièrement, notamment afin de mesurer la portée performative de la rhétorique utopique. Dans un même esprit, je porterai attention à l'évolution des vues de Godin et à ses implications concrètes. Je montrerai notamment que l'année 1878 constitue un tournant dans la relation qu'entretient Godin avec la philosophie fouriériste.

Ce livre est bâti, dernière option de méthode, à l'aide de nombreux étais empiriques. L'essentiel provient du fonds Fourier-Godin-Prudhommeaux déposé au Conservatoire national des arts et métiers (Paris)[24]. Les cartons rassemblent des pièces, pour partie cotées[25], qui renseignent sur différentes étapes et facettes de la vie de Godin (ses péripéties judiciaires, son action industrielle, les relations avec son environnement…). On y trouve aussi des documents aux statuts multiples : réflexions philosophiques, plans du Familistère, catalogues d'usine, mémoires administratifs, doubles de la correspondance… La plupart de ces écrits sont de la main de Godin, de sa seconde femme Marie Moret ainsi que des collaborateurs et interlocuteurs du couple. Le fonds contient également tous les ouvrages de Godin ainsi que la collection complète du *Devoir*. L'exploitation de ces archives a été complétée par l'examen des pièces détenues par le centre de documentation du musée du Familistère de Guise et par la Bibliothèque nationale de France. En dépit de ces multiples ressources, l'investigation reste malheureusement incomplète et donc insatisfaisante. Des documents précieux ont en effet disparu. Tel est le cas de nombreux comptes-rendus de conseils qui resurgiront peut-être un jour de l'ombre qui les recouvre aujourd'hui.

Parmi les écrits sur lesquels s'appuie la présente recherche, il faut compter la retranscription de multiples réunions, débats et autres discours. C'est que Godin est un homme qui use abondamment de la parole. Dans ses propos publics, il ne craint ni l'emphase ni, surtout, la redondance. On peut comprendre pourquoi. « Son volume *Solutions sociales*, publié en 1871, n'ayant pas vulgarisé sa pensée parmi le personnel, il devait donc essayer, par la parole, d'amener celui-ci à considérer les institutions déjà réalisées au Familistère sous le jour où il les voyait lui-même, c'est-à-dire comme un mode d'application de la morale universelle aux relations entre ouvriers et chefs d'industrie[26]. » Pour convaincre des ouvriers peu familiers avec la chose écrite, pour gérer et faire vivre une structure à l'organisation complexe, Godin parle et parle encore. En 1861, il invente par exemple une fable destinée à frapper l'imagination de ses ouailles. Sur un mode allégorique, l'industriel narre l'histoire des fourmis depuis la fondation de la terre. Guidé par l'une d'entre elle, particulièrement « bonne et intelligente », un petit groupe se retire sur une île et expérimente la solidarité[27]. À l'aide de métaphores à peine voilées, le fondateur du Familistère présente ici son modèle d'organisation sociale idéal, sans oublier au passage de s'attribuer le meilleur rôle. Il est vrai, à sa décharge, que Godin ne se contente pas de discours, aussi fleuris soient-ils parfois. Il agit également. Il n'en reste pas moins que, discursif ou non, le matériau dont nous disposons n'est pas neutre. Ce sont avant tout les conceptions de Godin et de ses proches qui sont mises en mots, rationalisées, objectivées, offertes à l'interprétation. À défaut de supports d'enregistrement aussi nombreux que ceux dont a pu bénéficier l'industriel picard, le monde et les avis des familles ouvrières sont plus difficiles à connaître et à décrypter. Ce biais méthodologique est difficilement contournable. J'ai tenté d'en limiter les effets en mobilisant, quand cela était possible, des sources extérieures au Familistère (la presse régionale par exemple).

Cet ouvrage fournit un aperçu complet de la trajectoire et de l'œuvre de Godin jusqu'à sa disparition en 1888. Le chapitre 1 présente les principales étapes de son parcours biographique. Le deuxième analyse les convictions qui, tout au long de la vie du fondateur du Familistère, stimulent et justifient son action de manufacturier, d'homme politique et de moraliste. Suivent ensuite quatre chapitres consacrés à deux équivalents de la richesse que Godin propose à ses ouvriers : les chapitres 3 et 4 portent intérêt aux conditions de logement et de vie et les chapitres 5 et 6 à la politique d'éducation du Familistère. Le reste du livre donne priorité aux questions de travail et de relations de travail. Les chapitres 7 et 8 présentent deux innovations d'inspiration fouriéristes au sein de l'usine de Guise : la première a trait à la reconnaissance des mérites individuels, la seconde à la constitution de groupes et d'unions de groupes. Bien qu'animées par un souci démocratique inédit dans l'industrie d'alors, ces deux tentatives se soldent par un échec. La constitution de l'Association du capital et du travail qui advient en 1880 (chapitre 9) est, pour partie mais pour partie seulement[28], une réponse pragmatique de Godin à sa double déception.

Les chapitres qui ferment l'ouvrage sont toujours débiteurs d'une réflexion sur l'action productive. Le chapitre 10 décrit l'organisation du travail au Familistère et ses différentes déclinaisons (travail ouvrier, travail féminin, travail de dirigeant). Le chapitre 11 mène au cœur des stratégies gestionnaires. Il y est question en particulier de politique des produits, de mobilisation de la main-d'œuvre ou encore de rémunération. Dans le chapitre 12, toute l'attention est portée sur les relations de travail. Là, plusieurs événements retiendront particulièrement l'attention : la tentative avortée de constitution d'un syndicat patronal de branche d'une part, les conflits au sein de l'établissement Godin d'autre part. À l'aide de tout le matériau accumulé, le dernier chapitre offre une synthèse dont l'ambition est de répondre à la question initiale : comment, au Familistère, la langue de l'utopie contribue-t-elle à l'institution du travail ? À très gros traits, enfin, la conclusion brosse l'histoire de l'usine et du Palais social, depuis le décès de Godin jusqu'à la période contemporaine.

1] [Les vies de Godin

Le fondateur du Familistère est parfois présenté comme un homme hors du commun dont la créativité et la puissance de caractère pourraient à elles seules expliquer le foudroyant succès économique. En fait, Godin est fondamentalement un enfant de son siècle. Si sa trajectoire est exceptionnelle – fils du peuple, il devient capitaine d'industrie –, ses envies, ses préoccupations et les solutions qu'il fournit sont redevables à un temps qui s'ouvre aux préoccupations sociales. Godin connaît les grandes doctrines qui ont marqué l'histoire du socialisme, il sait également quel fut le destin des premières expérimentations phalanstériennes, celle de Condé-sur-Vesgres ou celle de Cîteaux. Il serait trop simple cependant de réduire l'individu au statut de reflet de son époque. Non seulement la carrière de Godin a ceci de singulier que l'homme agit en permanence sur des répertoires multiples mais, comme l'indique Guy Delabre, Godin est surtout l'homme de tous les paradoxes : « Patron, il ne cesse de tenir un discours ouvriériste ; déiste, il est viscéralement laïque ; résolument socialiste, il refuse de spolier le capitaliste ; épris de liberté, il prône la philosophie du devoir… Bref, aucune école de pensée ne peut se l'approprier et cela a incontestablement joué défavorablement sur sa popularité[1]. » En raison de ces contradictions multiples, les différentes facettes du personnage ne laissent pas d'étonner, tout comme la force des convictions qui, sans relâche, étayent une pensée baroque et pourtant représentative de l'ébullition intellectuelle des mouvements socialistes et utopiques du XIXe siècle. Pour tenter de mettre au jour quelques-uns des ressorts de l'action de Godin, ce chapitre évoque les principaux moments qui ont jalonné sa carrière d'homme, d'employeur, d'acteur politique et, enfin, d'écrivain aux visées réformatrices.

[1. La trajectoire biographique de Godin : premiers éléments

Godin naît tôt le matin du 26 janvier 1817. Il voit le jour à Esquéhéries, village de la Thiérache picarde[2]. Fils d'un artisan serrurier, aîné d'une sœur et d'un frère, il partage dès sa naissance le sort des classes laborieuses. Dans les quelques notes autobiographiques qu'il dicte à sa seconde femme quatre ans avant de disparaître, Godin rapporte en bribes éparses ce que furent ses premières conditions de vie. À l'intérieur du logis, le sol est en terre battue et l'étable fait office de pièce principale. L'absence d'eau à domicile oblige la mère à de multiples allers et retours à la fontaine. La charge est lourde : d'une main, le seau ; au bras opposé, le petit Jean-Baptiste André. Le jeune Godin se remémore également le monde qui l'environne, mélange dissonant d'éléments naturels (des souches de sureau, des noyers, des bourdons, des pinsons, des chèvres, des vaches au champ…) et de figures sociales qui le hantent toujours des années plus tard : des enfants pauvres aux côtés desquels il s'assoit, des gendarmes dont il dit son aversion, le prêtre qui lui conseille de quitter ses parents parce que les commandements chrétiens ne sont pas respectés à la maison… Très vite, en raison notamment de ce dernier événement, il doute de la foi catholique. Dès l'enfance, il cesse de se confesser et de fréquenter l'église.

[De la famille à l'école

L'éducation familiale est rude. Les claques sont monnaie courante. « À sa première culotte, drap trop épais, boutonnières trop dures à défaire au moment voulu, désespoir de Godin devant son impuissance à empêcher le malheur de mouiller son pantalon et la perspective du châtiment maternel[3]. » Un jour, l'enfant, qui aime à grimper aux arbres, salit son pantalon de toile tout propre. Catastrophe ! Piteux, le jeune Jean-Baptiste André n'ose rentrer chez lui. Au lavoir, quelques femmes le prennent en charge, le déshabillent, lavent et sèchent le vêtement. Godin leur voue une reconnaissance durable. Godin a également souvenir de la charge que représente pour lui sa petite sœur. Il fait reproche à sa mère de lui avoir imposé une enfant qui, dit-il, l'a rendu esclave et lui a causé moult tortures. « Le grand tourment de l'enfance de Godin, confirme sa seconde femme, ce fut la garde de sa petite sœur, si exigeante et difficile à conduire que Godin avec elle ne devait pas s'éloigner du pas de la porte, ne pouvait prendre part à aucun jeu des camarades de son âge et ne savait comment faire pour le moins. Les femmes du village disaient de la petite : “C'est un sac à diable !”[4] »

Comme pour la grande majorité de ses camarades, la scolarité de Godin est brève. Avec sa mère, il apprend à compter jusqu'à cent et à lire les lettres de l'alphabet. Il rejoint ensuite la classe communale, en réalité une écurie à l'air confiné où sont regroupés les enfants du village. La situation n'est pas exceptionnelle. En ce début de XIXe siècle, les lieux d'enseignement sont dans un état misérable dans les campagnes françaises. Les descriptions que l'on possède sont saisissantes : murs délabrés, toits parfois effondrés, fenêtres sans vitres, pièces aveugles, humides et malodorantes, absence de poêle, manque de sièges et de tables, latrines inexistantes… Quant aux enseignants, leur formation et leurs savoirs laissent à désirer. Jusqu'au mitan du siècle, il n'est pas rare que la fonction soit prise en charge par un soldat à la retraite, un garde champêtre, un barbier ou un aubergiste, un boutiquier ou encore un fils de paysan un peu moins inculte que les autres. En 1815, sept des quinze instituteurs rennais sont d'anciens forçats[5]. Parce que certains maîtres sont quasiment aussi ignares que leurs élèves et qu'ils ne connaissent pas nécessairement le français, le contenu de l'enseignement est rudimentaire, pour ne pas dire calamiteux. Ici, il se restreint à l'apprentissage de quelques prières et de deux règles d'arithmétique ; ailleurs, au laborieux déchiffrage de textes anachroniques.

L'école avant 1830 : souvenirs de J.-B. A. Godin

Je me souviens de l'école du village avant 1830 ; l'instituteur était un entrepreneur de l'instruction des enfants à raison de 12 sous par mois, ou de 15 sous si l'enfant n'était point en mesure d'apporter chaque jour, pendant l'hiver, un morceau de bois pour chauffer le poêle placé au centre de la classe. L'instituteur fournissait lui-même le local de l'école soit en le louant, soit en l'achetant à ses frais. Sa pauvreté était souvent un motif pour l'empêcher de choisir l'emplacement le plus convenable parmi les rares locaux dans lesquels il eût été possible d'installer une école. Enfin, quand l'instituteur s'était procuré une salle de 5 mètres de large sur 8 mètres

> de long, dans laquelle les enfants pouvaient s'entasser jusqu'au nombre de 130, la commune était fière de son maître d'école, nom qu'il portait à juste titre puisque l'école lui appartenait. Les rues du village étant sales et défoncées, les enfants arrivaient chez le professeur les sabots couverts de boue ; dans ces conditions, on ne pouvait trouver mauvais que la salle d'enseignement fut accolée à une étable ou à des toits à porcs dont les fumiers, placés devant la porte de la classe, avaient au moins le mérite de servir à essuyer les sabots des enfants avant leur entrée ; mais cette entrée faite deux fois par jour ne laissait pas d'amonceler, en face des bancs, jusqu'à 10 centimètres d'épaisseur d'ordures que l'on enlevait à la pioche et à la pelle tous les mois environ. C'est dans cet état que se trouvait à peu près partout l'école publique dans les villages de France, avant 1830, au moment où le clergé avait ses entrées dans les maisons d'enseignement et faisait de l'instituteur son chantre et son sonneur de cloche. Je me rappelle qu'enfant j'étais frappé des visites à l'école du curé ou du doyen répétant chaque fois au maître qu'il fallait absolument acheter un crucifix pour le placer sur le mur du fond de la salle ; je me demandais pourquoi il ne réclamait pas aussi qu'on enlevât plus souvent la boue durcie et les ordures qui étaient sous nos pieds.
>
> J.-B. A. Godin, « Les écoles publiques, II », *Le Devoir*, n° 3, 24 mars 1878, p. 40.

Le cas de Godin n'est pas unique. On peut comprendre néanmoins que ce dernier n'ait guère goûté aux méthodes pédagogiques de son instituteur, dont rien n'assure qu'il fut plus instruit que la mère de Jean-Baptiste André. Le futur fondateur du Familistère ne renonce pas pour autant au savoir. Tout au contraire. Bien que la demeure familiale soit démunie de livres, le jeune garçon fait preuve d'un appétit de lecture inhabituel. Il appartient également, du moins l'affirme-t-il, au carré des bons élèves. « De 8 à 9 ans, je passais dans le village pour un écolier remarquable[6]. » Il caresse alors des espoirs d'ascension sociale, devenir instituteur ou même entrer à l'école polytechnique. Le rêve tourne court. À onze ans et demi, Godin quitte l'école communale, commence à travailler le fer dans l'atelier de son père et prête main-forte pour l'entretien des quelques arpents de terre dont dispose la famille. Les préoccupations intellectuelles du jeune homme ne s'envolent pas avec cette entrée soudaine dans la vie adulte. Jusqu'à l'âge de 14 ans, Godin fréquente les cours du soir. À en croire Marie Moret, grâce aux colporteurs, il peut aussi acquérir divers ouvrages et lire Rousseau, Diderot, Bernardin de Saint-Pierre, Mme de Staël, les Encyclopédistes mais aussi des traités de géométries.

[Ouvrier puis manufacturier

Un tirage au sort favorable épargne à Godin le départ à l'armée et le rend disponible pour travailler aux côtés de son père. Parce que l'occupation manque, il délaisse l'atelier paternel en 1835 et part s'installer à Crecy-en-Brie chez son oncle Moret, qui fait profession de maître serrurier. Il ne demeure que quelques mois et rejoint vite à Bordeaux le fils de celui-ci, Jacques-Nicolas Moret, serrurier, forgeron et aîné de Jean-Baptiste André de 8 ans environ. La sœur de Jacques-Nicolas, Marie Moret, sera plus tard la collaboratrice de Godin, sa compagne puis son épouse en 1886. D'octobre 1835 à septembre 1837, Jean-Baptiste André et Jacques-Nicolas font le tour de France des ouvriers compagnons. Ils sillonnent les routes, celles du Sud au premier chef. Ils posent leurs effets à Bordeaux, Toulouse, Saint-Gaudens, Montréjean, Montpellier, Nîmes, Marseille, Toulon, Avignon et Lyon avant de revenir au pays. Les discussions ne manquent pas entre les cousins, notamment à propos de la réforme sociale. Il faut dire que le tour de France offre aux deux compères l'occasion de constater concrètement l'ampleur de la détresse ouvrière, d'endurer par eux-mêmes la misère, la faim, le froid et la maladie ou encore de constater *de visu* l'anarchie, la désorganisation et l'injustice du monde industriel naissant. Propagée par Godin le premier, la légende veut que cette expérience ait eu valeur traumatique. Le jeune Picard décide d'œuvrer à l'avenir au service de la classe ouvrière. Pour ce faire, il n'invente pas tout et de toutes pièces. Godin s'est déjà un peu frotté à quelques pensées fortes. « Un bref séjour à Paris en 1834 l'avait familiarisé initialement avec les idées saint-simoniennes alors très en vogue, qui n'étaient pas sans exercer sur lui quelque séduction[7]. » Lors du tour de France, il fait connaissance avec l'univers de la franc-maçonnerie, il assiste à des conférences et il porte un vif intérêt aux théories sociales et politiques qui contestent l'ordre établi, telle la doctrine d'Étienne Cabet. Godin ne partage pas pour autant les idées communistes de ce dernier, et il faudra quelques années encore avant qu'il arrête, grâce à l'école sociétaire, un point de vue plus ferme sur le monde et sur la façon de le réformer.

De retour en Thiérache en 1837, Godin rejoint l'atelier familial. Après avoir déposé le 15 juillet 1840 un brevet de dix ans (non de quinze, faute d'argent) pour la production d'un poêle à charbon en fonte de fer, il s'installe à son compte grâce à un pécule d'origine paternelle (4 000 francs) versé à l'occasion de son mariage en 1840 avec Esther Lemaire, fille d'un artisan serrurier d'Esquéhéries, avec laquelle il s'unit sous le régime de la communauté des biens. Pour cette raison, au début de sa carrière, Jean-Baptiste André utilise le patronyme « Godin-Lemaire » en guise de nom industriel. Émile Godin, premier et unique enfant du couple, vient au monde le 21 novembre 1840. La même année, fort de l'aide de deux ouvriers, Godin fait ses premières armes de fondeur dans l'entreprise qu'il établit dans des hangars du village. En 1841, il apprend l'existence du magnétisme. L'année suivante, la lecture du *Guetteur de Saint-Quentin*, journal local, lui fait découvrir C. Fourier. Il s'empresse aussitôt de lire le *Traité de l'association domestique-agricole* et s'abonne à *La Phalange*. Un an après encore, Godin adhère à l'école sociétaire. Avec son ami Lhermitte, un industriel du textile avec lequel il entretient un commerce intellectuel sur les questions de philosophie sociale, Godin se déclare souscripteur dans la nouvelle société qui se constitue pour transformer *La Phalange* en journal quotidien[8]. La conversion au fouriérisme n'altère pas l'élan économique. Entre 1843 et 1846, Godin continue d'exploiter son affaire et dépose trois brevets.

En 1846, alors qu'il emploie déjà une trentaine d'ouvriers (seize ouvriers spécialisés et autant d'auxiliaires) et que la vente a atteint 131 appareils, Godin déménage à Guise, petite ville proche forte de quelques milliers d'habitants. Là, il a acquis un terrain. La nouvelle implantation souffre d'un défaut majeur du point de vue des transports et de la communication. La localisation pénalise l'approvisionnement et la commercialisation. Les avantages sont cependant nombreux : « Facilité d'extension, grand potentiel de main-d'œuvre des campagnes, salaires couramment modestes et surtout éloignement des grands centres urbains où le monde ouvrier était sans doute plus prompt à revendiquer car plus politisé[9]. » En 1846 toujours, il embauche son frère Barthélémy comme voyageur de commerce[10]. Quatre ans plus tard, celui-ci fonde une manufacture d'appareils de chauffage dans l'Aisne (Étreux)[11]. Sa raison sociale est « Godin jeune ». Le nom ne semble pas suffisant pour assurer durablement le succès. Au début des années 1860, l'entreprise de Barthélémy disparaît du paysage économique[12].

En dépit des concurrents et des contrefacteurs, Jean-Baptiste André poursuit, lui, son ascension sans faillir. En 1847, 50 personnes travaillent sous ses ordres. Elles sont 190 deux ans plus tard, 330 en 1857. Dans un contexte politique peu favorable à ceux qui, comme lui, affichent des convictions socialistes, Godin envisage la fermeture de ses ateliers. Dès 1850, il anticipe plus exactement une possible délocalisation. C'est dans un tel état d'esprit que, en 1853, il installe un atelier à Forest (Belgique), qu'il transfère ensuite en 1858 sur la commune de Laeken, à l'autre extrémité de Bruxelles. Finalement, l'usine picarde ne ferme pas ses portes. En 1855, J.-N. Moret, le cousin de Godin, vient occuper le poste de directeur des ateliers[13]. Sa famille le suit de peu. Elle s'installe à Guise l'année suivante. Émile, le fils de Godin, est embauché à la même période. En 1857, le manufacturier acquiert des terrains au nord de la ville, au cœur de la boucle que dessine l'Oise. Deux ans plus tard, le Palais social n'est plus un rêve de papier. Les travaux de construction démarrent en mai 1859. L'équivalent bruxellois ne sortira de terre que vingt-huit ans plus tard. Comme nous le verrons également plus en détail dans la suite de cet ouvrage, après avoir tenté en vain d'inoculer un virus fouriériste dans les relations de travail de son entreprise, Godin fonde en 1880 l'Association du capital et du travail, structure juridique originale destinée à offrir aux salariés la possibilité d'accéder à la propriété capitaliste. En1882, Godin est promu au rang de chevalier de la Légion d'honneur et il reçoit les palmes d'officier d'académie. L'honneur lui convient. « Il ne m'en coûte rien, explique-t-il, d'accepter les palmes d'officier d'académie. Peut-être trouverai-je en elles un préservatif contre tout retour des difficultés que les écoles de la Société du Familistère ont éprouvées sous le gouvernement de l'ordre moral[14]. » L'homme n'est pas tenaillé par la rancune. C'est sans arrière-pensée aucune qu'il accepte la reconnaissance d'une institution contre laquelle, parmi d'autres, il a bataillé un long moment de sa vie.

[Troubles familiaux

Godin est un capitaine d'industrie mais aussi un père et un époux. Après le temps de l'harmonie familiale, les relations avec son fils Émile et sa femme Esther sont toutes les deux teintées de difficultés et mènent, selon des temporalités différentes, à la rupture. Les échanges épistolaires entre Godin et Émile permettent d'apprécier la nature des premières relations entre le père et le fils. À la rentrée de 1851, Émile entre au collège Chapsal à Paris. Il quitte le Familistère. Il est d'abord hébergé par M. et Mme Régnier puis, deux ans plus tard, par le couple Bureau dont le mari – Allyre – est membre de l'école sociétaire. Jusqu'en 1855, les deux Godin s'écrivent régulièrement. Jean-Baptiste André entame toujours ses lettres à l'aide d'un qualificatif affectueux (« mon cher fils », « mon cher Émile », « mon cher enfant »). Dès les premières lignes, cependant, le ton prend vite une tournure pédagogique qui transforme le père en précepteur par correspondance. Godin admoneste régulièrement Émile dont les résultats scolaires ne sont pas à la hauteur de ses espérances. Il le félicite aussi quand les progrès sont tangibles.

Une lettre de Jean-Baptiste à Émile

Mon cher Émile,

Que puis-je te dire ? Ton bulletin m'indique la mesure de l'attention que tu prêtes à mes recommandations. Tu as été depuis ta rentrée au collège le 17e sur 40. Tu es aujourd'hui le 31e sur 41 à ton premier bulletin. Tu pourras être à la queue. Tu m'as déjà écrit que tu n'aimes pas les reproches et moi j'aime encore moins t'en faire. Je serais si heureux de n'avoir que des félicitations à t'adresser. Si tu nous aimais autant que nous t'aimons, tu ferais assurément plus que tu ne fais pour nous procurer cette satisfaction. Ton écriture ne gagne pas non plus. Elle est toujours comme celle d'un enfant qui commence à écrire. Je m'irrite, car il faudrait bien que je continue à te montrer que je ne suis pas content de toi et, pour ne pas le faire plus, des reproches je me fais. Je te prie de te souvenir combien tu t'es montré désireux de bien faire le jour où malade à Paris tu étais auprès de moi et me quittais sur de bons sentiments. Tâche de réchauffer ton cœur à ce souvenir et de retrouver le courage des bons désirs dont tu étais animé ce jour-là. Ton père fait toujours ce qu'il promet. Sois donc son fils et tâche de

nous aimer assez pour aimer toi-même faire des progrès en toutes choses pour ton éducation. Aime-nous enfin autant que nous t'aimons.
Godin

Lettre de J.-B. A. Godin à É. Godin, 14 septembre 1854, fonds FGP[15].

Godin ne se contente pas de souffler le chaud et le froid. Il fait plus encore. Il soumet à son fils des problèmes de calcul et de géométrie, il le questionne sur la grammaire, lui conseille d'écrire avec des lignes tirées au crayon pour améliorer son graphisme. Voici, pour illustration, un large extrait d'une lettre que Godin fait parvenir à son fils en 1852[16]. « Afin de te donner la familiarité de nous écrire une plus longue lettre, je t'avais demandé de répondre à ces questions. Première question : qu'est-ce que c'est que le pronom ? Deuxième question : combien y a-t-il de pronoms de la troisième personne ? Troisième question : quels sont les cas où on emploie les pronoms de la troisième personne ? Tu n'as pas répondu à ces trois questions. Tu m'as dit seulement quels sont les pronoms que tu crois être de la troisième personne et tu m'as cité : le sien, le leur, la sienne, la leur et les siennes, qui ne sont pas des pronoms de la troisième personne. Étudie bien ces questions. Je te les ai posées parce que tu fais des fautes dans leur emploi et après bien les avoir (?) et les avoir comprises tu tâcheras de me répondre plus complètement que tu ne l'as fait dans ta dernière lettre et tu me diras cette fois si *leur* n'est pas un pronom et pourquoi il s'emploie. » Et Godin de conclure sans transition : « Grand-maman Lemaire est toujours malade, ta maman a été la voir dimanche. »

Godin stimule aussi son fils à l'aide d'expédients financiers. « Tu es encore indolent cette année comme l'année dernière, tes bulletins ne sont pas en progrès et si cela continue tu resteras en troisième l'année prochaine. Où sont les (?) que tu m'avais promis de faire mettre dans ta tirelire (...) ? J'ai 20 francs à y mettre quand tu seras avant le vingtième, tâche que ce soit bientôt et j'y mettrai 40 francs toutes les fois que tu seras avant le dixième. S'il arrivait ce qu'il n'est pas possible d'espérer que tu sois dans les quatre premiers, je te donnerais 100 francs[17]. » Quelques mois plus tard, Godin constate que son fils est vingt-troisième de sa classe, près donc de gagner les 20 francs :

« Tâche de faire un effort cette semaine et tu y arriveras. Tâche de ne pas nous oublier tout à fait, autant en pensant à nous tu penseras à tes devoirs faits, fais ce que tu peux pour tâcher de mieux écrire[18]. » Bien que l'essentiel soit toujours consacré à la conduite et aux performances scolaires d'Émile, les lettres se concluent toujours en règle générale par quelques nouvelles domestiques (la santé de grand-maman Lemaire, le petit chien d'Émile, les déplacements familiaux…).

Après sa scolarité, Émile participe en tant qu'architecte honoraire aux travaux de construction du Familistère. Dans les années 1860 et 1870, son père l'envoie outre-Manche pour y effectuer différentes missions en son nom, comme celle de tester la possibilité de placer des capitaux dans la capitale anglaise. Émile travaille également à l'usine et prend des responsabilités au sein de l'encadrement. De 1860 à 1878, il est associé à la direction des fonderies et des manufactures du Familistère. Quand son père s'installe à Versailles pour assumer les fonctions de député, il sert de substitut et de relais. Émile préside en lieu et place du fondateur de nombreuses séances des conseils. Il distribue les instructions diverses que lui transmet Godin pour tout ce qui touche à la technique (rénovation du système de foyer à charbon, expériences sur le minerai…), à l'administration (contact avec des notaires en vue de l'acquisition d'un terrain, suivi des inventaires, transmission de consignes auprès des directeurs de l'usine…) et à la gestion (fixation du prix des biens produits, relations avec les fournisseurs et les clients, commande de matériel, augmentation des salaires et appointements…). Entre 1873 et 1875, Godin adresse quelque 70 courriers professionnels à son fils. Il ne se prive pas, à l'occasion, de tancer son rejeton qui se risque trop souvent, à son goût, aux placements financiers hasardeux. « Je t'ai déjà dit à plusieurs reprises que je te verrais avec infiniment plus de plaisir te préoccuper de certains côtés de nos affaires industrielles que de t'occuper des cours de la bourse[19]. »

En dépit de telles mises au point ponctuelles, en 1875, les relations entre le père et le fils sont encore au beau fixe. À Guise, cela n'est déjà plus le cas. À l'usine, l'intégration n'est pas aisée. Comme l'indique René Rabaux, « Émile Godin avait fait partie en 1871 de la commission administrative. Malgré le préjugé favorable que lui donnait le fait d'être fils du patron, il ne s'y était pas fait valoir et n'avait pas su manifester l'autorité nécessaire pour calmer les dissentiments qui s'y étaient manifestés. Chargé successivement de différents services, il avait perdu tout espoir d'accéder à la direction et il considérait que l'Association projetée l'en écarterait définitivement. Autour de lui s'étaient groupés tous les sceptiques qui, pensant qu'un jour le fils succéderait au père, essayaient de se mettre dans ses bonnes grâces[20] ».

Après que son père est rentré de Versailles, Émile s'affronte publiquement avec lui, et il tente de mobiliser d'autres dans son combat. En 1878, Godin consomme la rupture et décharge Émile de toute responsabilité. « J'ai assez souffert de la conduite violente que tu ne cesses de tenir à mon égard et à l'égard de personnes qui relèvent de mes ordres ; il est temps d'y mettre un terme. Je ne puis faire appel à tes sentiments, il y a trop longtemps que ce moyen est impuissant. (...) J'ai encore quelque chose à faire en ce monde et pour l'achever je suis déterminé à me protéger contre la conduite coupable que tu tiens à mon égard. J'entends t'interdire désormais toute immixtion dans la direction et dans l'administration de mes usines et du Familistère. (...) J'entends aussi que ma maison soit aussi purgée de tous ceux qui t'aident à troubler ma vie. Je vais prendre toutes les mesures pour cela[21]. » Quelques indications laissent entendre que Godin semble avoir tenu ses promesses. Huissier à l'appui, il fait ainsi résilier un bail dont profitait son fils[22].

Triste et cruelle ironie pour cette figure, même singulière, d'industriel paternaliste, le conflit entre le père et son unique enfant ne s'apaisera jamais. Dans son testament, Godin évoque encore un procès intenté par Émile à son encontre. Un tel échec familial conforte Godin, en 1880, dans le projet de passer au stade de l'Association pour transformer son personnel en propriétaire des lieux de vie et de production. Il faut dire, à la décharge d'Émile, qu'il ne doit pas être aisé d'assumer le rôle de fils dans un univers dominé à ce point par une figure tutélaire comme celle de Godin, d'autant plus que ce dernier s'oppose fermement à la logique de la succession par héritage[23] ! De toute manière, Émile n'aura pu prétendre à toute la richesse accumulée par son père. Il meurt deux semaines avant le fondateur du Familistère. À 47 ans, il laisse une veuve et trois enfants.

À l'instar des relations père-fils, le premier mariage de Godin essuie l'échec. Esther Lemaire ne partage pas les convictions de son mari.

Elle s'inquiète fortement des effets de ses passions politiques. Lorsque le Familistère est devenu plus qu'un projet dans l'esprit de Godin, Esther réitère son opposition à la philosophie sociétaire et elle refuse fermement d'aller s'installer au Palais social[24]. En novembre 1863, elle demande la séparation. Son mari, affirme-t-elle, est violent et infidèle. En dépit des concessions que Godin est prêt à réaliser[25], le conflit donne lieu, sur fond de scandales et d'avis contradictoires, à un long affrontement judiciaire. En témoigne l'abondante correspondance qu'à ce sujet Godin entretient avec son avocat Jules Favre, et avec de nombreux autres hommes de loi encore. Le rapprochement entre Godin et Marie Moret ne fait qu'attiser la vindicte d'Esther. En 1865, celle-ci demande la mise sous séquestre du Familistère. « Ce qu'elle veut, estime l'industriel, c'est chasser son seul fils de la direction des usines en en chassant le père pour céder la gestion aux spéculateurs qui l'aideront, c'est confier aux jésuites la direction du Familistère et l'éducation aux frères ignorantins[26]. » En 1877, la liquidation de la communauté des biens est enfin consommée. Deux millions et demi de francs iront garnir le compte en banque du premier amour de Godin. En 1879, le conflit s'éteint définitivement. Esther a renoncé à se pourvoir en cassation.

Lorsque la première épouse de Godin décède en 1881, l'industriel peut enfin envisager d'épouser Marie Moret, sa collaboratrice de très longue date. Sur volonté de cette dernière, qui souhaite ainsi marquer la force des sentiments qui motivent l'acte, l'union est placée sous le régime de la séparation des biens. Le second mariage de Godin est célébré le 14 juillet 1886. Émilie Moret et sa fille (respectivement sœur et nièce de la mariée), Amédée Moret (frère de la mariée), François Dequennes et Antoine Pernin (conseillers de gérance de l'Association et, respectivement, directeur de la fabrication et directeur du matériel de l'usine du Familistère) et, enfin, A. Tisserand (ami des époux[27]) sont les témoins du mariage célébré à la mairie de Guise. Les bans et le contrat de mariage précisent que le futur marié est manufacturier et sa femme écrivain. Les deux époux déclarent « qu'en s'unissant par mariage, ils veulent affirmer leur incessante union et leurs efforts communs pour le succès du Familistère et des publications sociales entreprises par M. Godin ; que leur désir est de rendre leur collaboration plus efficace en donnant cette consécration au lien affectueux qui les a constamment associés dans leurs travaux inspirés par le bien et l'amour de l'humanité sans qu'aucune pensée d'intérêt personnel se mêlât à ce pur sentiment[28] ».

En 1886, l'année même du mariage, *Le Devoir* ouvre ses colonnes à une discussion sur la pérennité du Familistère après Godin. L'industriel a-t-il manifesté des signes de faiblesses physiques ? Des voix se sont-elles élevées qui, anticipant le pire, craignent déjà l'incapacité des successeurs à tenir la barre ? Les réponses sont positives et le *Times* lui-même se fait l'écho des inquiétudes au sujet du Familistère, dont la vitalité, dit-on, a toujours tenu à l'énergie et au charisme de son fondateur. Face à ces inquiétudes, Godin prend la plume et rassure. Le lien d'intérêt est fortement constitué au Familistère et, si les successeurs à venir disposent d'un sens moral que Godin n'a cessé d'inculquer, « l'œuvre suivra sa voie[29] ». Mieux, avec des accents fouriéristes évidents, Godin propose que l'on reproduise 18 000 fois l'expérience qu'il a lui-même menée pour qu'enfin la France se trouvât transformée et régénérée. Le vœu de Godin ne sera pas exaucé. Et le débat, las, semble prémonitoire. Le 15 janvier 1888, deux ans à peine après avoir rasséréné, Godin quitte le monde des hommes. Par testament[30], il cède la moitié de ses biens à son fils et l'autre moitié à la Société du Familistère (soit l'équivalent de 3 100 000 francs). Conformément à sa demande, Godin est enterré civilement à l'extrémité du jardin d'agrément de la Société du Familistère, au lieu-dit Le Calais. Il y repose toujours, Marie Moret à ses côtés.

[Marie Moret

Qui est, à propos, la seconde épouse de Godin[31] ? Marie Adèle Moret naît à Brie-Comte-Robert (Seine-et-Marne) le 27 avril 1840. Elle est la cadette de Marie-Jeanne Philippe et de Jacques-Nicolas Moret, cousin de Godin. Élève brillante, elle quitte la pension à l'âge de 13 ans pour suivre, deux années durant, un apprentissage de lingère. Désireuse d'entrer comme novice dans l'établissement religieux où elle avait entamé sa scolarité, elle se heurte au refus de ses parents. En 1856, elle suit ces derniers à Guise. Marie part aussitôt à Bruxelles pour reprendre ses études et apprendre l'anglais. Là, pendant quatre ans, elle bénéficie de l'aile protectrice de la femme du directeur de la succursale que Godin a implantée à Laeken-lez-Bruxelles. En 1860, de retour en France, elle s'installe au Familistère et assiste Godin dans de nombreuses fonctions administratives. De 1861 à 1864, elle met en place les services de l'enfance, assume des tâches d'enseignement, forme les maîtresses et développe un art de la pédagogie qui, emprunté pour partie à certaines méthodes novatrices alors en vogue, assure son autorité sur le petit monde de l'éducation familistérienne.

Femme cultivée et grande lectrice, Marie Moret est, tout comme Godin, influencée par le spiritisme. En 1871, elle part vivre à Versailles avec son futur époux. De retour à Guise en 1875, elle investit à nouveau ses forces au service du Familistère. À ses responsabilités anciennes s'ajoutent des implications dans les différentes expérimentations lancées par Godin à la fin des années 1870 (groupes, unions de groupes, etc.) ainsi que de multiples travaux d'écriture. En 1880, elle traduit de l'anglais, parfois en corrigeant les détails qui la gênent, *La Fille de son père*, roman de la féministe américaine Marie Howland[32]. En 1881, Marie Moret offre un résumé de l'*Histoire des équitables pionniers de Rochdale*, petit ouvrage, fort diffusé, à la gloire de la coopération. En 1882, elle renouvelle l'expérience avec l'*Histoire de l'association agricole de Ralahine*.

Tout indique que le mariage avec Godin n'est pas de pure convenance. Marie Moret ne fait pas mystère de ses sentiments pour son « ange bien aimé », son « amour chéri », qui, dans ses missives, lui répond d'ailleurs à l'aide de qualificatifs similaires (« ma bonne amie », « ma chère petite Marie », « mon ange de lumière et d'amour »). En 1878, celle qui se présente volontiers comme amante dévouée, qualifie en ces termes la nature des relations qui la lient à Godin. « Depuis vingt-deux ans, donc, je suis à ses côtés. J'ai été son élève, je suis son disciple et sa compagne ; je donnerais sans hésiter ma part de bonheur en cette vie pour augmenter la sienne et mes jours pour allonger les siens. J'ai besoin d'ajouter que, durant ces vingt-deux ans qui m'ont vue tour à tour presque enfant, jeune fille puis femme, je n'ai point dès l'adolescence pris la grandeur de M. Godin comme je la comprends aujourd'hui[33]. » Indubitablement, le second mariage de Godin ne ressemble en rien au premier.

Suite au décès de Godin, Marie Moret occupe pendant six mois la fonction de gérante de l'Association, responsabilité qu'elle cède en juin 1888 à François Dequenne pour mieux se consacrer à la valorisation de l'héritage intellectuel de son mari. Récipiendaire des palmes académiques en 1890, elle édite *La République du travail et la réforme parlementaire* (1889), que, happé par la mort, son mari n'a pas eu le temps d'achever. Infatigable épistolière, elle se fait propagandiste de l'œuvre. Marie Moret rédige notamment un volumineux triptyque, resté inachevé, qui rapporte nombre des faits, gestes et discours de Godin. Elle y consigne également de multiples événements qui marquent la vie du Familistère. Féministe, Marie Moret adhère au Mouvement des femmes. Elle livre plusieurs de ses écrits au *Devoir*. Après la mort de son mari, elle s'exile régulièrement l'hiver à Nîmes, où elle rejoint Auguste Fabre. Malade et isolée sur la fin de sa vie, elle s'éteint à Sens le 14 avril 1908.

[2. Godin et la question sociale

Godin n'est pas qu'un industriel qui doit composer avec une vie familiale aux épisodes tourmentés avant de trouver le chemin de la sérénité domestique. C'est aussi, et peut-être même avant tout, un homme engagé et pétri de convictions politiques. Sensible à la question sociale, il en connaît les facettes, aussi sombres les unes que les autres : paupérisme[34], misère et mendicité, absence de logements et habitats malsains, chômage et bas salaires[35], alcoolisme, familles en péril…

[Solidarité et équivalents de la richesse

Godin n'est pas le seul, bien sûr, à se préoccuper d'une telle question. Dans la seconde moitié du XIXe siècle, beaucoup réfléchissent à la façon de lutter contre les maux sociaux du moment. Qu'ils soient philosophes, prêtres, moralistes ou économistes, la plupart invoquent la richesse comme solution première. Mais ils le font mal, estime Godin, car ils énoncent des discours, parfois fort fantaisistes, qui occultent le rôle des lois de la solidarité, lois à défaut desquelles le développement des biens matériels n'aurait guère d'effet heureux sur la société[36]. Dans l'esprit de Godin en particulier, la question sociale est à double ressort.

Elle est d'abord « dans son principe celle de la morale de l'humanité ; envisagée ainsi, elle n'est pas nouvelle, c'est le grand problème que chaque humanité doit résoudre pour donner à tous ses membres la place au soleil à laquelle ils ont droit ; aucune société n'en a encore donné la solution[37] ». Dans la société industrielle, cet épineux et récurrent problème prend toujours plus d'ampleur en raison d'un individualisme triomphant. Pour parer à ses effets délétères, il convient, second volet de la question sociale, de réfléchir à la juste répartition des richesses pour assurer à tous un droit à l'existence et une sécurité sociale[38]. De ce point de vue, admet Godin, « seuls, les socialistes ont dans ce siècle jeté quelque lumière sur cet important sujet. Saint-Simon, Fourier, Robert Owen, ont particulièrement indiqué la voie de la justice distributive ; ils ont démontré les avantages sociaux que la richesse acquise peut et doit donner aux citoyens. Mais la formule pratique des principes de la véritable économie sociale n'est pas encore assise[39] ». C'est à la concrétisation de cette formule que Godin voue une grande partie de son existence. Fidèle en cela aux propositions de C. Fourier, son principal maître en utopie, Godin retient l'association et la juste rémunération du travail, du capital et du talent comme clef de résolution des problèmes sociaux.

Il ne suffit pourtant pas de produire, ni même d'ailleurs de répartir justement les richesses. Pour étouffer la question sociale, il faut aussi fournir des équivalents de la richesse. Tel est l'un des messages à la fois les plus forts et les plus originaux de Godin. « L'amélioration du sort des classes laborieuses n'aura rien de réel, tant qu'il ne leur sera pas accordé les Équivalents de la Richesse, ou, si l'on veut, des avantages analogues à ceux que la fortune s'accorde ; armé de cette boussole, on peut marcher constamment dans la voie des choses qui sont à faire, on a un guide sûr de sa conduite[40]. » L'accès à un logement calme et propre est le premier équivalent de la richesse. « Chaque année, explique Godin dans une brochure dédiée à la présentation de son action, mon industrie se développait, et le nombre de mes ouvriers croissait dans les mêmes proportions. L'amélioration du sort de la classe laborieuse, qui était depuis longtemps une de mes principales préoccupations, prit une plus grande place dans mon esprit. L'étude des privations et des souffrances éprouvées par les familles ouvrières m'avait démontré que la première condition, pour faire arriver ces familles au bien-être, est de faire en sorte qu'elles jouissent d'un logement pourvu des ressources et des avantages sans lesquels la vie est entourée de dégoûts. Pour peu qu'on veuille y penser, il est facile de se convaincre que le logement est la base du bien-être de la famille[41]. »

Une telle déclaration de principe peut sembler toute pétrie de philanthropie. Elle n'en est pas privée bien sûr. Mais elle est plus que la simple affirmation émanant d'un employeur soucieux des conditions de vie de sa main-d'œuvre. Elle est plus fondamentalement le symptôme d'une bio-politique qui, au XVIIIe puis au XIXe siècle, se donne pour mission de rationaliser « les problèmes posés à un ensemble de vivants constitués en population : santé, hygiène, natalité, longévité, race…[42] ». Au service d'abord du contrôle des corps individuels, le resserrement des « mailles du pouvoir » favorise celui d'ensembles d'humains dont l'on s'aperçoit que leurs conditions de vie, leur hygiène, leur habitat, leurs mœurs… posent problème[43]. Tout comme l'agencement des institutions asilaires peut, croit-on alors, contribuer à la thérapie des aliénés, l'architecture des logements ouvriers acquiert le statut de technologie morale destinée à réguler la population industrieuse. Le Familistère de Godin compte au rang de ces innovations les plus flamboyantes qui, tout en inventant des dispositifs de gestion à portée parfois microscopique, ne drainent pas moins avec eux des projets de réformes macrosociales au service de ce que Michel Foucault nomme la gouvernementalité[44].

[Trois solutions pour une république du travail

Ce n'est donc pas un hasard si, après avoir expérimenté avec le Familistère une réponse concrète à la question sociale, Godin esquisse les plans d'une réforme générale de la société. Godin s'y emploie à de multiples reprises, dans *Le Devoir*, *Études sociales* ou encore *La République du travail et la réforme parlementaire* (1889). Dans cette dernière livraison posthume, Godin propose trois réformes pour en finir avec les inégalités et la misère. La première est « l'organisation vraie de la puissance sociale ». Obscure, l'expression signifie que Godin revendique un suffrage universel rationnellement et démocratiquement organisé. Godin prône plus exactement « l'institution de l'unité de collège électoral avec scrutin de liste ; chaque bulletin portant autant de noms qu'il y a de ministères ou de départements des affaires publiques. Il faut, en outre, instituer le renouvellement annuel de la moitié des corps élus[45] ». Dans le plan imaginé par Godin, non seulement les membres de la chambre sont détenteurs de mandats de très courte durée, mais ils participent aussi aux travaux de gouvernement. Après avoir choisi une spécialité parmi dix qu'incarnent autant de ministères[46], chaque élu œuvre au sein d'une commission qui élit en son sein un président et un vice-président. Tous deux appartiennent de droit à une commission d'État aux compétences transversales. Dans la mesure où toute peine mérite salaire, il est normal, ajoute Godin, que les élus soient rémunérés pour le travail effectué.

La deuxième réforme proposée consiste à abolir les impôts indirects, véritable fléau pour le peuple en général et pour tous les déshérités de l'existence en particulier. « En vérité, l'impôt indirect, c'est la taille ancienne, changée de nom et prélevée par l'État sur le travailleur. Cet impôt est absolument contraire à l'esprit démocratique[47]. » Comment compenser le déficit que ne manquerait pas de provoquer l'abolition d'un tel impôt ? La solution est simple. Il suffit de supprimer le droit à l'héritage dont bénéficient les particuliers et d'instituer un « droit d'hérédité de l'État ». Avec les biens mobiliers et immobiliers qui lui reviendront par ce biais, l'État pourra établir la solidarité et financer les mutualités sociales.

Le dernier levier au service de la réforme concerne l'organisation et l'émancipation du travail : « Il faut que les travailleurs de tous ordres soient constitués en Syndicats et Unions professionnels, sur toute l'étendue de la République, et que le droit de régler les conditions de travail dans chaque genre d'opérations leur appartienne, concurremment avec les chefs d'industrie. Il faut, par ces moyens, mettre un terme à la concurrence basée sur la réduction des salaires et l'augmentation de la durée du travail[48]. » Procéder de la sorte devrait réduire à néant, du moins Godin l'espère-t-il, la subordination du travail au capital. Dans la mesure de ses moyens, Godin est le premier à tenter d'agir dans une telle direction.

[3. Engagements politiques

Manufacturier à succès, écrivain et journaliste, propagandiste et réformiste, Godin est aussi un homme politique. Son engagement dans l'espace public dérive directement de son intérêt pour la question sociale et de sa sensibilisation précoce aux doctrines socialistes. Mais c'est avant tout en phalanstérien convaincu que, dans les années 1840, Godin se rend régulièrement à Paris[49]. En 1847, il s'inscrit par exemple au banquet de l'école sociétaire afin de « communier » avec ses amis de *La Démocratie pacifique* « dans l'espoir de la rédemption sociale[50] ». Parisien à ses heures, Godin est au premier rang quand éclate la révolution de février 1848.

[De la fièvre révolutionnaire…

Le soulèvement auquel assiste le manufacturier de Guise n'est pas le fruit du hasard, mais le produit d'une situation inique en matière de droits politiques. Sous Louis-Philippe, la France est peuplée de 36 millions d'habitants. Seuls 200 000 citoyens acquittant au minimum 200 francs d'impôts peuvent élire le corps législatif. En 1847, Prosper Duvergier de Hauranne demande l'abaissement du cens électoral à 100 francs, proposition à laquelle Guizot s'oppose fermement. D'autres, les radicaux en tête, revendiquent le statut de citoyen pour le plus grand nombre. Leurs revendications et leurs agissements sont relayés par la presse (*Le National*, *La Réforme*, *La Démocratie pacifique…*). Pour obtenir gain de cause, les partisans de la réforme électorale organisent des banquets à travers la France. Le premier se tient le 9 juillet 1847 dans la banlieue de Paris. Le dernier, qui doit avoir lieu le 22 février 1848 dans le 12e arrondissement de la capitale, est interdit par des autorités. Curieux, Godin souhaite assister, en dépit de la censure, à l'événement final. Il gagne Paris le jour prévu. « Le banquet fut supprimé, rapporte Godin. Mais les écoles remplacèrent cette manifestation par leurs promenades dans les rues aux cris de : “Vive la réforme !” La nuit suivante, vers 9 heures, quelques barricades s'élevaient silencieusement aux abords des Tuileries mêmes, et peu après un feu de peloton tiré de l'hôtel des Capucines sur la foule des boulevards venait surexciter l'émotion générale. Le 23, Paris avait l'aspect d'une ville en révolution ; le 24, je vis le peuple entrer aux Tuileries et la royauté partir pour l'exil. Un instant après, j'aidais à afficher sur les murs du Carrousel et dans les rues de Paris, un placard rédigé par les rédacteurs de *La Démocratie pacifique*. J'étais allé à Paris pour voir une manifestation et j'avais vu une révolution. Le suffrage universel était conquis et la République proclamée[51]. »

Gagné par la fièvre politique qui se répand à l'occasion de la naissance de la IIe République, poussé par l'école sociétaire qui est décidée à faire entrer le plus grand nombre de phalanstériens dans la nouvelle Assemblée, Godin décide de se présenter aux élections d'avril de l'Assemblée constituante. Dans la profession de foi qu'il présente aux électeurs du département de l'Aisne, Godin affirme : « Mes seuls titres à la candidature sont ceux d'un travailleur qui n'a vécu qu'au sein de la fabrique et de l'atelier, au milieu des sociétés d'ouvriers des principales villes de France ; d'un travailleur qui manque de ce prestige qui s'attache à la fortune et à la naissance ; d'un travailleur enfin qui n'a d'autre titre connu que de s'être distingué dans le champ du travail[52]. » Godin poursuit en affichant ses convictions républicaines et en plaidant en faveur de réformes au profit du travail « organisé » et « assuré », travail protégé des méfaits de la lutte, de la concurrence et des risques de chômage. Le travail organisé « sera la consécration du premier des droits du citoyen et du plus grand des devoirs de la société envers lui, la garantie pour tous des moyens d'existence ». Sur la liste de ses priorités politiques, Godin ajoute les droits de la femme, l'éducation des enfants du peuple, les soins aux plus démunis (vieux, infirmes) et l'extinction de la mendicité. Les desseins sont généreux. Nulle évocation, en revanche, des dispositions concrètes que Godin entend promouvoir pour parvenir à de telles fins.

Bien que battu[53], Godin acquiert une petite notoriété à l'occasion des élections. À Guise, sa réputation est faite. Désormais, ses convictions socialistes ne sont plus un mystère pour personne. Godin en paye d'ailleurs le prix fort. Son domicile est l'objet de fouilles policières (on ne trouvera que son fusil de garde national[54]), et les hommes de loi ne lui pardonnent guère son engagement politique. « L'empire fait, je demeurai aux yeux de ce gouvernement un homme sur qui il fallait avoir l'œil. J'étais non seulement sans appui près de lui, mais encore l'objet de délations continuelles de la part de rivalités jalouses. La magistrature ne m'était pas plus favorable. Aussi perdais-je tous les procès industriels que la contrefaçon m'obligeait à soutenir. Et le procédé pour me battre devant les juges était bien simple. Quelle que fût la bonté de ma cause, malgré les conclusions les plus formelles des experts en ma faveur, la partie adverse, sans entrer dans l'examen des faits du procès, venait dire devant les juges : "MM. les magistrats, M. Godin est un socialiste", etc. Le procès était gagné pour elle[55]. »

Loin de tout activisme, Godin assiste impuissant aux reculs, défaites et errements qui suivent la révolution de 1848, à commencer par l'abolition des ateliers nationaux et la répression en juin des insurrections ouvrières. L'école sociétaire pâtit, la première, du contre-feu alimenté par le nouveau président de la République (Louis Napoléon Bonaparte est élu le 10 décembre 1848) et par le parti de l'ordre qui gagne les élections législatives de mai 1849. En juin, après la manifestation organisée par Alexandre Ledru-Rollin, l'imprimerie de *La Démocratie pacifique* est mise à sac et la publication du journal interdite. Après le coup d'État du 2 décembre 1851, l'école sociétaire est définitivement décapitée. Du spectacle d'ensemble, Godin conserve toute sa vie un sentiment de répulsion à l'encontre des guerres civiles en particulier et des conflits violents en règle générale. Il observe ainsi de loin, sans en approuver l'emportement sanglant, les événements de la commune de Paris de 1871.

[... aux responsabilités politiques

Godin ne renonce pas pour autant à l'action politique. En 1869, il soutient activement la candidature à la députation de Jules Favre, son avocat dans le procès contre Esther Lemaire. Il publie à cette occasion un manifeste électoral qui ne laisse personne indifférent. Un an plus tard, il milite pour le « non » lors du plébiscite organisé par Napoléon III. Au début des années 1870, Godin cumule surtout trois mandats politiques importants. Il est maire de Guise jusqu'en 1874, conseiller général jusqu'en 1883 et député jusqu'en 1876.

Godin est d'abord un édile. C'est dans une atmosphère tourmentée qu'il accède aux responsabilités. La chute de l'Empire et l'avènement de la République précipitent la fin des conseils municipaux sur lesquels les bonapartistes détenaient la haute main. Dissous, ils sont remplacés par des commissions municipales républicaines. Conseiller depuis 1860, Godin est président de la commission municipale de

Guise au moment de l'invasion prussienne. « Le Familistère et ses habitants n'ont pas souffert des bombes prussiennes, écrit-il, mais nous avons subi les prétentions et les craintes que comporte (...) une occupation[56]. » Au cours de cette triste période, Godin laisse le souvenir d'un homme d'action qui refuse de composer avec l'ennemi et qui sait faire preuve d'imagination pour résoudre les problèmes les plus variés. Godin se heurte par exemple à une difficulté matérielle pour payer ses 900 ouvriers. Non qu'il n'ait pas les moyens financiers mais, en pays occupé, la Banque de France émet essentiellement des grosses coupures de 1 000 francs. Godin n'est pas le seul à souffrir de l'absence de petites liquidités. La ville de Guise est aussi handicapée. Afin de contourner la difficulté, Godin propose d'émettre des chèques de 5 à 10 francs destinés à rémunérer sa main-d'œuvre. Le 17 septembre 1870, il fait part de son idée aux commerçants et leur demande d'accepter cette monnaie singulière lorsque les ouvriers effectueront leurs achats. Les chèques, assure-t-il, pourront être remboursés contre de vrais billets à l'aide de la caisse du Familistère. Les commerçants se prêtent volontiers au jeu[57].

Godin entame une autre carrière de notable politique sous la pression du parti républicain, qui lui demande de se présenter au conseil général du canton de Guise afin de combattre la candidature officielle de Godelle[58]. Bien que confortablement élu le 12 juin 1870, il ne siège pas immédiatement. Prévue pour août, l'ouverture de la session des conseils généraux est en effet reportée, en raison du conflit avec la Prusse, à une date indéterminée. Le conseil finit par se constituer. Godin va y siéger plus de douze ans. Il est réélu le 8 octobre 1871 et le 4 novembre 1877. Il échoue en revanche en août 1883. Membre de la majorité républicaine, Godin côtoie dans cette assemblée régionale des notaires, des avocats, des officiers, des docteurs en médecine, des propriétaires et des élus locaux. Godin n'occupe pas là de rôle de premier plan. Assidu néanmoins, il s'investit, de façon inégale dans le temps, dans diverses commissions : routes, canaux et chemins de fer (1871-1873 ; 1879-1882) ; établissements publics et bâtiments départementaux (1874-1878) ; chemins vicinaux (1878) ; instruction publique (Godin siège de 1877 à 1880 dans la commission spéciale en charge du projet de construction d'une nouvelle école normale)...[59]

Une des grandes affaires de Godin au conseil général est la construction d'une gare à Guise. Le fondateur du Familistère espère qu'elle sera sise sur un terrain dit « Les Coutures ». Situé aux portes de l'usine, le terrain est idéal pour envisager le désenclavement de l'établissement. Le dossier est ouvert dès les années 1860. Au sein du conseil général, Godin se bat avec acharnement au début de la décennie 1870 pour faire accepter son projet. Mais c'est l'échec et c'est une option différente qui est retenue. Godin ne baisse pas les bras, et l'affaire rebondit lorsqu'il s'agit d'envisager une autre implantation. Lors de sa séance du 9 mars 1881, le conseil de gérance propose, suite à une suggestion de Godin, que la Société du Familistère offre à la ville de Guise une subvention de 100 000 francs pour que la nouvelle gare de chemin de fer de l'État soit placée aux Coutures. Le projet est de nouveau rejeté. Le Familistère devra attendre encore longtemps – l'année 1900 pour être exact – avant que l'usine soit reliée à la gare.

Au début des années 1870, Godin fait preuve d'un insatiable appétit politique. Il est élu député de l'Aisne le 8 février 1871. Pour assumer ses responsabilités nationales, Godin délègue ses pouvoirs d'employeur à une commission de cinq membres[60] et part s'installer à Versailles avec Marie Moret. Bien qu'éloigné, Godin continue à suivre de près ses affaires, comme en témoignent les instructions épistolaires qu'il fait parvenir à son fils ou encore celles qu'il envoie régulièrement à Alfred Denisart (chef de la comptabilité de l'usine depuis 1865). Godin procède de même pour les écoles par l'entremise d'Alexandre Poëtte, instituteur, auquel il demande notamment d'intervenir à sa place auprès du secrétaire de la mairie de Guise afin de « régulariser immédiatement la situation des écoles du Familistère comme écoles libres[61] ».

Le couple profite de l'exil versaillais pour se plonger dans les écrits d'Emanuel Swedenborg. À la Chambre, où il siège avec la gauche républicaine et où il croise quelques grandes figures comme Louis Blanc ou Jules Ferry, Godin ne fait guère d'étincelles. Il prononce néanmoins quelques discours et prend part à l'élaboration de propositions de lois (sur les emprunts destinés aux indemnités de guerre, sur la révision de la loi de 1864 sur les coalitions, sur les transports, sur le travail des femmes...). Dans le cadre des débats sur le travail des enfants dans les manufactures, et alors que le projet de loi présenté en juin 1871 retient un âge minimal d'embauche de 10 ans, Godin intervient pour suggérer d'élever le seuil à 12 ans de manière que les jeunes puissent bénéficier d'une bonne instruction primaire. Godin revendique aussi la mise sous tutelle étatique de l'enfant par l'État et surtout l'assurance que celui-ci puisse avoir accès à l'instruction avant d'entrer dans le monde du travail. L'amendement proposé est rejeté par l'Assemblée par 380 voix contre 211[62].

Cinq ans après sa première élection à la Chambre, Godin renonce à se présenter pour une seconde mandature. Il « est vite désenchanté de la politique, dont les dessous répugnent à son caractère ; puis elle nuit au développement de son œuvre[63] ». Godin se désengage non seulement parce qu'il souhaite revenir pleinement aux affaires du Familistère mais aussi parce qu'il est persuadé que la propagande par les écrits vaut aussi bien, sinon mieux, que le travail parlementaire.

[Une ambition réformiste de grande ampleur

En tant que citoyen intéressé aux affaires publiques, Godin n'a pas pour seul désir de promouvoir un modèle unique et restreint de transformation sociale, dont le Familistère serait le parangon. Nombre de ses écrits et conférences révèlent la largeur de vue de l'industriel. L'idéal de République du travail évoqué précédemment compte au rang des programmes qu'il livre à ses lecteurs. Mais ce n'est pas le seul. Invité en 1877 à Lausanne par Édouard Raoux, l'auteur d'une brochure sur le Familistère[64], Godin prononce une conférence dans laquelle il fait des propositions d'aménagement très précises (logements, services annexes…) pour un nouveau quartier de la ville. Pour être en phase avec la réalité locale, le modèle suggéré appelle plusieurs amendements de la matrice familistérienne : absence de verrière dans les cours des pavillons pour ne pas être obligé de construire ces derniers d'une seule pièce, accueil d'une population moins homogène socialement qu'elle ne l'est à Guise… Le projet ne verra jamais le jour.

Ce semi-échec ne décourage pas Godin pour autant, qui, dans des publications ultérieures, présente un ambitieux projet de reconstruction des communes assis sur un modèle d'habitation unitaire. D'abord parues sous forme d'articles dans plusieurs numéros du *Devoir*, les réflexions programmatiques fournissent matière à un ouvrage politique (*Le Gouvernement : ce qu'il a été, ce qu'il doit être et le vrai socialisme en action*) qui paraît en 1883. Au début des années 1880, Godin réhabilite l'action de l'État, sur lequel, auparavant, il ne comptait guère. À l'autorité politique, estime-t-il, de lancer les initiatives semblables à celles du Familistère. « Le moment approche où le législateur et l'administration publique devront intervenir pour favoriser les réformes dans l'édification et la location des logements[65]. » Il est souhaitable que l'État participe sur une plus vaste étendue encore « dans la mesure réclamée par l'intérêt public ; il interviendra dans la dépense d'édification des écoles et des choses d'intérêt général, ainsi que dans les frais de celles qui participent du domaine public[66] ».

Par extension du modèle familistérien, Godin établit, plan et mesures à l'appui, le modèle de communes nouvelles qui seront édifiées avec « plus d'ordre et de science » que ne le sont les habitats actuels. Au service de l'hygiène et de l'éducation, les coûts de cette politique ambitieuse seront pris en charge par des sociétés, comparables à celle des chemins de fer, qui associent des fonds publics et privés. Par conséquent, « il n'y aura plus de propriétaires mais des actionnaires dont les capitaux serviront à ériger les palais destinés à loger les travailleurs[67] ». La proximité est, comme au Familistère, un mot d'ordre impératif. Les différents espaces de vie des habitants (éducation, logement, usine…) ne devront pas être trop éloignés les uns des autres. Les communes seront dotées par ailleurs de rues de 20 mètres de largeur. Les corps de logements de quatre étages auront forme de parallélogrammes, ils pourront accueillir au moins 1 000 personnes et ils seront assortis de balcons ou galeries faisant le tour des cours. Les habitations unitaires comprendront également des écoles, des salles de conférences, des bibliothèques, des espaces dédiés à la basse enfance, des carrés réservés aux ateliers d'industrie et au travail, etc.

Pour fournir des arguments économiques sérieux en faveur d'un tel programme, Godin élargit le spectre de sa réflexion afin de trouver le meilleur mode de gouvernement possible ainsi que la répartition des ressources publiques la plus juste et la plus efficace. Godin se prononce, on l'a vu, en faveur d'une réforme des impôts. « Vieille machine renouvelée du régime féodal[68] », la fiscalité en vigueur grève la consommation des classes laborieuses et paralyse l'innovation productive. Ouvertement critique à l'égard de la politique d'emprunt de l'État français, qui accable le peuple de dettes à rembourser, et d'un système d'imposition indirect aux extensions bien trop larges, Godin propose de réduire l'assiette des prélèvements, de limiter les complications en instaurant un impôt unique et d'améliorer enfin la perception des recettes fiscales. Avec une telle réforme, les citoyens gagneront en liberté, l'économie en prospérité et l'État en efficacité. Malheureusement, conclut Godin, « les compétitions politiques tiennent la place des études sérieuses, et il faudra encore un certain temps avant que les classes dirigeantes abandonnent ce terrain, pour élever leurs pensées vers les réformes qui doivent définitivement ouvrir la voie de la concorde et de la sécurité sociales[69] ».

Si laconique soit-elle, cette conclusion est révélatrice du rapport que Godin entretient avec l'action politique. Les écrits du fondateur du Familistère n'invitent pas seulement à la généralisation souple de l'expérimentation entreprise à Guise, ils sont aussi une façon d'amender, voire de remplacer, un mode d'action publique qu'à l'expérience le fondateur de Familistère juge peu efficace, surtout à l'échelle nationale. « Le parlementarisme, juge-t-il sévèrement à la fin de sa vie, est un régime bâtard, sous lequel les classes qui ont ressaisi une partie des privilèges d'autrefois ont donné, à l'organisation des pouvoirs, des formes qui n'ont de démocratique que le nom[70]. » Voilà pourquoi Godin use abondamment de sa plume pour travailler au changement social. Au début des années 1870, il publie à ses frais plusieurs livres de propagande : *La Richesse au service du peuple* (1874), *Les Socialistes et les droits du travail* (1874), *La Souveraineté et les droits du peuple* (1874) et *La Politique du travail et la Politique des privilèges* (1875)[71]. Ces livres à petit format de moins de 200 pages sont vendus 25 centimes pièce. Ils paraissent dans la « Petite Bibliothèque démocratique » fondée par Victor Poupin. Destinés à véhiculer des points de vue républicains, féministes et socialistes[72], ces opuscules confortent la réputation de Godin au-delà de sa Picardie natale. De nombreux ouvrages seront publiés encore par l'industriel fouriériste tout au long des décennies 1870 et 1880, sur les sujets les plus divers : la réforme électorale (1884), les impôts (1886), le travail et la consommation (1886), les élections (1887)[73]...

[4. *Le Devoir*

Les livres ne sont pas le seul moyen utilisé par Godin pour propager ses idées et partager son expérience familistérienne. En 1878, il fonde *Le Devoir*, journal dont le titre évoque à la fois le mouvement compagnonnique et l'impératif moral cher à Emmanuel Kant. Le premier numéro paraît le 3 mars. Ce sera « une feuille de propagande sociale[74] ». La devise *Mutualité-Solidarité-Fraternité* sert de sous-titre, avant d'être remplacée ultérieurement par *Journal des réformes sociales*. Socialiste, féministe et anticlérical[75], le journal paraît tous les dimanches, et sa taille varie selon les périodes entre sept et seize pages grand format. Il est d'abord composé d'articles originaux, plutôt courts. Ils sont signés pour la plupart par le rédacteur en chef, par Godin lui-même (directeur-gérant) et, plus ponctuellement, par d'autres journalistes. *Le Devoir* publie aussi des extraits d'autres journaux tels l'*Abeille médicale*, *Woman Suffrage Journal*, *La Solidarité*, *Le Moniteur universel*, *Le Temps*... Il fournit également des brèves d'actualité à la fois nationales (conjoncture économique et socio-politique, polémiques sur le divorce et le mariage, lois en préparation...) et internationales (informations sur la situation du mouvement ouvrier et des organisations féministes, état des relations internationales...). Le journal est enfin agrémenté de citations d'auteurs (Fichte, Lamartine, Rousseau, Herder, Goethe...) et d'extraits de romans, voire d'ouvrages à visée plus sérieuse. Les sciences sociales y tiennent toute leur place. Des passages entiers des *Principes de sociologie* de Spencer sont par exemple offerts au lecteur.

Le Devoir fournit régulièrement des nouvelles de la vie au Familistère. Les fêtes de l'Enfance et du Travail font l'objet de comptes-rendus systématiques ; les noms des nouveaux associés sont rendus publics par cette voie de presse ; des placards publicitaires vantant les derniers modèles de l'usine Godin sont insérés dans le corps du journal, etc. De nombreuses conférences prononcées par Godin sont également reproduites *in extenso*. Comparée à celle des articles originaux, leur place augmente au fil des années. Comme le suggère plus précisément le tableau suivant, l'implication de Godin « journaliste » et « essayiste » atteint son acmé en 1880-1881, période de vacance du poste de rédacteur en chef du journal.

Ajoutons que, s'ils relèvent tous des domaines politiques, économiques et sociaux, les thèmes généraux traités par le fondateur du Familistère sont relativement variés[76].

L'implication de Godin dans *Le Devoir*

Année	**Taux d'implication***	**Principaux thèmes abordés par Godin dans *Le Devoir***
1878	0,46	La question sociale, le paupérisme, la morale, les écoles publiques, les grèves, les caisses d'assistance, le chômage, le droit à l'existence, la répartition des richesses, la religion.
1879	0,27	Le droit à l'existence, la révolution du 30 janvier, le travail, l'association, le protectionnisme.
1880	0,65	Statuts de l'Association du capital et du travail, études sociales sur le gouvernement, l'organisation coopérative, une grève au Familistère.
1881	0,67	L'habitation nouvelle, l'Association du capital et du travail, l'impôt, le choix des fonctionnaires, le ministère de Gambetta, la paix.
1882	0,3	Le paupérisme, les questions sociales.
1883	0,52	La vie, la richesse, l'État, les impôts.
1884	0,13	La grève, la réforme électorale et la révision constitutionnelle (discours de Godin aux députés et sénateurs), les impôts, le budget, l'arbitrage international.
1885	0,17	Le parlementarisme, l'Association du capital et du travail, le travail des femmes.
1886	0,28	Le Familistère, les anarchistes, la paix.
1887	0,13	La paix, l'enseignement.

*Le taux d'implication rapporte le nombre de présences de Godin (articles rédigés de sa main, reproductions de ses discours et conférences) au nombre de livraisons annuelles du *Devoir*. Il peut donc osciller entre 0 (aucune ligne de Godin ou extrait de conférence publié dans l'année) et 1 (Godin est présent dans chacun des numéros).

Le Devoir est dirigé par différents rédacteurs en chef qui se succèdent dans le temps, avec parfois des périodes d'intérim (1880-1881, 1885-1886) au cours desquelles Godin prend la relève. Après Édouard Champury (1878-1880), la direction est assurée par Fortis (1881-1883), par Simon Deynaud (1883-1885) puis par Gustave Rouanet (1886-87)[77]. Les rédacteurs ont tous, à un titre ou à un autre, des sympathies socialistes. Mais cela ne suffit pas pour que Godin leur accorde une confiance pleine et entière. Celui-ci affiche même immédiatement ses réserves quand S. Deynaud, dont l'engagement politique est connu, postule à la fonction de rédacteur. « La rédaction du *Devoir*, écrit-il au candidat, est toujours restée en dehors des personnalités et ne s'est attachée qu'aux questions de principes, je veux la maintenir dans cette ligne de conduite[78]. » Autre illustration révélatrice : quand, en juillet 1886, il part trois semaines en voyage de noces avec son épouse à Dore-les-Bains (Auvergne), Godin ne peut se résoudre à rompre le fil. Il envoie deux articles à G. Rouanet pour le prochain numéro du *Devoir* et exige qu'il lui fasse parvenir les épreuves avant l'impression et le tirage ! Durant cette période de vacances, Godin suit pareillement, il est vrai, ses multiples autres affaires en cours et adresse des courriers d'instruction similaires à ses collaborateurs de l'usine les plus proches. Les rédacteurs supportent inégalement les manifestations d'autorité de leur employeur. En 1885, S. Deynaud quitte la rédaction en chef suite à un désaccord avec Godin. En dépit de telles péripéties, l'aventure du *Devoir* continue. Le journal devient mensuel en 1888 et ne disparaît qu'en 1906.

Le Devoir n'est pas un journal confidentiel. Dès les premières années, le nombre d'exemplaires expédiés vers la France et l'étranger varie, selon les semaines, entre 2 000 et 15 000[79]. En France, en 1881, 66 départements (dont l'Algérie) sont destinataires, les meilleures ventes s'effectuant à Paris. Le journal possède à son actif 461 abonnés payants, dont une minorité de familistériens (29 exactement). Il procède à 61 échanges, et 20 exemplaires sont envoyés gratuitement. *Le Devoir* est lu dans 18 pays étrangers, où l'on décompte au mieux, en 1881, une poignée d'abonnés (17 en Allemagne, 16 en Belgique, 23 aux États-Unis). Si les chiffres ne sont pas ridicules, financièrement, *Le Devoir* n'est pas un investissement rentable. Entre 1879 et 1888, le déficit est même permanent, de 8 500 francs en moyenne chaque année. Mais Godin finance. Et il le fait sur ses fonds personnels[80].

Grâce à l'analyse du fichier des abonnés, Nicolas Sauvé a pu mettre en évidence la répartition par profession des lecteurs du *Devoir* : fonctionnaires et employés d'administration (18 %), métiers de l'édition et du journalisme (16 %), ouvriers, artisans et paysans (13 %) – mais à 90 % des ouvriers qualifiés comme les serruriers, les horlogers, les armuriers ou les mécaniciens –, ingénieurs et architectes (8 %), hommes politiques (7 %), propriétaires, directeurs et rentiers (9 %), commerçants (7 %), gérants de coopératives et syndicalistes (6 %), juristes (6 %), médecins, dentistes et pharmaciens (5 %), militaires (3 %), autres (2 %). *Le Devoir* n'est donc pas un journal de prolétaires. Il s'adresse à une frange active et cultivée des classes moyennes et supérieures que la philosophie de Godin (notamment la rémunération du talent) séduit certainement plus que les doctrines égalitaristes.

[5. Diffusion et réception de l'œuvre

Même si la réception de ses idées a rarement été à la hauteur de ses attentes, Godin a su soigner la communication de ses faits, gestes et opinions. Quand il entreprend la construction du Familistère, Godin ne souhaite pas, il est vrai, attirer l'attention du plus grand nombre sur son expérimentation. Il attend le milieu des années 1860 avant d'accepter que des présentations et comptes-rendus de l'expérience familistérienne circulent dans l'espace public. En 1863 encore, il refuse de communiquer des renseignements à Jules Simon, qui le sollicite afin de pouvoir actualiser son ouvrage *L'Ouvrière*. En réponse à Calixte Souplet, qui relaie la demande de l'écrivain, Godin écrit : « Je suis vraiment fort embarrassé pour vous donner cette satisfaction malgré mon désir de servir utilement ceux qui dans une bonne intention travaillent à apporter quelque lumière aux questions sociales à résoudre. (…) Vous savez que je cherche à éviter la publicité. Je la crains seulement incomplète et faite sous l'empire des préventions de l'habitude et de la tradition, deux souverains qui mènent le monde[81]. » Le refus n'est pas définitif. « Quand je croirai le moment venu, je ferai la publicité moi-même et j'apporterai des faits avec une opinion largement développée, si ce n'est pas une doctrine nouvelle[82]. » Tel est le cas un an plus tard. Au fil du temps, la notoriété de Godin va ensuite croissante, ce qui lui vaut d'ailleurs autant d'inimitiés et de critiques que d'estime et de soutien[83].

[Des premières visites aux échos dans le monde anglo-saxon

La première publication qui présente le Familistère n'est pas de Godin lui-même mais d'Alexandre Oyon, ancien rédacteur de *L'Observateur de l'Aisne*. Après sa visite en 1864, le journaliste rédige un petit ouvrage de 48 pages à la gloire du Familistère[84]. Godin n'est pas étranger à la production de ce premier opuscule. Il fournit de nombreuses informations à son auteur et rédige même une note complémentaire à l'ouvrage. Le coup d'envoi est donné. Le Familistère s'ouvre aux visites. Avec un succès inégal dans le temps[85], il attire des observateurs dont certains jouissent d'une réputation nationale, voire internationale : fouriéristes de renom, coopérateurs, industriels, journalistes, écrivains, historiens, sociologues, hommes politiques… se déplacent à Guise pour rencontrer Godin et visiter le Palais social.

Extraits du *Livre des visiteurs* du Familistère pour la période 1864-1887

1864 : Auguste-Louis Oyon, journaliste.

1865 : Jules Simon, écrivain et homme politique ; François Cantagrel et Jean-Baptiste Noirot, fouriéristes ; Tito Pagliardini, coopérateur anglais ; Charles Legault, journaliste fouriériste à Alger.

1866 : William Tennant Gairdner, médecin écossais ; Henri Schmal, Paul Blanc, Ignace Horn, Élie Reclus, Alfred Naquet et Fernando Garrido, coopérateurs ; Henry Roberts, architecte ; Louis Reybaud, publiciste.

1867 : Henri Gautier, militaire fouriériste, fondateur de la colonie de Saint-Denis-du-Sig (Algérie).

1868 : Jean et Virginie Griess-Traut, fouriéristes ; François Barrier, médecin fouriériste.

1869 : Ernest-Valeton de Boissière, industriel fouriériste français établi aux États-Unis ; Edmond Turquet, magistrat et homme politique républicain ; Valère Faneau, médecin fouriériste.

1870 : Cyrenus Osborne Ward, journaliste et éditeur réformiste à New York.

1871 : Robert Halt, écrivain.

1872 : Paul-Charles Peureux de Bourelle, militaire fouriériste ; Édouard de Pompéry, journaliste fouriériste ; Elisabeth Blackwell, médecin aux États-Unis ; Désiré Laverdant, journaliste fouriériste.

1873 : Charles Potvin, écrivain belge ; Ravet-Anceau, coopérateur et éditeur saint-simonien.

1874 : Wladimir Taneew, avocat fouriériste russe ; Kate Stanton, conférencière américaine ; Michel Achkinasi, écrivain russe ; Benjamin Ricketson Tucker, journaliste anarchiste américain ; Pierre-Gaétan Leymarie, directeur de *La Revue spirite*.

1875 : Joseph Pouliquen, fouriériste à Condé-sur-Vesgre ; Rosalie Morel, militante de l'éducation populaire ; William Ballantyne Hodgson, professeur d'économie écossais ; Henri Martin, historien et homme politique républicain ; Zoé Bureau-Rey, épouse d'Allyre Bureau, directeur de la colonie fouriériste de Réunion au Texas de 1856 à 1858.

1876 : Nicolas de Karaloff, propriétaire fouriériste russe.

1877 : Émile Cacheux, ingénieur et architecte ; Paul Robin, pédagogue anarchiste.

1878 : Edward Vansittart Neale, leader du mouvement coopératif anglais ; Gaetano Durando, botaniste fouriériste à Alger ; Auguste Fabre, coopérateur.

1879 : Harald Westergaard, professeur d'économie danois ; Charles Fauvety, écrivain socialiste ; Albert Brisbane, fouriériste américain.

1880 : William Marcroft, coopérateur anglais ; James Stansfield, homme politique anglais ; Harry Meltzer, rédacteur au New York Herald ; Eugène Nus, écrivain fouriériste et spirite ; Henri Couturier, médecin fouriériste ; Charles Pellarin, médecin fouriériste, biographe de Charles Fourier ; Augusta Cooper-Bristol, écrivaine américaine ; Jean Macé, pédagogue militant de l'éducation populaire.

1881 : Francesco Vigano, professeur d'économie et coopérateur italien ; Henri Catineau, militaire fouriériste ; Basile Jarotsky, professeur russe ; Charles Limousin, journaliste fouriériste et coopérateur ; Daniel Follansbee Morril, entrepreneur associationniste américain.

1882 : Léon Baldy, industriel au Mexique ; Isaac Tweedale, coopérateur anglais.

1883 : Jacob Cornelis et Agneta Van Marken, industriels néerlandais ; Jules Manier et Henri Flamans, journalistes socialistes ; Émile Acollas, juriste ; Albans Chaix, imprimeur et éditeur ; Charles Robert, juriste et coopérateur ; Hyppolite Destrem, journaliste fouriériste ; Hodgson Pratt, coopérateur et pacifiste anglais ; Joseph Maria Baernreither, homme d'état autrichien.

1884 : Auguste Fougerousse, économiste et coopérateur ; Jules Lombart, industriel ; Auguste Desmoulins, socialiste ; Charles Drysdale, médecin britannique ; Edward Owen Greening, et une délégation de coopérateurs anglais ; Clovis Hugues, poète et député socialiste en 1881 ; délégation des chambres syndicales ouvrières de Paris.

1885 : James Hargreaves, industriel anglais ; George Jacob Holyoake, coopérateur et libre-penseur anglais ; Lucy R. Latter, pédagogue britannique ; Johan-August Strindberg, écrivain suédois ; Jean Priot et Ferdinand Michel, anciens membres de la colonie fouriériste de Réunion au Texas ; Colson Bell Pitman, rédacteur du *Times* de Londres.

1886 : Charles-Émile Prétat, bijoutier établi aux États-Unis ; Arthur Herbert Dyke Acland, professeur et coopérateur anglais ; Laurence Gronlund, écrivain socialiste américain.

1887 : I. Murray Templeton, industriel écossais ; Uggo Rabbeno, professeur d'économie et coopérateur italien ; Louis Bertrand et Edward Anseele, socialistes belges.

Grâce à cette politique d'ouverture qui prend corps au milieu des années 1860, les publications commencent à voir le jour. Tito Pagliardini, professeur au collège de Saint-Paul à Londres, s'enflamme littéralement suite à sa visite au Familistère. « Il y a quelques semaines, et pour la première fois, j'entendis parler de son idée à Paris, et aussitôt j'allais le trouver. Il n'était plus temps que M. Godin gardât pour lui la lumière qu'il avait trouvée, et, comme je lui ai dit dans ma visite, j'étais résolu à faire tous mes efforts pour faire connaître le Familistère, et à exciter les Peabody, les Viewog, en un mot tous les grands manufacturiers, à se rendre à Guise. J'en suis sûr, le modèle sera bientôt copié. Que de force ne donne pas l'espérance du succès ! Semblable à Pierre d'Amiens qui, petit, difforme, sans apparence, pauvre, sans influence, inconnu mais riche de cœur, plein de zèle, au courage indomptable, parvint à force de prières, à soulever tout l'Occident contre les infidèles, lors de la première croisade, je m'efforcerai, moi aussi, de soulever les philanthropes, de les entraîner avec moi dans une croisade plus glorieuse encore, dans une croisade contre la misère et le vice[86]. » T. Pagliardini tient sa promesse et mobilise de nombreux journaux et revues au service de la cause familistérienne : *The Birmingham Journal*, *The Social Science Review*, *The Builder*, *The London Review*, *The Times*, *The Journal of Social Science*, *L'International* ou encore *Le Courrier de l'Europe*[87].

T. Pagliardini sert également d'intermédiaire entre Edwin Chadwick, hygiéniste anglais renommé, et Godin. En 1882, il fait parvenir le courrier suivant au Familistère : « Mon cher ami, M. Edwin Chadwick, le célèbre statisticien et réformateur social m'a prié de vous écrire (car bien qu'il ne vous ait pas encore vu, il vous connaît et vous estime) pour vous prier de lui donner quelques détails sur l'état sanitaire du Familistère (...). Chadwick prépare un document sur l'architecture domestique et d'éducation et veut l'avis d'autorités pratiques[88]. » Avocat à Manchester et un des chefs de file du mouvement coopératif anglais, Vansittart Neale est, au-delà de la Manche, la seconde tête de pont au service de la cause familistérienne. Considéré par Godin comme un ami qui, lui aussi, « a consacré sa fortune et son temps à la cause des travailleurs[89] », V. Neale pose pour la première fois le pied à Guise en 1878. *Le Livre des visiteurs* indique qu'il se rend sept fois au Familistère entre 1878 et 1887, souvent en compagnie de coopérateurs britanniques. Après qu'il a fait paraître en 1880 une monographie qui vante à l'envi les œuvres de Godin[90], il participe ainsi à la fête du Travail de 1881, séjourne au Familistère dans les premiers jours de 1883, revient en août 1884 à la tête d'un groupe de coopérateurs en « pèlerinage » au Familistère. Il est encore présent à Guise en 1891. Grâce à T. Pagliardini et à V. Neale, les idées de Godin pénètrent sur le territoire anglais. « Of all the social experiments of the century our English co-operators seem to like the Familistère of Guise the best[91] », écrit-on ainsi en 1888 dans *Good Words*.

Entre 1865 et 1871, une vingtaine de journaux et de revues publient des articles sur Godin. Ainsi l'architecte anglais Henry Roberts[92] fait-il paraître un compte-rendu de sa visite au Familistère en 1866 dans le numéro du 18 août de la même année du *Labourer's Friend Magazine*. *The Sunday Times*, *The Journal of Social Science* ou encore *All the Year Round* (dirigé par Charles Dickens) consacrent également des chroniques à l'expérience picarde et à son initiateur[93]. Dans les décennies qui suivent, l'écho perdure (dans *The Globe*, *The Star*, *The Saturday Review*…). Jusqu'à quelle profondeur de la société anglaise la renommée de Godin s'infiltre-t-elle ? L'évaluation est délicate. Toujours est-il que, dans un courrier de 1886 adressé à P. C. Conlaud, qui le sollicite au nom de la Commission royale alors en charge d'une enquête sur la crise industrielle à Londres, Godin s'étonne « que, la fondation du Familistère remontant à vingt-six années, c'est tout récemment que vous en avez entendu parler[94] ».

Aux États-Unis, Godin trouve également quelques relais actifs. Marie Howland, fouriériste, féministe et apôtre de l'amour libre[95], est particulièrement séduite par le Familistère. Avant de venir en France, elle sait déjà ce que vivre en communauté veut dire. Avec son premier mari, elle a résidé entre 1858 et 1860 dans l'*Unitary Household* de New York, ensemble d'une centaine d'habitants qui partagent des espaces communs (une salle à manger, un salon) et qui, surtout, sous-traitent les tâches domestiques. La communauté a cependant ses limites. Chaque ménage – célibataire ou famille – bénéficie d'un appartement privé, et les relations sexuelles restent pour l'essentiel affaire de couples légitimes. Sollicitée en 1874 par Albert K. Owen, M. Howland participe avec son second mari Edward à la communauté de Topolobampo (Mexique). Mais les vues féministes et libertaires de M. Howland ne sont pas partagées par tous les membres du groupe, ce qui a pour effet de la marginaliser et de l'inciter finalement à rejoindre une autre communauté dans l'Alabama.

M. Howland arrive en France au début des années 1860. Ce n'est cependant qu'en novembre 1866, à son retour aux États-Unis, qu'elle se manifeste par courrier auprès de Godin afin d'obtenir des informations sur le Familistère. Godin promet de faire parvenir à ce sujet un article paru dans l'*Annuaire de la coopération*. C'est le début d'une relation épistolaire qui rapproche les couples Godin-Moret et Howland, les deux femmes au premier chef[96]. Pour faire connaître l'expérimentation de Guise et les idées de Godin, Edward Howland publie en avril 1874 de brefs extraits de *Solutions sociales*, ainsi que des gravures extraites de l'ouvrage, dans le *Harper's New Monthly Magazine*. Marie Howland, quant à elle, traduit l'intégralité du livre. Celui-ci paraît en version anglaise chez Lovell & Cie (New York) en 1887. Auparavant, en 1874, cette dernière avait publié *Papa's Own Girl* (intitulé, lors de la troisième édition, *The Familistère*)[97]. Dans ce roman à succès, M. Howland décrit un Palais social dont l'une des vertus premières est de répondre aux aspirations des féministes qui en appellent à la collectivisation et à la rationalisation des tâches domestiques[98]. Porté par M. Howland elle-même, mais aussi par Edward Bellamy ou encore Alice Constance Austin, ce courant utopique des *kitchenless houses* a pour ambition d'assurer aux femmes l'indépendance économique par l'invention d'un nouvel ordre familial[99]. Godin alimente ainsi, sans le vouloir vraiment, une veine américaine qui allie, en une harmonie toute fouriériste, féminisme et socialisme.

Outre Atlantique, M. Howland n'a pas le monopole de la publicité en faveur du Familistère. Augusta Cooper Bristol, poète féministe, séjourne cinq semaines au Familistère en 1880, après « avoir déjà, à plusieurs reprises, attiré l'attention de la presse américaine sur l'œuvre de M. Godin[100] ». À son retour, elle publie le compte-rendu de sa visite dans *The Evening Post*. Marie Moret juge l'étude parfaite[101]. La même année, A. Cooper Bristol est suivie de peu au Familistère par le rédacteur du *Truth Seeker* (New York) et par le délégué américain au congrès belge des libres-penseurs[102]. Dans son édition du 10 juillet 1880, le *New York Herald*, « le plus grand et le plus lu de tous les journaux du monde », consacre deux articles au Familistère[103]. *The Daily Graphic* (New York) rend compte pour sa part de la dernière fête de l'Enfance dans son numéro du 8 octobre 1880. L'article est signé… M. Howland[104]. Les États-Unis ne sont décidément pas sourds au message de Godin. En faut-il une nouvelle preuve ? En 1885, l'Institut des sciences sociales de New York propose à l'industriel picard de compter parmi ses membres. Cette société est présidée par Parke Godwin, journaliste auteur d'un ouvrage sur les idées de C. Fourier[105]. Au fil des années, cela est incontestable, Godin gagne une réputation internationale.

[« *La vérité, c'est que le Familistère est moins connu en France qu'à l'étranger*[106] »

Sur le Vieux Continent, Godin n'est pas non plus un inconnu. En Italie, Francesco Vigano, professeur à Milan et partisan de l'association, se propose de diffuser la pensée et les œuvres du fondateur dans son pays[107]. Il visite le Palais social en 1881, une semaine à peine avant V. Neale. En France, paradoxalement, la publicité est moins intense et les commentaires beaucoup plus critiques. Si les manufactures et fonderies Godin-Lemaire exposent dans la classe 24 du groupe III (appareils et procédés de chauffage et d'éclairage) de l'Exposition universelle de Paris en 1867, Godin ne peut en revanche montrer des vues du Familistère dans la nouvelle section d'économie sociale. L'industriel est encore présent à la manifestation de 1878. Sa ténacité lui permet même de convaincre Émile Müller (le père des cités mulhousiennes) et Émile Cacheux (architecte et spécialiste du logement ouvrier) qui, dans le bilan sur les maisons ouvrières qu'ils préparent pour l'Exposition, décrivent le Familistère sous un jour plutôt favorable[108]. Il faut dire que, sept ans auparavant, en 1871, Godin a fait paraître son maître ouvrage : *Solutions sociales*. Dans ce livre épais qu'agrémentent de nombreux croquis, plans et schémas, il présente les fondements moraux et philosophiques qui guident son action et il explique dans le détail le mode d'organisation du Familistère.

Dans un très long article qui paraît en 1872 dans la *Revue des Deux Mondes*[109], le journaliste et écrivain libéral Louis Reybaud[110] se livre à une sévère critique de *Solutions sociales*. Il brosse également un portrait du Familistère, qu'il a eu lui-même l'occasion de visiter. Le diagnostic d'ensemble peut être commodément résumé grâce au paragraphe qui clôt l'introduction. « Contraste singulier : cet homme, qui en fait d'idées cède à l'utopie, semble ne pas s'être trompé dans un seul de ces actes ; si en économie sociale il raisonne constamment à faux, en industrie rien de plus juste que ses calculs, et, s'il a pris à tâche, comme il l'assure, de rendre une colonie d'ouvriers heureuse et prospère, il est constant et bien démontré qu'il n'y a pas failli pour lui-même[111]. » Tout au long de son article, L. Reybaud ne fait preuve d'aucune complaisance. Dans ses écrits, note-t-il, Godin ne se prive pas de « bouffées d'orgueil », il a une prétention « presque intolérable » à se fabriquer une doctrine personnelle. *Solutions sociales* a profondément ennuyé et irrité L. Reybaud. « Quatre cents pages de métaphysique, ce serait déjà beaucoup pour un savant ; de la part d'un ouvrier, même d'un ouvrier devenu patron, c'est une véritable infirmité[112]. » La critique de l'ouvrage est ravageuse : boursouflure, emphase, clinquant, amalgame…, les mots assassins se succèdent sous une plume alimentée par une encre au vitriol.

Cette tourmente pleine de fiel s'apaise dans les longs passages où L. Reybaud narre l'histoire de Godin, décrit la naissance du Palais social, détaille l'architecture du Familistère, joue avec les chiffres de la comptabilité… Mais la critique et l'ironie couvent toujours. L'apparat familistérien ne serait-il pas que poudre aux yeux ? La débauche de conseils, de comités, de commissions et autres entités redondantes ne convainc guère l'observateur. L. Reybaud n'en conclut pas moins sous le signe d'une reconnaissance qui donne priorité aux faits sur leur théorisation. « Si le fondateur du familistère n'avait pas eu d'autres titres que ses déclamations, son style, qu'on a pu juger par quelques lambeaux, sa métaphysique, produit évident d'un cerveau malade, il n'eût mérité que le silence et l'oubli, et il n'en eût pas été question ici ; mais il a construit un monument de pierre, siège d'un essai original et qui, l'emploi écarté, restera comme une décoration ; il a fondé une entreprise d'industrie dont le débit s'élève à de très grosses sommes, qui est aussi remarquable par la bonté de l'exécution que par l'abondance et la variété des assortiments ; il a enfin su former et conduire une légion d'ouvriers habiles dans leur art et, à ce qu'il paraît, assez maniables pour se prêter à beaucoup d'expériences[113]. » Et, à l'aide d'une formule élégante, L. Reybaud d'ajouter à propos de Godin, homme politique : « C'est une surprise de plus du suffrage universel, un empiètement nouveau du nombre sur l'élite[114]. »

D'autres que L. Reybaud se chargent de donner un aperçu plus heureux des travaux de Godin. Dès la sortie de *Solutions sociales*, Charles Fauvety, philosophe maçonnique, rédige un article dans *L'Avenir* qui ne tarit pas d'éloges. Godin « a fait une grande œuvre, en créant le Familistère, et un beau livre, en nous exposant les doctrines sociales d'où le Familistère est sorti[115] ». Un mois plus tard,

La Revue chrétienne consacre un commentaire nourri à l'œuvre du manufacturier socialiste[116]. Eugénie Peyrat, son auteur, note avec beaucoup de sympathie que le Familistère produit du bien-être pour le corps et l'esprit. Avec un petit effort supplémentaire, conclut-elle, Godin rencontrera le Christ ! Les années 1870 et 1880 sont les plus riches en répercussions publiques, positives ou non, aussi bien dans les gazettes locales que dans les journaux nationaux[117]. Un article paru dans *Le Conservateur de l'Aisne* conclut par exemple à l'hérésie totale. L'auteur, qui ne cache pas ses convictions religieuses, tance beaucoup plus vertement qu'E. Peyrat l'hypocrite défaillance de Godin. « Tout cela est bel et bon, monsieur, quand on empoche chaque année près d'un million ; mais pour moi qui suis à l'abri d'une pareille affliction j'estime que le patron qui se contente tout simplement de pratiquer, vis-à-vis de ses ouvriers, les devoirs de la charité chrétienne est bien au-dessus du rêveur qui trouve l'aumône avilissante, et qu'un verre d'eau donné au nom de Jésus-Christ procure à celui qui le donne comme à celui qui le reçoit, plus de bien qu'une page du *Devoir* fût-elle signée Champury. Demandez à vos ouvriers s'ils ne sont pas de cet avis[118]. »

Dans le camp politique de Godin, les appréciations sont moins âpres. À partir de 1885, *La Revue socialiste* publie des articles élogieux sur le Familistère et son fondateur[119]. Dans un numéro de *La Critique philosophique, politique et littéraire* de 1880, Charles Pellarin, biographe de C. Fourier, donne un long compte-rendu, positif, de sa visite à Guise[120]. Un an plus tard, Charles Limousin fait part en revanche de quelques réserves sur les vertus de l'organisation familistérienne[121]. C. Limousin est un passementier socialiste, éditeur de *La Tribune ouvrière*, qui crée également une revue franc-maçonne intitulée *L'Acacia*. Il a été par ailleurs correspondant de Karl Marx et de Friedrich Engels, et membre fondateur de la Première Internationale. Sans être complaisant, l'article de C. Limousin n'est pas non plus fondamentalement défavorable à Godin. C. Limousin se contente de pointer quelques limites. Il regrette la nudité du Palais social et son absence d'ornementation artistique, reflet de l'état intellectuel et moral de sa population[122]. Au Familistère, note-t-il également, lorsqu'ils se rendent à l'école en chantant, les enfants risquent la fluxion de poitrine. Durant la demi-minute nécessaire pour rejoindre la crèche, les nourrissons peuvent contracter à tout moment un « germe de maladie ». À l'école, par ailleurs, « les enfants sont par deux et non isolés, ce qui est regrettable. Les méthodes d'enseignement employées ne sont pas absolument les dernières, car les dernières comportent le travail manuel élémentaire, qui n'a pas été introduit au Familistère[123] ». C. Limousin émet aussi quelques réserves sur le caractère aristocratique du statut d'associé. À ces remarques critiques, Godin répond fort longuement[124].

Dans le monde littéraire, les réalisations du manufacturier impressionnent également. Venu visiter anonymement le Familistère[125], Émile Zola s'inspire partiellement de l'expérience pour écrire son roman *Travail*[126]. Les brouillons préparatoires en disent davantage que le livre lui-même sur la perception de l'écrivain. Émile Zola a bien compris la philosophie fouriériste qui est au cœur de l'œuvre de Godin. Afin de la faire vivre dans *Travail*, il envisage de créer une « usine où Luc va expliquer tout le système nouveau. Il la met, selon la formule de Fourier, en action, capital, travail, talent[127] ». É. Zola accorde au Palais social quelques points positifs, comme les classes maternelles qui sont une « excellente chose ». Pour l'essentiel néanmoins, la critique est négative. Le Familistère est un espace sous contrôle. Les bribes de notes manuscrites parlent d'elles-mêmes : « Ordre, règlement », « Toutes les vies (…) dans un même moule », « La vie au Familistère : palais (caserne sociale) », « Un grand balcon à chaque étage sur la cour. Maison de verre, on voit tout, tout est épié. Défiance des voisins. Pas de solitude. Pas de liberté ». Le Palais ne serait donc qu'une caserne, certes confortable mais une caserne tout de même, toute peuplée d'adjudants, de sergents, de caporaux et de simples soldats[128]. Peut-on, questionne É. Zola, trouver le bonheur à ce prix ? En fait, s'il s'en inspire, É. Zola ne décrit pas la réalité du Familistère dans *Travail*. L'expérimentation de Guise ne sert que de référence, pour ne pas dire de brouillon, au fondateur de la cité nouvelle de *Travail*. Zola n'a pas été convaincu par Godin.

*

Les vies du héraut de Guise sont multiples : ouvrier qui accède au statut de capitaine d'industrie, Godin est un autodidacte qui se frotte avec un bonheur inégal à l'écriture, un homme qui expérimente tourments et bonheurs conjugaux, un citoyen de province qui assume des responsabilités politiques nationales et qui ne se prive pas d'élaborer des projets de réforme de grande ampleur. L'homme a réussi. Sa vie familiale s'est conclue mieux qu'elle n'avait commencé. L'entrepreneur a fait fortune. À la fin de sa vie, il possède un solide patrimoine et il a appris à gérer ses capitaux de manière avisée[129]. Comme en témoignent la qualité de certains de ses correspondants (universitaires, féministes, hommes politiques, journalistes…) ainsi que la liste des visiteurs venus au Familistère, Godin a aussi acquis notoriété et capital social. Indicateur de réussite parmi d'autres : quatre ans avant sa mort, le conseil municipal de Paris finance la venue à Guise de dix délégués syndicaux qui, convaincus par l'expérience, recommandent à la Chambre des députés de s'inspirer du Familistère pour gérer la question ouvrière[130]. Godin peut revendiquer aussi quelques influences décisives. « Auguste Fabre, qui resta deux ans au Familistère, où il travailla auprès de Godin (…), fut, avec de Boyve, le fondateur de la Société d'économie populaire de Nîmes. Cette association fut le creuset de création des trois premières coopératives de consommation françaises qui, avec le soutien de Neale, organisèrent le premier congrès national des coopératives de consommation en 1885[131]. » Pour cette raison notamment, le nom de l'industriel fouriériste est souvent associé, aujourd'hui encore, au monde et au combat de l'économie sociale.

La réputation de Godin lui vaut d'être approché pour être enrôlé au service d'autres causes variées. En 1880, le directeur du *Journal du magnétisme* annonce la parution d'une encyclopédie qui doit résumer la connaissance acquise dans le champ du magnétisme et de la psychologie. Il aimerait que la biographie de Godin et celles de ses principaux collaborateurs puissent figurer dans l'ouvrage[132]. En 1882, le secrétaire général et trésorier de la Ligue nationale pour la séparation des Églises et de l'État sollicite un prêt auprès du fondateur du Familistère, non sans avoir au préalable chaleureusement remercié celui-ci d'avoir adhéré à l'Association[133] ! En 1885, Louis de Vallières, président du Comité central théophilanthropique de Paris, écrit à Godin : « Depuis longtemps votre nom nous est connu, et depuis longtemps nous connaissons les belles œuvres que vous avez fondées et par lesquelles vous avez prouvé mieux que par des paroles qu'on peut réformer l'état social et amener le travailleur au bien-être et à l'indépendance. Par vos idées, vos principes et vos actions, vous êtes théophilanthrope, et votre place est en nos rangs, à nous, qui professons les mêmes idées, les mêmes principes, et voulons qu'on les mette comme vous en action[134]. » Les trois derniers numéros de *La Fraternité universelle* sont joints au courrier, qui suggère, en conclusion, que Godin adhère sans frais au Comité.

De telles sollicitations ne doivent pas leurrer. L'homme n'a jamais séduit autant qu'il l'aurait souhaité. Ses écrits restent plutôt confidentiels et, aussi insolite qu'éclectique, sa doctrine philosophique ne convainc guère. Son action de député est par ailleurs marquée du sceau de la discrétion, pour ne pas dire de l'échec. Quant au modèle du Familistère, en dépit de la promotion dont il bénéficie en France et dans quelques pays étrangers, force est de constater que « l'essentiel n'a (…) jamais été repris, et l'on peut dire que le Familistère n'eut pas d'imitateurs, et qu'il resta une expérience majeure, mais totalement originale et unique[135] ». Il n'est pas jusqu'au sein de l'école sociétaire qui l'a vu naître comme militant fouriériste que la reconnaissance a pu faire défaut. Godin était d'ailleurs le premier à s'en plaindre amèrement. « On me considère un peu comme un hérétique, écrit-il en 1878 à M. Howland, pour ne pas avoir admis la théorie des passions et n'avoir pas réalisé le travail par groupes et séries ; pour ce motif les fouriéristes n'accordent qu'une attention secondaire à mon œuvre. Je n'ai pas suivi ce que le maître a signalé comme le point le plus important de sa théorie, donc c'est comme si je n'avais rien fait[136]. » Godin a effectivement renié certains axiomes essentiels de la théorie fouriériste. L'influence du philosophe de Besançon sur les manières de faire, de penser, de sentir et d'agir de l'industriel picard est pourtant tout à fait décisive pour l'histoire du Familistère. Bien qu'il brille plus que les autres, C. Fourier n'est pas la seule étoile à servir de guide. Les référentiels que, au risque du syncrétisme, Godin mobilise pour se forger des morales pour l'action sont nombreux. C'est là un bon indicateur du pragmatisme de celui qui n'a jamais prétendu fournir « la solution des questions sociales[137] » mais, bien plus modestement, des solutions, au pluriel, à la question sociale.

2] [Les morales de Godin

Comparé aux capitaines d'industrie de la France de la seconde moitié du XIXe siècle, Godin fait figure d'anomalie sociale. Le caractère exceptionnel du personnage tient moins à son parcours singulier qu'aux convictions qui fondent son action. Dans les multiples écrits et comptes-rendus de conférences percent les exigences morales que Godin rationalise théoriquement et qu'il tente, de façon inégale, de transférer dans l'ordre des pratiques. Les domaines concernés sont variés. Avec un souci normatif évident, Godin milite par exemple en faveur d'une plus grande égalité entre les hommes et les femmes, ou encore au bénéfice d'un pacifisme capable de tempérer aussi bien les ardeurs guerrières des nations que les conflits de classe. Comme d'autres au sein de la « nébuleuse réformatrice », Godin participe également à la construction de l'économie sociale, savoir nouveau destiné à prendre à bras-le-corps les réalités concrètes du monde des hommes pour mieux se soucier de leur peine et imaginer des moyens d'y remédier[1]. « À l'économie politique, écrit Godin, cette science de l'égoïsme qui a jusqu'ici oublié la pauvreté pour ne s'occuper que de la richesse, a succédé la science de l'économie sociale. L'économie sociale embrasse toutes les questions que comporte le gouvernement des choses humaines. Dans ses conceptions, les intérêts des peuples font un avec les grands intérêts de l'État, contrairement à ce qui se passait jusqu'ici, puisque, sous le nom de questions politiques, on séparait les intérêts des gouvernants de ceux des gouvernés[2]. »

Cette conception du savoir économique entre en résonance forte avec les choix politiques de Godin. Horizon souhaitable, le socialisme correspond à l'« étude des problèmes sociaux, des rapports des individus entre eux, de leurs intérêts, des meilleurs principes économiques à introduire dans la gestion de leurs affaires, et particulièrement dans l'organisation du travail et de ses rapports avec le capital[3] ». Le fondateur du Familistère connaît nombre des variantes multiples du socialisme français : le saint-simonisme et ses réinterprétations par les disciples fantasques (Olinde Rodrigues, Saint-Amand Bazard, Prosper Enfantin...) ou dissidents (Pierre Leroux, Philippe Buchez), le communisme utopique d'Étienne Cabet, le communisme révolutionnaire néo-babouviste et ses ramifications (Louis-Auguste Blanqui), le socialisme pragmatique de Louis Blanc, le socialisme chrétien de Félicité-Robert de Lamennais ou encore, bien sûr, le fouriérisme, auquel l'industriel de Guise se rallie. La morale de Godin n'est pas entièrement façonnée par les préceptes de C. Fourier. Le fondateur du Familistère sait prendre ses distances avec les aspects de la doctrine qui ne lui conviennent guère, à commencer par la théorie des passions, à laquelle il substitue une morale du travail mâtinée de métaphysique spirite.

[1. La voie socialiste

Il n'est pas complètement étonnant que, dans la marmite bouillonnante des idées révolutionnaires et utopiques, Godin ait finalement opté pour C. Fourier. Plusieurs éléments militent en ce sens, à commencer par le fait que, comme ce dernier, Godin estime que « le socialisme, dans sa véritable acception, n'étant que l'ensemble des systèmes divers d'organisations sociales, n'est applicable que par voie d'expérimentation[4] ».

[Le choix de Fourier

Pour comprendre plus précisément encore le choix de Godin, il faut d'abord considérer la diversité des doctrines socialistes offertes dans la seconde moitié du XIXe siècle, qui varient entre des desseins de grande ampleur (Claude-Henri de Saint-Simon, Charles Fourier ou, dans une moindre mesure, Étienne Cabet) et de simples déclinaisons ou prolongements (Louis Blanc par exemple). Assoiffé de sens, Godin ne pouvait manquer de marquer sa préférence pour les premières. Des considérations chronologiques expliquent que Saint-Simon et son école n'aient pas obtenu les faveurs du fondateur du Familistère. Le saint-simonisme, qui marie des postulats chers à Godin – place centrale accordée au travail dans l'existence et dans le monde, schéma séculier d'inspiration chrétienne qui invite à inscrire l'action de Dieu sur terre, options féministes… – manifeste ses premiers signes de déclin avant que Godin n'accède à la conscience politique. On peut dater le moment de rupture décisif au début de la décennie 1830. Théorisé mais jamais pratiqué, le libéralisme érotique du Père Enfantin provoque le schisme. S.-A. Bazard quitte l'Église saint-simonienne en 1831. Il est suivi par P. Leroux et quelques autres. En 1832, le Père Enfantin et d'autres apôtres de la communauté fondée à Ménilmontant tirent leur révérence. Le procès intenté au même moment aux saint-simoniens[5] précède de peu la dissolution de la société du même nom. Tous ces événements décisifs marquent le début d'un lent déclin. L'école disparaît définitivement en 1864 avec le décès du Père Enfantin.

Qu'il ait eu ou non en tête les dérives finales d'un mouvement dont on ne saurait sous-estimer l'influence dans les domaines les plus variés (économie, littérature, musique…), lorsqu'il est amené à porter une appréciation sur l'école saint-simonienne, Godin juge que cette dernière « a tristement échoué contre les écueils d'une pratique impossible[6] ». Pourquoi ne pas se laisser séduire alors par le socialisme chrétien de Félicité-Robert de Lamennais, ou alors par les variantes communistes de Gracchus Babeuf et d'Étienne Cabet ? De l'institution chrétienne, Godin a tôt fait son deuil. On voit mal pourquoi il aurait pu renouer avec celle-ci, y compris par l'entremise d'une doctrine certes déviante mais encore trop proche de la *doxa* de l'Église. Le communisme n'est pas une option préférable aux yeux de Godin, qui associe une idéologie liberticide à la promotion d'une égalité contre nature.

Comment expliquer, autrement que par la succession de choix négatifs, le ralliement du fondateur du Familistère à C. Fourier et à l'école sociétaire ? Comparant le succès relatif des utopies d'É. Cabet et de C. Fourier à la veille de 1848, Vincent Robert offre un argument intéressant. Les deux programmes se concurrencent mais ne touchent pas du tout les mêmes publics. L'icarisme fait mouche dans les milieux ouvriers urbains et dans le monde du compagnonnage. Placée sous le triple sceau de l'égalité, de la fraternité et de la liberté, l'utopie d'É. Cabet est l'expression la plus radicale d'un communautarisme omnipotent. La propriété est aux mains de la République, l'argent a disparu. C'est là le point de doctrine essentiel. « Un Icarien ne peut être propriétaire de rien, ni de son logement, ni de ses vêtements, ni de ses outils, ni de ses armes, etc. Il a l'*usage* ou la *jouissance* de ce que la Communauté lui confie ; mais il n'en a pas la propriété ; cette propriété *ne peut appartenir qu'à la Communauté* entre les mains de qui elle est une propriété indivise, sociale et commune[7]. » En Icarie, les mariages, la littérature, l'habitat, le rythme de vie, etc., tout est sous contrôle de la grande machine communautaire, jusqu'à la façon de s'habiller et de se nourrir au quotidien.

Le fouriérisme convainc ailleurs que dans le monde ouvrier. Il gagne du terrain dans des régions prospères (Paris, est et sud-est de la France) et séduit une frange bourgeoise (avocats, médecins, ingénieurs, chefs d'entreprise) sensible à la profondeur de la question sociale. « Au risque d'être trivial, on peut rappeler qu'il était sans doute plus facile de s'enthousiasmer pour le mot d'ordre icarien d'abolition de la propriété privée quand on n'avait rien, ou si peu… et que les formules phalanstériennes, qui faisaient la part belle à l'intelligence démunie de capital, convenaient mieux à des classes moyennes, ayant quelque bien au soleil, et passées par l'enseignement secondaire[8]. » Sans incarner parfaitement le modèle de bourgeois fouriériste ainsi défini, Godin en présente néanmoins de nombreux traits caractéristiques.

[L'égalité, c'est l'association

Le chef d'entreprise qu'est Godin ne conçoit de socialisme que pacifique (« on n'organise pas dans le désordre »), pragmatique (le socialisme « n'est applicable que par voie d'expérimentation locale ») et moral (la clef du succès est livrée par les lois naturelles auxquelles l'humanité est assujettie). Non seulement il récuse la lutte et la violence mais il refuse également, et avec la dernière énergie, toutes les formes d'égalitarisme communiste. La « véritable égalité ne consiste pas à donner à chacun une *part égale* mais à donner une *part proportionnée* à ses besoins. La véritable égalité, c'est l'égalité dans le consentement ; alors ce n'est plus la communauté : c'est la proportionnalité, c'est l'association[9] ». Que le terme d'association vienne sous la plume de Godin n'est pas chose fortuite. Comme l'a montré Bruno Viard[10], lorsqu'ils font leur apparition dans les années 1830, les termes « association » et « socialisme » sont à peu près synonymes, notamment chez P. Leroux, qui forge le néologisme de socialisme en opposition à celui d'individualisme. Pour ce critique désenchanté des prétentions révolutionnaires de l'école saint-simonienne, « il n'y a en politique que deux systèmes, l'association et l'individualisme. La Restauration présentait à la société les débris de l'ancienne association catholique-féodale ; l'opposition devait donc lui opposer l'individualisme. La quasi-restauration (la monarchie de Juillet) au contraire présente pour système l'individualisme pur ; donc nécessairement l'opposition doit présenter l'association[11] ». La carrière de l'idiome associatif est suffisamment longue et complexe pour qu'il soit vain d'en esquisser ici même les linéaments[12]. Il convient de mentionner néanmoins que c'est en un sens bien précis que Godin a recours à ce terme. Celui-ci emprunte directement au vocabulaire de C. Fourier.

Dans le chapitre qu'il consacre dans *Solution sociales* à son maître de Besançon, Godin estime que nul n'a eu de point de vue aussi pertinent sur le mode d'organisation sociale permettant d'utiliser parfaitement le travail, de produire des richesses, de satisfaire aux besoins de la consommation et d'introduire la justice parmi les hommes. En proposant l'association du travail, du capital et du talent, C. Fourier a « fait surgir le plan d'un nouvel état social reposant sur l'Ordre, la Justice et la Liberté[13] ». Godin connaît bien la théorie de l'attraction passionnée et l'ensemble des axiomes qui la fonde : unité du système de mouvement pour le monde matériel et spirituel (analogie des quatre mouvements matériel, organique, animal et social) ; prééminence hiérarchique du mouvement social sur les trois autres[14] ; identité entre homme, univers et Dieu ; évolution de l'humanité sur une échelle qui mène de l'Éden au monde sociétaire (horizon souhaitable) en passant par le sauvagisme, la barbarie et la civilisation (point ultime de la déchéance), etc. Godin partage notamment avec son mentor un théisme qui désacralise le mystère de Dieu et rabat ce dernier au statut d'Être suprême. Dans ce cadre, comprendre la logique qui gouverne l'action de l'Être équivaut à élucider la construction de l'univers et le destin des sociétés. Le goût de l'harmonie est un deuxième point commun aux deux hommes. C. Fourier se tient loin des préoccupations de lutte et de concurrence. L'avènement du monde sociétaire n'appelle point le conflit. Et au sein du nouvel Éden, toutes et tous, quel que soit leur statut, bénéficieront de la reconnaissance, de l'opulence, de la paix sociale. Godin marche encore ici sur les traces de Fourier. Adepte lui aussi de la philosophie de l'association, Godin ne goûte guère à la lutte sociale et en déplore tous les symptômes.

Bien qu'il en maîtrise un large pan, Godin n'a qu'une vue partielle de l'œuvre de C. Fourier. Et pour cause. Après la mort du maître, les disciples immédiats façonnent à leur guise une doctrine qui, à de nombreux endroits, altère la charge subversive du message fouriériste. Godin, de toute manière, n'est pas un dévot. Ses positions à l'égard de C. Fourier sont évolutives et parfois même fort critiques. Pour preuve, dans un document d'une centaine de pages où il commente longuement le programme fouriériste, Godin revendique le principe de l'association du capital, du travail et du talent mais émet une série de réserves quant à la possibilité de mise en pratique de toutes les recommandations de C. Fourier. À ce dernier, il reproche notamment l'ignorance du « rôle que la mécanique est appelée à jouer[15] » ou encore de « l'assiduité nécessaire à la perfection des connaissances pratiques » (en contraste avec le souhait fouriériste d'une fréquente alternance des fonctions). Godin se demande par ailleurs si les thèses sur le travail attrayant peuvent être justifiées par l'expérience. « Je n'en sais rien, avoue-t-il. Il ne m'était pas possible d'en aborder la pratique puisqu'il faudrait tout d'abord opérer avec des hommes habiles à remplir des fonctions très diverses et que nous sommes bien loin de posséder ces capacités[16]... » Godin ne manifeste aucune réserve en revanche pour affirmer qu'il s'agit d'une erreur que de vouloir provoquer l'émulation au travail à l'aide de séries passionnées. Godin ne suit pas non plus C. Fourier sur le terrain de la religion du plaisir. Il lui préfère un autre type d'exaltation et de liant social. Le travail en est la principale composante.

[2. L'aventure sociétaire

Godin a avec le fouriérisme plus qu'un contact livresque. S'il n'a pas pu rencontrer C. Fourier (celui-ci décède en 1837 quand le jeune Godin achève son tour de France), il est en revanche en relation étroite avec les disciples rassemblés au sein de l'école sociétaire. Cette école prend ses marques à compter des années 1830, avec pour croyance fondamentale que l'expérimentation phalanstérienne fera tache d'huile. Par effet de mimétisme et de contagion, le renouveau social s'imposera, sans qu'il soit besoin pour cela de procéder au renversement des puissants. Pour les membres de l'école sociétaire, le pouvoir n'est pas un souci. « Il n'y a chez eux ni caste sacerdotale, ni hiérarchie nouvelle : le problème de l'autorité dans ses relations avec les individus est pratiquement ignoré, étant jugé oiseux, et résolu d'avance par l'euphorie prochaine du travail attrayant et des harmonies passionnelles[17]. » Après l'éclatement et le déclin du groupe des saint-simoniens au tout début de la décennie 1830, l'école sociétaire prend le relais en France sur le terrain de la subversion sociale. Les fouriéristes[18] diffusent leurs idées à l'aide de revues et de quotidiens : *La Réforme industrielle ou le Phalanstère* (juin 1832 à février 1834), *La Phalange* (juillet 1836 à juillet 1843), *Le Nouveau Monde* (juin 1839 à février 1844), *La Démocratie pacifique* (quotidien qui paraît du 1er août 1843 jusqu'à la veille du coup d'État) et, enfin, une seconde *Phalange* (1845 à 1849).

[Godin et l'école sociétaire

De leur maître à penser, les phalangistes retiennent d'abord l'idée qu'un accident de l'histoire a altéré un ordre premier au sein duquel les hommes vivaient en harmonie. Réduplication peu originale du mythe théologique de la chute qui précipite l'homme hors de l'Éden et appelle à la rédemption, la philosophie de l'histoire de C. Fourier et de ses disciples promeut une action en faveur de la rupture avec un monde corrompu. S'ils empruntent, comme K. Marx ultérieurement, une matrice religieuse, les fouriéristes ne partagent pas pour autant les principes de la doctrine chrétienne, qu'ils réprouvent largement. Pas question par exemple d'imputer une quelconque responsabilité à Adam. Les causes de la défaillance collective, affirme Just Muiron, puis Victor Considerant à sa suite, sont multiples, mais la principale réside dans l'accroissement de la population, qui a pour effet de restreindre les ressources disponibles par personne. Pour conquérir à nouveau l'harmonie, la production de richesses abondantes s'impose absolument. L'écart hors de l'ordre premier a donc au moins cette vertu d'inciter les hommes à forger de nouveaux instruments de conquête à même de conduire sur les chemins de la prospérité. À mille lieues d'une philosophie chrétienne fascinée par le mal et qui se complaît de surcroît dans la glorification de la souffrance, l'école sociétaire revendique une théosophie qui assimile l'homme à un être de nature divine. Après 1845, la seconde *Phalange* colporte cette doctrine en vertu de laquelle « l'Homme est Dieu et Dieu est Homme[19] ». Elle croise plus encore des considérations fouriéristes avec des vues mystiques comme celles d'E. Swedenborg. Tous les membres de l'école n'approuvent pas une telle orientation et certains ne se privent pas de le faire savoir. Mais la direction de *La Phalange*, V. Considerant en tête, ne s'émeut pas outre mesure des inclinaisons spirites d'une partie de ses troupes.

Plus qu'un creuset favorable au bouillonnement d'idées nouvelles au charme desquelles Godin ne manque pas de succomber (il compte lui aussi parmi les admirateurs d'E. Swedenborg), l'école sociétaire est un mouvement qui appelle au changement par des voies pacifiques. Pour quitter la civilisation et entrer en harmonie, il convient de mettre fin aux effets délétères de la concurrence et de la guerre, de se défaire des parasites sociaux que C. Fourier détestait tant (bureaucrates, commerçants, banquiers…) et de passer outre la division entre le travail et le capital. Complément à ce congé que donnent les fouriéristes à la société de leur temps, un triple mot d'ordre est inscrit en positif dans le programme sociétaire : richesse, jouissance et abolition de toute contrainte. Bien que, tout comme C. Fourier, ils n'envisagent pas la lutte comme instrument de changement social, les phalangistes n'en sont pas moins inquiétés par les pouvoirs publics. En 1849, l'école sociétaire est dispersée et ses dirigeants se réfugient à Bruxelles.

Godin participe à l'aventure sociétaire. Le 17 avril 1843, il écrit au rédacteur en chef de *La Phalange* afin d'obtenir divers documents et il assure que, tout entier acquis à la cause de la science sociale, c'est avec plaisir qu'il saisira l'occasion de coopérer à son triomphe. Par retour du courrier, Godin reçoit les brochures ainsi qu'un appel à donner son avis à propos du nouveau titre que prendra *La Phalange*, désormais un quotidien. Godin répond (lettre du 30 avril 1843) et fait les suggestions suivantes : *L'Unité universelle*, *L'Humanité*, *Le Bonheur social*. Ce sera finalement *La Démocratie pacifique*. Avec son ami Lhermitte, il souscrit à parité une action de 250 francs au profit de la nouvelle organisation. Godin s'implique ensuite avec ferveur et constance. Il envoie régulièrement de l'argent à l'école sociétaire, il part en quête d'abonnés pour *La Démocratie pacifique*, il fait parvenir gratuitement des livres de C. Fourier à des personnes dont il estime qu'elles sont en capacité d'en saisir la portée, il propose encore de monter une librairie locale pour diffuser les livres de l'école[20]. Godin rédige également des textes sur la situation sociale qu'il peut directement observer là où il se trouve. Il signale ainsi à V. Considerant l'abandon d'un enfant sur le bord d'une route et s'entretient avec lui de ce « savant génie » qu'est C. Fourier[21] ; il décrit les conditions de vie des ouvriers tisserands, sabotiers, scieurs et bûcherons de sa région[22].

Le 10 juin 1845, alors qu'il effectue un nouveau versement au profit de l'école, Godin annonce aux responsables de cette dernière qu'il va se rendre à Paris pour les rencontrer. Ce sera là, pour le spécialiste qu'il est, l'occasion de suggérer la suppression des cheminées dans le Phalanstère et l'installation, en lieu et place, d'un nouveau type de chauffage spécial. En septembre 1845, Godin court la partie nord de la France, de Rouen à Reims en passant par Amiens et Valenciennes. Il est muni d'une lettre de recommandation des responsables de l'école sociétaire qui le présentent comme un des amis les plus dévoués à la cause commune. Le 7 avril 1847, Godin assiste pour la première fois au banquet commémoratif de la naissance de C. Fourier. En 1848, il clame haut et fort dans *Le Guetteur de Saint-Quentin* les raisons de son engagement sociétaire.

Pourquoi je suis phalanstérien

Je suis phalanstérien parce qu'après une longue étude j'ai acquis la conviction que la théorie phalanstérienne est la science morale constituée et que, seule, elle pourra conduire l'humanité à l'organisation de sociétés parfaites où seront réalisés l'ordre dans la liberté, l'égalité de droit pour tous les citoyens, la fraternité dans toutes les relations humaines.

Je suis phalanstérien parce que la théorie phalanstérienne donne le moyen d'extirper la misère et la souffrance sans rien ôter à ceux qui jouissent, parce qu'elle ajoute au bonheur du riche et qu'elle éteindra les souffrances du pauvre, parce qu'elle reconnaît et sauvegarde tous les intérêts et tous les droits existants.

Je suis phalanstérien, parce que la théorie phalanstérienne donne le moyen d'extirper la misère et la souffrance sans rien ôter à ceux qui jouissent, parce qu'elle ajoute au bonheur, parce qu'elle reconnaît et sauvegarde tous les intérêts et tous les droits existants.

Je suis phalanstérien parce que la théorie phalanstérienne fait appel au dévouement, à l'étude, à la conviction ; parce qu'elle réprouve la violence, la guerre civile, l'anarchie ; parce qu'elle ne veut pas s'imposer par la force, mais par la preuve du bien qu'elle doit produire.

L'idée phalanstérienne, enfin, résume toutes les aspirations les plus larges, les plus élevées et les plus généreuses de l'esprit humain ; elle respecte et protège toutes les tendances légitimes et sacrées du cœur ; elle développe et généralise les garanties dues à la famille, à la propriété ; elle est, enfin, le moyen de faire passer dans la pratique les admirables préceptes de charité et d'amour enseignés par le Christ et que dix-huit siècles n'ont pu encore faire entrer au cœur de mes détracteurs. Voilà pourquoi je suis phalanstérien.

J.-B. A. Godin, *Le Courrier de Saint-Quentin*, 16 juillet 1848, cité dans Marie Moret, *Documents pour une biographie complète de Jean-Baptiste André Godin*, premier volume, *op. cit.*, p. 117.

[Les leçons de Réunion

En tant que phalanstérien, Godin manifeste un vif intérêt à l'égard des différentes expérimentations qui, un peu partout à travers le monde (France, Angleterre, Algérie, Amérique du Nord…), ambitionnent de transformer le programme utopiste en réalisations concrètes. Le manufacturier offre ses services à l'Écossais Arthur Young, promoteur et animateur de la colonie agricole phalanstérienne qui, de 1841 à 1846, rassemble à Cîteaux (Côte-d'Or) une cinquantaine de familles[23]. Godin se fait fort de travailler à la fabrication d'un récolteur, sorte de faucheuse mécanique tirée par deux chevaux. Capable de remplacer dix-huit personnes, une telle machine, affirme Godin, pourrait être confectionnée dans les ateliers mécaniques de la colonie. La proposition reste lettre morte[24].

Godin connaît bien par ailleurs l'expérience de New Lanarck de R. Owen, l'auteur de *A new view of society* (1813). Il n'y a à cela rien d'étonnant. Aux yeux de nombreux socialistes de la première moitié du XIXe siècle, les États-Unis font figure de terre d'élection pour le changement social. Saint-Simon brosse, le premier, l'éloge d'une société libérale, démocratique, où le travail occupe une place de choix. Pour lui comme pour beaucoup d'autres, « la révolution américaine fournit le schéma d'un régime aux antipodes de l'esprit militaire et théologique. Grande leçon pour l'espèce humaine : les Américains s'attachent au développement de l'industrie et garantissent la liberté individuelle. Cette dernière coïncidant avec la liberté publique, on peut dire que l'ordre social américain s'éloigne, en tous points, de l'exemple européen. Le premier s'enracine dans la capacité du peuple. La chose publique appartient, en Europe, au gouvernement[25] ». Également convaincu des vertus des terres nord-américaines, É. Cabet saute le pas en 1848. Il organise le départ d'Icariens, qui fondent une communauté au Texas. Lui-même gagne l'Illinois l'année suivante pour créer une Icarie. C'est l'échec. De cette expérience qu'il connaît, Godin fournit l'appréciation suivante. La communauté fondée par É. Cabet (qui s'éteint aux États-Unis en 1856) « vit encore de nos jours (1877), mais sans avoir fait aucun progrès depuis sa fondation, parce que son principe n'est point en accord avec la véritable loi de vie de l'humanité[26] ».

Du côté fouriériste, V. Considerant tente également l'aventure. Forcé de quitter la France après sa participation à l'insurrection du 13 juin 1849, il se rend aux États-Unis pour étudier les possibilités d'implantation d'une colonie phalanstérienne[27]. Après neuf mois passés outre-Atlantique, V. Considerant rentre en Belgique le 29 août 1853 et se met à l'ouvrage pour donner corps à son projet. Il consulte alors au sein de l'école sociétaire. Il sollicite notamment Godin en janvier 1854[28], qui ne se prive pas de donner son avis quant aux statuts de la future société de colonisation du Texas. L'industriel suggère que, après paiement des charges sociales, des salaires et des intérêts, les bénéfices soient répartis au prorata de ces deux dernières sources de revenu[29]. Les plans se précisent au fil des mois. Une Société de colonisation européo-américaine au Texas est fondée officiellement à Bruxelles le 26 septembre 1854. V. Considerant en est membre fondateur, avec Allyre Bureau, François Cantagrel, Ferdinand Guillon et Godin, qui investit dans l'affaire le tiers de ses disponibilités d'alors (soit 100 000 francs). Les statuts de la société « Bureau, Guillon, Godin & Cie » sont publiés en novembre 1854. Pour aider à passer au stade de la réalisation, Godin prodigue d'autres conseils encore. Il incite par exemple V. Considerant à installer la communauté sur les bords de la rivière Rouge, car le sol y est riche en trésors minéralogiques[30]. Surtout, ce serait un atout pour l'établissement d'usines que de pouvoir s'établir à proximité d'une voie d'eau. Les coûts de transport seraient minimes, et les prix de revient en bénéficieraient d'autant.

Au Texas, V. Considerant concrétise le projet. Il fonde une colonie – Réunion – à proximité de Dallas et à moins d'une centaine de kilomètres de l'endroit où, quelques années plus tôt, 485 Français avaient projeté de s'établir pour appliquer les préceptes communautaires d'É. Cabet[31]. Godin suit de très près le développement de Réunion et s'emploie à de multiples tâches. Nommé gérant du bureau de Bruxelles avec A. Bureau et F. Cantagrel, il participe au recrutement des volontaires intéressés par l'aventure puis s'occupe de leur départ. Il se soucie également de l'organisation concrète de Réunion. La première difficulté est liée à la capacité des colons à remplir leurs fonctions. Sur place, F. Cantagrel se lamente. Le 7 octobre 1855, il écrit aux gérants restés sur le Vieux Continent pour leur demander de « ne laisser partir pour Réunion que des phalanstériens ayant de la fortune, des capacités éprouvées, étant célibataires ou mariés sans enfants jeunes », etc. Godin lui répond : « Pas d'illusions, mon cher Cantagrel. La majorité des phalanstériens, des vrais croyants, des hommes de foi ayant comme vous le dites de la fortune (et Dieu sait quel en est le nombre !) sont dans les fonctions dites libérales. Des phalanstériens garçons, ou mariés avec femmes capables, sans enfants jeunes, laboureurs labourant, charpentiers charpentant, et possédant des ressources, mais c'est là de l'idéal, de la théorie et nous sommes devant la pratique ![32] » En un mot, Godin milite en faveur de la migration de personnes aptes à exercer des métiers utiles pour la communauté plutôt que d'individus convaincus mais dans l'impossibilité de fournir une quelconque contribution matérielle au collectif.

Godin constate par ailleurs qu'à Réunion les principes d'organisation du travail adoptés encouragent le laxisme et l'inefficacité. Les hommes et les travaux sont répartis en six classes. Les ouvriers sont payés à l'heure à des tarifs variables selon les groupes, non à la tâche comme prévu initialement. Seuls les chefs de fonction sont rémunérés au mois. Dans une lettre au conseil d'administration, Godin fait connaître ses interrogations. Faute de favoriser l'initiative individuelle, le dispositif en place risque de cultiver le découragement, la dissidence et le conflit. Dans une lettre ultérieure au chef comptable de Réunion, il exprime encore ses doutes : « Il n'est pas possible qu'un cadre de salaires ou de rémunération du travail, si large qu'il soit, puisse donner satisfaction à tout le monde : je sens que je n'y trouverais pas ma place[33]. » Godin ajoute que le service de comptabilité doit à tout prix fonctionner autrement. Il convient d'établir des comptes de matières et de marchandises. Il faut aussi débiter et créditer chaque spécialité en fonction des flux dont elle est le support, de façon à pouvoir renoncer à la rémunération des sociétaires à l'heure et substituer à ce principe néfaste une rétribution des membres en fonction de l'importance des bénéfices que chaque spécialité réalise.

Godin n'est guère écouté. Il est même marginalisé par ses collègues en charge à Paris de la gérance de Réunion. Le petit groupe publie alors un *Bulletin de la société de colonisation européo-américaine*. Jugés trop médiocres dans leur forme, les articles proposés par Godin sont systématiquement refusés. L'autodidacte Godin ne peut rivaliser avec ses amis, pour la plupart diplômés de l'enseignement supérieur, et peu amènes à son égard. Il n'est que le médecin fouriériste Auguste Savardan qui fasse confiance en l'entrepreneur de Guise. À la différence de ses collègues, il estime utile et nécessaire de remplacer V. Considerant par Godin. « MM. Bureau et Guillon, l'artiste et l'écrivain, entraînés, comme toujours, par les liens d'une vieille camaraderie, s'opposèrent à cette mesure de salut. Après avoir écrit à M. Considerant ces gros reproches (…), ils se laissèrent entraîner de nouveau par son éloquence (…). [Godin] offrait, je le répète, de compléter ses sacrifices en venant nous apporter le secours de sa longue expérience des affaires industrielles et son calme si bienveillant et si ferme en présence de tous les hommes et de toutes les circonstances[34]. » Godin était effectivement disposé à partir. En 1855, il se met d'ailleurs en quête de directeurs à qui confier ses deux usines, mais il ne trouve pas. En 1856, souffrant, il renonce définitivement au départ.

Réunion est de toutes manières un échec. Incapable de diriger, V. Considerant jette l'éponge. Le principal disciple de C. Fourier en est à ce point affecté qu'il tombe en dépression et recourt à la morphine pour panser ses blessures psychiques. L'écriture est un second expédient qui l'aide à quitter les ténèbres du désespoir. V. Considerant rédige une brochure de quatre-vingts pages *(Du Texas : Premier rapport à mes amis)* dans lequel il confesse ses erreurs, reconnaît que les trois ans passés ont été un enfer mais affirme que l'avenir sera radieux. V. Considerant achève le manuscrit le 8 août 1857 et l'envoie à Paris pour publication. Le document parvient dans la capitale française début octobre. L'un des premiers lecteurs est Godin, devenu à cette date directeur de la société de colonisation. En réponse au chef de file fouriériste, l'industriel guisard manifeste prudence et tempérance[35]. V. Considerant gagne l'Europe en 1858 et 1859, avant de repartir s'installer aux États-Unis, mais à San Antonio (Texas) cette fois, à plus de 200 miles de Réunion[36].

Godin avait-il anticipé la déconvenue de Réunion ? Au début des années 1850, il pressentait en tous les cas les difficultés concrètes de toute aventure fouriériste. En 1853, dans une lettre adressée à F. Cantagrel, Godin évoque les difficultés des phalanstériens à édifier des colonies. Il se laisse aller à la confidence. « Cela m'amène à vous dire que depuis que j'ai été obligé de refouler si profondément mes espérances de réalisation phalanstérienne en France, œuvre en vue de laquelle je n'aurais pas voulu éparpiller le peu de force et de concours que je pouvais lui accorder, je me suis déjà demandé bien des fois si ma position ne me permettrait pas de réaliser, à côté de mon établissement, une cité ouvrière dans laquelle un véritable confort serait accordé à mes ouvriers, eu égard à l'état dans lequel ils vivent[37]. » L'échec de Réunion n'a pu que conforter Godin dans son ambition personnelle. Dans *Solutions sociales*, Godin dit à nouveau combien sa déception a pu s'avérer finalement déterminante pour l'avenir. « Il me suffira de dire qu'en perdant alors les illusions qui avaient motivé ma confiance, je fis un retour sur moi-même, et pris la ferme décision de ne plus attendre de personne le soin d'appliquer les essais de réformes sociales que je pourrais accomplir par moi-même[38]. » Même conclusion encore en 1883. « Une des causes principales de ces échecs semble avoir été l'insuffisance des études pratiques. Peut-être si l'école de Fourier fut restée exclusivement sur le terrain de l'association entre les divers éléments producteurs, eût-elle réalisé la commune sociétaire ? Nous avons bien la nôtre aujourd'hui, car le Familistère n'est pas autre qu'une commune. Il compte 1 200 personnes, il a ses conseils et comités spéciaux, son administration propre[39]. »

[3. « Une métaphysique un peu nuageuse »

Tel qu'il vient d'être présenté, le mariage du socialisme fouriériste et du pragmatisme n'est pas un alliage suffisant pour caractériser entièrement le moteur de l'action de Godin. Le vitalisme imprègne également la pensée du manufacturier de Guise. La vie qu'il célèbre tant présente, à son avis, deux visages complémentaires chez l'homme : une forme négative parce que purement instinctive (l'égoïsme ou « égoïté ») et une forme positive parce que réfléchie (la fraternité). Héritage de la science sociale fouriériste, cette dichotomie structure un discours vitaliste, toile de fond à partir de laquelle Godin déploie un ensemble de réflexions hétéroclites et parfois, il faut bien l'avouer, fort mal maîtrisées. La critique ne s'y est pas trompée, qui n'est pas toujours tendre à l'endroit de Godin, « philosophe au cerveau imprégné d'une métaphysique un peu nuageuse[40] ».

[Godin, anticlérical mais prophète d'une religion laïque

Même s'il ne dédaigne pas l'éducation religieuse de son fils[41], Godin ne croit pas au Dieu des religions instituées. Et pourtant, en dépit de ses convictions anticléricales, il adhère à un modèle religieux. M. Fauvety, le directeur de la revue *La Religion laïque*, exprime en termes explicites cette façon de penser dont de nombreux socialistes et républicains solidaristes sont imprégnés. Héritiers du christianisme, fils de la Révolution de 1789 et du siècle des Lumières, ils sont à la fois libres-penseurs et hommes de religion. Mais le religieux porte en lui une signification nouvelle. Débarrassée des scories de « l'idée religieuse, nous la trouvons dans le principe de la solidarité universelle qui nous unit à tout ce qui est, et dans cette solidarité plus étroite que les hommes ont besoin d'établir entr'eux pour améliorer leur sort en perfectionnant l'état social et le milieu terrestre[42] ». Commentant le programme de *La Religion laïque*, Godin dit son accord avec cette façon de voir. Mais avec une précision de taille. La religion propose des préceptes généraux utiles (loi du devoir, aimer autrui comme soi-même…). Or, ceux-ci ne suffisent pas pour affronter les temps présents. La mission de l'idée religieuse consiste aujourd'hui « à découvrir les lois de la morale sociale et la nature des institutions fraternelles par lesquelles les préceptes de l'amour humain deviendront une réalité pratique, et dans lesquelles la morale individuelle ne sera plus un vain simulacre[43] ». Godin est donc un homme profondément religieux, au point même d'inventer une prière, réplique laïque du Notre Père. Plus encore, à en croire S. Deynaud, Godin aurait caressé un temps l'espoir de fonder une Église dont lui-même aurait été le pape et le théâtre du Familistère le temple destiné aux fidèles[44].

La prière de Godin

Puissance suprême qui dirige l'univers,
que tous les hommes honorent et vénèrent ton intelligence infinie,
que les lois naturelles établies par ta sagesse et ton amour soient observées sur la terre comme dans les cieux,
ouvre nos cœurs à la lumière de tes vérités éternelles,
donne-nous l'intelligence de nos devoirs et l'amour du bien de tous les hommes,
permets à notre activité d'avoir une fin toujours utile aux autres,
fais que notre bonheur dans la vie soit la récompense du bien que nous faisons pour nos semblables,
que ta providence nous protège contre l'erreur,
dissipe sur la terre les convoitises de l'orgueil et de l'égoïsme,
efface la haine et la guerre parmi les hommes,
verse sur les nations les bienfaits de la paix,
aide-nous dans la pratique du bien et délivre-nous du mal,
ainsi soit-il.

J.-B. A. Godin, Corbigny, 8 mai 1876, fonds FGP.

Godin n'est guère tendre en revanche avec l'Église comme institution terrestre. Il émet à son encontre les saillies les plus mordantes. Quand l'idée religieuse prend la forme d'un culte extérieur organisé, elle n'est plus que mensonge, elle fausse le caractère des hommes qui en font usage. « Elle n'est plus pour les peuples qu'une cause d'oppression et de servitude. La caste cléricale en fait un instrument de domination des esprits, pour arriver à dominer les individus et à s'emparer des pouvoirs sociaux. C'est, pour les sociétés, un mode de gouvernement désastreux et déplorable, car il s'impose par l'erreur et l'hypocrisie. Mentant à son principe, la théocratie se donne comme ayant la mission d'unir les hommes par l'amour et la charité, lorsque, en réalité, elle les divise par toutes sortes de convoitises et de haines. La foi aveugle est le levier tout-puissant dont ce régime se sert pour tenir les peuples sous le joug[45]. »

À cette théocratie opprimante, Godin oppose le règne du dieu Travail, seul capable de répandre le bien-être, d'assurer aux hommes des jouissances multiples et de conforter un ordre social libérateur. « Le Travail est le créateur de l'abondance ; les religions officielles prônent la douleur et la séparation[46]. » Lorsqu'il a besoin de mobiliser ses ouvriers afin de préparer la naissance de l'Association du Familistère, Godin n'hésite pas à enfoncer le clou. Plutôt que d'aller à l'office le dimanche, pourquoi ne viendraient-ils pas assister à des réunions et à des conférences ? « La vraie, la bonne religion, c'est celle qui unit les hommes dans l'amour du bien les uns pour les autres. Eh bien, l'œuvre anticléricale que doit accomplir l'Association du Familistère, c'est d'étudier comment nous pourrons tous être le plus utiles les uns aux autres, à la société et à l'humanité. Approfondir l'étude de nos statuts et des principes de notre association, c'est célébrer la vraie religion[47]. »

Aux yeux de Godin, l'absence de sentiment religieux explique nombre des échecs phalanstériens, à commencer par celui de Réunion. Cette hypothèse lui semble confirmée par la Loi qu'il découvre en 1854, en vertu de laquelle la quête du bonheur est le principe moral fondamental qui doit guider la marche de l'humanité. C. Fourier l'a compris et expliqué, mais de façon insatisfaisante. Godin veut approfondir. Il veut mettre au jour les racines de cette morale universelle à laquelle, pour le bien de tous comme d'elle-même, chaque personne devra se soumettre.

Quelle est donc en définitive cette Loi souveraine ? « Cette loi, c'est la VIE ! Je tombai dans une longue et profonde méditation, pendant laquelle mon âme était dévorée du désir de comprendre. Puis la Voix ajouta : la Vie est la Loi des Lois, la Loi Supérieure de l'Univers, de l'Humanité et de toutes les Créatures. La Vie Humaine est un appoint donné par l'Être à la Vie Universelle. L'Homme ne peut vivre sans Activité ; l'Activité, c'est le vivre ; mais alors quelle est sa Loi Morale ? qu'est-ce que la Vie ? quelle est sa source ? quel est son principe ? La voix de la Pensée me répondit : l'Homme ne peut vivre sans activité ; l'Activité, c'est le Travail ; le Travail, c'est la Production, la Consommation, la Répartition : c'est l'aliment de la Vie. L'homme accomplit sa loi quand il fait tout ce qu'il peut pour le plus grand bien de la Vie, car alors c'est qu'il a employé toutes ses forces au profit de ses semblables et de lui-même[48]. » En quelques phrases, probablement rédigées à l'occasion d'une dictée médiumnique, on trouve ici résumée la manière dont, avec grandiloquence et excès de majuscules, Godin donne un sens religieux aux pratiques qui sont les siennes.

[Un spirite lecteur de Kant et de Swedenborg

Quels sont plus précisément encore les fondements moraux à l'aide desquels Godin soutient et justifie son action ? Le premier ingrédient est typiquement kantien. Godin lit avec attention les deux premières *Critiques* d'E. Kant et prend de nombreuses notes, difficiles à dater, sur les deux ouvrages. Godin noircit plus exactement une centaine de feuillets, brouillons et autres petites coupures à l'aide de citations du philosophe allemand. Godin établit également un plan de travail destiné à la rédaction d'un ouvrage sur la Morale de l'humanité. L'objectif est « d'étudier depuis les temps les plus reculés ce qui a fait chez les peuples le fondement de la morale » et de trouver « quels ont été les préceptes, les règles, les principes et les commandements posés par les sages et les philosophes, par les législateurs et les révélations[49] ». En brassant et sériant un vaste matériau historique et philosophique, Godin part à la recherche d'une morale universelle. Le fondateur du Familistère espère ainsi prouver que « l'amour de la vie humaine et la bonté des actes auxquels il conduit ne peuvent point être sans récompense, et que la vie matérielle ne suffit pas pour la donner à sa juste valeur[50] ». Si le projet éditorial n'a jamais été concrétisé[51], Godin n'en a pas moins accumulé une vaste documentation sur les mœurs des peuples les plus variés. Pour alimenter sa réflexion sur la Loi et les fondements énergétiques de la vie et du travail, il consigne également de nombreuses remarques et citations de philosophes (Platon, Socrate, Confucius, Malebranche...), écrivains (Balzac) et hommes de science (Berthelot, Hirn, Maxwell, Jouffret, Poincaré...).

Le deuxième ingrédient de la réflexion morale de Godin est emprunté au spiritisme qui, avec le magnétisme, bénéficie au début du XIXe siècle d'une vaste faveur dans les mondes littéraires (Alexandre Dumas, Théophile Gautier, Victor Hugo...), et scientifiques (Ernest Bozzano, Gustave Geley, Camille Flammarion...). Godin, on s'en souvient, découvre le magnétisme en 1841. Il s'initie au spiritisme en 1853, année où son fils est placé en pension à Paris chez Allyre Bureau, musicien, membre de l'école sociétaire et spirite. Dans un courrier qu'il adresse à V. Considerant en septembre de la même année, Godin fait part de sa découverte. Rendant grâce à C. Fourier de l'avoir convaincu qu'il existe un « monde ultérieur », Godin explique à V. Considerant que le 13 août il se trouvait rue de Beaune (Paris) et qu'il a été « invité par Brunier à poser les mains sur une table qui nous écrivit cette phrase : "Dieu fait cela." Un temps considérable est nécessaire pour obtenir chaque lettre, la table désignant par des coups le rang de ladite lettre dans l'alphabet[52] ».

De retour à Guise, Godin construit un instrument de communication avec les esprits, dont l'avantage premier est de supprimer les lenteurs habituelles. « Je pris deux planches de bois mesurant 40 centimètres carrés, les plaçai l'une sur l'autre ; celle de dessus pouvant faire un mouvement rectiligne de va-et-vient, destiné à déterminer le mouvement circulaire d'une aiguille adapté à un cadran, lequel portait les lettres de l'alphabet. Je travaillai trois jours à cet instrument et, dès qu'il fut établi, je l'essayai. Je posai les mains sur la planche mobile dont le mouvement déterminait celui de l'aiguille ; aussitôt l'action commença. L'aiguille indiquait les lettres avec une grande précision et écrivit les phrases aussi vite que je pouvais les copier. (...) Enfin, pendant une vingtaine de jours, je consacrai, le matin ou le soir, environ deux heures à ces entretiens et j'obtins ainsi 73 pages de texte, environ 30 lignes par page. Il y est parlé du ciel, de la terre, de la transformation sociale ; mes passions me sont expliquées ; celles des personnes présentes me sont dévoilées, ma pensée propre est pénétrée jusque dans les plus secrets replis ; et tout cela m'est donné comme venant de l'âme d'une personne amie qui prétend me transmettre les volontés de Dieu[53]. » Godin poursuit en expliquant que, quelques jours plus tard, des contradictions apparaissent, qui le font s'interroger sur l'origine des révélations. V. Considerant répond en doutant de l'état mental de Godin.

Qu'importe, Godin poursuit dans la voie spirite. Il continue de pratiquer la communication avec l'au-delà. Il bénéficie pour cela de l'aide de son entourage immédiat[54]. Par le truchement des indications que lui livrent les esprits, Godin se forge des convictions sur Dieu, le monde, la Vie… Autre preuve que Godin prend très au sérieux le spiritisme : le 20 septembre 1877, il se rend à Bruxelles en compagnie de Marie Moret pour rendre visite à M. Slade, médium américain établi en Belgique[55]. Godin achète le jour même une ardoise qu'il prend soin de marquer discrètement pour s'assurer qu'aucun échange de matériel n'aura lieu. Réunis autour d'une table, Godin, Marie Moret, Slade et une quatrième personne (une interprète) appellent les esprits. Ces derniers semblent bien vouloir se manifester puisque Godin et Marie Moret se sentent touchés aux genoux tandis que leurs habits sont tiraillés. Puis une main invisible se saisit de la craie posée sur la table et, à trois reprises, elle rédige des messages en anglais sur l'ardoise de Godin : « Je veux bien essayer », « Vous avez beaucoup d'amis présents », « Votre ardoise glacée comme un verre nous gêne pour en faire usage ». M. Slade change le matériel et poursuit la séance. Un nouveau message est délivré, la table se soulève d'une vingtaine de centimètres, des coups sont régulièrement frappés par les esprits. Dès le lendemain après-midi, Godin et Marie Moret se rendent à nouveau chez le médium, après avoir acheté de nouvelles ardoises conformes à celles que M. Slade avait utilisées la veille. Mais la séance ne donne rien, et le couple est prié de revenir en début de soirée, non sans avoir laissé le matériel neuf au domicile du médium. Le soir, les ardoises parlent enfin. Elles délivrent quelques messages ésotériques en français, en anglais, en néerlandais et en grec. Les participants assistent également au déplacement inexpliqué de meubles ainsi qu'à l'apparition d'un énorme crâne. Au cours de la même séance, une main s'agite sur les genoux de Godin tandis qu'une seconde fait son apparition juste devant lui.

Godin ne fait pas que pratiquer le spiritisme. Il est tout aussi intéressé par les doctrines qui rationalisent intellectuellement les fondements de la communication avec les esprits. L'exploitation de la veine n'est pas uniquement le fait, nous l'avons vu, d'une poignée de marginaux illuminés. La croyance dans les forces surnaturelles est commune parmi les grandes figures du socialisme français, à commencer par P. Leroux et C. Fourier qui adhèrent à l'idée de réincarnation. Godin correspond pour sa part avec des spécialistes reconnus du spiritisme comme Victorien Sardou[56]. Mais c'est le suédois E. Swedenborg (1688-1772) qui exerce sur l'industriel picard la plus grande influence. Celui-là jouit en son temps d'une forte notoriété. D'abord homme de science prolixe, il bascule dans la seconde partie de sa vie vers des préoccupations mystiques. Spécialiste des écritures saintes mais aussi de la vie des anges, des félicités célestes et du monde invisible, E. Swedenborg s'intéresse à la correspondance entre le matériel et le spirituel. Selon lui, aux influx matériels (chaleur, lumière) qui régissent la nature font pendant des influx spirituels (amour, sagesse, charité, foi) qui agissent pareillement sur les êtres. Si étranges puissent-elles paraître aujourd'hui, les visions et les thèses d'E. Swedenborg ne laissent pas indifférents. E. Kant, par exemple, écrit sur le philosophe nordique. Dans la seconde partie des *Rêves d'un visionnaire* (1766), il enquête sur trois épisodes de divination d'E. Swedenborg (écrit Schwedenberg par E. Kant) et discute des thèses énoncées dans *Les Arcanes célestes* (1749-1756), premier grand livre de la période théologique et aussi le plus connu. Pour E. Kant, il n'y a aucun doute : cet ouvrage est du travail perdu. « En effet, du moment que les visions personnelles alléguées dans son livre ne peuvent se servir à elles-mêmes de preuve, le seul motif de s'occuper d'elles pouvait être l'espoir que l'auteur pour les confirmer s'appuierait peut-être sur des événements tels que ceux que nous citions, pouvant être cautionnés par des témoins vivants. Mais nulle part on n'en trouve de tels[57]. » L'auteur de la *Critique de la raison pure* ne peut évidemment accepter la possibilité d'une production de connaissance par le biais des esprits et du surnaturel.

Godin ne partage pas à ce sujet le point de vue kantien. Il griffonne de nombreuses notes sur les ouvrages d'E. Swedenborg, à commencer par *Les Arcanes célestes*, *Des biens de la charité* ou encore *Des terres dans l'univers*. « Les forces spirituelles comme les forces matérielles, écrit-il par exemple sous les auspices du philosophe suédois, tendent à entraîner avec elles tout ce qui les approche, de sorte que les mauvais esprits tendent à entraîner l'homme comme les anges le font de leur côté ; l'homme jouissant du libre, choisit au milieu de ces forces. C'est l'influence de ces effets contraires qu'il faut entendre par tentation[58]. » En établissant un jeu de correspondances entre registres parallèles (amour = chaleur = volonté ; sagesse = lumière = pensée…), E. Swedenborg aide à la réflexion sur les modes d'organisation concrètes de principes moraux fondamentaux. On comprend que ces écrits aient pu trouver un écho favorable chez de nombreux fouriéristes français et anglais en quête, à la suite du maître bisontin, de lois d'analogies entre les mondes les plus variés. La lecture approfondie des écrits du théosophe suédois conforte en tous les cas l'adhésion de Godin à un système de pensée, largement vulgarisé dans toute la littérature spirite[59], qui lie l'Amour à la Vie et qui accorde au geste créateur un statut fondateur. Avec E. Swedenborg, Godin trouve donc une seconde source, plus importante encore que Kant, au profit de sa recherche d'une morale universelle.

Godin mêle également ses convictions spirites avec des considérations phrénologiques. Cela n'est pas non plus pour étonner. Dans son *Traité des correspondances et des représentations* (1857), E. Swedenborg développe l'hypothèse d'une correspondance entre les différentes parties du corps humain (dont le cerveau et le cervelet) et le « très grand Homme » (Dieu). De nombreux fouriéristes sont tentés par la construction d'une anthropologie sociétaire, au point d'adopter les thèses du physiologiste allemand Franz Joseph Gall[60] et d'adhérer, pour certains d'entre eux (Charles Harel, Adrien Berbrugger), à la Société phrénologique de Paris[61]. Pour percer à jour le fonctionnement de l'homme, F. J. Gall tente comme E. Swedenborg d'établir des correspondances systématiques entre le matériel et le spirituel. Mais la voie empruntée pour ce faire est toute différente. F. J. Gall associe les différentes aires du cerveau aux facultés mentales des individus. En 1833, Charles Pellarin, fouriériste patenté et fin connaisseur par ailleurs de l'œuvre de Godin, justifie ainsi le rapprochement entre la phrénologie et la philosophie sociétaire : « Les systèmes de Gall et de Fourier s'adaptent parfaitement l'un à l'autre ; Gall est descendu dans les profondeurs de l'organisation humaine ; Fourier a découvert le milieu social où il fallait placer le jeu de cette organisation, pour que l'homme pût atteindre le but de son existence terrestre, concourir au grand tout de l'ordre universel, harmoniser son globe, trouver le bonheur et agir d'après les volontés de l'Être suprême[62]. »

Le point de vue peut paraître hérétique. C. Fourier avait en effet manifesté sa défiance la plus radicale à l'encontre de la phrénologie. En dépit des réticences du maître, et à l'instar d'autres socialistes (comme Ange Guépin), plusieurs membres de l'école sociétaire succombent néanmoins aux charmes de la science du crâne humain. Révélateur de l'ordre du monde tel qu'il a été pensé par Dieu, le cerveau est un objet tout entier à déchiffrer. « Le cerveau ne permet pas uniquement de connaître le vrai, mais également le bien. Il dit aussi bien ce qui est, selon l'ordre de la Nature, que ce qui doit être, selon la volonté de Dieu. L'homme porte en lui une révélation morale qu'il doit interroger sur lui-même. La loi divine est dans l'homme, répètent en chœur socialistes et phrénologistes. L'humanité doit trouver en son sein le sens de sa destinée[63]. » Godin est sur la même longueur d'onde. Il est l'auteur de nombreux dessins de têtes et de crânes humains, qui donnent à voir les lieux des influx naturels (pour parler comme E. Swedenborg) comme l'espace, l'air ou la lumière, qui tiennent particulièrement à cœur de l'hygiéniste qu'est Godin. Dans *Solutions sociales*, il indique où, au sein de la boîte crânienne, sont logés les centres de l'appétit humain[64]. Le sphénoïde est le siège des organes de la sensibilité ; les temporaux, celui de l'activité et de la vie organique ; les pariétaux, celui des organes de la volonté et de nos intérêts de la vie ; l'occipital, celui de la mémoire et des affections ; le frontal, celui de l'intelligence, des connaissances physiques, abstraites et morales. En termes hygiénistes, cela se traduit par la partition suivante : le besoin de génération se tient dans la section occipitale ; ceux de nourriture, de logement, de vêtement, de la lumière, d'espace libre et d'air pur, dans la région sphénoïdale ; ceux relatifs à la vie (durée, entretien, conservation), à l'activité et au repos, dans la section temporale ; et ceux qui concernent la propreté, la salubrité et l'hygiène, dans la section ethmoïdale. Par analogie, et selon une méthode toute fouriériste, Godin découvre pareillement où, dans la boîte crânienne, sont situées les régions de l'amour, de la sécurité, du travail, de la science mais aussi celles de l'utilité, de l'équité, du vrai ou encore du bon.

[4. Féminisme, républicanisme et pacifisme

Déclinaison plutôt que source de morale proprement dite, le féminisme, le républicanisme et le pacifisme constituent trois autres volets importants du système de pensée et d'action de Godin. En ce domaine encore, l'influence socialiste, celle de l'école sociétaire au premier chef, est directement perceptible.

[Le mariage, reste d'esclavage

Dans les théories socialistes du milieu du XIXe siècle, la question de la femme occupe une place non négligeable. Les saint-simoniens sont aux avant-postes. P. Enfantin milite ainsi pour l'égalité des sexes. Il clame haut et fort : « La femme est l'égale de l'homme, sera l'égale de l'homme. Elle est aujourd'hui esclave. C'est son maître qui doit l'affranchir[65]. » Sous l'égide du Père Enfantin, le saint-simonisme évolue progressivement vers une forme de mysticisme qui associe la femme au salut de tous. Les femmes saint-simoniennes (Aglaé Saint-Hilaire, Cécile Fournel, Jeanne-Désirée Véret, Marie-Reine Guindorf…) ne se contentent pas du discours. Elles agissent. Elles fondent les premières revues féministes (*Femme libre, La Femme nouvelle, la Politique des femmes…*) et œuvrent activement en faveur de la liberté sexuelle, de l'émancipation économique et de l'égalité politique. É. Cabet affirme pour sa part que l'un des buts principaux du système icarien est de servir la cause des femmes. L'objectif « est de rendre à la femme et à l'enfant tous leurs droits et de tout faire pour assurer leur bonheur. L'un des premiers devoirs des Icariens, c'est de protéger les femmes, de les respecter, de ne rien négliger pour les rendre heureuses[66] ».

Les fouriéristes ne sont pas en reste. C. Fourier est le premier à jeter un pavé dans la mare de l'ordre bourgeois qui sévit en Civilisation. Le mariage n'est qu'une prostitution légale, l'hypocrite couverture d'un commerce des corps, la banale manifestation d'un désir égoïste qui assigne aux femmes le misérable sort de marchandises. En contrepoint, c'est-à-dire en Harmonie, C. Fourier ne propose pas la débauche mais « un état permanent d'effervescence désirante qui favorise le tournoiement[67] ». Les un(e)s et les autres s'observent, se convoitent, se séduisent, s'effleurent, se promettent… mais sans jamais s'embrigader mutuellement et encore moins paralyser le flux des envies et des passions réciproques. L'école sociétaire ne revendique pas ce monde amoureux qu'imagine le maître. Longtemps, cette face du programme fouriériste restera confinée sous le boisseau des pudeurs de toutes origines. Les disciples de C. Fourier maintiennent et amplifient en revanche la dénonciation des iniquités multiples dont les femmes sont victimes. Élu à l'Assemblée nationale en avril 1848, V. Considerant propose la création d'un ministère du Progrès pour accorder le droit de vote aux femmes. L'initiative tombe à plat. Le même V. Considerant avait soutenu un peu auparavant F. Tristan, grande figure socialiste et féministe, qui, inspirée par R. Owen, C. H. de Saint-Simon et C. Fourier, milite pour l'union des ouvriers et des ouvrières en faveur d'une égalité absolue de l'homme et de la femme.

Godin ne pouvait rester indifférent au souci féministe, et encore moins aux thèses de C. Fourier, lui qui connaît tous les déboires d'un mariage avorté et qui pratique l'union libre. Si *Le Devoir* affiche ouvertement sa sympathie envers cette dernière forme de vie conjugale[68], si le cheveu court est admis du côté féminin au sein du Palais social et si Godin lui-même affirme que « la vérité, c'est que la femme est destinée à jouir de droits égaux à ceux de l'homme, et que la vie sociale sera incomplète, imparfaite, tant que la femme ne sera pas comme l'homme affranchie de corps et de volonté, par les institutions[69] », la place des femmes au Familistère n'est pas, il est vrai, la priorité absolue de Godin. À de nombreux égards, l'institution porte encore la marque patriarcale, comme en témoigne l'absolue domination des hommes aux postes de pouvoir (directions des services de l'entreprise, conseils de gérance).

Pourtant Godin innove au profit des femmes. En 1861, il institue un conseil du Familistère composé de douze femmes et de douze hommes élus par les habitants. À cette occasion, un bulletin marque l'étonnement masculin. « Je ne sais à quoi vous pensez de vouloir mettre des femmes au conseil, l'ancien empereur n'en a jamais voulu pour faire la guerre. » Lors de la conférence qu'il donne le 21 mai, Godin répond.

Ce n'est point la guerre que l'on fait ici mais la paix, or pour constituer la paix, « les femmes sont tout autant nécessaires que les hommes, bien qu'elles ne soient point aptes à servir la guerre[70] ». Les élues ne sont pas, il est vrai, n'importe qui. Lors du scrutin d'août 1867, le sommet de la liste des douze dames consacrées par le scrutin est occupé par toutes les femmes Moret du Familistère, Marie en tête suivie de sa mère et de sa sœur (quatrième position). Assez curieusement, Amédée, frère de Marie, figure en troisième position. Il s'agit là probablement d'une erreur de transcription dans l'avis (n° 210, 19 août 1867) qui rend compte des résultats. Quoi qu'il en soit, la famille Moret tient solidement les rênes. Les élections féminines confortent donc, plus qu'elles ne le subvertissent, l'ordre institué par le fondateur. Il n'en va pas autrement d'ailleurs du côté masculin puisque ce sont des hommes proches de Godin, dont Amédée Moret et Moret père, qui sont élus au conseil.

Au grand dam des âmes bien pensantes, Godin met également en place une école mixte au sein du Familistère. Il facilite aussi la vie domestique des épouses et des mères. L'Association ne fait pas de différence par ailleurs entre épouse légitime et concubine pour l'attribution des allocations en cas de veuvage… L'union libre est en effet – comment pouvait-il en être autrement ? – formellement admise. Godin et M. Moret n'ignorent pas l'existence d'autres expérimentations fondées elles aussi sur le rejet du mariage traditionnel. Ils ont connaissance en particulier du cas de la communauté d'Odeina (États-Unis), qui pratique le communisme des biens et des corps[71]. Godin et sa compagne entretiennent quelques relations épistolaires avec le fondateur, un ancien évangéliste du nom de John Noyes. En 1874, l'industriel de Guise prend sa plume afin d'en apprendre davantage sur la manière dont il organise sa « fondation ». Godin dresse une série de vingt-huit questions parmi lesquelles figure le thème des relations affectives : « 11 – Est-il vrai que la communauté des hommes et des femmes soit imposée à tous ? 12 – À quel âge le jeune homme et la jeune fille sont-ils admis à l'exercice de l'amour ? Comment se fait cette admission ? 13 – L'amour, c'est-à-dire les rapports entre les sexes sont-ils libres ou réglementés ? 14 – Quel est le sort des sympathies lorsque deux personnes se préfèrent à toutes les autres ?[72] » Les réponses et les échanges de courrier qui suivent ne convainquent pas le fondateur du Familistère. Il faut dire que, au sein de la communauté du Vermont, le groupe gère la procréation et l'éducation. La fécondation fait l'objet d'un contrôle social étroit (organisation de la rotation des partenaires, limitation des naissances), les femmes sont libérées de leurs obligations de mère, les enfants sont élevés collectivement, etc.

Godin condamne pourtant, lui aussi, les lois du mariage. Il rédige à ce sujet un court manuscrit dans lequel il revendique une plus grande fluidité conjugale. S'il constitue un bel accroc à la morale bourgeoise, considéré à l'aune des écrits de C. Fourier, le texte ne risque guère le procès pour incitation à la luxure ! La papillonne amoureuse, la passion débridée, la religion du plaisir, le négoce des corps..., aucun de ces thèmes à scandale n'effleure un seul instant les propos de Godin. Celui-ci milite simplement en faveur d'un allégement des contraintes que produit le mariage. Qu'en est-il à ce sujet au sein du Palais social ? Les familistériens dérogent-ils aux règles conventionnelles ? Pas vraiment puisque, de fait, le mariage s'impose comme la norme absolue des relations conjugales : en 1889, on compte ainsi 812 maris et femmes, 23 veufs et 24 veuves, et seulement 12 célibataires.

L'amour au village

Le mariage est un reste d'esclavage. C'est une apparence de propriété de deux êtres l'un sur l'autre. L'homme comme la femme sont deux êtres dont la liberté ne peut être aliénée que par un renversement des lois de la nature. Il est remarquable qu'il soit de ces vérités que le vulgaire seul exprime dans toute leur nudité, et qu'on voit au contraire couvrir d'un voile d'hypocrisie dans les classes aisées. (...) L'homme ni la femme ne doivent aliéner la liberté de leurs personnes par aucun contrat irrévocable ; tout lien entre personnes doit attacher chaque partie par un charme et un besoin commun, un désir et un consentement réciproque. (...) L'union de l'homme et de la femme doit être libre de tout autre lien : elle doit être spontanée et sans pression d'aucune sorte ; le contrat de mariage doit être aboli, et l'association des intérêts entre l'homme et la femme doit rester sous le régime des associations et des conventions ordinaires, complètement indépendamment du lien conjugal. (...) La liberté dans le mariage ne peut plus souffrir la moindre objection philosophique ; le législateur peut proclamer le divorce comme moyen de moralité publique et de vertu conjugale, en même temps que comme le gage le plus certain du bonheur domestique.

J.-B. A. Godin, extraits de *L'Amour au village*, manuscrit de quinze pages, IV(1)a-18, fonds FGP.

À l'extérieur du Familistère, il semble que l'image « féministe » ait été assez largement diffusée. Dans un article de novembre 1882, *Le Droit des femmes* ne tarit pas d'éloges sur les initiatives de Godin. « Le jour où l'industrie française aura adopté pour sa réorganisation le principe fécond de l'association du travail et du capital, et où la mutualité nationale fonctionnera sur les bases équitables sur lesquelles est fondé cet établissement, ce jour-là, les revendications violentes du prolétariat et celles si légitimes des femmes, si injustement dépouillées jusqu'à présent de leurs droits, auront reçu pleine satisfaction, et disparaîtront faute de raison d'être[73]. » Même son de cloche dans une série de trois articles que *La Citoyenne* consacre en 1883 à « La femme au familistère de Guise ». Grâce à Godin, « la femme a cessé, là, d'être écrasée sous la ménagère ; la bonne à tout faire (*Jack-of-all-trades*, comme disent les Anglais), s'est relevée du sillon qu'elle creusait péniblement et au bénéfice médiocre de tous, comme le serf de la glèbe d'autrefois ; elle a quitté cette chaîne du travail qui est toujours à recommencer et qui est presque toujours mal fait, parce qu'on n'a pas su s'y prendre pour en venir à bout ; la ménagère a pu être femme enfin, bien loin de perdre sa qualité de femme, en se rendant supérieure aux nécessités de la vie au lieu de leur obéir ; elle a pu avoir le temps d'aimer ses enfants et d'être la compagne de son mari[74] ».

Le label féministe, on peut le constater, n'est pas décerné pour fait d'opposition à l'égard des normes puritaines. L'important est ailleurs. Ce sont les progrès en matière d'équipements collectifs et d'égalité de droits qui ont été réalisés au Familistère. Une telle option n'exclut pas pour autant la spécialisation. Le conseil des dames a ainsi la responsabilité des affaires domestiques (qualité des denrées vendues au Familistère, propreté, soins à l'enfance, lavoirs et buanderie, ménage). Son équivalent masculin se préoccupe de l'amélioration des conditions de travail, des institutions de prévoyance et de répartition et, enfin, de l'organisation des fêtes. Faut-il s'étonner d'une telle partition ? La réponse est négative. Comme beaucoup en cette fin de XIXe siècle, y compris parmi les féministes, Godin est en effet persuadé que les deux sexes sont naturellement dotés d'aptitudes distinctes, ce qui les prédispose à des occupations différentes[75].

[Un combat républicain

Sur le plan politique, Godin est un républicain qui défend des thèses aux accents explicitement saint-simoniens. « Le gouvernement de sociétés, écrit-il dans les premières pages de ses *Études sociales sur le gouvernement*, est certainement un des plus importants sujets dont la philosophie pratique puisse s'occuper. Quel but peut être assigné à la science si ce n'est de servir au progrès et au bonheur de l'homme[76] ? » Pour atteindre la perfection du gouvernement, Godin prône la liberté de penser, de croire, d'enseigner, d'agir, d'innover… et indique qu'il revient à la science sociale, au sens où l'a définie C. Fourier, de fixer les lois naturelles de l'organisation des sociétés. La science sociale révèle, on l'a vu précédemment, l'existence de deux modes de conduite opposés : la tendance à se laisser guider par l'amour de soi et à rechercher ses satisfactions propres d'une part (égoïté), le souci de paix, d'entente et de progrès d'autre part (fraternité). Seul ce dernier penchant doit servir à fonder l'action politique de ceux que Godin considère comme dignes d'accéder au pouvoir et, par conséquent, d'agir au service du bien public. C'est à ce sujet que l'héritage de Saint-Simon est le plus explicite. Godin ne s'en cache pas. « Je reprends la thèse de Saint-Simon par laquelle il cherchait à établir que les hommes les plus moraux, les plus intelligents, les plus capables, les plus vertueux, et j'ajoute avec intention les plus dévoués aux autres hommes, doivent être appelés au gouvernement[77]. »

L'évolution de l'histoire participe de cette exigence. Ne constate-t-on pas en effet l'épuisement progressif d'une morale individuelle, caractéristique des « sociétés primitives », au profit de comportements solidaires et de valeurs plus sociales, en prise directe avec les besoins du monde moderne ? Godin affine l'analyse. Différentes étapes ont scandé les périodes passées où les gouvernements dominaient abusivement :

usage du glaive et des forces armées, intolérance des cultes, organisation des privilèges, accaparement individuel de la richesse et condition servile du travail..., voilà quelques moments forts qui se sont succédé durant les temps anciens. L'autocratie et le despotisme, puis la théocratie et le cléricalisme, donnent forme aux phases de « dégrossissement social » qui suivent, périodes au cours desquelles l'être humain n'est qu'un sujet dont le pouvoir use et abuse[78]. La monarchie et les régimes constitutionnels et parlementaires viennent clore cette histoire à long terme.

Godin défend pour sa part le modèle républicain. Le schéma préconisé allie méritocratie et démocratie. « Il faut que le peuple soit mis en mesure de choisir et de nommer avec discernement les hommes qu'il croit dignes, par leur savoir et leur mérite, des fonctions publiques. Il faut qu'il puisse destituer et révoquer ceux qui ne méritent pas la confiance de la nation. C'est alors seulement que le fonctionnaire comprendra qu'au lieu de se faire l'agent des passions et des convoitises du pouvoir, il a pour mission d'être utile au public, en remplissant sa fonction avec équité et droiture, en se rendant utile aux citoyens et à la Société en général[79]. » À l'aide de semblables propositions, Godin projette sur le plan politique certaines des valeurs et des pratiques qu'il a tenté d'imposer au Familistère. À quelques exceptions néanmoins, puisque, en tant que fondateur et administrateur-gérant, il échappait le premier aux risques de la révocation ! Faisons néanmoins crédit à Godin d'avoir su défendre avec talent la cause républicaine et, plus encore, celle de la démocratie. « Chaque homme, écrit-il, est son propre souverain, tous les hommes sont le souverain de tous[80]. » La démocratie est une condition nécessaire de civilisation tant il est vrai que, « tant que les hommes sont privés du droit de défendre leurs intérêts par la voie du libre suffrage, c'est la force et la violence qui font la loi[81] ».

De nombreuses entraves, reconnaît cependant Godin, limitent la possibilité du plein épanouissement d'une république démocratique. Deux sont particulièrement gênantes, qui appellent des traitements de fond. Le premier obstacle est le statut actuel du travail. Formellement libre et indépendante, la main-d'œuvre est en fait esclave du salaire. Dans la mesure où les travailleurs forment l'âme vive de la nation et où ils produisent les richesses, il faut maintenant imposer la justice et l'équité sociale. Second obstacle : la propension au conflit armé. Le temps est venu pour le gouvernement d'agir pour la paix et d'abolir la guerre. La généralisation du régime républicain est une garantie en ce sens. « La fédération des peuples deviendra une conséquence naturelle de ce nouvel état de choses, car les nations n'étant plus gouvernées au nom des intérêts dynastiques et aristocratiques, mais au nom des intérêts mêmes des peuples, ces derniers n'auront pas d'intérêt plus réel que celui de cimenter la paix entre eux, afin de marcher librement à la conquête de la prospérité et de l'aisance par le travail[82]. » Pleine et entière reconnaissance des actes et des sujets créateurs, apaisement des tensions qui informent le monde : tels sont, en résumé, les deux impératifs qui conditionnent le succès du combat républicain.

[Un pacifisme cosmopolite

Le pacifisme de Godin n'a pas statut, on le constate, de conviction mineure. « Il est de principe, affirme-t-il, que la Société doit avoir pour objet premier de protéger l'existence de ses membres ; la guerre est donc l'opposé du but social que l'homme recherche. Elle est le renversement de tous les biens que l'homme est en droit d'attendre de son union en société avec ses semblables[83]. » En 1886, une Société de paix et d'arbitrage international est fondée au Familistère. De 1881 à 1887, Godin écrit régulièrement dans *Le Devoir* pour condamner la guerre, perversion de la loi morale, et tous ses zélateurs (l'empereur allemand, Bismarck…).

La guerre, ajoute-t-il, est inutilement coûteuse. « La guerre du Tonkin coûte 15 francs par tête de Français, sans compter les jeunes hommes tués, ceux estropiés pour le reste de leur vie, les familles en deuil par la perte d'enfants aimés et les impôts qu'on créera pour payer l'intérêt de l'emprunt rendu nécessaire. Si, avec la même somme engloutie dans la guerre du Tonkin par des gouvernements insensés, on avait procédé à la construction de cent Familistères et à l'établissement de cent associations comme la nôtre, on aurait donné le bien-être, l'aisance et la joie à 200 000 personnes, on aurait épargné le sang et la vie de nos soldats et créé l'ère de la rédemption de la France[84]. »

Pour faire barrage aux tentations belliqueuses, Godin propose que les États-nations adoptent les mots d'ordre suivants : abolition de la guerre, organisation de la paix, désarmement européen, arbitrage international et constitution d'une fédération pour l'exécution des arbitrages. Godin milite, dans un même esprit pacifiste, en faveur du libre-échange et de l'abaissement de toutes les barrières douanières. À la fin de sa vie, l'industriel multiplie les initiatives et les prises de parole au sein de la Société de la paix du Familistère de Guise, en lien étroit avec d'autres associations pacifistes françaises et étrangères. Plus que jamais, sa conviction est ferme et trempée : la paix est un idéal moral impératif, qui oblige à condamner les guerres entre nations comme les conflits entre groupes sociaux. Sur ce point au moins il sera partiellement entendu puisque les fondateurs de la Société des Nations, qui voit le jour en 1920, puiseront certaines de leurs inspirations à la source d'un projet forgé par le manufacturier fouriériste.

*

Tôt frotté aux thèses de C. Fourier et étroitement impliqué dans l'école sociétaire, Godin peut être rangé au sein de la « nébuleuse réformatrice » parmi ces capitaines d'industries qui ont activement œuvré en faveur d'une économie sociale aux fondements explicitement antilibéraux. Bien qu'il renonce à l'importante théorie des séries passionnées du fondateur de l'école sociétaire, Godin s'inspire fortement de l'œuvre de C. Fourier. Cette filiation est d'ailleurs inscrite sur les murs mêmes du Familistère. Par le truchement de jointoiements polychromes sur les façades des édifices du Palais social, des modénatures en nids d'abeille évoquent la ruche que, par analogie, C. Fourier tenait pour symbole de la société des hommes telle que Dieu pouvait l'organiser. Le Familistère sera pareillement une ruche peuplée d'abeilles travailleuses et dotée d'une reine : la solidarité.

Godin ne fait pas mystère de ses dettes doctrinales, mais il sait aussi en juger la portée exacte. « Vous ne vous trompez pas, écrit-il à ce propos à M. Howland en 1866, en pensant que la théorie de Fourier a contribué aux premières inspirations de la fondation du Familistère, j'ai été et je reste un des plus grands admirateurs de son génie. Mais ce n'est pourtant pas un phalanstère que j'ai fondé : ce n'est pas la réalisation du travail sériaire et attrayant que comporte le Familistère, ce n'est pas la réalisation du bonheur que j'ai inauguré, ce n'est qu'un allégement aux souffrances des classes ouvrières. C'est le bien-être physique et moral que je cherche à créer pour elles, dans les limites d'une application et d'une répartition plus équitable des fruits du travail. Il y a donc [plus] loin de là à l'harmonie sociale que (...) les disciples de Fourier et Fourier lui-même l'ont généralement cru[85]. » Voilà donc pour le rapport qu'entretient Godin avec le maître ès utopie de Besançon.

Godin n'est pas, nous l'avons vu, l'homme d'une seule doctrine, fût-elle révisée par ses soins pour convenir à ses ambitions. Celui-ci mobilise de nombreux autres matériaux (idéalisme allemand, spiritisme, littérature religieuse, savoir historique...) qui, collés bout à bout, composent une philosophie bariolée aux allures souvent déconcertantes. Parfois grandiloquents, pour ne pas dire ampoulés, faussement savants car trop éclectiques, les propos et les écrits de Godin ont tout pour dérouter. L'industriel autodidacte n'en reste pas moins un républicain dont la force morale le dispute à une exigence personnelle sans faille. Le mélange des genres et un style résolument à part expliquent qu'en dépit de telles qualités il n'ait pu convaincre le plus grand nombre à l'aide de ses seuls arguments intellectuels. Godin n'est finalement prophète qu'en un seul pays : le sien, le Familistère.

3] [Le logement, premier équivalent des richesses

Lorsque Godin entame sa carrière d'industriel, le *Tableau de l'état physique et moral des ouvriers employés dans les manufactures de coton, de laine et de soie* que livre le médecin français Louis René Villermé en 1840, « par ordre et sous les auspices de l'Académie des sciences morales et politiques », compte parmi les premiers exercices sociographiques mis en œuvre afin de conjurer la question sociale. Pour éviter la caricature, L. R. Villermé accumule les données sur les salaires et les budgets. Il évite également de fondre les réalités ouvrières dans un même et unique modèle. L. R. Villermé n'en affiche pas moins ses certitudes. L'industrie et la ville sont facteurs de corruption. Les mœurs y sont moins pures, les unions illicites plus précoces, les ouvriers moins rangés, moins laborieux et moins économes. Il est « trois usages pernicieux dans les ateliers des grandes manufactures, affirme-t-il en guise de conclusion : le mélange des sexes, la durée journalière beaucoup trop longue du travail pour les enfants, et les prêts d'argent faits par certains maîtres à leurs ouvriers, à titre d'avances sur les salaires. Le premier de ces usages corrompt les mœurs, le second détruit la santé, le dernier produit la misère, et tous trois outragent la morale publique[1] ».

En dépit des réserves que l'on serait tenté d'émettre au sujet de la méthode ou encore de la morale qui imprègne le propos, force est de constater que le *Tableau* de Villermé constitue une des premières descriptions raisonnées des milieux ouvriers. Ce n'est pas la seule. Louis Blanc, socialiste convaincu, acquiert également crédibilité et notoriété grâce à l'exposition détaillée de la misère ouvrière en milieu urbain[2]. Avec ses compagnons politiques, il dénonce le sort réservé aux travailleurs de la main. Chez les socialistes, les fouriéristes en particulier, les médecins exercent aussi une influence déterminante sur la manière de voir et de résoudre la question sociale. En quête de légitimité dans l'ensemble de la société française, ce corps joue un rôle primordial en s'imposant, dans les sphères du pouvoir et du savoir, comme un acteur incontournable de la réforme sociale[3]. À quoi s'agit-il de remédier ? À la pauvreté urbaine fondamentalement, et avec elle à tout un cortège de malheurs associés : malnutrition, insalubrité, maladies et épidémies, nuisances sonores, mortalité infantile, alcoolisme, délinquance... On comprend pourquoi, à côté des conditions de travail, le mode de vie est une autre priorité de l'action réformatrice.

[1. Du Phalanstère au Familistère

Avant L. R. Villermé et L. Blanc, C. Fourier s'était déjà ému des effets délétères de la Civilisation. L'anarchie industrielle, constate le maître à penser de Godin, produit de l'indigence à dose massive. Certaines villes, notamment celles de Rouen et de Troyes que C. Fourier découvre en 1790, sont des lieux de misère et d'abomination. Comme de nombreux autres observateurs, C. Fourier s'émeut en particulier des conditions de logement. Étroitesse des pièces, entassement, promiscuité, laideur des lieux, humidité, absence de lumière, odeurs nauséabondes, air vicié..., les qualifications les plus sombres s'ajoutent les unes aux autres pour décrire un habitat ouvrier dégradé et pathogène. Il faut changer tout cela ! C. Fourier envisage d'autres façons d'habiter la ville. Il esquisse ainsi une architecture « unitaire » qui s'inspire pour partie des bâtiments parisiens, à commencer par le palais royal dont C. Fourier ne se lasse pas de vanter les charmes.

[Changer l'habitat : la solution phalanstérienne

Pour améliorer le sort des classes laborieuses, l'habitation doit donc être améliorée. « Et vous, infortunés, qui croupissez, entassés dans des taudis pestilentiels, qui n'êtes couverts que de haillons abjects, vous abriterez bientôt vos têtes sous le toit splendide du palais sociétaire. » Belle promesse du fouriériste Jean Journet[4], qu'à sa façon Godin s'efforce de concrétiser. Le Palais social est de fait le premier des équivalents de la richesse que l'industriel picard fournit à ses ouvriers. Car, rappelle-t-il, il ne suffit pas que la science nous aide à produire toujours davantage, il faut aussi qu'elle « mette les jouissances de la Richesse à la portée de tous ; il faut qu'elle réalise la Réforme Architecturale de l'Habitation, comme elle a réalisé celle de l'Usine, de la Manufacture, de la fabrique, des moyens de Culture et des Chemins de fer. Le progrès social est solidaire de ces progrès dans le Travail, et la Réforme Architecturale de l'Habitation doit en être le couronnement par l'édification du *Palais social*[5] ».

Godin réfléchit à l'édification de son habitation unitaire sous l'influence, décisive mais non exclusive, de l'école sociétaire. « Fourier, reconnaît le fondateur du Familistère, est le premier qui ait envisagé l'habitude humaine en vrai réformateur, qui ait approfondi la théorie de l'économie domestique, de manière à mettre en lumière les avantages de l'habitation unitaire, les ressources dont elle multiplie l'usage et les mettant à la portée de tout le monde. Si Fourier a eu le tort de pousser trop loin les conséquences de sa théorie, il n'en a pas moins l'honneur d'avoir vu plus profondément que qui que ce soit avant lui tous les avantages qui résulteraient d'un arrangement mieux étudié de l'habitation, au point de vue de l'économie domestique et du bien-être des populations[6]. » C. Fourier n'a pas fait qu'indiquer du doigt la direction souhaitable. Il a fourni des indications précises sur le Palais – le Phalanstère (manoir de la phalange) – qui doit abriter la phalange, union de sociétaires dont la taille souhaitable est de 1 600 personnes.

Quelles sont les principales caractéristiques du palais imaginé par C. Fourier ? Le Phalanstère a d'abord vocation à développer une activité à dominante agricole. Comme François Quesnay et l'école physiocratique dont il s'inspire, C. Fourier tient en effet la nature pour principale pourvoyeuse de richesse. Pour cette raison, l'auteur du *Traité de l'association domestique-agricole* (1822) ne donne pas priorité à l'organisation du travail manufacturier. Il ne l'ignore pas pour autant. Promesse est faite qu'au sein du Phalanstère celles et ceux qui feront le choix du travail industriel n'auront qu'à s'en féliciter. Le Phalanstère se démarque ensuite de l'organisation en villages et en bourgs, « chaos de maisonnettes qui rivalisent de saleté et de difformité », au sein desquels les relations sociétaires sont impossibles à cultiver. En lieu et place de l'existant, C. Fourier préconise de bâtir d'abord une Phalange d'épreuve, première esquisse qu'il conviendra ensuite de reproduire sur une large échelle. Pour fabriquer l'épure, C. Fourier recommande d'utiliser un matériau de peu de valeur (bois, briques…) afin de pouvoir tâtonner en toute quiétude. Il est cependant quelques indications précises qui, d'emblée, doivent orienter les architectes. Planté au cœur d'une campagne ouverte et radieuse, le Phalanstère est composé tout comme le palais de Versailles d'un centre flanqué de deux ailes. Le mitan est dédié aux activités les plus calmes : repas, bourse, conseil, bibliothèque, études…[7] On trouve là également le temple, la tour d'ordre, le télégraphe, les pigeons de correspondance, le carillon de cérémonies, l'observatoire ainsi qu'une cour d'hiver située en arrière de celle qui sert à la parade. Une des ailes accueille les activités les plus sonores. Les ateliers (charpente, forge, travail au marteau) et les « rassemblements industriels d'enfants, qui sont communément très bruyants en industrie et même en musique[8] », y occupent toute leur place. L'autre aile est constituée d'un caravansérail avec ses salles de bal et d'un espace réservé à l'accueil des visiteurs[9]. Outre les appartements individuels[10], le palais de la phalange contient des salles de réunion publiques (les séristères). Pour correspondre à la structure de chaque série (un groupe central encadré par deux ailes), chaque séristère est divisé en trois salles : une pour les groupes du centre et deux autres pour les ailes de la série. Là également, des « cabinets adhérents », où il est possible de prendre des repas en commun, accueillent les petites réunions.

Les étables, greniers et magasins sont placés en face de l'édifice central et séparés par une cour d'honneur. « Pour donner sur ces dimensions un plan approximatif, note C. Fourier, j'estime que le front du Phalanstère peut être fixé à 600 toises à Paris, dont 300 pour le centre et la cour de parade, et 150 pour chacun des deux ailes et côtés joignant le centre[11]. » Derrière les bâtiments principaux, la grande cour d'hiver fermée sert de jardin et de lieu de promenade. Grâce à la plantation de résineux, l'espace est vert en toute saison. Dans l'ensemble du bâtiment, des corps parallèles encadrent les espaces principaux. Grands de 15 à 20 toises au moins, ils sont formés de cours allongées et, au premier étage, ils sont traversés par des rues-galeries. Soutenus par des colonnes, ces corridors sont équipés d'un vitrage fermé et sont chauffés et ventilés autant que de besoin. Les bâtiments sont également percés d'arcades à voitures. Pour économiser du terrain et favoriser les relations entre les sociétaires, ils comportent trois étages, en plus du rez-de-chaussée et de l'entresol réservés, respectivement, aux personnes les plus âgées et aux enfants. Ces derniers sont ainsi isolés des rues-galeries, principales pièces du palais d'harmonie. Le rez-de-chaussée intègre également des salles publiques et des cuisines. Celles-ci sont munies de trappes au plafond afin que, les jours de fête notamment, des buffets puissent être élevés dans les salles du premier étage.

Inspirées des galeries du Louvre, les rues-galeries constituent une trouvaille majeure de l'architectonique unitaire. Même les rois et les reines n'en disposent pas dans leur palais, qui sont obligés d'affronter le plein air, et donc les caprices du temps, pour se rendre dans les diverses parties de leur riche demeure. Point de contrainte similaire dans un Phalanstère. Le sociétaire le moins fortuné peut circuler à l'abri des intempéries entre les étables et les souterrains, entre son logement et les salles publiques… Large de 6 toises au centre et de 4 dans les ailes, la rue-galerie évite aux sociétaires l'injure de l'air extérieur. Cette précaution est d'autant plus indispensable que les déplacements sont fréquents (les séances de groupe ne durent jamais plus d'une heure ou deux). Les portes d'entrée des logements qui se répartissent sur les trois étages donnent toutes d'ailleurs sur la rue-galerie[12]. Les appartements sont loués aux sociétaires à des tarifs différents qui s'engrènent les uns avec les autres pour composer un ordre des prix. Débutant à 50 (dans le corps des ailerons), celui-ci finit à 1 000 (appartements du centre).

[Comment loger les ouvriers ?

Voilà donc, en quelques mots, l'épure phalanstérienne que dessine C. Fourier et que V. Considerant, son principal disciple, se charge à sa suite de faire connaître et d'améliorer[13]. Les propositions fouriéristes connaissent un certain succès[14]. Dans *Le Juif errant* (1844-45), Eugène Sue narre sous une forme romancée l'histoire de M. Hardy, industriel qui édifie une « maison commune » au bénéfice de ses ouvriers. Tout dans cet espace (types de logements, services collectifs, chauffage et éclairage, jardin, rue-galerie…) répond aux critériums du phalanstère fouriériste. Morale de l'histoire : ainsi logés, les ouvriers deviennent vertueux. Ils échappent à l'emprise de l'alcool et ils renoncent à toute velléité révolutionnaire. Dans les années 1840, l'architecte sociétaire César Daly propose d'aller plus loin encore et de passer au stade des travaux pratiques. Il présente et soutient ainsi plusieurs projets, tous d'inspiration phalanstérienne, destinés à loger les ouvriers à meilleur marché, dans des conditions de salubrité élémentaire (circulation de l'air, chauffage, eau chaude…) et avec possibilité de bénéficier de nombreux services collectifs (salle d'asile, infirmerie, cuisines collectives…).

Instituée en mars 1848 sous la responsabilité de L. Blanc, la commission paritaire du Luxembourg propose que chaque arrondissement parisien bénéficie « d'un familistère assez considérable pour loger 400 familles d'ouvriers, dont chacune aurait son appartement séparé et auxquelles le système de la consommation aurait assuré sur une grande échelle, en matière de nourriture, de loyer, de chauffage, d'éclairage, le bénéfice des économies qui résultent de l'association[15] ». Comme la commission est rapidement dissoute, le projet, qui avait été confié à C. Daly, ne voit pas le jour. Soucieux de lutter contre le paupérisme, Louis Napoléon Bonaparte lui offre une seconde chance. Le futur empereur finance sur ses propres deniers la *Société des cités ouvrières de Paris*, qui se donne pour ambition, dans la lignée de la commission du Luxembourg, la construction de maisons d'arrondissement. Une seule sort de terre, au numéro 58 de la rue Rochechouart. Construite entre 1848 et 1851 à destination des ouvriers, la cité Napoléon est un agencement de 86 logements répartis sur quatre étages. Recouverte d'une verrière, agrémentée de plantations et éclairée au gaz, une cour centrale sépare deux corps de bâtiments que relient par ailleurs des coursives, sortes de rues-galeries si chères à C. Fourier. Les locataires bénéficient également de nombreux éléments de confort (toilettes, eau courante…) ainsi que de multiples services collectifs (buanderie, salle d'asile, école primaire, soins gratuits…). Avec des loyers dissuasifs, la discipline de fer imposée aux occupants provoque l'échec. Fort d'une centaine d'articles, le règlement dit à lui seul les velléités de contrôle social qui informent le projet.

En contrepoint à cette expérience malheureuse, des industriels imaginent d'autres façons de loger leurs ouvriers en accordant à ces derniers de nombreux avantages (proximité du lieu de travail, faible loyer, équipements collectifs...). Soutenue financièrement par le pouvoir napoléonien, l'innovation la plus spectaculaire est à mettre au crédit d'employeurs alsaciens qui, inspirés de pratiques en vigueur outre-Manche, font construire à Mulhouse une cité de petits pavillons que les ouvriers peuvent acquérir. Dans l'esprit des promoteurs de cette expérience inédite, l'accès à la propriété a avant tout une vertu morale : « Astreint à acquitter régulièrement une somme donnée, l'ouvrier prend l'habitude de l'épargne. La maison devenant son bien propre, il est poussé à en prendre soin. La femme est ainsi plus facilement maintenue au foyer. Le petit jardin, enfin, offre à l'ouvrier un loisir sain et utile qui l'éloigne du cabaret. L'isolement de chaque famille dans son foyer permet d'éviter ce qu'on craignait dans les cités collectives des dangers d'une promiscuité trop importante[16]. » Séduit par les charmes de la vie domestique, l'ouvrier n'en échappera que plus aisément aux sirènes du cabaret. Bien que rejeté par les phalanstériens, et par les socialistes en général, le modèle de la cité pavillonnaire n'en fait pas moins rapidement tache d'huile en France (Marcq-en-Barœul, Anzin, Le Creusot...) comme à l'étranger (Nivelles, Liège, Anvers...).

[La critique de Godin

Godin connaît ces expériences multiples. Il a lui-même visité le Grand Hornu en Belgique, les corons d'Anzin ainsi que la cité ouvrière de Mulhouse. C'est donc en connaissance de cause qu'il réfléchit mûrement à la question de l'habitat. *Solutions sociales* contient de longs développements sur les différents types d'abris (huttes, cavernes, tentes, cases, maisons, châteaux, cabanes...) à travers le temps et à travers le monde. Godin porte un intérêt tout particulier aux habitations urbaines de son temps, qui, si elles révèlent un vrai progrès dans l'art de construire, n'en restent pas moins perfectibles sur le plan de l'hygiène. Pour répondre aux aspirations de la vie humaine, l'habitation doit « être un lieu de liberté, de calme, de paix, de tranquillité : elle doit être entourée de tout ce qui est commode et agréable, elle doit surtout rapprocher les hommes et les unir dans une même pensée d'intérêt général[17] ». Dans ses publications, le fondateur du Familistère passe au crible les modèles d'habitats, y compris les plus novateurs. Au moment où Godin rédige, comme d'autres pays proches, la France est le siège d'un débat sur le meilleur moyen de loger les familles ouvrières. Faut-il des « maisons à étages » ou des « maisons à familles » ? Le fondateur du Familistère fait son choix sans ambiguïté. « M. Godin n'a jamais voulu admettre le système des petites maisons pour loger son personnel ; il a préféré construire un superbe bâtiment à plusieurs étages dans lequel il s'est réservé un appartement pour démontrer qu'il était possible à un patron de vivre parmi ses ouvriers[18]. » Hors de Guise, en revanche, la maison individuelle à l'anglaise remporte tous les suffrages. Les gens aisés s'offrent des hôtels particuliers et les industriels philanthropes construisent de petites maisons pour loger leur main-d'œuvre.

Telles qu'on peut les observer en France comme à l'étranger, les petites maisons d'ouvriers – celles du Grand Hornu et des Corons du Nord, celles de la Compagnie d'Anzin, celles de Mulhouse, celles d'Anvers ou encore celles du Danemark présentées à l'Exposition universelle de 1867 – répondent-elles aux exigences d'hygiène et de morale ? Assurément non, répond Godin, car, qu'elles soient vendues ou louées, ces habitations n'améliorent ni les mœurs ni le confort. Les cités ouvrières bâties à l'initiative de Napoléon III ne suscitent pas davantage l'approbation de Godin. Édouard Champury, journaliste au *Devoir*, se fait le porte-parole de ce dernier lorsqu'il explique que « ces grandes bâtisses n'ont jamais été du goût des ouvriers. À l'époque où elles étaient toutes neuves et offraient par conséquent de très grands avantages sur les locaux dont dispose la classe ouvrière, elles ont eu de la peine à recruter des locataires parmi les ouvriers. Soumises comme elles l'étaient à une réglementation excessive, elles entravaient la liberté des habitants, or les ouvriers sont aussi jaloux de leur liberté que qui que ce soit, et la tutelle leur pèse à l'égal d'un joug, et ils ont raison de n'en pas vouloir[19] ».

Pour réformer les conditions de vie, il convient de satisfaire à une série de conditions que seules remplissent les maisons de riches : rendre les logements salubres en spécialisant les pièces (posséder une buanderie, par exemple, c'est lutter contre les causes de saleté), offrir des services à l'enfance (telle la nourricerie qui, à l'instar des précepteurs, aidera les jeunes enfants à se confronter à la vie), etc.

Il s'agit autrement dit de fournir aux plus pauvres les équivalents de la richesse grâce à une association des ressources. Voilà pourquoi est né le Familistère, palais destiné à « réunir un certain nombre de familles dans des locaux confortables, spécialement agencés en vue du bien-être des habitants et du facile stationnement des services publics nécessaires à la satisfaction des besoins de la vie humaine[20] ». À contre-pied de ceux qui vantent les vertus de la petite maison individuelle, Godin milite en faveur d'un habitat unitaire, seul capable de sortir l'ouvrier de son isolement, de lui procurer hygiène et repos, de consolider sa cellule familiale et de le guider sur les chemins de la moralité fraternelle.

[2. Un palais pour les ouvriers

L'idée du Palais social s'implante durablement dans l'esprit de Godin au milieu de la décennie 1850, au constat de l'échec de Réunion. En 1844 déjà, Godin était venu à Paris pour recueillir des renseignements précis sur les Phalanstères (plans, coûts…). Lorsqu'il prend la décision d'ériger le Familistère, son objectif est de procurer le bien-être par l'habitation aux travailleurs de son usine ainsi qu'à leur famille. La plupart résident dans les villages environnants, non à Guise où les logements manquent. Plus précisément encore, le nom de Familistère « indique assez que j'ai voulu protéger la famille et rendre mes ouvriers possesseurs des palais qui les abritent, des ateliers et de l'industrie qui les font vivre. Je crois la propriété nécessaire et bonne : elle est dans les besoins de la nature humaine ; il ne s'agit donc que d'en prévenir les excès et les abus[21] ». Lorsque, à la fin de la décennie 1850, il se lance dans l'aventure du Palais, Godin cherche moins en réalité à faire vivre de façon raisonnable et tempérée le droit de propriété qu'à rétribuer le travail pour son concours à l'œuvre industrielle et à préparer de la sorte l'association intégrale qu'il appelle de ses vœux.

[La conception et la construction du Familistère

Pour loger ses 300 ouvriers, Godin achète une prairie – le Clos Dauphin – qui touche Guise. Après de longs mois de négociation avec le propriétaire, la transaction définitive a lieu en 1858[22]. Pour étendre son territoire, Godin complète cette première acquisition avec le Clos Bourgeois (1859), espace situé sur les bords de l'Oise du côté de l'usine, puis avec un autre terrain encore du côté du Clos Dauphin (1860-1862). « Ainsi, Godin acquiert peu à peu quelque 12 hectares de terrain pour l'usine et le Familistère, dont 6 hectares dans la boucle de l'Oise. L'ensemble lui sera revenu à environ 50 000 francs pour la surface occupée par le Familistère seul, dont 40 000 francs pour le clos Dauphin et 10 000 francs pour le reste[23]. » Pour établir les plans du Familistère qu'il entend construire sur ces terrains, Godin n'agit pas dans la solitude de son cabinet. Il consulte les plans des Phalanstères avant de faire appel à Victor Calland, architecte fouriériste et catholique, auteur d'un projet de palais sociétaire qui associe les avantages du couvent, du casino et de l'hôtellerie, et qui avait été proposé sans succès à Louis-Philippe en 1846.

Avec Albert Lenoir (le fils d'Alexandre) qui devient son associé en 1855, V. Calland trace les plans d'un second modèle de palais des familles, qui emprunte largement aux canons phalanstériens. Les objectifs assignés par V. Calland ne pouvaient manquer d'intéresser l'industriel guisard. En inventant un nouveau modèle d'habitation, il s'agit en effet de favoriser la solidarité. Mais ce n'est pas tout. Le palais sert également à promouvoir la liberté d'existence de chacun, à éradiquer les conflits de classe, à lutter « scientifiquement » contre le paupérisme, à alléger les femmes du fardeau domestique et à fournir les moyens d'instituer un système de secours mutuels[24]. L'attention de Godin sur le palais des familles est attirée par une annonce publicitaire pour une brochure qui présente le travail de Victor Calland et d'Albert Lenoir. Celle-ci paraît en 1857 dans le second *Bulletin du mouvement sociétaire*. Godin prend la plume pour se procurer la brochure en question avant d'entrer en contact avec V. Calland lui-même. « Jusqu'à ce jour, lui écrit-il, je n'ai pu travailler qu'à créer les moyens matériels d'occuper la population qui m'entoure. Maintenant je désire consacrer chaque année 100 000 francs à la fondation près de mon établissement d'un édifice destiné à les [mes ouvriers] loger et à leur procurer tout le bien-être compatible avec leurs gains dans un milieu où tout sera coordonné pour qu'ils puissent en tirer le parti le plus profitable (...). La brochure de votre projet de palais des familles m'a fait voir que vous êtes pénétrés de la plus haute importance de ces questions et que vous vous êtes livrés à des études pratiques dont je serais sans doute fort heureux de pouvoir être aidé. Cela m'engage, monsieur, à venir vous demander des renseignements[25]. »

En janvier 1858, V. Calland dépêche à Guise deux de ses collaborateurs, MM. Carlotti et Lenoir. Les propositions de ces derniers ne conviennent pas à Godin. Elles s'articulent mal avec le plan que l'industriel a déjà en tête. Deux motifs mènent finalement au rejet[26]. Le modèle suggéré correspond d'abord aux besoins des classes moyennes et non pas à ceux de la population ouvrière que Godin souhaite accueillir. Ensuite, et surtout, il ne permet pas de procéder par étapes. Le palais des familles de V. Calland ne souffre pas d'être agrandi pour pouvoir s'adapter à des besoins évolutifs. Or, écrit Godin, « ce que je dois faire doit être parfaitement extensible et me permettre de commencer par un essai sur une échelle restreinte destinée à recevoir graduellement des développements. C'est ce qui est assez difficile avec le projet que M. Lenoir m'a fait voir[27] ». Godin se résout donc à établir lui-même les plans du Familistère. Il les achève au cours de l'année 1858[28]. Le modèle du Phalanstère, laisse entendre Godin, n'aura guère servi de guide. « Les motifs qui ont fait diviser le Familistère en trois parallélogrammes, sont étrangers à ce qu'on pourrait considérer comme une règle d'architecture[29]. » C'est bien le souci pragmatique d'expérimentation avant toute velléité de généralisation qui prévaut dans la démarche.

Après que la résistance des terrains a été testée et que ceux-ci ont été surélevés de 2 mètres environ pour éviter les risques d'inondation, quelque 250 ouvriers démarrent le chantier, le 10 mai 1859, afin d'abord d'établir les fondations[30]. Au mois d'octobre, le premier édifice (l'aile gauche) est couvert et, durant l'hiver, Godin peut y accueillir pour une conférence les futurs habitants afin de leur expliquer le sens et les règles du projet auquel ils vont prendre part[31]. En avril 1860, une fête pour le baptême du Familistère a lieu dans une halle d'atelier nouvellement construite à l'usine. Cent personnes célèbrent l'événement à l'occasion d'un banquet au cours duquel

Godin prononce une conférence pour consacrer la venue « d'un nouveau-né : le Familistère »[32]. L'aile gauche est achevée au cours de l'été. Parmi les plus pauvres de ses ouvriers, Godin sélectionne 50 familles, toutes d'origine campagnarde, qui viennent s'installer dans les murs. Ce n'est qu'un début. En 1861, 227 personnes logent au Palais. En 1863, 350 personnes sont devenues familistériennes après, pour une grande partie d'entre elles, s'être débarrassées de leur ancien mobilier et en avoir acquis un neuf. Ainsi que l'indique Godin, « dans ce nombre, il y avait 94 ouvriers, ou chefs de famille travaillant à l'usine. Mais l'usine occupait 215 ouvriers habitant au dehors. L'usine avait en tout 309 ouvriers. Tous pères de famille. Les logements du Familistère étaient donc fort insuffisants pour les besoins de l'usine. Ainsi je commençais en 1862 le second bloc des bâtiments, il était continué en 1863, achevé fin de 1864, occupé par la population en 1865. En 1876, le recensement de la population accuse au Familistère une population de 865 âmes. Dans ce nombre figurent 356 ouvriers occupés à l'usine. L'usine occupe en ce moment, habitant le dehors et les villages voisins, 728, en tout 1 084. Le Familistère ne loge donc que le tiers de la population que l'usine fait vivre aussi depuis plusieurs années. L'usine ne peut augmenter son personnel parce que j'ai été mis dans l'impossibilité de continuer des logements neufs et que les logements ouvriers font défaut dans le pays[33] ».

L'objectif à terme est, conformément aux calculs de C. Fourier, d'accueillir 1 500 à 2 000 habitants, chiffre optimal dans la mesure où au-delà la solidarité devient difficile à organiser au quotidien, tandis qu'en deçà les services collectifs sont moins efficaces (impossibilité d'instituer, dans l'école, un nombre de classes suffisamment élevé par exemple). Il faudra plus de vingt ans pour que le Palais social prenne définitivement forme, autrement dit que le bâtiment central soit flanqué de ses deux ailes. Au début des années 1880, deux pavillons supplémentaires (Landrecies, Cambrai) sont construits pour pouvoir accueillir de nouveaux familistériens[34]. Le premier, sis de l'autre côté de l'Oise, est d'une allure plutôt classique. Il se présente sous la forme d'un corps de bâtiment à deux façades. Relié par un pont sur l'Oise au site principal, le second est la réduplication en plus vaste des pavillons centraux, à quelques détails essentiels près il est vrai. La cour du pavillon de Cambrai est à ciel ouvert, les balcons-galeries desservent le rez-de-chaussée, le balcon-galerie de l'étage supérieur est protégé par une marquise, le système d'aération des cours des pavillons centraux n'a pas été installé, etc. Les habitants de ces deux pavillons bénéficient des mêmes droits et avantages que ceux des pavillons centraux. L'extension reste néanmoins insuffisante pour satisfaire les demandes, ce qui a pour effet de provoquer des insatisfactions et des frustrations puisque, au sein de l'Association du capital et du travail portée sur les fonts baptismaux en 1880, certains employés de l'usine seront condamnés à rester « participants », l'accès à la catégorie supérieure étant conditionnée par le fait de résider au Palais social. En 1884, celui-ci accueille 1 300 habitants, dont le fondateur du Familistère, les ingénieurs et les principaux directeurs de l'Association. Au soir de la vie de Godin, le nombre se stabilise aux alentours de 1 800.

Après les premières constructions de 1860, les réalisations architecturales se succèdent et donnent vie au Familistère[35]. Entrons dans le détail des descriptions. Édifié à proximité de l'usine, le Palais social siège au cœur d'un terrain d'une dizaine d'hectares. L'espace est coupé par l'Oise sur les deux tiers de son étendue[36]. À l'instar du Phalanstère de C. Fourier, le cœur du Palais, du moins à son achèvement en 1880, est composé d'un centre flanqué de deux ailes posées vers l'avant[37]. Chacun des trois bâtiments est doté d'une cour intérieure recouverte d'une vaste verrière soutenue par une majestueuse charpente. Les trois pavillons sont reliés par les angles de façon à pouvoir percer au maximum les murs de portes et de fenêtres. Les vingt-quatre façades intérieures et extérieures, auxquelles il convient d'ajouter celles des édifices annexés, sont occupées par près de 1 300 fenêtres[38]. Par ces multiples trous d'air et de lumière, les bâtiments communiquent largement avec l'extérieur. Le Familistère est d'autant moins refermé sur lui-même que, l'été, les portes du Palais sont supprimées. L'hiver, elles se réduisent à de simples vantaux démunis de serrure, dont la fonction première est d'éviter les courants d'air froids dans les cours intérieures.

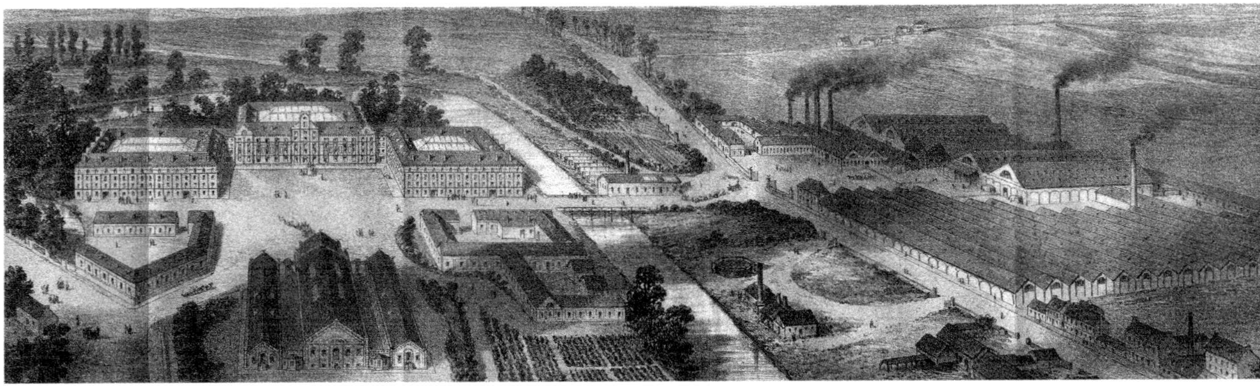

Vue du Familistère, lithographie anonyme, 1871 (*coll. Familistère de Guise*)

Intégrée à *Solutions sociales*, cette planche représente le Palais social à l'état d'achèvement tel que se l'imaginait Godin. La réalité sera un peu différente. Ainsi, les bâtiments qui font face à l'aile droite ne sortiront jamais de terre.

[L'extérieur et l'intérieur

La façade du Palais, qui regarde Guise, court sur une longueur d'environ 170 mètres. Les murs sont habillés de briques, non de bois, afin de limiter les risques d'incendie. Matériau aussi robuste qu'économique, la brique est aisément disponible dans la région. Elle satisfait par ailleurs aux impératifs esthétiques que, à la suite de C. Fourier, Godin assigne à l'habitat unitaire. Voici en quels termes C. Pellarin, visiteur admiratif, décrit en 1880 les façades du Familistère : elles « sont bâties avec toute l'ornementation qu'un goût parfait peut obtenir des combinaisons auxquelles se prête la brique : frontons au centre de l'édifice et aux angles ; corniche sous la toiture ; pilastre s'élevant de l'entablement du rez-de-chaussée jusqu'au toit ; panneaux en saillie à coins échancrés, à demi-hauteur du bâtiment ; cordons horizontaux courant sur la façade au-dessus du rez-de-chaussée et au-dessous du troisième étage ; encadrement des fenêtres et de toutes les portes ; et le tout bordé et dessiné par des lignes de briques violettes traçant sur un fond à teinte rouge. Rien ne surcharge cet ensemble de grâce et d'harmonie ; tout flatte l'œil, tout inspire le sentiment de la grandeur et de l'élévation[39] ». Le bâtiment central bénéficie d'ornements encore plus vastes et somptueux : triple fronton, étage de baies, pignon en pas de moineaux, horloge centrale, belvédère...

La majesté s'impose également à qui considère la hauteur de chaque étage. Les volumes généreux dont chacun bénéficie doivent permettre à l'air de circuler et à la lumière de se répandre aussi loin que possible. Les caves sous voûtes sont hautes de 2,30 mètres, le rez-de-chaussée et le premier étage mesurent chacun 3,15 mètres du sol au plafond, le deuxième étage atteint 2,90 mètres et le troisième 2,60 mètres. Au sous-sol, les caves font barrage à l'humidité grâce à un sol de béton et à un système de drainage intérieur qui permet d'évacuer rapidement l'eau infiltrée. Au rez-de-chaussée, une dizaine de passages offrent le moyen de circuler entre les trois cours intérieures et d'accéder à celle de l'extérieur ainsi qu'à la rue et aux jardins.

Aux angles de chaque bâtiment, des escaliers demi-circulaires mènent aux trois étages[40]. Chacun d'entre eux se présente sous les traits d'une coursive carrelée, large d'1,30 mètre et ouverte sur la cour intérieure. Pâles équivalents des rues-galeries du Phalanstère, ces espaces de circulation ont été pensés par Godin, comme les autres couloirs et corridors, pour faciliter les déplacements, faire gagner du temps aux familistériens et limiter leur fatigue physique. La fluidité de mouvement est aussi un gage de sécurité en cas d'incendie. Les balcons-galeries sont protégés par une balustrade de fonte sur laquelle les adultes peuvent commodément s'accouder sans risquer de basculer dans le vide. « La balustrade a en hauteur 1 mètre ; les barreaux sont ronds, droits et espacés à 0,12 mètre les uns des autres ; aucun enfant ne peut ainsi passer la tête entre ces barreaux, ni monter sur la balustrade[41]. » Depuis ces balcons-galeries, le regard peut plonger et scruter tous les faits et gestes : déplacements des voisins, jeux des enfants, réunions et fêtes qui se tiennent au centre des cours..., rien n'échappe à l'œil familistérien. Chaque étage est équipé de cabinets d'aisance pour les deux sexes, de fontaines d'eau et de « trappes à balayures ». Les déchets qui sont précipités dans ces ancêtres du vide-ordures finissent au sous-sol, où ils sont débarrassés par les bons soins de l'administration du Palais. Confié à un économe en charge de la bonne exécution des décisions du conseil du Familistère, un service de plusieurs salariés s'occupe de l'entretien des espaces communs.

À chaque étage, comme au rez-de-chaussée, des logements se distribuent tout le long des balcons-galeries. Chaque entrée individuelle ouvre sur un vestibule qui dessert deux appartements composés chacun de deux pièces au minimum (d'une vingtaine de mètres carrés environ) et d'un petit cabinet de débarras (un peu moins de 2 mètres carrés). Les murs sont badigeonnés à la chaux. Pour faciliter l'entretien et lutter contre les risques d'incendie, les planchers des appartements sont carrelés et des murs coupe-feu séparent les appartements à intervalles réguliers. Chacun de ces logements doit constituer un véritable « nid » pour la famille, une alvéole privée où pourra éclore l'affection et où pourront s'éteindre toutes les « misères de l'existence[42] ». Le Palais social dispose enfin de chambres garnies destinées aux célibataires, aux personnes de passage (parents ou amis de familistériens) ou encore à des malades en quête de solitude et de repos.

Nombre de logements selon la taille en 1888[43]

	Logements d'une pièce	Deux pièces	Trois pièces	Quatre pièces	Cinq pièces	Six pièces	Sept pièces	Huit pièces
Aile gauche	4	60	27	0	4	0	2	0
Pavillon central	7	95	14	0	1	0	0	0
Aile droite	1	46	34	1	1	0	1	1
Familistère de Landrecies	1	8	10	0	0	0	0	0
Familistère de Cambrai	11	79	56	0	0	0	0	0

F. Bernardot, *op. cit.*, p. 187.

Les bâtiments du Familistère sont considérés comme propriété sociale. À l'instar de l'usine, ils appartiennent à la Société du Familistère. Les habitants sont locataires, non propriétaires donc de leur appartement. Le loyer est établi selon un tarif voisin de celui du marché régional. Mais les conditions d'habitat n'ont rien à voir avec les « logements sales et malsains » que, pour un prix similaire, l'on peut trouver à Guise et dans ses alentours. Dans *Solutions sociales*, Godin indique que, pour une somme de 8 à 12 francs par mois, une famille loue un logement pourvu de deux ou trois chambres[44]. Le calcul du loyer est en fait un peu plus complexe. Le prix à payer dépend en effet du pavillon et de l'étage occupés, de la surface, de la disposition (le logement donne-t-il, ou non, sur les cours extérieures ?), etc. Il intègre également une prime d'assurance dont le tarif plancher couvre les risques élémentaires de l'habitat, dont celui d'incendie. Sachant qu'un ajusteur à l'usine peut, en 1871, gagner jusqu'à 200 francs par mois, le coût de la location n'est pas de toutes manières une dépense excessive[45].

Outre que le principe de la location entre pleinement en résonance avec la philosophie associative du Familistère, celui-ci présente un avantage non négligeable. Il est aisé de satisfaire aux besoins des familles lorsque leur taille évolue. Quand le cercle domestique s'agrandit, rien de plus facile que de changer d'appartement. Une seule exigence : qui demande à déménager doit remettre à neuf son logis. L'attribution de logements à de nouveaux postulants a longtemps fonctionné de façon très simple. Au début de l'expérience, lorsque le pavillon central est en voie de construction, une affiche signale les disponibilités à venir. Les candidats n'ont qu'à s'inscrire. Ils seront satisfaits à tour de rôle. Très vite cependant la demande surpasse l'offre. Après 1883, une fois que tous les pavillons ont été construits, la pression demeure forte. Godin ne peut loger tous ceux qui le désirent encore. Une nouvelle procédure est adoptée pour faciliter l'attribution des appartements. « Lorsqu'un logement est vacant, une annonce insérée dans les tableaux d'affichage indique le prix minimum de la location ; les demandes sont remises sous pli cacheté et la location est consentie au plus offrant[46]. »

Projets, plans, constructions et extensions du Familistère

1845 : demande adressée à l'école sociétaire aux fins de pouvoir consulter les devis et plans pour l'érection d'un Phalanstère. Pas de réponse.

1846 : achat d'un terrain à Guise et installation de la fonderie Godin au bord de l'Oise.

1853 : installation d'un atelier à Forest-lez-Bruxelles. Godin envoie une lettre à l'école sociétaire pour dire son intention de construire un familistère. Il envoie également un mémoire sur le chauffage d'un Phalanstère[47].

1854 : fondation de l'usine Laeken-lez-Bruxelles.

1856 : création du jardin d'agrément ; début des négociations de l'achat d'un terrain pour le Palais social.

1857 : correspondance entre Godin et V. Calland.

1858 : premiers plans du Familistère (projet extensible et évolutif à partir d'une grande cour vitrée) ; construction d'une fonderie à Laeken-lez-Bruxelles.

1859-1860 : acquisition du terrain pour le Palais social ; construction de l'aile gauche, de la première annexe (bâtiments d'industrie domestique) et d'un pont en bois reliant l'usine au Palais social.

1861 : installation des premiers familistériens ; ouverture d'une salle pour les enfants au berceau dans le premier bloc construit au Familistère.

1862 : ouverture en juillet du chantier de construction du pavillon central ; installation de l'école maternelle et de l'école primaire.

1864 : fin des travaux du pavillon central.

1865 : installation d'habitants dans le pavillon central ; construction de l'économat et du casino.

1866 : construction de l'édifice spécial affecté aux soins de la première enfance (nourricerie et salle maternelle).

1868-1870 : construction de la piscine, de la buanderie (bains, lavoir), des écoles et du théâtre.

1877-1878 : construction de l'aile droite.

1880 : remplacement du pont de bois de l'Oise par un pont en fer.

1881 : installation et ouverture de la bibliothèque.

1882-1883 : construction du pavillon d'habitation « Landrecies » à Guise, puis installation de nouveaux habitants.

1883-1885 : construction du pavillon d'habitation « Cambrai » à Guise, puis installation de nouveaux habitants.

1887-1889 : construction d'un familistère pour les ouvriers de la fonderie de Laeken-lez-Bruxelles.

[Les économats, les écoles, le théâtre…

Sans qu'obligation leur soit faite de le fréquenter, les familistériens bénéficient également des services de l'économat, ensemble de magasins de proximité aux spécialités variées. Dès 1850, Godin s'était enquis auprès des gérants de *La Démocratie pacifique* du meilleur moyen d'offrir pareil avantage. Et, trois ans plus tard, il avait sondé ses ouvriers afin de tester l'intérêt d'une telle innovation[48]. Mais bien peu de réponses lui étaient parvenues. Godin ouvre néanmoins un économat au cours de l'hiver 1860. Au début, il fonctionne mal. Godin peine à trouver une personne vraiment capable d'en prendre la direction. Les premiers inventaires révèlent par ailleurs l'existence de détournements. « Des manquants assez considérables furent constatés, il y eut jusqu'à 1 000 francs de déficit sur la seule vente des légumes, d'autres opérations présentèrent des déficits analogues, il semblait que la prévarication, la fraude et le larcin se fussent donné rendez-vous au sein des opérations du Familistère pour me les rendre impossibles[49]. » En réaction, Godin établit un contrôle plus sévère, qui a pour effet de rétablir l'équilibre les comptes.

Les premiers services proposés par l'économat sont les suivants : épicerie (avec dépôt de pain), mercerie et vente d'étoffe, magasin de combustible. Un débit de boisson (« la buvette ») permet aux ouvriers de se retrouver mais, à la différence des cabarets extérieurs, les règles y sont strictes et Godin ne se prive pas de faire la chasse aux ouvriers trop portés sur la bouteille. Jusqu'en 1883, un boulanger vient approvisionner la communauté familistérienne, avant qu'un four à pain soit construit dans l'économat[50]. Un éphémère atelier culinaire (pour lequel un cuisinier est embauché en 1861) vend par ailleurs à faible prix des repas à consommer sur place ou à emporter. A la buvette et au restaurant, « non seulement la femme de l'ouvrier peut acheter les éléments de sa nourriture et en faire la préparation chez elle, mais encore elle peut, si elle y a intérêt en raison de son travail, l'acheter toute préparée et l'emporter pour la consommer dans sa famille. Elle lui coûte moins cher et elle est meilleure. Enfin, on peut, si bon semble, venir la consommer sur place. Cette dernière faculté est très précieuse pour les célibataires en garni. La consommation au restaurant est, suivant la volonté de chacun, soit à la carte, soit à la portion. On peut y vivre convenablement à raison de 75 centimes à 1 fr. par jour[51] ».

Une charcuterie, une boucherie et un magasin de fruits et légumes viennent compléter la gamme des boutiques. Toutes sont d'abord regroupées dans les annexes[52]. En 1865, l'épicerie et le magasin de tissu sont séparés du lot et logés au rez-de-chaussée du pavillon central du Palais. En 1886, deux boutiques (vêtements, chaussures) viennent s'adjoindre. Trois ans plus tard, une bijouterie et un magasin de meubles sont greffés au petit ensemble commercial. En plus de la vente, l'économat assure d'autres fonctions gestionnaires. Il collecte et gère les loyers et les assurances, il distribue les salaires, etc. À compter de 1864, il joue même le rôle de bureau des objets trouvés (avis du 22 décembre 1864).

Un casino, espace de réunion et de discussion chauffé et éclairé, est aussi mis à la disposition de tous afin de lire (on y trouve *Le Moniteur* et d'autres journaux), se rafraîchir ou encore jouer au billard[53]. Parce qu'il fonctionne mal (règlement intérieur désuet, problèmes d'approvisionnement...), le casino est fermé au début de l'année 1881 sur décision du conseil de gérance, qui souhaite qu'une nouvelle organisation voie le jour[54]. Les membres de la commission demandent notamment qu'une salle de lecture soit à nouveau mise à disposition. Godin fait encore établir à l'intérieur du Familistère d'autres services fonctionnels : écurie, étable, basse-cour, porcherie, clapier, forge, greniers à fourrage, lieu réservé aux matériaux de maçonnerie, entrepôt des pompiers, espace de stockage des combustibles, dortoir pour les ouvriers auxiliaires, salles de réunion[55]… À cette longue liste, il faut aussi ajouter une buanderie, un lavoir et une piscine couverte au sein de laquelle, plutôt que d'aller se risquer dans l'Oise, les enfants peuvent apprendre à nager dès l'âge de 7 ou 8 ans.

À côté des pavillons d'habitation, Godin implante et fait vivre d'autres services encore. Un joli théâtre de plus de 700 places voit le jour en 1868, de l'autre côté de la cour extérieure, face au pavillon central. Espace privilégié pour les loisirs et la culture, c'est là aussi que Godin prononce ses conférences, que se tiennent réunions et débats. Godin fonde également un pouponnat, une nourricerie et des écoles. Leur emplacement et leur architecture évoluent dans le temps. Après une première inauguration en 1861, les services de basse enfance sont fermés faute de succès. Dans ses « Notes pour servir de complément à la brochure de M. Oyon sur le Familistère », Godin explique que l'ouverture de la crèche ne fut pas couronnée de succès pour deux motifs essentiels : « des résistances de famille à moi personnelles d'abord, ensuite, la gratuité n'était pas complète ». En 1866, cependant, la nourricerie et le pouponnat ouvrent à nouveau leurs portes au nord du bâtiment central, dans un édifice bâti tout exprès pour accueillir les services de la petite enfance. Les salles, qui donnent sur le parc, sont particulièrement fonctionnelles[56]. Des galeries couvertes permettent par ailleurs aux enfants de circuler à l'air libre en se jouant des intempéries. Les locaux sont malheureusement détruits lors d'un bombardement en 1918. Ils seront reconstruits dans le bâtiment scolaire, face au pavillon central du Familistère. D'abord logés dans l'aile gauche et dans l'économat, le bambinat et l'éducation primaire n'ont pas toujours occupé non plus les mêmes lieux. Un espace leur est définitivement dédié grâce à la construction, en 1869-1870, de l'école du Familistère. Celle-ci prend la forme de deux pavillons de brique flanqués de part et d'autre du théâtre. L'ensemble est agrandi en 1882, par ajout sur chaque côté des salles de classe de bâtiments d'une surface équivalente.

Les services fournis aux habitants sont, on le voit, multiples, fonctionnels et évolutifs. Grâce à eux, le Familistère s'apparente à une petite ville où il est possible de vivre coupé du monde. Il n'est qu'un bâtiment que Godin, anticlérical, n'ait pas fait construire, c'est une église[57]. L'environnement extérieur fait l'objet, lui aussi, de soins particuliers. En 1856, avant même d'entreprendre les travaux du Palais, Godin avait fait aménager un jardin d'agrément. Situé à mi-chemin entre l'usine et le Palais, il est conçu pour flatter les sens et délasser les travailleurs. Au retour de l'usine comme dans les moments de détente, les ouvriers empruntent l'allée ombragée de marronniers, d'acacias et d'arbres fruitiers dont les récoltes généreuses sont vendues aux économats. Le jardin s'enorgueillit de statues, de tonnelles, de bassins d'eaux vives et surtout de massifs de fleurs (roses, géraniums, cinéraires, fusains, bégonias, lauriers, résédas, magnolias...) aux couleurs et aux senteurs multiples[58]. Autour des bâtiments et au bord de l'Oise, des pelouses et des espaces verts servent de terrain de promenade aux familles pendant leurs temps de loisir. Ils font également fonction d'aires de jeux durant les récréations des enfants. Un kiosque à musique y est érigé. En dépit des réticences initiales de Godin, en 1860, trois bouts de terrains encore sont divisés en petits jardins potagers. Ils sont loués pour une somme modique aux habitants du Palais social.

[3. Les influences du mouvement hygiéniste

La politique d'aménagement dont il vient d'être fait état n'est pas le produit d'une lubie individuelle ni même la simple reproduction, plus ou moins imparfaite, de la maquette phalanstérienne. Le Familistère est certes une innovation originale qui rompt avec les modèles dominants de l'habitat ouvrier. Il n'en est pas moins avant tout le reflet de préoccupations sociales qui débordent largement le cabinet de Godin. En France, au cœur de la question sociale, la maladie et la mort sont les cibles privilégiées d'un mouvement hygiéniste influent. Parmi les plaies de l'époque, la tuberculose occupe les premiers rangs. Selon les hygiénistes, ce mal s'explique par un ensemble de causes multiples : surpeuplement et insalubrité des habitations, alcoolisme, alimentation défaillante, conditions de travail délétères, prostitution... Insuffisamment combattus, ces fléaux sont responsables de milliers de décès à travers la France entière. Pour faire face, une solution : l'hygiène[59].

[Les combats pour la santé

Afin de lutter contre les germes de la mort, il faut d'abord agir dans le monde industriel en combattant toutes les sources de la pestilence : émanations de gaz et de vapeurs, écoulements d'eaux à la composition douteuse. L'hygiène doit aussi être une priorité du développement urbain. Il faut des rues larges, des espaces ouverts à la lumière, des habitations propres, un traitement des eaux contre les maladies (fièvre typhoïde, dysenterie, choléra)... À partir des années 1850, le baron Hausmann donne un nouveau visage à Paris en rationalisant les normes de l'habitat, en perçant de vastes avenues et en équipant la capitale de nombreux parcs et jardins[60]. L'air et la lumière pénètrent le tissu urbain. La loi du 13 avril 1850 institue par ailleurs des commissions de logements insalubres. Dans les grandes villes où elles sont mises en place, leur mission consiste notamment à visiter les logements pour repérer et nettoyer les foyers insalubres, nids d'épidémies par excellence. La vague de choléra de 1832 est encore dans les mémoires... L'assainissement des eaux fait également partie de la panoplie hygiéniste. La mise en place d'un réseau d'égouts à Marseille en 1891 fait chuter le taux de mortalité de 32 ‰ à 24 ‰, et cela malgré la variole qui sévit dans la ville dans les dernières années de la décennie 1890.

Pour combattre la maladie et la mort, il convient également que l'homme prenne soin de son corps. Outre la vaccination (variole, rage) qui vient d'être récemment mise au point grâce aux travaux de Louis Pasteur, le bain et surtout la douche sont vivement recommandés. À la fin du XIXe siècle, la France est moins équipée pour la toilette que les États-Unis ou l'Angleterre. Dans l'Hexagone, la salle de bain privée est un privilège peu accessible, et le prix des bains publics reste trop élevé pour attirer le plus grand nombre. En 1895, le congrès d'hygiène qui se tient à Paris exhibe à titre d'exemple à suivre l'initiative de ce groupe de Girondins qui a doté sa ville de bains-douches « ne coûtant que 15 centimes, savon compris, ou même 10 centimes pour les militaires et les élèves des écoles[61] ». Mais l'idéal est que l'hygiène puisse s'installer au cœur des habitations. « Les hygiénistes sont unanimes à réclamer le renouvellement et la parfaite intégrité de l'air, un éclairage abondant par la lumière naturelle, le maintien d'une température convenable, l'élimination de toutes les causes qui pourraient contaminer le logis, la réalisation de ces deux conditions essentielles : 1° distribution abondante d'une eau pure amenée sans pollution possible, 2° éloignement immédiat des matières usées (déjections, ordures, eaux ménagères) sans possibilité de fermentation[62]. »

[Utopie et hygiénisme

Pour faire contrepoint aux conditions de vie des pauvres et des laborieux, la littérature socialiste est riche de rêves où l'espace et l'hygiène acquièrent de nouveaux droits. En France, C. Fourier imagine le plan d'une ville de sixième période[63]. Cet espace de vie idéal, à la fois beau, fonctionnel et salubre, dépasse en tout point les villes barbares de la quatrième période (intérieur de Paris, Rouen...), et même celles de la cinquième période civilisée (Saint-Pétersbourg, Londres, Paris...). Cette ville nouvelle sera composée de trois enceintes (le centre, les faubourgs et les grandes fabriques, les avenues et la banlieue) séparées par des palissades, du gazon et des plantations qui ne devront pas gêner la vue. Les maisons seront isolées, et les espaces entre deux édifices devront être d'au moins 6 toises. La hauteur des bâtiments sera également extrêmement réglementée, tout comme celle des rues, dont il faut s'assurer qu'elles soient larges, qu'elles ménagent de l'espace aux trottoirs et qu'elles garantissent un minimum de plaisir esthétique en débouchant sur des monuments d'architecture publics ou privés. La ville de sixième période devrait de la sorte satisfaire aux exigences des cinq sens. Il est presque certain, ajoute C. Fourier, qu'une fois un seuil démographique passé, certains habitants se spécialiseront comme traiteurs (2 à 3 % de la population), d'autres dans les fournitures de la maison... Outre qu'elle allège les tâches domestiques, cette organisation urbaine a surtout pour premier intérêt l'hygiène par l'aération, car « autant la police de propreté est difficile dans des maisons resserrées et obstruées, comme celles de nos capitales, autant elle est facile dans un édifice où les espaces vacants maintiennent les courants d'air[64] ».

En Angleterre, Robert Owen bien sûr, mais James Silk Buckingham, Joseph Marriott ou encore John Francis Bray militent aussi en faveur de villes idéales, de communautés qui laissent à chaque habitant un espace suffisant pour vivre correctement sans empiéter sur le territoire intime d'autrui[65]. La transparence s'impose alors comme ingrédient utopique à part entière. C'est que, au milieu du XIXe siècle, le verre est à la mode dans les milieux architecturaux. L'acmé est atteinte lors de la Grande Exposition internationale de 1851. « L'exposition se tient dans le Crystal Palace, construit pour cette occasion au cœur de Hyde Park. Conçu par Joseph Paxton à qui l'on doit la serre de Chatsworth qui lui sert de modèle, ce palais est une immense construction de fer et de verre. Au centre, un immense transept de verre. Dans le parc, de nombreuses "fontaines de verre" allient la limpidité de l'eau à celle du verre. Le Crystal Palace, sommet de la jouissance d'une technologie maîtrisée au service de la transparence offre au regard, en un seul lieu, sous son immense coupe de verre, l'ensemble des richesses de l'Empire[66]. » Le verre entre de plain-pied dans l'espace urbain. Il concrétise certaines exigences des maîtres rêveurs, à commencer par celles de C. Fourier pour qui les arcades de verre sont synonymes de citoyenneté[67].

En fait, l'obsession de transparence architecturale trahit avant tout un souci d'endiguement des flux multiples qui structurent et traversent les villes et, surtout, une volonté têtue de prémunir les bonnes âmes des zones sombres et autres lieux opaques équivalents de danger, de misère, de saleté, de pauvreté, de déviance. Il faut éclairer pour protéger... et contrôler. Tel est bien là le nœud de l'ambivalence qui s'exprime parfaitement dans les utopies hygiéniques comme celle de Benjamin Ward Richardson. En 1875, ce médecin de profession prononce une conférence à l'occasion du congrès de la Social Science Association dont il préside la section Santé. L'intitulé de sa communication est « Hygeia. A city of health ». B. W. Richardson décrit une communauté idéale capable de faire chuter au plus bas le taux de mortalité de ses habitants. Tout à Hygeia est organisé en fonction d'un tel impératif : agencement architectural (100 000 habitants au grand maximum logés dans 20 000 maisons de trois ou quatre étages), sol composé d'argile et de graviers pour éviter l'eau stagnante, souterrains destinés à faire circuler l'air et l'eau, larges rues pavées de bois, végétation persistante, bains, hôpitaux d'accès aisé, interdiction des débits de boisson, institutions de prise en charge des enfants, des vieillards et des impotents, lieux de divertissements… Ce modèle influence celui des cités-jardins introduit en France par Georges Benoit-Lévy. Au fil des années, cependant, la cité-jardin sera de moins en moins considérée comme une « ville idéale » destinée à faire pièce aux nouveaux monstres urbains mais bien davantage comme un levier de gestion original au service de l'extension du monde de la ville[68].

On trouve aussi dans le descriptif d'Hygeia de nombreux ingrédients semblables à ceux que Godin utilise pour le Familistère, depuis les principes architecturaux (limitation du nombre d'étages, espace ouvert…) jusqu'aux techniques comme l'écoulement de l'eau ou le réchauffement de l'air en circulation par le biais des cheminées. À Hygeia, par exemple, « derrière le poêle, on a installé une boîte d'aération qui est un élément distinct de la cheminée et qui communique par une ouverture avec l'air libre et, par une seconde ouverture, avec la pièce elle-même. Lorsque le feu a réchauffé ce réceptacle de fer, on fait rentrer de l'air frais extérieur, qui s'y réchauffe à son tour, et est renvoyé dans la pièce, à sa partie supérieure, sur un schéma similaire à celui conçu par le capitaine Galton[69] ». V. Considerant fait référence à ce système dans le chapitre 3 du volume 1 de sa *Destinée sociale*[70]. Peut-être est-ce par son entremise que Godin a eu l'idée d'un tel dispositif.

Association de prophylaxie et de morale victorienne, l'idéologie que véhicule Hygeia ne fait qu'exprimer la vive inquiétude que suscite la criminalité. Les classes sociales supérieures sont les premières à dire leur trouble. Pour combattre les maladies biologiques et les pathologies sociales, il faut agir d'un même tenant et avec des armes similaires. Le principal héraut de cette lutte, dont B. W. Richardson se réclame explicitement, est Edwin Chadwick, juriste et secrétaire de Jeremy Bentham, le père du panoptique[71]. E. Chadwick occupe une position centrale au sein du mouvement hygiéniste anglais. Il participe d'abord activement à la confection de la *New Poor Law* de 1834 qui interdit le secours aux pauvres à domicile. Dans la filiation directe de l'utilitarisme de J. Bentham, E. Chadwick énonce le principe de *less eligibility* : le sort d'un assisté ne doit jamais être plus enviable que celui du plus pauvre des travailleurs. Avec la loi de 1834, toute personne n'ayant pas les moyens de subvenir à ses besoins doit désormais intégrer une *workhouse* afin d'y travailler et de pouvoir bénéficier des secours dont il a besoin[72]. Du panoptique à la *workhouse*, la filiation est directe, en dépit des aménagements qu'E. Chadwick peut apporter au modèle de son aîné. Les rêves de pureté d'Hygeia sont directement redevables de cette obsession du contrôle par la transparence.

E. Chadwick gagne davantage en notoriété encore lorsqu'il publie en 1842 un rapport sur la situation sanitaire de la population ouvrière anglaise. Dans ce document, qui condense nombre d'observations et de données recueillies de première main, tout indique qu'E. Chadwick a fait évoluer son point de vue sur la pauvreté[73]. L'hygiéniste n'explique plus l'indigence par des défaillances ou des incapacités morales imputables aux individus. La faute revient avant tout aux élites politiques, aux entrepreneurs et autres propriétaires de logements. Incapables de comprendre que l'insalubrité se paye au prix fort (maladie, mortalité élevée, dégradation des bonnes mœurs, moindre efficacité de la main-d'œuvre...), ils font preuve d'une légèreté coupable en ignorant les méfaits délétères de leurs politiques, toutes marquées du sceau du laxisme sanitaire et de l'inégalité sociale.

Godin connaît les travaux de l'hygiéniste anglais, et tout laisse penser qu'il les apprécie. *Le Devoir* explique que l'œuvre d'E. Chadwick est « intéressante entre toutes et [que] les résultats qu'il obtient sont dignes d'admiration[74] ». Le journal du Familistère fait son miel des principes édictés par le grand homme. Il affiche notamment son accord avec l'idée que le renouvellement de l'air et de l'eau, la propreté des maisons et des personnes... sont autant de nécessités pour combattre la maladie, les fortes mortalités et toutes les infections possibles. Le Familistère n'est-il pas l'illustration la plus évidente de la pertinence de ce point de vue hygiéniste ? À n'en point douter. Cela est vrai au moins dans l'intention. *Le Devoir* note ainsi que la condition sanitaire des habitants du petit monde de Godin est supérieure à celle de ses voisins immédiats. Plusieurs fois, y est-il rapporté, des épidémies qui se sont répandues dans la ville de Guise et dans les contrées immédiates se sont arrêtées aux portes du Palais social. « Cette supériorité de condition sanitaire n'est pas le fruit du hasard. Elle est voulue. Elle vient du fait que toutes les précautions sont prises dans la construction, dans l'aménagement, dans l'entretien et dans le service du Familistère pour maintenir dans les meilleures conditions hygiéniques possibles la population de 1 000 personnes logées dans ses bâtiments. Que l'on compare l'ensemble d'édifices qui forment le Familistère avec les ramassis de masures qui composent les villages de 1 000 habitants et l'on se convaincra sans peine de la supériorité de ce mode de logement sur celui que la routine continue à favoriser[75]. » Quels sont justement ces principes qui organisent le mode de logement du Familistère ? Ils tiennent en cinq impératifs : une bonne alimentation, de l'air pur, une eau saine en abondance, de la lumière à foison et, enfin, de la tranquillité.

[4. Alimentation, air, eau, lumière… et tranquillité

Pour vivre sainement, il convient d'abord de bien manger. Thématique chère à C. Fourier, l'alimentation n'est pas qu'une affaire organique. Godin en convient le premier. « Plus que tous les autres besoins de l'homme, celui de la nourriture subit l'influence de l'organisation sociale[76]. » Si le niveau de revenu compte dans la qualité des aliments consommés, il ne fait pas tout. La préparation des repas souffre, tout particulièrement au sein des classes laborieuses, de l'ignorance de la science de l'économie domestique ainsi que d'un manque de temps pour les femmes qui, en plus des charges familiales, doivent travailler aux champs ou à la fabrique pour compléter le pécule nécessaire à la vie de tous. En conséquence, tandis que les riches peuvent prendre à leur service des serviteurs capables de préparer des plats équilibrés, « la famille de l'ouvrier, abandonnée à elle-même, est donc dans l'impossibilité d'avoir une nourriture convenablement préparée[77] ».

Le Familistère offre des solutions. La première consiste à garnir en abondance et en permanence les magasins des nourritures les plus saines : viande, charcuterie, pain, beurre, fromages, légumes secs et frais, bière, cidre, vin… La seconde emprunte aux préceptes phalanstériens. Il faut spécialiser les personnes qui ont de vrais talents de cordons bleus et les faire travailler ensemble. Quand les meilleurs cuisiniers mettent leurs compétences au service de tous, alors la famille « n'est plus condamnée à manger son pain sec aux heures des repas, elle trouve à la cuisine alimentaire de bons bouillons, des viandes cuites, des ragoûts et des légumes qui lui permettent de composer instantanément le menu du repas ; et l'ouvrier a la satisfaction de consommer chez lui avec sa femme, venant comme lui du travail, et avec ses enfants sortant de l'école, un repas confortable[78] ». Comme cela a été indiqué précédemment, un système de cuisine collective a vu le jour au Familistère. Mais, déficitaire, l'expérience tourne vite court.

L'air, l'eau et la lumière émargent également, à l'instar de la nourriture, au premier rang des préoccupations hygiénistes. L'air d'abord. « Sans air, écrit Godin, l'organisme cesse de fonctionner, l'homme meurt. Dans un air impur, la santé s'altère, la maladie nous gagne, il faut, en conséquence, que l'air soit pur autour de nous, afin de ne pas introduire des principes morbides dans notre économie vitale[79]. » De ce théorème découle un ensemble d'impératifs sanitaires auxquels répondent des aménagements originaux. Le vaste espace dans lequel est inséré le Palais social, la place accordée aux jardins, des cours et des allées de grandes dimensions, une végétation persistante…, voilà matière à assurer en permanence un bon air profitable à tous. Par ailleurs, à l'extérieur comme à l'intérieur du Familistère, égouts et citernes recueillent et font circuler les matières en putréfaction ainsi que l'eau usagée. Grâce aux conduits d'évacuation, aucune émanation ne vient souiller l'air ambiant. Mais l'innovation la plus originale est un système de ventilation des cours et des appartements. Dans les jardins situés à l'extérieur du Palais, au nord pour être exact, des ouvertures de 4 mètres de côté environ donnent sur des galeries souterraines voûtées qui passent dans le sous-sol des habitations pour déboucher sous les cours intérieures. Dans ces dernières, de petits orifices munis de grilles en fonte laissent passer l'air, qui peut s'échapper ensuite par les portes latérales des bâtiments ainsi que par les dégagements aménagés dans les vitrages qui recouvrent les cours. « D'où il suit que le vitrage, tempérant par lui-même l'ardeur du soleil, maintient l'air plus frais en été à l'intérieur du Palais ; tandis qu'en hiver il préserve l'habitation de la bise et de toutes les intempéries, et contribue, concurremment avec les portes se fermant d'elles-mêmes aux passages des cours, à maintenir à l'intérieur du Palais une température douce, qui permet d'y circuler en vêtements légers[80]. » L'hiver, en effet, il suffit d'obstruer l'entrée des galeries à l'aide de grandes portes pour couper la circulation et faire monter la température.

À l'intérieur des appartements, la ventilation est assurée par les fenêtres, l'une donne sur les jardins et les vergers, l'autre sur la cour intérieure. Des tuyaux logés dans les murs viennent directement des galeries d'aération du sous-sol, ce qui permet de réguler la température des logements. Conformément à la technique mise au point par Douglass Strutt Galton, l'ensemble communique avec les cheminées du Familistère. Tandis que la partie basse des tuyaux amène l'air du sous-sol, la partie haute sert à évacuer la fumée des appareils de chauffage et de cuisine. Grâce à ce système de ventilation, l'ensemble des bâtiments gagne en salubrité. L'absence d'insectes (puces, mouches...) et de maladies dont ils sont porteurs est, aux yeux de Godin, un indicateur pertinent de l'efficacité du système d'aération.

L'eau, autre ingrédient essentiel de la pureté physique, est mise à disposition des locataires de manières multiples. À chaque étage du Familistère, une fontaine est accessible à tous les locataires. Une petite machine à vapeur fait circuler le précieux liquide à travers un système de canalisation en fonte de fer depuis là où il est puisé (en deçà de la couche calcaire et du banc d'argile qui composent le sous-sol) jusqu'aux réservoirs placés dans les greniers[81]. Chaque habitant consomme en moyenne 20 litres par jour, ce qui signifie que 20 000 litres d'eau environ entrent chaque jour au Palais. Sur l'ensemble de ce volume, « 17 000 litres au moins vont à la rivière, emportant avec eux, par les conduits de descente et les égouts, les causes qui engendrent ailleurs la mauvaise odeur et l'insalubrité de la maison du pauvre[82] ». Placés à 15 mètres au-dessus du sol, les réservoirs desservent les fontaines d'étage. Ils alimentent également un robinet placé dans la cour. Il suffit de brancher sur ce dernier une lance pour pouvoir aisément nettoyer le sol mais aussi projeter l'eau jusqu'au troisième étage et rafraîchir l'ensemble du bâtiment.

L'eau sert également pour le nettoyage du linge. Cette opération domestique n'est pas effectuée à l'intérieur des logements. Afin d'éviter la contamination par l'eau sale, Godin en interdit la possibilité. Le lessivage et le lavage doivent être réalisés dans la buanderie collective. Là, tout le nécessaire – eau froide et eau chaude, baquets, essoreuses et étendoirs – est mis gracieusement à disposition des ménages du Familistère. Constamment renouvelée, l'eau chaude, qui provient directement des ateliers de l'usine, alimente de grands bacs à l'intérieur desquels les femmes rincent leur linge avant de l'essorer puis de l'étendre soit à l'étage, soit à l'extérieur le long de l'Oise. Les familistériens peuvent également accéder à des cabinets de bain dans deux endroits différents du Palais social. Au rez-de-chaussée, l'eau est chauffée grâce à la vapeur de la machine qui organise sa circulation dans les étages. Près de la buanderie, les autres cabinets bénéficient, tout comme les baquets, de l'eau chaude issue des ateliers de l'usine. Une piscine de 50 mètres carrés de surface est, enfin, ouverte à toute heure du jour. Les familistériens peuvent y accéder gratuitement. Le fond du bassin est en bois. Amovible et réglable, le plancher descend jusqu'à 2,5 mètres de profondeur. En fonction des besoins et des envies, il peut être hissé jusqu'à affleurer la surface, au profit des enfants et de tous les adultes qui ne savent pas nager.

Autre composante des politiques hygiénistes, la lumière est, selon Godin, un bon indicateur de l'état d'avancement d'une société dans la marche vers l'ordre moral. « Dans le Palais social, la lumière doit pénétrer partout avec abondance : pas de cabinets noirs, pas d'endroits obscurs ; la clarté et l'espace sont les premières conditions de la propreté et de l'hygiène[83]. » Pour satisfaire à cet impératif, il faut ouvrir et éclairer. Pour lutter contre la malpropreté, ne faut-il pas commencer par l'apercevoir ? Les cours de chaque pavillon sont recouvertes d'une myriade de carreaux de verre épais[84] qui laissent passer la lumière en abondance tout en tempérant la chaleur du soleil. Les appartements sont hauts et percés de larges fenêtres, les escaliers ouverts, les pièces spacieuses…

Parce que la nuit également il faut voir, dans chaque cour, un bec de gaz brûle quand l'obscurité drape l'extérieur. À toute heure, il est ainsi possible de se mouvoir en toute aisance dans les différents points du bâtiment. Chaque dimanche, trois ou quatre becs sont allumés et le nombre peut monter jusqu'à seize les jours de fête. Luxe dont ne dispose pas alors la ville de Guise, les becs sont « placés à la hauteur de la première galerie, au-dessus du rez-de-chaussée, au bout de tuyaux de deux mètres, avançant du balcon au-dessus de la cour intérieure ; de cette façon, on évite les ombres, et la lumière se répand partout, se reflétant d'un mur à l'autre, jusqu'à la hauteur des vitrages[85] ».

L'éclairage profite non seulement aux espaces extérieurs mais également à l'ensemble des lieux que les sociétaires fréquentent : magasins, débits, salles de réunion, école, théâtre, salles de conférence… À l'intérieur des logements, chacun opte pour l'éclairage qui a sa préférence. Quand Godin rédige ses *Solutions sociales*, la bougie stéarique et les lampes perfectionnées sont les plus plébiscitées.

Le bien-être au Familistère exige enfin de la tranquillité. Pour éviter le bruit, l'agencement de l'espace est tel que les ateliers et les espaces communs sont placés à bonne distance des logements. Pour chasser les nuisances sonores, les cloisons intérieures sont épaisses de 22 centimètres, et un enduit de terre à four sert de chape sous le carrelage des pièces d'habitation. Tranquillité signifie aussi sécurité. Paradoxe : bien que, de jour comme de nuit, le Familistère soit un espace ouvert, aucun gardien ne veille jamais. L'éclairage continu du Palais suffit en fait à assurer la protection : « Nul mouvement, dans les cours du Palais, ne peut se soustraire aux centaines de fenêtres d'où il peut être perçu, aussi les méfaits sont-ils rares et sans grande importance[86]. » Pour veiller et parer aux risques d'incendie, un veilleur de nuit circule dans tout le bâtiment, et un corps de quarante pompiers, familistériens tous volontaires, se tient prêt à intervenir.

*

Tout milite dans le Palais social en faveur de l'hygiène. Au nom de la santé et de la solidarité, la pression est forte pour que chacun prenne soin de son corps, soit vêtu correctement et s'assure que les siens fassent pareillement. Godin le dit et le redit : l'hygiène doit être une morale quotidienne. « Chacun de nous a donc pour devoir envers lui-même, envers sa famille, envers la population tout entière, de maintenir ses appartements en parfait état de propreté et de salubrité ; car agir autrement, dégrader les logis du Palais, y introduire la saleté, serait se conduire comme la bête dans sa tanière. L'homme n'est policé qu'en réalisant le logement propre, salubre et confortable pour lui et ses semblables ; les progrès de l'habitation sont les signes réels de l'avancement des peuples. Le premier devoir de l'habitant du Familistère, s'il veut se montrer au niveau intellectuel et moral du Palais qu'il habite, est de maintenir son logement en parfait état ; car la malpropreté engendrerait les mauvaises odeurs, l'insalubrité et nuirait ainsi à la santé du locataire lui-même, de sa famille, de ses voisins et de la population[87]. »

Tout est pensé pour que le Palais facilite une telle tâche et contente plus généralement les besoins naturels de l'homme : le logement, les vêtements, la température et les facilités de circulation satisfont ses exigences tactiles ; les approvisionnements, la qualité des préparations culinaires et l'accès à l'eau claire bonifient son goût ; la pureté de l'air, la verdure et l'usage hygiénique de l'eau ravissent son odorat ; l'élégance architecturale, la propreté de l'ensemble et la lumière enchantent sa vue ; le calme et la sérénité, enfin, réjouissent son ouïe. Parce que tous ces ingrédients comptent pour la condition sanitaire, il n'est pas incongru que leur prise en charge soit en tout ou partie collective. Afin de ne pas pénaliser des familles peu fortunées, les loyers ne sont pas excessifs. Le médecin qui vient au Familistère tous les matins s'inquiéter de l'état de la population est payé sur fonds collectif, qu'il y ait ou non des malades[88]. Quant aux lavoirs et aux buanderies, leur usage en est libre, leur financement étant assuré par une redevance prélevée sur le montant des loyers. Le service de propreté générale est aussi gratuit. Le nettoyage des cours, escaliers, balcons, galeries de ventilation, cabinets d'aisance, cabinets à balayures, fontaines… est effectué par des employées qui balayent les communs au moins une fois par jour, les lavent à grande eau une fois par semaine et nettoient les cabinets d'aisance sept fois dans la journée.

Au Familistère, le logement est donc indéniablement un réel équivalent de la richesse. Pour les familles qui ont l'opportunité de résider dans le Palais social, les conditions de vie n'ont que peu à voir avec celles des paysans et des ouvriers qui résident à Guise et dans ses alentours. De meilleure qualité, l'habitat permet plus aisément aux familistériens de lutter contre les intempéries (inondations, froid…)[89]. Les indicateurs démographiques que livre François Bernardot dans son ouvrage de 1889 tendent à étayer une telle thèse. Sur la période 1879-1888, le nombre des naissances rapporté à la population totale est de 3,8 % au Familistère contre 2,6 % pour la ville de Guise. Les taux de mortalité infantile des nourrissons (0 à 1 an) sont, respectivement, de 137‰ et 19,3 ‰. L'écart s'atténue pour les jeunes enfants (1 à 10 ans) : 25 ‰ au Familistère, 26,5 ‰ à Guise. S'agissant des adultes, ces mêmes taux sont également plus faibles au sein du Palais social, tout du moins après quelques années d'expérimentation[90]. Il faut, en fait, relativiser ces chiffres glorieux. Les calculs effectués par Guy Delabre et Jean-Marie Gautier sur la base des registres d'état civil de la ville de Guise pour la période 1871-1931 tempèrent l'optimisme de F. Bernardot. Jusqu'au milieu des années 1880, la mortalité infantile est supérieure au Familistère[91]. Dans les années qui suivent, qu'ils concernent les enfants ou les adultes, les taux de mortalité sont à peu près comparables au Palais social et à Guise. À cet aune au moins, la supériorité du Familistère est donc toute relative.

4] [La proximité comme idéal de pureté morale

Au XIXe siècle et au début du suivant, Godin n'est pas le seul entrepreneur à se soucier du bien-être de ses ouvriers. De nombreux autres se pensent et agissent sous les traits du patron-père : au Creusot avec Schneider, à Clermont-Ferrand chez Michelin, dans les Vosges sous la houlette de l'industriel du textile Garnier-Thiebault, en Moselle avec la famille de Wendel, à Mulhouse avec l'industriel protestant et saint-simonien Dolfuss… Tous mêlent sentiment paternel et tentation patriarcale. « Le patron est cette figure sociale particulière qui gère, "en bon père de famille", un patrimoine particulier constitué de la fabrique mais aussi de ce qui doit permettre la vie de cette "famille"[1]. » Persuadés que les ouvriers sont assimilables à des enfants encore irresponsables, les employeurs paternalistes peuvent être tentés, comme dans la Compagnie d'Anzin, de « prendre l'ouvrier mineur au berceau » pour l'accompagner « jusqu'à la tombe[2] ». Parmi les capitaines d'industrie qui adoptent une telle attitude, les styles sont fort différents, qui oscillent entre des formes de gestion autoritaire et des modalités d'encadrement beaucoup plus libérales.

Françoise de Bry recense trois modèles différents, mais non contradictoires : paternalisme matériel pour alléger les ouvriers des soucis de la vie (risque de chômage, de maladie…) ; paternalisme moral qui vise à guider les ouvriers sur des voies éthiques, religieuses, etc. ; paternalisme politique enfin, schéma dans le cadre duquel le ou les responsables de l'entreprise détiennent des mandats politiques ou professionnels[3]. Le Familistère cumule, pour sa part, les trois caractéristiques ! Doit-on en déduire qu'il compte, peut-être même plus que d'autres entreprises qui relèvent de l'un ou l'autre de ces modèles, au rang de ces configurations paternalistes qui n'ont pas toujours laissé que d'agréables souvenirs dans la mémoire ouvrière ? La réponse ne va pas de soi. Il est en revanche une certitude. Au Palais social de Guise, la proximité contribue directement à l'intégration sociale et à la construction identitaire des travailleurs et de leurs familles. La proximité constitue plus exactement, selon l'heureuse expression de Michelle Perrot, un idéal de pureté morale[4], pendant exact de l'idéal de pureté physique qui, dans la seconde moitié du XIXe siècle, motive tant les hygiénistes.

[1. Les vertus morales de la proximité

La proximité certes, mais quelle proximité ? Celle-ci est, à la fois et inextricablement, géographique et sociale. Pour pouvoir contribuer au façonnement d'une communauté intégrée, la proximité doit se nourrir de divisions. Telle est la condition de l'efficacité de cette gestion des hommes par le proche. Il ne suffit pas en effet d'agréger la force de travail sur un espace clos, il faut aussi, pour contrôler et inculquer une morale collective, sérier le corps social qui vit et travaille au Familistère.

[Le contrôle par le proche

Au Palais social de Guise, les logements et les bâtiments annexes sont rassemblés dans un espace circulaire dont le rayon ne dépasse pas les 90 mètres. « Mille cinq cents personnes peuvent se voir, se visiter, vaquer à leurs occupations domestiques, se réunir dans les lieux publics, et faire leurs approvisionnements sous galeries couvertes, sans s'occuper du temps qu'il fait, et sans avoir jamais plus de 160 mètres à parcourir[5]. » Un parent ou un ami arrive-t-il à l'improviste ? On voudrait lui offrir un cordial mais il n'y en a pas en réserve. D'un bond, il est possible de s'approvisionner. Les avantages de la proximité sont en fait bien plus nombreux que cette seule prérogative à caractère domestique. Dans la mesure où il occupe un espace restreint, le Palais suscite les relations amicales et organise la solidarité entre les sociétaires ; il simplifie l'organisation matérielle et offre de multiples services marchands, éducatifs, culturels... ; il améliore les conditions de vie grâce à une politique systématique de l'hygiène. Mais le dispositif architectural a aussi des effets « moralisateurs ». Tel est un des objectifs les plus importants – Godin ne s'en cache pas – du Familistère. « Le Palais social n'est donc pas seulement un meilleur abri que la maison isolée de l'ouvrier, il est en outre un instrument de bien-être, de dignité individuelle et de progrès. Et c'est précisément parce qu'il donne tout d'abord satisfaction au plein développement de la *vie physique* qu'il ouvre pour le peuple de nouveaux horizons à la *vie morale* ; s'il en était autrement, il manquerait son but[6]. » Par les économies de temps qu'elle procure, la proximité favorise d'abord l'élévation du niveau culturel et donc l'apprentissage de manières d'être et de vivre conformes à l'idéal préconisé par Godin. Parce qu'il habite à côté de son lieu de travail et parce que les commodités sont multiples, l'ouvrier dispose d'un temps libre important qu'il peut consacrer à la consultation des journaux et des livres de la bibliothèque. Avec la lumière dont ils disposent, les habitants peuvent s'adonner facilement à une telle activité et gagner en instruction et en culture.

La proximité favorise également les comportements moraux grâce à la surveillance réciproque. Au Familistère, à la différence du panoptique benthamien, chacun est placé sous le regard de tous. En cas de faute, la dénonciation ne tarde pas et le contrevenant est mis à l'amende. Mais la surveillance a aussi, selon Godin, son versant positif. Elle permet à la « partie inférieure de la population[7] » d'apprendre « à bien se conduire », à l'exemple de l'administrateur-gérant et des directeurs de l'Association qui, eux aussi, habitent le Palais. La proximité, enfin, encourage l'apprentissage et la pratique de l'entraide. La misère est impossible dans un petit monde où tous se connaissent. Godin est persuadé qu'en fondant ainsi dans un même espace de vie des hommes et des femmes de conditions variées, les différences de classe vont disparaître pour ne laisser subsister que des distinctions par le savoir et le brio culturel.

Pour le fondateur du Palais social, les enfants sont les premiers à profiter des bienfaits du localisme. L'architecture est propice à leur éducation. La propreté et la sécurité des lieux évitent tous les travers observables ailleurs. « Les exercices de gymnastique et les jeux d'adresse, auxquels la réunion permanente des enfants se prête au Familistère, donnent à chacun d'eux des habitudes plus réservées, et plus tempérées, que celles produites par les jeux turbulents et désordonnés des enfants de la campagne ; jeux dans lesquels les accrocs et les déchirures, presque toujours inévitables, font le désespoir de la mère et la terreur de l'enfant[8]. » Même dans les périodes de récréation, les enfants sont sous les yeux des adultes. Il n'est point besoin dans ces conditions de les placer sous la surveillance d'une personne commise à cet effet. Par ailleurs, parce qu'ils peuvent rencontrer les maîtres à tout instant au détour d'une allée de jardin ou d'un couloir du Palais, les parents sont tenus au courant avec la plus extrême facilité des comportements de leurs enfants. Dans la mesure enfin où ils voient régulièrement leurs rejetons défiler avec leurs camarades dans les galeries du Familistère, ils ne peuvent échapper à la comparaison. C'est là une puissante incitation à vêtir ses enfants de manière correcte.

[La division au service de l'intégration

La proximité spatiale n'a d'efficacité morale et d'effets intégrateurs qu'à condition d'être assortie de di-visions[9], c'est-à-dire de discontinuités dans la continuité naturelle de l'espace matériel comme dans celle de la hiérarchie sociale. Ces discontinuités enregistrent autant qu'elles les conditionnent les segmentations propres à la communauté familistérienne. En attribuant une place et une fonction, fussent-elles toutes symboliques, aux lieux et aux personnes, ce processus a valeur instituante. Les espaces de travail et de vie sont ainsi ordonnés au nom des valeurs et des principes que Godin impulse sans relâche. Une double partition structure l'espace géographique du Familistère. La première oppose, sur un axe est-ouest, un pôle extérieur masculin du travail (celui de l'usine) à un pôle intérieur féminin du hors-travail (celui des pavillons, des écoles et des services annexes). Le pont de l'Oise et le jardin d'agrément servent de points de bascule pour circuler d'un espace à l'autre. Au sein de chacun de ces pôles, les sexes sont à nouveau séparés. À l'usine, le monde du labeur viril qui exige force et bravoure (atelier de moulage) s'oppose à maints égards à l'alcôve féminine de la râperie. Au sein du Palais social, l'intérieur (le logement) revient en priorité aux femmes tandis que les hommes investissent davantage les lieux publics extérieurs.

Agencée par un axe nord-sud cette fois, une seconde partition informe le Palais social : d'un côté les logements et le monde privé de la cellule familiale, de l'autre les écoles et le théâtre, espaces d'éducation destinés aux petits (école) et aux grands (théâtre) érigés côte à côte face au pavillon central[10]. À la différence de la précédente, qu'elle recouvre pour partie, la présente division emporte avec elle plus d'exigences dynamiques. Les enfants entament leur carrière de futurs travailleurs au sud avec l'espoir, si la socialisation ne connaît pas de raté, de gagner le nord de façon autonome, c'est-à-dire de devenir à leur tour ouvriers et familistériens à part entière. Le bloc des écoles et du théâtre incarne plus généralement encore le lieu de culture du Palais que petits et grands doivent régulièrement fréquenter pour donner vie et sens à la famille, unité « naturelle » qui, à défaut d'être instruite et encadrée, est le support de toutes les dérives (alcoolisme, manque d'hygiène…) qui insupportent tant Godin et nombre de réformistes du moment.

Cette double partition du monde familistérien (usine/Palais ; pavillons/école et théâtre) est un élément structurel et structurant de l'intégration par la voie de la proximité[11]. Elle fonctionne à l'aide d'un triple principe d'homologie, de croisement et de clôture. Loin d'être absolue, l'*homologie* architecturale, la première, est entièrement tournée vers un projet d'éducation intégrale. En érigeant des écoles dont le fonctionnement évoque déjà celui de l'usine, en construisant des logements dont l'entretien est aussi réglé qu'un ouvrage manufacturier…, Godin offre un sens existentiel homogène tout entier débiteur d'une conception sacralisée du travail. Le *croisement* des expériences et des populations participe de ce même projet. La disposition matérielle des bâtiments y contribue au premier chef. Les différents espaces publics, ou plutôt semi-publics (cours intérieures, place centrale), constituent autant de nœuds de circulation qui, dans la vie quotidienne comme dans les moments de fête, conditionnent le brassage des hommes et des femmes, des petits et des grands, des ouvriers et des responsables…

La *clôture* est le dernier levier au service de l'intégration. Le Familistère est, il est vrai, un espace ouvert. Formellement, rien ne fait obstacle à la porosité sociale (approvisionnement en ville, constitution de réseaux amicaux hors les murs…). En réalité, l'exaltation d'une morale de la proximité assure au moins aussi efficacement que l'agencement matériel des lieux la clôture du Palais sur lui-même. Celle-ci a pour effet de créer un espace d'interconnaissances propice au contrôle réciproque mais aussi à la construction d'une solide identité collective. Les tensions et oppositions avec l'environnement immédiat sont à la fois la cause et la conséquence d'une telle clôture communautaire. Les commerçants ne voient guère d'un œil favorable la concurrence des magasins du Familistère, d'autant que certains produits y sont vendus moins chers qu'en ville[12]. Les administrations ne manifestent que peu d'enthousiasme pour répondre aux sollicitations dont elles font l'objet de la part de Godin (demandes de permission pour l'organisation de fêtes, d'ouverture d'écoles...). Les relations entre les familistériens et les Guisards ne sont pas meilleures. Un monde sépare les habitants de la petite ville et les habitants « du tas de brique » réputés pour leurs mœurs plutôt lâches. Comme souvent, l'hostilité avec l'extérieur est le prix à payer pour renforcer l'intégration intérieure.

[Une économie morale

La proximité favorise enfin, objectif tout aussi important aux yeux de Godin que les précédents, l'instauration d'une économie morale. Le système des économats permet d'éliminer les intermédiaires. Dans une perspective typiquement fouriériste, Godin dénonce l'exploitation des consommateurs, masse inorganisée, par des commerçants qui, après avoir acheté en gros, revendent au détail avec une marge importante. Au Palais social, point de dérive similaire. « Toutes les marchandises peuvent être achetées par un syndicat et être vendues à la masse à son profit : les fonctions parasites se suppriment ainsi, et chacun se livre à des fonctions productives. Le nombre de fonctionnaires, juste nécessaire au débit dans les magasins généraux du Palais, reçoit une rétribution proportionnée à ses services, et le débitant n'est plus un spéculateur vis-à-vis du consommateur[13]. » Les prix des marchandises sont formés en principe *a minima* par la simple addition des coûts élémentaires et des salaires des personnels de la vente[14]. Grâce aux économies qu'ils réalisent ainsi, les consommateurs équilibrent au mieux leur budget.

Quand l'Association du capital et du travail voit le jour en 1880, le mode de fonctionnement est à peine modifié. Les conseils fixent les tarifs des marchandises, et les profits réalisés sont directement versés sur les comptes de l'Association. Le plus important est que les commerçants des alentours ne peuvent plus reprocher à Godin de détourner à son profit personnel les bénéfices de l'économat. Avant 1880, une telle accusation est courante, y compris chez les observateurs extérieurs.

Constatant que les économats réalisent un chiffre d'affaires équivalent aux émoluments et aux salaires de la population familistérienne, L. Reybaud par exemple conclut que « ce que d'une main on a payé aux ouvriers, on le reprend de l'autre[15] ». Le système d'économat, ajoute-t-il, ressemble à l'évidence au *truck-shop*, funeste système condamné en Angleterre au nom du fait qu'il n'y a rien de plus immoral que de récupérer par le biais de la consommation les revenus versés dans le système de production. Certes, avant 1880, l'économat était bien propriété de l'industriel. Mais, pas plus que l'usine d'ailleurs, Godin n'a jamais profité des profits tirés des magasins. Ceux-ci ont toujours servi à alimenter les fonds du Palais au bénéfice, au premier chef, des services de l'enfance et des caisses de solidarité sociale. La nouvelle procédure comptable que suscite la création juridique de 1880 ne modifie guère la donne pour Godin. Comme ceux de l'usine, les bénéfices de l'économat sont désormais partagés entre les membres de l'Association.

Transparente, cette façon d'utiliser les surplus a pu néanmoins paraître contradictoire aux yeux mêmes des familistériens. Ne pénalise-t-elle pas les clients réguliers des magasins du Familistère en avantageant à l'inverse les plus « infidèles », qui jouissent tout autant que les autres des bénéfices de l'économat ? M. Barbary (directeur des modèles à l'usine) propose, à l'occasion d'une conférence de l'administrateur-gérant (7 juillet 1881), de lier les profits perçus au montant des achats effectués. À cette demande, Godin répond en faisant part de sa lassitude. Il a dû, seul, prendre en charge la création de l'Association. Il ne saurait donc être question de lui reprocher de ne pas avoir mis en place plus tôt ce mode de répartition qui, il est vrai, inciterait davantage les familistériens à se tourner vers les magasins du Palais social. Conscient néanmoins du problème, Godin fait modifier en 1882 le système adopté deux ans auparavant. Les bénéfices de l'économat sont maintenant divisés en deux parts similaires. Une première revient aux membres de l'Association, selon les critères établis dans les statuts, la seconde sert à établir des ristournes aux clients de l'économat, que ceux-ci soient ou non membres de l'Association.

L'éducation à la consommation passe enfin par l'usage d'instruments destinés à développer le sens de l'économie. Godin tente plus particulièrement de prévenir les dépenses importunes, à commencer par celles que les ouvriers effectuent à outrance dans les débits de boisson. Pour donner vie à ces objectifs, les magasins du Familistère vendent d'abord au comptant. Godin se méfie du crédit, qui place l'ouvrier en situation de dépendance à l'égard des fournisseurs. Le crédit est aussi nuisible dans la mesure où il pousse le travailleur à dépenser sans compter, dans les cabarets notamment. Pour obliger les ouvriers immoraux à porter à leur famille le fruit de leur travail, Godin crée une monnaie propre (les bons ou cachets). Échangeable contre toutes les denrées de consommation vendues par les magasins du Familistère, celle-ci est utilisée pour verser des avances aux familles qui, tant leur budget est mal tenu, n'arrivent pas à vivre sans demander d'acomptes[16]. L'équivalent de ce qu'elles reçoivent sous forme de cachets est directement retranché du salaire de l'ouvrier. Dépourvues d'autres devises, les familles sont obligées d'effectuer leurs dépenses sur place. La monnaie locale sert aussi à inciter tous les familistériens à fréquenter les magasins du Palais. Y avoir recours, c'est pouvoir bénéficier de réductions intéressantes. En 1863, par exemple, il en coûte 10 centimes en argent pour boire une chope de cidre à la buvette, mais seulement 8 centimes en bons de consommation. Au restaurant, la portion de ragoût revient à 30 centimes pour ceux qui règlent en espèces, à 27 centimes pour les utilisateurs de bons ; la portion de bouillie est vendue pareillement 27 et 25 centimes[17]...

Aussi ingénieux soit-il, le système rencontre vite ses limites. Certains d'abord se font faux-monnayeurs et fabriquent des pièces de contrefaçon. Ensuite, « cette monnaie même, qui ne devrait servir aux mains de l'ouvrier que pour recevoir dans les magasins de l'Association les denrées nécessaires à sa famille, est portée et reçue dans tous les débits de boissons et boutiques de la ville, et dans des proportions telles que l'usine en manque souvent pour le paiement des dites avances. Les jetons de l'Association ont cours en ville comme la monnaie[18] ». Suite à l'intervention de M. Barbary, pour éviter cet inconvénient et pour favoriser déjà la répartition des bénéfices au profit des acheteurs, Godin généralise en 1881 un système de carnets d'achat. Le principe avait été envisagé quatre ans auparavant et timidement introduit en 1880. Le carnet doit remplacer la monnaie servant aux avances et « habituer les membres de l'Association à se rendre compte de leurs dépenses ordinaires et (...) les engager à ne pas se rendre pourvoir au-dehors[19] ». Comme l'explique malicieusement Godin, « le livret de consommation présente un côté désagréable, vous le comprenez, pour les gens qui recherchent la dissipation et qui dépensent volontiers leurs avances dans les débits de boissons. Ceux-là certainement repousseront le carnet de consommation, puisqu'on ne peut le porter à l'auberge[20] ». Le mode d'emploi est simple. Les ouvriers déposent une somme qui est immédiatement portée au crédit de leur carnet. Ils peuvent ensuite dépenser, jusqu'à épuisement du dépôt effectué, sans avoir à se munir de liquide. Il suffit de procéder pareillement pour les avances concédées aux ouvriers les moins prévoyants, et l'on sera sûr que le crédit qui leur est affecté profitera à la famille. Un tel système n'est pas, là encore, sans limite. Pour mettre à jour le carnet de consommation, les caissières doivent effectuer des calculs à chaque transaction. Or, il n'est pas toujours facile de trouver des personnes capables d'effectuer une telle gymnastique intellectuelle. Au quotidien, qui plus est, l'actualisation des comptes de chaque client est une opération fastidieuse. Malgré ces travers, le dispositif fonctionne. Alors qu'ils n'étaient que 60 consommateurs en 1880 à utiliser le carnet, ils sont plus de 800 en 1888.

Évolution de l'achat par carnet dans les magasins du Familistère

	Ventes avec carnet		**Ventes au comptant**
	Nombre de carnets	**Montant des ventes (en francs)**	**Montant des ventes (en francs)**
1879-1880	60	20 847,00	355 525,00
1880-1881	88	30 807,00	370 247,00
1881-1882	110	39 601,00	368 521,00
1882-1883	594	204 748,00	183 549,00
1883-1884	699	281 675,00	85 068,00
1884-1885	765	325 337,00	75 646,00
1885-1886	819	342 065,00	63 560,00
1886-1887	808	340 644,00	79 278,00
1887-1888	864	354 014,00	80 565,00

L. Lestelle, *op. cit.*, annexe.

[2. Loisirs et fêtes

En vertu du principe de croisement évoqué précédemment, l'intégration est d'autant plus efficace au Palais social que les sociétaires se côtoient au jour le jour dans des espaces de sociabilité communs, qui appellent des façons d'être et de penser similaires. La pratique du jardinage, comme cela est courant à la fin du XIXe siècle[21], y contribue activement. La culture de la terre n'est en fait qu'une pièce parmi d'autres d'un ensemble de pratiques destinées à encadrer le temps de loisirs pour mieux consolider, au nom de la morale familistérienne, les vertus de la solidarité, de l'hygiénisme et du travail.

[Récréations et associations

Quand ils ne font pas œuvre industrielle, les familistériens bénéficient d'un peu de temps pour eux. Le dimanche, de nombreux ouvriers emploient leurs loisirs au travail de la terre. À la fin des années 1880, plus de la moitié du personnel de l'usine entretient un jardin. Cette pratique, dont la possibilité avait été revendiquée par les ouvriers eux-mêmes, est valorisée par Godin qui juge particulièrement « hygiénique » la culture des fleurs, des fruits et des légumes. Le travail de la terre s'opère en plein air, il éloigne les ouvriers des cabarets, il fournit aux familles des compléments alimentaires non négligeables, il offre des occasions de rencontre et de discussion... Godin estime également que le jardinage est un complément utile en faveur de la morale de l'émulation qu'il défend dans le travail. Quand ils jardinent, les ouvriers comparent leurs productions. Ils affinent ainsi leur art et gagnent en compétence pour produire plus, mieux et avec un souci esthétique toujours supérieur.

Le Familistère met à la disposition des habitants d'autres ressources pour gérer collectivement leurs loisirs. Le théâtre est le siège de conférences, de fêtes et d'assemblées diverses. En hiver, une représentation est donnée deux fois par mois par une troupe invitée. Le théâtre, assure cependant un observateur extérieur, est un semi-échec. « Les planches exerçaient, paraît-il, leur action sur ces comédiens et comédiennes amateurs comme sur les artistes de profession ; les copies et études de rôle empiétaient sur le travail de l'usine et des bureaux ; il y avait en outre des cabales. Bref, la société dramatique a été supprimée[22]. » Le théâtre n'est pas déserté pour autant. Un concert y est donné chaque année par la société de musique du Familistère. Cette dernière voit le jour à la fin de 1859 ou au début de 1860. Elle devient harmonie du Familistère en 1872. Une trentaine de musiciens, qui tous appartiennent au personnel de l'usine, jouent dans les fêtes de l'Association, se produisent aux beaux jours sur la place du théâtre deux fois par mois et animent les quatre bals annuels de l'Association. Comme en témoignent les différentes récompenses glanées à l'occasion de concours organisés à l'extérieur, l'harmonie du Familistère est d'un bon niveau. Le 10 octobre 1880, par exemple, celle-ci obtient trois prix lors du concours qui oppose à Reims près d'une centaine de sociétés de musique.

Parmi les autres activités en place, on compte également une société d'archers. Fondée en 1869, elle rassemble, à la fin des années 1880, 28 membres actifs et 29 membres honoraires. Outre l'entraînement, elle organise des concours et un banquet annuel. Créée en 1872, une société de tir à la carabine regroupe à la même période à peine plus d'une vingtaine d'adhérents. Deux manifestations importantes rythment ses activités annuelles. Portée sur les fonts baptismaux en 1884, la société de gymnastique « La Pacifique » n'est guère plus riche en capital humain : 25 membres actifs et 20 membres honoraires. L'association (sa devise est *Paix et Travail*) propose trois séances par semaine et une promenade mensuelle. La Société de paix et d'arbitrage international fondée en 1866 par Godin rassemble déjà plus de monde (200 adhérents). Elle tient une réunion par mois, notamment pour y entendre le fondateur discourir. Une bibliothèque est enfin mise à disposition de tous les familistériens[23]. Fondée en 1881, elle est tenue par deux employés. Deux salles sont ouvertes tous les jours de 19 h 30 à 21 h 30 et le dimanche de 15 heures à 21 h 30. L'activité va croissante avec les années. En 1881-1882, 170 lecteurs empruntent 2 495 volumes dans un fonds qui en compte 1 500. En 1887-1888, le nombre des lecteurs bondit à 250, soit l'équivalent de 14 % des habitants du Familistère, probablement les plus éduqués. Ce sont en effet majoritairement de jeunes sociétaires, dont l'âge varie entre 15 et 30 ans, qui fréquentent les lieux. En 1887-1888 toujours, le total des livres empruntés dépasse 6 000, et le fonds est riche de plus de 2 000 ouvrages[24].

[Le travail en fête

Les moments festifs occupent une place importante dans la vie des familistériens. Instaurée par Godin, la fête de l'Enfance marque la fin de l'année scolaire. Elle se déroule, à compter de 1863, chaque premier dimanche de septembre. Créée quatre ans plus tard, la fête du Travail a lieu également tous les ans, le premier dimanche du mois de mai[25]. Ces événements majeurs durent deux jours, voire trois parfois. Ils sont ponctués de cérémonies, des jeux sont organisés pour les enfants et les adultes (tir à la carabine, arc, boules, billard, cartes, casse-pots...), des pièces sont données au théâtre du Familistère, des marchands forains sont présents... Les deux grandes fêtes annuelles se tiennent dans la grande cour vitrée du pavillon central. Pour l'occasion, celle-ci est décorée à l'aide de feuillages, de guirlandes mais aussi de trophées et d'emblèmes à la gloire, selon la circonstance, du travail et des métiers ou de l'éducation et de l'enfance. Des cartouches contenant des maximes relatives à ces mêmes thèmes sont déposés dans les décorations, des drapeaux et des oriflammes flottent un peu partout à l'extérieur (sur le belvédère, au front du théâtre et des écoles, au sommet de grands mâts...). Ces moments festifs sont l'occasion pour Godin de faire le point sur les avancées et les projets à venir, de rappeler la philosophie qui anime son action mais également de récompenser en grande pompe les élèves et les travailleurs les plus méritants. *Le Devoir* rend compte systématiquement de ces moments importants pour la communauté familistérienne.

La fête du Travail est instaurée sur le modèle de celle de l'Enfance. Avant que Godin décide de ritualiser à sa façon la célébration du travail, les ouvriers fêtaient la Saint-Éloi, le patron des forgerons, en organisant un banquet ainsi qu'un bal ouvert au plus grand nombre. C'est à nouveau une préoccupation morale qui habite Godin lorsqu'il transforme cette manifestation traditionnelle. « Quelle a été, mes amis, la pensée qui m'a fait instituer cette fête ? Ce n'est pas seulement celle de vous donner des moyens de vous distraire, mais surtout celle de rendre au travail son véritable caractère, de le relever de son injuste abaissement et de chercher à faire comprendre qu'il est le moyen du progrès, la mission qui, sur terre, élève l'homme au-dessus de tous les autres êtres de la création[26]. »

Lors de chaque manifestation, la mise en scène est tout entière tournée vers la glorification des activités productives. En 1867, le jour de la première fête du Travail, la grande cour vitrée accueille une estrade surmontée d'une fresque représentant l'*Industrie qui récompense ses enfants*. La tribune est encadrée par les bannières de l'école du Familistère. Les côtés de la salle sont ornés jusqu'au plafond de verre par des écussons, des drapeaux, des fleurs, des bouquets d'érables et de coudriers, et des trophées représentants les différents métiers. De multiples emblèmes (des bannières, un berceau...) rappellent également l'importance du fait éducatif au Familistère. Une immense ruche accueille des abeilles factices qui symbolisent les sociétaires, tous occupés à travailler de concert au service du bien commun. L'orchestre du Familistère trône également en bonne place. Dans les années qui suivent, les différents comptes-rendus disent la permanence de ces éléments décoratifs ainsi que, à quelques variations près, des manifestations qui rythment les journées : prestations des enfants (chants, exercices de gymnastiques...), défilés en musique au sein de la ville, cortèges (pompiers, harmonie, élus, écoliers...), concerts, bals, concours d'adresse et de chant (avec récompenses monétaires pour les meilleurs), illuminations nocturnes et pétards et, bien sûr, discours de Godin.

[Loin de l'idéal des fêtes rousseauistes

Les autres occasions pour organiser des fêtes sont multiples. Quand ils ne sont pas improvisés, les moments de réjouissance dépendent du bon vouloir du calendrier. Pâques, Noël et Nouvel An sont prétextes à festivités. Représentations théâtrales, chants, distributions aux enfants de décorations, de bonbons et d'images, illuminations du Palais social et du parc à l'aide de guirlandes, ballons chinois et autres lanternes vénitiennes, pétards et feux de Bengale, bals en habits[27], concerts, discours du fondateur, vœux... scandent ces moments où la population communie avec elle-même[28]. Dans l'intention, ces moments empruntent directement à une philosophie révolutionnaire et rousseauiste de la fête. La philosophie est d'abord révolutionnaire dans la mesure où, après 1789, le modèle de la fête qui s'impose en France est fondé sur l'ordonnance et la discipline ainsi que sur la morale et l'inculcation des principes républicains. Les fêtes du

Travail inventées dans cette optique sont toutes placées à ce titre sous le sceau du rite intégrateur[29]. Le Familistère ne fait pas exception. La philosophie est rousseauiste ensuite, car l'important est la mise en scène de la population par et pour elle-même. Les regards ne doivent donc pas converger vers une unique direction, ils doivent au contraire se croiser et embrasser large l'espace festif au sein duquel les familistériens sont conviés.

Si les rites caractéristiques du modèle révolutionnaire ne font pas défaut, plusieurs éléments viennent, dans les faits, distinguer les fêtes familistériennes de l'idéal rousseauiste. Godin d'abord est souvent au centre du dispositif festif, du moins à certains moments clefs. Soit le fondateur prend la parole pour discourir sur les thèmes les plus variés, soit les familistériens, petits ou grands, viennent chanter ses louanges. Seconde différence avec l'idéal rousseauiste : la mise en concurrence est constante, y compris dans les moments *a priori* les plus gratuits. Même les chants sont prétextes à classement et à remise de prix, car « tout ce qui tend à produire chez l'ouvrier des efforts intellectuels, tout ce qui tend à développer entre camarades l'émulation artistique est utile et fécond[30] ». Lors de la fête de nuit qui est organisée le 10 mai 1881, ouvriers et employés sont conviés pour la seconde saison à interpréter romances ou chansonnettes. Nommé par les chanteurs, un jury dispose d'une enveloppe de 30 francs pour décerner des prix. Lors des fêtes de l'Enfance, les jeux sont également intéressés. Du côté des garçons, les meilleurs aux épreuves de balle à cheval, de casse-pots, de carrousel et d'anneaux peuvent espérer s'enrichir quelque peu, tout comme les filles qui excellent à colin-maillard, au lancer d'anneaux ou encore au jeu des ciseaux[31].

[3. Liberté recouvrée ou paternalisme serré ?

Au constat de ces multiples pratiques, peut-on, comme certains s'y sont hasardés, assimiler le Familistère à une expérience qui « confine la vie sociale dans un univers concentrationnaire d'un patronage se voulant intégrateur de façon totale et donc totalitaire[32] » ? Certainement pas. Godin serait le premier à s'en défendre. Selon lui, en effet, « la liberté est le principe consacré au Familistère comme règle de toutes les mesures qui y sont prises ; ni la famille ni l'individu n'ont à s'y occuper d'un règlement : il n'y en a pas d'autre que celui qui est inscrit dans la conscience des sociétaires[33] ». Et il est vrai que le Familistère n'est pas doté, avant le début des années 1880, d'un règlement intérieur qui régit formellement le mode de vie des habitants. Car la liberté est un autre équivalent des richesses qu'avec le logement ou encore l'éducation Godin souhaite fournir à une population ouvrière qui, partout ailleurs, en est généralement démunie. Un minimum de confort et un espace collectif bien organisé sont les garanties de l'émancipation.

[La force du charisme

Les familistériens sont-ils vraiment libres ? Ainsi énoncée, la question est redoutable parce que trop abstraite et générale. À défaut donc de pouvoir y répondre simplement, notons d'abord que Godin ne maîtrise pas toujours autant qu'il le voudrait le petit monde placé sous sa responsabilité. L'industriel fait ainsi l'amère expérience de la résistance de ses ouvriers lorsque, en 1853, il leur demande de consigner par écrit et au centime près le compte de leurs dépenses journalières. Soucieux de mieux connaître les besoins de son personnel, il se heurte immédiatement à sa méfiance. Dans son écrasante majorité, celui-ci refuse de se plier à l'exercice, car il soupçonne là une manœuvre destinée à réduire les salaires[34]. Est-ce différent dans les espaces d'habitation ? À l'issue d'une visite du Familistère, F. Mijoul constate au milieu des années 1880 l'absence d'intervention judiciaire au sein du Palais social. Tout laisse penser par conséquent que les artifices habituels du pouvoir sont absents. F. Mijoul, qui n'est pas vraiment dupe, déduit qu'il s'agit probablement là d'un des effets de la « puissance moralisatrice de l'association et du bien-être qui en découle[35] ». Dans *Solutions sociales*, Godin fournit les clefs de l'explication. La police intérieure fonctionne grâce à un principe d'autosurveillance[36]. Chacun étant visible par tous, les mérites peuvent être facilement honorés, les déviances prévenues et, le cas échéant, rapidement sanctionnées.

La surveillance réciproque ne suffit cependant pas à elle seule à garantir l'ordre et encore moins à justifier les assertions de Godin sur la liberté au Familistère. Le charisme personnel du fondateur, au sens où Max Weber utilise ce terme[37], contribue sans aucun doute à l'adhésion des familistériens aux principes moraux et aux règles qui structurent la vie quotidienne. Godin n'est pas, il est vrai, le seul à gouverner. À partir de septembre 1870, il est assisté par une commission administrative (ou conseil d'administration). Celle-ci a pour fonction d'enregistrer les instructions du fondateur et de les transmettre à qui de droit. Composée de familistériens « parmi les plus instruits, les plus capables et les plus en état de diriger la marche des opérations[38] », elle se réunit une fois par semaine pour assurer la gestion matérielle du Palais, concourir à la direction du personnel des services et contribuer à la bonne marche industrielle, commerciale et financière de l'entreprise. Renouvelés par partie tous les trois mois, d'autres comités et conseils élus[39] participent à la gestion des multiples institutions familistériennes en se faisant pour l'essentiel forces de proposition, non de décision. Seuls les conseils des dames et des hommes, experts en matière d'économie domestique, peuvent revendiquer un peu plus de pouvoir. À eux revient le soin de distinguer positivement les habitants du Palais les plus méritants et, surtout, de traiter les manquements aux règles et autres obligations collectives. Lors de sa réunion du 12 octobre 1869, le conseil des dames décide par exemple de donner la priorité à la surveillance de la propreté dans les pavillons. « Les conseils vérifieront si le service est bien fait et produiront un rapport à l'économe qui agira en conséquence[40]. » Quoi qu'il en soit, le fondateur est toujours là pour orienter, approuver, contrôler…

Plus encore : dans les discours et comptes-rendus de fêtes, réunions, conférences… retranscrits dans *Le Devoir* ou ailleurs, tout indique que l'influence de Godin pèse lourd dans la configuration identitaire des ouvriers et de leur famille. Godin possède tous les attributs symboliques du père auquel personne – hormis, paradoxalement, son propre fils Émile – n'ose disputer le bon droit. Cette puissance de l'association entre fonction de l'employeur et figure paternelle apparaît explicitement lorsque, au nom de tous les ouvriers des usines de Guise et de Laeken, un délégué félicite Godin pour sa croix et ses palmes d'officier d'académie. « Vous avez fait de vos travailleurs une famille dont vous êtes le père ; à l'occasion du renouvellement de l'année, ils vous expriment avec plaisir leurs souhaits les plus ardents pour votre bonheur, qui est en même temps le leur ; car il y a longtemps que vous avez placé votre bonheur dans tout ce qui peut contribuer à rendre heureux tous ceux qui vous entourent[41]. » Cela ne signifie pas que toutes et tous adhèrent systématiquement et sans réserve aux projets et propositions de Godin. Simplement, lorsqu'il s'agit de protester ou de marquer son désaccord, l'apathie est la stratégie la plus fréquemment employée. Qui aurait en effet le courage et les ressources de protester ouvertement face au père fondateur ?

Autre illustration, toute aussi révélatrice. Le Jour de l'an 1887, Godin et Marie Moret reçoivent les vœux officiels de la communauté familistérienne. Après que la population est venue se masser dans la cour de l'aile droite où habite le couple, l'harmonie exécute l'ouverture de Jeanne Hachette. Le conseil de gérance va quérir Godin et sa compagne, qui viennent saluer les familistériens. Deux enfants prononcent alors un discours. L'un deux, une jeune fille, déclare au fondateur que « c'est avec une joie immense que nous voyons arriver ce Jour de l'an, où, tous animés du même sentiment de reconnaissance, nous venons vous renouveler nos vœux de bonne année. Bien que nous soyons encore jeunes, nous comprenons cependant la grandeur de l'œuvre que vous avez entreprise ; nous comprenons pourquoi notre cher Palais social attire les regards des autres nations (...). Vous êtes pour nous un véritable père, et nous vous remercions tous des bienfaits dont vous nous comblez. Le meilleur moyen de vous montrer notre reconnaissance, nous le savons, c'est de chercher en travaillant à devenir dignes membres de l'Association et de chercher pour le bonheur de l'humanité à répandre votre œuvre parmi les peuples. Nous souhaitons donc que la Providence vous conserve encore longtemps heureux parmi nous et nous espérons que rien ne viendra entraver la marche progressive de l'Association[42] ». Godin répond en quelques phrases en faisant l'éloge du travail, les enfants entonnent ensuite *Jour des gloires* avant que l'harmonie close la petite cérémonie et que le couple regagne ses appartements. Le « père » retiré de la scène, le reste de la grande famille familistérienne peut retourner vaquer à ses occupations.

[Avis et rappels à l'ordre

La surveillance réciproque et la force du charisme contribuent peut-être à l'absence d'intervention judiciaire au Familistère mais elles ne suffisent pas à elles seules à rendre raison de la façon dont, au quotidien, les règles s'appliquent. Godin, lui, n'en démord pas. Il n'est point besoin d'artifices disciplinaires au Familistère. La liberté n'est pas ennemie du respect. Une preuve parmi tant d'autres est que « les gaspillages dans les jardins sont rares ici ; il faut remonter à plusieurs années pour en trouver un exemple qui fit, à l'époque, assez de bruit pour être resté dans les souvenirs. On avait planté dans le parc une centaine de jeunes marronniers quand des écoliers mal avisés abîmèrent ces jeunes arbres, en frappant contre le tronc pour faire tomber les hannetons. Une forte amende fut imposée aux parents des délinquants et servit à faire comprendre que les pères et mères ne doivent pas rester sans faire de sages recommandations aux enfants[43] ». Fourni par Godin pour convaincre de la force de l'autodiscipline des habitants du Palais, l'exemple révèle également que, de fait, une panoplie de règles structure la vie commune du Familistère. Chaque locataire est tenu par exemple de veiller à la propreté intérieure de son appartement, et toute infraction à cette prescription appelle une sanction. Les élèves absents sans raison ni autorisation et ceux qui abîment le matériel sont pareillement mis à l'amende, etc.[44]

Les avis constituent un premier moyen, très tôt utilisé par Godin, pour s'assurer que les habitants respectent les règles[45]. Ces avis prennent la forme de petites affichettes régulièrement disposées à la vue de tous au Familistère et parfois même à l'usine. Rédigés par Godin ou par l'administration du Palais social, ils fournissent d'abord des informations sur la vie quotidienne (horaires des magasins, arrivée d'un cheval à débiter, prix des biens et des services fournis au Familistère, montant des loyers…) et signalent des événements exceptionnels auxquels la population est invitée à participer (conférences, réunions, fêtes, élections…). En matière d'entretien, d'hygiène et d'éducation, les avis servent en second lieu à prodiguer des conseils qu'il est fortement recommandé de suivre. Pour exemple, un placard apposé le 19 août 1867 (n° 209) signale « aux personnes du Familistère et particulièrement à celles nouvellement arrivées qu'il est contraire aux usages du Familistère de laisser sortir les enfants pieds nus et encore moins sans être vêtus ; il est donc nécessaire qu'elles se conforment à ces habitudes de décence et de propreté si elles veulent rester au Familistère ».

Les avis servent enfin à mettre à l'index et à punir les comportements déviants, y compris ceux des enfants. Ces semonces écrites peuvent avoir une portée très générale. Godin rappelle par exemple aux habitants qu'il est interdit, sous peine d'amende, de jeter quoi que ce soit par les fenêtres ou au rez-de-chaussée, ou encore d'utiliser ces mêmes fenêtres pour sortir de son logement. Les avis servent aussi à sanctionner de façon plus individuelle. Lorsqu'un familistérien commet une faute, il reçoit d'abord un avertissement à son domicile, et l'incident est mentionné par voie d'affichage sans que le contrevenant soit nommé. Si la personne persiste ou que la faute est grave, le nom est rendu public et une amende variant entre 5 centimes et 5 francs est infligée au fautif. La durée d'affichage est par ailleurs proportionnelle à la gravité. Quand les faits délictueux sont jugés plus importants encore, alors un conseil de censure (composé par les membres des conseils du Familistère) se réunit, qui statue sur une peine qui peut aller jusqu'à l'exclusion.

Comme le laisse penser l'examen attentif du contenu des avis, les sanctions ne sont pas également réparties dans l'ensemble de la population familistérienne. Les personnes les plus sévèrement punies sont les ouvriers auxiliaires que Godin loge dans des dortoirs collectifs. Sans famille sur place et présents pour une durée déterminée, ces hommes de la main supportent difficilement les règles qui leur sont imposées (cesser tout bruit après 21 heures, uriner là où il faut, ne pas déplacer les lits...). Plus souvent condamnés que les familles installées à demeure, ils font parfois l'objet de renvois pour cause d'inconduite notoire. Les amendes infligées au reste de la population familistérienne sanctionnent pour l'essentiel des défauts d'hygiène, des dégradations de matériel, des abus d'alcool et des manquements au respect d'autrui. Les expulsions sont rares. Sur la période 1862-1868, trois cas sont signalés par les avis. Les raisons sont les suivantes : « avoir laissé la vermine sur le corps de ses enfants », « méchanceté d'un enfant » et fabrication de fausse monnaie familistérienne.

Types et contenus des 292 avis affichés au Familistère entre le 1er juin 1862 et le 11 juillet 1868

Type d'avis	Avis informatifs	Avis incitatifs
Proportion	70 %	20 %
Sémantique	« sont informés que », « sont prévenus que », « sont invités à », « porté à la connaissance », « sera ouvert », « sera fermé »…	« sont prévenus que », « rappelé que », « remis en mémoire », « interdit de », « expressément défendu », « sont priés de », « doivent », « ne doivent pas », « irréprochables », « sont priés de respecter »…
Objets, motivations, amendes	Prix des marchandises, horaires de l'économat, modalités d'élection, annonce de réunions et de conférences, objets perdus et trouvés, cours pour adultes, bals, offre d'emploi de dame de service, logements vacants…	Entretien des bâtiments, respect des jardins, lavage du linge, gestion des ordures, hygiène et tenue des enfants, interdiction de pénétrer dans certains lieux (comme le comptoir à pain, la buvette)…

Avis punitifs
10 %
« mis à l'amende », « infraction », « renvoyé du dortoir », « doivent quitter », « sont taxés de », « aura à payer », « maraudeurs »...
Avoir conservé du linge qui n'est pas à soi et avoir trouvé mauvaise sa réclamation (2 fr.), avoir fait des ordures au bas de l'escalier du dortoir (2 fr.), inconduite et bruit après 21 heures dans le dortoir (renvoi), avoir uriné contre les murs du Familistère (1 fr.) et avoir déchiré l'avis à ce propos (50 ct.), médisance à l'encontre du pouponnat, avoir changé son lit de place (25 ct.), dépôt d'ordures contre le Familistère (25 ct.), avoir laissé la vermine sur le corps de ses enfants (renvoi du Familistère), avoir installé des chaises sur le balcon et y avoir étendu du linge (50 ct.), insultes envers une dame de service (1 fr.), inconduite (défense d'accéder à la buvette), dépôt d'ordures dans l'urinoir (1 fr.), avoir uriné dans les vestibules d'entrée (1 fr.), avoir vidé un pot de chambre dans les fontaines (5 fr., 2 fr.), avoir tendu une corde pour faire tomber les passants (10 ct.), avoir logé une personne expulsée du Familistère (10 fr.), tapage nocturne et ivresse (1 fr.), méchanceté d'un enfant (renvoi du Familistère, fin des fonctions de sa mère au bambinat), avoir laissé couler des eaux dans la cour (25 ct.), émission de faux cachets (renvoi du Familistère), avoir manqué l'école (3 fr.), avoir fait des observations dans la classe (50 ct.), avoir ravagé des marronniers (15 et 30 ct.) ou avoir regardé la scène sans intervenir (30 ct.)...

Ces avis ont-ils quelques effets ? Oui, assure Godin, car « autant l'individu se sent honoré d'être inscrit dans les tableaux d'honneur, autant il déplore la condamnation de sa conduite au tableau de ceux qui ont démérité. Rien n'est redouté au Familistère comme l'affichage au tableau spécial ; les cas en sont rares ; aussi, chacun s'évertue à tenir une conduite digne et convenable à l'égard de ses semblables[46] ». La présentation optimiste de Godin occulte mal en fait l'existence de manières de vivre qui ne correspondent pas nécessairement aux impératifs édictés par le fondateur. La meilleure preuve provient de Godin lui-même qui, à de nombreuses reprises, se plaint des comportements des familistériens. Il n'a de cesse alors de dire et de répéter comment il convient d'agir au quotidien.

Godin ne se prive pas de réprimander les familles à l'autorité parentale défaillante. En 1879, il rédige une longue lettre à l'adresse de M. Rousseau pour appeler son attention sur la conduite de son fils Jules. « Au début de l'année scolaire, précise Godin, le jour de la réouverture des classes, tous les élèves avaient été informés par mon ordre que ceux d'entre eux qui se conduiraient obstinément mal en classe, qui ne donneraient aucune satisfaction au maître se verraient non seulement privés de récompense à l'école et à la prochaine distribution des prix, mais encore qu'ils se verraient refuser l'entrée à l'usine, quand l'âge du travail serait venu pour eux. (…) L'année scolaire s'est ouverte, mais Monsieur Jules, malgré toutes les exhortations, toute la patience, tous les efforts de son professeur, n'a pas cessé de se montrer élève insoumis, indiscipliné, insolent à plusieurs reprises, il s'est mis en révolte ouverte contre son maître (…). La situation s'aggrave pour lui ; il est un mauvais exemple pour les autres élèves et l'entrée de l'usine ne pourra lui être accordée désormais que lorsqu'il aura réparé ses fautes par une conduite exemplaire. La direction des écoles épuise sans résultat ses moyens d'action sur votre fils, voyez donc à user de votre autorité paternelle pour changer cet état de chose[47]. »

À la famille Defontaine, il fait parvenir également un courrier au ton qui allie une fois encore paternalisme et autoritarisme. « La direction des écoles juge nécessaire d'appeler votre attention sur la conduite de votre fils. Je trouve la chose d'autant plus grave que Madame Defontaine étant employée dans l'enseignement, son fils devrait être le dernier élève

pouvant donner lieu à une mesure semblable. Aussi compté-je, de votre part, sur une répression absolument dépouillée de faiblesse à l'égard de votre fils. Cet enfant ne sait jamais ses leçons. C'est là un fait qui doit prendre fin et contre lequel vous pouvez assurément prendre des mesures efficaces. Votre fils est indocile, insubordonné, il ne travaille pas, il joue constamment avec mille riens dont il vous appartient tout au moins de dégarnir ses poches. Vous devez comprendre que ce sont surtout les enfants des personnes attachées à l'enseignement qui doivent donner aux autres élèves le bon exemple. Votre fils est loin de remplir ce devoir (...). Je vous invite donc à ne pas perdre cela de vue et à user de toute votre autorité pour changer la manière d'être de votre fils qui, je le répète, est moins excusable encore chez lui que chez tout autre[48]. »
Godin a-t-il fait parvenir de nombreuses lettres de ce type ? La réponse est incertaine[49]. Même si la démarche a pu rester exceptionnelle, elle est néanmoins révélatrice. Godin ne saurait tolérer l'excès d'indiscipline.

[La propreté sous contrôle

Il en va pareillement avec l'hygiène, thème à propos duquel Godin se montre inflexible. En 1882, le conseil de gérance constate que certains habitants laissent à désirer sur le plan de l'ordre et de la propreté. Telle est peut-être la conséquence de la croissance du nombre de familistériens. Le cap des 1 000 habitants a été passé en 1880 et il est probable qu'à ce stade la régulation d'ensemble soit plus difficile à faire fonctionner à l'aide des procédures traditionnelles (transmission des règles par les anciens, surveillance réciproque...). Toujours est-il que la tenue des logements pose problème. Le conseil de gérance décide en conséquence de mener une enquête pour établir la liste précise de ceux qui vivent dans la malpropreté, abîment les carrelages ou lavent leur linge à domicile. Il indique également « qu'une fois dressée la liste des logements mal en ordre, des congés seront ordonnés s'il y a lieu. En outre, une circulaire concernant les mesures d'ordre à observer dans la tenue du ménage au Familistère sera distribuée à tous les habitants[50] ».

La décision n'est pas anodine. Après plus de deux décennies sans règlement intérieur, le Familistère se dote d'un corps de consignes écrites. Un petit livret de 62 pages est imprimé et délivré à tous les habitants du Familistère[51]. Celui-ci, qui se présente sous forme d'opuscule, est composé de 25 chapitres. On y trouve les instructions relatives aux devoirs envers soi et autrui, aux conditions de l'entretien de l'espace commun (lieux d'aisance, eaux sales, lavage du linge, nettoyage du carrelage...), à l'éducation des enfants et aux limites à ne pas franchir (ivrognerie, tapage, injures...). Il faut par exemple entretenir les boiseries et laver les portes et les fenêtres dès qu'elles deviennent sales. Il est interdit de vider de l'urine ou des eaux sales dans les bassins à fontaine. Les enfants ne doivent pas se jeter de pierres, entrer à plusieurs dans les cabinets d'aisance, porter avec eux des corps durs qui leur permettraient de commettre des dégradations ou encore toucher aux brouettes, échelles et planches...

De telles consignes ne font que rappeler et compléter celles que Godin délivre depuis longtemps déjà aux habitants du Familistère, et que, dans les années qui suivent encore, il répète à souhait. Pour l'entretien de son intérieur, la ménagère doit laver et nettoyer le carrelage à l'eau pure et claire accessible à tous les étages. Pour que les aliments ne perdent rien de leur qualité, il faut que le garde-manger fasse l'objet d'un nettoyage régulier, etc. La bonne ménagère est celle qui fait preuve d'une attention permanente. Chacun doit s'assurer plus généralement du confort commun. Lors d'une conférence qu'il tient en 1883, Godin évoque la chute d'une fillette sur une pelure de poire jetée depuis un balcon. En raison de la négligence collective, l'enfant s'est cassé la jambe. Pour éviter de tels incidents, tous les habitants doivent participer à l'entretien des locaux. Il leur faut veiller à la propreté, vérifier que les serrures jouent comme il le faut, s'assurer que les portes et les fenêtres s'ouvrent et se ferment sans effort...

Lutter contre les mauvaises habitudes des ménagères

> Mais il est des ménagères qui ont apporté ici, en venant du village, de mauvaises habitudes sur lesquelles je veux encore appeler votre attention. D'abord elles pratiquent le lavage du linge à domicile contrairement aux bonnes règles du Familistère. Puis le lavage fait, elles gardent leurs eaux sales pour laver le carrelage de leur maison. C'est là une habitude et une pratique des plus préjudiciables à la santé et à l'hygiène. Pourquoi, en effet, lave-t-on le linge si ce n'est parce qu'il s'est imprégné de substances animales, de malpropretés dont il faut le débarrasser. L'impureté du linge passe dans

l'eau par l'opération du lavage ; elle passe aussi dans l'atmosphère par la buée qui se dégage des eaux de lavage. C'est une des causes qui font que le lavage à domicile doit être soigneusement évité. Donc, mes amis, voyez quel peu d'intelligence la ménagère apporte à ses fonctions quand elle garde au foyer un baquet d'eau corrompue par le lavage et, chose pire, quand elle répand cette eau sur le sol et en frotte les carreaux ! Ainsi, les miasmes putrides dont on a voulu débarrasser le linge restent en partie dans le logis et y deviennent sources d'inconvénients pour la salubrité de l'appartement et pour la santé. Dans les logements ainsi gouvernés, l'odeur est nauséabonde ; les personnes qui y sont habituées ne le sentent point ; mais quiconque est accoutumé à un air pur, à demeurer dans des appartements bien tenus, ne peut supporter cette odeur sans être gêné. Le lavage du linge à domicile doit bientôt cesser complètement ; quelques ménagères le pratiquent encore, mais lorsque les travaux qu'on achève en ce moment seront terminés la réorganisation de notre établissement de lavoirs et de buanderies aura lieu sur un pied tel, avec de telles facilités d'usage, que les ménagères seraient inexcusables à l'avenir de laver le linge à domicile, quand elles auront, dans un établissement spécial, gratuitement, et dans les meilleures conditions possibles, l'eau chaude, l'eau froide et tous les ustensiles les plus perfectionnés.

J.-B. A. Godin, « Neuvième conférence au Familistère, prononcée le 10 janvier 1883 », *Le Devoir*, t. 7, nº 228, 21 janvier 1883, p. 42.

Dans la mesure où le Palais social dispose à la fois de dispositifs de régulation (la parole normative du fondateur au premier chef) et d'instruments de contrôle et de sanction, il peut paraître surprenant que, en 1881, Godin déclare que « le Familistère, même à sa fondation, n'a jamais eu de règlement disciplinaire ; les questions d'intérieur y ont toujours été réglées par les procédés amiables que l'association applique elle-même dans l'intérêt de tous[52] ». En 1881, nous venons de le voir, il n'est pas encore question de règlement intérieur écrit au Familistère[53]. L'argument est juste mais insuffisant pour comprendre le sens de la déclaration du fondateur. Afin d'en saisir toute la portée, la sémantique mobilisée par Godin doit être considérée avec le plus grand soin. L'industriel socialiste distingue les règles, les conseils et les mesures d'ordre d'un côté, le règlement disciplinaire de l'autre. Le

Familistère est concerné par les premiers, il ne l'est pas par le second. En différenciant ainsi règles et discipline, Godin répond aux critiques pressées d'assimiler le Familistère à d'autres expériences d'habitats collectifs qui, à l'aide de normes draconiennes, corsètent à l'excès la vie des travailleurs. Or, bien que le Phalanstère puisse leur servir à tous deux de modèle et que le souci hygiéniste leur soit également commun, le Familistère n'a rien à voir par exemple avec la cité Napoléon III, caserne pour ouvriers que certains sont tentés, trop rapidement au goût de Godin, de ranger dans la même famille d'habitat que celle du Palais social.

*

Avec celui de patronage, le paternalisme est le label le plus souvent utilisé pour qualifier ces entreprises qui, au XIXe siècle, associent l'impératif productif au devoir moral. Les employeurs qui, comme Godin, se sentent investis d'une mission d'intégration totale dans et par l'entreprise ont tous mis en place des institutions similaires destinées à prendre en charge les ouvriers aux différentes étapes de leur vie et dans les différents segments de leur existence : éducation, logement, loisirs, alimentation, protection contre la maladie et les risques de chômage, pension… Selon l'étude de F. de Bry, ce type d'organisation « est dominant dans les régions du Nord et de l'Est ; il s'exerce dans les secteurs du textile, de la métallurgie, dans les mines et dans les chemins de fer[54] ». De ce point de vue, le Familistère, qui cumule les prétentions à la protection matérielle, à l'éducation morale et à l'exemplarité politique peut faire figure de cas bien banal au regard des nombreuses autres expériences que, dans ces régions et dans ces secteurs, l'histoire économique et sociale nous a livrées. Cela n'est pas si simple. Dans la seconde moitié du XIXe siècle, nombre d'employeurs catholiques affirment haut et fort que l'autorité leur revient naturellement pour assumer l'éducation d'une classe laborieuse tentée par l'excès, le désordre et l'impureté. L'expérience de Godin montre que ces patrons ne sont pas les seuls à être persuadés de l'importance de la mission sociale qui leur incombe en tant que chefs d'entreprise ni à croire aux vertus morales de la proximité.

Le risque majeur des projets d'inspiration paternaliste, fussent-ils mâtinés de fouriérisme, est celui que porte en elle toute institution totale, au sens précis où l'entend Erving Goffman, c'est-à-dire un « lieu de résidence et de travail où un grand nombre d'individus, placés dans la même situation, coupés du monde extérieur, mènent ensemble une vie recluse dont les modalités sont explicitement et minutieusement réglées[55] ». Le Familistère entre-t-il dans cette catégorie ? Frappés par l'importance accordée à la proximité, certains observateurs incitent à le croire. Louis Lestelle estime que le mode de fonctionnement communautaire entrave une partie du libre arbitre des familistériens pour lesquels le « charme du recueillement intime » n'est souvent qu'une douce chimère. Pour L. Reybaud, le Palais social n'est qu'une caserne, que Godin le veuille ou non. « Il l'a embelli, c'est vrai, il en a fait un séjour d'enchantements, mais l'homme est partout le même, la femme aussi[56]. » Quel écart avec le discours de Godin qui n'a que le mot « liberté » à la bouche pour décrire les conditions de vie quotidienne en sa demeure communautaire !

En réalité, le Familistère n'est ni un couvent industriel, ni un espace d'harmonie spontanée. Les conflits, les déviances et les excès égayent la vie quotidienne du Palais social. Les avis en fournissent les preuves. Godin sait d'ailleurs punir ceux qui insultent les dames de service, qui chahutent parce qu'ils ont trop bu ou qui ne respectent pas les règles d'hygiène élémentaires. Le contrôle n'a cependant rien d'absolu. Comme dans toutes les organisations, y compris les plus surveillées, les familistériens savent passer à travers les mailles du filet. Godin le sait. Il peste ainsi contre les maraudeurs du Familistère qui chapardent les produits des jardins. Qu'ils soient enfants ou adultes, le fondateur promet qu'ils paieront tous les « méfaits commis antérieurement[57] ». Le serment en dit long sur la façon dont Godin et sa compagne se représentent leur mission d'éducateurs éclairés. Nous sommes « suffisamment instruits sur le rôle du monde spirituel immédiat pour être de bons professeurs, de bons intermédiaires entre lui et nos semblables[58] » affirme le fondateur quand il s'agit de justifier l'emprise morale que, sa vie durant, il exerce à Guise sur ses ouvriers et leurs familles.

5] [L'éducation au Familistère : principes et organisation

Avec le logement, l'éducation est le deuxième grand équivalent des richesses que Godin veut offrir aux familles de ses ouvriers. Dans la période où l'industriel implante ses écoles, l'œuvre de Jean-Jacques Rousseau[1] est une référence incontournable en matière d'instruction. Pour le philosophe français, l'homme est un être perfectible, non une entité fermée sur elle-même et achevée une fois pour toutes. La société a prise sur chacun d'entre nous et, à condition de respecter certains impératifs, elle peut forger des individualités capables de vivre leur « frêle bonheur » tout en composant avec leur statut de citoyen du monde[2]. Tout à la fois volontariste et progressiste, cette conception nourrit de multiples idéaux qui justifient une prise en charge active des jeunes pousses de la société. Avec les membres de l'école sociétaire, Godin partage la conviction que le but de l'éducation consiste à préparer les enfants à acquérir les bases d'un métier et, plus encore, à se faire travailleur dès le plus jeune âge. Nombreux sont plus généralement les socialistes qui assimilent l'enfant à un petit producteur digne, grâce à l'activité qu'il exerce, de percevoir un revenu. Impossible dans ces conditions de séparer la place centrale assignée au travail, principe de vie par excellence, des exigences éducatives. C. Fourier invite ainsi à faire naître tôt le « feu sacré » chez les jeunes enfants[3]. Godin adopte l'idée qu'un contact précoce avec le monde productif ne peut être que bénéfique. À l'instar de nombreux autres socialistes, il admet également que l'éducation doit être à la fois intellectuelle et manuelle. Ce second principe va explicitement à l'encontre des cloisonnements institués par l'école française, qui après le temps des apprentissages scolaires fait advenir celui de l'éducation professionnelle.

Pour les socialistes, l'éducation est aussi un moyen privilégié de résoudre la question sociale[4]. Agir par diffusion d'idées nouvelles sur les enfants et les jeunes, voire sur les nourrissons, n'est-ce pas la stratégie optimale pour préparer la société de demain ? Dans leurs expérimentations, certains socialistes revendiquent un schéma éducatif qui n'est pas étranger au modèle prôné dans l'*Émile*. En éloignant les enfants des adultes, ne prémunit-on pas les jeunes des influences néfastes de leurs aînés, meilleur moyen pour préparer le terrain à une société nouvelle parce que vierge de toutes les tentations et turpitudes anciennes ? Acteurs également de la démocratisation de l'école (par la création de crèches, de salles d'asile et d'écoles), les socialistes confortent l'option républicaine. Dans l'esprit des républicains, en effet, les enjeux de l'école ne se réduisent ni à une propédeutique révolutionnaire, ni à l'amélioration des capacités individuelles[5]. Sous la houlette de l'État, il s'agit aussi de transformer l'appareil scolaire en un creuset capable de fondre ensemble toutes les têtes blondes dans le moule intégrateur de la citoyenneté.

Obstacles et polémiques multiples jalonnent le chemin qui, en France, mène vers l'école républicaine. Après la loi Guizot de 1833 (toute commune de plus de 500 habitants est tenue d'entretenir une école publique, et une école normale doit s'ouvrir dans chaque département) et les lois de mars 1850 qui invitent à la fondation d'écoles communales, l'instruction primaire n'opère pas immédiatement de progrès foudroyant. La raison en est simple. Le législateur ne fournit pas aux communes les moyens et les instructions nécessaires pour mettre sur pied une politique éducative digne de ce nom. Parmi les débats multiples que suscite par ailleurs l'école, le principal nœud de discorde touche à la place de l'Église et de la doctrine chrétienne dans l'enseignement. Le conflit gagne en puissance après le vote des lois Ferry de 1881-1882[6]. Dans une perspective républicaine, l'école doit servir à former des femmes et des hommes libres de toute attache, et hautement conscients par ailleurs de leurs obligations de citoyens français. À la rentrée de 1882, la morale et l'instruction civique remplacent la prière et le catéchisme. La querelle entre républicains et catholiques ne fait que commencer[7]. Le Familistère n'échappe pas à la discorde.

Républicain convaincu, Godin impose tôt, bien avant les années 1880, un enseignement laïc et mixte, ce qui lui vaut de nombreux démêlés avec les autorités officielles.

[1. À mi-chemin entre Charles Fourier et Jules Ferry

Comment l'école sociétaire, et Godin à sa suite, reçoivent-ils les thèses de J.-J. Rousseau ? C. Fourier n'est guère tendre. « L'*Émile* de Rousseau n'est applicable qu'aux familles rentées à 50 000 francs, c'est-à-dire à la cent millième partie du genre humain. Encore ces familles ne peuvent-elles, en pratique, faire aucun usage des rêveries de l'*Émile*, désavouées par l'auteur même[8]. » Les élèves se défient tout autant que le maître de l'idéal rousseauiste, « tissu de contradictions » que V. Considerant moque à souhait. Le disciple le plus en vue de C. Fourier ne croit pas aux vertus de l'éducation privée, tant il est vrai que la famille demeure un espace soumis aux lois du despotisme paternel. V. Considerant n'a guère plus d'estime pour le modèle républicain qui transforme l'école en prison collective. À la Phalange bien sûr d'assumer l'éducation des jeunes enfants en respectant à la fois un principe de socialisation (grâce aux jeux et aux travaux collectifs) et un autre de respect des singularités individuelles (une éducation complète est assurée à chacun comme si un précepteur se tenait derrière lui tout au long de sa formation). Dans un cadre un peu différent, V. Considerant tente de mettre en œuvre les desseins éducatifs de C. Fourier en faisant adopter par le conseil général de la Seine un projet de « colonie maternelle » rurale imaginé en 1847 par Auguste Savardan et Désiré Laverdant[9].

Godin connaît bien les positions de l'école sociétaire. Il est proche de F. Cantagrel, auteur d'un petit ouvrage sur l'éducation fouriériste[10], avec lequel il entretient une abondante correspondance[11]. Lorsqu'il met en place les écoles du Familistère, Godin demande également conseil à A. Savardan, qui lui donne un avis autorisé sur différents sujets (nom des classes, usage du son dans les berceaux...)[12]. Godin connaît aussi Jules Delbrück, fouriériste protestant qui a créé et qui dirige la *Revue de l'éducation nouvelle* et qui participe à la promotion en France des nouvelles méthodes d'éducation allemandes de Friedrich Fröbel. Godin assume à sa manière cet héritage sociétaire sans s'interdire de le compléter à l'aide d'autres ingrédients qu'il emprunte aussi bien à Robert Owen, à Claude-Henri de Saint-Simon ou encore à Auguste Comte. Il fait preuve par ailleurs d'un engagement républicain qui tranche nettement avec les réserves de V. Considerant. « L'école, dit-il lors de la fête de l'Enfance de 1880, a besoin d'être débarrassée de toute influence cléricale pour entrer réellement dans la voie du progrès social, pour arriver à l'inauguration de l'instruction vraiment républicaine, pour préparer à la nation de dignes citoyens qui considèrent le travail comme une des premières et des plus saines fonctions de la Société, et qui, repoussant toute idée de castes ou de classes, aient le sentiment vrai de la dignité humaine et de la fraternité entre les hommes[13]. »

Dans *Solutions sociales*, Godin plaide plus explicitement en faveur d'une éducation intégrale. Celle-ci est intégrale parce que sa mission est « de combler toutes les lacunes que les institutions de la société présente laissent exister dans le développement des aptitudes et de l'intelligence humaine ; il lui appartient d'être, pour le bien et le progrès de l'esprit, ce qu'il est pour le bien et le progrès du corps[14] ». L'éducation que promeut Godin peut être également considérée comme intégrale dans la mesure où elle est démocratique. À Guise, comme ailleurs, elle est destinée à tous les enfants du peuple sans exception. Les « théories pompeuses » à la Rousseau, taillées sur mesure au service des classes les plus aisées, ne sont guère pour cela d'une grande utilité. Il faut procéder autrement. Il convient d'abord de décharger les parents du monopole de l'instruction. Pour ce faire, chaque commune devrait héberger une école et un pensionnat gratuit. Les enfants pourraient s'y rendre chaque jour sans parcourir au préalable de longs kilomètres. Il faut aussi un programme d'enseignement, des méthodes, des maîtres dévoués à plein temps à leur tâche et des élèves assidus. Dans un manuscrit de 1872 intitulé *Lettres sur les écoles*[15] Godin complète le tableau. Il note combien, à ses yeux, l'éducation et l'instruction des enfants comptent pour la tâche qui est la sienne, à savoir assurer le bien-être des classes laborieuses. Il convient de tout faire pour « développer chez les enfants élevés dans notre Familistère toutes les facultés physiques, intellectuelles et morales ». Les ingrédients à assembler sont multiples : alimentation choisie, vêtements adaptés, habitation commune (pour rendre les soins de la famille plus aisés), des pièces appropriées à l'enfance, d'autres réservées aux amusements, les unes pour les grands, les autres pour les petits…

Le Familistère participe directement de ce projet d'inspiration républicaine qui vise l'éducation gratuite, obligatoire et accessible à tous. Pour les enfants des familistériens, les frais sont pris en charge par l'établissement. Tout est fourni sans bourse délier : livres de classe, papier, plume, encre, modèles, bottes de compas, instruments de mesure et de dessin et même, pour certains, nourriture et vêtements. Des cours supérieurs sont également offerts aux meilleurs élèves afin de les aider à préparer des concours d'entrée à différentes écoles d'État (école normale de Laon, école des arts et métiers de Châlons-sur-Marne). Le Familistère organise enfin, gratuitement toujours, une formation par apprentissage dans les professions représentées dans l'usine Godin. Le Familistère soutient seul les coûts des écoles et ne reçoit d'aide ni de l'État ni de la commune. Bref, loin de J.-J. Rousseau, c'est plutôt à mi-chemin entre Charles Fourier et Jules Ferry qu'il faut situer l'entreprise d'éducation godinienne.

[2. Rénover l'éducation

Les croyances de Godin ont, la plupart du temps, des effets tout à fait concrets sur l'organisation du Familistère. Ses principes fouriéristes et républicains ont en tous les cas une influence directe sur les règles et les pratiques en vigueur dans le service de la basse enfance comme dans les classes de l'école. L'économie générale du système d'éducation familistérien, qui tout à la fois segmente et intègre, en fournit l'illustration la plus évidente.

[Diviser pour mieux éduquer

Au Palais social, les enfants sont répartis dans les classes selon leur âge. Cette segmentation n'a rien d'hétérodoxe dans son principe, ni au regard des pratiques de l'école républicaine, ni à celui des prescriptions sociétaires. En procédant à un tel découpage, Godin ne fait que conforter une conception dominante, qui impose de regrouper les enfants en fonction du stade de leur évolution physiologique et intellectuelle. Au Familistère, chaque niveau éducatif est doté de locaux, de main-d'œuvre et de matériel qui lui sont propres. Le personnel est composé de spécialistes de la garde, de l'instruction et de l'éducation. Cela vaut pour la prime enfance comme pour les élèves plus âgés. À ce principe, quelques exceptions. Des cours de mécanique, de géométrie, de dessin, de musique, sont assurés par des professionnels du Familistère. Dans les classes supérieures, les ingénieurs de l'usine dispensent aussi des enseignements qu'on ne trouve nulle part ailleurs, si ce n'est dans les écoles d'arts et métiers de l'État. Pour le reste, après 1867 – date de l'embauche de nouveaux professeurs qui remplacent les premières sous-maîtresses, mères de famille volontaires –, ce sont des professeurs laïques qui assurent l'ensemble du travail d'éducation.

Godin n'innove pas tant en découpant à sa façon les âges de l'éducation que, bien avant la réforme républicaine du début des années 1880, en intégrant l'ensemble des classes dans une filière éducative cohérente. La première originalité consiste à mettre en place dès 1861 une nourricerie et une salle d'asile. Ce choix est le produit d'une conviction. L'éducation doit non seulement permettre l'acquisition de savoirs mais elle doit aussi favoriser l'inculcation précoce d'une morale commune, l'apprentissage de la solidarité… Plus encore, l'organisation du système éducatif n'est efficace qu'à condition de favoriser l'accès des femmes au travail, au lieu de les confiner dans un rôle purement domestique. Lorsqu'il décide d'implanter une salle d'asile au sein du Familistère, Godin fait donc un geste qui a aussi valeur politique. Préfiguration de ce qui deviendra ensuite la classe maternelle (décret du 2 août 1881)[16], la salle d'asile est revendiquée, au demeurant, par différents théoriciens socialistes qui veulent organiser l'éducation dans l'intérêt de l'enfant et de la nouvelle société. Au Familistère, la greffe ne prend pas immédiatement. Faute de candidats, la nourricerie et la salle d'asile doivent, on l'a vu, fermer leurs portes un an après leur inauguration. Godin et Marie Moret persistent néanmoins, et avec succès. En 1866, un bâtiment spécial est à nouveau dédié, au nord du pavillon central, à la petite enfance.

Étapes de l'enfance et divisions en classes d'éducation

École républicaine (arrêté du 27 juillet 1882)	**Phalanstère (selon les indications de C. Fourier)**	**Familistère**
	Nourrissons (0 à 15 mois)	Nourricerie (15 jours à 2 ans)
	Poupons (16 à 33 mois) Bas-poupons Mi-poupons Hauts-poupons	Pouponnat (ou salle gardienne) (2 à 4 ans)
	Bambins (34 à 54 mois) Sous-bambins : 34 à 41 mois Mi-bambins : 41 à 47 mois Sur-bambins : 47 à 54 mois	
	Lutins (2 à 3 ans)	
	Bambins (3 ans et demi à 4 ans et demi)	
Salle d'asile (puis classe maternelle à partir de 1881) : 5 à 7 ans	Chérubins (4 ans et demi à 6 ans)	Jardin d'enfant ou bambinat ou salle d'asile (puis classe maternelle) (trois classes de maternelle pour les 4 à 6 ans)
Cours élémentaire, première et deuxième année : 7 à 9 ans	Séraphins (6 ans et demi à 9 ans)	Cours élémentaire (petite école pour les 6 à 8 ans),
Cours moyen, première et deuxième année : 9 à 11 ans	Lycéens (9 ans à 12 ans)	Cours moyen (seconde école pour les 8 à 10 ans)
Cours supérieur, première et deuxième année : 11 à 12 ans	Gymnasiens (12 ans à 15 ans et demi)	Cours supérieur (première école pour les 10 à 13 ans)
Cours complémentaire d'enseignement supérieur : 13 à 14 ans.		Apprentissage industriel ou cours complémentaire ou entrée dans une école
	Jouvenceaux (15 ans et demi à 20 ans)	

NB : la catégorie « bambins » apparaît deux fois dans le tableau à la colonne de C. Fourier dans la mesure où, d'un ouvrage à l'autre, voire au sein d'un même ouvrage, ce dernier modifie les catégories, les dénominations, les frontières...

Au Familistère, la fréquentation de la nourricerie et du pouponnat n'est pas obligatoire. Pour encourager le recours à ces deux services, de multiples facilités sont offertes aux parents. À condition que leurs progénitures soient bien portantes et qu'elles aient été vaccinées, les mères peuvent amener leurs enfants à la nourricerie selon leur bon plaisir. En dépit d'un emploi du temps très formaté, elles ont toute liberté de le confier une heure comme la journée entière. Assurées que leurs nourrissons bénéficient des meilleurs soins, elles recouvrent ainsi « la liberté de se livrer à un travail professionnel[17] ». Elles peuvent également rendre visite à leur bébé et l'allaiter aux heures qui leur conviennent. Au Familistère, presque toutes les mères nourrissent elles-mêmes leur enfant. Dans les premiers mois, les jeunes enfants passent la nuit chez leurs parents. Au moment du sevrage, il est possible, si les mères le souhaitent, de confier le bébé à la nourricerie pendant les périodes nocturnes. En 1876, cependant, faute de fréquentation, la tranche nocturne est supprimée. En journée en revanche le succès est indéniable. En 1882, un nourrisson du Familistère sur deux est confié à la nourricerie. L'encadrement, enfin, est relativement étoffé : une dame chef de service, deux puis cinq chargées de soin pour cinquante bébés au maximum, composent une équipe à laquelle il faut ajouter des responsables techniques pour l'entretien et la gestion des bâtiments et du matériel.

L'emploi du temps à la nourricerie

6 heures du matin : ouverture, allumage des feux et préparation du lait pour les enfants. L'allaitement est facultatif de la part des mères. À défaut, on sert aux moins de 3 mois du lait coupé de un tiers à un demi avec de l'eau sucrée et légèrement salée. Les plus grands ont droit à du lait agrémenté d'eau de gruau (un tiers), le tout sucré.

6 h 15 : arrivée successive des enfants ; changement de chemises, couches et maillots ; biberon et tasse de lait. Les petits sont couchés.

7 heures : réception et contrôle du linge propre apporté par les blanchisseuses ; compte et livraison du linge sale.

8 heures : déjeuner des enfants : vermicelles au lait. Biberon pour les plus petits.

8 h 30 à 9 heures : les plus grands jouent en liberté, les plus petits sont assis dans leurs fauteuils en spectateurs.

9 heures à 10 heures : beaucoup d'enfants sont repris par leurs parents.

10 heures à 11 heures : rentrée, jeu comme à 8 h 30.

11 heures : second déjeuner ; parade. Ensuite, les petits dorment et les grands jouent.

12 heures à 13 h 30 : les enfants qui n'ont pas encore dormi reçoivent une tasse de lait et dorment jusqu'à 13 h 30.

13 h 30 à 15 heures : les enfants sont tous repris par leurs parents, sauf ceux qui dorment encore. Distribution de pain trempé dans du lait. Nettoyage des berceaux et des enfants souillés.

15 heures à 16 heures : rentrée et jeu. Les grands jouent dans la salle, sur les balcons ou les pelouses. On doit chercher à faire comprendre en toutes circonstances que les enfants doivent être bons les uns à l'égard des autres. Les plus petits sont portés en promenade dans les jardins par les mères intelligentes et de bonne volonté.

16 heures : troisième repas : tapioca au lait.

16 h 30 à 18 heures : les petits sont couchés, les grands jouent ou dorment. Début du nettoyage.

18 heures à 19 h 30 : biberon ou tasse de lait en attendant la sortie. Reprise des enfants par les parents. Continuation du nettoyage général.

19 h 30 à 20 heures : nettoyage des carrelages, de la promenade, des fauteuils… effectué chaque jour. Le samedi, nettoyage à fond de la petite salle aux sièges d'aisance.

20 heures : fermeture.

F. Bernardot, *op. cit.*, p. 209-210.

L'enfant arrive au pouponnat vers l'âge de 26-28 mois, quand il est devenu propre et qu'il sait bien marcher. Il passe là de nombreuses heures, à l'exception des temps de repas et des nuits, qui demeurent de la responsabilité de ses parents. Étant donné la proximité des espaces de vie, l'enfant peut effectuer seul les trajets entre son logement et le pouponnat. Il peut être aussi accompagné de sa famille ou de quelques camarades plus âgés. Si le pouponnat est ouvert pendant les heures de travail, pères et mères s'y rendent surtout le matin et le soir ainsi qu'au moment des repas. Lorsqu'il fait beau, les enfants passent le plus clair de leur temps à jouer sur les pelouses, à s'y rouler ou alors à creuser des fossés et à bâtir des monticules dans le sable mis à leur disposition. C'est que l'accent est porté à cet âge sur le développement des aptitudes corporelles plutôt que sur les exercices de l'esprit.

Vient ensuite le temps du bambinat (jardin d'enfant ou salle d'asile). Initialement associé au pouponnat, il en est séparé en 1869. Le bambinat est divisé en 1871 en deux sections (les nouveaux arrivants, les anciens), chacune dirigée par une sous-maîtresse. En sortant de cette classe, les élèves savent lire, épeler et crayonner sur ardoise. Ils maîtrisent l'addition au boulier-compteur et commencent donc à calculer. Forts de ces savoirs de base, ils peuvent accéder au niveau supérieur.

Gratuite, la fréquentation des classes primaires est obligatoire jusqu'à la prime adolescence[18]. Les familles sont tenues de veiller à ce qu'il en soit bien ainsi pour leurs rejetons, que ceux-ci fréquentent les écoles du Familistère ou un autre établissement. À elles également, si elles le jugent utile, de les instruire religieusement ou alors de les envoyer à l'église ou au temple. Godin demande plus encore. Par leur concours ferme, vigilant et régulier, les parents doivent apporter de l'aide aux maîtres et aux maîtresses. Si d'aventure ils manquaient à cette obligation éducative, ils pourraient être menacés d'exclusion. Les écoles primaires sont divisées par niveau, en trois classes exactement, ainsi que le recommandent les statuts de la loi Guizot de 1834 et que le confirment les lois Ferry en 1882[19]. Les élèves passent dans la classe supérieure une fois vérifié, grâce à des examens semestriels, qu'ils ont acquis le savoir et les compétences que, à chaque niveau, l'on attend d'eux. Lorsque, enfin, les enfants en ont fini avec les classes primaires, ils peuvent prétendre au cours supérieur pour préparer le certificat d'études. Si ses parents le jugent pertinent, l'enfant qui a atteint l'âge de 14 ans peut aussi être admis en apprentissage dans l'une des professions exercée dans l'usine Godin.

[L'école au cœur du Familistère

Comme dans l'ensemble du Familistère, voire dans le corps de la société tout entière[20], la division n'est pas, au sein du système d'éducation mis en place par Godin, l'ennemie de l'intégration. Tout au contraire. La segmentation par niveaux va de pair avec une rationalisation du parcours éducatif et des conditions de vie des jeunes enfants. Les horaires, par exemple, assurent une certaine cohérence aux emplois du temps des différentes classes. Au milieu des années 1880, les règles en vigueur sont les suivantes. Les écoles primaires ouvrent leurs portes le matin à 8 heures et retiennent les enfants jusqu'à 9 heures. A 10 heures, les écoliers sont à nouveau à l'ouvrage. Auparavant, la maternelle a accueilli son public. Petits et grands quittent les classes à midi et demi. La reprise a lieu à 15 heures et la sortie trois heures plus tard. Matinée et après-midi sont entrecoupées par des récréations de quinze minutes, la première à 11 heures, la seconde à 16 heures[21].

Instructions de Marie Moret à un instituteur du Familistère

De la part de M. Godin, je vous donne les indications suivantes. Votre dame tardant à arriver, il ne faut pas reculer davantage la reprise des exercices classiques réguliers. En ce qui concerne vos rentrées, il est bon de faire marcher les enfants au pas comme vous le faites, mais il n'y a pas lieu de s'arrêter plus longtemps à ces exercices qui seraient à la fin, et commencent à être déjà, considérés comme prenant trop sur le temps à consacrer aux devoirs classiques. Nos rentrées, y compris la visite de propreté et l'appel dans la cour, doivent s'exécuter au plus en onze minutes. Dix minutes pourraient peut-être suffire. Il est également indispensable que la cloche des écoles soit sonnée à l'heure exacte des rentrées ; à 10 heures et à 3 heures, les enfants doivent être appelés par leur cloche à se ranger dès que les ouvriers rentrent eux-mêmes du travail. Je vous signale aussi que vos leçons de chant doivent avoir lieu de 5 à 6 heures du soir et non de 8 à 9 heures du matin. Les leçons de 5 à 6 heures seront réparties comme suit : deux leçons de chant pour les trois classes, deux leçons de chose. Le jeudi ne compte pas, reste une soirée, ce sera celle du samedi qui sera ainsi utilisée. Tous les enfants des trois classes se réuniront sur les gradins de l'asile à la rentrée de 5 heures ; les décorations seront distribuées puis la gymnastique chantée sera opérée ensuite sur les mêmes gradins par les élèves des trois premières classes. Je vous signale également que les récréations journalières sont assez nombreuses et assez longues pour qu'il n'y ait pas lieu de faire de promenade dans les grandes classes. C'est là une chose qui ne doit être pratiquée que tout à fait exceptionnellement, et l'on ne peut tomber d'accord à l'avance. Enfin, je vous demande de nous donner régulièrement à partir de cette semaine votre rapport hebdomadaire indiquant jour par jour le programme d'enseignement que vous avez suivi. Je vous ai remis un modèle à ce sujet. À la fin de ce mois, nous vous donnerons le rapport mensuel indiquant le savoir de chaque enfant. N'oubliez pas non plus que vous m'avez promis la liste des livres d'enseignement contenus dans les placards de la première et de la seconde classe. Je vous envoie cette note écrite afin qu'aucune des indications que j'avais à vous transmettre ne vous échappe.

Lettre de Marie Moret à M. Quellien, 9 novembre 1876, fonds FGP.

En optant pour un tel rythme, les responsables de l'éducation ajustent le temps de l'école à celui des familles. Ils s'assurent ce faisant que les enfants sont encadrés en permanence. Quand, le matin, la cloche sonne pour appeler les ouvriers à l'usine, les enfants sont invités à rejoindre la grande cour centrale. « Là l'instituteur procède à l'appel ; il place les élèves, les forme en cortège, puis part avec eux pour se rendre en classe. Aucun élève ne peut sortir des rangs ou s'esquiver. À la sortie on procède d'une manière analogue. Les élèves ne sont pas licenciés à la porte de l'école, ils reviennent en cortège jusque dans la cour centrale, et c'est là seulement, c'est-à-dire sous les yeux des familles, que leurs rangs sont rompus. Au retour les élèves sont placés dans l'ordre que leur a valu leur mérite, ce qui permet aux parents de se tenir constamment au fait des progrès ou de l'absence de progrès de leurs enfants. Grâce à cet heureux mode d'entrée et de sortie de classe, les enfants peuvent être constamment surveillés[22]. » Ainsi encadrés par les adultes, les enfants ne risquent pas d'être livrés à eux-mêmes et encore moins de vagabonder.

La rationalisation de l'éducation passe également par une politique d'aménagement des locaux. Réunir dans un même ensemble les classes de différents niveaux est une ambition qui est déjà celle des pédagogues fouriéristes. Tel est le cas au premier chef de Marie Pape-Carpantier[23], qui peut être considérée comme la fondatrice de l'école maternelle en France. Auteur d'une vingtaine d'ouvrages à grand succès, celle-ci fait ses premières armes en tant que surveillante en salle d'asile. Directrice de l'école normale maternelle, cette féministe progressiste s'inspire à la fois de la franc-maçonnerie et du fouriérisme qu'elle assortit de considérations religieuses. Parmi les nombreux projets de M. Pape-Carpantier figure celui de mettre sur pied des petits phalanstères dédiés à l'enseignement. Son programme ? « Il faut une pièce pour les douze berceaux de la crèche, cinq classes, chacune de cinquante élèves de 3 à 16 ans, trois réfectoires avec le lavabo inventé pour le cours pratique, une cuisine avec lingerie et "repasserie", trois salles de récréation, deux cours plantées, une avec jardin, une galerie, des ateliers (lingerie, confection, dessin industriel, gravure sur bois, peinture sur porcelaine, broderie, modelage de sujets artistiques pour l'industrie, fabrication de dentelles, de fleurs ou toutes autres industries suivant la région)[24]. »

À Guise, l'intégration est plus forte encore puisque les services éducatifs sont complètement encastrés dans le Familistère. La plupart du temps, les enfants sont entre les mains des adultes. Tous d'ailleurs ont une famille. Il s'agit là d'une des conditions de base de l'éducation familistérienne. À M. Howland qui lui demande s'il est possible d'accueillir à Guise un jeune homme pour le « dresser au travail », Godin répond : « C'est une pensée qu'il n'est pas possible de réaliser, le Familistère, étant composé de familles, n'offre aucun moyen de recevoir, de loger, de surveiller des pensionnaires, et un enfant ne peut pas être abandonné sans guide au milieu d'une population étrangère. Nos enfants ont tous leurs pères et mères près d'eux, rien n'est fait pour recevoir ici des enfants sans famille[25]. » Tout est organisé au surplus pour que la vie des familles et l'éducation des enfants s'articulent au mieux. Les espaces dédiés à l'instruction sont situés, on le sait, à proximité immédiate des lieux d'habitation, et leur aménagement fait l'objet d'une mûre réflexion. Les bâtiments qui accueillent la petite enfance communiquent de plain-pied avec le Palais social. Ils sont reliés aux grands pavillons par un passage couvert et vitré qui permet aux mères d'amener leurs enfants sans les exposer aux intempéries. Les plus âgés n'ont guère plus de trajet que les poupons et les bambins pour se rendre en classe, quelques dizaines de mètres à peine. Aux yeux de Godin, la proximité spatiale est un facteur propice à la tranquillité et à l'hygiène des ménages. Les parents, affirme-t-il, n'ont pas à se soucier des allers et venues de leurs enfants. Partout en sécurité dans le Palais, la jeune génération n'est pas condamnée à l'enfermement domestique. Le logement est donc toujours propre et calme, ce qui favorise le repos dont les travailleurs ont tant besoin.

[3. L'hygiène au service des facultés d'apprentissage

L'attention portée aux conditions matérielles est un autre principe éducatif de base au Familistère. Afin d'optimiser les facultés d'apprentissage des enfants, Godin et les siens veillent au bien-être. C'est là une préoccupation commune, dans la vague hygiéniste, à tous ceux qui veulent remédier à la mortalité et à la morbidité infantiles[26]. L'éducation des enfants, et à travers eux celle de leurs familles, ne peut plus se penser hors du champ des préoccupations sanitaires. Les classes doivent être aérées, lumineuses, chauffées en hiver et régulièrement entretenues. Dans les lieux d'aisance, M. Pape-Carpantier suggère pour sa part d'installer un mobilier adapté aux enfants, qui pourront ainsi apprendre à déféquer correctement. En mettant pareillement des lavabos à disposition des bambins, « toute fatigue est épargnée aux serviteurs, en même temps que toute malpropreté ou communication malsaine est épargnée aux enfants[27] ».

[Des services de basse enfance exemplaires

Le Familistère ne déroge pas à l'injonction hygiénique. Les bâtiments de la nourricerie et du pouponnat de la basse enfance allient salubrité, confort matériel et fonctionnalité pédagogique[28]. Il faut, pour accéder au service de la basse enfance, se rendre dans la cour du pavillon central et emprunter un couloir. La porte d'entrée donne sur un petit vestibule. À droite, celui-ci dessert une cuisine et une pièce qui fait office de lingerie, de lieu de rangement (pour les balais, brosses, seaux de propreté, bassins, baignoires, etc.) et de cabinet d'aisance. À gauche, le visiteur trouve l'espace réservé aux enfants de 28 mois à 4 ans. Après les exercices physiques (marches en chantant, mouvements de gymnastique…), les bambins viennent s'y reposer sur des bancs prévus à cet effet. Associés trois par trois, des fauteuils accueillent les petits au moment des repas. Longue de 15 mètres et large de 6, la salle est dotée de lits à usage des bonnes et ouvre sur les jardins. Elle est coupée en deux à l'aide d'une barrière haute de 76 centimètres. Dans la partie réservée aux enfants de la nourricerie trône une pouponnière Delbrück destinée aux jeunes apprentis marcheurs. Le meuble, qui n'est rien d'autre qu'un grand plancher roulant en forme d'ellipse[29], est assorti d'une double rampe circulaire de 38 centimètres de hauteur, sur laquelle les bambins peuvent s'appuyer pour tenter leurs premiers pas. Cette pouponnière remplace avantageusement les lisières, « très défectueuses, puisque l'enfant y est comme suspendu » et qui nécessitent de surcroît le concours d'une bonne. Le système de chariot n'est pas plus efficace, « qui comprime la poitrine du bébé qui veut avancer et ne lui donne pas le sentiment net de cet équilibre instable dont l'acquisition est tout le secret de la marche[30] ». Avec la pouponnière, la nourricerie est donc à la pointe du progrès.

Quatre pièces, qui contiennent chacune une quinzaine de berceaux, entourent la salle de jeu. Tout favorise ici le contrôle et l'apprentissage par le regard. Les espaces n'étant séparés que par des balustrades de bois de 68 centimètres de hauteur, les bonnes ne rencontrent aucune difficulté pour surveiller les enfants, que ceux-ci s'amusent ou qu'ils soient au lit. Conformément aux exigences de la théorie du charme corporatif ascendant[31], les petits et les grands peuvent aussi s'observer les uns les autres en permanence. N'est-ce pas là le meilleur moyen pour les plus jeunes de progresser dans les domaines les plus divers (motricité, propreté…) et, pour tous, d'apprendre la solidarité ?

Du point de vue de l'hygiène, l'organisation des services de la basse enfance fait l'objet d'une appréciation positive de la part des observateurs extérieurs. « Toutes ces salles sont bien aérées, bien ventilées, pourvues d'eau et de gaz ; une température convenable y est maintenue jour et nuit. La cuisine et les dépendances nécessaires sont placées près du vestibule d'entrée[32]. » Le caractère positif de l'évaluation n'est pas exagéré. L'intérieur des locaux bénéficie d'une lumière zénithale. Le promenoir de la nourricerie et les sièges de nourrissons correspondent à ce que l'on peut faire de mieux en matière de mobilier, du moins dans les lieux comparables. La nourriture est tout à fait correcte (potage au lait et aux vermicelles, potage au pain, panade au lait coupée d'eau à laquelle on ajoute du beurre, potage au lait et au tapioca…). Au milieu des années 1860, les bébés sont alimentés à l'aide de biberons Thier[33]. Dans les années 1880, le service utilise des Robert, marque renommée alors pour son usage pratique. Dans les deux cas, le principe est le même : le corps du flacon en verre est équipé d'un long tuyau souple en caoutchouc muni à son extrémité d'une tétine qu'il est aisé de donner au bébé. Après que la vacherie du Familistère a été fermée, un accord est passé avec le fournisseur pour que le lait distribué aux plus petits provienne toujours des mêmes vaches… En bref, en jouant la carte de la qualité sur tous les tableaux possibles, Godin veut allier la force de l'idéal et du savoir-faire maternels aux acquis de la science et de la raison.

L'innovation la plus originale concerne les berceaux, dont la structure métallique est confectionnée à l'usine Godin. Ceux-ci se composent « d'un ovale en tringle de fer rond, porté par deux montants : un à chaque extrémité ; celui de la tête forme la flèche du rideau en s'élevant au-dessus du lit ; le tout est fixé sur deux pieds en fonte reliés par une traverse : les berceaux sont ainsi portatifs et légers. Une toile en fort coutil, lacée sur l'ovale de fer, compose le corps d'un berceau très gracieux ; le matelas est formé de 30 à 40 litres de gros son bien bluté, mis dans le fond de cette toile[34] ». Le son, voilà l'idée ! Grâce à lui, l'humidité ne gêne plus le nouveau-né. Chaque berceau peut recevoir 11 kilos de son étuvé. Rien de plus aisé que d'extraire à la main ou à l'aide d'une petite raquette de fer la partie souillée qui s'agglomère en petites boules. De temps à autre, il suffit d'ajouter un peu de son nouveau tandis que celui qu'on retire peut être donné aux animaux de basse-cour. Pour éviter la fermentation, il faut avoir soin également de changer le son chaque mois. Le passer au four avant de l'employer permet également de détruire les insectes qui pourraient s'introduire dans la litière végétale. Grâce à une telle technique[35], l'enfant n'est jamais mouillé, le berceau reste propre et jamais les mauvaises odeurs n'envahissent la nourricerie. Sur cette couche fraîche en été et tiède en hiver, il suffit de disposer un petit drap que l'on borde soigneusement. Un oreiller de crin et des couvertures adaptées à la saison complètent la literie.

Le bambinat est équipé pour sa part d'un mobilier encore plus important : gradins en amphithéâtre (ce qui est alors la norme dans les salles d'asile), bancs, lits de repos, rayonnages et tables, portemanteaux… Le matériel éducatif ne manque pas. Les enseignants disposent de tableaux noirs roulants, de bouliers-compteurs et d'un matériel spécial pour faire travailler les enfants de concert[36]. Des cartes et des modèles adaptés aux leçons évitent aux maîtresses de devoir systématiquement dessiner au tableau noir. Un casier rempli de pièces aux formes et de matières variées permet enfin aux écoliers d'aiguiser leur imagination et d'éprouver leurs capacités de constructeurs en herbe.

[Les bancs de Godin

Godin a aussi des idées près précises sur les conditions matérielles qu'il convient d'assurer en classe primaire. « On n'est pas assez pénétré, affirme-t-il, de cette vérité que l'enseignement, comme tout autre travail, exige pour arriver à sa perfection des locaux et un matériel bien organisés ; c'est à cette condition qu'on parvient à la bonne exécution en toute chose. L'enseignement n'échappe pas à cette règle ; et c'est pour l'avoir trop oublié que nos écoles sont restées en souffrance, et n'ont fait qu'une besogne imparfaite[37]. » Godin fait paraître le résumé de ses travaux sur la question dans *Le Courrier de l'Aisne*. Ses conclusions tiennent en vingt-cinq propositions : la surface murale de la salle de classe doit être la plus grande possible afin d'afficher cartes et tableaux ; la lumière doit être égale dans tous les points de la salle et elle ne doit pas fatiguer la vue des élèves ; chaque salle de classe doit avoir son entrée dans un vestibule ou dans une galerie fermée pour éviter que l'air froid ou humide pénètre dans la classe, etc.[38]

L'essentiel des préconisations a trait aux bancs et aux bureaux des élèves. Après que la loi Falloux a mentionné l'obligation d'équiper les écoles en mobilier scolaire, il faut attendre 1887 pour qu'un décret se saisisse précisément de la question et fournisse des indications sur les « tables-bancs » à fournir aux élèves[39]. Godin trace les premiers plans dès 1878. C'est que le souvenir de l'enfance est encore cuisant. À l'époque, le mobilier « se composait d'une rangée de tables disposées autour de la salle, et faites de mauvaises planches clouées sur des traverses et placées sur des tréteaux ; les bancs étaient un assemblage de pièces de bois informes dans lesquelles on avait percé deux trous à chaque bout, afin d'y enfoncer quatre rondins servant de pieds. Chaque fois qu'un écolier, placé contre le mur, avait besoin de sortir, il devait passer par-dessus ou par-dessous, pour ne pas obliger tous les autres élèves à sortir du banc. Que résultait-il de conditions aussi mauvaises ? C'est que peu d'enfants acquéraient un savoir dont ils pussent faire leur profit ; quelques-uns savaient lire et écrire, mais la plupart d'entr'eux ne savaient rien du tout[40] ».

Dans « L'enfant et les bancs de l'école », manuscrit de 57 pages, Godin explique que 90 % des courbures commencent pendant la période scolaire. Sur les 6 000 heures qu'un élève passe dans les classes primaires à sa table de travail, un tiers est consacré à écrire en position douteuse (mauvaise distance au pupitre, tête penchée en avant et du côté gauche)[41]. Or, pour écrire, le buste doit être droit, l'avant-bras appuyé sur la table, l'axe transversal du corps parallèle au bord de la table. Parce que cette règle est davantage exception que pratique courante, Godin estime juste « l'expression populaire qui dit que les enfants se crétinisent à l'école et impose hautement aux médecins, aux professeurs et aux maîtres de l'enseignement l'obligation de veiller à ce que ce crétinisme ait une fin[42] ». Pour parer à cet effet néfaste, l'industriel guisard dessine les plans des bancs idéaux, dont les mesures varient en fonction de la taille et de la corpulence des enfants. Fort de l'observation d'une population de 400 personnes âgées de 2 à 20 ans, Godin livre de savants calculs, ramassés dans des tableaux détaillés, qui indiquent comment optimiser l'usage du corps enfantin en situation d'apprentissage. Les tables doivent être établies sur deux traverses en bois dur de 12 à 15 centimètres d'épaisseur, elles-mêmes recouvertes d'un plancher qui fera office de marchepied et isolera du sol. La hauteur du banc doit correspondre à celle de la jambe d'un élève assis. À cette mesure il faut ajouter l'équivalent de la semelle de la chaussure, soit 2 centimètres pour les enfants de moins d'1,25 mètre et de 3 centimètres pour les autres. Le dossier doit arriver aux deux tiers du torse d'un enfant assis. L'inclinaison fait l'objet de consignes tout aussi précises. Par ailleurs, « la distance du bord du banc à la verticale du bord du bureau doit être d'un septième de la hauteur du banc[43] », ce qui est juste nécessaire pour que l'élève puisse se tenir debout à son bureau, la jambe restant un peu infléchie, etc.

Le mobilier que préconise Godin est composé de tables-pupitres construites chacune pour deux élèves. Dans la classe, le mieux est de placer quatre tables les unes à côté des autres de façon à faire front au maître. Quatre rangs permettront d'accueillir 32 élèves, cinq rangées mèneront à 46 et six à 48. Les tables seront séparées les unes des autres par des allées : une centrale, deux contre les murs et deux intermédiaires. De cette façon, le professeur peut approcher chacun de ses élèves, et chaque écolier peut quitter sa place sans déranger ses voisins. Dans les écoles mixtes, le système permet aussi de séparer aisément les garçons des filles. Connaissant la taille moyenne des élèves pour chaque niveau, et donc celle du mobilier approprié, on peut *in fine* déduire la taille optimale des salles : 8 mètres de large pour 7 mètres de « profondeurs perpendiculaires » à l'estrade du professeur pour la classe élémentaire de 32 élèves, 8,5 mètres et 7,25 mètres pour la classe moyenne et 9 mètres et 7,7 mètres pour la classe supérieure[44].

Pour fournir les meilleures conditions d'éducation, il convient enfin de s'assurer de la qualité des enseignements dispensés. Godin choisit avec soin les maîtres et maîtresses qu'il recrute[45]. Le 9 octobre 1873, il propose qu'un conseil d'inspection de l'école soit mis en place. Il comportera trois personnes (le chef de la comptabilité pour les apprentis de bureau, le chef des études pour le dessin et les ateliers, l'économe du Familistère pour les jeunes filles à faire entrer dans les services et magasins et pour les garçons à accepter comme apprentis dans les bureaux du Familistère)[46]. Il est décidé de procéder à des contrôles réguliers (quatre fois par an) dans les classes pour vérifier la qualité de l'enseignement et repérer les bons éléments. Le chef des études aura en charge l'inspection de la lecture dans les livres ou manuscrits de son choix. L'économe donnera une dictée sur feuille volante. Le chef comptable enfin posera des problèmes divers suivant la force des enfants et il interrogera aussi sur le système métrique et sur la géographie du pays.

[4. Des écoles hors la loi ?

En dépit de ces conditions d'enseignement plus que satisfaisantes pour l'époque, Godin est sujet à tracasserie. En 1872, Godin sollicite le conseil départemental[47] afin que ses écoles puissent obtenir le statut d'établissement d'utilité publique et que, par voie de conséquence, ses enseignants puissent jouir du droit à la retraite publique. En réponse, le préfet de l'Aisne signifie que, contrairement à ce que pensait l'inspecteur d'académie, les écoles du Familistère ne bénéficient pas de l'autorisation d'ouverture qu'impose l'article 27 de la loi du 15 mars 1850. Dès lors, conclut-il, « vos écoles n'ont pas le caractère d'écoles libres et n'ont même aucune existence administrative. Ce sont des écoles purement intérieures assimilables peut-être à l'enseignement donné par un précepteur dans une famille. Ce n'est même qu'en les considérant ainsi qu'on a pu tolérer leur existence sans déclaration d'aucune sorte, et cette tolérance n'est pas sans quelque difficulté pour l'administration[48] ». Plusieurs problèmes se posent en effet, qui empêchent d'envisager un statut d'école publique.

Les écoles de Godin n'accueillent d'abord que les jeunes familistériens. Or la loi exige que, pour être publique, une école reçoive les enfants indigents de la commune. Ce n'est manifestement pas le cas. Le préfet et le conseil départemental ne voient pas là cependant matière à objection majeure. Les obstacles sont ailleurs. Les écoles du Familistère n'ont pas été soumises à un examen attentif des matières enseignées, des programmes dispensés et des livres étudiés. Le conseil départemental s'émeut par ailleurs du manque d'instruction religieuse. En 1869, le curé de Guise était venu proposer ses services au Familistère, Godin n'avait pas donné suite. De fait, l'enseignement moral et religieux se borne au catéchisme appris à l'église au moment de la préparation de la première communion. Tout cela déplaît et l'administration le fait savoir. Au Familistère, on ne désarme pas pour autant. Le 15 janvier 1873, l'instituteur A. Poëtte[49] fait une demande officielle auprès de la mairie de Guise pour pouvoir ouvrir une école libre. Cette fois, l'opération réussit. Les écoles du Familistère sont en règle et elles peuvent bénéficier du statut convoité. Mais l'administration ne s'en tient pas là. Le ministère fait marche arrière et, plus que jamais, le soupçon gagne. En moins de deux ans, de 1873 à 1874, le Familistère fait l'objet de six inspections, pas moins.

[Une inspection au Familistère

Le 20 octobre 1873, un délégué du ministère de l'Instruction publique se rend au Familistère pour statuer sur le maintien ou la fermeture de l'école[50]. À son arrivée, à 8 h 30, il commence par rencontrer Godin. Il le questionne sur la direction de l'éducation, sur la vie privée des personnes remplissant ce rôle, sur la place de la morale et de la religion dans les enseignements dispensés au Familistère puis, finalement, sur la part laissée aux prêtres en dehors de l'école. Le délégué se rend ensuite en classe pour entendre deux instituteurs et interroger des enfants. L'homme revient satisfait. Il confie à Godin que les élèves ont bien répondu et témoigné « qu'ils possédaient parfaitement le sentiment de conscience ». Le délégué est de retour le lendemain pour visiter les petites classes. Il s'étonne cette fois de l'absence d'icônes et de symboles religieux. L'institutrice répond qu'elle aurait volontiers exposé quelques images du Christ, y compris à la nourricerie, mais de telles images sont sur papier fragile et grossier ! Le délégué teste ensuite les capacités de lecture et de calcul des enfants de 6 ans, consacre un peu de temps à les observer effectuer des mouvements de gymnastique puis s'enquiert de leurs distractions le dimanche, des journaux lus au Familistère, de la fréquentation de la bibliothèque… Le délégué clôt sa visite par un discours un peu gêné et demande ensuite aux enfants qui fréquentent le catéchisme de lever la main. Il questionne ceux qui n'y vont pas en essayant de comprendre leur motivation. Après une courte visite dans le reste du Familistère, il quitte les lieux le lendemain.

Huit jours plus tard exactement, le délégué du ministère est de retour. Il rencontre Godin et lui explique que le ministre auquel il a remis son rapport n'a pas « éprouvé autre chose qu'un profond désir de protéger une œuvre semblable et qu'en conséquence le ministre avait cru devoir revenir à l'examen de la question de considérer les écoles du Familistère comme tenant lieu d'écoles publiques, que l'on était tous prêts à accorder cette déclaration qui n'obligeait M. Godin qu'à une seule chose : exécuter les prescriptions de la loi concernant l'enseignement dans les écoles publiques » (donc y compris l'enseignement religieux). Godin rétorque que l'enseignement religieux existe déjà au Familistère mais sous une forme différente et que de toute façon une loi viendra prochainement changer les choses de ce point de vue. Le délégué avance que cette loi n'a pas encore été votée et qu'il conviendrait en conséquence que le curé de Guise ou ses vicaires puissent venir au Familistère pour faire le catéchisme. Godin refuse en arguant que si on demande aux parents ce qu'ils souhaitent à ce sujet il est probable qu'ils réclament autre chose que ce que la loi prévoit.

Après l'inspection, les reproches pleuvent à nouveau : l'enseignement religieux est négligé, les enfants ne sont pas répartis selon les groupes d'âges souhaitables, etc. Godin est obligé de composer. En 1874, il se résout à demander comment recourir aux services du curé[51] et il incite ses maîtres à prodiguer « un enseignement plus rigoureux du catéchisme[52] ».

[Un conflit durable

En dépit des quelques concessions opérées par Godin, les difficultés n'en finissent pas. En juillet 1874, *Le Glaneur* et *Le Guetteur* à sa suite rendent compte des pressions qui pèsent sur les écoles du Familistère. « On nous dit que cette institution [l'école libre du Familistère] est menacée d'être fermée, et que les professeurs se voient obligés de donner leur démission sous le poids des menaces qu'on leur fait, et que le principal motif de cette intimidation proviendrait de ce que M. Godin aurait refusé à l'administration d'admettre que le catéchisme soit fait par le curé dans son établissement même, et de ce qu'il aurait, au contraire, demandé que les enfants du Familistère continuassent à aller à l'église pour recevoir les leçons du prêtre, comme cela a toujours eu lieu ». Un peu plus tard, l'administration reproche aux maîtresses tenant les classes des 4-6 ans et des 8-10 ans de ne pas avoir effectué les déclarations réglementaires relatives à leurs activités. Pour régler l'affaire, Godin en réfère directement au ministre de l'Instruction publique en lui demandant des consignes précises[53]. Le ministre promet, mais les autorités locales agissent plus vite. Elles continuent de harceler Godin. Le 10 août 1874, le préfet de l'Aisne (J. de Crisenoy) prend un arrêté qui fait opposition à l'ouverture de deux classes des écoles du Familistère de Guise, celle des 4-6 ans de Mme Dirson et celle des 8-10 ans de Mme Paquerot. Sans l'autorisation du conseil départemental, aucune école primaire publique ne peut recevoir d'enfants des deux sexes s'il existe dans la commune une école publique ou libre de filles. Or, la demande déposée le 4 août 1874 par Anastasie Chamion, femme Paquerot, pour agir comme institutrice adjointe révèle, selon l'arrêt, la volonté de continuer une école mixte « état de chose que la loi défend ».

Le conflit prend vite une tournure publique. Godin reproche au préfet de l'Aisne d'aller, en tant que représentant des classes dominantes, jusqu'au bout de la loi en oubliant la maxime romaine : *summum jus, summa injuria*. *Le Courrier de l'Aisne* du 18 août fait paraître une lettre de protestation, signée de 73 pères de famille dont les enfants sont concernés par la fermeture des deux classes. *Le Siècle* et *La République française* se font également écho de l'affaire, et ne cachent pas leur vive sympathie pour Godin. Les choses se compliquent encore quelques jours plus tard. Pour ne pas paraître débitrice du fondateur du Familistère, l'administration municipale fait déménager le mobilier scolaire dont Godin avait pourvu les écoles de la ville lorsqu'il était maire. Avec d'autres, un ancien conseiller municipal (suspendu) s'en étonne vivement dans *Le Glaneur* du 23 août (la lettre est reproduite également dans *Le Courrier de l'Aisne* du 24 août). Une autre lettre non signée, parue le 23 août dans *Le Guetteur*, abonde dans le même sens. Le maire répond dans *Le Glaneur* le 24 août pour signifier que son arrêté n'empêchera pas les classes existantes de continuer à fonctionner et que le mobilier Godin ne concerne en fait qu'une vingtaine de tables. « Le mobilier ayant été complété il y a un mois par l'administration, le maire s'est empressé, en présence de l'insinuation contenue dans la lettre des pères de famille, de faire remettre à M. Godin les tables devenues inutiles et que l'on se proposait de conserver jusqu'aux vacances dans le seul but de ne pas déranger la classe[54] ».

Le maire revient à cette occasion sur l'origine du conflit. Des poursuites, rappelle-t-il, ont été lancées contre deux enseignantes qui avaient ouvert leurs classes sans avoir fait la déclaration préalable prescrite par l'article 27 de la loi de 1850. Le 6 juin 1874, l'inspecteur d'académie s'était rendu dans les écoles libres du Familistère et avait constaté l'existence irrégulière de la salle d'asile (dirigée par Mme Dirson) et de l'école de filles (Mme Pacquerot). Il avait expliqué aux deux femmes comment régulariser la situation. Celles-ci n'ayant pas donné signe de vie, vingt jours plus tard un procès-verbal de contravention a été dressé par l'inspecteur d'académie auprès du parquet de Vervins. L'audience est fixée pour le 26 août 1874. Le 30 du même mois, un nouveau courrier paraît dans la presse locale *(Courrier de l'Aisne)*. Il est signé par 165 ouvriers du Familistère, qui protestent contre l'action du préfet et la comparution de Godin et des deux institutrices à Vervins. Entre-temps, et après que Mme Dirson s'est heurtée à une fin de non-recevoir suite à une demande de rendez-vous avec le maire, les enseignantes incriminées se résignent à exécuter les démarches en bonne et due forme. Par courriers datés d'août 1874, les deux femmes[55] sollicitent auprès du conseil départemental de l'instruction publique l'autorisation d'enseigner et de recevoir des enfants des deux sexes dans leur classe.

Chronologie du conflit sur le statut des écoles du Familistère

1862
Ouverture des écoles du Familistère. Un directeur et un adjoint en prennent la tête. Des mères de famille servent de sous-maîtresses.
1867
Embauche de professeurs.

1868
Visite de M. Parity (?), inspecteur d'académie qui accorde une protection bienveillante, et correspondance avec lui.
1869
18 février : le curé propose de venir faire le catéchisme au Familistère.
1871
29 juillet : demande de Godin à l'inspecteur d'académie d'un maître en second pour ses écoles.
1872
(?) : le conseil général vote en faveur des écoles mixtes.

29 janvier (?) : avis de l'inspecteur d'académie sur les mesures à prendre. La déclaration d'utilité publique est le seul moyen pour recruter un maître sur un engagement décennal. La solution proposée serait de nommer le maître adjoint dans une école communale et de le mettre au congé.

20 février : lettre de Godin au préfet pour obtenir le statut d'utilité publique au profit des écoles du Familistère.

1er avril : lettre du préfet à propos de la demande de reconnaissance d'utilité publique. Le conseil départemental émettra un avis négatif si l'enseignement moral et religieux se borne au catéchisme appris seulement à l'église au moment de la préparation de la première communion. Le préfet demande à ce propos des explications à Godin.
1873
15 janvier : déclaration de M. Poëtte.

19 mars (?) : la situation étant régularisée, l'inspecteur d'académie engage à renouveler la demande d'utilité publique.

20 octobre : inspection par un délégué du ministère de l'Instruction publique, suivie d'une seconde la semaine suivante.
1874
2 mars : lettre à M. Poëtte.

20 avril : contrôle des livres d'enseignement du Familistère par l'inspecteur d'académie.

6 juin : visite de l'inspecteur d'académie. Invitation faite à Mmes Dirson et Paquerot d'effectuer les démarches nécessaires pour bénéficier de l'autorisation d'exercer la fonction d'institutrice.

8 juin : envoi d'un rapport sur la situation des deux enseignantes au parquet.

29 juin : lettre de Godin au ministre de l'Instruction publique.

30 juin : Lettre de Godin à Mme Paquerot pour lui dire qu'elle n'a pas de déclaration d'ouverture à faire, car l'école existe déjà.

30 juillet : citation à comparaître de Mmes Dirson et Paquerot.

3 août : le maire de Guise refuse de recevoir Mme Dirson.

22 août : citation de Godin comme témoin à charge.

16 septembre : lettre du préfet en réponse aux courriers de Mmes Dirson et Paquerot.

22 octobre : le conseil départemental accepte la demande de M. Poëtte de pouvoir recevoir dans son école des enfants des deux sexes (jusqu'à 10 ans ; ensuite les filles sont prises en charge dans une classe spéciale). Dans la lettre qu'il adresse à Godin pour signifier cette décision, le préfet de l'Aisne explique qu'un long débat a eu lieu au sein du conseil et que le fait de faire une seule déclaration pour cette école grâce aux adjoint(e)s est sans précédent en France.

28 octobre : autorisation accordée à Mme Paquerot de prendre en charge une classe inférieure sous la direction d'une sous-maîtresse.

1875

30 août et 8 septembre : lettres de Godin au préfet pour demander le statut d'institution libre au bénéfice des écoles du Familistère.

27 septembre : arrêté préfectoral refusant d'admettre M. Briquet à la direction des écoles conjointement avec M. Poëtte.

29 octobre : lettre de Godin au préfet et au conseil départemental pour déposer une nouvelle demande d'autorisation.

Dans une lettre datée du 16 septembre 1874, le préfet de l'Aisne répond qu'il ne lui appartient pas, et qu'il n'appartient à personne, de donner une autorisation qui serait en contradiction avec le texte légal. Il poursuit en précisant que, par le passé, il n'a pas usé des pouvoirs qui sont les siens pour fermer des classes irrégulièrement ouvertes. Le préfet rappelle les termes de la loi : elle interdit les écoles libres mixtes dans les villes possédant des écoles de filles. Il reconnaît aussitôt qu'en raison de l'organisation spéciale du Familistère, les écoles mixtes y présentent moins d'inconvénients qu'ailleurs et qu'une demande de dispense adressée au conseil départemental pourrait y être accueillie favorablement. En octobre, celui-ci donne effectivement son aval pour les enfants de moins de 10 ans. Mme Paquerot obtient également l'autorisation de délivrer son enseignement auprès d'une classe inférieure mais à la condition d'être placée sous la responsabilité d'une sous-maîtresse. La tourmente se calme… provisoirement.

En août 1875, Godin revient à la charge auprès du préfet et profite, selon ses propres termes, de ses « bonnes dispositions » pour lui demander de « constituer à nouveau les écoles du Familistère en institution libre, sous la direction de M. Poëtte, ou de tout autre chef d'institution, ayant à ses côtés des adjoints ou adjointes à la tête de chacune des divisions de l'enfance[56] ». En dépit du soutien avisé du préfet, le conseil départemental de l'instruction publique fait obstacle à la requête. Le Familistère est toujours hors la loi puisque les filles et les garçons âgés de 10 à 12 ans ne sont pas séparés. En septembre, un arrêté préfectoral signifie à M. Briquet qu'il ne peut diriger les écoles du Familistère et à A. Poëtte qu'il ne peut pas plus accéder à la codirection. Têtu, Godin ne peut se résoudre à l'échec. Après s'en être expliqué avec le préfet, il dépose une nouvelle demande d'autorisation auprès du conseil de département en expliquant dans le détail les avantages de la mixité. Celle-ci facilite le regroupement des élèves par âge ; il est aisé en conséquence d'attribuer les classes aux maîtres et maîtresses en fonction de leurs compétences respectives. Par ailleurs, « l'école mixte, ainsi comprise, a une influence considérable pour habituer les enfants des deux sexes à un respect tout particulier les uns des autres, les maîtres et maîtresses pouvant faire de ce respect l'objet de leurs soins et de leurs leçons[57]. » En conséquence, les écoles du Familistère demandent à nouveau l'autorisation de classes mixtes pour les tranches 4-6 ans, 6-8 ans, 8-10 ans et 10-12 ans. Dans un courrier de 1875[58], Godin révèle que, sur ce dernier point, il a fait de la résistance. Quel que soit le bon vouloir de l'administration, dans ses écoles, toutes les classes accueillent et continueront d'accueillir ensemble les filles et les garçons.

Les archives ne disent rien sur les années qui suivent. Faute de savoir comment Godin a pu composer avec les exigences de l'administration, il est une certitude : la normalisation définitive n'intervient qu'en 1883, dans la foulée des grandes lois Ferry de 1881 et 1882 mais aussi de la création des écoles manuelles d'apprentissage (1880), de la transformation des salles d'asile en écoles maternelles (1881) et de la révision des études du primaire en faveur de programmes concentriques[59]. En 1883, le conseil départemental de l'instruction publique régularise les écoles mixtes du Familistère. Par arrêté du 13 juillet 1883, et sur avis du Conseil supérieur de l'instruction publique, faculté est donnée au Familistère de posséder quatre professeurs contractants et de réaliser l'engagement décennal.

*

À la fin du XIXe siècle, la France est un terreau propice à l'innovation éducative. En témoignent la création d'institutions autonomes telles que les crèches et les écoles maternelles et, plus généralement, les transformations de l'appareil scolaire. Les conflits entre l'État et l'Église expliquent pour partie cette soudaine propension au changement[60]. Comme souvent, les comparaisons internationales sont particulièrement utiles pour évaluer plus précisément le poids des idiosyncrasies nationales. En Europe, là où les autorités politiques et les forces religieuses font plutôt bon ménage, la prime enfance est confiée à la société civile (comme en Allemagne) ou à l'Église protestante (comme en Suède), non à l'État. En France, à l'inverse, l'école est au cœur de la bataille qui oppose les laïques aux catholiques. À la fin des années 1870, « après le gouvernement de l'ordre moral, la conquête du pouvoir par les républicains retire définitivement le soutien de l'administration aux congrégations enseignantes et relance les initiatives communales en faveur de la laïcisation[61] ». L'action de Godin s'inscrit directement dans une telle dynamique d'ensemble. S'il est en phase avec l'option laïque, Godin se distingue néanmoins du discours politique dominant sur un point essentiel. Alors que l'école républicaine cherche à extirper les élèves du cocon familial pour leur inculquer une morale citoyenne, le Familistère articule étroitement la famille et l'école. « L'éducation rationnelle de l'enfant, assure-t-on à Guise, doit resserrer les liens de la famille au lieu de les relâcher[62]. »

Par ailleurs, parce qu'il agit aussi en faveur d'un système d'éducation tourné vers les besoins de la classe ouvrière, Godin participe à la construction d'un système typiquement français, où dans les petites classes on allie éducation et prise en charge précoce de l'enfance. Cette option favorise le développement du travail féminin que le manufacturier de Guise est le premier à appeler de ses vœux. A-t-il totalement réussi ? Pas complètement si l'on en juge par l'existence de points noirs dans le bilan d'ensemble, comme un taux de mortalité des bébés qui reste longtemps excessif. Globalement, cependant, le système éducatif mis en place au Familistère est plutôt un succès. Du berceau jusqu'au seuil de l'usine, voire après encore, Godin met à disposition de ses ouvriers une organisation qui livre ses fruits puisqu'elle permet aux familistériens d'acquérir un niveau d'éducation supérieur à celui des classes populaires de la région.

Fort de ce succès, Godin ne se prive pas de faire des recommandations au conseil général de l'Aisne en 1879 puis à la ville de Guise au début des années 1880. Au premier, il suggère « d'établir dans chaque chef-lieu de canton deux classes supérieures d'enseignement primaire laïque : une pour les filles, une pour les garçons qui désirent soit arriver à l'école normale, soit se perfectionner dans leurs études en vue des professions qu'ils auront à exercer[63] ». Godin propose également au conseil général d'attribuer des bourses aux élèves sans fortune ayant obtenu le certificat d'études et ayant particulièrement brillé dans les concours cantonaux. Auprès des conseillers municipaux de Guise, il fait pression pendant deux ans pour obtenir la construction de nouvelles écoles maternelles et primaires de manière que chaque quartier soit doté d'un minimum d'équipement éducatif. Comme souvent, passés les murs du Familistère, Godin n'est pas entendu. Ses propositions ne rencontrent aucun succès.

6] [Les ressorts d'une morale éducative

Artisan d'un espace éducatif original mais respectueux néanmoins des grands principes structurant du modèle français, Godin ne résiste guère quand il s'agit de fournir un avis qu'il croit autorisé dans un domaine qui ne lui est pas étranger. Dans une série d'articles qui paraissent dans *Le Devoir* en 1878 sous l'intitulé « Les écoles publiques », il livre une série de propositions destinées à remédier à l'inefficacité de l'État et des communes. Pour améliorer le confort des écoliers, il recense une série d'impératifs : l'espace scolaire doit être suffisamment important pour permettre aux enfants de se dépenser physiquement ; il doit également être salubre et éclairé par la lumière naturelle pour assurer la santé et le développement des élèves ; il faut placer l'école au centre de la commune de manière que l'administration ait conscience en permanence de l'importance de l'instruction publique ; il convient d'ajouter des réfectoires et des dortoirs aux bâtiments principaux d'enseignement, etc.

En 1881, en plein débat sur les réformes scolaires, Godin s'implique et forge des plans d'action ambitieux. Il prend position sur la gratuité, rappelle que l'éducation est avant tout au service de la formation des travailleurs… La suggestion la plus originale est formulée en ces termes : « C'est à partir de l'instruction primaire que je demande à introduire dans les écoles le concours, l'examen et l'élection parmi les élèves, afin de classer avec méthode les mérites du caractère, l'intelligence et le savoir de chaque enfant[1] ». Mais, si intéressantes soient toutes ces propositions, comme en d'autres domaines, c'est chez lui au Familistère, non à l'extérieur, que l'influence et l'action de Godin portent concrètement leurs fruits.

Au Palais social, l'éducation est une chose suffisamment prise au sérieux pour faire l'objet de réflexions de fond. Assurer aux services de la basse enfance et aux écoles de bonnes conditions matérielles n'est pas suffisant aux yeux de Godin comme à ceux de Marie Moret.

Une éducation réussie suppose aussi que les enfants cheminent sur la voie du développement corporel et intellectuel, et qu'ils acquièrent un ensemble de savoirs utiles. Elle implique également qu'ils adoptent une morale qui les aide à discerner le bien du mal. Les enfants doivent enfin comprendre que la compétition et le mérite sont des principes de vie extrêmement sains. Pour mener à bien leur entreprise éducative, Godin et sa compagne s'inspirent d'un ensemble d'idées et de techniques qui empruntent à des paradigmes et façons de faire du moment. Il s'agit pour l'essentiel, on ne s'en étonnera guère, des doctrines hygiénistes, du méritocratisme républicain, ou encore de quelques déclinaisons aussi concrètes qu'originales des thèses de C. Fourier.

[1. Éduquer le corps et l'esprit

Alors qu'elles ont pu être en conflit avec les autorités administratives sur des sujets aussi sensibles que la mixité ou l'enseignement religieux, les écoles de Godin détonnent déjà moins fortement du point de vue du contenu de l'enseignement. Il existe certes de nombreux écarts entre l'éducation familistérienne et celle dont peuvent bénéficier les enfants de n'importe quelle école française. La différence tient moins au type de savoir délivré qu'à la pratique pédagogique préconisée. Godin exige par exemple que « la douceur et la bonté » soient la norme éducative, non les « corrections par mauvais traitements ou mauvaises paroles ». Un enseignant, fût-il directeur, qui commettrait semblable faute serait renvoyé sans hésitation[2].

[Priorité au corps dans la basse enfance

Dans les services de basse enfance du Familistère, on ne déroge guère aux recommandations officielles, qui accordent au corps des petits une attention toute particulière. En France, le décret du 21 mars 1855 transforme les salles d'asile d'établissements charitables en établissements d'éducation au sein desquels seront désormais dispensés des soins nécessaires au développement physique et moral des enfants. L'article 17 précise notamment que ceux-ci devront marcher et effectuer, tous à la fois et en mesure, des mouvements hygiéniques dans la salle et sous le préau. Le règlement de 1859 relatif au contenu des activités à mener en salle d'asile conforte l'ambition de « préparer des âmes saines dans des corps robustes ». Au Familistère, de la nourricerie au bambinat, l'objectif est convergent. Il s'agit de préparer à la vie en commun, de contribuer au développement de l'intelligence de chaque individu et d'œuvrer à la fabrique d'un corps « conformé, robuste et vigoureux » dont a besoin tout travailleur.

Les objectifs et les moyens assignés aux services de la basse enfance rappellent directement les credo rousseauiste et fouriériste. Dans la première phase de l'éducation d'Émile, explique J.-J. Rousseau, celle qui précède l'âge de 15 ans, l'action sur l'être physique est prioritaire. Avant de se confronter au monde des hommes, l'enfant doit savoir exercer ses sens et perfectionner l'usage de ses organes. Pour C. Fourier aussi, de 2 à 9 ans, l'éducation du corps compte plus que celle de l'esprit. Ce n'est qu'à partir de 9 ans, et jusqu'à l'âge de 15 ans, que la culture de l'esprit s'impose en priorité. Versé dans un ensemble de doctrines éducatives qui font référence dans la seconde moitié du XIXe siècle, au Familistère notamment, ce principe peut s'énoncer en ces termes encore : « La nature a voulu que le premier âge de la vie, cette période que nous nommons enfance, fût précisément consacrée au développement des organes ; elle l'a voulu avec une telle énergie qu'elle a pris soin d'y veiller elle-même, et ne s'en est démise en faveur de personne. Elle nous demande surtout, elle nous demande en grâce, de la laisser agir, de ne pas l'entraver[3]. »

Le Palais social ouvre grand ses portes à de telles préoccupations, qui confortent au demeurant les orientations hygiénistes du moment. Au pouponnat, le soin du corps est une priorité. Mais, à la différence des préceptes négatifs d'éducation de J.-J. Rousseau[4], elle n'est pas la seule. Outre l'inspection régulière des mains et des visages et l'organisation de rondes et de promenades, les maîtresses et sous-maîtresses font chanter les enfants, leur content des histoires, leur font leurs premières leçons de morale sur le bien et le mal. Elles initient également les jeunes élèves à l'alphabet, au dessin, à l'histoire et aux leçons de choses. Déjà les meilleurs sont distingués. Ils reçoivent des décorations, des bonbons, des petites images…

Les activités du bambinat sont réglées, pour partie du moins, par un arrêté national du 5 août 1859 qui fixe, quart d'heure par quart d'heure, l'emploi du temps dans les salles d'asile. Ce règlement entérine bien l'idée que, à cette étape de la vie, l'éducation du corps figure toujours au rang des priorités. L'arrêté « substitue une récréation aux périodes d'attente, sur les bancs ou les gradins, avant le début et après la fin des classes ; il délimite strictement la durée des leçons ; il fixe minutieusement l'alternance entre les exercices intellectuels et physiques. (...) D'après l'horaire officiel, un enfant présent à la salle d'asile entre le début et la fin des classes consacre, désormais, les trois quarts de son temps (270 minutes sur 375) à des activités physiques : mouvements, travaux manuels, repas, nettoyage et récréations, pendant lesquelles est approuvé – sans restriction explicite – le "jeu en toute liberté"[5] ».

Le bambinat du Familistère ne déroge pas aux instructions. Pour l'éducation physique, la méthode de gymnastique de Napoléon Laisné est généralement utilisée[6]. Celle-ci préconise la réalisation de mouvements que, en chantant, les enfants accomplissent tous en même temps. « Dans l'éducation des enfants du bambinat, confirme Godin, les exercices du corps sont encore l'objet principal qu'on doit se proposer et qui doit primer sur tout autre exercice ; aussi l'instruction n'y est-elle qu'un accessoire de l'enseignement. Les promenades dans les jardins et sous les ombrages du Palais, les jeux sur les pelouses, doivent avoir lieu suivant les besoins de l'enfant, et la tenue en classe doit être composée d'exercices amusants pour les petits élèves[7]. »

Fort heureusement, les bambins ne saturent pas leur temps à l'aide des seuls et mêmes exercices physiques. Les activités sont multiples : réunion au préau, entrée en classe en rang au son du claquoir, chant de la prière ou invocation religieuse et fraternelle, lecture rythmée de l'alphabet, nomination des moniteurs délégués au pouponnat, dessin sur ardoise, réunion en rang et au pas sur les gradins pour épeler lettres et mots sur des tableaux de lecture, histoire, morale et leçons de bonne camaraderie... Dans cette vaste gamme, le dessin est privilégié. Il en sera d'ailleurs fait reproche à Godin, que l'on soupçonne de vouloir former au plus tôt des dessinateurs et des ingénieurs qui, dans le futur, travailleront dans son usine. Quelle que soit l'activité cependant, les plus méritants sont toujours distingués[8]. Ils reçoivent des billets d'honneur, des décorations, des images, des insignes ou encore des bonbons ; ils défilent en tête de leur section et acquièrent, une semaine durant, le grade de « grands moniteurs ».

[Marie Pape-Carpantier, icône pédagogique

Quels sont les doctrines et les préceptes qui influencent de façon décisive la pédagogie adoptée dans les services de la basse enfance du Familistère ? Au bambinat, les enseignants combinent les techniques de M. Pape-Carpantier en vigueur dans les salles d'asile françaises avec celles des jardins d'enfants imaginés par F. Fröbel. M. Pape-Carpantier est néanmoins la référence dominante. Godin n'en fait pas mystère. « Le bambinat est principalement dirigé suivant les méthodes dans les asiles ; c'est aux travaux et aux ouvrages de Mme Marie Pape-Carpentier, ouvrages si pleins de sympathie pour l'enfance, que le Familistère emprunte ses méthodes de direction et ses moyens de former des directrices qui, toujours, sont choisies parmi les dames de la direction[9]. » Effectivement, dès 1862, le fondateur sollicite M. Pape-Carpantier afin d'obtenir conseil sur les meilleurs aménagements matériels des bâtiments dédiés à la basse enfance. Il demande également à la pédagogue de lui envoyer une directrice brevetée. C'est chose faite avec la venue de Sophie Vauthier, qui s'installe au Familistère cette même année. Conformément aux orientations de celle qui l'a orientée vers Guise, la nouvelle directrice met en place la salle d'asile et en détermine les modes de fonctionnement matériels et pédagogiques. Sa tâche effectuée, S. Vauthier quitte le Palais social. Avec l'accord de l'inspection, Mme Jean-Baptiste Vandois, une familistérienne déjà au fait des questions d'enfance, prend les rênes et assure la formation de celle qui lui succédera. Désormais, la fonction sera toujours occupée par une femme du cru.

Une dizaine d'années plus tard, Godin fait parvenir ses *Solutions sociales* à M. Pape-Carpentier. Celle-ci répond en expliquant qu'elle a retrouvé à la lecture « des principes, des points de vue et des faits » que l'expérience de toute sa vie lui a permis « d'affirmer sains et fondamentaux[10] ». Quelques mois après à peine, Godin sollicite à nouveau son interlocutrice. En une période où, privé de maîtresses habilitées, il connaît quelques difficultés pour recruter des enseignants, il lui demande de bien vouloir accueillir dans son cours normal des jeunes filles de Guise qui pourraient se préparer à l'exercice du métier et revenir ensuite, acquises aux bonnes méthodes, travailler au bénéfice du Familistère[11]. La réponse ne tarde pas. Elle est positive[12].

Il n'est pas surprenant que Godin et Marie Moret aient été rapidement séduits par la doctrine pédagogique de M. Pape-Carpentier. Celle-ci, en effet, est acquise à la cause fouriériste. Ses idées en portent la marque. Tout comme le maître de Besançon, M. Pape-Carpentier croit que Dieu se manifeste sous toutes ses formes dans l'ordre du monde. Il n'est pas d'opposition entre le registre du religieux et celui du matériel. Il faut dès lors substituer aux anciennes fables destinées aux enfants des leçons scientifiquement réalistes. Non, l'arc-en-ciel n'est pas un beau ruban tombé du Paradis, mais c'est bel et bien un phénomène naturel ! À la suite de C. Fourier, M. Pape-Carpantier prend également au sérieux la capacité et l'envie des plus petits de réaliser des activités multiples et diversifiées (jeux, chants…). Ces pratiques sont profitables au développement des enfants. Elles les mènent d'emblée vers le statut de travailleurs. « L'esprit qui doit régir les salles d'asile ne s'est pas encore répandu partout. J'ose dire que l'honneur dont nous entourons le travail dans nos salles, non seulement le rend une récompense ambitionnée aujourd'hui, mais pourra le faire aimer le reste de la vie[13]. » On comprend qu'une telle philosophie ait pu immédiatement provoquer l'adhésion de Godin et de Marie Moret : affection, respect, estime, hostilité aux châtiments, éthique du travail et responsabilité morale, voilà des préceptes qui ne pouvaient manquer de sonner agréablement à leurs oreilles.

M. Pape-Carpantier défend des idées qui ont une large influence en France[14], notamment parce qu'elle promeut et rationalise un ensemble d'options éducatives qui entrent en résonance avec les nouvelles manières de penser l'homme et la science qui s'imposent alors. « C'est par l'exercice, écrit-elle par exemple, que les organes se perfectionnent ; c'est par l'exercice que les aptitudes se fortifient. Enfin, les diverses facultés de l'intelligence n'ont, pour augmenter leur puissance et leur étendue, d'autre moyen que l'exercice. L'activité engendre l'activité[15]. » La pédagogue préconise une « méthode naturelle ». L'enfant doit acquérir les notions par étapes. Il faut lui fournir au plus tôt des connaissances de base qu'il s'agira ensuite d'approfondir. À chaque âge correspond par ailleurs un enseignement qui n'a d'intérêt et d'efficacité que dans la mesure où il est en relation directe avec les capacités. M. Pape-Carpentier compare, en résumé, l'instruction générale à une série de cercles concentriques. L'enfant est au centre du plus petit puis, à mesure qu'il grandit, il déborde de la circonférence pour occuper progressivement les autres espaces.

L'enseignement, seconde loi de la méthode naturelle, est oral et surtout expérimental. M. Pape-Carpantier explique que, puisque pour les petits le corps compte plus que l'esprit, « lorsqu'il s'agit de faire connaître à l'enfant les objets et les êtres qui l'entourent, il faut les lui faire observer en réalité ou en image. L'enseignement doit arriver à l'intelligence par l'intermédiaire des sens : il n'y a pas, à cet âge du moins, d'autre chemin pour y parvenir. Que l'enfant voie donc de ses yeux, qu'il touche de ses mains, qu'il mette en œuvre, à son propre bénéfice, tous les moyens d'investigations que lui a donnés la nature[16] ». Pour instruire en ce sens, le mieux est de partir du concret pour remonter ensuite aux règles. Rien de tel que faire rouler une pomme pour comprendre ce que, géométriquement, un cercle peut représenter.

Au Familistère, la méthode naturelle acquiert statut de règle élémentaire. D'abord les faits. Pour apprendre les sciences de la vie, on commence par mettre des plantes sous les yeux des écoliers ; pour introduire à la géométrie, on utilise des cubes, etc. Voici comment, par exemple, on initie à la notion de spirale : « Les enfants sont placés en rond, mais au lieu de se donner la main, ils se tiennent par les pans de leur tablier (à la queue leu leu) ou, s'ils sont très nombreux, les mains aux épaules. La maîtresse choisit l'enfant qui dirigera l'évolution et explique que l'on va tourner en cercle en suivant le chef de file mais en faisant des ronds de plus en plus petits comme on le voit sur la coquille d'un escargot. On peut cependant, durant cet exercice, rythmer la marche par un chant d'une allure modérée. La spirale pour être réussie demande un peu d'attention de la part de tous les enfants qui doivent éviter de se serrer en tas, car dans ce cas toutes les lignes seraient confondues : il faut obtenir que "l'escargot" arrête ses circonvolutions lorsqu'un espace suffisant existe encore entre les spires[17]. »

L'apprentissage de la lecture répond à un même souci expérimental. La phonomimie mise au point par Augustin Grosselin s'impose assez vite dans les années 1860. Technique qui consiste à associer les lettres et les mots à des gestes et à des sons, ce dispositif pédagogique « tient l'enfant en haleine, captive et soutient son attention, le met en communication incessante avec son maître et le fait collaborer à sa propre instruction ; surtout, il satisfait au besoin de mouvement, si impérieux dans le jeune âge[18] ». M. Pape-Carpantier adopte cette manière de procéder au sein de son cours pratique et, avec la recommandation des dames inspectrices, de nombreuses salles d'asile en font tout autant. Au Familistère, la méthode est d'abord utilisée par Mme Dirson, la directrice d'asile. Elle en fait usage jusqu'au moment où les enfants savent lire couramment. Ainsi que l'indique Godin aux autorités scolaires, « nous n'avons jamais eu d'enfants muets au Familistère. Nous nous sommes néanmoins servis de la méthode phonomimique parce que nous avons trouvé qu'elle atteignait le but plus rapidement et plus agréablement que toute autre méthode pour nos petits élèves[19] ». Mme Dallet, autre institutrice de la classe maternelle, perfectionne la méthode à sa manière. Les enfants utilisent des lettres de carton qu'ils assemblent afin de composer les mots. C'est en formant un tout sémantique que l'enfant comprend le sens et l'intérêt des unités élémentaires que sont les lettres. « Nous espérons beaucoup de cette méthode, explique Godin, car elle nous semble avoir le mérite de provoquer et de retenir l'attention des élèves par l'exercice des yeux et des mains, dans le maniement des lettres à placer dans un ordre déterminé pour produire un mot connu de l'enfant[20]. »

Outre celle de M. Pape-Carpantier, l'influence de l'instituteur allemand F. Fröbel est également tangible au Familistère. Le modèle de *Kindergarten* (jardin d'enfants) qu'il invente en 1836[21] envoie rapidement les anciens dispositifs éducatifs au rayon des antiquités. Plutôt que d'imposer aux enfants une attitude passive (assis sur des gradins, en situation d'écoute permanente…), F. Fröbel préconise une pédagogie par l'implication active : comptines, jeux, gymnastiques, histoires, culture d'un jardin, etc., sont inscrits au programme des écoliers. D'abord un peu irritée par cette concurrence venue d'outre-Rhin, M. Pape-Carpantier adopte assez vite les techniques de F. Fröbel. Godin et Marie Moret, et à leur suite les maîtresses en charge de la classe maternelle, n'ont guère d'états d'âme, eux non plus, pour s'approprier les préconisations de l'instituteur allemand.

Convaincu que la pratique ludique est propice à l'apprentissage, F. Fröbel met au point sept jeux qui doivent aider l'enfant à cultiver ses dons : balles en laine de couleurs attachées à un élastique pour figurer et maîtriser le mouvement ; sphères, cubes et cylindres de bois destinés à initier à la loi des contraires ; cubes et bâtonnets pour apprendre les divisions, les constructions, les assemblages, etc. Au Familistère, les bambins disposent de pareil matériel. Ils jouent avec des bâtons et des bouts de fils de fer galvanisés que l'on réunit au moyen de boules d'argile pour construire des toits, grilles, cages… Ils ont également sous la main des bâtonnets de 10, 20 et 30 centimètres de formes variées, que la menuiserie confectionne. Ce jeu des « petits bois » est un vrai succès à la maternelle. Les enfants ne se lassent pas de bâtir ponts, pyramides et autres maisons.

[L'impératif des écoles primaires : délivrer des savoirs de base

Dans les classes primaires, l'hygiène siège aussi au rang des priorités. Les classes, le mobilier et le matériel sont pensés et construits à cette fin. C'est également parce que le chant est une activité à vertu hygiénique que les enfants le pratiquent lorsqu'ils se rendent en classe, en rang et bannière au vent. Mais l'école doit aussi transmettre des savoirs ! Pour Godin, il s'agit là d'un impératif évident. Les jeunes élèves doivent apprendre la lecture, l'écriture, les règles de l'arithmétique, l'orthographe et des notions de morale sociale, de propreté et d'hygiène individuelles. Une telle exigence n'a rien d'hétérodoxe. Les leçons dispensées dans les classes du Familistère correspondent au programme de l'enseignement public[22]. Professés deux fois par semaine en dehors des cours journaliers, la musique, le chant et la gymnastique (mouvements du corps et des jambes, manipulation d'haltères et de bâtons) viennent compléter la panoplie des connaissances transmises dans les écoles du Palais social. À la différence de ce qui est en vigueur au bambinat, aucune technique particulière n'est revendiquée dans les classes primaires[23]. Mais toutes celles dont les enseignants estiment qu'elles peuvent être profitables sont utilisées. Qu'elle concerne l'apprentissage de la lecture, de l'arithmétique ou du dessin, l'expérimentation demeure à ce titre l'impératif premier, le meilleur des moyens de tester et de faire fructifier des innovations pédagogiques. Toutes les manières de faire ne se valent pas bien sûr et « c'est surtout par la raison, la douceur, la persuasion, par l'attrait de l'enseignement, qu'on cherche à éveiller et à nourrir ces jeunes intelligences[24] ».

À quelques exceptions près, les enseignements dispensés aux deux sexes sont similaires. Dans les classes, les tables des garçons sont séparées de celles des filles. Pour les matières classiques comme pour les exercices physiques, toutes et tous ont cependant affaire aux mêmes professeurs. Seuls les cours de couture et d'économie domestique pour les filles, de dessin industriel pour les garçons, sont donnés par des maîtres et des maîtresses auxiliaires pris dans le personnel de l'établissement[25]. Godin est, on l'a vu, un fervent défenseur de la mixité, et il ne manque pas de bons arguments pour défendre son point de vue. Quel intérêt peut-on trouver à séparer pendant la classe des filles et des garçons qui, une fois la cloche du soir sonnée, se retrouvent confondus sans surveillance dans les rues et dans les champs ? Godin souligne à l'envi l'absurdité de la division par sexe. Produit pervers de la loi de 1850 et de l'action pressante du clergé auprès des autorités politiques pour supprimer les écoles mixtes, la séparation des garçons et des filles risque d'éveiller le soupçon et de cultiver le culte de la différence. Il convient de procéder à l'inverse. « Réunissez garçons et filles, ils s'habitueront à vivre côte à côte ; ils ne réfléchiront même pas à ce qui les distingue[26]. » De nombreux pays (Allemagne, États-Unis, Suisse…) ne sont-ils pas déjà engagés dans la voie de la mixité ? Cela n'est pas absurde si l'on considère que « notre société n'est plus celle d'autrefois où la femme était confinée chez elle. Plus la civilisation s'est développée, plus l'homme a senti le besoin de la société de la femme et la femme le besoin de la société de l'homme. La société s'étant modifiée en ce sens, l'éducation aurait dû se modifier dans la même direction[27] ». Bien que relevant de domaines distincts, les arguments convergent. Sur le plan éducatif, la séparation des sexes oblige souvent à composer des classes avec des enfants d'âges différents, ce qui nuit à leur apprentissage[28]. Politiquement, tout indique qu'accepter la mixité à l'école c'est marcher sur le chemin de l'égalité des sexes[29]. Socialement, l'évolution vers un modèle de famille conjugale rapproche de plus en plus la condition de la femme de celle de l'homme. Tout milite donc, au moins aux yeux de Godin, en faveur de l'école mixte.

[2. Pour un enseignement « utile »

Militant de l'égalité des sexes, Godin se sépare de deux autres manières encore de la conception dominante de l'école. L'éducation bourgeoise se défie de la liberté de mouvement accordée aux enfants. Voilà pourquoi, en dépit des multiples attentions dont ils peuvent bénéficier (bonne nourriture, soins, garde...), les enfants des classes aisées sont finalement moins robustes que ceux de la classe ouvrière. Davantage livrés à eux-mêmes, ces derniers sont enclins à l'exercice physique. La morale bourgeoise ignore que les enfants ont besoin de mouvements, d'occupations variées ainsi que de compagnons de jeux. Les récréations permettent cela. Tandis qu'en classe le maître tient le groupe sous sa coupe, dans la cour, les enfants, enfin rendus à eux-mêmes, peuvent courir, sauter, bouger, s'assembler comme ils le veulent. L'organisation du Familistère plaide en faveur d'une telle politique éducative. « Étant donné que l'activité physique de l'enfant est la base de sa santé, plus l'habitation en facilite l'expansion, plus les enfants auront chance de se fortifier (...). Or l'habitation unitaire, comme nous l'avons ici, permet mieux que toute autre cette libre expression de l'enfant[30]. » Cette façon de faire est d'autant plus efficace que l'enfant reste en permanence, aussi bien sur la pelouse que dans les cours, sous le contrôle visuel des adultes.

Godin se défie en second lieu de la valorisation excessive, dans l'éducation bourgeoise, d'un savoir aussi abstrait qu'inutile. Le manufacturier se gausse des jeunes gens rompus à la résolution de « problèmes transcendants d'arithmétique » et pourtant incapables à la fin de leurs études d'appliquer les règles élémentaires de calcul aux questions industrielles et commerciales. Il en va pareillement avec le grec et le latin, dont on ne voit pas, pour l'écrasante majorité des enfants, quel usage pratique il pourra en être fait. « Pour les jeunes garçons, l'enseignement consiste à former des latinistes ou des pédants. Au lieu de s'efforcer de les mettre à même de comprendre tout ce dont ils entendront parler autour d'eux et à même de pouvoir y répondre, on leur inflige une éducation de rhétorique, un déluge de mots sur un désert d'idées. On bourre leur intelligence, ou plutôt leur mémoire, d'un lourd bagage de connaissances sans emploi qu'ils seront obligés de jeter aux orties aussitôt échappés de la classe (...). Pour les femmes, c'est encore pis. L'enseignement qui leur est donné – quand on leur en donne un, cas assez rare – est étudié de manière à tuer en elles toute espèce d'initiative. De crainte qu'elles prennent connaissance des choses du monde extérieur, on les emprisonne dans des pensions ou des couvents. Là elles perdent leur temps à des occupations sans valeur entremêlées d'exercices pieux[31]. »

Cette condamnation de l'enseignement des savoirs abstraits doit d'abord se comprendre comme élément de lutte sociale contre l'institution catholique. Godin n'est pas le seul à être engagé sur ce terrain. Dans un article sur les crèches qui paraît dans *Le Franc-Maçon* en juillet 1851, J. Delbrück écrit ainsi : « Après avoir fait une large part à l'enseignement religieux dans la plus grande acception du mot, disons que l'enseignement devra être essentiellement POSITIF et former des élèves UTILES à eux-mêmes et aux autres dans le monde où ils doivent prendre place[32]. » La bataille éducative à laquelle se livre Godin prend sens également dans le contexte de crise que subit l'apprentissage dans les années 1880. Pour pérenniser ce type de formation professionnelle, quelques solutions existent bien (soutien des apprentis par l'entremise de sociétés d'assistance, écoles intégrées à des grandes entreprises comme Schneider au Creusot). Elles ne sont pourtant pas satisfaisantes. Les pouvoirs publics optent en conséquence en faveur du développement d'écoles spécifiques. Une question se pose alors immédiatement : quelle doit être, en leur sein, la part de la formation à un métier et celle dévolue à une préparation plus générale au statut de travailleur ? Diverses péripéties alimentent le débat. Celui-ci oppose d'un côté Ferdinand Buisson, défenseur de l'instruction publique qui affirme que l'apprentissage ne doit pas se réduire au développement d'aptitudes pratiques, de l'autre des proches du ministère du Commerce qui souhaitent à l'inverse des écoles professionnelles spécialisées dans la fabrication de « vrais » ouvriers[33].

Au Familistère, le choix est clair. Ne sont enseignés que des savoirs pratiques, indispensables à la vie quotidienne et à toutes les étapes de la vie. C'est pourquoi d'ailleurs les cours ordinaires sont complétés par des visites à l'usine et par une série de leçons utiles aussi bien dans le domaine de la métrique que de la minéralogie. Dans un même esprit, des cours de jardinage sont offerts aux enfants des classes primaires. Le conseil de gérance du 29 mars 1881 constate que « l'insuffisance des professeurs a fait tomber la chose en désuétude » et qu'il convient de la réhabiliter, grâce aux bons soins du chef jardinier actuel qui se tient prêt à délivrer des cours théoriques et pratiques.

Lors de cette réunion de mars, Godin approuve chaudement la proposition pour une double raison. Le jardinage prépare les enfants au travail de la terre. Ils ne pourront qu'en tirer des bénéfices ultérieurement. C'est donc là une mesure « éminemment moralisatrice ». Cette pratique permet ensuite d'habituer les enfants « à l'exercice du droit de vote, car les enfants seront appelés, comme ils l'étaient autrefois, à se constituer en groupes séparés de filles et de garçons, élisant chacun leurs chefs et sous-chefs pour diriger les travaux et veiller au bon ordre[34] ». Pour encourager une telle pratique, l'administration du Familistère verse « aux enfants une rétribution légère, variant suivant les aptitudes et les capacités des divisions des travailleurs, que le chef jardinier établit d'accord avec les enfants[35] ». Il ne fait guère de doute que Godin se soit, en ce domaine encore, inspiré de C. Fourier. Au Phalanstère, en effet, de « petites bandes (deux tiers de filles, un tiers de garçons) » ont la « haute police sur le règne végétal ». Ces hordes de jardiniers en herbe sont aussi rémunérées pour les tâches qu'elles accomplissent[36].

[3. Morale, mérites et récompenses

Ainsi que le laissent entendre les arguments avancés par Godin en faveur du jardinage, dans l'action éducative qui est menée au Familistère, la morale est omniprésente. Pour que les têtes blondes puissent s'en imprégner chaque jour, les conseils édictés par le fondateur sont imprimés sur les cahiers des écoliers[37]. Mélange de préceptes républicains et d'exigences solidaristes, l'entreprise morale prend forme plus exactement à l'aide de trois volets complémentaires : l'apprentissage de valeurs élémentaires, la culture des facultés et, enfin, une compétition permanente.

[Le bien, le mal et la solidarité

Les élèves doivent d'abord acquérir le sens du Bien et du Mal. La morale que véhicule Godin, et avec lui les enseignants du Familistère, mêle à la fois glorification du travail, de la famille et de l'hygiène. Dans un document intitulé « Le bien et le mal[38] », la première de ces deux notions est définie par Godin en termes utilitaristes avec une forte résonance solidariste. L'auteur procède, de façon didactique, sous forme de questions et de réponses. Qu'est-ce que le bien ? Le bien dans la société, c'est tout ce qui est utile à la vie humaine. Comment amener les hommes à vouloir, à comprendre et à faire le bien les uns des autres ? est-il demandé un peu plus loin. Tout simplement en montrant que pour réaliser le vrai bien dans la société, il ne suffit pas de faire le bien individuel, mais qu'il faut aussi créer des institutions réalisant le bien de la vie humaine au profit de tout le monde. À défaut, le mal restera dans la société. Cette morale, ajoute Godin, il convient de la faire fonctionner à tous les niveaux possibles, de l'enfant à l'humanité en passant par la famille et la société.

Marie Moret est la première à diffuser le message. Dans une note manuscrite datée du 14 octobre 1880[39], dans laquelle elle rend compte de ses fonctions de secrétaire du fondateur et, surtout, de sa responsabilité de directrice des services de l'enfance au Familistère, Marie Moret rappelle que la tâche éducative ne saurait être déléguée à l'extérieur du Familistère (l'article 122 des statuts impute à l'Association les fonctions d'éducation et d'instruction de l'enfance). Il ne s'agit pas en effet d'une fonction purement technique. « L'administration de la société doit surtout assurer par un bon enseignement la culture morale des élèves, dans le but de développer en eux le sentiment des devoirs de solidarité qui les unissent les uns aux autres. Elle doit leur faire enseigner et s'attacher à leur faire comprendre la grandeur et les bienfaits de l'Association, afin que tous les élèves autant que possible deviennent des dignes continuateurs de l'œuvre de leurs prédécesseurs. » Cette conception du monde n'est pas spécifique au couple Godin-Moret. Elle est même assez répandue à la fin du XIXe siècle dans l'ensemble de la mouvance républicaine qui se dit solidariste[40]. Une telle philosophie imprègne à l'évidence les enseignements délivrés au Familistère, comme en témoigne cette copie d'une élève de 14 ans publiée dans *Le Devoir* en 1883[41].

Qu'est-ce que la solidarité ?

La solidarité est la réciprocité des influences, c'est-à-dire que tout être subit l'influence morale ou physique des actions des autres êtres. Les hommes, les végétaux, la matière brute, sont solidaires. Ainsi, dans un pont, la pièce principale de la charpente est la barre de fer qui le soutient ; si cette barre se brise, le pont s'écroulera, toutes les parties du pont sont donc solidaires de la barre de fer. Dans une plante, toutes les parties de la plante sont solidaires les unes des autres. Si on coupe les racines de cette plante, la plante mourra ; toutes ses parties étaient donc solidaires des racines. Il y a solidarité dans la famille, dans l'association, dans l'école, dans l'armée, dans la nation, entre les nations et dans l'humanité. Dans une famille, si le père est travailleur, courageux et honnête, l'estime qu'il acquerra rejaillira sur sa femme et sur ses enfants. Il aura exercé une bonne influence ; si, au contraire, il est paresseux, lâche et malhonnête, le déshonneur qui retombera sur lui rejaillira sur ses enfants. Il aura exercé sur eux une mauvaise influence. Une famille a deux enfants, si l'un est sage, obéissant et travailleur, il exercera une bonne influence sur l'autre enfant. Dans une famille il y a trois enfants, deux sont désobéissants, mauvais caractère ; ils exerceront une mauvaise influence sur leurs parents et sur leur frère. Si une mère de famille a de l'ordre, elle exerce une bonne influence sur ses enfants, parce qu'ils prennent alors l'amour de l'ordre. Tous les membres de l'Association sont solidaires les uns des autres. Si un membre de l'Association fait son devoir, observe les règles, il donne une bonne influence aux autres membres de l'Association. Dans l'usine, quand un ouvrier s'applique à bien travailler, il fait des objets qui se vendent bien. Les bénéfices se réalisent. Il a eu une bonne influence matérielle et morale sur les autres ouvriers.

Marguerite Philip, *Le Devoir*, n° 251, 1er juillet 1883, p. 113.

[La culture des facultés

Pour arriver au bien, le premier travail consiste à perfectionner les individus en cultivant leurs différentes facultés (sensitives, affectives, intellectuelles et morales). À cette fin, l'éducation est bien sûr un vecteur de première importance. Au Familistère, l'apprentissage de la bonne façon de se comporter commence tôt, dès la nourricerie. Là, le règlement stipule que chaque bébé doit attendre tranquillement la venue des bonnes au réveil ; qu'il doit patienter, sans pleurer ni crier, pendant qu'on sert à manger aux camarades ; qu'il ne doit pas prendre ni désirer la part du voisin ; qu'il doit manger seul comme les grands ; qu'il doit s'assoupir paisiblement, se tenir bravement dans la promenade au bois, passer à côté des camarades sans les faire tomber, ni tomber lui-même ; qu'il doit comprendre qu'il ne faut pas faire de mal à ses camarades[42]... Pour acquérir au plus vite autonomie et sens du respect, les enfants ne sont jamais bercés. Ils peuvent ainsi apprendre, dès le plus jeune âge, à s'endormir et à se réveiller sans pleurer, donc à ne pas déranger les autres et à faire ainsi preuve de solidarité[43].

Dans une conférence qu'il donne aux élèves du Familistère, Godin procède encore par un jeu de questions et de réponses afin d'inculquer quelques préceptes élémentaires qui lui tiennent à cœur. « Quel est le devoir de l'enfant en se levant le matin ? De donner à ses parents les témoignages d'affection que leur tendresse mérite. En quoi ces témoignages consistent ? À les aimer, à leur obéir, à s'empresser de se laver, de s'habiller et d'être propre dans toutes ses actions, à faire tout cela sans déranger ses parents. Pourquoi doit-on aimer ses pères et mères ? Parce que c'est par eux que nous sommes venus au monde, qu'ils ont pris soin de nous, nous ont élevés, nous ont instruits et fait instruire. Pourquoi doit-on obéir à ses parents ? Parce que leurs conseils et leurs avis sont le résultat d'une expérience de la vie que les enfants n'ont pas. Pourquoi faut-il se livrer dès le matin aux soins de la propreté corporelle ? Parce que la propreté est un gage de santé, qu'elle est agréable pour nous-mêmes et pour les autres[44]. »

Cette manière de procéder est symptomatique. Pour inculquer le sens du bien, Godin considère en effet que le raisonnement et la persuasion sont les deux seules manières qui vaillent. Si elle n'est pas partagée par tous les spécialistes de l'instruction, une telle position n'a rien d'absolument originale. Elle est conforme à un programme de développement qui, fort d'un héritage rousseauiste, considère dans la seconde moitié du XIXe siècle que l'enfant n'est pas le foyer d'instincts qu'il s'agira de combattre mais une potentialité qu'il faut développer. « L'imbécillité de l'enfance se prolonge durant la première période de la vie. Être faible et destiné à demeurer ainsi longtemps, l'enfant naît perfectible à l'infini : de sa faiblesse viendra sa force, de sa pauvreté sortira un jour sa puissance[45] », peut-on lire dans un manuel d'éducation de jeune enfance qui paraît en 1863. Conformément à une telle philosophie, au Familistère, les peines physiques sont interdites, on n'agit sur l'enfant « que par la voie de l'influence morale, ou en le privant de ses plaisirs. Les récompenses méritées, les décorations, les distinctions, les compliments, les grades, la publicité des actes et des mérites et les récréations organisées sont les moyens d'émulation et d'entraînement dont on se sert pour remplacer la férule[46] ». Au début des années 1860, par exemple, Godin récompense les jeunes écoliers en leur offrant chaque semaine *Récréations instructives*, un magazine illustré de vulgarisation scientifique[47].

[Compétition, émulation, récompenses

Dans les écoles du Palais social, la compétition, qui met les filles et les garçons à égale concurrence, est pratique permanente. Le système adopté a ceci d'original qu'il incite les élèves à se surpasser eux-mêmes plutôt qu'à affirmer leur supériorité sur autrui. « Pour le classement des places, l'élève n'est donc point comparé à ses condisciples ; il est comparé à lui-même. Les progrès qu'il a faits pendant la semaine ont été comptés par points, et c'est celui qui a le nombre de points le plus élevé qui est le premier. Il est aussi tenu compte de ses efforts.[48] » Les résultats sont visibles par tous. Après chaque récréation, dès que la cloche les a appelés, les élèves se mettent en rang par ordre de mérite dans la matière qui a servi de support au devoir hebdomadaire au sein de la classe (lecture, écriture, orthographe, analyse, style, arithmétique, histoire, dessin, travail manuel...). Les élèves les mieux placés portent une bannière de couleur qui indique en gros caractère la nature de la composition. Ode au travail, à l'émulation et au mérite, les défilés se déroulent en public. Pour agir et stimuler les élèves, des décorations (insignes du travail en formes de croix étoilées) sont aussi décernées aux plus talentueux. Chaque mois, celles-ci leur sont remises en toute solennité dans la grande cour d'honneur du Palais. Lors de ces cérémonies, la directrice des classes agrafe elle-même les décorations sur les jeunes poitrines méritantes. Elle remet également une bannière à tous ceux qui ont fini premiers en composition.

À l'occasion des fêtes de l'Enfance, la mise en scène prend plus d'ampleur encore. Les travaux de tous les élèves, depuis ceux du pouponnat jusqu'à ceux des classes supérieures, font l'objet d'expositions. Et à nouveau vient le temps de la célébration. La bonne conduite, le travail et le progrès donnent lieu à gratifications. « Ces récompenses consistent, pour les élèves de grande classe : en livres choisis, non sur le luxe des couvertures, mais sur la valeur du contenu ; en boîtes de compas, boîtes de couleur, instruments de mathématiques, de musique, nécessaires de couture et de travaux divers, objets de toilettes, etc., suivant les facultés pour lesquelles les prix sont donnés. Les couronnes traditionnelles de feuillage vert, doré ou argenté accompagnent la remise des prix aux lauréats. Des jouets de toutes espèces : boîtes de ménage, d'animaux, des poupées, des pantins, des toupies, balles, trompettes, jeux de quille, de boules, meubles, voitures, animaux en miniature, etc., sont le lot des bambins et des poupons[49]... » À cette liste, il faut encore ajouter l'accès à un jardin réservé, sorte d'« Éden où les bons sujets peuvent venir cueillir des fruits sur l'arbre[50] », ainsi que l'entrée dans un groupe de théâtre exclusivement composé d'écoliers méritants et distingués. La troupe réserve aux élèves les plus courtois, les plus aptes à la lecture, etc., l'honneur de jouer sur la scène du théâtre du Familistère en de grandes occasions. Une autre récompense encore, tout à fait appréciée semble-t-il, est l'invitation à passer un dimanche à jouer dans les appartements de Marie Moret.

La compagne de Godin, qui partage avec ce dernier un idéal méritocratique, a conscience qu'il n'est pas toujours aisé de faire la part de l'excellence des uns et des autres. Pour la directrice des services de l'enfance, « savoir distinguer dans nos sociétés le mérite et la capacité et leur donner la place la plus favorable au bien commun est une opération extrêmement difficile[51] ». Pour parvenir au jugement le plus juste, Marie Moret se munit d'un principe fouriériste que Godin adopte également : l'enfance est un stade propice à l'éducation civique. Il convient donc de cultiver tôt le sens des responsabilités citoyennes et de permettre aux enfants de faire l'expérience de l'élection. Godin en approuve le principe bien sûr, comme en témoigne son action en faveur des équipes de jardinage. Le bilan prouve que les enfants s'y entendent parfaitement en matière de suffrage. « Jamais ils ne nommaient d'indignes et si, parfois, un des chefs élus se permettait quelque incartade, ou ne donnait pas le premier l'exemple d'un bon travail, il était délaissé sans pitié aux élections suivantes[52]. » Un tel succès incite Marie Moret à recommander de faire voter les élèves à l'école pour qu'ils désignent les meilleurs d'entre eux. Les prix de bonne conduite sont attribués de la sorte. Les élèves des trois premières classes élisent chaque mois celles et ceux qui incarnent au mieux la faculté morale et la faculté intellectuelle à l'ordre du jour. Avant que le vote ait lieu, le professeur explique ce que de telles facultés recouvrent et impliquent. Vient le temps du vote. Les garçons et filles élus forment un « petit conseil » en charge de veiller en dehors des cours au maintien de l'ordre et à l'observation des règlements. Ce système est mis en place en 1884 mais disparaît assez vite, quelques mois à peine après le décès de Godin[53].

Les facultés en concours lors de l'année scolaire 1887-1888

	Faculté morale	**Faculté intellectuelle**
Octobre	Ordre, propreté, exactitude	Orthographe
Novembre	Générosité, économie	Arithmétique
Décembre	Amour du travail, activité	Géométrie
Janvier	Dignité, modestie, patience	Histoire
Février	Subordination envers les parents, les supérieurs	Style
Mars	Reconnaissance, vénération	Dessin
Avril	Loyauté, probité, justice	Lecture
Mai	Bienveillance, capacité de direction	Écriture
Juin	Véracité, précision, ponctualité	Musique
Juillet	Dévouement, désintéressement	Géographie
Août	Courage, héroïsme	Algèbre

[4. Publics et performances

Au début des années 1860, lorsque les classes ouvrent leurs portes, 300 personnes vivent au Familistère. Parmi elles, 7 enfants sont placés à la nourricerie, 50 fréquentent le pouponnat et le bambinat, et 35, âgés de 7 à 12 ans, se répartissent dans les classes de primaire. En 1874, 350 enfants d'ouvriers sont élevés et instruits dans les murs du Palais social. Une dizaine d'années plus tard encore, en dépit des freins et des obstacles politiques et administratifs, les effectifs ont encore crû. En 1882, la nourricerie accueille une quarantaine d'enfants[54]. En 1885, les niveaux supérieurs, du pouponnat aux cours complémentaires, reçoivent 272 garçons et 283 filles[55]. Cette même année, en raison de l'accroissement de population imputable à l'ouverture du pavillon de la rue de Cambrai, Godin est obligé d'agrandir la nourricerie et les salles de première année de l'école maternelle.

La population des jeunes enfants éduqués au Familistère a donc été croissante. Certes, mais les « performances » sont-elles aussi à la hauteur des espérances nourries par Godin et Marie Moret ? En dépit du souci permanent de la bonne hygiène des tout petits[56], le pouponnat n'est guère efficace à ses débuts, on l'a vu, pour lutter contre la mortalité infantile. Les choses s'améliorent ensuite progressivement. Dans son bulletin d'avril 1882, même si elle fait reproche à Godin d'ignorer l'éducation religieuse, la Société des crèches[57] ne cache pas son intérêt pour le service de basse enfance du Familistère, unique endroit dans tout l'Aisne à accueillir une nourricerie. En France, plus généralement, seules 85 villes françaises peuvent se targuer d'être ainsi équipées.

Pour les niveaux supérieurs, le Familistère ne fait pas non plus figure de parent pauvre. En 1882, il est fort d'une solide équipe pédagogique que de nombreuses institutions scolaires pourraient lui envier : une directrice, six maîtresses et deux suppléantes pour les classes maternelles, un directeur et cinq professeurs pour les classes primaires et complémentaires, équipe à laquelle il faut ajouter un professeur de dessin, un professeur de gymnastique et six maîtresses de couture. Le jour de la fête du Travail de 1882, Godin annonce qu'il envisage de donner un nouvel élan. Les projets sont ambitieux. Il s'agit de construire une classe maternelle et deux classes primaires supplémentaires, un préau pour les classes maternelles et, enfin, une salle de dessin pour les classes supérieures. Chaque classe aura un professeur, et les effectifs oscilleront entre 32 et 34 élèves (contre 90 dans les classes primaires de Guise). Le plus spectaculaire sera la création d'une école primaire professionnelle supérieure comprenant quatre classes d'école, deux salles d'étude et des salles de dessin, de chimie, de physique, de minéralogie, d'histoire naturelle et de connaissance des produits du pays. Le tout sera assorti d'un musée scolaire, d'un gymnase, d'un logement du directeur, d'un réfectoire et de dortoirs. L'établissement, conclut Godin au terme de sa présentation, a pour unique objet de doter Guise d'une institution supérieure à vocation professionnelle. Pour que l'école voie le jour, il faudrait que la ville participe activement. Afin de l'y encourager, Godin propose d'aider au financement des travaux en accordant un emprunt à taux réduit (3 %). Sollicité, le conseil municipal ne soutient pas le projet[58].

S'il rencontre à nouveau l'échec lorsqu'il fait appel à des forces extérieures, Godin peut en revanche se prévaloir de résultats flatteurs au sein des écoles du Palais social. À 6 ans, tous les enfants du Familistère savent à peu près lire, écrire, compter et faire des additions à l'aide d'un boulier. Rares sont ceux, affirme Godin, qui ne sont pas au niveau de leur âge, ce qui est loin d'être le cas des enfants qui arrivent au Palais social en cours de scolarité. Observateur extérieur, Paul Robin confirme la bonne impression d'ensemble. La première classe bénéficie d'un enseignement similaire à celui des écoles primaires supérieures, et les élèves du Familistère sont d'un niveau remarquable en dessin industriel[59]. Même si tous les élèves n'y sont pas présentés, les taux de réussite au certificat d'études confirment par ailleurs l'excellence de l'enseignement familistérien.

Réussite au certificat d'études des élèves familistériens

Années	Élèves présentés	Reçus
1882	10	10
1883	18	15
1884	22	17
1885	16	11
1886	21	20
1887	23	23
1888	21	20

La comparaison avec les autres écoles persuade plus encore de la qualité de la formation. En 1882, 49 élèves du canton de Guise tentent d'obtenir le certificat d'études, 42 sont admis dont 10 familistériens, qui se classent tous dans la première moitié des heureux reçus. En 1883, Godin procède au calcul : « La population scolaire de la ville de Guise est plus de quatre fois celle du Familistère, elle devrait, dans la même proportion, obtenir environ 70 certificats d'études, elle n'en a obtenu que 16, moins du quart de ce qu'elle eût dû produire. Mais un fait plus particulier à constater, c'est que sur ce nombre de 16 certificats d'études remportés par la population scolaire de la ville, il y en a 14 pour les garçons et seulement pour 2 pour les filles[60]. » Tel n'est pas le cas au Familistère, où le bilan est plus équilibré. En

1883, 8 filles et 7 garçons ont réussi l'épreuve, ce qui leur donne droit à une prime de 100 francs par personne (montant fixé par le conseil de gérance et versé en titres de l'Association)[61]. L'incitation monétaire est certainement secondaire au regard des conditions matérielles et éducatives qui ont permis aux enfants d'obtenir le certificat d'études. L'Association, il est vrai, n'est pas avare quand il s'agit de financer ses écoles[62]. Un tel choix porte encore autrement ses fruits. Tous les ans, des élèves ont la possibilité de continuer leurs études : des jeunes filles sont admises aux examens du brevet élémentaire ou à l'école normale de Laon, et de jeunes garçons entrent à l'école des arts et métiers de Châlons ou à l'école préparatoire d'Armentières.

*

Résumant en quelques mots le grand travail d'Émile Durkheim sur l'histoire des systèmes éducatif, Maurice Halbwachs note que, « comme toutes les grandes fonctions sociales, l'enseignement a un esprit, exprimé dans les programmes, les matières enseignées, les méthodes, et un corps, une structure matérielle, qui, en partie, exprime l'esprit, mais qui, aussi, réagit sur lui, qui met quelquefois sur lui son empreinte, et lui oppose temporairement ses limites[63] ». Partant d'un tel constat, É. Durkheim a produit une fresque historique qui invite à penser le système éducatif comme une institution historique où le souci pédagogique le dispute aux luttes sociales. Toutes proportions gardées, c'est un même constat qui doit être opéré pour caractériser les services de l'enfance au sein du Familistère de Guise. Structurée par un idéal qui emprunte à la fois à l'esprit méritocratique de la IIIe République et à la philosophie fouriériste, dotée de méthodes pédagogiques de pointe, l'action éducative est aussi le produit de choix personnels de Godin et de sa seconde épouse. Il est, plus exactement, la résultante de compromis multiples avec l'environnement politique et administratif qui informe le système éducatif français dans son ensemble.

Malgré les heurs et les tensions, les écoles du Familistère sont plutôt un succès. C'est que, dès la fondation du Palais social, Godin accorde une place importante à l'éducation, équivalent des richesses qui doit permettre d'instruire les jeunes pousses pour en faire des travailleurs efficaces et des citoyens exemplaires[64]. Fort de son expérience, Godin n'hésite pas, au fil des années, à élaborer un modèle général d'organisation. Cinq principes élémentaires fondent l'idéal de l'industriel fouriériste : 1) une bonne organisation des écoles publiques à tous les degrés de l'enseignement ; 2) une instruction en accord avec les fonctions et les carrières civiles, industrielles et commerciales, de façon à permettre le développement de toutes les aptitudes ; 3) un classement des élèves par le concours et l'élection, depuis l'école primaire jusqu'aux degrés les plus élevés de l'enseignement ; 4) le concours et l'examen devant un jury compétent ; 5) la reconnaissance du mérite individuel par le vote des élèves également[65].

Persuadé qu'il tient là tous les éléments qui transformeront l'instruction publique en force institutionnelle capable d'organiser au mieux les fonctions et les directions dans la société, Godin se plaint amèrement. Ses idées ne sont pas relayées, son exemple n'est pas suivi à l'échelle nationale. « Dans l'ordre de choses actuel, avec un budget de guerre écrasant, qui gaspille le plus clair de ses revenus ; avec un système d'impôts prélevés sur le salaire du travailleur qu'une organisation économique défectueuse diminue de jour en jour, diminuant par là même les ressources du trésor public, l'État est dans l'impossibilité de faire face aux dépenses nécessaires, indispensables cependant, de premier ordre, pour l'exécution de cette noble tâche[66]. » L'éducation fait partie bien évidemment de ces « dépenses nécessaires » que l'État n'assume pas, comme en témoigne par exemple le faible nombre de professeurs dans l'enseignement public. Godin peut-il se prévaloir *a contrario* de plus de clairvoyance et de capacité d'anticipation ? Dans certains domaines (la mixité, la pédagogie), il a vu juste. Dans d'autres, en revanche (méritocratie exacerbée, élections par les élèves), l'histoire n'a pas retenu ce qui lui semblait être les principes et exigences de base de tout système éducatif.

7] [Le travail, le talent, le vote

Même si, dès qu'il caresse son projet de Palais des familles, il prend de la distance avec l'école sociétaire, Godin reste longtemps influencé par la doctrine fouriériste. À défaut d'être appliquée au pied de la lettre, cette dernière constitue un guide à l'aune duquel, on l'a vu précédemment à propos du logement et de l'éducation, il convient de lire certaines pratiques, et non des moindres, en vigueur au Familistère. Dans d'autres domaines encore, celui de l'activité productive au premier chef, Godin use de son temps et de son énergie à discuter C. Fourier[1]. Reconnaissant que, telles qu'elles ont été traitées par le philosophe de Besançon, les questions d'économie sociale (production, répartition et consommation de la richesse) retiennent davantage son intérêt que l'étude de l'accord entre les passions, Godin donne priorité à une idée forte. « Pour inaugurer le règne de la justice et de la liberté que doit réaliser l'association du capital et du travail, pour remplacer l'arbitraire du salaire par un droit de participation proportionnel au concours que le travail apporte dans l'œuvre de la production, il faut découvrir le principe et les règles de la RÉPARTITION ÉQUITABLE des fruits du travail ; c'est là ce que Fourier aura la gloire d'avoir cherché le premier[2]. » C'est à la réalisation concrète d'un tel droit que s'attelle Godin. Sa politique des revenus, la rémunération du talent et l'instauration de caisses mutuelles (réforme qui permet d'atteindre le stade du garantisme, *id est* un stade où le peuple jouit enfin de garanties fortes et stables) ménagent une première voie vers l'association du capital et du travail.

La juste répartition des revenus est un thème qui revient de manière récurrente dans les écrits et dans les propos du fondateur du Familistère. Pour Godin, les origines de la richesse sont multiples. La nature, la première, fournit la matière et les principes de vie à défaut desquels aucune production ne serait possible. Le travail de l'homme, ensuite, est assimilable à un geste prométhéen qui, en bousculant l'ordre naturel institué, contribue à l'augmentation du bien-être général. Les capacités d'invention constituent le troisième facteur. Grâce à elles, de nouveaux produits et de nouveaux procédés peuvent voir le jour et, ce faisant, accroître le stock des choses utiles. Le capital, enfin, « n'étant pas entré dans la Consommation, (...) peut utilement servir, et aider à un travail nouveau[3] ». Comment faire la part des contributions de chacun de ces facteurs et élaborer une juste politique des rémunérations ? Cette question est déjà au cœur de l'économie classique et elle continue aujourd'hui d'irriguer de nombreuses interrogations sur la justice sociale. À la différence des philosophes et des économistes en chambre, Godin ne se contente pas de spéculer sur la meilleure formule de répartition des richesses. Comme C. Fourier, Godin accorde au vote une confiance absolue. « Le suffrage porte avec lui sa bienfaisante vertu dans l'organisation du travail ; l'élection devient le mode général de promotion à toutes les fonctions ; elle n'est plus seulement un rouage politique, elle devient un rouage social ; c'est bien le gouvernement du peuple par le peuple lui-même ! Tel l'a pensé Fourier[4]. » C'est donc par la voie du scrutin que Godin propose de récompenser les talents individuels. Pour ce faire, il invente des modalités originales de rémunérations aux destins, nous allons le voir maintenant, plutôt contrariés[5].

[1. Nature, travail, capital et talent

Les réflexions que Godin consacre aux principes et à la dynamique de la répartition des richesses sont indissociables des grilles de lecture alors en vogue parmi les économistes. L'originalité première de Godin consiste à fournir des arguments qui prennent à contre-pied le schéma libéral que promeuvent les classiques. Pour parvenir à ses fins, il s'appuie pour l'essentiel sur des principes d'inspiration fouriériste.

[Au-delà des classiques

Godin met à mal une idée partagée, à quelques variations près, par Adam Smith, David Ricardo, Thomas Malthus et tous ceux qui s'en réclament. Déterminé par le jeu de l'offre et de la demande, le salaire (prix courant du travail) tendrait à s'ajuster à son prix naturel, étant entendu que « le prix naturel du travail est celui qui fournit aux ouvriers, en général, les moyens de subsister et de perpétuer leur espèce sans accroissement ni diminution[6] ». Il n'en va pas du tout ainsi aux yeux de Godin, qui estime pour sa part que le salaire, « loin de permettre l'accès aux satisfactions que le Travail sait créer, ne garantit pas souvent le nécessaire au travailleur ; il faut conclure de ceci que le Capital ne remplit pas tous ses devoirs envers le Travail[7] ». Tandis que les économistes classiques assimilent la concurrence à un moteur vertueux de la régulation marchande, Godin soutient tout à l'inverse que celle-ci s'assimile à une lutte industrielle qui, à défaut d'être compensée par un perfectionnement des procédés de fabrication, conduit à une baisse permanente des salaires. Impuissants dans bien des cas, les ouvriers ne peuvent au mieux qu'organiser quelques grèves locales dont le résultat est surtout de révéler l'existence d'un malaise social persistant.

Le diagnostic proposé par Godin a ceci d'original sur le plan analytique qu'il inverse radicalement la perspective ouverte par A. Smith. Pour introduire et légitimer la rémunération du capital, l'auteur de la *Richesse des nations* s'inspire d'une démarche cartésienne éprouvée par les théoriciens du droit naturel. En esprit, il imagine deux états de société. Dans le premier, primitif et fictif, l'homme ne vit que de chasse et de pêche. Seul le travail par conséquent est utilisé pour produire des richesses. La valeur des marchandises est directement déterminée par la quantité de travail dépensée. Dans l'état avancé, situation qui correspond à l'état économique réel, certains individus s'approprient les terres et les louent, d'autres accumulent des subsistances et des matériaux qu'ils proposent aux travailleurs sous forme d'avances. La rente et le profit sont nés et avec eux une autre manière de définir la valeur et le prix des marchandises[8]. Bien loin de la rigueur d'A. Smith, qu'il ne cite pas au demeurant (rien n'indique d'ailleurs qu'il l'a lu de première main), Godin se plaît à travestir le raisonnement. « Le salaire n'est donc guère que la simple représentation de ce que l'homme prend au Fond Commun de la Nature avant que la Propriété en ait envahi le domaine. Il laisse le travailleur dans une situation analogue à celle de l'homme primitif ; celui-ci est assujetti aux hasards des privations, des accidents de la vie errante et sauvage ; le travailleur est assujetti à toutes les fluctuations du salaire et du chômage : aucune garantie de l'avenir n'existe pour l'un ni pour l'autre[9]. » Illusion donc que cette entrée, même en pensée, dans une société qui infléchirait radicalement la condition du travailleur d'aujourd'hui pour la différencier de celle de l'homme premier d'hier.

[Le référentiel fouriériste

C. Fourier est la seconde référence majeure qui sert à Godin pour analyser les rémunérations. Selon certains commentateurs, « s'il est un point sur lequel Godin tient à affirmer sa filiation fouriériste, c'est bien le salaire[10] ». En fait, le rapport est plus complexe qu'il n'y paraît. Chez C. Fourier, la théorie de la répartition des revenus prend place dans une série de réflexions consacrées à la distribution. En civilisation, cette dernière a d'abord une dimension extérieure. Les opérations commerciales en sont le support. C. Fourier n'a pas de mots assez durs pour dénoncer les négociants, « vautours qui dévorent l'industrie agricole et manufacturière ». Le philosophe propose aux chefs de fabrique de se passer des services de ces « pirates coalisés » afin d'échanger directement entre eux les matières premières dont ils ont besoin. La distribution est aussi intérieure. Les richesses à partager ne concernent cette fois que les membres de la Phalange. Lorsque, dans son *Traité de l'association domestique-agricole*, il évoque le cas de la Phalange d'essai (phalange fondée à l'initiative d'un souverain ou d'un particulier opulent), C. Fourier milite en faveur d'un accord parfait entre les sociétaires. Cet accord doit s'en remettre aux bons soins d'une répartition des bénéfices « en raison des trois facultés, *Capital*, *Travail* et *Talent*[11] ». À partir de 5 ans, chaque personne peut prétendre à une part du bénéfice annuel de la Phalange. La répartition s'obtient en divisant le bénéfice en trois portions inégales et rétribuées pour 5/12 au travail manœuvrier, pour 4/12 au capital actionnaire et enfin au 3/12 aux connaissances théoriques et pratiques. Chacun selon son statut (sociétaire actionnaire ou non, actionnaire extérieur non sociétaire…) et ses talents peut bénéficier de l'une et/ou de l'autre de ces sources de revenus. Ailleurs, C. Fourier fournit d'autres règles : 3/6 accordés à la faculté active (le travail), 2/6 à la passive (capital) et 1/6 à la neutre (talent).

Peu importe au fond la clef de répartition exacte[12]. Illustrée par le cas de la Phalange de Gnide, célèbre pour la culture des œillets, la formule de distribution équilibrée et graduée entre travail, capital et talent est fondée sur quelques lois qui, sans en être le décalque direct, s'inspirent directement de la physique newtonienne. Les plus riches, d'abord, doivent tendre au bénéfice en raison inverse de la distance aux capitaux. Dans la mesure où ils perçoivent pleinement les dividendes, les actionnaires – fussent-ils par ailleurs travailleurs actifs dotés de grandes capacités – ne peuvent prétendre qu'à une faible part de bénéfice en travail et talent. Moins le capital détenu s'apparente à du travail accumulé, moins il peut ambitionner une rémunération élevée[13]. Deuxième loi, qui compense la première : l'actionnaire perçoit en dividendes un revenu qui évolue en raison directe de la masse des capitaux possédés. « Ainsi est remplie la deuxième condition qui constitue le contrepoids d'Harmonie distributive [et qui assimile l'équilibre des passions à celui des planètes. Raison directe des masses, inverse des distances][14]. » Troisième loi par ailleurs : la rémunération du talent, facteur neutre qui tient la balance entre le capital et le travail, doit d'abord aller aux membres les plus anciens, moins actifs dans le travail que les plus jeunes mais forts en revanche d'une expérience précieuse pour la conduite des travaux[15]. Pour déterminer la meilleure façon de répartir les sommes dédiées au talent, tous les ans la Phalange recense les inventions qui ont fleuri en son sein. Chacune de ces nouveautés fait l'objet d'un suffrage destiné à attribuer à chaque auteur une récompense monétaire. C'est là typiquement, notons-le d'emblée, une des grandes leçons de C. Fourier que retient Godin pour mettre en place des expérimentations destinées à reconnaître et à rétribuer les talents individuels. Le travail, indique C. Fourier pour former sa quatrième loi, fournit matière à récompense aux plus pauvres. Eux peuvent prétendre au bénéfice en raison inverse des masses et des distances des capitaux qu'ils possèdent. À l'intérieur de chaque série, ajoute C. Fourier, le revenu du travail dépend du nombre de travailleurs (moins la série est importante, plus le revenu est important), du nombre d'heures ouvrées et de la productivité du travail.

En se combinant, les lois précédentes produisent une situation harmonieuse. Cette dernière possède trois qualités. Elle crée d'abord une relation intime entre classes riche et pauvre. Cette complicité

« naît du désintéressement des riches sur le lot de "5/12" alloué au travail. L'abandon qu'ils en font communément est un ressort d'amitié collective parmi les harmoniens : on voit chez eux les riches idolâtrés par les pauvres qui participent indirectement à leur bien-être[16] ». L'application des lois doit aboutir en deuxième lieu à une Phalange de personnes inégales en fortune. Pour C. Fourier, l'égalité n'est pas en effet un idéal souhaitable, à condition cependant que l'inégalité soit justement graduée et équilibrée. La graduation pourra s'opérer à l'aide de la clef de répartition évoquée précédemment. Quant à l'équilibre, il est obtenu grâce aux contrepoids des passions les unes sur les autres. Ainsi un riche harmonien qui exerce une activité attrayante ne verra-t-il aucun problème par exemple à laisser les bénéfices du travail effectué aux différents sectaires qui le secondent et qui l'appuient. Enfin, une bonne répartition appelle une « adoption continuatrice », autrement dit une attention toute familialiste aux enfants qui, suite à adoption, assureront la pérennité de la Phalange.

Une fois toutes ces lois énoncées, C. Fourier passe du groupe à la série. La répartition des fruits du travail s'effectue entre les séries selon des principes de répartition qui sont similaires, « sauf modification de forme, c'est-à-dire qu'au lieu de rapporter les prétentions à trois titres, TRAVAIL, CAPITAL et TALENT, on les distingue en NÉCESSITÉ, UTILITÉ et AGRÉMENT. C'est même échelle en importance de fonctions[17] ». La rémunération du travail est ainsi directement proportionnelle à la richesse et au bonheur que l'activité contribue à produire ou, si l'on préfère, à la contribution aux liens d'unité. Elle est par ailleurs inversement proportionnelle à l'attraction que le travail procure (« plus un travail excite d'attraction, moins il a de prix *pécuniaire*[18] ») et elle dépend aussi de façon mixte d'« obstacles répugnants » comme la fatigue, qui dans certains cas a statut de plaisir et d'amusette (monter sur des poiriers, des cerisiers) et, dans d'autres, d'effort qui épuise les sens (curer un égout, descendre dans une mine). En combinant ces trois règles, il est possible de classer les séries avec exactitude et de leur attribuer équitablement les revenus qui doivent justement leur revenir. Enfin, dans la mesure où, à la différence de ce que l'on observe en civilisation, chaque harmonien s'adonne à plusieurs professions (chacun est associé à une quarantaine de séries), « personne n'est intéressé à faire prévaloir immodérément l'une d'entre elles ; chacun pour son intérêt même est obligé de spéculer en mode inverse des civilisés, et de voler en tous sens pour l'équité[19] ». Si l'expérience phalanstérienne fonctionne, ces règles de répartition délivreront pleinement leurs fruits.

Grâce à ce schéma, tous les phalanstériens, y compris les enfants, pourront faire reconnaître leur talent. Et le peuple des travailleurs sera amené dès la première année à devenir actionnaire. En transformant chaque homme de la main en capitaliste, la Phalange gagnera en performance productive. Tel fainéant qui hier se contentait de travailler mollement pour le compte d'autrui se métamorphosera, grâce à l'esprit de participation, en actif zélé et en propriétaire responsable.

[La synthèse de Godin

Dans ses *Solutions sociales*, Godin produit une synthèse personnelle des économistes classiques et de C. Fourier. Comme les premiers, mais là s'arrête l'emprunt, il reconnaît à la terre – ou plutôt à la nature – une puissance créatrice qui devance l'homme dans la production des choses utiles. Qu'en est-il des autres facteurs ? Fonction active, le travail, le premier, « exécute, produit, fait naître et croître les choses nécessaires à l'Existence ; considéré dans son action générale, il embrasse toute l'activité humaine, l'activité utile à la Vie surtout, mais il qualifie particulièrement l'activité de l'homme employée à modifier et à transformer la Matière[20] ». Le capital, cristallisation d'un travail passé, remplit pour sa part un rôle passif. Sans travail ni capacité, son influence sur la production serait complètement nulle. Godin se fait à nouveau fouriériste lorsqu'il ajoute enfin le talent à la liste des trois facteurs précédents. Talent, capacité, génie : les trois termes ont statut d'équivalents sous sa plume lorsqu'il s'agit de désigner la source des découvertes et des inventions. « L'Invention est une conception du Génie traduite en action ; elle représente les découvertes de l'Intelligence, et développe l'action du Travail en lui venant en aide ; la Société lui doit des ressources toujours nouvelles, et de nouveaux moyens de produire les choses utiles[21]. »

Il est fort possible qu'en utilisant le terme de génie Godin accommode à sa façon la théorie d'E. Kant, dont on sait qu'il connaît les principales œuvres[22]. Dans le paragraphe 46 de sa *Critique de la faculté de juger*, E. Kant développe de substantielles considérations sur les beaux-arts et, à cette occasion, il définit le génie à l'aide de trois critères : 1) c'est un talent qui consiste à produire des règles et des produits originaux, le génie est de ce fait en tout point opposé à l'esprit d'imitation ; 2) ce que produit le génie doit pouvoir acquérir statut de modèle et donc devenir exemplaire ; 3) le génie ignore comment, naturellement, lui viennent les idées qui le mènent à la production de son ou de ses produits[23]. Ces trois critères entrent parfaitement en résonance avec la définition du talent que, sur les traces de C. Fourier, Godin mobilise dans sa théorie de la répartition des revenus. Ce sont bien, dans le champ industriel cette fois, des produits et des procédés radicalement nouveaux qu'il s'agit d'associer à la notion de génie (et Godin ne se prive pas de faire la chasse aux imposteurs qui ne font qu'imiter ses trouvailles). Ces inventions n'ont d'intérêt qu'à la condition ensuite de pouvoir donner lieu à reproduction et usage extensif. Il est enfin une personne – le génie – qui, par la grâce de dons naturels, est l'auteur des règles et des produits nouveaux. En évoquant de la sorte le génie des créateurs, c'est évidemment à lui-même que Godin rend hommage. C'est en effet aux nombreux brevets qu'il dépose à compter de 1840 que Godin doit sa réussite industrielle.

Quels sont les déterminants de la rémunération des facteurs de production et comment, plus généralement, rémunérer équitablement chaque faculté sachant que toutes, de façon complémentaire, concourent à l'augmentation des richesses ? Le prix du travail comme celui du capital, constate d'abord Godin, dépendent de conventions, voire de tarifs, d'usages ou encore de lois. Si la contingence pèse sur la fixation des conventions, l'égalité des salaires n'est pas pour autant une solution recevable. Dans une conférence qu'il prononce le 22 mai 1881, Godin affirme que « prétendre qu'avec le système de l'égalité des salaires les forts et les habiles entretiendront les faibles – que cette faiblesse soit paresse ou incapacité – et qu'ainsi l'abondance régnera pour tous, c'est méconnaître les leçons de l'expérience. Avec un tel régime, ce serait à qui travaillerait le moins ; et ce n'est point en ces conditions que l'abondance se crée[24] ». En d'autres termes encore, distribuer un salaire identique, c'est produire de l'injustice, tant il est vrai que les contributions de chacun sont nécessairement différentes. Le génie, autre élément de différenciation, doit lui aussi être récompensé en considération de l'importance des produits qu'il a aidé à découvrir.

De ses réflexions, Godin tire une première conclusion. Capital, travail, génie : ces trois facteurs doivent être rémunérés sur une base proportionnelle à leur concours au processus productif. Quant à la nature, elle justifie l'existence d'un droit social dont tout un chacun doit pouvoir bénéficier, quelle que soit sa contribution à la production des richesses. De là cette règle : « Les salaires, l'intérêt et les primes sont prélevés, avant tout, sur la partie disponible des produits ; les bénéfices généraux sont ensuite répartis à la réserve sociale, au travail, au capital et à l'invention, proportionnellement à leur droit légitime représenté par : les salaires du travail, l'intérêt ou loyer du capital, les primes de l'invention, la part des besoins sociaux[25]. » En pratique, les taux de salaire, de l'intérêt et des primes varient et s'ajustent selon des conventions déterminées par les forces économiques et sociales. Pour la répartition des bénéfices supplémentaires, plaide Godin, il n'y a aucune raison pour que ces taux ne s'égalisent pas.

[2. La rémunération du talent en pratique : le coup d'envoi de 1867

De la théorie de la juste répartition des revenus qu'il forge conformément à sa lecture de C. Fourier, Godin tire la conclusion que le talent doit absolument être récompensé. La pratique diverge cependant assez vite de la théorie. Au Familistère, le talent désigne à la fois le génie au sens défini précédemment (capacité à innover) et le zèle dont peut faire preuve un travailleur pour effectuer sa tâche (capacité à imiter, à suivre des règles productives préétablies). C'est avec une telle définition en tête qu'en avril 1860, à l'occasion précisément du baptême du Familistère, Godin évoque l'opportunité d'instituer au sein de l'établissement une fête destinée à la gloire « des œuvres personnelles utiles au bien commun[26] ». L'objectif se précise quelques années plus tard. Lors de la fête de l'Enfance du 2 septembre 1866, Godin invite les habitants du Familistère, et plus spécialement les deux conseils (celui des hommes et celui des femmes), à mettre sur pied, à l'horizon du printemps suivant, une fête où le travail des adultes serait célébré. Dans son allocution, le fondateur du Familistère annonce qu'il met 2 000 francs à disposition. Cette somme est destinée à récompenser les ouvriers « qui se seront signalés à l'usine par la découverte de quelque pratique ingénieuse diminuant la fatigue, activant la production ou la perfectionnant ; [les] femmes dévouées à l'éducation de l'Enfance et qui auront su trouver, elles aussi, quelque amélioration en la matière[27] ». Les conseils élus classeront les mérites des postulants, et des diplômes délivrés aux ayants droit entérineront les services rendus. Les deux conseils se mettent vite au travail. Dès la séance du 20 septembre 1866 puis lors de la suivante (30 novembre), la question est à l'ordre du jour. S'il paraît entendu que les plus méritants doivent être récompensés, les moyens de parvenir au but sont loin d'être évidents. Le 8 février 1867, le conseil qui se tient sous la présidence de Godin questionne la façon de reconnaître le talent. Par déclaration personnelle ? Par déclaration par les chefs ? Par élection directe ? Par élection à deux degrés[28] ? Le 14 février 1867, le conseil propose de répartir les 2 000 francs pour moitié au bénéfice des ouvriers, pour l'autre moitié à celui des employés[29]. Le personnel de direction est placé hors concours. Reste la question cruciale : comment désigner les travailleurs les plus dignes de bénéficier de cette prime de mérite ? Diverses propositions sont examinées en séance du conseil des hommes les 14, 21 et 26 février, puis en séance des conseils réunis (hommes et femmes) les 12 et 26 avril 1867. Le 14 février, il est décidé que, selon un processus qui hérite directement de la philosophie fouriériste, les bénéficiaires seront élus à bulletin secret. Le conseil suggère de mettre à l'étude des modalités de vote par groupe de dix ou vingt personnes qui auront pour tâche d'élire un délégué de groupe. Il propose plus exactement de voter par bulletin pour deux ou quatre personnes et de retenir quatre types de mérites : mérite de direction dans l'emploi ou la surveillance ou le travail à faire ; mérite de capacité, bonne exécution du travail ; mérite d'invention ou de perfectionnement dans les procédés de travail ; enfin, mérite de zèle, assiduité au travail et dévouement à la tâche. Le 21 février 1867, prévoyant que, lors de l'élection du premier degré, les travailleurs logés au Familistère pourraient être éliminés par ceux de l'usine, un membre propose de confier le premier vote aux seuls habitants du Palais social, qui seraient ainsi amenés à opérer un choix préliminaire sur l'ensemble du Familistère et de l'usine.

Les deux séances d'avril qui se tiennent à nouveau sous la présidence de Godin entérinent et précisent les propositions précédentes[30]. Mille francs iront aux travailleurs de la main (les ouvriers) logés ou non au Familistère et 1 000 autres aux employés de l'usine ou du Familistère. Pour chaque catégorie de prime, les 1 000 francs seront divisés par le total des voix au dépouillement du scrutin, ce qui permettra de définir une somme élémentaire. Chaque nom sorti de l'urne aura ainsi droit à autant de fois cette somme qu'il aura obtenu de voix. En cas d'unanimité, la prime sera doublée et elle sera augmentée de moitié pour le lauréat qui recueillera le plus de voix. Les primes seront versées en espèces quelques jours après la fête du Travail. Les personnes obtenant vingt voix recevront, outre la prime, une mention honorable. Celle-ci sera remise au titulaire séance tenante et donnera droit à une place d'honneur dans les cérémonies du Familistère. Le vote aura lieu le jour même de la fête, par bulletin secret, chaque bulletin devant contenir dix noms, sous peine d'annulation.

Il est donc décidé, en résumé, de mettre en place deux votes successifs. Au premier (vote du premier degré) ne participent que les personnes ayant qualité d'habitants du Familistère. Ce scrutin a pour objet la désignation de 80 délégués (habitant ou non au Familistère) appelés le jour de la fête à procéder à un second vote (celui du second degré) qui fera surgir les travailleurs de la main les plus méritants parmi 750 ouvriers environ. Pour les employés et les personnes attachées à un titre quelconque aux services de l'habitation[31], le vote aura lieu également le jour de la fête mais sans, au préalable, de nomination de délégués. Autrement dit, les 95 employés habitant le Familistère auront charge d'élire directement les membres les plus méritants de leur catégorie. Pour égaliser le nombre de votants parmi les ouvriers et les employés, le conseil décide finalement de porter à 95 le nombre de délégués ouvriers.

Le vote du premier degré a lieu le 28 mai dans les ateliers, au scrutin secret par bulletin contenant 10 noms. Sur 231 électeurs appelés à s'exprimer, 10 seulement font défaut. Ce résultat optimiste est vite tempéré par le constat d'un fort éparpillement des voix, qui oblige à descendre jusqu'aux désignations faites par 11 voix pour obtenir le nombre voulu de délégués[32]. Dans les archives, une note de bilan stipule que les ouvriers ont eu plutôt tendance à voter pour eux-mêmes et à se concerter pour essayer de se partager la prime[33]. Le 2 juin 1867, jour de la fête, le scrutin décisif est ouvert à 10 heures. Quatre-vingt-douze ouvriers votent[34], 85 employés font de même, accompagnés par 13 membres de la catégorie des non-résidents au Familistère. Quels sont les résultats ? Dans aucune des deux catégories un nom ne dépasse la barre de la majorité absolue. Le plus plébiscité est un homme employé qui, avec 41 voix, arrive à 35 %. Du côté des ouvriers, personne ne franchit le seuil des 20 voix. Le vote aboutit à la désignation de 115 personnes, 101 hommes et 14 femmes, qui tous bénéficient d'au moins une désignation[35]. Le vote des employés est encore plus dispersé puisque les noms de 106 personnes (63 hommes, 43 femmes) sortent des urnes, pour un effectif total dont l'estimation varie entre 110 et 115 ! Cinq personnes en revanche (dont deux femmes) passent le seuil des 20 voix. Finalement, sur les 223 désignés dans les deux catégories réunies, six seulement reçoivent des mentions honorables. Une mention honorable de première classe est attribuée au candidat ayant attiré 41 voix, et sa prime est doublée. Des mentions honorables de seconde classe sont remises aux quatre personnes de la première catégorie (celle des employés) ayant obtenu : une, 27 voix ; deux autres, chacune 22 voix ; la quatrième, 21 voix. En seconde catégorie (ouvriers), bien que personne n'ait atteint 20 voix, une mention honorable hors classe est décernée à un ouvrier vu « ses longs et loyaux services et quoiqu'il n'ait obtenu que 12 voix[36] » ! Aux 217 autres sont attribués de simples bulletins de primes, lesquels sont échangés (une voix valant 1,05 franc de prime[37]) contre espèces sonnantes et trébuchantes quelques jours plus tard.

[3. Tâtonnements et insatisfactions

La technicité de l'opération peut dérouter. Ce n'est pourtant pas là le problème majeur. Aux yeux de Godin en tous les cas, la question cruciale se pose en ces termes : comment éviter l'éparpillement des voix ? Autrement dit, comment arriver, conformément à la doctrine fouriériste, à donner crédit à la reconnaissance du mérite par la voie électorale ? L'année suivante, dès la première réunion (1er mai 1868) qu'ils consacrent à la fête, les conseils mettent la question à l'ordre du jour et reconsidèrent les modalités de répartition des primes. Trois principes sont affirmés. Il convient d'abord de donner un fondement plus solide au vote en établissant une liste de « notables » (personnes reconnues les plus méritantes, les plus capables) entre lesquels devraient être réparties les primes d'honneur. Il faudrait ensuite grouper le personnel de façon que le vote s'exerce entre travailleurs ayant pu s'apprécier à l'œuvre. On pourrait enfin attribuer à chaque groupement un nombre fixe de primes d'honneur.

[Choix des notables et regroupements du personnel

Les conseils consacrent plusieurs séances à la question de la liste des notables. De nombreuses objections sont immédiatement soulevées : une telle liste provoquera l'abstention, le conseil va faire du favoritisme... Pour éviter ces écueils, pourquoi n'utiliserait-on pas un indicateur objectif, à savoir les notes de fabrication[38] qui servent à évaluer le travail des ouvriers ? L'idée est séduisante mais elle se heurte vite à un obstacle de taille. Ces notes sont en usage dans les ateliers de fonderie et d'ajustage, mais pas dans les autres (modèles, matériel, émaillage, menuiserie, etc.). Qu'importe, en dépit de cette limite sérieuse, les conseils décident de dresser pour ces deux ateliers une liste des ouvriers de choix « d'après la capacité démontrée : à la fonderie, par le moulage au poids ou au-dessous ; à l'ajustage, par les primes reçues pour pièces non cassées[39] ». De cette manière, et sur les indications des chefs d'atelier pour le reste de l'usine, les ouvriers de « premier mérite » (les plus talentueux) seront désignés par la lettre A, ceux de « second mérite » par la lettre B. À l'aide de ce critère à double détente, un ensemble de 150 personnes pourra être distingué. Un second, d'importance égale, le sera par la grâce de la voie élecorale. Tous les travailleurs de la main, familistériens ou non, pourront prendre part au scrutin et désigner qui bon leur semble parmi leurs pairs, méritants ou non. Les conseils disposeront au total d'un vaste réservoir duquel ils pourront extraite la liste définitive des 150 ouvriers à associer aux 114 employés des bureaux de l'usine et autres gens des services du Familistère (automatiquement retenus eux !) pour figurer au tableau des candidats pour le scrutin final de la fête du travail. Après que ce nouveau procédé a été mûrement réfléchi, l'affiche suivante est apposée le vendredi 15 mai dans tous les ateliers de l'usine.

Élections préparatoires pour la fête du Travail du 31 mai 1868

Il sera procédé demain samedi 16 mai, dans chaque atelier, à la nomination des ouvriers qui pourront figurer sur la liste des notables, pour concourir à la distribution des primes d'honneur le jour de la fête du Travail. Les candidats seront choisis parmi ceux qui réuniront le plus de voix.

Des bulletins de vote spéciaux seront remis dans la fonderie et l'ajustage à chaque électeur, qui devra les remplir en y mettant six noms conformément aux indications imprimées. Toute voix non conforme à ces indications sera annulée.

Dans les autres ateliers : modèles, matériel, émaillage et fonte malléable, menuiserie, construction et terre réfractaire, les ouvriers composant chaque atelier voteront entre eux ; il leur sera remis un bulletin blanc, sur lequel ils auront à inscrire deux noms de ceux qui leur paraîtront les plus méritants.

Chaque chef d'atelier est chargé d'organiser le vote dans son groupe. Des tableaux contenant les noms des ouvriers composant les groupes seront mis dans l'atelier.

Dix jours après le vote des ateliers, les conseils se réunissent et confrontent les résultats des élections avec ceux du classement des ouvriers en classes A et B. L'objectif est d'extraire la liste définitive de 150 notables. Les conseils retiennent d'abord les noms des travailleurs figurant sur les deux listes. Ils sont 66 (A et B) (dont 18 non-résidents du Familistère) dans ce cas. Les ouvriers classés A sur la liste de choix sont ensuite retenus. Cinquante-sept (dont 6 non-résidents du Familistère) sont dans cette situation. Pour arriver au total recherché, les conseils piochent dans la liste d'élection les individus qui ont reçu le plus grand nombre de voix (en cas d'égalité, la préférence est donnée aux habitants du Familistère), soit 26 personnes. À cet ensemble on agrège un individu oublié sur la liste des candidats et révélé au compte-rendu de l'élection finale. Ces 150 travailleurs sont ajoutés aux 114 désignés par leur seule fonction d'employés, ce qui permet d'aboutir à un total de 264 prétendants aux honneurs.

En 1868, autre innovation, la liste des 333 électeurs est divisée en séries professionnelles : Familistère et administration (73 électeurs), fonderie (135 électeurs), ajustage (66 électeurs) et ateliers divers (59 électeurs)[40]. La liste des candidats est affichée le 29 mai. Dans la mesure où le personnel du Familistère et de l'administration est en contact direct avec l'ensemble des travailleurs, il est décidé que tous les électeurs participeront au suffrage dans cette série. Dans les trois autres cas, le vote est limité aux seuls membres de chacune des sections. Par ailleurs, plutôt que de répartir comme l'année précédente les 2 000 francs sur la base du nombre de suffrages exprimés, des seuils et une échelle des récompenses sont fixés *a priori* et cela afin de lutter contre les risques d'éparpillement des voix. Il est ainsi décidé *ex ante* qu'un grand prix rapportera 50 francs, un premier prix 30 francs, un deuxième 15 francs et un troisième 10 francs. Les électeurs enfin sont priés d'apprécier le mérite des candidats à l'aide des critères suivants : 1) le mérite de direction dans l'emploi, la surveillance, le travail à faire ; 2) le mérite de capacité, de bonne exécution dans le travail ; 3) le mérite d'invention ou de perfectionnement dans les procédés du travail ; et enfin 4) le mérite de zèle, d'assiduité et de dévouement au travail.

Le vote a lieu le jour de la fête du Travail, le dimanche 31 mai 1868. Un huitième des électeurs s'abstient de participer. À l'issue du scrutin, 58 prix sont décernés. Le problème est que, une fois encore, l'éparpillement des voix ne permet pas de désigner avec certitude les travailleurs les plus méritants. Hormis deux employés dans la série Familistère et administration, personne n'atteint la majorité absolue. Il faut descendre jusqu'aux désignations de lauréats faites par 17 voix dans le plus fort collège électoral (première série) et jusqu'à celles faites par 5 voix dans les autres collèges pour arriver à distribuer la somme. 242 éligibles sur les 264 inscrits ont recueilli des suffrages, seuls 22 (dont quatre chefs de services ou contremaîtres) ont été ignorés. Souci plus sérieux encore : sur les 22 candidats qui n'ont reçu aucune voix, la moitié figure sur la liste par capacité du premier mérite ! Si le vote ne ratifie pas complètement le talent de ceux qui ont été désignés candidats par capacité seule, les conseils constatent néanmoins que « l'expérience semble montrer qu'il y a plus de justice dans les groupes et cela par la raison qu'on se connaît mieux et qu'on est plus apte à apprécier les mérites de chacun du groupe[41] ».

[Des modifications… encore

Pour la troisième fête du Travail, les conseils ne se remettent pas à la préparation de la répartition des primes avant le 18 mai 1869, soit quelques jours à peine avant la fête elle-même (fixée au 30 mai). La conjoncture politique mobilise davantage l'attention. En avril, les élections pour la Chambre des députés sont au centre des préoccupations du fondateur. « Godin avait proposé au comité démocratique constitué dans la 3e circonscription du département de l'Aisne, un manifeste électoral, afin de lutter contre le régime de la candidature officielle en faisant élire M. Jules Favre à la place du candidat du gouvernement[42]. » Quand ils se penchent à nouveau sur les procédures, les conseils adoptent trois modifications. La première part du constat suivant : en 1868, sur 150 ouvriers classés en A et B, 57 A n'avaient obtenu aucun suffrage à l'élection de premier degré. Pour limiter ce risque, il est décidé de diviser les ateliers en sept sections et, pour les élections de premier degré, de faire voter ces dernières à des moments différents. Quand une personne aura obtenu 30 voix[43], elle sera retenue comme candidate, et il sera donc inutile de voter pour elle ultérieurement. Du samedi 22 au jeudi 27 mai, toutes les sections électorales (chacune d'entre elle représentant entre 100 et 110 personnes) accomplissent leur devoir électoral les unes après les autres. Chaque électeur peut inscrire quatre noms sur son bulletin. Les 611 votants (sur 737 inscrits) émettent au total 2 094 suffrages, soit 300 en moyenne par section. Avec cette procédure nouvelle, on pouvait le pressentir, le résultat est tout aussi décevant. En 1868, 57 travailleurs de premier mérite n'avaient pas obtenu de voix à l'élection préparatoire. Ce sera pire encore en 1869 puisque le nombre passe à 81[44] !

La deuxième modification est fondée sur le constat qu'on ne peut demander à des travailleurs de professions diverses d'apprécier les mérites techniques de tous leurs pairs. Jusqu'à présent, les employés de la comptabilité générale, les directeurs, les contremaîtres, les commis aux écritures, etc., étaient jugés par des ouvriers peu au fait de la réalité du travail administratif. Pour limiter les risques de l'arbitraire, une nouvelle série dite « Administration générale » voit le jour. Afin d'éviter, enfin, – troisième modification – les spéculations et les intrigues « pour obtenir de l'argent à dépenser en commun », il est décidé que la valeur pécuniaire attachée aux prix ou primes d'honneur ne sera plus acquittée en argent le lendemain de la fête. Elle sera versée sur un carnet d'épargne au nom du bénéficiaire. La somme inscrite pourra être remboursée après un délai de six mois, ou à l'occasion du départ du titulaire si celui-ci venait à quitter l'établissement. Quels sont les effets de cette nouvelle réforme ? En 1869, on décompte 247 candidats le jour de la fête. Et 109 prix sont distribués. Déception à nouveau… Il faut descendre jusqu'aux élus par 3 voix seulement pour l'attribution de ces prix (contre 5 l'année d'avant). Et, globalement, il demeure un écart entre les résultats des votes et la liste des travailleurs reconnus méritants. C'est toujours par exemple la catégorie des ouvriers devenus candidats en raison seule de la capacité technique qui, faute de suffrages suffisants au vote final, obtient proportionnellement le moins de prix. Décidément, non, le vote ne semble guère le meilleur moyen de reconnaître les mérites des travailleurs les plus talentueux !

[Les mentions à l'honneur

1870 est la dernière année d'expérimentation du système d'attribution des primes par vote général. Cette année-là, la situation politique préoccupe encore largement les esprits. En mai, période habituellement dévolue à la préparation de la fête, Napoléon III appelle le peuple à se prononcer pour ou contre la nouvelle constitution qui renforce son pouvoir personnel. Le 8 mai, Godin publie à Guise une circulaire engageant les électeurs du canton à voter non. En dépit des préoccupations politiques, les conseils du Familistère se réunissent le 17 mai. Après bilan des fêtes précédentes, les critiques fusent. Les conseils provoquent une réunion des habitants du Familistère pour établir un bilan et mettre en place de nouvelles procédures. Les participants assurent que les votes seraient plus équitables s'ils étaient tout à fait désintéressés et ils demandent qu'un banquet remplace la distribution de primes. Les conseils décident en conséquence que les prix ne seront désormais que symboliques. Le vote préparatoire et le vote habituel ne serviront qu'à décerner des mentions honorables.

La même affiche que l'année précédente est placardée pour appeler les 770 ouvriers à voter aux élections de premier rang. Le jour de la fête, le 5 juin 1870, le scrutin s'ouvre à 10 heures. Comme toujours, seuls les habitants du Familistère sont électeurs. Cette fois, 105 mentions honorables sont distribuées[45]. Pour atteindre ce nombre, il aura fallu à nouveau descendre bas, jusqu'aux lauréats désignés par 3 voix en l'occurrence. La proclamation des résultats a lieu dans le théâtre qu'on inaugure alors. Le 6 juin, le banquet prend place dans la cour de l'aile gauche. Il rassemble plus de 500 convives : ouvriers résidant au Familistère, employés, chefs de services, enfants des écoles et 50 ouvriers non familistériens. « De ces 50 privilégiés, 4 avaient obtenu quelques voix dans le scrutin préparatoire, 9 étaient du nombre des travailleurs distingués par leurs notes de fabrication, et 37 appartenaient à la masse des gens dépourvus de capacité marquante et ignorés du suffrage. Manifestement, on avait voulu user de générosité envers ces camarades peu favorisés, sans prendre garde, une fois de plus, que l'on tournait ainsi le dos au but poursuivi par Godin : la mise en lumière des capacités[46]. »

Au total, le bilan d'ensemble des trois années 1868, 1869 et 1870 est plutôt décevant au regard des espérances et des critères de Godin[47]. Les ouvriers n'ont bénéficié d'aucun grand prix, à la différence des employés qui en ont recueilli quinze. Par ailleurs, contrairement à ce que souhaitait Godin, les votes ne consacrent pas les mérites. Le total des candidatures et des prix au bénéfice des ouvriers retenus par la voie électorale uniquement va même croissant. À l'inverse, la part des candidats ouvriers désignés par l'élection et au titre de la capacité effective va diminuant (32 prix alloués en 1868 contre 13 en 1870). Parmi les ouvriers candidats pour raison de capacité seulement, le chiffre des lauréats augmente certes, mais grâce aux troisièmes prix pour l'essentiel. En bref, désaveu cinglant pour le fouriériste Godin, l'écart s'accentue avec les années entre les désignations résultant de la capacité effective et celles résultant du suffrage. Les expériences s'achèvent là. En 1871, de toute manière, la fête du Travail n'a pas lieu. Les Prussiens occupent la place.

[4. L'attribution de primes par vote

Fini donc les élections ? Pas vraiment. Godin n'est pas homme à baisser les bras. Bien qu'il ait échoué à allier vote et reconnaissance des capacités, Godin reste persuadé que la juste rémunération du mérite est le meilleur moyen d'optimiser la répartition des revenus, de pacifier les relations sociales et de faire converger les efforts individuels en direction du bien commun. Très vite, Godin tire les leçons de l'échec. Il faut éviter les oublis graves, désamorcer les cabales entre électeurs, limiter le décalage entre l'élection et le mérite par contrôle du travail effectué... Pour ce faire, ne convient-il pas de maintenir un vote ouvert et, tout en même temps, de resserrer les groupes d'électeurs pour mieux profiter de la connaissance mutuelle ? Dans un tel esprit, Godin se propose d'expérimenter une nouvelle formule. Et il le fait avant même que l'on tire les leçons du vote de la fête du Travail de 1870. Les employés testeront les premiers la pertinence du nouveau modèle. En janvier 1870, Godin rédige la note suivante : « J'ai l'honneur de prévenir Messieurs les employés à la comptabilité qu'une somme de 400 francs sera à répartir, chaque mois, entre eux, depuis le 1er janvier de cette année. Ma santé ne m'a pas permis de m'occuper des moyens de répartition de cette somme : je livre cette question dès maintenant à leur examen. Une somme proportionnelle sera affectée aux employés des ateliers[48]. »

Comment répartir la somme mise en jeu ? Courant février, sept propositions parviennent à la direction[49]. Elles émanent de membres attachés à la comptabilité générale, aux bureaux d'ateliers et à l'habitation unitaire. Toutes suggèrent d'en appeler au suffrage pour allouer la prime. Mais aucune des propositions n'est jugée suffisamment intéressante pour être retenue et appliquée telle quelle. À défaut, et pour la période qui court de janvier à août, Godin propose de répartir le dixième des appointements en éprouvant simultanément deux méthodes proposées par ses salariés, l'une basée sur l'usage de bulletins de vote collectifs, l'autre sur celui de bulletins individuels.

[Les résultats de la première méthode

Entrons dans le détail des opérations qui, à nouveau, ne souffrent guère de simplicité. En janvier 1870, la somme à répartir s'élève à 888 francs, non à 400 comme Godin avait pu le proposer initialement. Le montant représente le dixième des appointements donnés aux 66 employés de la comptabilité générale, des bureaux d'ateliers et des services de l'habitation unitaire. Pour tester la méthode du vote collectif, 63 employés sur 66 sont d'abord répartis par la voie du tirage au sort en 9 groupes comptant chacun 7 membres. Les trois personnes écartées sont non électrices. Il s'agit d'adolescents pour lesquels il est néanmoins possible de voter et pour lesquels, de fait, on vota. Le principe de base est le suivant : lors du vote, chaque travailleur attribue à chacun des membres extérieurs à son groupe la part de la prime globale qu'il juge la plus juste. Nul donc ne peut voter pour soi, ni pour les membres de son groupe. Chaque bulletin rappelle la philosophie qui doit présider au choix. « Pour servir utilement à une équitable rémunération des services de chaque employé, chacun d'eux devra tenir compte de la proportion des appointements avec la capacité de l'employé ; de son assiduité et de son aptitude au travail ; et de l'obligeance qu'il sait apporter dans ses rapports avec ses collègues pour la bonne marche du travail. » Chaque groupe est destinataire d'un bulletin de vote collectif qui comporte autant de colonnes qu'il y a de membres. En ligne figurent les noms de tous les employés, classés par ordre alphabétique. Chacun inscrit les résultats de ses préférences dans la colonne qui lui a été affectée par tirage au sort. Chaque groupe commence par rayer les noms des 7 membres qui le composent. Il reste donc 56 personnes (plus 3 adolescents) auxquelles il convient d'attribuer des quotités.

Le vote est, selon le bon vouloir, l'agrégation des préférences individuelles ou le produit de délibérations. Autrement dit, soit chacun attribue une note à l'ensemble des personnes extérieures à son groupe (ce qui représente 59 × 7 = 443 votes possibles), soit les uns et les autres se concertent en interne de façon à attribuer en commun les 59 quotités. En janvier, quatre groupes (2, 3, 6 et 8) optent pour la première solution, tous les autres pour la seconde. Parmi ces derniers, le groupe 1 et le groupe 4 laissent une trace écrite intéressante, qui justifie leur manière de procéder[50]. Les membres du groupe 1 expliquent ainsi qu'ils sont « incompétents pour l'application à faire sur les noms restés en blanc ». Il se trouve que lesdits noms sont ceux de huit employés qui perçoivent 200 francs ou plus par mois[51] ainsi que celui d'un contremaître, qui bénéficie d'un salaire de 175 francs, mais « dont le travail comporterait toute une part de recherches et d'innovations industrielles ». Les membres du groupe 4 notent pour leur part « qu'ils se sont systématiquement imposé l'obligation de ne pas voter pour les traitements atteignant ou dépassant le chiffre de 200 francs par mois ; non pas qu'ils pensent que ces traitements puissent être trop élevés ou non mérités, mais parce qu'ils impliquent la double rémunération du travail proprement dit et celle du concours moral que leurs titulaires peuvent donner à l'établissement ». Or, concluent-ils, de cette dernière composante il est impossible de fournir une juste appréciation.

Les archives n'ont pas gardé trace malheureusement de l'ensemble des 3 717 bulletins. Selon Marie Moret, il est possible néanmoins de faire l'estimation suivante : 1 900 voix pour une quotité inférieure à 20 francs, 1 260 pour une quotité variant entre 20 et 50 francs, 10 entre 50 et 75 francs. Les abstentions et les attributions de prime nulle atteignent 547 voix. Lors des scrutins qui suivent, les abstentions et les zéros (*i.e.* les bulletins nuls) gagnent encore du terrain : 1 300 en février, 1 800 en mars, 1 900 en avril, 2 600 en mai. Comment expliquer l'importance puis l'élévation permanente du nombre de ceux qui s'abstiennent ou attribuent une somme nulle ? Des mobiles d'ordre personnel (jalousie, rancune, hostilité, etc.) ont certainement pesé en défaveur des uns et des autres. Par ailleurs, dans la mesure où nombre de votants manifestent leur préférence en dotant ceux qu'ils choisissent de quotités élevées (supérieures à 20 francs dans bien des cas), la somme restant à répartir s'amenuise rapidement, ce qui oblige à distribuer de nombreux zéros[52].

[La voie individuelle

Examinons maintenant les résultats obtenus à l'aide des bulletins de votes individuels. Dans ce second système, les employés sont divisés en cinq groupes qui se distinguent selon la nature des activités effectuées. Les électeurs doivent remplir un bulletin dont l'en-tête rappelle à nouveau le sens et les critères du vote. L'objectif consiste désormais à répartir la prime entre les membres de son service, mais en ayant soin de s'écarter soi-même de la distribution. La compilation de ces bulletins permet de dresser des tableaux par service, qui synthétisent les choix de chaque individu au profit de ses collègues proches.

Dépouillement des votes individuels pour l'économat (janvier 1870)

Membres Maximum attribuable (10e des appointements)	Briquet 125	Colbrant 166,65	Cronier 40	Bessene 60,06	Godin Rémy 150	Lagrillère 66,65	Liénard 55,71	Nadaillac 250	Véron 85
1	40	5	15	10	0	30	0	0	0
2	60	0	20	10	5	0	5	0	0
3	25	10	15	5	15	25	5	0	0
4	25	10	10	5	0	15	5	20	10
5	20	5	15	0	10	20	10	10	10
6	30	10	0	15	5	30	5	5	0
7	25	0	15	10	0	25	10	0	15
8	20	15	15	10	15	10	0	10	5
9	0	0	10	20	15	35	5	0	15
Totaux	**245**	**55**	**115**	**85**	**65**	**190**	**45**	**45**	**55**
Moyennes	**27,22**	**6,11**	**12,77**	**9,44**	**7,22**	**21,11**	**5**	**5**	**6,11**

V(1)-2, fonds FGP.

Lecture : chaque personne (représentée de façon anonyme par un chiffre en ligne) doit répartir l'enveloppe attribuée au service (100 francs dans le cas présent) entre ses différents membres. Elle doit veiller : 1) à ne pas s'attribuer d'argent à elle-même (dans chaque ligne, il faut donc trouver au moins un zéro) ; 2) à ne pas dépasser pour chaque attribution le montant auquel le bénéficiaire peut prétendre, soit le dixième de ses appointements (la somme est indiquée pour chacun dans la première ligne du tableau).

Commentant cette seconde manière de procéder, Marie Moret indique qu'elle présente un avantage essentiel. Pour en prendre la mesure, il faut d'abord supposer que chaque électeur aura tendance en moyenne à attribuer à chacun des membres de son service le dixième de ses appointements pour réserver l'allocation de l'équivalent de son propre dixième (qu'il ne peut s'octroyer) aux collègues méritants. Plus l'électeur touche un salaire élevé, plus il aura de latitudes pour récompenser autrui. Tel est bien, aux yeux de Marie Moret, l'un des intérêts de la formule. Mais, surtout, les résultats des votes obtenus de la sorte confirment combien il semble préférable d'opter pour la méthode des bulletins individuels. Le dépouillement des 940 bulletins fournit en effet les données suivantes : 63 abstentions imputables au fait de ne pouvoir voter pour soi-même, 96 abstentions ou zéros, 543 votes de sommes inférieures à 20 francs, 238 votes pour des sommes comprises entre 20 et 60 francs. Non seulement le taux d'abstention est plus faible mais, de surcroît, aucune allocation ne dépasse 60 francs alors que certaines atteignaient les 75 francs avec la méthode des votes collectifs.

À y regarder de plus près cependant, deux défauts tempèrent lourdement l'option individuelle. Pour garantir la conformité des procédures et assurer toute légitimité au mode de répartition des primes, il convient d'examiner chaque bulletin de façon à s'assurer qu'aucun électeur ne s'est octroyé une part de l'enveloppe mise en jeu. Le vote n'est donc pas anonyme, à la différence de la méthode précédente. L'examen attentif des votes réalisés dans les cinq services révèle par ailleurs des stratégies d'alliance. On le voit clairement par exemple dans le tableau précédent. Briquet (n° 9) et Lagrillère (n° 2) se sont manifestement entendus : le premier alloue 35 francs, soit plus d'un tiers de la prime totale, au second ; ce dernier en retour paye encore plus généreusement son acolyte puisqu'il lui attribue 60 francs ! Lagrillère a, semble-t-il, passé un accord similaire avec Cronier (n° 6), qui est le plus mal rémunéré du service. Le premier alloue 20 francs à son collègue, qui le lui rend bien par le truchement d'une allocation de 30 francs. Le même phénomène se constate dans les autres services. « Dans le groupe des modèles, la partialité est plus criante encore. Celui-ci vote 210 francs d'appointements à un apprenti qui en touchait 16 ; ces deux autres, rétribués 90 francs et 127,90 francs par mois, s'accordent mutuellement des allocations de 60 francs, soit 600 francs de salaire mensuel. En revanche, ils s'entendent pour rayer trois de leurs camarades, et, parmi eux, le travailleur le plus payé de tous, un sculpteur ornaniste que l'on rétribuait alors 515 francs par mois, mais dont on se disposait à améliorer encore la situation, tant son talent était profitable à l'usine[53]. » Outre que le scrutin n'est pas secret, deux biais faussent, en résumé, cette seconde méthode : l'entente possible entre les employés d'une part, la volonté de réduire les inégalités d'appointements d'autre part. Décidément, Godin ne semble guère entendu.

[Comparaison et décision

Si l'on compare les résultats obtenus à l'aide des deux méthodes, on peut constater qu'en moyenne les primes attribuées sont d'un ordre de grandeur similaire. Elles oscillent entre 25,29 francs (pour la plus forte moyenne d'allocation) et 1,10 franc (plus faible moyenne) dans les groupes assemblés par tirage au sort (première méthode). Pour les groupes constitués sur une base professionnelle (seconde méthode), les extrêmes sont, respectivement, de 27,22 francs et de 2,05 francs. Le classement obtenu par l'une et l'autre méthode diffère en revanche fort sensiblement : un des trois ouvriers les mieux payés de l'usine occupe le huitième rang dans la méthode des votes individuels, il est classé 58e dans l'autre cas. Ces décalages sont fréquents : un ouvrier est 2e dans la première liste, 60e dans la seconde ; un autre cumule une 5e place et une 52e place, etc. Au total, un peu moins de la moitié des salariés peuvent se targuer d'occuper des rangs à peu près similaires dans les deux listes finales. À l'issue de cette première expérimentation, la décision est prise. Pour poursuivre l'expérience, aussi imparfaite soit-elle, la première méthode est la bonne. C'est elle qui, effectivement, est utilisée à l'occasion des quatre scrutins organisés entre février et août 1870. Mais les résultats n'apportent pas satisfaction. La guerre franco-allemande qui s'ouvre à la mi-juillet précipite de toute manière la fin du dispositif.

L'examen des résultats obtenus à l'occasion des quatre sessions révèle qu'aucun candidat ou petit groupe de candidats n'est en capacité de faire porter sur lui la majorité des voix. Plus encore, bien que les groupes soient tirés au sort, les employés apprennent rapidement à former des coalitions d'intérêts et à faire jouer à leur profit réciproque les ententes préalables. « Enhardies par le succès et la liberté – car le Fondateur du Familistère s'est résolu à rester simple spectateur des événements –, des négociations suspectes se poursuivent ouvertement : ici, c'est X qui, ayant voté 770 francs de primes à dix de ses amis, obtient de sept d'entre eux des primes égales à celles qu'ils ont reçues de lui ; là, c'est Z, à qui sept complices rendent vote pour vote, après qu'il a disposé en leur faveur d'une somme totale de 750 francs[54]. » Le bilan n'est pas entièrement négatif pour autant. Faute de jouer la carte du mérite, les employés de Godin manifestent à travers leurs votes une morale de la solidarité. Ils profitent en effet du dispositif électoral pour réduire les écarts de revenu. Les électeurs allouent de meilleures primes aux moins rémunérés d'entre eux et tirent, à l'inverse, vers le bas ceux qui bénéficient déjà d'appointements élevés[55].

La guerre puis le départ de Godin pour Versailles marquent un coup d'arrêt aux expérimentations. Pour mieux assumer ses responsabilités politiques, Godin délègue à cette occasion ses tâches de gestionnaire. Il convie cinq employés, qui cumulent les statuts de chefs de service et de familistériens, à prendre la responsabilité des affaires de l'usine et de l'habitation unitaire. Les nouveaux promus forment une commission dont la mission est de remplacer le fondateur durant les sessions de l'Assemblée nationale. Bien qu'absent, Godin ne se résout toujours pas à abandonner le principe de la reconnaissance des mérites par le vote et, dès le début du mois de juillet 1871, il demande à la nouvelle commission de réfléchir aux moyens de désigner les meilleurs employés pour les faire participer ensuite aux bénéfices de l'usine. Godin renvoie à ce sujet aux principes édictés dans *Solutions sociales*, qui vient à peine de paraître. La mission est redoutable. Dans son ouvrage, Godin recense, on s'en souvient, quatre facteurs qui appellent reconnaissance et rémunération : la nature dont la part doit revenir aux invalides, aux faibles, à l'éducation des enfants… ; le capital (rémunéré sous forme d'intérêt) ; le travail (qui justifie le salaire et les appointements) ; et, enfin, le génie, qui « se rend utile au Travail et au Capital par ses découvertes, par les moyens de perfection, et par l'assistance qu'il donne au développement de la Production[56] ».

Comment débusquer et mesurer ce dernier facteur, ainsi que Godin le demande ? Jusqu'à présent, aucune méthode ne s'est révélée satisfaisante. Après de longues hésitations, la commission administrative ne trouve pour toute solution, en mai 1872, que le contrôle de la ponctualité au travail. « Une commission de trois membres fut élue après des tergiversations et proposa la création de deux registres de présence, l'un pour les ateliers et l'autre pour les bureaux, où seraient inscrites tous les matins, avec la signature des intéressés à l'appui, les heures d'arrivée du personnel. Une prime de 15 francs devait être donnée "à l'employé de chacune des deux catégories qui aurait eu le plus d'exactitude pendant tout le mois."[57] » À la même période, certains suggèrent de réviser également le système de rémunération, mais cette proposition reste lettre morte. En instituant un contrôle sur le travail, la commission suscite le trouble. Des tensions surgissent dans l'usine, et les désaccords se font entendre publiquement, y compris parmi les responsables. Déçu de son action, Godin finit par dissoudre la commission le 27 juin 1872. Au demeurant, Godin n'a pas attendu cette date pour proposer ses propres solutions. Le 20 septembre 1871, il avait déjà annoncé la création d'un livre d'honneur destiné à consigner le nom des employés et des ouvriers exceptionnellement méritants[58]. Le 6 novembre 1871, une affiche est placardée dans les ateliers de l'usine.

> Messieurs les ouvriers sont informés qu'un registre est ouvert afin de recevoir l'inscription de tous ceux qui parmi eux se distingueront par une innovation utile dans les travaux de l'établissement. Une prime sera accordée à chacun d'eux suivant l'importance des perfectionnements qu'ils auraient découverts. La règle servant à déterminer ces primes sera fixée ultérieurement par le conseil d'administration. Dès à présent, il est alloué à M. Vitoux Virgile la somme de 50 francs pour une nouvelle targette ; à M. Coutellier la somme de 50 francs pour une embase aux arbres de torréfacteurs ; 25 francs seront payés immédiatement et 25 francs le 31 décembre prochain. Le règlement définitif sera fait quand les économies résultant de ces changements pourront être calculées.

Le 2 décembre, une autre affichette vient préciser les règles du jeu. Chaque travailleur pourra venir inscrire son nom et l'intitulé de son innovation sur un livre déposé dans le bureau de Godin. Le chef d'atelier pourra, le cas échéant, faire la démarche à la place de l'ouvrier. Le 26 février 1872, un nouvel avis est apposé, qui indique aux mouleurs qu'il sera « dorénavant alloué dans chaque atelier de fonderie une prime d'encouragement de 5 francs, deux fois par mois, aux deux ouvriers qui auront produit le plus, relativement, pendant 15 jours, tout en ayant fait le travail le plus irréprochable (...). Il sera accordé une prime de 5 francs, deux fois par mois, à l'ouvrier mouleur de chaque atelier de fonderie qui fera les plus petits jets relativement aux dimensions de ses pièces et qui gaspillera le moins de fonte. Le même mouleur pourra toucher la récompense deux fois de suite, mais après il restera un mois sans y avoir droit, afin qu'un grand nombre d'ouvriers puisse en profiter ». Pour la période qui court de la fin 1871 à la fin 1872, trente ouvriers bénéficient d'un tel dispositif, qui coûte à l'entreprise un total de 1 170 francs. Afin de développer l'esprit et la pratique de la participation, Godin met également en place à la même période six comités chargés d'aider à la réflexion collective sur les bonnes décisions à prendre en matière d'industrie (4 membres), d'expédition (3 membres), de modèles (4 membres), de contentieux, de recouvrement et de litiges (5 membres), d'approvisionnement (4 membres) et, enfin, de récompenses (4 membres). Largement investis par les chefs de service déjà présents dans la commission administrative, ces comités fonctionnent vraisemblablement jusqu'en 1877, date à laquelle Godin repense entièrement l'organigramme de l'usine et du Familistère.

[5. Les nouvelles expériences de 1872

Fort des leçons du passé, Godin organise à nouveau, au début de l'année 1872, un vote par bulletin individuel parmi les employés et à leur profit. Afin que seuls les travailleurs « les plus éclairés » participent au scrutin, le conseil décide d'écarter du corps électoral les plus jeunes ainsi que les adultes embauchés depuis moins de trois mois.

[Les erreurs de février

Un premier scrutin est organisé le 28 février. Les 48 employés sont répartis en huit groupes : conseil (8 personnes), comptabilité (5), correspondance (6), expéditions (6), quinzaine (6), études (7), modèles (5) et fabrication (12). La méthode proposée diffère quelque peu des précédentes, puisqu'il s'agit avant tout de classer et de se classer. Désormais, chaque électeur reçoit deux bulletins de vote. Sur le premier sont consignés tous les noms des membres de son groupe, sur le second figurent ceux des 48 employés qui composent le corps électoral. Pour voter, chaque électeur inscrit sur chaque bulletin et en face de chaque nom, le sien y compris, trois numéros d'ordre correspondant aux trois mérites suivants : « exactitude et bon travail », « capacité et intelligence », « loyauté et justice dans les relations de travail ». Par addition des rangs attribués dans les groupes et dans l'ensemble du corps, il est aisé alors d'obtenir un classement final.

Bien que la méthode ne soit pas moins rationnelle que les autres, plusieurs raisons conduisent Godin à invalider l'élection de février. La première est que les membres du conseil figurent deux fois : une fois dans le premier groupe (le conseil) et une autre fois dans leur service d'appartenance (un des sept autres groupes). La seconde est le nombre élevé d'abstentions, notamment à propos des deuxième et troisième types de mérite, autrement plus délicats à apprécier que l'exactitude et la qualité du travail[59]. Les résultats d'ensemble enfin apparaissent bien peu cohérents : le premier élu du groupe « Conseil » ne figure qu'en 32e position sur la liste finale, le premier de la comptabilité en 33e, le premier de la correspondance en 25e, etc. Quatre des premiers élus dans les groupes sont classés, plus exactement, dans la seconde moitié de la liste finale.

À l'examen de cette nouvelle expérimentation, Jules Prudhommeaux en arrive pour sa part à la conclusion suivante : « De toutes les expériences qui viennent d'être passées en revue, une loi se dégage, que l'on pourrait formuler ainsi : la valeur d'un vote quelconque est en raison inverse de son extension. Le même électeur qui peut faire un choix raisonnable si on lui demande de désigner le plus digne parmi les sept ou huit collaborateurs de sa besogne quotidienne votera en dépit du bon sens s'il est obligé de se prononcer sur le mérite comparé de 48 collègues avec lesquels il n'a que des relations de travail lointaines ou intermittentes[60]. » Ce résultat ne surprend guère. Mais comment en tenir compte tout en évitant les pièges des votes limités à un petit groupe de salariés proches, qui ont tendance à laisser libre cours à leurs sentiments personnels (préférences, hostilités…) plutôt qu'à l'expression de jugements objectifs sur les mérites de chacun ?

[Le chant du cygne

En mars 1872, afin d'éviter les dérives des deux options opposées (vote sur liste générale et vote en groupes restreints), Godin et la commission administrative scindent la liste des employés en deux séries : d'un côté, les 42 employés de l'usine (répartis en cinq groupes), de l'autre, les 15 employés du Familistère (divisés en deux groupes, les hommes et les femmes). Il est ensuite proposé aux électeurs de voter de façon à répartir au sein de chaque groupe une prime dont le montant est proportionnel aux appointements reçus par ce dernier en 1871. Pour éviter enfin un travers fréquemment observé lors des expériences précédentes (l'allocation de toute l'enveloppe, ou presque, à une petite minorité), un minimum et un maximum d'attributions sont imposés à chaque électeur[61].

Après avoir voté par groupes, les employés de l'usine s'expriment une seconde fois à l'aide de « bulletins de série » sur lesquels sont portés les 42 noms. L'enveloppe globale à se répartir est de 88 540 francs, le minimum à attribuer à chaque personne est de 900 francs, le maximum de 7 000 francs. Parce que leur série n'est pas divisée selon la profession mais selon le sexe, les employés du Familistère n'ont pas à procéder de la sorte. Pour éviter néanmoins le risque que ne manque pas de provoquer un vote dans un groupe à la taille limitée, il est proposé que le contre-feu vienne non pas d'un vote général (comme pour les employés de l'usine) mais de propositions des deux conseils élus du Familistère, celui des hommes (12 membres) et celui des femmes (12 membres également).

L'élection, qui se déroule en mars ou en avril 1872 (la date exacte ne nous est pas connue), aboutit-elle à des résultats plus heureux que précédemment ? L'examen des votes confirme la propension des électeurs à réduire l'écart des rémunérations. Mais, à quelques exceptions près, la hiérarchie n'est pas bousculée. Un traitement statistique élémentaire de l'expérience de mars-avril 1872 permet d'obtenir des informations plus fines sur ce sujet[62]. Il se confirme que, en moyenne, les groupes ne jouent ni la carte de l'égalitarisme absolu, ni celle de l'inégalité la plus radicale. Le plus intéressant est que la propension varie nettement d'un groupe à l'autre : le plus égalitaire est le groupe des femmes du Familistère, le moins égalitaire est le service « Expéditions et quinzaines ».

Godin poursuit l'expérimentation le 18 juin 1872, mais avec une autre méthode encore. Les 42 employés de l'usine et les 15 salariés du Familistère votent à nouveau à l'aide de deux bulletins chacun, l'un dédié au groupe d'appartenance, l'autre à la série entière. Comme le 28 février 1872, Godin demande à chaque électeur d'évaluer ses pairs sur la base de trois critères : « exactitude et bon travail », « capacité et intelligence », « justice dans les relations de travail ». Chacun doit attribuer une note variant entre 0 et 20 pour les mérites considérés. Il ne s'agit donc plus cette fois de classer les individus mais simplement de quantifier leurs capacités. L'exercice est donc plus aisé. Est-ce là une conséquence ? Le taux d'abstention s'avère en tous les cas beaucoup plus faible en juin (un dixième des inscrits) qu'en février (près de la moitié).

Bien qu'il puisse apparaître comme un nouvel avatar des multiples expérimentations imaginées par Godin, le scrutin du 18 juin est porteur d'informations intéressantes. Avec cette méthode, les conflits, les marques d'hostilité tout comme les alliances et les signes de proximité s'affirment sans fard. Dans le groupe « Études et modèles », par exemple, l'employé dont les appointements sont les plus élevés est classé dernier, alors qu'il était troisième à l'aide de la méthode précédente. C'est que la personne ne doit pas laisser indifférente. Un de ses collègues lui octroie trois zéros, un autre 2, tandis que deux autres la notent 20 pour toutes ses qualités ! Le système de notation favorise chez certains la logique du tout ou rien. Pourquoi s'embarrasser de notes intermédiaires pour traduire ses sentiments ? Ce sera 0 ou 20, rien d'autre. Presque un tiers des électeurs qui ont déposé un bulletin dans l'urne utilisent les notes extrêmes pour, formellement, évaluer les qualités de leurs pairs mais, en fait, révéler l'état des relations qui les lient avec chacun d'eux. Fait passé sous silence par J. Prudhommeaux, premier et principal commentateur des expériences de Godin, Marie Moret est la plus sévèrement notée : au sein du groupe des femmes du Familistère auquel elle émarge, elle arrive bonne dernière avec onze zéros ! L'appréciation est sévère et peu glorieuse.

En dépit d'un résultat si désastreux, Godin ne désarme toujours pas. Le 23 juin, il teste une dernière formule à l'occasion de la fête du Travail. Pour désigner les personnes dignes de bénéficier d'une mention honorable, Godin adopte à nouveau la méthode expérimentée en 1870. Les 6 et 7 juin, Godin avait appelé les ouvriers des ateliers à s'organiser en huit sections afin de désigner par le vote ceux d'entre eux qui, en plus des ouvriers jugés capables par leurs supérieurs et des fondeurs et ajusteurs primés (les titulaires d'une ou de plusieurs primes instituées par Godin au début de l'année 1872), pourraient figurer sur la liste des éligibles. Les noms de 125 personnes sortent des urnes : 67 ne sont qu'élus, 21 sont élus et primés, 37 sont élus et jugés capables par leur hiérarchie. À cette première liste Godin ajoute une seconde, forte de 103 noms non retenus par les votes, mais dont 10 ont été primés et jugés capables, 36 uniquement primés et 57 seulement jugés capables. Le 23 juin, tous passent le test de l'élection, et avec eux 71 salariés du Familistère ainsi que 89 employés de l'administration générale, soit au total 388 candidats, auxquels il faudra ajouter deux noms imposés par les électeurs alors qu'ils ne figuraient pas sur la liste des personnes éligibles. Du point de vue de la doctrine de Godin – celle de la révélation des capacités par le vote –, le résultat est plus catastrophique que jamais. Le pourcentage des salariés jugés capables par leur hiérarchie mais complètement tenus à l'écart par l'ensemble du corps électoral n'a cessé de croître avec les années. La proportion des ouvriers « capables » et non reconnus par les urnes est d'un cinquième environ en 1868, elle atteint le quart l'année suivante et la moitié environ en 1870 et en 1872.

Lors de la fête du 23 juin 1872, il est décidé, après le vote général, que seuls les salariés ayant reçu au moins cinq voix seront proclamés lauréats et qu'ils recevront à ce titre une mention honorable. Ils sont 95 dans ce cas. Indicateur plus intéressant encore : sur les 48 ouvriers « capables » qui recueillent au moins une voix, 9 seulement passent la barre. « Cette fois, la condamnation du suffrage comme procédé de révélation se dégageait des faits, évidente et sans appel possible[63]. » En dépit des vicissitudes liées au vote, Godin ne renonce toujours pas à mettre à l'honneur les travailleurs qui se sont distingués soit par leurs loyaux services, soit par leur sens de l'innovation. Mais les procédures utilisées seront désormais beaucoup plus simples et surtout plus classiques.

[6. La fin des votes

Dans une convention qu'il fait signer à son personnel le 24 février 1873, Godin stipule que « les primes, gratifications ou récompenses qu'il peut convenir à M. Godin d'accorder à ses employés ou ouvriers en sus de leurs appointements ne constituent aucun droit, ni aucune obligation pour l'avenir[64] ». Le ton est donné. Après s'être heurté à des échecs répétés en tentant de lier le vote et le talent, Godin se résout à envisager tout autrement la question de la répartition des bénéfices et du choix des employés à récompenser. La mort dans l'âme, il lui faut accepter l'impossibilité d'utiliser le vote comme un outil de gestion juste et efficace.

[Participation aux bénéfices et récompenses : le tournant de 1873

À défaut donc de pouvoir laisser le collectif juger par lui-même, Godin reprend la main. En 1873, il verse à plusieurs de ses employés un bonus de 10 % sur les appointements qu'ils ont perçus l'année précédente. Un avis affiché le 17 avril 1873 invite par ailleurs les ouvriers et employés à informer des améliorations que chacun pense avoir apportées dans le cadre de sa fonction au cours de l'année 1872. Ceux qui répondront verront leur nom figurer aux côtés de ceux qui, déjà, sont présents dans le *Livre d'honneur des mérites*. 31 personnes se manifestent ou sont signalées, 17 sont récompensées après examen de leurs mérites réels. Pour avoir fait preuve de capacité, elles touchent des récompenses variant entre 52 et 2 000 francs. « À ces primes, dont les titulaires, désignés par Godin, furent surtout des ouvriers, vint s'ajouter un prélèvement sur les bénéfices, égal à 10 % des salaires et appointements des intéressés. Le total de cette répartition atteignit 14 243,28 francs et le paiement en fut effectué dans le courant du mois de mai, peu de jours avant la fête du Travail qui fut célébrée, cette année-là, le 1er juin[65]. »

Le jour de la fête, 111 travailleurs sont à l'honneur. Ils reçoivent un diplôme sur lequel il est indiqué que la mention honorable leur est délivrée par les suffrages des conseils du Familistère et des délégués des ouvriers[66]. Mais qui sont ces délégués ouvriers ? Dans ses documents biographiques, Marie Moret rapporte que le système de délégation a été mis en place par Godin en 1870 afin de permettre aux ouvriers de désigner ceux d'entre eux qui méritent de faire valoir leurs qualités auprès de la hiérarchie. L'idée est soumise aux conseils du Familistère à l'occasion de la préparation de la fête du Travail, mais elle reste lettre morte. En mai 1873, Godin souhaite lui donner une seconde chance. Il s'appuie pour ce faire sur un comité de vingt délégués élus qui a pour fonction de régler les litiges et d'administrer la caisse de prévoyance de l'usine[67]. En vue de la fête du Travail, ceux-ci ont pour mission de dresser une liste des ouvriers et employés méritants, se munissant pour ce faire d'un ensemble de critères objectifs : notes de fabrication, primes mensuelles, propension à innover… Les conseils du Familistère n'interviennent que dans un second temps pour modifier, si nécessaire, le classement établi par les délégués. Lorsqu'ils examinent la liste qui leur est fournie, les conseils n'ont que peu à redire. Ils se contentent d'une seule et unique modification. Ainsi élaboré, le classement est complété par la création de différents prix assortis de récompenses pécuniaires[68] : 1 prix d'excellence (100 francs), 3 grands prix et 9 prix d'invention (50 francs), 14 premiers prix (25 francs), 25 deuxièmes prix (15 francs) et 59 troisièmes prix (10 francs).

Les résultats obtenus à l'aide de cette procédure centralisée révèlent toute la distance avec les anciennes méthodes. « L'ouvrier qui reçut le prix d'excellence n'avait obtenu qu'une voix au scrutin de 1867 et un modeste deuxième prix en 1870. Des trois premiers prix, l'un échut à un instituteur, et les deux autres revinrent à deux ouvriers aussi recommandables par l'ancienneté que par le mérite. Or, le premier, un mouleur, n'avait remporté jusqu'alors que des seconds ou des troisièmes prix ; l'autre, un ajusteur, frustré par les électeurs de toute récompense, n'avait recueilli au cours des cinq années antérieures qu'un total de sept voix ![69]. » Bien qu'insatisfaisante sur le plan de la méthode, la nouvelle manière contente davantage, on le devine, la direction du Familistère. Sans surprise, les années qui suivent n'enregistrent plus de modifications majeures.

Lors de la fête du Travail de 1874, le procédé est similaire. En plus cependant de l'allocation des gratifications et des primes[70], une aide monétaire est fournie aux familles les plus durement affectées par la conjoncture économique. L'année suivante, la crise atteint son acmé. Vingt-trois employés sont néanmoins mis à l'honneur. À partir de 1876, les prémices d'un nouveau tournant sont perceptibles.

Libéré de ses charges de député puis débarrassé en 1877 des soucis d'un procès en séparation au long cours, Godin réfléchit à la manière d'associer le travail au capital. Le vote s'est avéré un échec. La façon dont Godin pouvait jusqu'à présent distribuer des parts de bénéfice à ses collaborateurs en toute discrétion (en déterminant selon son bon plaisir l'importance, le mode de paiement et le bénéficiaire) semble aussi poser problème au fondateur lui-même. Il est grand temps de marcher résolument vers une vraie participation des travailleurs au capital de l'entreprise, selon des règles et des procédures rationnelles. Godin se lance dans l'aventure dès le mois de mai 1877 en créant sur papier libre un titre provisoire qu'il distribue à 50 personnes. L'année suivante, il propose des titres de participations proportionnels aux salaires et appointements aux volontaires, d'abord peu nombreux, qui souhaitent le suivre dans l'aventure. Le chemin est ouvert vers l'Association du capital et du travail.

[Heureux primés

Tôt germé dans l'esprit de Godin, le projet d'Association qui voit le jour en 1880 transforme les salariés en capitalistes. Cette rupture d'importance ne met pas fin aux modes de rémunération antérieurs du travail par salaire et appointements. Il en va de même pour les gratifications et les primes, qui sont distribuées selon des modalités similaires à celles arrêtées en 1873. En 1880, *Le Devoir* publie une liste de 75 salariés (dont 6 de l'usine de Laeken) récompensés. Tous perçoivent une prime pour les mérites et les qualités qui sont les leurs[71]. Il appartient désormais au conseil de gérance, sur avis des responsables d'atelier, de désigner les personnes méritantes qui touchent une part de 2 % des bénéfices que les statuts de l'Association mettent à la disposition dudit conseil pour récompenser les services exceptionnels. D'un montant variant entre 40 et 500 francs, les primes vont pour plus de moitié (42 personnes) à des ouvriers, mouleurs et ajusteurs principalement. En 1881, les sommes distribuées oscillent entre 20 et 650 francs. En 1882, *Le Devoir* n'indique pas les modalités d'attributions individuelles des 15 000 francs distribués.

La répartition des primes en 1880, 1881 et 1882 à l'usine de Guise

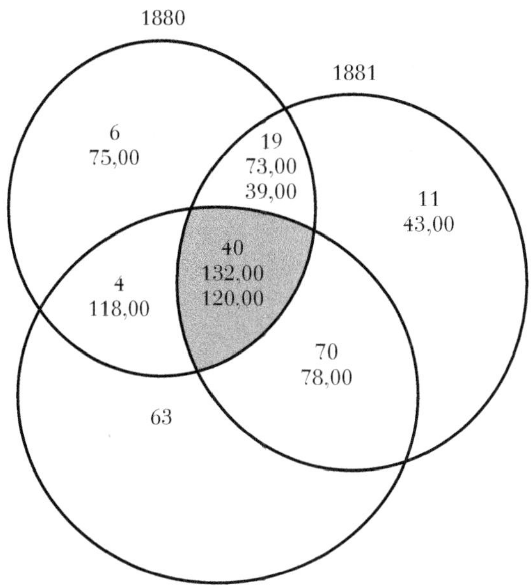

Lecture : 19 personnes ont bénéficié de primes en 1880 et 1881 pour un montant moyen, en 1880, de 73,00 francs et, en 1881, de 39,00 francs.

L'analyse de la répartition des primes distribuées pour les années 1880, 1881 et 1882 dans l'usine de Guise (compte non tenu donc de celle de Laeken) montre que le nombre de bénéficiaires a évolué : 69 en 1880 pour un montant moyen de 110 francs, 140 en 1881 pour une moyenne de 82 francs, 177 en 1882 pour une attribution moyenne de 85 francs environ. Comme le suggère le graphique précédent, certaines personnes bénéficient de primes trois ans de suite tandis que d'autres n'en touchent que ponctuellement. La grande majorité des travailleurs est tout bonnement privée, quant à elle, de ces suppléments de revenu. Un noyau dur d'une quarantaine de salariés est doublement privilégié : non seulement tous sont sur les listes des personnes méritantes trois années de suite mais, en moyenne, ils se voient attribuer une prime de niveau supérieur. Ce noyau dur est composé pour une petite moitié (dix-sept personnes) d'employés (y compris les contremaîtres) et pour l'autre d'ouvriers (mouleurs et mécaniciens pour l'essentiel).

Les ouvriers et les employés ont-ils conscience que l'attribution des primes bénéficie à un nombre restreint d'élus ? La nouvelle formule laisse en tous les cas dubitatif. À l'été 1881, M. Duval, contremaître d'atelier, fait parvenir la lettre suivante au fondateur : « M. Godin, hier en causant des récompenses que l'Association apporte à ses membres pour les idées utiles, plusieurs parmi nous ont exprimé l'opinion qu'un ouvrier qui apporte une bonne idée à l'Association devrait avoir tout le bénéfice qu'elle peut faire réaliser et, après discussion, j'ai eu le regret de voir presque tous les auditeurs partager cet avis. Je vous prie, Monsieur l'Administrateur-Gérant de bien vouloir donner quelques explications sur ce sujet dans l'une de vos prochaines conférences[72]. »

Sommé de s'expliquer, Godin s'exécute lors de la conférence du 7 juillet[73]. Il tente de justifier le critère de justice utilisé. Il faut tout d'abord considérer la dimension collective. Sans le travail que lui procure l'Association, l'ouvrier n'aurait jamais pu imaginer une quelconque innovation de l'outillage, du produit ou encore des moyens de travailler. Parce que l'Association est faite pour œuvrer au profit de l'ensemble de ses membres, il est juste qu'elle fasse des bénéfices qui reviennent à tous, non à un seul. Il faut reconnaître ensuite que la récompense accordée à ceux qui font œuvre utile grâce à la production d'idées nouvelles est avant tout un honneur, non une source de revenu. Si chacun était mû uniquement par des intérêts individuels, si l'esprit de fraternité venait à manquer, l'Association courrait vite à sa perte. Enfin, ajoute Godin, comment imaginer que l'ouvrier seul puisse valoriser l'idée dont il est à l'origine ? En la matière encore, l'Association mérite de recevoir une part des bénéfices, car elle concourt directement à la fécondation des propositions d'amélioration.

Jusqu'à la mort de Godin, mais après également, le conseil de gérance récompense les travailleurs les plus méritants. Après avoir crû, le nombre des bénéficiaires va en s'amenuisant. Dans les deux usines de Godin, les personnes récompensées sont 75 en 1880, 145 l'année suivante, plus de 190 l'année d'après encore[74]. Elles ne sont déjà plus que 87 en 1885 et surtout à peine plus d'une vingtaine en 1886, 19 exactement en 1887 lorsque Godin préside sa dernière fête du Travail. La prime ne va alors qu'aux ouvriers qui se sont fait « inscrire pour des idées ou des propositions utiles », tel M. Gaucher, qui a procédé à l'établissement d'un livre à souches pour l'inscription des emballages à la charge des clients, M. Hennequin qui a inventé un nouveau montage économique des châssis ou encore M. Hanquet qui a installé une targette dans les cabinets du Familistère. Sept des personnes récompensées en 1887 appartiennent au noyau dur évoqué précédemment à propos des années 1880, 1881 et 1882. Dix ans après la mort du fondateur du Familistère, neuf travailleurs seulement sont célébrés à la fête du Travail et récompensés pour les propositions utiles et les améliorations réalisées. Et encore le conseil de gérance se réjouit-il du fait que cette année 1898 puisse consacrer quatre fois plus de personnes que l'année précédente !

*

Pour récompenser les mérites et attribuer primes et récompenses, le recours à la procédure électorale est une innovation de taille au moment où Godin lance ses différentes expérimentations. L'employeur socialiste jette ainsi les bases de ce qu'il pense être une démocratie. « La véritable démocratie, la démocratie organisée, c'est la hiérarchie du mérite, du savoir, de la capacité, établie sans privilèges et sans erreur dans toutes les fonctions, en vue du plus grand bien de chacun. Hors de là, c'est l'anarchie, c'est la confusion et le désordre dans les éléments sociaux. Je ne suis pas démocrate de cette dernière façon[75]. » Une telle pétition de principe ne pouvait guère convaincre ceux qui, égalitaristes, ne voyaient là que tromperie et poudre aux yeux. « Sous différents prétextes, primes à distribuer, etc., tous les ouvriers et ouvrières, âgés de plus de 16 ans, étaient invités à voter. Godin appelait cela de la démocratie industrielle. Sur ce terrain, il se heurta toujours à l'instinct profondément égalitaire du prolétariat. C'étaient toujours les plus mal payés qui étaient désignés par les suffrages. Les ouvriers cherchaient ainsi à diminuer la disproportion existant entre les petits et les gros. La démocratie n'approuvant pas sa manière de voir, il y renonça pour la dictature, sur le plan industriel s'entend[76]. » Si le jugement d'ensemble n'est pas inexact, le terme de dictature est excessif. Il est plus juste, me semble-t-il, d'affirmer qu'au Familistère la solidarité a aussi ses limites. Entre 1868 et 1870, faut-il le rappeler, aucun grand prix n'est décerné à un ouvrier. Ce qui n'est pas le cas du côté des employés.

Sans même évoquer le grand écart entre l'approche théorique du génie et les critères utilisés pour désigner les plus méritants, force est de reconnaître par ailleurs que la troisième loi de C. Fourier n'a pas été vérifiée. Godin n'a pas réussi à transformer le vote de ses salariés en dispositif révélateur du génie ou même, plus simplement, du mérite et du zèle. Godin a été obligé de mettre de l'eau dans son vin fouriériste. Il renonce, au moins en parole, à assimiler la récompense du talent à un revenu similaire aux autres pour l'associer « à un honneur, une distinction plutôt qu'à une rémunération[77] ». Lors de la fête du Travail du 5 mai 1878, Godin affirme encore haut et fort que les sommes dont il fait bénéficier ses ouvriers et ses employés reflètent plus qu'une simple coopération, plus qu'une petite participation aux bénéfices de l'industrie. Il s'agit de l'association réelle et réalisée du capital, du travail et du talent[78]. La conviction et le vocabulaire sont encore fouriéristes. Quatre mois plus tard à peine, la rupture est consommée. Godin explique que « la formule de Charles Fourier nous paraît donc imparfaite, et, malgré notre grande estime pour les travaux de ce penseur, nous jugeons que son projet de répartition est entaché de l'esprit de système qu'il apporte dans ses œuvres lorsque, à côté de ses lumineux aperçus sur l'association, il trace sur un plan préconçu les règles de l'organisation du travail[79] ».

Dans le même numéro du *Devoir*, Godin répond à d'anciens disciples de Fourier qui lui demandent s'il entend écarter le talent des facultés productives ayant droit à répartition. Assurément non, répond Godin. Simplement, le talent doit être compris comme une modalité particulière du travail. « Nous tenons la formule phalanstérienne pour imparfaite ; le talent n'est qu'un des modes de l'activité humaine compris sous la division du travail[80]. » Godin adopte désormais un schéma ternaire. Trois facteurs concourent aux richesses : la nature, dont les ressources doivent assurer un minimum social à tout être humain ; le travail, qui offre aux ouvriers et aux employés le droit de participer aux bénéfices produits par leur activité ; le capital, enfin, qui permet au prêteur de bénéficier d'une rémunération à hauteur des services rendus. Du talent, il n'est plus question. Godin confirme en revanche la loi qu'il avait précédemment édictée : la part de bénéfices, qui revient équitablement au capital et au travail, doit être proportionnelle au nombre de francs versés à chacun d'eux, sous forme d'intérêt pour le capital, de salaire et d'appointements pour le travail[81]. C'est ce modèle que Godin fait sien lorsque, en 1880, il fonde l'Association du capital et du travail. Auparavant, il se lance dans une autre aventure fouriériste – celle de l'organisation des travailleurs par groupes d'affinité – plus éphémère encore que les expérimentations menées entre 1867 et 1872.

8] [Groupes, unions de groupes et conseils d'unions

En dépit de l'échec qu'il essuie après avoir expérimenté une politique de rémunération du talent, Godin ne désarme pas. Pour donner corps à l'association entre le capital et le travail qu'en disciple, même hétérodoxe, de C. Fourier il appelle de ses vœux, Godin met en chantier en 1877 un nouveau modèle de représentation et de participation. Après 1871, Godin s'était éloigné de son usine pour assumer ses fonctions politiques. À son retour aux affaires économiques, Godin est plus persuadé que jamais que, sous le régime de l'association, les conflits fondront comme neige au soleil. L'accord des intérêts remplacera les antagonismes. « L'association pousse donc à la pratique du bien, de l'amour d'autrui, de la fraternité sociale[1]. » En 1876, les travailleurs de l'usine participent déjà aux bénéfices de l'entreprise. Le montant des revenus du capital qui leur revient est calculé au prorata du salaire et des appointements de chacun.

En réalité, Godin vise plus haut. Il ne s'agit pas simplement de lier financièrement les travailleurs au destin de l'entreprise. L'ambition est de transformer chaque travailleur en sujet actif capable de gouverner le monde industriel. Actuellement, constate Godin, les travailleurs sont à la merci des directions d'entreprise. Celles-ci engagent les ouvriers selon les besoins du moment et les congédient quand elles ne peuvent plus les occuper. « C'est une situation déplorable pour l'ouvrier et que l'association du capital et du travail atténuerait, du moins dans une large mesure. Qu'une association vienne à souffrir d'une crise industrielle qui rende inutile la moitié des bras employés, l'entreprise devra se séparer des ouvriers de passage ou des travailleurs les plus récemment embauchés, mais c'est l'association elle-même qui en décidera, et les membres les plus qualifiés, étant naturellement mis les premiers hors de cause, seront assurés de leur avenir[2]. » En transformant les travailleurs en capitalistes, l'association aboutira à une modification du régime de l'industrie grâce à la participation des travailleurs à la marche de l'entreprise. Ainsi seront évités les méfaits de directions pressées d'ajuster un peu trop rapidement leurs effectifs aux pulsations du marché. L'association fera plus encore. Elle incitera les travailleurs à améliorer l'efficacité du travail. L'entreprise pourra ainsi tenir la dragée haute à des concurrents qui, durant l'absence de Godin, continuent d'améliorer leurs produits et d'en créer de nouveaux. À Guise, on s'est contenté d'entretenir l'existant sans jamais chercher à innover. Il est temps de redresser la barre. L'association devrait y aider.

Comment, concrètement, faut-il procéder pour transformer les travailleurs en capitalistes innovateurs ? Godin puise à nouveau la réponse chez C. Fourier. La solution sera comme au Phalanstère l'organisation des hommes en groupes élémentaires. Si la matrice intellectuelle est fouriériste, l'application n'a que peu à voir cependant avec les desseins de C. Fourier. Durant le court temps de vie des groupes que, fort laborieusement, Godin met en place à l'usine et au Familistère, les travailleurs les plus impliqués œuvrent essentiellement, nous allons le voir, au perfectionnement du processus et des conditions de production.

[1. Passions, groupes et séries : le modèle fouriériste

Avant d'entrer dans le détail de l'expérimentation impulsée par Godin en 1877, un rapide détour par la théorie des groupes de C. Fourier s'impose. Celle-ci sert en effet de soubassement intellectuel à l'action du fondateur du Familistère. Pour comprendre la logique qui structure la réflexion de C. Fourier, il faut se souvenir que, aux yeux de ce dernier, les choses et les êtres obéissent à une même loi, celle de l'attraction. Newton du monde social, C. Fourier place la passion au cœur des interactions qui gouvernent l'attirance entre les hommes. Il s'agit bien de passion, non de désir. Car le support du désir se dérobe continûment sous les pas de l'homme. Tenter de le combler, c'est toujours produire de la tension et de l'irrésolu. La passion, tout à l'inverse, est soluble dans la satisfaction, même provisoirement[3]. Laissez libre cours à la passion, ou plutôt aux passions que la morale contient à l'excès, clame C. Fourier, et alors le monde social se transformera. Mieux, il s'organisera conformément aux règles universelles édictées par le Créateur.

[Passions, passions…

Les passions donc. Voilà autant d'« êtres démoniaques » que de nombreux philosophes tiennent pour des ennemis intimes de la raison. Il n'en est rien, estime C. Fourier. Il suffit de savoir dompter ces « tigres déchaînés », ou plus exactement de savoir structurer le monde sociétaire en séries passionnelles, ensembles de groupes dont chacun exerce une passion particulière. Mais de quelles passions est-il question au juste ? Dans ses écrits mâtinés de force sémantique mathématique et musicale, C. Fourier distingue douze passions de base (radicales), auxquelles il adjoint une passion pivotale. Les cinq premières sont sensitives, les quatre autres sont affectives (elles servent de soubassement à la constitution des groupes), les trois dernières sont distributives (elles sont à la base des séries).

La typologie des passions de C. Fourier

Passion foyère	*Passions sous-foyères*		*Passions radicales*
Unitéisme	Tendance au luxe	5 sensitives	Vue Ouïe Tact Goût Odorat
	Tendance aux groupes	4 affectives	Amitié Ambition Amour Familisme
		7 animiques	
	Tendances aux séries	3 distributives	Composite (engrenisme) Cabaliste (émulisme) Papillonne (alternisme)

D'après É. Poulat, *Les Cahiers manuscrits de Fourier*, p. 72. Reproduit dans C. Fourier, *L'Attraction passionnée*, Paris, Pauvert, 1967, p. 239.

Laissons de côté les passions sensitives pour nous intéresser aux passions animiques, pièces déterminantes de la sociabilité (groupes, séries). Pour C. Fourier, il existe quatre modes élémentaires de relations de groupes, qui correspondent terme à terme aux éléments matériels constitutifs de l'univers. Sur le mode majeur, on trouve d'abord l'amitié (terre) et l'ambition (air) ; sur le mineur, l'amour (arôme) et la famille (eau). Un groupe pivotal (feu) fait office de lien composé. Chaque groupe est le produit de deux principes complémentaires, l'un d'ordre spirituel (S), l'autre de type matériel (M)[4]. Les ressorts de la sociabilité varient selon les étapes de la vie. L'amitié prédomine au stade enfantin, l'amour prend le relais à l'adolescence avant que s'imposent l'ambition (phase de la maturité) puis le familisme (après 66 ans). Pour affiner sa théorie, C. Fourier distingue les groupes harmoniques des groupes subversifs. Dans les premiers, la dominante (ou passion réelle) est conforme à la tonique (ou passion d'étalage). Tel n'est pas le cas en revanche du second type de groupe où les deux s'opposent. Il s'agit par exemple des « assemblées d'étiquette, où l'on ne ressent pas l'ombre du dévouement qu'on y affecte. Chacun y vient dans des vues particulières d'ambition, de galanterie, de gourmandise, tout en prétendant que l'amitié vive et pure est son seul mobile[5] ». C. Fourier conforte sa théorie générale des groupes à l'aide de multiples analogies, exemples et typologies. Les êtres se répartissent en classes, elles-mêmes divisées en ordres puis en genres, en espèces, en variétés, en ténuités, en minimités puis en infinitésismes.

Chaque groupe régulier, ajoute-t-il, doit être composé de sept à neuf sectaires. En composant au mieux, par voie de calcul, les séries passionnelles, on se donne la garantie d'une coopération harmonieuse. « La théorie d'association se bornera donc à l'art de former et mécaniser des séries passionnelles. Dès qu'un globe s'élève à cette science, il peut fonder subitement l'unité sociale et atteindre au bonheur collectif et individuel : c'est donc l'étude de première nécessité pour le genre humain[6]. » Par la grâce d'une telle théorie, le monde pourra donc cheminer sur les voies d'un mouvement social que C. Fourier décompose en neuf étapes élémentaires : sériisme confus, sauvagisme, patriarcat, barbarie, civilisation, garantisme (ou demi-association), sériisme simple (association hongrée), sériisme composé divergent, sériisme composé convergent[7]. Les deux derniers moments forment la pleine association. Organisées en séries passionnelles unitaires, les périodes 1, 7, 8 et 9 sont dominées par la justice et la vérité, à la différence de toutes les autres, les seules malheureusement que le monde aient connues jusqu'à ce jour. Durant ces périodes, qui sont autant d'« égouts du vice » qui déversent sur le monde pauvreté, inquiétude, fourberie et duplicité, le procédé d'association est inconnu et « le travail est géré en mode incohérent et morcelé[8] ». Grâce à sa théorie, C. Fourier fournit les moyens d'effectuer un saut historique vers le sériisme et, grâce à l'association, de conjuguer richesse, bonheur et morale. Pour instaurer un travail unitaire, la méthode à suivre est simple. Il suffit de produire, de consommer et de distribuer par séries unitaires.

[Logique des séries

Ensembles composés de groupes qui se font et se défont au gré des envies, des talents et des affinités des sociétaires, les séries constituent les segments élémentaires de la phalange fouriériste. Trois passions distributives participent à leur constitution[9] : la cabaliste (esprit d'intrigue et de rivalité qui mène à la cabale), la composite (variété des plaisirs des sens et de l'âme) et la papillonne (besoin de variété périodique dans les phases de la vie et dans les occupations). Unité de base de la phalange, principe élémentaire de socialisation et de division du travail, la série ne peut fonctionner qu'à l'aide du concours permanent de ces trois passions distributives. Produit d'une intention divine, la série passionnelle est assimilable à une petite corporation qui rassemble des individus dont chacun exerce « quelque *espèce* d'une passion qui devient passion de *genre* pour la série entière. Vingt groupes cultivant vingt sortes de roses forment une série de rosistes quant au genre, et de blanc-rosistes, jaune-rosistes, mousse-rosistes, etc., quant aux espèces[10] ». Ces séries ont toujours pour but « l'utilité, l'accroissement des richesses, et le raffinement d'industrie, lors même qu'elles s'appliquent à des fonctions d'agrément, comme la musique[11] ».

Pierre de touche de la division du travail, les séries sont composées à l'aide de trois groupes au minimum. Aux extrêmes se tiennent les opposés, au centre la nuance moyenne. S'agit-il par exemple de classer des hommes par âge ? On distinguera alors une aile ascendante (des enfants et des jeunes impubères), un centre (adolescents et jeunes hommes virils) et une aile descendante (groupes de déclinants et vieillards). Dans d'autres cas de figure, la série peut être divisée en quatre groupes qui se tiennent les uns les autres comme le feraient les membres d'une proportion géométrique. Pour fonctionner en harmonie, une série passionnelle doit respecter trois autres conditions encore. Une série nécessite d'abord du contraste. Il faut « l'intriguer par une foule de prétentions contradictoires, d'où naissent les liens cabalistiques et les ressorts d'émulation ; sans contrastes, on ne parviendrait pas à créer les ligues et l'enthousiasme ; la série manquerait d'ardeur au travail, ses produits seraient médiocres en qualité et en quantité[12] ». À ce premier ingrédient, il convient d'ajouter la rivalité. Les discordes qui opposent autant qu'elles les unissent les membres d'une série donnée ne sont pas aléatoires. Elles suivent la même loi que celle qui organise les sons sur une échelle musicale. Il faut enfin, dernière condition, de l'engrenage entre les différentes séries. Le lien entre ces unités élémentaires de la phalange que sont les séries n'est efficace qu'à la condition que les sociétaires changent régulièrement et fréquemment de fonctions. « Par exemple, un homme peut se trouver : à 5 heures du matin, dans un groupe de pasteurs ; à 7, dans un groupe de laboureurs ; à 9, dans un groupe de jardiniers[13]. » En lieu et place de la journée de travail de douze heures, que vient à peine bousculer un « triste et chétif dîné », l'état sociétaire promeut des séquences de travail courtes et variées que viennent agrémenter « des réunions des deux sexes terminées par un repas local, au sortir duquel on passera à une séance de nouveaux plaisirs, avec variante de compagnies et de cabales[14] ».

[2. Une lourde machinerie taxinomique

Lorsque, la parenthèse versaillaise refermée, Godin veut donner corps à son projet d'association, il a en tête la théorie fouriériste des groupes qui vient d'être présentée. La meilleure façon de concrétiser cette idée est que toutes les personnes désireuses de devenir membres associés puissent se constituer à leur gré en groupes d'affinité. Sur le plan des principes d'analyse, Godin s'écarte néanmoins de la théorie des passions de C. Fourier. Celle-ci est en contradiction, affirme-t-il, avec les études phrénologiques menées par voie expérimentale. Résistance et répulsion, tels sont en fait les résultats de ceux qui ont tenté d'éprouver *in vivo* les préceptes fouriéristes. « Il y a donc de graves raisons pour mettre en doute la valeur des combinaisons sur lesquelles Fourier a prétendu faire reposer l'organisation des rapports et des relations de la société nouvelle[15]. » C. Fourier peut néanmoins être sauvé. S'il est inutile, voire dangereux, de le suivre sur le terrain de la classification des penchants innés, il vaut en revanche de le maintenir en maître à penser pour comprendre que l'ordre doit se fonder sur la satisfaction des besoins de la nature humaine. C'est dans un tel esprit que Godin tente de structurer le Familistère et son usine sur la base d'unions, que l'on peut donc tenir pour de lointains cousins des séries passionnées de C. Fourier.

[Un projet trop abstrait ?

Les groupes doivent contribuer avant tout à l'amélioration du travail et du fonctionnement des services au sein de l'usine et du Familistère. Si donc il partage avec C. Fourier le souci de l'implication de tous et une certaine obsession de l'ordre taxinomique, Godin ne reprend pas à son compte l'ensemble des préceptes énoncés par le philosophe de Besançon. Non seulement Godin ne reproduit pas à l'identique le vocabulaire fouriériste (la notion de série disparaît au profit de celle d'union), mais surtout il déleste largement le projet phalanstérien de toute la charge passionnelle qui caractérise le monde sociétaire. Avec l'instauration de groupes d'affinités, il s'agit moins de laisser libre cours aux ardeurs des individus que de renforcer les performances de l'entreprise et de préparer le terrain pour de futures réformes organisationnelles.

Lorsque, en mars 1877, Godin prononce ses premières conférences sur le sujet, le champ n'est pas vierge. Les segmentations fonctionnelles ne manquent pas. L'usine est ainsi divisée en grands services : comptabilité générale, fabrication (cuisinières, cheminées, foyers, torréfaction, buanderie...), fonderie, poêlerie, émaillerie et, enfin, magasins et travaux généraux. Chacun de ces ensembles est lui-même décomposé en sous-divisions (27 au total) puis, à un niveau inférieur encore, en services élémentaires (116 pour toute l'usine)[16]. Le Familistère est divisé pour sa part en deux grands services sous la responsabilité de personnes différentes. Un économe fait fonction d'agent exécutif. Tout ce qui concerne l'éducation et l'instruction est placé sous la coupe directe de Godin.

Dans ses conférences, Godin engage les ouvriers, les employés et la population féminine à se classer – chacun selon ses connaissances et ses goûts – dans une ou plusieurs de ces unités organisationnelles. Mieux même, tout en s'appuyant sur l'existant, il convient de faire preuve d'imagination et d'inventer d'autres espaces élémentaires de regroupement. À l'usine et au Familistère, tous ces groupes auront pour fonction de contribuer au développement des connaissances personnelles, de favoriser l'esprit de corps et l'amour de la fonction exercée et, enfin, de mettre en relief les mérites individuels. Ils serviront ainsi à classer les capacités pour mieux répartir les rémunérations en toute équité. En dépit de l'engagement de Godin, le projet ne suscite guère l'enthousiasme. Trop abstrait, trop complexe ? Lors des discours, le public écoute mais ne manifeste pas le moindre signe d'adhésion. Comme l'indique Marie Moret, « dans la réunion hebdomadaire du 10 mai 1877, J.-B. A. Godin, afin de secouer l'apathie qui semblait paralyser l'auditoire et d'entrer dans la voie des échanges de vue, annonce que, dorénavant, il posera des questions aux personnes qui voudront bien s'y prêter et il invite les gens de bonne volonté à s'asseoir sur les premiers bancs de parterre ou dans les loges d'avant-scène[17] ». Lorsque, au fil des conférences, le projet de réforme se précise, les directeurs de service sont les premiers à faire preuve de scepticisme. En instituant une nouvelle architecture des groupes, ne risque-t-on pas d'empiéter sur les fonctions d'administration et de direction ? Dubitatifs, les directeurs se rangent néanmoins aux côtés du fondateur et font appel eux aussi aux bonnes volontés des hommes et des femmes de l'usine et du Familistère. Dans ses conférences de juin 1877, Godin précise les termes de l'engagement. Chacun doit rejoindre un groupe, voire plusieurs, selon ses affinités, ses connaissances ou tout simplement son désir d'instruction. Toute personne adhère selon son bon vouloir. Un mécanicien peut être reçu chez les comptables, et inversement. Argument non négligeable, le travail dans les groupes ne sera pas gratuit. Les actes de présence seront consignés dans les procès-verbaux et ils constitueront un droit dans la répartition générale.

Godin invite aussi les femmes à se joindre activement à l'initiative. Le 21 juin 1877, il assure que « l'égalité des droits entre l'homme et la femme est de règle au Familistère, et il n'y aura pas de distinctions entre les sexes dans l'association en projet[18] ». Conformément à l'esprit du temps, Godin s'empresse de préciser néanmoins que les femmes bénéficient de connaissances et d'aptitudes spécifiques, qui les prédisposent tout spécialement à la prise en charge des responsabilités des services domestiques. Les membres des groupes, ajoute-t-il, seront les premiers inscrits comme candidats à l'association qui verra le jour. Par ailleurs, des salles spéciales seront mises à disposition pour les réunions des différents corps représentatifs, « réunions qui dans leur plein fonctionnement constitueront une espèce de Bourse industrielle[19] ». Godin rappelle enfin qu'il ne sollicite pas les économies de chacun mais que son projet est fondé fondamentalement sur la recherche du concours moral, intellectuel… des travailleurs au service de l'Amour et donc de l'intérêt général.

[Une lente mobilisation

Le 28 juin 1877, 29 personnes se sont portées volontaires pour participer à 18 groupes différents (8 pour l'usine, 10 au Familistère). Plusieurs émargent à différents groupes, si bien qu'au total on enregistre à peine 66 inscriptions. Le bilan est maigre. La moitié des groupes ne sont constitués que d'une seule personne. Le découpage pose par ailleurs problème puisqu'il recouvre mal la réalité de la division du travail à l'usine et surtout au Familistère. Aussi Godin appelle-t-il les groupes à se centrer, au moins provisoirement, sur une spécialité et à se subdiviser si nécessaire afin de rendre compte au plus près de la réalité des travaux et des occupations des uns et des autres. À cette condition, les groupes pourront œuvrer avec efficacité et faire des propositions intéressantes.

Quelques jours plus tard, les chiffres sont à la hausse. Le 1er juillet, 180 personnes ont donné leur accord pour participer aux groupes (elles représentent l'équivalent de 300 inscriptions). Fort de ce succès, Godin esquisse avec plus de précisions l'architecture du système d'ensemble. Le 12 juillet 1877, il présente un projet de règlement qui définit toute l'organisation dans le détail. Chaque groupe doit se constituer, sans distinction de sexe, à l'occasion de l'élection d'un bureau comprenant un président, un vice-président, un secrétaire et un secrétaire adjoint. Les présidents et les secrétaires se rattachant à une même branche de l'usine ou du Familistère forment une assemblée, l'union des groupes de telle ou telle branche. Chacune de ces unions est appelée, par un processus semblable, à élire son bureau (composé comme précédemment d'un président, d'un vice-président, d'un secrétaire et d'un secrétaire adjoint). Les présidents et les secrétaires des différentes unions de groupes d'une même branche de travail composent à leur tour une assemblée nommée conseil de direction de tel ou tel service général. Celle-ci élit un bureau (président, vice-président, secrétaire, secrétaire adjoint). De la réunion des présidents et secrétaires de chaque conseil de direction résulte enfin à l'usine et au Familistère deux assemblées d'un degré supérieur : le conseil général des unions de l'usine, le conseil général des unions du Familistère. Toutes ces instances n'auront qu'une fonction de conseil.

Au début de l'été, le projet semble se concrétiser. Le procès-verbal de la conférence du 15 juillet indique que différentes unions ont vu le jour à l'usine. Mais leur constitution et leur classement sont encore loin de faire consensus. Des propositions de modification sont mises en discussion. Godin intervient activement, avec en tête une préconisation centrale : il convient d'associer chaque groupe à une occupation élémentaire. « Plus simples seront les objets des groupes, plus précises seront leurs discussions et mieux la direction de l'établissement sera en mesure de se faire une opinion raisonnée sur leurs travaux. Les mêmes membres peuvent sans inconvénient se retrouver dans des groupes différents : ce qui importe, en effet, c'est de diviser les fonctions, de manière qu'à un seul objet corresponde rigoureusement un seul groupe[20]. »

Le 19 juillet, Godin dessine la carte finale des divisions : 116 spécialités à l'usine et 46 au Familistère[21] donneront matière à autant de groupes, rassemblés respectivement en 27 et 11 unions. Par assemblage affinitaire, les 27 unions de groupes de l'usine constituent 6 conseils de direction. Les 11 unions de groupe du Familistère donnent naissance pour leur part à 2 conseils similaires. Un conseil général des 27 unions de l'usine et un conseil général des 11 unions du Familistère assurent par ailleurs à chacune des deux grandes divisions de l'établissement une représentation autonome. L'assemblée plénière des deux conseils généraux d'unions représentera l'organisme tout entier. Le résultat du processus et le cadre général des fonctions sont affichés dans l'établissement le vendredi 20 juillet. À la réunion bi-hebdomadaire qui suit deux jours plus tard, un ouvrier mouleur signale que « chacun, autour de l'affiche, se livre à des commentaires à haute voix et qu'il en résulte – pour ceux qui ne savent pas lire – un brouhaha inintelligible. Aussi sont-ils très embarrassés pour arriver à comprendre les choses, si simples qu'elles soient[22] ». Simple ? Difficile à croire, à en juger par la lourdeur et la complexité de la machinerie taxinomique mise en branle par Godin[23].

[Une participation inégale

Après un temps de mise en œuvre plutôt laborieux, le projet prend enfin forme. À l'été 1877, 110 groupes, sur un total de 162 potentiellement existants, sont constitués. Réussite donc ? Pas vraiment. Les 1 047 inscriptions enregistrées à l'usine sont imputables à un petit tiers des effectifs (265 ouvriers et 56 employés), tous des hommes de surcroît[24]. Les groupes du Familistère bénéficient d'un total de 459 inscriptions attribuables à 86 personnes (13 femmes et 73 hommes) pour un ensemble de 570 adultes familistériens. Cinquante-six travailleurs étant classés à la fois à l'usine et au Familistère, il en résulte que le nombre total de personnes effectivement parties prenantes à un groupe au moins atteint 351 (338 hommes, 13 femmes dont 8 employées). La participation dépend largement du statut et du sexe. Les employés (parmi lesquels il faut compter les directeurs, ingénieurs et chefs d'atelier) jouent pleinement le jeu. Le pourcentage de participation chute en revanche chez les ouvriers, avec des différences notables entre les travailleurs de force de l'amont (les moins impliqués) et le reste des ouvriers de l'aval, population dont les conditions de travail sont autrement moins rudes que celles des mouleurs et autres sableurs[25].

Le bilan par sexe laisse paraître une iniquité plus flagrante encore : 33 % des 1 022 hommes se sont inscrits ; 4,5 % des 285 femmes l'ont fait. Alors même qu'elles participent activement aux travaux d'entretien des bâtiments du Familistère, les femmes sont minoritaires dans l'union du logement (9 femmes pour 45 membres). Comment expliquer une telle faiblesse ? Le niveau d'instruction entre probablement en ligne de compte. Les femmes occupées à la buanderie, à la basse-cour et à l'entretien de la propreté générale (balayage des cours, des escaliers, des balcons…) ne savent, pour la plupart d'entre elles, ni lire ni écrire. Comment espérer dans ces conditions les mobiliser dans des collectifs où il convient de faire assaut d'imagination et d'assurance ? Ces deux paramètres sont en effet d'autant plus aisés à contrôler que l'on détient les ressources adéquates tant en matière discursive (maîtrise minimale du français, capacité à abstraire…) que non discursive (autorité conférée par la fonction occupée qui assigne à la parole une légitimité d'autant plus forte que le statut est élevé). La même explication s'impose sans doute pour rendre raison des différences de participation selon le statut dans l'entreprise.

Le sexe et le statut ne sont pas les seules variables pertinentes pour expliquer l'inégal engagement. Il faut, pour s'en convaincre, considérer la taille et l'homogénéité des groupes. La taille oscille entre 3 et 49 membres. Plus de la moitié des participants ne se sont inscrits par ailleurs qu'en un unique endroit. Ce double constat signale la difficulté des travailleurs à dépasser leur seul domaine de compétence pour laisser libre cours à leurs impulsions papillonnes. Plus intéressant encore : les données recueillies par Marie Moret dans ses *Documents pour une biographie de Godin* indiquent nettement que la propension à la participation est d'autant plus forte que les individus sont intégrés à un collectif, celui du Familistère au premier chef. Les travailleurs (employés ou ouvriers) habitant le Familistère ou aspirant à y résider forment la grande majorité des 338 adhérents. Les treize femmes inscrites demeurent toutes au Palais social[26]. Le résultat est similaire lorsque l'on considère le nombre d'implications dans des groupes différents. Plus les individus sont intégrés – d'abord à l'usine, puis au Familistère, puis aux deux espaces à la fois –, moins ils ont tendance à restreindre leurs espaces de participation. L'implication n'est donc pas qu'affaire de capital scolaire et professionnel. Elle est aussi tributaire du degré d'insertion des individus dans des collectifs, communautés qui favorisent d'autant plus aisément l'investissement qu'elles sont pourvoyeuses d'identités et donc de sens et de légitimité à même de favoriser l'engagement[27]. Ce n'est dès lors pas un hasard si l'appartenance au Familistère, espace à la densité sociale plus forte que celle de l'usine, prédispose davantage le travailleur à l'implication, y compris hors de son étroit domaine de compétence.

La participation aux groupes selon l'espace d'implication (juillet 1877)

<table>
<tr><th>Participation à...</th><th>Un seul groupe</th><th>Deux groupes</th><th>Trois groupes</th><th>Quatre groupes ou plus</th></tr>
<tr><td>Employés et ouvriers membres de groupes à l'usine seulement (n = 265)</td><td>34 %</td><td>25,5 %</td><td>17 %</td><td>23,5 %</td></tr>
<tr><td>Employés et ouvriers membres de groupes au Familistère seulement (n = 30)</td><td>13 %</td><td>6,5 %</td><td>10 %</td><td>70,5 %</td></tr>
<tr><td>Employés et ouvriers membres de groupes à l'usine et au Familistère (n = 56)</td><td>0 %</td><td colspan="2">25 %</td><td>75 %</td></tr>
</table>

[3. Élire, élire…, la voix et les prophètes ?

Au mois de septembre 1877, Godin constate que les groupes et les unions ont enfin constitué leurs bureaux. Il est possible par conséquent de former les deux conseils généraux d'unions. Les élections ont lieu le dimanche 16 septembre au scrutin secret, à la majorité absolue au premier tour, à la majorité relative au second. Les archives ne contiennent pas d'indications précises sur le premier conseil général des unions du Familistère. Les seules informations disponibles indiquent que la présidence revient à M. D., directeur de la fonderie et vice-président du conseil général des unions de l'usine. Cette élection n'est pas vraiment une surprise. M. D. était déjà président de la commission administrative du Familistère et, à ce titre, il avait pris l'initiative de la constitution des groupes dans cette partie de l'établissement. Le secrétaire du conseil du Familistère est M. T., ancien avoué et chef du contentieux. Il est assisté par un employé aux écritures d'ateliers qui assure les fonctions de secrétaire adjoint du comité. Les résultats des élections suivantes

(1er avril 1878) confirment que, y compris, par la voie électorale, les responsabilités sont attribuées aux salariées les plus hauts placés dans la hiérarchie professionnelle de l'usine. Vingt-deux membres sont élus au nouveau conseil de direction des unions du Familistère. Parmi eux, 18 sont issus des 9 unions de l'habitation et les 4 autres des 2 unions d'éducation et d'instruction. La très grande majorité des membres sont responsables (directeurs, chefs de service, contremaîtres[28]) ou employés. Un seul ouvrier siège à leur côté. La présidence revient au plus gradé – un ingénieur – et la vice-présidence à un chef de travaux.

La composition du conseil des unions de l'usine confirme l'influence déterminante des qualités professionnelles des salariés sur la probabilité de voir leur nom sortir des urnes et, plus encore, d'occuper une fonction de responsabilité. Le conseil des unions de l'usine est formé en deux temps. Trente-deux conseillers sont d'abord élus, parmi lesquels 5 chefs d'ateliers ou de services généraux, 14 employés de bureau ou d'atelier, 8 contremaîtres et 5 surveillants ouvriers. Les ouvriers ne sont pas du tout représentés. Ils ne font leur entrée au conseil qu'à l'occasion de l'élection complémentaire qui permet de désigner 22 nouveaux membres[29], après que le 18 octobre le principe du cumul a été supprimé. Parmi les 22 nouveaux élus figurent 8 employés, 2 contremaîtres et 12 ouvriers. Sur l'ensemble des 54 élus, plus de la moitié (28) émargent dans des groupes de l'usine et du Familistère, les autres à l'usine seulement. La direction du conseil de l'usine revient au directeur des constructions et du matériel. Le directeur de la fonderie obtient la vice-présidence. Les fonctions de secrétaire et de secrétaire adjoint sont prises en charge par deux comptables[30]. Dernier fait notable enfin, et non des moindres : aucune femme ne figure parmi les élus.

Les élections ne bousculent pas les hiérarchies de l'usine et du Familistère. Sauf à se persuader que les statuts professionnels sont l'expression des talents individuels, ce résultat met à nouveau à mal la croyance de Godin dans les vertus des procédures électorales. Godin, on s'en souvient, est persuadé que les votes révèlent les capacités individuelles. L'expérience plutôt malheureuse de l'attribution des primes par voie électorale avait alors érodé ses convictions profondes. La difficile mise en place des groupes et des unions et les résultats des élections en leur sein de présidents, secrétaires et délégués[31] confirment combien la construction d'une machine électorale capable de révéler les talents est une opération ardue. Comment expliquer cet échec récurrent ? Il est à celui-ci au moins une raison qui, dans la littérature psychosociologique, porte le nom d'injonction contradictoire. Lorsque Godin enjoint ses salariés de s'organiser en groupes d'affinités, il leur demande l'impossible : obéissez-moi et soyez libres ! Regroupez-vous comme vous l'entendez et respectez les contraintes élémentaires du processus de production ! Comment s'étonner dans ces conditions du faible entrain des plus démunis et de l'apathie dont font preuve ses auditeurs lors des conférences ? Godin est d'ailleurs le premier à déplorer le manque d'enthousiasme collectif. Lors de la conférence du 19 octobre 1877, il rappelle qu'il « céderait avec plaisir sa place à la tribune à qui voudrait la prendre : cela contribuerait puissamment à donner de l'intérêt et de la vie aux conférences. Si les auditeurs préféraient parler de leur place, libre à eux, mais qu'ils ne restent pas muets[32] ». Godin ne semble pas avoir pris la mesure de la difficulté à laquelle il expose ses salariés. D'un côté, en effet, il ne cesse de les appeler à plus d'initiative, de l'autre, il regrette amèrement que ceux-ci agissent et multiplient les erreurs.

Le 19 octobre toujours, Godin explique « avoir constaté que les indications données par lui dans ses conférences sur les groupes et les unions étaient interprétées diversement dans les assemblées particulières des uns et des autres, et qu'il n'avait pas toujours été compris. Il est impossible à l'orateur d'imaginer par avance, pour y répondre, toutes les fausses interprétations par lesquelles on peut dénaturer ce qu'il dit. C'est donc à ses auditeurs à lui signaler tout ce qui n'est pas, d'après eux, assez clairement exposé[33] ». Mais comment informer de ce que l'on n'a pas compris quand manquent les mots pour le dire, quand l'estime de soi n'est pas suffisante pour prendre la parole en public face à la figure imposante du père fondateur ou quand la conscience même de l'incompréhension fait tout simplement défaut ? En dépit de ces obstacles, le projet semble arriver à son terme lorsque, après moult additions et modifications, le règlement des corps représentatifs du travail est enfin accepté par l'assemblée du conseil général des unions de l'usine le 27 novembre 1877. Après y avoir incorporé deux autres amendements, le conseil du Familistère l'adopte le 10 janvier 1878.

Règlement général des groupes, unions de groupes et conseils d'unions

Article 1 – Le groupe est une réunion de personnes ayant pour but de s'occuper en commun des questions se rattachant à l'un des détails d'une branche du travail général dont elles ont ou veulent acquérir l'expérience et d'étudier les progrès et les améliorations dont ces détails sont susceptibles.

Article 2 – Le groupe s'organise librement par l'adhésion et le concours spontané de toutes les personnes de bonne volonté. Il se compose d'un nombre indéterminé de membres. L'accès en est ouvert à tout coopérateur qui, se sentant les aptitudes convenables, offre son concours et demande d'y être admis.

Article 3 – Tout membre d'un groupe venant à manquer trois fois de suite sans motif plausible aux réunions sera considéré comme démissionnaire de ce groupe.

Article 4 – L'union est un conseil particulier ayant pour mission de centraliser les manifestations intelligentes des groupes d'une même branche du travail général et d'établir par son influence morale l'unité d'action dans les occupations et les travaux des groupes. L'union soumet à une délibération nouvelle les propositions émanées des groupes ; elle suggère les mesures d'examen et d'étude que ces propositions peuvent comporter et transmet son avis motivé au conseil général des unions.

Article 5 – L'union se compose des présidents, secrétaires et délégués de chacun des groupes d'une même branche du travail général. (…)

Article 8 – Le conseil général des unions étudie toutes les propositions faites dans l'intérêt de l'Association, soit qu'elles émanent des groupes ou des unions, soit qu'elles lui parviennent directement. (…)

Article 10 – Le conseil général des unions est composé des présidents et des secrétaires des unions, lesquels, en cas d'absence accidentelle, seront remplacés par leurs suppléants, les vice-présidents et les secrétaires adjoints.

Marie Moret, *Documents pour une biographie complète de Jean-Baptiste André Godin*, troisième volume, *op. cit.*, p. 227-228.

La dernière pièce du puzzle que tente d'assembler Godin concerne la représentation du travail aux conseils administratifs. Ces conseils sont une nouvelle invention du fondateur afin d'associer dans un même lieu de décision les représentants du travail et du capital. Jusqu'à présent, Godin décidait seul. Désormais, annonce-t-il au début de l'année 1878, des administrateurs surveilleront, prévoiront, décideront et ordonneront les mesures à prendre. Ils veilleront également à leur exécution. La commission administrative de l'usine statuera sur les questions de gestion (emploi des capitaux, approvisionnement en matières premières, création des modèles, vente des produits...) et prendra les mesures en cas de crise industrielle (renvoi de personnel ou non...)[34]. Les deux commissions (usine, Familistère) pourront aussi décider dans ces mêmes conditions s'il faut distribuer des secours aux familles. Ces conseils transformeront également en décision, s'ils le jugent utile, les remarques et suggestions émanant des groupes, unions et conseils d'unions. Les élections servent à nouveau à désigner les représentants du travail au sein de ces deux instances. Il revient aux conseils d'unions de l'usine et du Familistère de nommer de cette façon les trois membres administrateurs de chacune des commissions. Les élections se déroulent au début de janvier 1878. Le 4 a lieu un premier scrutin pour l'usine. Les résultats du premier tour sont les suivants :

P., directeur du matériel : 29 voix
G., ingénieur, chef d'atelier : 23 voix
D, directeur de la fonderie : 22 voix
A1, employé comptable : 12 voix
Bo, employé d'atelier : 6 voix
Ga, employé comptable : 6 voix
E., chef de bureau : 6 voix

P. obtient la majorité absolue des suffrages et est élu au premier tour. Au second tour, G. obtient 25 voix, D. 18, A1 14 et E. 5. Les trois plus élevés dans la hiérarchie professionnelle (deux directeurs et un ingénieur) ont donc pour mission de représenter le travail. Ils n'ont pas de mandat à durée déterminée car, dans l'intention de Godin, la fondation de l'Association doit venir remplacer le système adopté en l'attente. Le jour suivant ont lieu les élections pour le conseil du Familistère. D., directeur de la fonderie, est à nouveau élu, aux côtés de B., employé comptable au Familistère, et de Go, chef de travaux des cours. Seul propriétaire du fonds social à l'époque, Godin nomme un des conseillers de l'usine et un des conseillers du Familistère afin de représenter le capital à ses côtés. Au Familistère comme à l'usine, la commission administrative fonctionne donc avec des membres tout acquis à la cause de Godin.

[4. Les groupes en action

Après que Godin a eu la velléité de leur attribuer des fonctions multiples, c'est finalement une mission principale – suggérer des améliorations au travail et à la vie quotidienne – qui est confiée aux groupes et aux unions. Ces deux instances doivent stimuler et canaliser les forces de l'innovation. Elles ne sont donc pas à proprement parler des lieux de délibération collective. Pour des raisons qui tiennent au souci de reconnaissance du talent singulier, les idées d'amélioration sont toujours imputées à des individus, non au(x) groupe(s) au(x) quel(s) ils appartiennent. Dès sa mise en route, le conseil des unions de l'usine enregistre fort soigneusement le nom des auteurs des idées qui lui sont transmises par les unions afin, après mise en pratique ou même simple étude, de décider des récompenses qui doivent être décernées par Godin à la fête du Travail du 5 mai 1878.

[Les propositions d'innovation

Quel bilan peut-on dresser des différentes suggestions qui parviennent au conseil des unions ? Une grande partie des procès-verbaux des groupes et des unions ont été égarés, notamment ceux du Familistère. On sait néanmoins que, parmi les propositions faites dans le cadre du Familistère, figurent par exemple celles de faire venir du charbon de différentes qualités, vendre au rabais des marchandises démodées, réviser la tenue des écritures, rédiger un règlement intérieur des écoles et du bambinat ou encore acheter une baignoire portative à mettre à la disposition des malades qui ne peuvent se rendre aux bains. Les données disponibles à propos du conseil d'unions de l'usine permettent de juger avec plus de précision les travaux de ce dernier. Pour traiter les informations, la commission crée des sous-commissions permanentes : comptabilité et règlement, produits nouveaux, fabrication et procédés, travaux divers… Les archives ont gardé en mémoire 73 propositions parvenues au conseil général de l'usine durant sa période d'activité. La première a trait aux horaires du deuxième repas de la journée. Pour la période qui court du 1er octobre au 1er avril, il est suggéré de réduire d'une demi-heure le temps de la collation. Celle-ci pourrait se loger entre 14 et 15 heures. L'avantage est que les ouvriers seraient tenus une demi-heure de moins à l'atelier et à l'usine. Pour le reste de l'année, rien ne changerait, et le temps de repas resterait calé sur la période 13 h 30-15 heures. Appelé à se prononcer, le conseil se déclare incompétent et s'en remet aux bons soins de Godin.

Tel n'est pas le cas en revanche des autres propositions, ou du moins de celles dont les archives ont gardé la trace. Parmi l'ensemble des suggestions transmises par la voie des groupes et des unions, 5, par leur généralité, intéressent tout le conseil, une a à voir avec les attributions du conseil de comptabilité, 21 concernent des projets de modèles nouveaux (fabrication), 16 ont trait à des opérations de fonderie, 2 sont mixtes et touchent à la fonderie et à la poêlerie, 15 concernent la poêlerie seulement, 2 l'émaillerie et 11 les magasins et les travaux généraux. Pour l'essentiel, les améliorations envisagées sont techniques : on imagine un nouveau produit (des coquilles à œufs par exemple) ou plus fréquemment une transformation partielle d'un produit existant (modifier la manivelle des torréfacteurs, agrafer la tôle constituant les bidons et les buses de certains appareils de chauffage au lieu de les river, remplacer par deux ressorts plats les poids, chaînes et roulettes des foyers économiques nº 32 à 35…) ; on suggère une manière d'améliorer le processus de production (pratiquer le forage des trous aux chaudières avant l'émaillage pour éviter l'éclatement fréquent de l'émail) ; on invite à faire des économies en tirant profit de certains rebus (utiliser la sciure au chauffage de la machine de la scierie au moyen d'un foyer à cet effet), etc. De l'étude de l'échantillon des 73 propositions dont on dispose encore aujourd'hui[35], une conclusion intéressante peut être tirée. Contrairement à ce que pourrait laisser penser l'intuition immédiate, la direction et l'encadrement intermédiaires donnent priorité aux conditions de travail et aux techniques de production. Les employés et les ouvriers sont plutôt porteurs d'innovations relatives à l'amélioration du produit, quand ils ne proposent pas parfois d'en fabriquer de nouveaux.

Profil des innovateurs, destin des propositions d'innovation

Fonctions des innovateurs	Nombre d'innovateurs	Nombre d'innovations proposées	Type d'innovation		Destin de l'innovation		
			Conditions de travail, procédé de fabrication	Modification du produit, proposition d'un nouveau produit	Acceptation et envoi pour proposition au conseil d'administration	Demande d'essai	Rejet, avis du conseil d'adminis-tration demandé
Directeur, ingénieur	2	2	2	0	1	0	1
Contremaître, chef de travaux	8	14	9	5	11	0	3
Surveillant	4	10	5	5	2	6	2
Employé	6	24	8	16	9	7	8
Ouvrier	18	24	9	15	6	7	11

Le bilan est-il, plus généralement, satisfaisant ? *A priori* oui. Des propositions d'innovation voient bien le jour et elles suivent le chemin tracé dans le nouvel organigramme de l'usine. Reste que le nombre des « innovateurs » est faible et que, une fois de plus, l'influence s'accroît avec le niveau de qualification. Comme le montre le tableau précédent, à mesure que l'on descend dans la pyramide hiérarchique, le taux de rejet augmente. Il est difficile ici de faire la part exacte des choses : le rejet est-il lié au type d'innovation proposé (l'amélioration des conditions de travail est souvent moins coûteuse que la mise en chantier d'un nouveau produit) ou alors à la façon dont les innovateurs exposent leurs projets, étant entendu que les ressources détenues par les uns et les autres ne sont pas similaires pour traduire dans les termes les plus adéquats l'intérêt de l'idée qu'ils souhaitent promouvoir ?

[Des groupes de papier

L'examen des travaux des groupes et des unions un an après leur entrée en fonctionnement tempère encore l'optimisme. À l'usine, moins d'un tiers des groupes constitués et un peu plus de la moitié des unions peuvent se targuer d'une réelle activité. Sur l'ensemble des séances, la moitié environ a été utilisée pour mettre en place l'instance, l'autre a servi à discuter des idées d'amélioration. Pour le Familistère, les chiffres sont moins noirs. Les membres investissent davantage de groupes à la fois (la moyenne des inscriptions au Familistère est de 4,5 par personne contre 3,3 à l'usine). Globalement, et toutes proportions gardées, les différentes instances attirent plus qu'à l'usine où de nombreux groupes et unions n'ont jamais existé que sur le papier, faute notamment de propositions à examiner. Il n'en reste pas moins que, dans les deux cas, la mise en place est coûteuse. Les salariés peuvent prendre sur leur temps de travail afin de participer au nouveau dispositif. Pour les ouvriers, il suffit simplement que le contremaître consigne le motif et la durée de l'absence sur le livret de travail[36]. Afin d'intéresser les salariés, Godin propose mieux encore : l'assistance aux séances qui se tiennent hors temps ouvrable est indemnisée (les fonds sont prélevés sur les bénéfices de l'entreprise avant toute opération de répartition). Les travailleurs perçoivent un jeton de présence d'une valeur de 25 centimes au moment de l'appel. Chaque demi-heure qui passe assure le gain d'un jeton supplémentaire. Les secrétaires et les rapporteurs reçoivent en plus une indemnité de 50 centimes par séance. À l'usine, sur la période qui court d'août 1877 à fin mars 1878, 3 970 jetons sont distribués lors des séances de constitution (soit l'équivalent de 922,50 francs), et 6 581 pour les séances de travail (2 637,75 francs). Au Familistère, les chiffres sont respectivement de 1 687 jetons (421,75 francs) pour les séances de constitution et de 3 115 pour les séances de travail (778,75 francs).

À l'usine comme au Familistère, les groupes et les unions se réunissent entre août 1877 et avril 1878[37]. Les conseils d'unions continuent de fonctionner un peu plus longtemps. Dès 1879 cependant leur existence n'est plus que virtuelle. Dans le bilan qu'elle dresse de l'opération, Marie Moret convient de l'échec. Sur les 1 022 travailleurs de l'usine et les 570 du Familistère soit, en défalquant les 285 chefs de famille ou célibataires déjà comptés à l'usine, 1 300 participants possibles, un quart à peine (315 personnes exactement) ont joué le jeu[38]. Dans la grande majorité des groupes par ailleurs, aucun travail effectif n'a suivi l'élection des bureaux. On touche là aux limites du volontarisme de Godin. Son obsession taxinomique est comparable à celle de C. Fourier, mais le moteur bien dissemblable. Là où le père de l'école sociétaire classe pour mieux donner libre cours aux passions, l'industriel ordonne son monde afin de gagner en efficacité productive et en solidarité sociale. Grâce aux groupes, unions et conseils, Godin a peut-être bénéficié de quelques suggestions précieuses. Mais le prix est lourd à payer. La fin précoce de l'expérimentation sanctionne plus fondamentalement l'incapacité du fondateur du Familistère à entraîner les travailleurs sur les chemins de la démocratie industrielle.

Sombre constat donc. Les signes avant-coureurs étaient cependant légions. Les discours que prononcent Godin ne sont guère mobilisateurs. Ce dernier ne ménage pourtant pas sa peine. Entre mars 1877 et mars 1878, il prononce 37 conférences, dont 33 pour la seule année 1877. Inlassablement, il explique son projet, en appelle à la bonne volonté de chacun, justifie sa philosophie… Mais son appel aux travailleurs à devenir les apôtres de sa pensée et de son action se heurte à un mur d'indifférence. Godin s'en plaint régulièrement. Le 26 septembre 1877, il indique qu'il a reçu une lettre anonyme lui prouvant que ses conférences ne plaisent pas à tout le monde. Cette lettre contient deux pages d'injures. Lors de sa prestation du 30 novembre 1877, Godin constate qu'un tiers à peine des 300 membres inscrits dans les groupes est venu l'écouter. « Bien peu viennent ici recevoir, à côté de nous, les instructions sans lesquelles pourtant ne saurait se fonder le succès de l'Association. Ceux qui n'assistent pas aux conférences s'imaginent-ils qu'il suffit d'échanger dans les groupes quelques observations pour être en état de réaliser pleinement l'œuvre considérable dont nous pouvons donner l'exemple au monde ? S'il en est ainsi, combien leur erreur est grande ![39] » La semaine suivante, Godin se plaint à nouveau de parler face à une salle à moitié vide. Le fondateur s'étonne du désintérêt à l'égard des questions de travail et de conditions de vie et il exhorte les travailleurs à oser, enfin, prendre la parole.

*

« Une théorie des Groupes !!! à cette annonce chacun s'attend à entrer dans des chemins de roses ; mais les roses n'ont-elles pas des épines[40] ? » Cette courte citation de C. Fourier ne saurait mieux s'appliquer à nul autre qu'à Godin. Lui est entré sur le chemin. La douleur des morsures d'épines, il connaît ! Dans ses *Documents pour une biographie de Godin*[41], Marie Moret fournit quelques éléments d'explication de l'échec. Ce sont d'abord, dit-elle, les personnes illettrées qui se sont le plus abstenues de toute participation aux groupes lancés par Godin. Or, ajoute-t-elle, beaucoup d'« esprits incultes » sont incapables d'avoir une représentation d'ensemble de l'organisation. Il faut compter ensuite avec le faible entrain, pour ne pas dire la répugnance, de ceux qui trouvent leur position suffisante. Pourquoi, dans ces conditions, s'impliquer activement pour le bien-être des autres ? Marie Moret ajoute, suite à de nombreux constats de Godin lui-même, la difficulté pour les travailleurs rompus à la fonction de simple exécutant à exercer un rôle de conseiller. La compagne du fondateur note également que les chefs de service ont été insuffisamment rassurés sur la nature et la portée de la libre intervention des groupes. Ils n'ont pas facilité de ce fait l'intervention des travailleurs dans les services. Elle conclut en évoquant « l'apathie intellectuelle et le manque de culture préparatoire, à la fois professionnelle et sociale, de la grande majorité des individus ; l'impuissance de la masse à remplir le cadre général des fonctions (...) ; l'insuffisance du sens administratif chez la plupart des hommes, ce qui les laisse fermés à l'intelligence des intérêts généraux du milieu où ils vivent et les empêche d'apporter un concours utile au bon gouvernement de la chose commune. Mais l'obstacle primordial, plus grave que le défaut de *sens administratif*, plus redoutable que *l'insuffisance des capacités*, celui dont le lecteur aura senti toute la force à chacune des pages de cette étude, c'est le MANQUE D'AMOUR HUMANITAIRE ET SOCIAL résultant chez l'homme de l'étroitesse du but qu'il assigne ordinairement à son existence[42] ».

Marie Moret retrouve à sa façon le diagnostic livré par Godin en 1878 qui, déjà, a tiré les leçons de l'échec. « L'égoïsme, note-t-il, est trop invétéré à tous les degrés de l'échelle sociale pour que l'association soit facile. Les capitalistes la veulent à leur seul profit ; les employés voudraient bien participer aux bénéfices des patrons, mais ne voudraient pas être associés aux ouvriers ; *les ouvriers, de leur côté, manquent de l'instruction et de l'expérience nécessaires pour se faire représenter convenablement dans l'association du capital et du travail. L'association industrielle du travail et du capital réclame des collaborateurs plus avancés, plus instruits et meilleurs que ne le sont les hommes d'aujourd'hui dans toutes les classes sans exception*[43]. » L'analyse de Godin est-elle justifiée ? Ses ouvriers sont-ils vraiment insuffisamment éduqués pour espérer s'imposer dans le jeu de l'entreprise ? Un indicateur abonde dans le sens de l'industriel guisard. Sur l'ensemble du personnel qui, de décembre 1880 à juillet 1882, postule au titre de participant à la nouvelle Association fondée par Godin, plus d'un tiers ne sait ni lire ni écrire[44].

Est-ce là un argument suffisant pour comprendre les déboires de la démocratie imaginée par l'industriel socialiste ? Cela n'est pas certain. Faute de maîtriser toutes les explications et en dépit des échecs récurrents, Godin ne désespère pas. Dans l'article précité, il en appelle à l'augmentation des salaires, à la diminution des heures de travail, à la formation d'hommes et de femmes capables de mener la société vers un idéal de bonheur et de justice, et à la démocratisation de la direction des ateliers pour améliorer le sort de la classe ouvrière. Optimiste impénitent, Godin conclut que la voie de l'avenir reste plus que jamais la représentation du travail là où, dans l'entreprise, les décisions importantes sont prises. Il faudra, pour y parvenir, passer outre quelques obstacles auxquels lui-même s'est heurté, à commencer par la trop faible instruction dont témoignent les travailleurs. Le futur du travail – Godin n'en a d'ailleurs jamais douté – dépend non seulement de l'amélioration de ses conditions d'exercice mais également du niveau et du type d'éducation qu'une société est capable de délivrer à ses membres. L'avènement de la démocratie industrielle est à ce prix.

9] [L'Association du capital et du travail

L'Association du Familistère de Guise est portée sur les fonts baptismaux le 13 août 1880. Cette institution constitue un point d'orgue dans l'action de Godin. Jalonné d'actes concrets et d'expérimentations au goût d'inachevé, le chemin parcouru par le fondateur du Familistère aboutit à un nouveau statut pour l'entreprise qu'il dirige depuis plus de trois décennies. La fondation donne lieu à l'écriture de règles formelles qui, assemblées bout à bout, composent un solide document de près de 200 pages[1]. « L'Association dont je publie aujourd'hui les statuts n'est pas une œuvre improvisée, explique d'emblée Godin ; c'est le résultat d'une longue expérience. Elle est, sur le terrain de la pratique, une élaboration de ce double problème qui agite aujourd'hui tout le monde civilisé : éteindre le paupérisme et donner aux classes laborieuses les garanties nécessaires à l'existence[2]. » Le terrain de la pratique. C'est bien là que Godin innove en comparaison de l'école sociétaire qui, pour l'essentiel, s'est contentée de théorie ou, au mieux, d'essais malheureux.

C. Fourier avait donné tôt son sentiment sur les premières expériences concrètes. Il l'avait fait à la lecture d'articles de journaux relatant l'action de R. Owen. Tirant le bilan des établissements placés sous la direction de ce dernier, C. Fourier constate que quelques fautes graves ont fait échouer l'entreprise d'association de l'industriel anglais[3]. La première est un trop grand nombre d'individus impliqués, plus de 3 000 en l'occurrence. Or, l'idéal est de faire participer entre 400 et 1 500 associés, ni plus ni moins. L'égalité est une deuxième erreur : « C'est un poison politique en Association[4]. » Il faut, à l'inverse, composer avec une variété de caractères et de fortunes. L'absence d'agriculture est un autre défaut. En Angleterre, les associations se contentent de l'ouvrage industriel. Elles n'ont ni jardins, ni vergers, ni troupeaux, ni basses-cours… Or les activités agricoles servent de soubassement aux rivalités et intrigues industrielles. Quatrième insuffisance : le responsable de l'association ne participe pas au bénéfice. Quelle bêtise ! En procédant de la sorte, l'action du chef ne peut être mue par l'intérêt, ce qui affaiblit d'autant la puissance de son ressort. Pour C. Fourier, *a contrario*, la principale condition du lien sociétaire est la « rétribution par dividendes proportionnels aux trois facultés : capital, travail, talent[5] ». Telle est bien, à quelques inflexions près, la logique qui préside à la mise en place de l'Association du Familistère de Guise.

[1. Du tournant de 1877 à la fondation juridique de 1880

L'Association du capital et du travail, véritable « pacte social » pour emprunter les termes de Godin, est l'aboutissement d'un long processus qui doit être compris pour ce qu'il est, non un pur stratagème d'employeur mais la déclinaison concrète d'un idéal socialiste : la fin du salariat. Imposée au nom des intérêts ouvriers, la formule n'emporte pas immédiatement un franc succès parmi les travailleurs de Godin.

[Le projet d'Association

Pour convaincre du bien-fondé de son projet d'Association, Godin ne ménage pourtant pas ses peines. Il inaugure une série de conférences hebdomadaires à compter du 29 mars 1877. Là, Godin commence par présenter sa doctrine, philosophie que l'on retrouve exposée dans le début du document contenant les statuts qui seront ratifiés en 1880. Sans aucune surprise, les accents vitalistes et théistes s'imposent avec force. En fondant une association, il s'agit de « rendre hommage à Dieu, être suprême, source et principe universel de la vie, pour glorifier la vie elle-même et pour servir à l'avènement de la justice parmi les hommes » (Titre premier, § I). L'ésotérisme des propos ne facilite pas la conversion des travailleurs du Familistère. Les vues que Godin exposent à l'occasion de sa première conférence laissent de marbre nombre de ses interlocuteurs. Aussi l'industriel tente-t-il de favoriser les échanges en posant lui-même des questions aux personnes présentes et en suscitant les propositions. Un groupe d'ouvriers lui fait ainsi parvenir une lettre pour suggérer d'étendre la participation aux bénéfices au-delà du cercle restreint des employés qui, jusque-là, sont les seuls à profiter de ce dispositif original.

La réponse ne tarde pas. Lors de la fête du Travail de mai 1877, Godin prononce un discours, comme à l'accoutumée. Après avoir fait le point sur les comptes des différentes caisses (retraite, prévoyance pour les malades, éducation et instruction…), il annonce qu'il reste maintenant à compléter l'œuvre du Familistère par l'association des employés et des ouvriers aux entreprises et bénéfices de l'industrie. C'est chose faite dès la présente année[6]. En 1877, les bénéfices à partager s'élèvent à exactement 191 362,71 francs. Ils se répartissent en trois parts : 15 % pour le fonds de réserve, 20 % pour la direction et la capacité et 65 % pour les dividendes. Les dividendes, soit l'équivalent de 124 385,77 francs, sont à distribuer au prorata du capital et du travail représentés par le montant des intérêts payés au capital et par celui des appointements et salaires payés au travail (1 554 822,12 francs). Grâce à cette opération, chaque travailleur bénéficie d'un dividende équivalent à 8 centimes par franc d'appointements ou de salaire perçu dans l'année. « Sous peu, promet Godin, vous seront remis les titres de rente qui vous confèrent le droit de participer aux intérêts, dividendes, revenus et produits du Familistère et de l'usine. Un échange d'engagements déterminera la forme de vos droits ainsi que les garanties nécessaires entre l'Association et les sociétaires participants[7]. » De cette manière, conclut-il, l'association aura été de fait généralisée le 1er janvier 1877.

Le 31 mai 1877, quatre documents sont mis en discussion lors de la réunion hebdomadaire à laquelle Godin convie les siens. Les deux premiers proposent des réponses à des interrogations suggérées par le fondateur : quels sont les devoirs d'un patron ? comment fixer les appointements ? Les deux autres touchent directement à la question de l'Association. La première lettre relative à ce sujet précis émane d'un employé seul et conforte le point de vue de Godin sur les vertus de l'union. Signée par 28 personnes (17 employés, 7 ouvriers et 4 chefs de service), la seconde missive invite l'industriel fouriériste à fonder « l'association progressive du capital, du talent et du travail sur la base de la répartition proportionnelle[8] ». Enfin, Godin a réussi à convaincre une poignée des siens ! Mais d'autres traînent les pieds, notamment parce qu'ils préfèrent toucher en espèces, non en titres, les parts de bénéfice qui peuvent leur revenir. Toujours est-il que, dans l'élan impulsé par la lettre des 28, Godin prépare le passage à l'Association en invitant, début juin, son personnel à se constituer en groupes. On sait le destin malheureux de l'innovation.

À la fête du Travail de 1878, Godin annonce que les statuts de l'Association sont rédigés. La Société du Familistère de Guise, Association coopérative du capital et du travail, aura pour objet l'exploitation sociétaire et locative du Familistère, l'exploitation commerciale de ses magasins et débits et l'exploitation sociétaire et industrielle des usines et fonderies appartenant à Godin et situées à Guise et à Laeken-lez-Bruxelles. S'il ne donne pas lecture de l'ensemble des règles et annexes contenues dans un document fort volumineux, Godin souligne l'existence de statuts différents (associés, sociétaires, auxiliaires) et précise qu'il arrêtera prochainement la liste des associés à l'aide « des renseignements et des appréciations propres à assurer un bon choix[9] ». Godin tente à cette occasion de relancer le processus de constitution des groupes, unions et conseils. Ils ont besoin d'être renouvelés, explique-t-il, et ils le seront sur la base de la liste de celles et ceux que le fondateur retiendra au titre d'associés.

[En dépit d'un accueil mitigé, le projet est entériné

La réception du projet est tiède, pour ne pas dire fraîche. Lorsque, en juillet 1878, Godin présente aux travailleurs de son usine les titres qui certifient leur association à la propriété, seuls deux ouvriers et deux employés signent immédiatement pour donner leur accord. Tous les autres marquent leur défiance, et certains, au retour de la réunion, jettent même dans l'Oise les titres proposés[10]. Un témoignage recueilli auprès d'un ouvrier de Godin par un spécialiste des questions sociales confirme le scepticisme ambiant. « C'est ici, sous les arbres, dit l'ouvrier avec un grand accent de respect, que M. Godin nous réunissait tous les soirs d'été, après le travail ; il s'asseyait là, dans le kiosque, à une petite table, et, tous en rond, nous écoutions ses conférences sur l'humanité, l'éducation, la fraternité. Comme il parlait bien, monsieur ! Quel mal cet homme-là s'est donné pour voir accepter ses idées et son argent par ses ouvriers ! Si vous saviez ! Il lui a fallu lutter pendant vingt ans pour être compris. *On ne voulait pas le croire !* Pensez donc, un patron qui veut partager ses bénéfices avec ses ouvriers, *leur en faire cadeau*, ça ne s'était jamais vu ! Tout le monde le disait ! Moi comme les autres. *Il doit y avoir un piège là-dessous*[11]. »

Dans les mois qui suivent juillet 1878, Godin tient ferme la ligne et il poursuit, à coup de conférences et d'articles, son entreprise de séduction. Récemment fondé, *Le Devoir* est un premier moyen de diffuser le message. Au cours du second semestre 1879, le journal offre plusieurs articles où Godin vante les mérites de son projet ; une longue citation de C. Fourier sur les avantages de l'Association est également publiée dans le numéro du 14 décembre 1879. D'avril à juillet 1880, les statuts de l'Association paraissent par fragments, semaine après semaine. En mai, à la fête du Travail, Godin justifie à nouveau l'importance de son plan et les intérêts que les ouvriers pourront en tirer. D'un point de vue strictement financier, il estime que la part des bénéfices qui reviendront aux salariés devrait atteindre 200 000 francs chaque année. En moins de dix ans, les ouvriers et employés devraient avoir acquis 2 millions en titres de parts. À ce même rythme, en moins de vingt ans, ils seront propriétaires du capital social. Godin annonce également que les statuts vont être tirés en un grand nombre d'exemplaires et qu'ils seront consultables par qui le souhaitera. Il faut convaincre. Les formules employées en ce jour de fête sont à la hauteur du travail de persuasion. « Ce qu'il vous faut aujourd'hui par-dessus tout, c'est de la bonne volonté, c'est que chacun de vous se préoccupe de faire œuvre utile et fasse appel à tout son esprit d'initiative ; c'est que toutes vos préoccupations, toutes vos forces convergent vers un but unique : la prospérité de l'Association. Et chacun y trouvera son compte, car dans l'union de toutes les forces et tous les concours chacun travaille pour tous et tous pour chacun[12]. »

Après avoir rencontré de nombreuses difficultés pour traduire son projet en termes juridiques (ce sera finalement un statut de commandite)[13], l'industriel touche au but en 1880. Le 13 août, enfin, quatorze personnes choisies par Godin se réunissent sous sa présidence dans la salle des conseils[14]. Ils signent officiellement l'acte de naissance de la Société du Familistère de Guise, société en commandite simple, pour une durée de quatre-vingt-dix-neuf ans. La raison sociale est *Godin et Cie*, et la mise de fonds, tout entière apportée par Godin, s'élève à 4 600 000 francs. La société sera gérée par un administrateur-gérant, assisté d'un conseil de gérance, d'un conseil d'industrie et d'un conseil du Familistère[15]. Cette naissance juridique engage 1 200 personnes de l'usine et du Familistère. La société est gérée et administrée par Godin qui, seul, possède la signature sociale. Parmi les fondateurs figurent, outre Godin lui-même, F. Dequenne (directeur de la fonderie), A. Pernin (directeur du matériel), A. Piponnier (directeur de la comptabilité), A. Barbary (directeur des modèles), A. Fabre (chef des services du Familistère) et, enfin, Marie Moret (directrice des services de l'enfance et secrétaire de Godin). Chacun d'eux a statut d'associé et est cessionnaire d'une part d'intérêt de 500 francs (montant minimal fixé par les statuts pour être associé). À leur côté, et en attendant que le nombre des participants augmente, on compte d'abord cinq employés (dont une femme) au statut de sociétaires, qui tous demeurent au Familistère. Figurent trois autres employés encore qui n'ont quant à eux que qualité de participants (deux demeurent à Guise, le dernier à Saint-Germain)[16]. À l'énoncé d'une telle liste, *Le Devoir* s'enthousiasme. « Deux femmes, oui deux femmes, ont été appelées à signer cet acte, afin d'établir autant que les lois le permettent en France la parfaite égalité des deux sexes. De simples ouvriers concurremment avec les principaux chefs de fonction ont également signé l'acte statutaire, comme démonstration de ce fait que la Société du Familistère place le travail manuel au même rang que le travail intellectuel, et qu'elle les considère tous deux comme étant la base féconde sur laquelle doivent s'édifier les sociétés régénérées[17]. »

Le projet finalement ratifié en 1880 diffère quelque peu de celui qui avait été rédigé en 1878. La première version témoigne déjà que, « dès cette époque, Godin n'entendait pas laisser à la bonne volonté d'un corps électoral plus ou moins éclairé, plus ou moins impartial, la faculté d'admettre au conseil d'administration les principaux chefs de service de l'établissement : il les y a portés d'office, par l'effet d'une disposition statutaire, abandonnant à l'élection la nomination des 4 membres, sur les 10 ou 11 que devait comporter ce conseil[18] ». En 1880, le vote n'a pas regagné en crédit. La genèse de l'Association confirme de ce point de vue les désillusions de Godin face aux difficultés rencontrées pour enrôler les salariés sous une bannière fouriériste.

[2. Réactions et interrogations

Comment les statuts adoptés en 1880 sont-ils reçus par les ouvriers et les employés de l'usine et du Familistère ? Le fait essentiel semble être la difficulté de s'approprier un matériau juridique touffu dont même la philosophie d'ensemble échappe à nombre de personnes. Le nouveau règlement suscite ainsi la première manifestation publique de mécontentement de l'histoire de l'usine du Familistère, événement que les journaux n'hésitent pas à qualifier de grève. Celle-ci se déclenche lorsque, à la fin de l'année 1880, plusieurs centaines d'ouvriers se rassemblent et disent leurs doutes et interrogations à l'égard des nouvelles règles du jeu. Pour achever de convaincre de l'intérêt et du bienfait de l'Association, Godin multiplie à nouveau les occasions de discussion et d'explicitation. Les salariés ont-ils bien compris que le fondateur n'est plus propriétaire de l'usine et du Familistère mais que l'ensemble appartient désormais à une personne civile, la Société du Familistère en l'occurrence ? Godin éprouve en tous les cas le besoin de préciser les enjeux de l'opération lors d'une conférence qu'il tient le 30 septembre. Vous n'avez pas saisi, explique-t-il à l'adresse de ses auditeurs, que les magasins et débits du Familistère font aussi l'objet de l'Association, ce qui signifie que la vente se fait au profit du collectif. Il en va de même des usines de Laeken-lez-Bruxelles dont les bénéfices reviennent à tous ici. Godin note également que des formulaires sont actuellement en cours d'impression et que des listes complémentaires d'associés et de sociétaires vont être constituées pour compléter l'équipe fondatrice.

Le travail de persuasion est payant. Ainsi qu'en témoignent les conseils de gérance de la fin de l'année 1880, les nouveaux adhérents affluent. Alors qu'ils se tiennent formellement tous les mois, les conseils de gérance doivent se réunir une dizaine de fois en décembre pour régler les affaires courantes et accepter l'adhésion et la signature au pacte social de plus de 460 nouveaux participants. Dans les mois qui suivent, en revanche, le nombre chute drastiquement. En 1881, 82 adhésions sont enregistrées pour l'usine de Guise et 29 pour celle de Laeken-lez-Bruxelles. Par ailleurs, dans l'ensemble des conseils de gérance qui se tiennent du 21 octobre 1880 au 29 juillet 1882 (soit l'équivalent de 39 séances), seuls quatre refus sont notifiés : le premier parce que le candidat est retraité (conseil de gérance du 22 janvier 1881) ; deux autres postulants, deux mouleurs, laissent à désirer en raison de leur « caractère » et de leur « moralité » (conseil de gérance du 22 janvier 1881) ; le problème du dernier est qu'il est représentant de la maison Godin pour la région nord, or « les bases manquent avec MM. les voyageurs pour établir nettement leurs droits de participation » (conseil de gérance du 31 janvier 1882).

Fallait-il relancer le processus pour convaincre les irréductibles ? L'équipe de direction semble avoir pensé que oui. Le 19 mai 1881, à l'occasion d'un discours aux membres de l'Association, Godin explique que le conseil de gérance l'a engagé à ouvrir un nouveau cycle de conférences de façon à commenter une fois encore les textes fondateurs et à lever ainsi les « interprétations contradictoires » qui subsistent. À l'extérieur du Familistère, y compris loin à l'étranger, certaines personnes comprennent mieux les rouages juridiques du Familistère que certains qui y vivent ! Voilà pourquoi Godin propose qu'une heure soit consacrée le dimanche à l'étude des statuts. Ces conférences dominicales seraient « l'office religieux de l'Association, office après lequel les membres pourraient se livrer aux charmes de la société et de la promenade, avec le sentiment d'avoir bien employé leur temps[19] ». Le dimanche suivant, à 15 heures exactement, Godin prend à nouveau la parole pour répondre à une série de questions qui lui sont parvenues. Lorsque Godin disparaîtra, s'interrogent certains, son héritier dissoudra-t-il la Société et congédiera-t-il les associés ? Pourquoi, demande un autre, la veuve d'un associé, bien que n'étant pas elle-même associée, sociétaire ou participante, n'a-t-elle pas le droit de conserver le titre du défunt ? Que signifie le fait que la pension soit fixée aux deux cinquièmes des appointements ou salaires annuels, à l'exclusion de tout autre bénéfice ? Ne peut-on réviser le système d'amende pour absence au travail au premier tiers du matin ?

Le 23 juin, en soirée, Godin poursuit l'exercice et répond à un flot de questions nouvelles. La première préoccupation qui émerge a trait au bénéfice. N'est-ce pas finalement que du papier, et rien d'autre ? La procédure est en effet déroutante, voire incompréhensible, aux yeux de nombreux travailleurs. Les titres d'apport se substituant à l'épargne, les ouvriers et les employés ne voient pas tous l'intérêt qu'ils peuvent y trouver pécuniairement. Godin s'explique encore, longuement, sur les mécanismes comptables qui organisent la répartition des bénéfices. Le 30 juin, il reprend cette même question et rappelle simplement que, lorsque les ouvriers touchent 500 francs en titres d'épargne, ils possèdent donc 500 francs de plus sur l'Association et Godin autant de moins[20]. Le 7 juillet, en soirée encore, nouvelles interrogations : la répartition des bénéfices provenant des magasins d'alimentation ne serait-elle pas plus équitable si elle était faite au prorata des achats au lieu d'être confondue dans la répartition générale de l'Association[21] ? Un ouvrier qui apporte une idée utile à l'Association ne devrait-il pas tirer seul tout le bénéfice de l'innovation ? Les conférences de commentaires semblent s'arrêter à cette date, celle qui suit (le 28 juillet 1881) est consacrée à un tout autre sujet (le gouvernement dans les opérations industrielles), qui n'entretient qu'un lien indirect avec les nouveaux statuts de l'Association.

[3. Statuts et mode de gouvernement

Un élément aussi original qu'important est à mettre au compte de la fondation juridique de 1880. Il s'agit de la production d'une nouvelle segmentation officielle au sein du personnel. Les membres de l'Association sont répartis en quatre catégories hiérarchisées : les associés, les sociétaires, les participants et les intéressés. L'appartenance à l'une ou l'autre de ces catégories est déterminée par la « valeur des services rendus ». L'échelle des statuts structure fortement et durablement les formes identitaires au sein de l'univers Godin. C'est pourquoi il n'est pas inutile d'entrer dans le détail des droits et devoirs de chacune de ces catégories avant que d'évoquer le mode de fonctionnement de l'Association.

[Associés, sociétaires, participants, intéressés et auxiliaires

Dans le monde familistérien, le haut de la hiérarchie est désormais occupé par les associés. Pour prétendre à un tel statut, les candidats doivent être âgés de 25 ans au moins, résider depuis cinq ans au minimum dans les locaux du Familistère, participer depuis le même temps au moins aux travaux et opérations qui font l'objet de l'Association, savoir lire et écrire, être possesseurs d'une part du fonds social d'au moins 500 francs, et être admis par vote à l'assemblée générale des associés. Afin de devenir sociétaire[22], deuxième statut dans la hiérarchie de l'Association, il convient de remplir les conditions suivantes : être âgé d'au moins 21 ans et être libéré du service militaire, travailler au service de l'Association depuis trois ans au moins, habiter les locaux du Familistère, et être admis par le conseil de gérance. Pour être participant, statut porteur d'une dignité encore inférieure, il faut être âgé d'au moins 21 ans, être libéré du service militaire dans l'armée active et travailler au service de l'Association depuis un an au moins. L'admission dépend également du conseil de gérance. La moralité et la bonne conduite sont du nombre des conditions générales exigées pour prétendre à un quelconque des titres d'associé, de sociétaire ou de participant.

Les intéressés occupent le statut le plus bas dans la hiérarchie des détenteurs de capital. Ils sont membres de l'Association seulement parce qu'ils possèdent par succession, achat ou toute autre voie, des parts du fonds social. « Le capital sans le travail ne jouit donc ici d'aucun droit d'administration, explique à ce propos Godin. Pour que les privilèges vous soient accordés, il faut que vous soyez travailleurs[23]. » L'Association occupe enfin des auxiliaires, ouvriers et employés qui ne sont ni associés, ni sociétaires, ni participants. Sous certaines conditions (dont la principale est de ne pas professer d'opinions subversives), ces travailleurs peuvent devenir membres de la Société aux divers degrés.

L'assemblée générale de l'Association est composée des seuls associés. Celle-ci se réunit une fois par an au théâtre et peut siéger à d'autres occasions à la demande de l'administrateur-gérant. Formellement, elle possède de nombreuses fonctions (elle procède à la nomination du conseil de gérance et du conseil de surveillance, elle décide des hausses de capital social de l'Association, elle admet et exclut les associés, elle désigne les élèves qui pourront suivre des études supérieures aux frais de l'Association…). Bien que fréquentée (le taux d'absentéisme n'a jamais été supérieur à 25 %), elle sert surtout à entériner les décisions de l'administrateur-gérant à l'encontre duquel les critiques portées sont rares. Il faut dire que les associés jouissent d'un double privilège : ils perçoivent des bénéfices élevés[24] et ils sont mieux protégés que les autres catégories. En cas de difficulté économique, en effet, l'occupation leur revient en priorité. Les sociétaires viennent en deuxième dans l'ordre des préférences, devant les participants qui, eux-mêmes, sont toujours choisis avant les auxiliaires.

Tout associé, sociétaire ou participant peut perdre sa qualité et les droits attachés pour l'une des raisons suivantes : ivrognerie ; malpropreté de la famille et du logement gênante pour les habitants des locaux de la Société du Familistère ; actes d'improbité ; non-assiduité au travail ; infraction à l'obligation de donner l'instruction aux enfants dont il a la responsabilité à un titre quelconque ; tenue de débit de boisson sans l'assentiment de la Société[25]. Il existe, symétriquement, un fonds spécial mis annuellement à la disposition du conseil de gérance pour récompenser les services exceptionnels s'appliquant aux idées et aux perfectionnements trouvés par les membres de l'Association en vue de l'utilité commune et de l'amélioration des produits de l'usine.

Le statut dont bénéficient les travailleurs du Familistère n'est pas distribué de façon aléatoire. Produites sur fond de méritocratie et de croyances aux nécessaires vertus des capacités (de lecture, de comportement moral…), les conditions restrictives qui viennent d'être énoncées précédemment pèsent lourdement. Le tableau suivant, qui exclut par définition les intéressés, lie statuts dans l'Association et position sociale dans l'entreprise. Celui-ci révèle que les chances d'accès aux rangs prestigieux sont plus faibles pour les ouvriers que pour les employés. Au fil des années, le cercle des élus s'agrandit néanmoins. En 1888, à la mort de Godin, l'assemblée générale des associés compte 102 membres, soit l'équivalent d'un douzième environ des travailleurs de l'usine et d'un sixième du personnel habitant au Familistère[26]. Les sociétaires sont 250 et les participants 464.

Statuts dans l'Association et positions dans l'entreprise en 1888[27]

Statut dans l'Association Position dans l'entreprise	**Associé**	**Sociétaire**	**Participant**	**Auxiliaire**
Ouvriers	60	208	432	571
Employés	38	50	38	65

En tant que fondateur, Godin bénéficie d'un statut singulier (article 12 des statuts) qui lui permet d'accepter ou de rejeter les nominations d'associé, de sociétaire ou de participant, d'abréger les délais pour permettre à une personne jugée digne d'accéder à un tel statut, d'appeler au premier conseil de gérance trois associés de son choix et surtout d'être à vie administrateur-gérant avec faculté de désigner son successeur (soit de son vivant, soit par voie testamentaire). Ces droits ne profitent pas en revanche aux héritiers et ayants droit de Godin[28]. Les appointements attribués à l'administrateur-gérant ne sont pas négligeables puisqu'ils se montent à 15 000 francs, auxquels s'ajoutent 4 % des bénéfices qu'il perçoit en tant que membre de l'Association. Le tout fournit une rémunération confortable qui suscite, hors du Familistère au moins, des réactions critiques. Godin est conscient de l'importance de la rémunération qu'il s'octroie et il s'en explique en ces termes : « En établissant les statuts, je me suis rangé parmi vous comme travailleur en raison des services que je me sens capable de rendre encore à l'Association, j'ai fixé en faveur de la fonction de gérant une rémunération assez large. Mais je n'ai agi ainsi que dans la pensée de me réserver les moyens d'appeler au milieu de nous de réelles capacités qui puissent se joindre aux vôtres, sans diminuer la position d'aucun de vous[29]. » Autrement dit, le talent doit être récompensé, et il n'y a aucune raison que Godin échappe à la règle qu'il avait tenté d'imposer à tous.

À l'extérieur du Familistère, l'ire gagne à nouveau certains esprits lorsque, le 15 novembre 1885, l'assemblée générale de la Société du Familistère décide à l'unanimité de demander à Godin qu'il accorde à l'entreprise un prêt de 3 millions de francs au taux de 4 %[30]. Dans la lettre qu'il fait placarder dans les rues de Paris en réaction à l'événement, un « antispéculateur » se gausse du fondateur dont le traitement « ferait vivre un régiment » !

Lettre de l'antispéculateur à Godin, de Guise

Paris, le 29 novembre 1885,
Minuit et demi
Monsieur Godin,

J'ai sous les yeux le numéro 327 du journal *Le Devoir* du dimanche 29 novembre 1885, et c'est sa lecture qui me dicte cette lettre.

De quelle jouissance inconnue vous venez de priver vos vieux jours !

Songez que l'on a que celles que l'on sait se donner, et que l'autre monde n'est qu'une chimère.

Quoi ! en quelques mois votre journal socialiste a fait connaître votre verve et prononcer votre nom dans le monde entier.

Quoi ! vous touchez chaque année pour votre travail personnel un traitement qui ferait vivre un régiment !

Quoi ! vous avez édifié un familistère, fondé une association, organisé la mutualité, et plutôt que de saisir l'occasion de couronner un si bel édifice, de franchir d'un seul bond tous les degrés qui empêchent le spéculateur de s'élever jusqu'au travailleur, vous préférez prêter 3 millions à 4 % d'intérêt.

Quoi ! vous avez laissé échapper l'occasion d'être le premier à montrer à la face des spéculateurs du monde entier que leur dieu capital, valeur d'intérêts, n'était entre vos mains qu'un outil que vous saviez vous faire rendre tel que vous l'avez prêté.

Moi, depuis la dernière période électorale d'il y a quatre ans, j'ai économisé, sou par sou, quelques centaines de francs, afin de profiter de celle-ci pour pouvoir seulement afficher sur les murs de Paris cette vérité, et je ferai de même, en attendant l'autre, pour pouvoir recommencer, n'ayant que mon travail au jour le jour, pour subsister.

Ah ! mon pauvre Monsieur Godin, malgré vos millions, en face de vous, comme je me sens riche ! J'en pleure de joie, et comme je vous plains ! Apprenez que le millionnaire qui spontanément eut été capable de faire cela, eût été digne de présider une véritable république ; et sachez-le, Monsieur Godin, elle viendra, cette république-là !

GLOIRE AU TRAVAIL
MORT AU SALARIAT ET À LA SPÉCULATION

L'antispéculateur
Certifié conforme à l'original
Stumph, candidat

[Les modes de fonctionnement de l'Association

L'architecture organisationnelle que propose Godin dans les nouveaux statuts de 1880 fonctionne pour l'essentiel à l'aide de conseils, dont certains – comme ceux du Familistère et de l'usine – étaient déjà en place avant la refondation statutaire. La première pièce maîtresse du dispositif est constituée par un conseil de gérance qui se compose de seize membres au maximum, dont treize le sont en raison des fonctions occupées (directeurs, chefs de service...). Trois membres seulement sont élus, pour une durée d'un an, au scrutin secret par l'assemblée générale des associés[31].

Ce conseil, qui se réunit une fois par mois, assiste l'administrateur-gérant dans ses fonctions. Il statue en particulier sur les admissions au titre de sociétaire ou de participant, sur l'accès aux logements du Familistère, sur les dépenses relatives aux assurances mutuelles et aux institutions de l'enfance du Familistère, etc. Il donne son avis par ailleurs sur un ensemble de points afférents à la gestion des personnes (mise en retraite, congé pour manque d'ouvrage, appointements...) et des biens (entretien des bâtiments, marchés, achat de matières premières...). Il bénéficie enfin de toutes les informations relatives à la marche de l'entreprise (comptabilité, chiffres de vente...).

Godin maintient par ailleurs deux conseils déjà existants et aux statuts équivalents, celui du Familistère et celui de l'industrie. Ceux-ci se réunissent obligatoirement une fois par semaine, examinent des questions qui relèvent en propre de l'habitation sociétaire pour le premier (avis sur les magasins, les admissions dans les logements...) et de l'usine pour le second (opérations de production, innovations proposées...). À ces instances, il faut ajouter le conseil de surveillance (composé des trois commissaires-rapporteurs nommés pour un an par l'assemblée générale des associés) en charge de l'exécution des statuts, ainsi qu'un comité de conciliation qui a pour fonction de régler les différends qui peuvent survenir entre les membres de l'Association ou entre l'Association et ses membres[32].

[4. Les institutions de prévoyance, de secours et de retraite

Les institutions de secours sont introduites à Guise bien avant 1880. Cette façon d'organiser la solidarité dans l'industrie n'est pas complètement originale. Dans la seconde moitié du XIXe siècle, d'autres entrepreneurs ont déjà vu tout l'intérêt qu'ils pouvaient tirer de l'association entre le secours mutuel et le patronage. Il en est ainsi dans les mines et dans les chemins de fer[33]. En organisant une protection sociale d'entreprise, voire parfois de branche, les employeurs ne manifestent pas que des préoccupations philanthropiques. Ils satisfont à leur besoin de recrutement et de stabilisation de la main-d'œuvre, quand ils n'utilisent pas un tel système pour se défaire de certaines contraintes. « Mais plus qu'un moyen d'échapper à l'ensemble des obligations légales, la Caisse patronale apparaît comme l'outil de pérennisation des rapports personnels entre le patron et ses ouvriers. On retrouve des situations proches dans les entreprises textiles rouennaises. Au-delà, la bourgeoisie y a vu un moyen pour faire régner la paix sociale[34]. » En transformant le mot d'ordre de solidarité en institutions concrètes, Godin participe donc d'un mouvement d'ensemble : en 1855, on peut décompter 3 123 sociétés mutuelles en France, plus de 5 000 en 1865 et 6 790 en 1880 (avec plus d'un million d'adhérents)[35].

Dès 1846, date de la fondation de l'usine de Guise, Godin établit en son sein une caisse de secours. Celle-ci est alimentée par des cotisations ouvrières et, surtout, par les amendes pour contraventions aux règlements d'ateliers, les retenues pour malfaçons, etc.[36] En 1852, ensuite, Godin crée une caisse d'assurance maladie. Alimentée de façon conjointe par des cotisations ouvrières et patronales, sa gestion est confiée à un comité d'ouvriers élus. Pour l'industriel de Guise, l'intérêt est évident. Auparavant, « quand la maladie frappait l'un ou l'autre de ses ouvriers, que faisait Godin ? Il avançait les sommes nécessaires au soutien du malade et de la famille, s'il y avait lieu ; et l'ouvrier s'acquittait par portions graduées lorsqu'il reprenait le travail[37] ». Plus de souci de cet ordre avec la nouvelle formule ! En confiant la responsabilité aux travailleurs, Godin diminue par ailleurs les risques de mécontentement. Si les ouvriers ne sont pas satisfaits, ils n'ont qu'à voter pour changer l'équipe !

À partir de 1860, Godin milite en faveur de l'extension de la caisse maladie de l'usine aux femmes des ouvriers qui résident au Familistère. Une section dame est ainsi créée qui, selon les mêmes modalités que les hommes, administre sa propre caisse[38]. D'abord facultative, l'adhésion à ces caisses est rendue obligatoire en juin 1861 (les cotisations sont directement prélevées sur les salaires). Sur le même modèle (gestion par des comités élus par les adhérents, financement paritaire), deux autres caisses sont créées dans les années qui suivent : une caisse de pharmacie pour les frais de médicaments et de funérailles (1870) et une caisse d'aide aux vieillards, invalides, veuves et orphelins (1872). Ce système de protection sociale profite inégalement aux individus, selon qu'ils sont, ou non, familistériens. La caisse d'assurance maladie et la caisse d'aide aux vieillards, invalides, veuves et orphelins couvrent toute la population placée, à un titre ou à un autre, sous la responsabilité de Godin, les travailleurs comme les habitants du Familistère. Mais ces derniers jouissent également en propre de couvertures complémentaires. Tel est le cas pour la caisse de pharmacie. La caisse de prévoyance et de secours mutuels améliore pareillement l'allocation versée par son équivalent à l'usine. Grâce à ce surplus, un malade est assuré de percevoir des allocations maximales durant une période qui peut aller jusqu'à un an. Il bénéficie aussi de la visite régulière des membres des comités. Ici encore, il existe deux sections, l'une pour les hommes, l'autre pour les dames. Il est nécessaire, estime Godin, « de fonder l'assurance mutuelle des femmes distinctement de celle des hommes dans toutes les communes, lorsque la mutualité nationale s'organisera. C'est une question de convenance absolue que pendant la maladie les femmes soient visitées et que leurs besoins soient discutés par des femmes. L'expérience l'a prouvé au Familistère[39] ».

En réalité, contrairement à ce que laisse croire Godin, les conseils du Familistère avaient proposé en 1869 la création d'une unique caisse mutuelle de prévoyance contre la maladie pour le personnel de l'usine et du Familistère. Lorsque le projet est présenté, les ouvriers manifestent leur désapprobation. Les hommes ne veulent pas « admettre dans leur nouvelle assurance les femmes occupées à l'usine, parce que, à les entendre, elles étaient trop souvent malades et, dans le passé, avaient “mangé la caisse”[40] ». Au nom de ce même argument, ils marquent leur réprobation au projet d'extension de leur mutualité à toutes les habitantes du Familistère. La nouvelle caisse est donc réservée à la gente masculine. Pour ne pas exclure les femmes, Marie Moret propose en mars 1870 « un projet de statuts pour fonder une branche de l'assurance spéciale aux dames : travailleuses de l'usine, employées des services ou simplement habitantes du Familistère[41] ».

Lorsque, en 1878, il dresse le bilan du fonctionnement des caisses de secours et d'aide médicale de l'usine, Godin se félicite du succès[42]. Les dix-huit membres élus savent adapter le règlement, ils visitent les malades et décident des questions relatives aux demandes et réclamations. L'usine accorde 5 francs d'indemnité par mois aux membres de ce comité pour compenser le temps passé en visites et à administrer la caisse. Godin ajoute que les ouvriers jouent le jeu et ne cherchent pas à abuser du système en simulant l'épreuve de la maladie. Il fournit enfin l'état des comptes pour les cinq années précédentes (les chiffres sont des moyennes annuelles, et le nombre d'ouvriers participants est de 889). Les cotisations annuelles (à raison de 50 centimes par quinzaine pour les ouvriers et les ouvrières, 30 centimes pour les moins de 16 ans) représentent l'équivalent de 10 809 francs. Les recettes sont complétées par 3 665 francs d'amendes, 4 107 francs issus du montant des malfaçons et 317 francs de recettes diverses (intérêts en compte courant…). Quant aux dépenses, elles se distribuent comme suit : 1 600 francs d'allocation aux médecins et 17 194 francs de subventions aux malades[43]. Sur la période présentée par Godin, la moyenne a été de 551 ouvriers malades par année. La durée moyenne d'arrêt s'élève à dix-neuf jours par personne, période pendant laquelle chaque patient a reçu une aide de 31,20 francs.

À de nombreux endroits, les nouvelles règles établies en 1880 ne font que consolider l'existant. L'Association continue de gérer des assurances mutuelles destinées à secourir les malades, les blessés, les invalides du travail et les familles dont les revenus n'atteignent pas le minimum jugé nécessaire à l'entretien de tous leurs membres. Tout travailleur de la Société du Familistère de Guise est inscrit de plein droit à ces assurances. La novation consiste à fondre dans un même ensemble nommé « Assurances mutuelles de l'Association » les différentes caisses de secours qui existaient au préalable. Les assurances contre la maladie, les premières, sont alimentées par les cotisations des mutualistes et par une subvention d'égale importance de l'Association (celle-ci est prélevée avant tout partage des bénéfices). Les contributions fournies par les travailleurs sont établies d'après les taux de 1,5 % de leurs salaires ou appointements s'ils habitent le Familistère et de 1 % s'ils habitent en dehors. Tous les travailleurs sont tenus à ce versement.

En cas de besoin, les mutualistes bénéficient des visites et des soins du médecin, ainsi que d'allocations journalières[44]. Toute maladie contractée en dehors de l'établissement par des excès et une inconduite notoire ne donne droit qu'à une allocation journalière s'élevant au montant de la cotisation mensuelle. L'Assurance des travailleurs contre la maladie est toujours administrée par un comité de dix-huit membres[45]. Les membres de ce comité délégués pour visiter les malades et s'assurer de leur état réel sont désignés par voie de tirage au sort. En complément à ces garanties, le fonds de pharmacie procure gratuitement les ustensiles, les linges et tous les médicaments nécessaires aux malades[46]. Ces derniers ont toute liberté de se procurer les médicaments chez le pharmacien qui leur convient le mieux. Ce principe est temporairement suspendu durant quelques mois en 1880 et 1881 en raison d'abus aux origines inconnues. Pendant cette période, chaque pharmacien de la ville fournit tour à tour, pendant un mois, les médicaments délivrés gratuitement par le fonds de pharmacie du Familistère. Le principe de base est rétabli dès le mois de février 1881[47].

Expression institutionnelle du « droit à la vie », une deuxième branche du système de protection sociale prend la forme d'une caisse des pensions et du nécessaire à la subsistance. Grâce à elle, toute personne est assurée de bénéficier d'un minimum journalier qui le fera vivre : 1,50 franc pour un veuf ou une veuve chef de famille, 1 franc pour une veuve sans famille, 1 franc pour un homme invalide dans une famille, 50 centimes pour les enfants de 2 à 14 ans, 25 centimes pour un enfant de moins de 2 ans, etc. Ces tarifs sont établis d'après la valeur des denrées de première nécessité. Si, sur la base de telles indications, une famille ne reçoit pas un total de salaire nécessaire à sa subsistance, la caisse verse la différence. Les fonds sont alimentés par un prélèvement sur les bénéfices de l'entreprise.

L'Association gère enfin des pensions de retraite[48] auxquelles il est possible de prétendre après quinze ans de service. La pension des associés est fixée, pour les hommes, aux deux cinquièmes de leurs appointements ou salaires, et ne peut être inférieure à 45 francs. La pension des sociétaires est réglée d'après le nombre d'années de service, sans qu'elle puisse descendre, pour les hommes, au-dessous de 60 francs par mois et, pour les femmes, au-dessous de 35 francs. Une autre grille encore est mise au point à destination des participants et des auxiliaires[49]. Dans les périodes intermédiaires, les subventions sont proportionnelles à la durée des services. En aucun cas, la pension ne peut être supérieure à la moyenne des gains ou salaires perçus par le travailleur lorqu'il était actif. Parce que les personnes concernées ne travaillent que quelques heures par jour, le taux de pension des employées attachées aux services d'entretien et de propreté des cours et des locaux du Familistère correspond à la moitié de celui auquel leur donnerait droit un emploi à temps plein[50].

[5. Les règles de répartition des bénéfices

Les modalités comptables de répartition des bénéfices constituent un autre point essentiel, qui fournit matière à régulation dans les statuts adoptés en 1880. Accroc à la doctrine fouriériste du jeune Godin, les règles adoptées reconnaissent à équivalence deux facteurs de production principaux. Le travail, le premier, est toujours considéré comme la loi de l'activité humaine par excellence, qui crée sans relâche les biens nécessaires au bien-être de tous. Dépouillé désormais de toute connotation relative à une quelconque passivité ou négativité, le capital se voit conférer un rôle utile et fécond, et « l'intérêt convenu au sujet du capital représente le prix attaché à l'utilité reconnue de son usage ; c'est la récompense due à celui qui abandonne à autrui le bien de ce qui lui appartient » (Titre premier, § XVI). Le talent – ou plus exactement l'intelligence directrice et administrative – n'intervient plus désormais qu'en second rang. Il sera rémunéré, s'il reste des bénéfices, une fois les charges sociales servies et les salaires, les émoluments et les intérêts payés. La nature, quant à elle, ne fait plus l'objet de la moindre évocation. Les statuts prévoient néanmoins qu'une part des richesses produites alimentera une réserve sociale destinée à parer aux éventualités malheureuses.

Sans entrer dans la technicité des comptes, on peut restituer la logique de répartition des bénéfices de la façon suivante. Le principe de base est que l'intéressement du travail aux bénéfices réalisés s'opère sous forme de titres qui permettent aux salariés d'acquérir une part du capital social. Sur les bénéfices industriels et commerciaux, il est d'abord prélevé, à titre d'amortissement, 5 % de la valeur des immeubles, 10 % de la valeur du matériel et 15 % de la valeur du matériel modèle. Les subventions aux diverses assurances mutuelles sont également soustraites, ainsi que les frais d'éducation et d'instruction qui incombent au Familistère et, enfin, les intérêts dus aux possesseurs des apports et des épargnes (intérêts payables en espèces). Reste un bénéfice net qui se répartit comme suit :

- 25 % en fonds de réserve ;
- 50 % au capital et au travail : les dividendes du capital, proportionnels à la part des intérêts des apports et des épargnes, sont payables en espèces, et ceux du travail, proportionnels à la part des appointements et salaires[51], le sont en titres d'épargne ;
- 25 % aux capacités : 4 % pour l'administrateur-gérant, autant de fois 1 % qu'il y a de conseillers de gérance en exercice, 2 % au conseil de surveillance, 2 % à la disposition du conseil de gérance pour récompenser les services exceptionnels, 1 % de bourses scolaires (préparation à l'admission et scolarité dans les écoles de l'État).

Certains ne se priveront pas de contester cette répartition des revenus qui favorise les « capacités »[52]. En dépit de telles récriminations, il faut convenir que l'intéressement des travailleurs sous forme d'épargne a bien fonctionné. En 1884, les travailleurs possèdent, par ce mécanisme de participation aux bénéfices, plus de 1 969 000 francs de la valeur du fonds social.

Titres d'épargne acquis par la participation (1884)

Nombre des titres acquis	Valeur des titres (en francs)	Valeur totale (en francs)	Valeur moyenne (en francs)
133	Au-dessous de 100	10 426	78
188	101 à 500	52 840	281
167	501 à 1 000	132 662	794
318	1 001 à 5 000	706 010	2 220
12	5 001 à 10 000	83 631	6 969
2	10 001 à 15 000	22 231	11 115
4	25 001 à 50 000	131 941	32 985
3	Au-dessus de 50 000	829 508	
827		**1 969 249**	

Dans le nombre des titres dépassant 50 000 francs est compris le fonds de réserve de la caisse des pensions et du nécessaire à la subsistance.

Le Devoir, n° spécial de 1884.

Au 30 juin 1887, l'Association possède un capital de 5 229 698,86 francs en parts d'intérêts dans la société et le fondateur 1 742 004 francs[53]. Le capital réel de la société a donc augmenté de plus de 2 millions depuis la fondation en 1880. Les travailleurs-actionnaires n'y ont pas perdu puisque chaque titre détenu a désormais une valeur de moitié supérieure à sa valeur nominale (150 francs en réel pour 100 francs en nominal). Le transfert du fonds social aux mains des travailleurs est achevé au milieu des années 1890. À ce moment, l'Association rembourse des parts du fonds social à ceux qui le souhaitent avec l'ancienneté comme critère de priorité. D'autres titres sont émis mais tous restent propriété des membres de la Société qui travaillent à l'usine.

*

Il faut une théorie et une boussole pour s'aventurer dans le monde vierge de l'Association expliquait C. Fourier. De ce point de vue, Godin a fait figure d'explorateur et de guide. Au fil des années, il a cependant perdu nombre de ses illusions. Le parcours de l'Association a été semé d'embûches. Godin n'a pas su persuader ses ouvriers de le suivre avec enthousiasme sur les chemins de l'aventure. Dans une note manuscrite qui date probablement des années 1880-1881, il se compare à Christophe Colomb qui, parti à la découverte du Nouveau Monde, « s'était livré au hasard des vents, des récits et des écueils, gouvernant son navire à tous les risques des événements. Ainsi, pour la recherche du Nouveau Monde social, j'ai édifié le Familistère et l'ai dirigé de manière à montrer la voie, sans soupçonner les difficultés que je rencontrerais sur ma route. Christophe Colomb avait des matelots sans confiance dans le succès, méconnaissant les vues de leur chef et s'abandonnant à de fausses conjectures ; de même, je n'ai eu pour équipage que des collaborateurs sans foi, ne comprenant pas le but à atteindre, et plus désireux de revenir sur leurs pas que de poursuivre la route[54] ». Amertume donc, en une période où le fondateur doute du succès de l'Association.

À défaut d'intégrer tous les ingrédients que Godin aurait aimé voir ajoutés quelques années auparavant (la reconnaissance des mérites par le vote au premier chef), la structure juridique adoptée en 1880, puis quelque peu amendée en 1882, consacre néanmoins une étape décisive.

L'abolition du salariat est un processus qui a pris forme juridique, qui assure aux travailleurs un nouveau statut et qui conforte leur implication dans la vie de l'entreprise et du Familistère. Certes, mais tous ne sont pas logés à la même enseigne. En haut de la hiérarchie trônent des travailleurs privilégiés, dont même les enfants bénéficient – par simple effet de filiation – d'avantages intéressants[55]. En 1882, *La Revue du mouvement social* qualifie d'aristocrates ces ouvriers et employés dotés de reconnaissances et d'avantages supérieurs aux autres. La hiérarchie et la segmentation font grincer les dents. *Le Devoir* répond à l'accusation en ces termes : « Ce n'est pas l'Association du Familistère qui crée cette situation, mais la société ambiante. Que le principe de solidarité sociale s'étende et se multiplie, ces différences s'atténueront. Mais nous ne pensons pas néanmoins qu'elles doivent disparaître. Au nom de la liberté humaine, nous pensons que la société devra toujours laisser une large place à l'individualisme[56]. » On ne saurait être plus clair !

Pour faire pièce à ses détracteurs, Godin propose de généraliser l'association entre le capital et le travail jusqu'au cœur de l'État qui devrait à son avis organiser la solidarité générale de la nation. Pas question en revanche de faire marche arrière sur les différences statutaires : comment imaginer accorder les mêmes avantages à ceux qui sont étroitement unis dans la consommation et la production et les simples travailleurs du dehors qui ne prennent qu'une part limitée à l'œuvre de l'Association ? À contre-pied, le temps et les travailleurs du Familistère se chargent vite de la réforme. Un an à peine après la mort de Godin, sociétaires et associés sont rassemblés dans une catégorie unique, et la rétribution au mérite laisse place à une rémunération à l'ancienneté. Le Familistère s'éloigne à nouveau, mais sans son fondateur cette fois, de l'idéal fouriériste qui avait conquis le jeune Godin.

10] [Statut et organisation du travail

« Le travail est saint, trois fois saint. Par lui l'Homme et l'Humanité s'élèvent vers la pratique de la Justice, car le Travail c'est la production des choses nécessaires à la Vie, dont l'homme doit réaliser la Consommation Équitable et la Juste Répartition[1]. » Le lyrisme, pour ne pas dire l'emphase, dont Godin fait inlassablement preuve lorsqu'il évoque le travail est à la hauteur des certitudes qui sont les siennes. La valeur des actes humains se mesure à leur degré d'utilité pour les hommes ou pour ce que Godin nomme encore la Vie. À l'ère de l'industrialisme naissant, expression collective du geste prométhéen, comment ne pas être convaincu que l'acte humain par excellence, c'est le travail ? Le grand théoricien du capitalisme qu'est K. Marx ne dit rien d'autre. Pour lui aussi, le travail est l'essence et la mesure de toute chose. Plus encore, « en produisant pratiquement un monde d'objets, en façonnant la nature non organique, l'homme s'affirme comme un être générique conscient, c'est-à-dire un être qui se rapporte à l'espèce comme à sa propre nature, ou à lui-même, comme un être générique[2] ».

Que Godin, lui aussi, loue le travail jusqu'à l'excès ne surprend pas. En des termes bien différents certes, de nombreux intellectuels en font tout autant. À la fin du XIXe siècle, le travail est regardé par beaucoup comme un fait religieux, une pratique qui fait lien social. Industriel conquis aux thèses de C. Fourier, Godin tente de transformer les gammes de papier de son illustre mentor en sonorités sociales concrètes. Y parvient-il ? Nous avons constaté précédemment que, du point de vue de la rémunération du talent et de l'agencement par séries, l'échec a été cuisant. Qu'en est-il de l'organisation du travail *stricto sensu* ? Pour prendre la mesure de la portée du modèle Godin, il convient d'abord de rappeler les fondements de la thèse sociétaire avant d'examiner les pratiques productives. Au vrai, l'organisation et les modes de contrôle du travail sont variés. Que l'on considère les tâches ou les formes de reconnaissance, peu de points communs relient le travail des ouvriers, celui des femmes et celui des dirigeants. Parmi la masse des hommes de la main, de multiples différences et segmentations sont également observables.

[1. Le travail comme fonction et comme devoir

Le monde du travail sociétaire affiche à la fois cohérence et originalité. Rappelons-en les traits principaux. Pour C. Fourier, afin de se démarquer des formes rebutantes et odieuses de travail qui dominent en civilisation, l'industrie sociétaire doit remplir sept conditions[3]. Chaque travailleur doit être associé et non pas salarié. Pour ce faire, il doit être rétribué par dividendes. Il convient également que tous, hommes, femmes et enfants, soient rémunérés en proportion des trois facultés – capital, travail et talent – qu'ils peuvent mettre à la disposition du collectif. L'organisation du travail doit être variée : huit séquences de travail différentes par jour paraissent la meilleure des solutions, étant entendu que « la séance de deux heures est la plus longue admissible en harmonie passionnée, l'enthousiasme ne pouvant pas se soutenir au-delà de deux heures ; les séances doivent se réduire à une heure, si l'objet du travail est peu attrayant[4] ». Les travaux doivent être réalisés avec des amis avec lesquels chacun se réunit spontanément tout en admettant un principe de rivalité stimulante. Les lieux de travail doivent être propres. La division du travail mérite d'être portée à son degré ultime de manière à pouvoir affecter chaque personne, selon son sexe et son âge, là où elle est la plus efficace. Chacun doit pouvoir s'il le souhaite réaliser les tâches qui lui plaisent. Impératif supplémentaire enfin : le peuple doit bénéficier d'une garantie minimale de bien-être. Une telle assurance ne signifie pas que tous les pauvres pourront bénéficier d'une subsistance dont C. Fourier estime qu'elle est, en état de civilisation, un « appât à la fainéantise ». En association, l'attrait du travail sera tel qu'en avançant 400 francs à qui le demande, on sera sûr qu'il en fera bon usage pour produire 600 francs au moins.

Qu'en est-il pour Godin ? Le thème du travail revient inlassablement dans sa bouche comme sous sa plume. La tonalité est fidèle à sa philosophie d'ensemble, mélange syncrétique de vitalisme, de théisme sécularisé hérité de C. Fourier, de spiritualisme à la Swendenborg et de prométhéisme industrieux. Le tout fournit matière à un discours qui ne craint jamais la grandiloquence. La morale de base n'en est pas moins explicite. La mission des hommes est de se faire travailleurs. Le travail féconde la nature, embellit la vie, améliore le bien-être des populations. Sans lui les lois de conservation, de développement et d'harmonie de l'être et de l'espèce seraient toutes compromises et l'homme, agent de la Vie, ne pourrait accomplir le mandat providentiel qui est le sien[5]. L'homme doit donc commencer par assurer sa propre existence matérielle et préserver sa santé afin d'être utile et de ne pas constituer une charge pour autrui.

Plus qu'une tâche inévitable, le travail est surtout une fonction et un devoir. C'est d'abord une fonction. Exercice libre qui met en jeu toutes les facultés intellectuelles et physiques, il est ce ferment indispensable à défaut duquel la Vie ne pourrait se maintenir et s'épanouir. Sans lui, pas de progrès ni d'émancipation. « Le travail est la loi de tout ce qui existe ; il est en particulier la loi de l'homme parce que l'homme, plus que les autres êtres, a des facultés à mettre en action ; c'est du travail que l'homme peut tirer les joies les plus durables[6]. » À l'instar de nombreux contemporains, Godin considère que « la supériorité de l'homme tient surtout à ce qu'il est doué de la faculté de travail ; c'est là ce qui fait de lui un être infiniment supérieur aux autres créatures terrestres[7] ». Godin nourrit une véritable foi à l'endroit de ce geste sacré qui permet à l'homme de s'élever au-dessus des êtres de la terre. Le travail, confesse-t-il, est ma religion. Il est le culte que l'homme est appelé à rendre à Dieu sur la terre[8]. « Travailler chacun pour tous, c'est accomplir l'acte de piété par excellence, c'est obéir au plus haut commandement religieux que le passé nous ait légué. Aimer autrui, se dévouer à son prochain, n'est-ce pas faire œuvre pieuse plus et mieux que ceux qui, en grande toilette, courent à la messe sans savoir, la plupart du temps ce qu'ils vont y chercher ? Que ce point de vue reste toujours présent à notre esprit ; celui du profit matériel ne doit venir qu'en seconde ligne[9]. » Sur le papier au moins, la passion pour le travail dont fait preuve Godin est pleine de ferveur religieuse, loin des motivations purement matérielles qui peuvent informer l'action économique de nombreux hommes.

En sanctifiant le travail, Godin transforme ce dernier en devoir. Un double impératif catégorique doit être respecté. L'homme doit travailler, et la société doit veiller à ce qu'il puisse le faire dans les meilleures conditions possibles[10]. Le credo n'est pas sans portée pragmatique en une période où les risques de chômage le disputent à des conditions de travail souvent délétères. « Nous croyons que, si chacun avait l'emploi constant de ses facultés intellectuelles et physiques, les questions sociales seraient résolues plus qu'à moitié. Le travail étant la source de tous les biens, c'est un malheur et une honte sociale de voir le travailleur qui s'offre si souvent repoussé. Il dépend de la société qu'il n'en soit plus ainsi (...). La doctrine du laisser-faire, laissez-passer, nous a conduits à l'anarchie économique dans laquelle la société se débat, à cette monstruosité de l'homme ne pouvant consommer ce qu'il produit et mourant de faim et de misère au milieu des fruits accumulés de son travail[11]. » Pour dépasser cette contradiction absurde, une seule solution, un seul devoir : fournir du travail à tous les hommes, y compris les plus pauvres. Nous sommes là au cœur du projet de Godin. C'est dans le but d'unir les hommes par le travail que le Familistère a été fondé. « Tout ici, en effet, est l'œuvre du travail ; c'est le travail qui a fourni toutes les ressources dont nous disposons. L'auteur de ces choses, vous le savez, a commencé les mains vides, il a dû faire sortir du travail seul ce dont vous disposez aujourd'hui[12]. »

Pour propulser les hommes sur la voie du progrès, une politique du travail digne de ce nom ne doit pas ignorer les difficultés de l'entreprise. Marque indélébile de ceux qui n'ont cure de satisfaire aux exigences de la vie morale, l'égoïsme est un obstacle à l'émancipation du et par le travail[13]. À contre-courant des thuriféraires du marché, à distance également de Herbert Spencer qu'il publie néanmoins dans *Le Devoir*, Godin se méfie des excès et des dérives que ne manque pas de provoquer un trop plein d'individualisation, puissant mouvement que les sociologues du temps commencent à théoriser. Godin ne pouvait être au fait de tous les travaux de sociologie et d'histoire du travail et encore moins, puisqu'il disparaît en 1888, de la thèse durkheimienne sur l'évolution des formes de la solidarité[14]. Il n'en possède pas moins une certaine conscience, même rudimentaire, de l'historicité du travail et des formations sociales. Dans différents propos et écrits, Godin retrace les grandes phases de l'évolution. Les travailleurs ont d'abord été soumis à l'esclavage, puis au servage, avant d'atteindre le stade du salariat. À cette étape, le travailleur est toujours sous le joug d'un quelconque supérieur : fermier, contremaître ou capitaine d'industrie. L'émancipation est acquise un cran plus loin, avec l'élévation du travailleur au rang de sociétaire. Dans ce régime, ses talents sont enfin reconnus. Il est par ailleurs protégé de tout risque d'arbitraire puisque seuls ses pairs peuvent le juger.

[2. Cycle de production et organisation du travail

Voilà donc pour la doctrine. Qu'en est-il en pratique ? Quelle est la réalité du travail à Guise ? Travailler, chez Godin, c'est d'abord œuvrer au sein de l'usine. Spécialisée dans la fonte émaillée, l'entreprise rassemble de nombreux corps de métier. La liste des opérations industrielles effectuées chaque jour est impressionnante[15] : fonte du fer et du cuivre ; production de fonte malléable ; tournage ; ajustage ; construction mécanique ; création des modèles ; travail du zinc, du fer-blanc, de l'étain, du plomb, du nickel par la galvanoplastie ; emboutissage ; créations céramiques en terre réfractaire ; vitrification des métaux. À cette énumération, il convient d'ajouter le travail du bois (sciage des grumes et confection d'objets à menuiserie, de charpentes et de charronnage) et de bourrellerie (confection de courroies de cuir pour les machines et les harnais des attelages).

[Produire de la fonte : du moulage…

Faute de pouvoir décrire par le menu l'ensemble de ces métiers, examinons l'activité principale qui occupe la majorité des ouvriers : la fabrication de produits en fonte en l'occurrence[16]. La production suit un cycle qui part du moulage pour s'achever avec le stockage. Commençons, pour entamer l'enquête, par pousser les portes des ateliers de fonderie[17]. Là bat le cœur de l'usine. Quatre cents ouvriers environ s'affairent dans quatre salles différentes. Chacune est divisée en deux, dans le sens de la longueur, par des piliers qui montent jusqu'au toit. Le sol est traversé en son milieu par des rails. Les seigneurs des lieux sont les cubilots, hauts-fourneaux de plus de 5 mètres qui servent à la refonte du métal. Chaque appareil est doté d'une cuve cylindrique de

1 mètre de diamètre environ, tapissée en son intérieur soit de briques réfractaires, soit de sable vitrifié. L'enveloppe extérieure est couverte de plaques de fer. Depuis la plate-forme qui surplombe le cubilot, un ouvrier alimente régulièrement la machine en fonte, en charbon et en craie. La matière première lui est fournie à l'aide d'un treuil à double chaîne. L'ouvrier doit non seulement satisfaire l'appétit du haut-fourneau mais il doit aussi rester vigilant pour éviter les retours de flamme que ne manquent pas de provoquer les gaz en combustion.

Au tiers de la hauteur du cubilot, une ouverture accueille l'extrémité d'un tube qui canalise l'air envoyé par un énorme ventilateur. Le bruit qui en résulte envahit tout l'atelier et rend difficile la communication entre les hommes. Mais comment faire sinon pour fournir en oxygène le mélange en fusion et maintenir ainsi la température désirée ? À l'aide de poches garnies d'un long manche en fer, des ouvriers recueillent le métal liquide au bas du cubilot et le portent jusqu'aux moules qu'ils remplissent au fur et à mesure. Comme sur le gueulard, l'oxyde de carbone donne vie en se consumant à de petites flammes bleuâtres, frêles danseuses qui tournoient à la surface de l'épaisse soupe de fonte rougeoyante. Les fondeurs doivent aussi se soucier du laitier, excédent de matière silicatée que charrie le cubilot lorsqu'il digère le métal. Régulièrement, les ouvriers brisent le tampon d'argile qui obstrue la canalisation par laquelle peut s'écouler la substance visqueuse.

Le métier de mouleur est difficile. L'atmosphère est toute confite de chaleur, de poussière et de bruit. La dépense physique est grande et constante. Les ouvriers, des hommes solidement bâtis pour la plupart, transportent des louches de métal en fusion d'un poids moyen de 20 kilogrammes environ sur des distances pouvant atteindre une soixantaine de mètres. Ils doivent aussi préparer leurs moules, ce qui n'est pas affaire de tout repos. Il faut en effet apporter et mettre les modèles en place, les coiffer de lourds châssis, les remplir de sable et fouler ce dernier puis déplacer les moules ainsi constitués vers l'espace de la fonderie. Le métier est non seulement rude mais il peut aussi se révéler dangereux. Dans la matinée du 6 mars 1865, une meule se brise. Un des morceaux atteint de plein fouet la tête de l'ouvrier Vanille, qui meurt sur le coup. Il provoque également l'éboulement d'une partie de l'atelier et, dans le fracas, une meule fracture la jambe d'un autre ouvrier et le blesse au visage[18]. Les accidents seraient-ils fréquents ? *Le Devoir* rassure : « Grâce aux précautions prises, au bon ordre qui règne partout dans ces ateliers, on a réussi à les éviter autant que possible, et ce qui le prouve, c'est que, sur un nombre aussi considérable de mouleurs, on ne compte pas un accident tous les six mois, et encore, lorsqu'il s'en produit, sont-ils bien moins terribles qu'on ne l'imaginerait[19]. »

Conçue par Godin en 1875, la mécanisation du moulage permet de soulager la peine ouvrière. L'installation est complètement achevée à la fin du mois d'août 1880. Le transport des modèles, la pose des châssis, le tamisage du sable, le foulage des moules, le moulage et le démoulage, le transfert des moules près des cubilots puis leur évacuation, le déballage et le malaxage du sable…, toutes ces opérations de force sont désormais assistées par des machines mues à la vapeur qui actionnent quatre grands plateaux ronds de 4 mètres de diamètre. Selon un inspecteur du travail qui, de longues années après, décrit par le menu l'invention de Godin puis ses améliorations, le moulage mécanique de l'usine de Guise « constitue peut-être le premier exemple d'organisation scientifique du travail à la chaîne, mais d'un travail à la chaîne dont le seul but n'était pas d'augmenter la production et de diminuer le prix de revient ; ceux qui ont construit cette machine envisageaient aussi et surtout de remplacer par un travail mécanique peu pénible le dur métier de mouleur et d'utiliser avantageusement une main-d'œuvre d'un rendement médiocre[20] ».

Dans l'atelier, le mécanisme inventé par Godin donne le vertige. Les plateaux sont en constant mouvement. Le premier accueille le modèle de la pièce à mouler sur des châssis de fer. La matrice est garnie de sable et, le temps d'une rotation, soumise à pression afin que la matière minérale se répartisse au mieux. Puis le moule est porté sur le deuxième plateau, où il est consciencieusement nettoyé. Une grue l'apporte ensuite sur la troisième plate-forme circulaire, le libère des châssis et l'installe délicatement sur du sable avant qu'il se remplisse au bas des cubilots. Une fois le moule gorgé à ras de métal en fusion, une autre grue s'en empare et le dépose sur le dernier plateau de déballage. Des ouvriers procèdent alors au démoulage et débarrassent la pièce rouge des petits gravillons qui collent à la fonte. Encore chaud, le sable est évacué par tapis roulant. Ce premier nettoyage effectué, le produit moulé est à nouveau saisi par une grue pour être stocké provisoirement dans un coin de l'atelier.

La machinerie est-elle efficace ? Quelques mois après la mise en route, l'évaluation qu'effectue la direction de la fabrication semble plutôt positive. « Le moulage mécanique, en ce moment où sa production n'est pas encore dans son plein, avec un personnel qui ne comprend que peu d'ouvriers mouleurs, produit le double de travail que la même quantité de mouleurs produirait au moulage à la main[21]. » En réalité, les premiers résultats se sont avérés décevants. Pour rentabiliser l'investissement, Godin est obligé de promettre un supplément de rémunération aux ouvriers afin qu'ils se décident enfin à utiliser à plein la nouvelle installation. Et l'incitation porte ses fruits ! La modernisation n'est cependant pas qu'à inscrire à la colonne « crédit ». Elle a aussi des coûts humains. En juillet 1882, *Le Devoir* signale un accident du travail imputable au monstre à quatre plateaux. Après avoir précisé qu'un accident d'une gravité comparable n'est plus survenu depuis dix-huit ans, le journaliste explique que, certainement contraint par la charge de travail, le jeune ajusteur Darsonville (23 ans) est arrivé le premier à l'atelier, avant les mécaniciens chargés de mettre la force motrice en mouvement. Pressé d'effectuer sa besogne, Darsonville tente, avec l'aide d'un de ses collègues, d'installer une courroie sur une poulie. Mais c'est là une tâche qu'il n'a pas coutume d'effectuer. Et c'est le drame. « L'infortuné avait à peine commencé son œuvre que son vêtement pris par l'arbre dans son mouvement de rotation entraîna le bras et le corps, arrachant le membre qui tomba à terre, et broyant le corps entre l'arbre de couche et le mur. Quoique rapidement dégagé, grâce à l'inspiration d'un des ouvriers témoins de la scène qui coupa la courroie, le malheureux ne survécut que fort peu à cet horrible accident[22]. » Tout laisse penser que ce type de catastrophe est resté exceptionnel dans les ateliers de moulage. Il révèle combien néanmoins, en dépit de la mécanisation, le travail de ces ouvriers est difficile et risqué.

[…au stockage

Lorsqu'elles sont froides, les pièces moulées sont transportées par rail dans l'atelier de râperie. Dans cette grande halle toute en longueur, une cinquantaine d'ouvrières s'affairent. Assises sur des bancs, munies de petites brosses à fils métalliques, elles traquent le sable incrusté dans les parties creuses pour débarrasser définitivement les articles de toute trace du moulage. Dans une atmosphère qui ne souffre pas du bruit assourdissant des machines, l'ouvrage semble *a priori* moins pénible que le travail de force auquel se livrent les mouleurs. C'est sans compter néanmoins avec les caprices du temps. La froidure et l'humidité sont les principales ennemies des ouvrières. Lorsque le climat n'est pas au beau, le sable colle aux pièces, le geste doit être appuyé, la durée des opérations s'allonge. En hiver tout particulièrement, les journées de travail sont donc plus éprouvantes et, surtout, moins lucratives.

Une fois brossée, chaque pièce fait l'objet d'une inspection systématique par un préposé à la réception. Le contrôle effectué, il consigne l'opération sur le carnet de l'ouvrière, sur le registre d'atelier ainsi que sur la feuille de journée. Selon les besoins, l'article passe à l'ébarbage ou gagne directement l'espace du montage. Dans les ateliers d'ébarbage, les ouvriers – plusieurs centaines – travaillent eux aussi sur des bancs mais à l'aide de machines un peu plus complexes et surtout plus bruyantes qu'en râperie. Pour éliminer les bavures et polir les arêtes, limes, polissoirs et meules d'émeri sont des alliés indispensables. Quand ils ne chassent pas les rugosités, les ouvriers coupent la tôle des tiroirs à l'aide de solides tenailles, ils forent des trous pour placer des poignées et des boutons, ils sculptent des tiges de fer à grands coups de marteaux de forge… La plupart des ouvriers sont ici polyvalents et passent sans difficulté d'une tâche à l'autre.

Entièrement polies, les pièces peuvent suivre deux trajectoires différentes. Les unes sont dirigées vers l'atelier de montage avant de passer au minage (opération qui consiste à frotter chaque objet à l'aide de plombagine pour la préserver de l'oxydation). Les autres vont à l'émaillage. Là chaque pièce est trempée dans un bain chimique qui la débarrasse de toute trace d'oxyde de carbone. Après avoir été soigneusement décapée, elle est mise au four à une température variant entre 800 et 1 000 degrés. Une fois chaude, elle est retirée puis rapidement aspergée d'émail[23]. Dans cet atelier, les conditions de l'activité sont aussi extrêmement éprouvantes, au point d'ailleurs que la journée de travail est réduite à huit heures et que les ouvriers n'y œuvrent que deux semaines consécutives avant de gagner un autre atelier pour une durée d'un mois au moins. La chaleur des dix fours où viennent s'engouffrer les pièces de fonte est la première source de désagrément pour les travailleurs. La poudre d'émail est la seconde. Au contact de la fonte rouge, celle-ci produit des gaz extrêmement nocifs. Les ouvriers n'ont d'autre choix que de se protéger à l'aide de vieux casques de pompiers munis de masques en mica. Ils boivent aussi du lait afin de combattre les effets néfastes, pour la respiration comme pour la digestion, des réactions chimiques auxquels ils sont exposés. Pour la même raison, avant de quitter l'usine, en fin de journée, les ouvriers doivent prendre des « bains sulfureux ».

Polis, émaillés, les articles sont enfin montés puis dirigés vers les magasins de stockage. Ceux-ci occupent plus de 1 hectare sur le site[24]. Les produits émaillés sont protégés à l'aide de paille. Tous sont ensuite emballés, numérotés, classés, étiquetés puis entassés les uns sur les autres à l'aide de grues. Cet univers de meubles entremêlés est quadrillé par d'étroites allées où les magasiniers déambulent en poussant les wagonnets qui leur servent à transporter les marchandises. Au début des années 1880, les entrepôts peuvent contenir jusqu'à 50 000 fourneaux, cuisinières et autres appareils de chauffage. Dans les faits, 30 000 y sont stockés, le flux d'arrivée journalier étant de 350 pièces environ.

Aux usines Godin, le travail ouvrier ne ressemble guère, on le constate, à l'idéal du parangon sociétaire. L'ouvrage est dur, épuisant, usant. L'organisation des tâches offre néanmoins des marges d'autonomie. Nous ne sommes pas loin du système professionnel dans lequel la priorité donnée à l'exécution va de pair avec une forte autonomie d'action et une dépendance directe au marché. Les ouvriers de fabrication sont payés à la pièce, preuve que l'environnement économique pèse directement sur les formes de reconnaissance de la valeur de la force de travail. Il n'est, parmi eux, que le sommet de la pyramide (les mouleurs et le personnel des services « modèles », « entretien » et « construction ») qui est rémunéré au temps. Pour le reste, l'usine est structurée à l'aide de trois niveaux de hiérarchie : services, ateliers et sections. « Les chefs d'ateliers reçoivent les matières à travailler des chefs de service ; ils les distribuent aux surveillants qui les font exécuter par les hommes des sections. Inversement, les pièces fabriquées reviennent aux chefs d'atelier qui les agréent[25]. » Sans s'apparenter à une bureaucratie, l'usine possède une structure triangulaire classique qui va en s'évasant à mesure que l'on parcourt vers le bas l'échelle des statuts professionnels.

[3. Le travail féminin

Chez Godin, le travail n'est pas qu'une affaire d'hommes. Fidèle à ses convictions, le fondateur du Familistère est un ardent militant du travail des femmes. En défendant une telle cause, Godin s'inscrit de plain-pied dans les débats de son époque sur la « juste » place de la gente féminine. À la fin du XIXe siècle, les discussions sont vives. L'urbanisation et l'essor industriel ont donné naissance à trois figures dominantes de travailleuse : la domestique, la couturière et l'ouvrière du textile[26]. Deux grands types de questionnements coexistent alors. Comment, d'abord, utiliser au mieux la main-d'œuvre féminine ? La réponse la plus couramment proposée par les employeurs consiste à arguer des qualités « naturelles » des femmes pour justifier de leur spécialisation dans des fonctions exigeant patience, minutie, dextérité…, bref autant de prédispositions censées s'opposer à la force physique des hommes[27]. Second ensemble d'interrogations : les femmes peuvent-elles et doivent-elles délaisser leurs fonctions de mère et d'épouse pour se faire travailleuses ? Le travail ne risque-t-il pas d'abîmer le ventre de la France, qui a tant besoin de femmes solides pour donner naissance à des travailleurs mais aussi à des soldats dont l'efficacité a failli en 1871 ? La morale ne risque-t-elle pas aussi de prendre eaux de toutes parts si les femmes s'écartent de l'espace familial ? Pour cette dernière raison notamment, « l'idée même de travail fait peser sur les femmes un perpétuel soupçon sur leur sexualité et soumet les travailleuses à une surveillance et à des disciplines qui débordent le strict cadre du travail[28] ». Bien qu'à de nombreux endroits il déroge à la norme patronale, pas plus que d'autres Godin n'échappe à la pesanteur des représentations dominantes.

[Les femmes doivent-elles travailler ?

Cette question est lancinante à la fin du XIXe siècle. Elle intéresse en tous les cas les industriels, les syndicalistes et tous les réformateurs sociaux. La séance du 5 juin 1884 de la Société d'économie politique, dont le compte-rendu paraît dans les colonnes du *Devoir*[29], reproduit assez fidèlement les positions en présence. L'interrogation est formulée en ces termes : « Où la femme, au point de vue économique, est-elle mieux placée, au foyer de la famille ou dans l'atelier ? » Les protagonistes, dont plusieurs bénéficient d'une forte notoriété intellectuelle, campent rapidement le décor. Proche d'Adolphe Thiers, rompu à l'expérience du pouvoir (il fut ministre à plusieurs reprises), membre de l'Académie des sciences morales et politiques, fondateur de la Société d'économie politique, Hippolyte Passy assure le premier que, à l'exception des célibataires et des veuves, le travail des femmes doit se réduire à une activité domestique. À elles le soin de s'occuper du ménage, de surveiller les enfants, d'entretenir les vêtements et de tenir le logis. Philosophe républicain plutôt conservateur, membre de la même académie et doté lui aussi d'une expérience du pouvoir ministériel (il a été notamment ministre de l'Instruction publique en 1870), Jules Simon enfonce le clou. Puisqu'aux femmes reviennent naturellement de telles tâches, pourquoi se soucier d'une instruction dont elles n'ont nul besoin ? Paul Leroy-Beaulieu (professeur au Collège de France, membre de l'Académie) atténue la proposition. Pour l'économiste, il faut « accepter, tout en s'efforçant de les adoucir, de les améliorer, les conditions faites au travail des femmes par l'état actuel de la grande industrie ». Un jour viendra peut-être où, pour résoudre le dilemme, le travail à domicile pourra remplacer le travail à l'atelier. Émile Cheysson, leplaysien affiché, approuve et voit dans les petits moteurs l'opportunité de retenir les femmes au foyer tout en les y faisant travailler. La seule vraie voix dissonante est celle de l'économiste et publiciste Ernest Fournier de Flaix. Ce dernier est le seul à affirmer que le travail féminin dans l'atelier consacre l'indépendance et l'affranchissement de la femme.

Dans le débat, commente le journaliste du *Devoir*, le Familistère offre une solution originale, qui concilie bon nombre des exigences *a priori* contradictoires des uns et des autres. Chez Godin, qu'il soit exécuté à l'atelier ou au bureau, le travail des femmes n'oblige pas à renoncer aux fonctions domestiques. Le secret de ce petit miracle tient à deux principes : la proximité et le soutien collectif. Plus que n'importe où ailleurs, le domicile et les espaces de vie extérieurs forment un espace extrêmement circonscrit. Il suffit de cinq minutes pour se rendre d'un point extrême du Familistère à un autre, sans jamais, grâce aux galeries couvertes, s'exposer au risque des intempéries. L'usine est suffisamment proche par ailleurs pour que les femmes puissent revenir déjeuner à midi en famille. L'environnement favorise aussi l'autonomie des jeunes enfants, ce qui a pour effet de soulager la peine des mères. Dès l'âge de 4 ans, les bambins peuvent se rendre seuls à l'école et en toute sécurité. Le système des bons en vigueur dans les commerces permet également de confier aux enfants la responsabilité de faire les courses sans avoir à manipuler le moindre centime. Gérée collectivement, l'infrastructure sanitaire (eau courante, ordures...) allège aussi les tâches d'entretien du foyer domestique. La nourricerie et l'école maternelle libèrent en grande partie du soin des enfants. Bref, au Familistère, toutes les conditions sont réunies pour que les femmes puissent se consacrer à un travail extérieur sans négliger le moins du monde leur intérieur, sans abandonner leur rôle de mère et d'épouse et sans avoir à subir d'interminables temps de transports.

[Où travaillent-elles ?

Au Familistère, tout milite donc en faveur du travail féminin, les convictions de Godin comme l'organisation matérielle de la vie quotidienne. Très tôt, le fondateur agit en ce sens. Godin emploie des femmes d'ouvriers du Palais pour assumer l'entretien des espaces communs. Les femmes manifestent au départ de fortes réticences à l'embauche. Comme l'indique Godin, « il y eut des difficultés pour trouver le personnel pour faire la propreté générale ; c'était chose trop nouvelle pour tout le monde, personne ne consentait à y prendre une participation quelconque, des scrupules d'amour-propre faisaient obstacle[30] ». Pour mettre en place l'activité, Godin doit d'abord recourir aux services d'une famille extérieure. Puis il finit par convaincre. Une fois les répugnances dépassées, « les dames, même les plus convenables, consentirent chacune de leur côté à prendre une partie de ce service ; le travail de propreté générale fut dès lors divisé et mieux fait : l'une se charge du soin des escaliers, l'autre de celui des balcons, celle-ci du balayage des cours, telle autre des chambres garnies, etc. Chacune trouvera ainsi une rémunération sans presque quitter son ménage et, depuis lors, les services sont recherchés et rien ne souffre[31] ». À la différence cependant de leurs maris, ces dames de propreté ne travaillent que quelques heures par jour. Ce sont également des femmes du Palais que, dès 1860, Godin embauche pour assurer la vente dans les magasins du Familistère sous la houlette d'un économe de métier. En 1866, constate plus généralement T. Pagliardini, « les femmes et les filles d'ouvriers trouvent à employer leur temps d'une façon profitable : les plus tranquilles sont occupées, si elles le désirent, dans les magasins ; les autres font des habits, des chemises, des blouses ; quand l'ouvrage manque, les besoins généraux de l'établissement leur donnent de l'occupation. Elles gardent les enfants à la crèche, balaient les cours et les balcons, lavent le linge des ouvriers qui le désirent[32] ».

En dépit de ces initiatives précoces lancées par Godin pour les employer, les femmes du Palais travaillent peu. En 1885, le Familistère compte 1 750 personnes, hommes, femmes et enfants compris. Sur cet ensemble, 538 hommes travaillent à l'usine. Parmi les 529 femmes et jeunes filles, 83 sont occupées dans différents services du Familistère et 32 œuvrent à l'usine. Parmi celles qui restent, quelques-unes travaillent à l'extérieur, mais la grande majorité n'est pas occupée professionnellement. Elles se contentent du ménage et de la gestion familiale. Quand elles travaillent à l'usine, les femmes n'occupent pas au demeurant n'importe quel poste. Elles sont râpeuses ou décoratrices. La raison tient au fait que, si, pour quantité d'ouvrages, les femmes travaillent aussi vite et aussi bien que les hommes, il est des tâches où, estime Godin, elles sont plus efficaces. « Tout ce qui demande du soin, de l'attention, de la délicatesse de main, peut leur être avantageusement confié, elles l'exécuteront toujours avec une supériorité réelle. C'est à tort et par suite d'un préjugé ridicule que l'on a considéré pendant longtemps le travail des femmes comme inférieur et qu'on les a tenues éloignées de certaines professions pour lesquelles elles montrent autant d'aptitudes au moins que les travailleurs du sexe fort[33]. » Bien qu'il ne joue pas complètement la carte de l'égalité, Godin milite activement en faveur du travail des femmes en milieu industriel et estime juste le principe d'égalité des salaires, double position qui, en cette fin de XIXe siècle, est encore loin de faire l'unanimité dans l'ensemble de la classe patronale française.

[La bonneterie : une niche féminine au Familistère

Puisque les familistériennes elles-mêmes ne semblent guère pressées de se faire ouvrières, pourquoi ne pas les y inciter ? Lors de la fondation du Familistère, Godin avait songé à créer une imprimerie et à y employer des femmes. La faible proportion de personnes lettrées et l'absence d'employés capables d'assumer la tâche de direction d'une telle entreprise ont eu tôt fait de couper court à l'initiative. C'est sur la suggestion de S. Deynaud que Godin se lance dans un second projet destiné à mettre au travail les femmes du Palais social. L'idée est de monter un atelier de bonneterie. La réflexion prend corps à la fin de l'année 1884. S. Deynaud rédige plusieurs notes dans lesquelles il précise les conditions de son organisation[34]. Dans un document manuscrit de 12 pages, il rappelle tout l'intérêt du travail féminin, en atelier comme en appartement. « La confection des bas et chaussettes, affirme-t-il, présente les conditions les plus favorables au travail des femmes[35]. » Deux productions peuvent être imaginées. L'une a trait aux objets de fantaisie. Elle implique une mécanisation importante et nécessite par voie de conséquence la présence d'hommes pour conduire les machines. Les confections et les montages pourront être réalisés par des femmes. Suivant ce schéma, dans la fabrication du jersey, la proportion serait d'un homme conducteur de machine pour vingt-quatre femmes exécutant les tâches complémentaires. Un second type de production (articles d'utilité à « vil » prix tels que les chaussettes) pourrait être pris en charge de façon exclusive par des femmes.

Après que les premières réflexions ont été mûries, deux femmes (Mme Philip et Mme Deynaud) sont envoyées en formation un mois durant « dans le pays même où s'exploite la bonneterie ». Elles seront appelées ensuite à prendre des responsabilités dans la gestion de la bonneterie. À leur retour, Godin investit personnellement dans les machines adéquates et fait appel aux bonnes volontés. L'atelier voit le jour au début de l'année 1885, étant entendu que le travail proposé à la bonneterie est considéré comme une activité secondaire puisqu'il s'agit d'employer des femmes et des jeunes filles appartenant à des familles où les hommes procurent déjà un revenu principal. À l'atelier, l'occupation essentielle est le façonnement. Certaines tâches (dévidage, couture, apprêt, recoutrage, poinsage) peuvent être effectuées à domicile également. En avril, Louise Deynaud dresse un bilan plutôt positif : « Notre travail marche bien ; nous avons quelques apprenties pleines de zèle et qui nous donneront selon les apparences de bons résultats. Toutes ces observations n'ont qu'une valeur relative, car l'expérimentation n'a pas été assez longue pour que je puisse donner des appréciations rigoureuses[36]. »

Rapidement, il apparaît que le nombre de femmes employées pourrait être bien supérieur. Lors de l'assemblée générale ordinaire du Familistère du 4 octobre 1885, Godin appelle à la mobilisation. L'atelier de bonneterie du Familistère est en mesure d'occuper d'autres femmes qui, jusqu'à présent, n'ont pas encore compris l'importance d'une activité professionnelle. Le bienfait serait évident, non seulement pour les familles dont les revenus augmenteraient substantiellement (150 à 200 mille francs de plus estime-t-il) mais aussi pour l'Association qui tirerait avec cette activité matière à bénéfices nouveaux. Pourquoi ne pas remettre en fonction une cuisine collective au sein de laquelle chacun trouverait des repas tout préparés ? N'est-ce pas là, avec toutes les autres facilités matérielles offertes par le Familistère, un moyen efficace de promouvoir le travail des femmes tout en bonifiant les conditions de vie de la population ouvrière ? La conclusion de Godin est sans surprise : « Je recommande donc chaleureusement notre atelier de bonneterie à votre attention, afin d'obtenir de vos femmes et de vos jeunes filles un apprentissage qui, non seulement leur portera profit, mais leur permettra de devenir membres actifs de l'Association[37]. »

Dans une conférence ultérieure, Godin justifie doublement l'importance qu'il accorde au travail féminin à la bonneterie. Travailler, c'est d'abord participer au culte « que l'homme est appelé à rendre à la Vie ou à Dieu sur terre », c'est un mode de vie, une garantie de bien-être et de progrès, un moyen d'assurer la fraternité. En travaillant, « non seulement les femmes et les jeunes filles de l'Association s'occuperont d'une façon lucrative, mais elles concourront à cette œuvre sainte entre toutes : *être utile aux autres* ; elles vêtiront les petites jambes de nos enfants ; elles donneront le bien-être là où serait la souffrance si l'on n'était pas garanti contre les rigueurs du froid ; elles feront de bons produits et concourront au bien-être du pays et de l'humanité[38] ». Le second argument est d'ordre économique. Considérons les 400 familles qui peuplent le Familistère. Chaque jour, 400 feux sont allumés par autant de femmes qui vont confectionner « 400 soupes ou ragoûts plus souvent manqués que réussis[39] ». Chauffer de la sorte des appartements est une absurdité dans les périodes estivales. Ne vaudrait-il pas mieux confier la gestion des repas à une vingtaine de cuisinières professionnelles et libérer ainsi les 380 femmes restantes qui pourraient s'adonner au travail de l'industrie bonnetière ? Établie conformément à un précepte énoncé par C. Fourier, la cuisine collective avait été un échec aux premiers temps du Familistère. Godin s'en souvient avec une pointe d'amertume : « Comme vous avez eu tort de laisser fermer la cuisine alimentaire que j'avais instituée justement pour faciliter à chaque famille l'utilisation de son temps et l'organisation de son bien-être. Mais, dans ce service, les sacrifices que j'ai faits n'ont pas suffi pour vous faire comprendre son utilité. On vous vendait les aliments avec perte de 100 francs par semaine, plus de 5 000 francs par an, sans que personne ait compris les avantages que le consommateur en retirait. Dans le ménage, chacun de vous dépense beaucoup plus qu'à la cuisine alimentaire, mais on ne se rend pas compte de ce que chaque chose coûte[40]. »

Au début de la conférence dont les propos précédents sont extraits, l'industriel procède également à un premier bilan[41]. Une petite trentaine de volontaires a répondu à l'appel du travail en bonneterie. À l'expérience, constate Godin, certaines femmes jouent le jeu, font preuve de sérieux et de dévouement, acceptent de ne pas gagner de gros salaires au nom du fait qu'elles sont en situation d'apprentissage… Vingt-deux ouvrières sont à ranger dans cette catégorie. D'autres femmes, en revanche, s'avèrent moins raisonnables. Encore profanes dans le métier, elles prétendent gagner autant qu'une ouvrière habile. Le plus fort, tempête le fondateur, est qu'elles sont soutenues dans leur prétention par leur mari et par leur père ! Une minorité ne comprend toujours pas qu'au Familistère les ouvriers ne sont pas exploités puisque les bénéfices réalisés sont répartis entre tous les producteurs. L'accent paternaliste reprend vite le dessus. Nul doute que le nombre limité de ces personnes qui font preuve d'une telle étroitesse de jugement va « marcher avec les personnes actives, honnêtes et loyales qui ont donné le ton du bon ordre dans le nouvel atelier[42] ». Le fait est que, pour prospérer, un tel atelier doit pouvoir vendre au même prix que la concurrence et que la qualité doit être parfaite. Cette contrainte donnée, les ouvrières ne peuvent espérer d'augmentation de salaire qu'à la condition que leur habileté croisse également. « On fait d'abord une paire de chaussettes ou de bas par jour, puis deux, quatre, six, enfin la douzaine et davantage ; nous avons, déjà, des ouvrières à peine formées capables de faire leur douzaine par jour, sans aucun doute elles feront mieux encore[43]. » Rien n'empêche que certaines femmes travaillent toute la journée, que d'autres ne viennent que quelques heures par jour, que d'autres encore emportent l'ouvrage à domicile... Il va de soi néanmoins que le salaire sera proportionnel au travail effectué.

[Gestion et évaluation du travail féminin

Au quotidien, l'atelier de bonneterie est placé sous la responsabilité de quatre personnes[44]. S. Deynaud, chef de service, assume l'étude de l'organisation des ateliers, le choix des machines à acheter, la correspondance technique, etc. Il est assisté de son épouse Louise, directrice de l'atelier, à qui sont confiés l'enseignement des apprentis, la distribution du travail aux ouvrières, la gestion du matériel et toutes les écritures afférentes à l'activité de l'atelier. Une magasinière, Mme Philip, a en charge l'empaquetage, la réception en magasin, la tenue des registres et les expéditions. Un directeur des comptabilités et du contrôle (M. Donneaud), enfin, s'occupe des factures, des encaissements et des recettes, de l'inscription des commandes et de la bonne organisation des écritures.

Les ouvrières qui sont recrutées bénéficient d'une formation dans différents domaines : la conduite des machines, la façon des coutures, le recoutrage (reprise des défauts à façon), l'apprêtage, le pressage et le paquetage. La directrice de l'atelier suit avec soin l'apprentissage de ses ouailles. En avril 1885, elle fournit un premier bilan de formation, qui passe en revue les forces et les faiblesses des nouvelles embauchées. L'extrait du rapport qui suit indique d'abord à quel point, traduite dans les préoccupations du personnel d'encadrement, la philosophie du travail s'imprègne rapidement de considérations productives. « *Germain*, piéteuse. Connaissait déjà le maniement de la machine, apte à faire les travaux forts et moyens. *X*[45] donnera selon les apparences la production moyenne de l'ouvrière. Bon travail, fait le pied de bas ou chaussette sans avoir besoin de conseil. *Grégoire*, piéteuse. Réfléchit beaucoup, se rend compte parfaitement du fonctionnement de la machine et sera bonne, peut-être exceptionnellement bonne dans les travaux demandant de l'attention et du soin, pourra être employée sur machine fine ; mais ne produira pas la moyenne aussi vite que la précédente ; peut faire le pied de bas ou chaussette seule. *Cartigny*, piéteuse. Un peu âgée, n'ayant pas la vue suffisante pour les travaux de bonneterie et par conséquent d'un enseignement difficile, a abandonné l'apprentissage[46]. »

Dans un autre rapport qu'elle remet à Godin en mars 1885, L. Deynaud recense 40 employées. Chacune des 31 ouvrières officiellement pourvues d'un livret de travail fait l'objet d'une appréciation critique. Quatorze sont jugées efficaces et compétentes, 10 sont situées dans un ordre intermédiaire (elles travaillent bien mais sans plus) et 7 font l'objet de commentaires sévères. Les registres tenus par la directrice identifient les travailleuses à partir des catégories suivantes : nom et prénom, état civil, âge, nom et prénom du mari (à défaut, pour les célibataires, celui du père), nombre d'enfants, numéro de logement, observations. À l'aide de ces informations, il est possible de brosser le portrait de l'ouvrière standard. Celle-ci est plutôt jeune (26 ans en moyenne), mariée et mère d'un ou deux enfants[47]. La colonne « Observations » donne lieu à des commentaires laconiques qui oscillent entre l'appréciation de type scolaire (« bien », « pas vive »...) et des considérations morales peu valorisantes (« bois », « sale »...). Deux axes structurent plus exactement l'espace de la sémantique utilisée. Le premier évalue la qualité de la main-d'œuvre en tant qu'être de production (ouvrière) intégré dans un rapport capital-travail, le second en tant qu'être sexué (femme) dont l'identité assignée est le produit d'un rapport de genre. C'est à l'articulation de ce double rapport social que se forgent les commentaires. Plusieurs registres d'argumentation se complètent : psycho-physiologique (« pas vive », « habile », « irrégulière »...), domestique (« mauvais mari », « bois »...), scolaire (« sait lire », « convenable »...) et professionnel (« travaille très lentement »...).

Espace des appréciations des qualités de la main-d'œuvre féminine de la bonneterie

Qualité de l'ouvrière

+

« Bonne ouvrière », « Adroite et minutieuse », « Excellente couturière », « Grande rapidité », « Très beaux résultats », « Exécute d'une façon convenable », « Travaille bien et assez vivement », « S'emploie de façon utile »

« Assez adroite mais caractère ? »

« Personne sérieuse », « Assez soigneuse », « Très habile quoiqu'illettrée », « Habile », « Soigneuse »

« Convenable », « Bien », « Très bien », « Sait lire et écrire »

Qualité de la femme

– +

« Pas vive », « Impossible », « Caractère léger et inconsistant », « Faible santé », « Intelligence très paresseuse », « Pas patiente », « Indolente par nature », « Pas très forte », « Douteux », « Sale », « Pas de santé », « Bois », « Mauvais mari »

« Très irrégulière dans la production », « Très lente dans l'exécution », « Travaille très lentement », « Pas acquis une grande dextérité », « Pas très régulière », « Ne vient pas régulièrement », « Ne sait pas lire »

–

Les catégories de jugement utilisées reflètent toute l'ambition et toute l'ambiguïté de la politique de Godin. En mobilisant les femmes dans l'univers productif, l'objectif est à la fois économique et moral. À condition d'être convenablement effectué, le travail produit des richesses utiles et il aide tout en même temps les ouvrières à se défaire des imperfections qui entachent leur façon d'être et de se comporter. Les règles de la morale familistérienne (en matière d'hygiène et de propreté par exemple) ne sont pas les ennemies de l'excellence productive. Tout au contraire ! En un mot, le portrait de l'ouvrière idéale que, en creux, laissent à voir les appréciations mobilisées est celui d'une femme pure et saine, adroite et minutieuse. Même si elles répondent à ces critères stéréotypés, les ouvrières n'en restent pas moins définies par défaut : elles sont toujours la femme de…, la fille de…

À la fin de l'année 1885, S. Deynaud rédige un nouveau rapport sur les perspectives de développement de l'atelier de bonneterie du Familistère[48]. Les livres de fabrication et de comptabilité sont convenablement agencés, assure-t-il. S. Deynaud propose surtout une extension de ce service pour doubler le nombre de machines à tricoter et atteindre ainsi 28 (soit 1 « grand appareil », 9 machines avec chariots et 18 machines simples). Mais le plus intéressant est l'autre rapport que, à la demande de Godin, la directrice rédige à la fin du mois de mars 1886. Dans ce document, la responsable de l'atelier se plaint de l'« apathie » et de l'absentéisme de ses ouvrières. On touche là aux limites de l'enrôlement par les valeurs chères à Godin. Pour L. Deynaud, le doute n'est pas permis. Il va falloir adopter des règles plus contraignantes. « Dès que les débouchés exigeront une production régulière, si nous voulons des résultats, il nous faudra la régularité soit par amour du travail, soit par respect d'un règlement. Un règlement d'atelier sera absolument nécessaire tant au point de vue de la fabrication qu'au point de vue des ouvrières elles-mêmes ; elles ont absolument besoin de sentir une autorité qui les force pour ainsi dire à faire leur devoir[49]. » Pourquoi ne pas imaginer, par exemple, de soumettre à conditions le versement du salaire ? En deçà de quatre paires de bas ou de chaussettes par jour, la rémunération serait suspendue. Les ouvrières pourraient aussi être explicitement tenues de travailler de 7 heures du matin à six heures et demi le soir jusqu'au moment où elles auraient atteint la norme de six à sept paires par jour. Une fois ce rendement atteint, libres à elles de venir travailler quatre ou cinq jours par semaine à condition simplement de maintenir cette moyenne de trois douzaines par semaine. Rien n'indique la manière dont Godin s'est emparé de ces recommandations.

[4. Du travail de direction à l'action politique

Chez Godin, le travail n'est pas que l'affaire des ouvriers et des ouvrières. Les employés, les chefs de service, les directeurs… travaillent également. On ne possède pas malheureusement de traces tangibles de leurs activités, hormis quelques comptes-rendus de conseils qui donnent à voir la façon dont ceux-ci discutent, gèrent, décident. Faute de pouvoir utiliser un matériau exploitable en cette matière, il est intéressant de regarder la manière dont Godin conceptualise la tâche du travail de dirigeant. Son argument majeur est qu'une telle fonction est indissociable de l'action politique. Dans la conférence qu'il livre le 28 juillet 1881 au Familistère, Godin évoque la question du gouvernement dans les opérations industrielles. C'est en empruntant un vocabulaire politique qu'il forge son analyse. L'originalité de sa position est de partir de l'expérience organisationnelle du Familistère pour la projeter en grandeur nature sur le modèle idéal de la Nation. Partout, constate Godin, une direction est nécessaire. Même l'œuvre la plus simple nécessite que quelqu'un la conçoive et la dirige dans son développement. « La direction, l'administration, le gouvernement des choses, sont un travail d'un autre genre que celui de l'ouvrier, mais c'est toujours un travail, c'est-à-dire une opération, qui exige de l'activité, de l'intelligence, de la volonté[50]. »

Dans une association comme celle du Familistère, les fonctions à assumer sont multiples, et chaque chef de service est comparable à un ministre chargé d'un département spécial. Il est donc normal que, au niveau de la nation tout entière, il y ait des directions et une administration qui fonctionnent pareillement à ce que l'on observe dans une entreprise. L'histoire de l'humanité ne le prouve-t-elle pas ? Toutes les sociétés ont toujours eu un gouvernement. Mais pour que les choses fonctionnent au mieux, encore faut-il que les gouvernants possèdent les plus hautes qualités morales et que le peuple consacre les plus capables et les meilleurs. Or, de ce point de vue, le suffrage universel n'est pas sans limites. Les électeurs choisissent par exemple un député sur la base de ses déclarations et de sa notoriété, au risque d'être séduits par de belles paroles et d'être trompés par les images de candidats empressés de se faire une place au soleil.

Comment s'assurer dans de telles conditions que la moralité et la capacité soient bien les bases de l'action politique ? Le modèle de l'entreprise doit, ici encore, servir de patron. « Ce que les administrations privées jugent nécessaire pour accorder une humble fonction d'employé devient plus urgent quand il s'agit de confier à un homme une part importante d'influence et de direction sur les destinées d'un pays, sur les questions sociales, de paix ou de guerre dont dépendent la vie, le bien-être et la prospérité des citoyens[51]. »

Quelle solution en conséquence ? Dès l'instruction primaire, il faut cultiver les capacités intellectuelles et morales des citoyens. Tout au long de la carrière scolaire puis professionnelle de chacun, il convient de mettre en place des concours pour stimuler l'esprit de compétition, orienter les individus selon leurs capacités et, *in fine*, réserver les fonctions sociales, administratives et industrielles à ceux qui en ont le talent. « Avec une organisation de l'instruction publique ainsi ordonnée, les caractères et les intelligences que renfermeraient les écoles nationales seraient ouvertement signalés à l'attention publique. Les administrations comme le peuple sauraient où s'adresser pour trouver des hommes capables. Lorsqu'il s'agirait d'élection, l'électeur laissé absolument libre de son choix aurait au moins la satisfaction de savoir où prendre les candidats dont le mérite serait garanti par des diplômes spéciaux régulièrement acquis[52]. » C'est donc au croisement de C.-H. de Saint-Simon[53] et de C. Fourier que Godin situe ses vues politiques sur le travail de dirigeant. Il appelle ainsi de ses vœux la formation d'ingénieurs, non plus spécialisés dans la maîtrise du monde matériel, mais dans l'administration des choses et le gouvernement des hommes. Il est le premier, au sein du Familistère, à donner corps à une telle philosophie du gouvernement qui associe étroitement méritocratie et démocratie.

*

L'articulation entre travail et politique que préconise Godin est assez révélatrice du rapport évolutif que celui-ci a pu entretenir avec la question démocratique. Apôtre du vote en milieu de travail, il finit, à force d'échecs et de désillusions, par se défier du recours au suffrage. Son habitus de capitaine d'industrie aurait-il pris le dessus pour, à ce point, associer travail de direction, capacités et légitimités ? Après avoir tenté d'importer des pratiques politiques dans l'univers du travail, c'est finalement le schéma inverse qu'adopte et promeut Godin. Lui-même en est l'incarnation parfaite : chef d'entreprise, il a pu accéder grâce à ses compétences à de nombreuses responsabilités politiques locales et nationales. Mais le plus grand paradoxe est peut-être le suivant. En tant que quarante-huitard, Godin a contribué à faire chuter Guizot, qui se refusait à modifier les règles du jeu électoral. Quelques décennies plus tard, c'est une forme de cens social que défend Godin, que n'aurait peut-être pas réprouvée pour sa part l'ancien ministre de l'Instruction publique !

Il n'est guère étonnant dans de telles conditions que, au Familistère, l'organisation du travail ait été si classique. Dans le quotidien des ateliers, dans celui des hommes comme celui des femmes, la sueur est de rigueur. Mais la ruse, la résistance et le laisser-aller le sont tout autant, comme le laisse deviner le faible empressement productif de certaines femmes que, pour de nobles causes morales comme pour des raisons purement économiques, Godin cherche à enrôler dans ses ateliers. Il en va pareillement des ouvriers, que Godin ne supporte pas de voir flâner à l'excès, à l'instar de ces manœuvres qu'il emploie pour le remblai des terres, l'entretien des cours, le séchage du sable et autres travaux similaires, et qui à l'indolence ajoutent parfois l'incompétence. Des frais de main-d'œuvre considérables pourraient être évités, tonne Godin lors d'un conseil de gérance, si ces hommes étaient mieux surveillés ! « Dans chaque genre de travail, un ouvrier pourrait être promu chef d'équipe et recevoir 0,50 franc à 1 franc de plus par jour, pour éviter les pertes de temps et les fausses manœuvres, tout en travaillant lui-même[54]. » Déjà là se dessine toute l'ambivalence du travail : principe de vie certainement, instrument au service de la religion laïque bien sûr, mais facteur d'usure physique et forme d'enrôlement social également. Voilà pourquoi faire travailler ne pouvait suffire. Pour répondre aux impératifs productifs et satisfaire aux exigences de la morale familistérienne, c'est aussi une gestion des hommes et des femmes qu'il convenait d'inventer.

11] [Produits et main-d'œuvre : les stratégies gestionnaires de Godin

Godin est avant tout un capitaine d'industrie. Fouriériste certes, mais capitaine d'industrie. Et pas n'importe lequel : en 1880, il occupe la première place sur le marché des appareils de chauffage domestique avec un chiffre d'affaires de près de 4 millions de francs. Tout imprégné d'hostilité à l'égard du libéralisme soit-il, Godin sait composer au mieux avec les principes de réalité économique. Il faut d'abord produire et, dans le secteur qui est le sien, faire face à une rude concurrence. Pour livrer bataille, Godin recourt à une double stratégie : l'innovation et la diversification des produits. Le succès, comme nous allons le voir, ne se fait pas attendre, et il est durable. Mais Godin est plus qu'un technicien de la fonte avisé ou même qu'un manufacturier astucieux. Parce que les usines dont il est à la tête sont mues avant tout par des travailleurs, il doit aussi imaginer un mode de gestion des hommes et des femmes placés sous sa gouverne de chef d'entreprise. En la matière, le laxisme n'est guère de mise. Godin munit tôt ses ateliers de règlements intérieurs, et le salaire est autant un moyen de rétribuer l'effort productif que d'inciter les ouvriers à se conformer aux règles d'une morale qui ne tolère guère les excès et les débordements.

[1. Une production innovante et diversifiée

Depuis l'origine, l'activité des ouvriers employés par la maison Godin est centrée sur le travail des métaux. La spécialité de l'entreprise est la production d'appareils domestiques en fonte moulée ou émaillée destinés au chauffage et à la cuisson. Dans les décennies qui suivent l'implantation à Guise en 1846, l'usine gagne vite en surface. Les premiers bâtiments qui entourent la cour bénéficient d'extensions à mesure que la production croît et que le travail se mécanise. Au milieu des années 1880, l'usine couvre un territoire de 46 200 mètres carrés. Elle est équipée de machines à vapeur d'une puissance totale de 250 chevaux-vapeur. L'espace dédié à la production est quadrillé par près de 4 200 mètres de rails destinés au transport de la matière première et des marchandises en fabrication[1]. L'ensemble se divise en sept grands segments : les ateliers de modèle (modelage, fonderie de zinc, ajustage), les fonderies (moulage, coulage, ébarbage), l'ajustage (minage, emballage, magasinage), l'émaillerie (broyage des produits, décoration, cuisson), l'atelier de matière pour la fabrication des moules (moulins à broyer le sable et le charbon, magasins de sable), les industries secondaires (fonderie de cuivre, tôlerie, forge, atelier de mécanique, poterie réfractaire) et, enfin, les industries annexées (bourrellerie pour le harnachement de quarante chevaux, charronnage, menuiserie, emballage, scierie mécanique, charpente, maçonnerie, briqueterie, serrurerie, fours à chaux, carrières à sable).

Avec les années, la production et le nombre d'employés vont croissant. En 1850, l'usine peut s'enorgueillir de la fabrication d'une centaine d'appareils. Grâce à la mécanisation du moulage, le bond est spectaculaire. Au début des années 1880, le rythme hebdomadaire atteint 2 000 meubles de cuisine et de chauffage. La population employée augmente en proportion : 30 personnes en 1846, 300 en 1852, 1 500 (à Guise et à Laeken) en 1887. Ces quelques données ne doivent pas occulter le poids d'une conjoncture tantôt glorieuse, tantôt funeste. Le nombre de fourneaux vendus croît par exemple de 48 700 en 1869 à 66 800 en 1870 avant de retomber à 39 097 l'année suivante. La politique des prix fait l'objet pour cette raison d'une attention suivie. Lorsque, en 1880, la concurrence se durcit, le conseil de gérance réfléchit à la meilleure stratégie. L'entente avec les autres maisons est difficile. Faux frères, les industriels du secteur n'avertissent Godin de leurs modifications de tarifs qu'en cas de hausse, de manière à ce qu'il procède pareillement, mais jamais en cas de diminution. En 1880 donc, pour passer le cap d'une conjoncture difficile, Godin propose au conseil de gérance d'adopter la stratégie suivante : baisser les prix des articles les plus concurrencés comme de ceux dont la vente est faible, calculer la production possible pour l'année qui suit de façon à être certain de satisfaire aux commandes. Après examen attentif des coûts et des prix, les dirigeants de l'entreprise doivent convenir que, pour certains produits, l'idée de Godin est inapplicable. Impossible de suivre systématiquement la concurrence lorsqu'elle tire les tarifs vers le bas. La maison Sougland par exemple propose des poêles à 14 francs, leur coût de production est de 18 francs à Guise. Pour se maintenir sur le marché, le seul choix envisageable est celui de la qualité. Il faut donner aux poêles Godin « un cachet nouveau, un fini, une bonne exécution qui les rende préférables de beaucoup à ceux de Sougland[2] ». Au vrai, conclut le conseil de gérance, les poêles Sougland sont réputés « cassables et mauvais », ceux de Godin sont déjà de meilleure qualité. Rien n'empêche donc de continuer à les vendre au prix actuel.

Quelques années plus tard à peine, nouvelle tempête. En 1883, le secteur métallurgique connaît de graves difficultés. Alors que les commandes fondent, Godin décide de se séparer d'une partie de sa main-d'œuvre mais de maintenir les salaires. L'entreprise traverse la tourmente. La règle de gestion de ce que l'on nomme aujourd'hui les « sureffectifs » est fondée sur un principe de priorité édicté par les statuts de l'Association. En cas de difficultés, l'usine se défait d'abord des services des auxiliaires, puis, par ordre, de ceux des participants, des sociétaires et enfin des associés. Dans chacune de ces catégories, le congé est d'abord donné aux plus jeunes des embauchés. Dans les faits, sur la période 1880-1884, aucun des travailleurs dotés d'un statut de sociétaire ou d'associé ne connaît le chômage. Tous bénéficient même d'un salaire supérieur à celui des travailleurs des autres industries locales.

Les deux épisodes dont il vient d'être fait mention n'ont pas valeur d'anecdote. Ils révèlent clairement le choix que, très tôt, Godin opère pour maintenir et développer son entreprise sur le marché des appareils de chauffage et des ustensiles domestiques. La qualité des produits et l'attachement d'un noyau dur de travailleurs qualifiés, assurés d'un salaire toujours intéressant, offre les moyens de résister à ceux qui jouent la carte de la concurrence par les prix. Pour cette raison, et sans que cela le pénalise systématiquement, les principaux produits proposés par Godin sont en moyenne plus coûteux que ceux de ses adversaires industriels.

Évaluation de la différence des prix des produits Godin avec ses principaux concurrents (1886)

Lieux de production des concurrents de Godin	Cuisinières	Poêles flamands	Cheminées	Calorifères	Buanderies portatives
Sougland	+ 4 % (13)	0 % (8)	-	- ε % (14)	+ 10 % (7)
Charleville	- 8 % (6)	0 % (2)	+ 6 % (8)	+ ε % (3)	+ 15 % (13)
Révin	+ 33 % (6)	-	+ 7 % (7)	-	+ 25 % (6)

Lecture : le prix de moulage des cuisinières Godin est, en 1886, de 4 % supérieur en moyenne à celui des usines de Sougland. Treize modèles ont été comparés.
- : pas de données.
ε : différence faible.
Les calculs sont effectués sur la base des prix catalogue. Les chiffres sont tirés d'une note de F. Dequenne en date du 14 octobre 1886. VII(1)-8/4, fonds FGP.

Cela pourtant ne saurait suffire. Pour donner corps à sa politique de qualité, l'atout premier de Godin est l'innovation. Le coup de génie initial consiste à utiliser la fonte, et non plus la tôle de fer, pour la fabrication des poêles de chauffage. À l'aide de ce nouveau matériau, les appareils gagnent à la fois en robustesse et en pouvoir calorifique. Le coût de production n'est pas pour autant discriminant, et Godin peut écouler ses produits à un prix raisonnable. La seconde grande innovation est l'émaillage des produits à l'aide d'un procédé que Godin fait breveter en 1851. L'esthétique devient un nouvel argument de vente extrêmement efficace. Les produits bénéficient par ailleurs d'une solide réputation de qualité, argument de poids pour s'imposer sur un marché tendu. Lors de l'Exposition universelle de 1878, Godin reçoit ainsi la médaille d'or de la classe 27 (appareils de chauffage) pour une cuisinière qui permet la cuisson des aliments sous toutes ses formes (grillade, rôtisserie, four, eau chaude...). Ce n'est pas la première récompense. En 1855, Godin a déjà obtenu une mention à l'Exposition universelle de Paris. Entre 1858 et 1878, il glane 17 médailles d'or, d'argent et de bronze dans divers concours nationaux et internationaux[3]. Tous ces prix sont le fruit d'une volonté d'innovation qui ne défaille jamais. En 1884, le stock total des brevets et certificats d'addition déposés par le manufacturier de Guise atteint 180, contre 14 en 1852. Au sein de son usine, Godin, on le sait, fortifie l'esprit d'invention. À l'aide d'incitations financières, il invite ses employés à faire preuve d'imagination pour toujours gagner en temps et en qualité de production. Grâce aux groupes et unions de groupes – à l'existence éphémère, on le sait –, les idées émanent aussi bien du haut que du bas de la hiérarchie. Chez les employés notamment, certains, plus que d'autres il est vrai, se font une spécialité de multiplier les propositions.

La diversification des produits est une seconde stratégie déterminante du succès de l'entreprise. La gamme des deux produits phares s'enrichit sans cesse à mesure que les années passent. 57 modèles de cuisinières sont offerts au public en 1863, 331 en 1887. Le nombre des appareils de chauffage passe, dans le même temps, de 43 à 408. Godin se lance également dans la fabrication d'autres objets en fonte, tels que les ustensiles de cuisine (casseroles, éviers, gaufriers, lèchefrites, rôtissoires, torréfacteurs...), les « articles de propreté » (appareils inodores, baignoires, cuvettes, lavabos, repasseuses...) et tout un ensemble hétéroclite de produits (auges, boutons de porte, cadres, crachoirs, pompes, porte-montres, ronds de serviette, urnes funéraires...). En 1887, le catalogue propose 57 objets « divers », dotés chacun de multiples variantes dont le nombre total atteint 346. Cette même année un tournant de plus est négocié puisque l'entreprise propose une nouvelle gamme d'objets fonctionnant au gaz (réchauds, rôtissoires, torréfacteurs, foyers...).

Évolution des gammes de produits offerts dans les albums de l'usine Godin

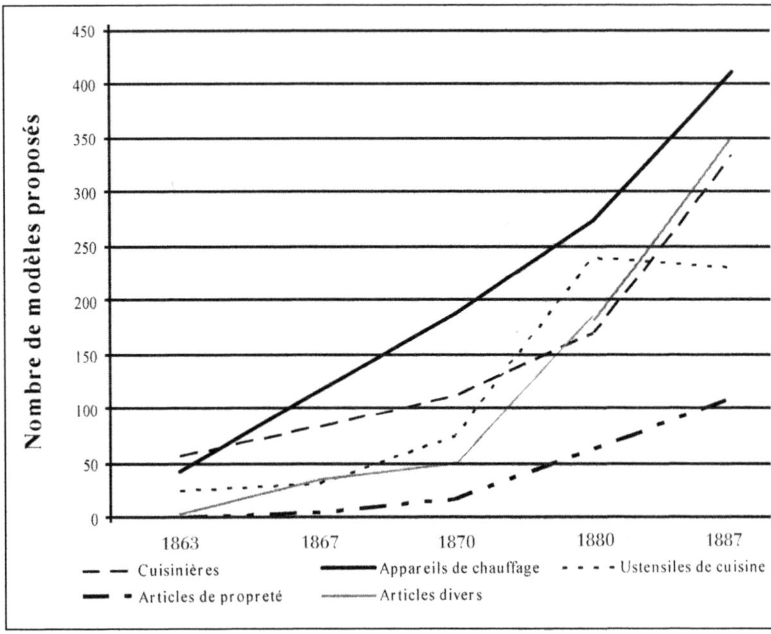

Aux politiques de qualité et de diversité s'agrège un souci de diffusion dont témoigne le recours précoce à la publicité. *Le Devoir* est le premier support à fournir dessins et tarifs et à vanter les produits Godin. Autre dispositif de promotion, et non des moindres : les albums généraux. Destinés en priorité aux quincailliers, ceux-ci se présentent sous la forme de gros cahiers brochés à la couverture colorée. Un modèle grand format est réservé aux clients privilégiés. Dans tous les cas, les albums sont de véritables expositions de papier. Classés par série (cuisinières, poêles, cheminées…), tous les objets sont numérotés et représentés à l'aide d'un dessin aux traits soignés. Le lecteur dispose également de multiples informations sur chacun des produits : dimensions précises, contenance, options, caractéristiques, usage, etc. Imprimés selon des périodicités variables (1863, 1867, 1870, 1880, 1887…), actualisés si nécessaire à l'aide de planches et de circulaires additionnelles présentant les dernières nouveautés, les albums gagnent en épaisseur avec les années. Un catalogue en langue anglaise est aussi édité en 1880. Le nombre de produits présentés est inférieur à son équivalent français, mais il n'en offre pas moins le choix entre 28 cuisinières et 105 cheminées. La maison Godin dispose enfin d'une équipe de « voyageurs », représentants régionaux qui sillonnent le pays pour assurer la promotion et la diffusion.

[2. Règles du travail, implications au travail

Voilà donc pour la politique des produits. Qu'en est-il maintenant de la gestion de la main-d'œuvre ? Dans le quotidien du travail, quelles sont les règles édictées par Godin et comment ces dernières s'appliquent-elles ? On ne dispose guère de matériau qui permette de répondre avec précision à de telles questions. Il est sûr cependant que le désordre n'est pas la norme organisationnelle. Comme ailleurs, l'usine de Guise possède son règlement intérieur. Le plus ancien qu'il soit donné de connaître chez Godin date de 1857. Composé de sept sections (dispositions générales, fonderie, ajustage, police des ateliers, entrée et sortie des marchandises, paie, secours) et de trente articles, son objectif est de susciter la meilleure exécution possible du travail, mais aussi de promouvoir la bienfaisance entre ouvriers[4].

[Le travail sous contrôle

Les règles seules ne suffisent pas. Il faut, pour leur donner sens et vie, des hommes pour veiller à leur application. Dans l'usine de Guise, chaque atelier est placé sous la responsabilité d'un chef. Le contrôle du travail proprement dit est dévolu à des surveillants chargés d'encadrer une section d'ouvriers. À partir de 1869, ces surveillants, tous des ouvriers, sont élus par leurs pairs, l'administration se réservant ensuite le soin de choisir parmi les candidats retenus ceux qui lui paraissent les plus aptes à la fonction. Les surveillants du travail doivent savoir lire, écrire et chiffrer. Impossible par ailleurs d'être élu et nommé surveillant si, en plus de travailler à l'usine, l'ouvrier est à la tête d'un débit de boisson[5]. Conforme à l'esprit fouriériste, l'élection des surveillants est une procédure qui fait l'objet d'un paragraphe spécifique dans le pacte statutaire de 1880 (3e partie, règlement, article 14). La mention disparaît en revanche dans l'édition de 1891. Tout laisse à penser que, faute de candidats à la fonction, l'élection des surveillants est une pratique qui, du vivant même de Godin, tombe progressivement en désuétude.

Est-ce un problème ? Pas véritablement dans la mesure où, dans les limites des tâches globales qui leur sont imparties, les ouvriers sont pour partie maîtres de leurs gestes. Ils ne sont pas débiteurs pour autant d'un mode d'organisation du travail conforme aux préceptes fouriéristes. Sur ce point, Godin n'a jamais suivi son maître à penser. Il s'en sépare même radicalement d'une double manière. Il n'est pas question d'abord de laisser aux ouvriers le choix d'exercer en toute liberté les fonctions qu'ils souhaiteraient occuper ni même de tolérer une trop grande alternance dans les tâches réalisées. Godin est soucieux d'efficacité et c'est pourquoi le fait de laisser libre cours à la papillonne ne lui semble guère de bonne politique. La seconde pomme de discorde a trait à la mécanisation. C. Fourier n'a pas compris que la machine pouvait avantageusement remplacer le bras de l'homme, Godin si. Ce dernier ne peut être pour autant assimilé à un gestionnaire comme un autre. S'il n'innove guère du point de vue de l'organisation du travail, Godin se distingue en effet des autres employeurs par une conviction originale. Le contrat sociétaire participe d'une alchimie qui donne aux ouvriers la force et l'envie de s'investir corps et âme. À l'usine, assure Godin, « les fonctions du travail ordinaire s'exercent d'une façon librement consentie par chaque sociétaire ; l'importance et la valeur du travail sont déterminées par des règles consciencieusement établies par l'Association, c'est-à-dire par les travailleurs eux-mêmes, puisque chaque travailleur est sociétaire[6] ».

Au fil du temps, Godin perd cependant ses illusions. L'expérience lui montre qu'il ne suffit pas d'associer formellement le travail au capital pour que les ouvriers s'impliquent activement et spontanément et encore moins qu'ils jouent la carte de la solidarité productive. La mécanisation du moulage fournit une bonne illustration du propos. Lorsque Godin la met en place, il évalue à 300 châssis par jour le volume de production qu'il est raisonnablement permis d'espérer avec la nouvelle technique. Les résultats des premières expérimentations sont sans appel : à peine 80 châssis sortent quotidiennement des ateliers modernisés. Pour inciter les ouvriers à améliorer la cadence, Godin promet, on l'a évoqué précédemment, un supplément de salaire. La barre des 100 châssis est alors vite passée. Mais il faut encore beaucoup d'efforts au chef de l'entreprise pour amener le collectif aux rives de l'objectif initial. Il convoque ses ouvriers en assemblée. Il les harangue et fait appel à leur bon vouloir. Tous ne sont pas convaincus et d'aucuns ne se privent pas de manifester leur étonnement face à un tel défi. C'est finalement l'incitation matérielle qui s'avère à nouveau payante. « Après diverses expérimentations, on convint qu'en toutes circonstances le salaire des ouvriers du moulage mécanique serait acquis quelle que fût la production ; mais que, dès que celle-ci dépasserait les conditions fixées comme bases et serait exécutée dans les conditions d'économie et de bonne exécution déterminée, le surplus donnerait lieu à une prime déterminée, elle aussi, régulièrement et inscrite minute par minute, par un compteur, sous les yeux des ouvriers eux-mêmes. Le travail supplémentaire leur est payé au prix convenu. Dans ces conditions le travail admis comme base de la journée a doublé[7]. »

[Les enjeux du temps de travail

Le temps de travail est un autre objet qui met à nu les tensions plus ou moins feutrées qui, par moments, opposent le chef d'entreprise à ses ouvriers. Lors d'une conférence qu'il prononce au théâtre du Familistère le 5 avril 1878, Godin cède la parole à un jeune travailleur de la main. Au nom des ajusteurs, celui-ci revendique une augmentation d'une heure du temps de travail journalier (afin de passer à dix voire à onze heures, selon le cas). Lorsque les commandes affluent, les ouvriers préfèrent effectuer de longues journées. Ils ne souhaitent pas bénéficier de l'aide de nouveaux embauchés qu'il est difficile ensuite de renvoyer. Leur présence prive au demeurant les autres d'un ouvrage qu'ils aimeraient assumer. En bref, c'est un supplément de salaire que réclame le personnel. Godin s'explique longuement. La réduction du temps de travail est une façon de répondre à des crises conjoncturelles. Lorsque l'entreprise produit trop et que la demande n'est pas à la hauteur, Godin fait le choix de réduire le temps de travail plutôt que de se séparer de sa main-d'œuvre. Les ouvriers doivent s'estimer heureux, car ils sont privilégiés en comparaison de la grande masse des travailleurs de France qui ne bénéficient pas d'une telle mansuétude. Plutôt que de chercher à augmenter leur revenu, ajoute l'industriel, les ouvriers devraient plutôt utiliser leur temps libre pour pratiquer la musique ou le sport. Godin rappelle à l'occasion qu'il a pour mission d'améliorer la condition des salariés de manière à les mettre en état de se développer intellectuellement et moralement.

Dans la décennie 1880, la durée journalière du travail est de dix heures. Les ouvriers de Godin embauchent à 6 heures du matin, s'arrêtent à 9, reprennent à 10 et sortent à 13 heures pour aller déjeuner. Ils reprennent ensuite à 14 h 30 et quittent définitivement l'usine quatre heures plus tard[8]. Bien qu'il fasse travailler ses ouvriers deux heures de moins que partout dans la région, l'industriel fouriériste subit des pressions dans son propre camp politique. À l'heure où les socialistes du conseil municipal de Paris revendiquent les huit heures, *Le Moniteur des syndicats* reproche à Godin sa timidité. *Le Devoir* rétorque vivement[9]. Alors que les salaires sont de 20 % supérieurs à Guise en comparaison de ce qui se pratique ailleurs, comment imaginer de baisser encore le temps de travail ? S'aventurer sur une telle voie compromettrait la survie de l'entreprise. On touche là aux limites de l'innovation organisationnelle et à la capacité de Godin et des siens à édicter des règles de travail indépendamment du contexte économique. Le fondateur en a conscience, qui plaide en faveur de l'intervention publique, celle des grandes municipalités en premier lieu, pour forcer les employeurs à diminuer de concert le temps de travail de leurs ouvriers.

[3. Promotion et débauche

La gestion des emplois est un autre registre qui donne lieu à régulation. Rien n'indique explicitement dans les règlements et dans les statuts les modalités concrètes de l'embauche des ouvriers. Il est clairement indiqué, en revanche, que ceux qui souhaitent accéder au statut d'associé, de sociétaire ou de participant doivent adresser une demande à l'administrateur-gérant et remplir un formulaire spécifique. L'accès aux emplois supérieurs d'employés et de chefs de service est par ailleurs conditionné par la réussite à une épreuve. Les statuts de l'Association stipulent que l'administrateur-gérant choisit les employés parmi ceux qui ont atteint les premières places aux concours de recrutement et que tout membre de l'Association peut prendre part à ces examens. L'administrateur-gérant et le conseil de gérance peuvent, s'ils le jugent nécessaire, solliciter des personnes extérieures pour concourir. « Toutefois, à mérite égal, le choix est fait en faveur d'un membre de l'Association ou, si tous les candidats font partie de l'Association, en tenant compte de l'ancienneté » (article 114, 1re partie). Pour cette main-d'œuvre hautement qualifiée, deux autres règles spécifiques doivent être mentionnées : tout employé dont les appointements dépassent 3 000 francs ne peut occuper une autre fonction salariée (sauf autorisation de l'Association) ; tous ceux, ensuite, qui souhaitent une augmentation de leurs appointements doivent passer un concours semblable à celui qui existe pour accéder à un emploi supérieur. Ces concours sont permanents. Les candidats doivent se soumettre à deux séries d'examens pour espérer une promotion : une épreuve écrite (rédaction d'un mémoire qui justifie la demande) et une prestation orale devant le conseil de gérance ou une délégation de ce dernier afin de vérifier les aptitudes du candidat.

En cas de difficultés économiques, les employés n'ont guère à craindre pour leur emploi. Godin souhaite par ailleurs, on l'a vu, protéger ses ouvriers en jouant sur le temps du travail. Mais il ne s'agit pas là d'une arme infaillible. Parfois, Godin doit se séparer des siens. Dans un article du 11 octobre 1874[10], *Le Courrier de l'Aisne* rapporte que les affaires industrielles de Guise ont connu un fort ralentissement. Les ventes de fourneaux ont effectivement subi une chute terrible au cours de l'année 1873 : 39 000, contre 66 800 en 1872[11]. *Le Courrier de l'Aisne* note que l'usine Godin aurait renvoyé une vingtaine d'ouvriers dont plusieurs travaillaient depuis une quinzaine d'années. Il aurait également abaissé le temps de travail à six heures par jour. Dès le lendemain de la parution de l'article, Émile Godin rédige une note à son père, alors probablement à Versailles[12]. Le courrier ne dément ni les difficultés en cours, ni les moyens retenus pour y faire face. Le fils du fondateur explique également que, la semaine suivante, il n'y aura plus d'ouvriers manœuvres à congédier. « Aussi, je pense choisir dans l'usine tous ceux qui ont un commerce quelconque, ceux-là auront moins à souffrir du renvoi que les autres qui seraient sans travail et sans ressources d'aucune sorte. Je pense, d'accord avec M. Dequenne, qu'il y a bien 40 ouvriers dans ce cas. Ce serait des travailleurs qui ne seraient pas perdus et qui rentreraient aussitôt la reprise du travail. » Deux jours plus tard, dans une nouvelle note[13], Émile Godin annonce qu'il a pu recenser vingt-six noms de travailleurs occupés par un commerce. Il propose d'éviter le renvoi à trois d'entre eux et peut-être aussi à « Ribeaux, quoiqu'il soit insolent et peu courageux, surtout depuis qu'il a quitté le Familistère. Répondez-moi de suite, je vous prie, si vous trouvez bon de prévenir ces vingt-trois personnes dont je viens de vous citer les plus connus de vous ».

Un épisode similaire se répète une dizaine d'années plus tard. Après une phase de ralentissement au début des années 1880, les difficultés s'accélèrent. En 1885, le bénéfice à partager entre les travailleurs dépasse les 197 000 francs. Symptôme des difficultés qui surgissent, celui-ci atteint à peine plus de 86 000 francs l'année suivante. Comment Godin fait-il front ? Il commence par congédier des auxiliaires. Le conseil de gérance lui conseille ensuite de réduire les coûts de production en énergie (gaz, charbon) en transformant le temps de travail (instauration de deux plages de travail de cinq heures coupées par la pause repas). Mais le comité des délégués proteste. Suite à un vote à bulletin secret parmi tous les membres de l'Association, le schéma en place (trois séquences de travail par jour) n'est pas modifié. Les auxiliaires sont donc, en 1886, les principales victimes de la politique d'ajustement de l'entreprise sur un marché des produits où la concurrence est extrêmement pesante. Un peu moins d'une centaine de personnes ont à subir la débauche forcée. Cela n'est pas sans faire douter Godin, qui réfléchit à ce moment à la formation possible d'un syndicat de patrons et d'ouvriers. Ensemble, ces organisations pourraient tempérer les effets néfastes de la concurrence en fixant les salaires, en limitant le temps de travail... Nous verrons dans le chapitre qui suit que la tentative menée en ce sens aboutit à l'échec. Quoi qu'il en soit, la politique de qualité ne suffit pas à protéger l'entreprise contre les aléas de la conjoncture. En cas de crise majeure, c'est principalement grâce à l'existence d'un volant de main-d'œuvre flexible (les auxiliaires) que Godin réussit à surmonter les difficultés. Dans la mesure où, par ailleurs, le taux de démission est faible, on comprend que la stabilité soit plutôt la règle pour les travailleurs qui ne sont pas auxiliaires et que l'ancienneté moyenne dans l'emploi ait pu croître avec les années.

Le personnel de l'usine du Familistère de Guise, De Jongh Frères photographes, 1899 (*coll. Familistère de Guise*).

[4. Le salaire et la vertu

L'emploi est une chose, la reconnaissance monétaire de l'implication de chacun dans le travail en est une autre. Pour prendre pleinement la mesure de la politique des rémunérations qu'adopte Godin, il est impossible d'analyser le salaire comme une simple variable économique. C'est aussi un puissant instrument de moralisation que le manufacturier ne se prive jamais d'utiliser.

[Morale de la rémunération

Dès le début de son activité d'entrepreneur, Godin doit se préoccuper des modes de rémunération de ses ouvriers. Lorsqu'en 1840 il ouvre les portes de son premier atelier, longues de onze, douze voire treize heures, les journées de travail sont ordinairement structurées dans l'industrie par des plages de trois ou quatre heures d'activité interrompues par des pauses pour les repas. Les règles alors en vigueur sont fortement pénalisantes. Dans certaines entreprises, reprendre l'ouvrage quelques minutes seulement après le délai officiel peut entraîner la suppression de la rémunération promise pour la plage de travail entamée trop tardivement. Pour effacer l'inconvénient, Godin adopte un système de la rémunération à l'heure[14]. Une telle modalité présente l'avantage de limiter les risques de conflits entre patrons et ouvriers. Mais elle comporte aussi un inconvénient. Afin de rentabiliser au mieux chaque heure payée, l'employeur a tendance à accentuer la surveillance de ses salariés. Aussi, conclut Godin, convient-il d'avoir recours au travail à l'heure avec parcimonie et, mieux encore, d'éviter le contrôle. Pour ce faire, une solution : le travail au forfait. « Au lieu donc de fixer une valeur au temps de l'ouvrier, il faut fixer une valeur au produit à créer ; une fois ce prix débattu et accepté, l'homme, en face de son travail, ne relève plus que de lui-même[15]. »

En dépit de ses bonnes intentions, Godin ne tient pas ses promesses sur longue durée. Lors d'une conférence de 1881, un ouvrier du nom de Mathieu se plaint des nouvelles règles, plus pénalisantes, instituées à l'occasion de la fondation de l'Association. « M. Godin, puisque vous nous avez invités à vous présenter nos observations sur le pacte social, je crois devoir vous dire que beaucoup d'ouvriers se plaignent de l'amende pour absence du travail au premier tiers du matin. Ils disent qu'ils sont très gênés de ne pas pouvoir se reposer quand ils sont fatigués. Ce serait leur rendre service que de changer cette disposition[16]. » La demande n'est pas pure lubie des travailleurs. En cette période marquée par un durcissement des contrôles, les pénalités monétaires croissent effectivement soudainement. Alors que la part des amendes oscille en moyenne entre 3 et 4 % de la masse salariale sur la période 1879-1888, elle atteint 5,27 % pour l'année comptable 1880-1881 et 7,17 % pour celle qui suit[17]. Que répondre à cela ? Godin rappelle simplement combien il importe de savoir se conformer à des règles, règles qui au demeurant ont fait au préalable l'objet de discussions collectives. L'ordre, ajoute-t-il, est une condition indispensable à la prospérité. L'objectif du règlement est d'aider l'ouvrier, notamment les auxiliaires de l'Association, à être présent dans l'atelier dès le premier tiers du lundi matin. Si les ouvriers consacraient le dimanche à se reposer ou à toute autre occupation honnête, plutôt que de sombrer dans l'intempérance, ils n'auraient nullement besoin de la Saint Lundi. Le niveau des salaires versés a-t-il davantage d'effets positifs sur la présence des ouvriers au travail ? Faute de pouvoir répondre avec assurance à une telle question, on constate que, entre 1879 et 1888, il existe une corrélation entre rémunération et taux d'absentéisme. À mesure que la moyenne des salaires par journée effective de travail augmente, le rapport entre absences et journées de travail qui auraient dû être travaillées diminue[18].

Le salaire n'est pas pour Godin qu'une affaire purement économique. Depuis qu'il a fondé son entreprise, l'entrepreneur est préoccupé par l'inquiétante propension des ouvriers à dépenser au cabaret la paie qu'ils viennent juste de recevoir. N'y a-t-il rien de plus déplorable que d'observer des hommes dilapider le fruit de leur travail en boisson et laisser femme et enfants dans le besoin ? Non seulement l'ouvrier prive sa famille de revenus indispensables mais, en se noyant dans l'alcool, il se tue à petit feu. C. Fourier avait trouvé la solution au problème : il suffit de transformer le travail en « plaisir continu » et de permettre à tous les salariés de devenir capitalistes[19]. Godin ne croit pas, on le sait, aux vertus ludiques du travail et, lorsqu'il est confronté pour la première fois aux excès de la consommation d'alcool, il n'envisage pas encore la solution de l'Association. Comment éviter alors que les travailleurs ne fréquentent cette « caisse meurtrière où lorsque l'ouvrier débiteur ne peut solder son compte, c'est la mort, les infirmités quelquefois, la maladie toujours, qui se chargent de la rentrée[20] » ? Afin d'empêcher les ouvriers de se laisser entraîner les uns les autres à la dépense excessive, Godin fragmente les jours de paye par quinzaines. Les ouvriers dont le nom commence par une lettre comprise entre A et C sont payés le mardi (semaine 1). De D à G, le versement a lieu le vendredi de la même semaine, de H à L le mardi suivant (semaine 2) et de M à Z trois jours plus tard. « De cette façon, chaque paie se disperse dans l'établissement tout entier, et tels qui ont reçu leur quinzaine dans un atelier se trouvent à côté de camarades qui n'ont rien touché : d'où il suit que l'ouvrier est plus disposé à rentrer dans sa famille avec ses gains, ne voulant pas faire les frais de consommation pour tous les autres[21]. »

Ce n'est là que le début. Agrémentée de dispositifs très concrets (la monnaie familistérienne puis les carnets d'achats, le contrôle de la consommation à la buvette, l'interdiction de cumuler la fonction de surveillant avec la tenue d'un débit de boisson...), la morale de Godin pèse d'autant plus lourdement et efficacement sur les épaules ouvrières que les travailleurs qui habitent le Familistère ne se délestent pas, les portes de l'atelier franchies, des multiples prescriptions délivrées au Palais social. Par ailleurs, les enfants qui ont grandi au Familistère deviennent souvent des ouvriers ou des employés de Godin. Arrivés au seuil de l'usine, ils bénéficient déjà d'une éducation qui rejaillit dans leur façon de se comporter au travail. Grâce à ces multiples expédients, l'employeur a-t-il réussi à éradiquer l'alcoolisme ? Au début des années 1890, à la suite de rencontres avec un couple de familistériens, Urbain Guérin, qui agit pour le compte de F. Le Play[22] dans le cadre de ses grandes enquêtes sur le monde ouvrier, constate que les cabarets ont toujours du succès mais qu'« heureusement l'intempérance perd plutôt du terrain qu'elle n'en gagne. Un ouvrier, du reste qui se présenterait à l'usine en état d'ivresse serait exclu, et la direction s'attache à faire monter dans la hiérarchie les ouvriers les plus sobres[23] ». Quand, quelques années plus tard encore, il visite les ateliers de l'usine Godin, L. Lestelle remarque pour sa part que quelques ouvriers y consomment de la bière[24]. Tolérant, l'observateur estime que la dureté des travaux justifie l'entorse à la règle.

[Les formes de la rémunération

À Guise, tous les travailleurs ne sont pas rémunérés de la même manière. Les ouvriers de fabrication, qui représentent la grande majorité de la main-d'œuvre, sont payés à la pièce. En 1889, un homme de force moyenne peut espérer gagner 5 francs en dix heures. Conformément à une philosophie qui trouvera ensuite ses lettres de noblesse avec Frederick Taylor, lorsque les ouvriers dépassent un seuil de production donné, ils bénéficient d'une prime. Ils ne subissent en revanche aucune retenue si d'aventure leur performance se situe en deçà. Les tarifs sont établis par chaque directeur d'atelier, après avis des responsables de l'encadrement placés sous ses ordres et accord final de Godin et du conseil de gérance. Les autres ouvriers sont payés à l'heure, à un prix fixé à l'aide d'une procédure similaire. Le barème varie selon les métiers, la conjoncture et l'habileté. Trois services, pour être plus exact, sont concernés par ce mode de rémunération. Fait remarquable : les mouleurs sur machine, qui émargent pourtant au statut d'ouvriers de fabrication, sont aussi rémunérés au temps[25]. Aristocratie des ateliers, ce segment particulier de la fonderie bénéficie d'un tel privilège au nom du fait – au moins officiellement – que la performance est en grande partie fonction de celle du matériel utilisé. Quel que soit leur titre, en revanche, tous les ouvriers détiennent un livret ordinaire ainsi qu'un carnet de travail (qui indique leur situation matrimoniale au Familistère ou en dehors), sur lesquels sont tenus les comptes de leurs rémunérations.

Les données fournies par F. Bernardot dans son ouvrage de 1889 indiquent qu'à compter de 1863 les salaires sont toujours allés en augmentant, avec il est vrai des phases d'accélérations : plus de 10 % de bonification entre 1863 et 1865, au moment précis où Godin réduit le temps de travail de ses ouvriers de douze à onze heures par jour ; nouvelle augmentation de 8 % entre 1867 et 1868, à la date de mise en place de la caisse de retraite. En 1878, une troisième vague d'augmentations accompagne la réduction de la journée de onze à dix heures. Pour compenser le manque à gagner, tous les ouvriers à l'heure bénéficient d'une hausse de leurs gains équivalente à la valeur d'une demi-heure d'ouvrage. Les travailleurs à la pièce ne bénéficient pas de cette mesure[26]. *Le Devoir* rapporte que, sur la période qui s'étale entre le début de l'année 1880 et celui de 1884, l'usine de Guise n'a connu aucun chômage et que le salaire versé a été supérieur en permanence à celui des travailleurs des autres industries locales[27]. En dépit d'une telle politique, la satisfaction n'est pas toujours générale. Dans un courrier en date du 24 août 1886, Sylvie Lorent explique qu'elle est employée à la bonneterie depuis le 20 octobre 1885 et que, depuis cette période, elle gagne toujours 15 francs par mois. « Comme je crois avoir toujours fait mes efforts pour bien faire mon travail et mériter l'estime de mes chefs, je crois pouvoir compter que vous voulez bien prendre ma demande en considération[28]. » Il s'agit, il est vrai, d'une situation singulière puisque, à la bonneterie, on le sait, certaines femmes échappent aux règles communes de la rémunération.

Du côté des employés, les formes de la rémunération n'ont que peu à voir avec celles des ouvriers. Godin adopte dès 1873 une convention de mensualisation des appointements. Certains surveillants d'ateliers bénéficient également de la formule. Pour les uns comme pour les autres, Godin compris, un principe vient compléter l'arsenal réglementaire que formalisent les six articles de la convention : toute journée d'absence ou de vacances est retenue sur les appointements. Lors de sa séance du 4 mai 1881, le conseil de gérance doit se prononcer sur un cas délicat qui met à mal ce principe. M. Leblond, employé de l'établissement, s'est absenté pour réaliser ses treize jours de service militaire. Doit-il être rémunéré pour cela ? Lui-même ne le demande pas. Mais la question se pose, car l'absence est forcée. Le débat s'ouvre à ce propos. Godin explique que les textes des statuts sont formels : on n'est pas payé quand on est absent. Inutile en conséquence de vouloir déroger à la règle. Lui-même demande que ses appointements soient déduits quand il s'absente pour siéger au conseil général. Après qu'une autre situation particulière a été évoquée (un chef de fonction malade qui continue de rendre des services à l'entreprise), le point de vue du fondateur est finalement adopté.

Convention générale et réglementaire arrêtée entre

M. Godin et tous les employés aux appointements
attachés à ses établissements

Article 1er. Tous les employés en entrant dans l'un des établissements de M. Godin arrêtent, d'accord avec le patron, ou ses représentants, le chiffre des appointements pour lesquels ils accordent leurs services en se conformant aux règles établies pour la fonction qu'ils acceptent.

Article 2. Les appointements sont fixés au mois, et payés à chaque fin de mois.

Article 3. Il n'est rien dû en dehors des appointements fixes convenus et payés chaque mois, à moins de conventions stipulant personnellement au profit d'un employé des avantages particuliers, et par un acte spécial en dehors des livres de comptabilité.

Article 4. L'employé et le patron peuvent réciproquement se donner congé sans délai, et sans qu'il y ait lieu à aucune indemnité de part ni d'autre ; le compte se borne au règlement du travail effectué et des avances ou dettes s'il y en a.

Article 5. Les primes, gratifications, ou récompenses périodiques qu'il peut convenir à M. Godin d'accorder à ses employés et ouvriers en sus de leurs appointements ne constituent aucun droit, ni aucune obligation pour l'avenir ; l'employé acceptant son emploi au prix débattu des appointements qu'il doit toucher, les primes ou gratifications restent libres et facultatives de la part de M. Godin, sous n'importe quelle forme et pour quelque motif que ce soit.

Article 6. En cas de contestation entre le patron et un ou plusieurs des employés, la question en litige sera portée devant le conseil des prud'hommes de la ville de Guise. Cette juridiction est choisie pour faciliter les moyens d'entente et de conciliation, et la prompte solution des différends.

V(1)-10. Février 1873. Fonds FGP.

Quand elle n'est pas la résultante directe d'une promotion ou la conséquence d'un concours réussi, l'augmentation des appointements fait l'objet d'appréciations au cas par cas. Avant 1880, le conseil d'administration aide Godin à prendre les décisions. En 1871, par exemple, alors en cure dans les Yvelines pour soigner ses rhumatismes, le fondateur rédige un courrier aux membres du conseil, dans lequel il livre ses sentiments à propos d'un employé de bureau de l'usine. « Il est certain pour moi que M. Avot a des aptitudes nécessaires pour gagner 1 800 francs. Mais d'un autre côté il a aussi son caractère particulier qui fera toujours de lui un employé plus ou moins désœuvré. Je sais du reste que, s'il reste à Guise, c'est parce qu'il ne trouve pas ailleurs un emploi. Il éprouve avant tout le besoin de la vie de garçon et le familistère n'offre pas suffisamment essor à ses goûts. Malgré cela, ce n'est pas un motif pour ne pas le payer de son travail[29]. » Quelques phrases plus loin, Godin ajoute combien la juste fixation des appointements des employés est une « grave question ». Il faudra bien, ajoute-t-il à l'aide d'une formule toute saint-simonienne, que ces salariés arrivent à participer à pareille tâche de manière que chacun soit rémunéré « suivant ses œuvres et son mérite ».

Après 1880, la responsabilité est attribuée au conseil de gérance[30]. Entre décembre 1880 et juillet 1882, période pour laquelle nous disposons de tous les comptes-rendus de séance, la plupart des réponses aux requêtes concernant l'évolution des appointements sont positives. Tel n'est pas, il est vrai, le lot de toutes. En 1881, le conseil estime par exemple que « M. Point, qui a également demandé une augmentation, est suffisamment payé pour le rôle qu'il occupe. Il en est de même de MM. Sartiaux, Dirson et Migrenne. Le conseil examine ensuite la demande d'augmentation de M. Conte-Norien et porte ses appointements de 115 à 125 francs par mois, en raison de son assiduité et de sa bonne volonté. M. Baillot, dessinateur au bureau du matériel, demande une augmentation. Il n'a point satisfait aux prescriptions de l'article 115 des statuts qui veulent qu'un mémoire soit déposé à l'appui de la demande. La lettre de M. Baillot est remise à M. Pernin. Celui-ci fera comprendre à son subordonné que l'accomplissement des prescriptions statutaires est de première obligation en un cas semblable[31] ». La rémunération du travail n'est pas, on le constate, que simple contrepartie à un engagement productif. Il faut aussi, pour mériter une augmentation, savoir respecter les règles du jeu édictées par l'entreprise. Un autre compte-rendu mentionne la demande de M. Maréchal, qui a adressé une lettre à Godin[32]. Ce contremaître explique que l'usine de Sougland lui propose des appointements supérieurs à ceux dont il bénéficie actuellement. Il souhaite en conséquence bénéficier d'un traitement similaire à celui qui lui est proposé, sinon il quittera l'Association. Après examen de la question, le conseil accorde à l'intéressé l'augmentation désirée.

[5. Les déterminants de la hiérarchie des rémunérations du travail

La photographie des rémunérations du travail en vigueur à Guise au milieu des années 1880 fournit d'autres indications intéressantes sur les options gestionnaires de Godin. En mars 1884, le salaire moyen d'un ouvrier de l'usine est d'environ 40 francs par quinzaine et de 29 francs pour les ouvriers du Familistère[33]. Les employés de l'usine bénéficient d'appointements de 165 francs par mois, ceux du Familistère et de l'école de 110 francs. Il existe donc bien des différences notables, qui dépendent d'abord directement du statut occupé. Au sein de chacune des deux grandes catégories de salariés, la segmentation est également patente.

La hiérarchie des rémunérations du travail de la main-d'œuvre Godin en mars 1884

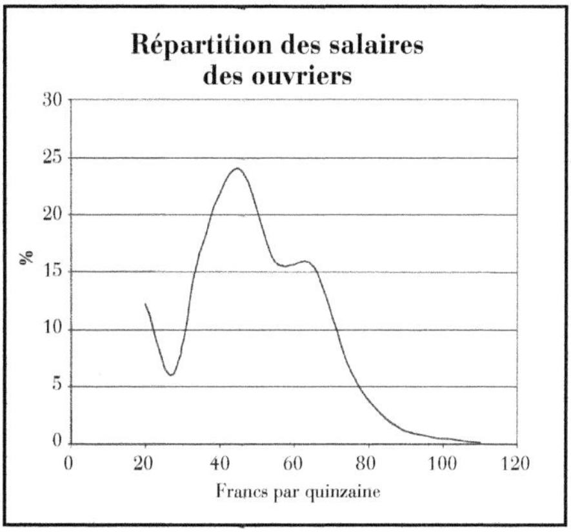

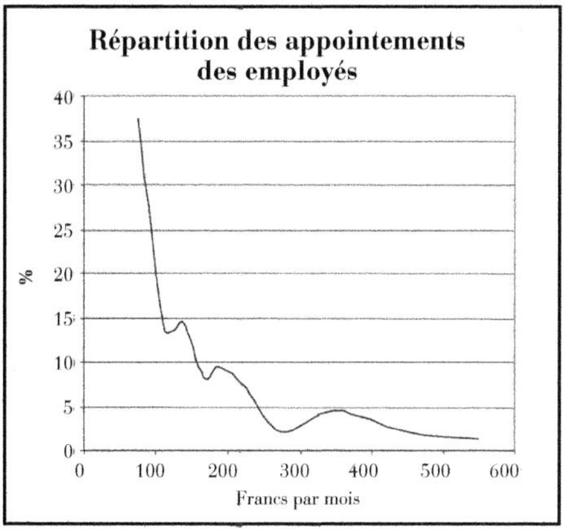

Lecture : 23 % des ouvriers de l'usine perçoivent un salaire de 40 francs toutes les deux semaines.

Pour être plus précis, deux lois statistiques différentes organisent la répartition des rémunérations du travail chez les ouvriers et chez les employés. Pour les premiers, on observe l'équivalent d'une classique courbe de Gauss, avec un salaire modal à peine supérieur à 40 francs. La dispersion révèle la coexistence d'ouvriers aux statuts différents : manœuvres et apprentis au bas de la hiérarchie, masse des ouvriers payés à la pièce au milieu et élite rémunérée au temps tout en haut. Ainsi que le suggèrent les chiffres du tableau suivant, la partition demeure plutôt stable tout au long de la décennie 1880. Indicateur complémentaire : en 1884, parmi les ouvriers de l'usine, les 10 % les mieux payés percevaient 20 % de l'ensemble des salaires qui leur étaient distribués et les 10 % les moins bien payés, 5 % environ.

Gain moyen journalier des hommes ouvriers de l'usine Godin (en francs)

	Gain moyen des dix meilleurs mouleurs	**Gain moyen des dix meilleurs ajusteurs**	**Moyenne générale de tout le personnel ouvrier**
1879-1880	6,15	5,08	4,33
1880-1881	6,27	5,25	4,39
1881-1882	6,33	5,32	4,50
1882-1883	6,52	5,49	4,59
1883-1884	7,64	5,57	4,74
1884-1885	7,18	5,69	4,79
1885-1886	7,44	6,42	4,91
1886-1887	7,76	6,80	5,22
1887-1888	8,20	7,13	5,32

F. Bernardot, *op. cit.*, p. 98.

Du côté des employés, la configuration est quelque peu différente. La courbe des appointements correspond aux représentations habituelles de la répartition des revenus pour une population standard (courbe de Pareto). Cette situation reproduit assez fidèlement la hiérarchie organisationnelle de l'usine, qui structure une chaîne avec, à une extrémité, des employés peu qualifiés comme les porteurs de charbons et, à une autre, les ingénieurs et les chefs de service[34]. Les 10 % des employés de l'usine les mieux payés perçoivent presque 25 % des appointements totaux, tandis que les 10 % les moins bien payés bénéficient de moins de 5 %[35]. Sans grande surprise donc, les inégalités croissent à mesure que l'on grimpe dans la hiérarchie organisationnelle.

Si le statut pèse sur les montants des rémunérations, l'ancienneté ne pourrait-elle également expliquer les différences observées ? Il est difficile de répondre à une telle question. Les données manquent en effet pour établir la carrière des ouvriers Godin et estimer le lien entre temps passé dans l'entreprise et trajectoire salariale. La seule certitude statistique que nous puissions avoir est la suivante : au milieu des années 1880, l'ancienneté est de plus de dix ans pour les ouvriers de l'usine comme du Familistère, de plus de huit ans pour les employés de l'usine et d'un peu moins de cinq pour les employés du Familistère et de l'école. Dans la mesure où les courbes de répartition se ressemblent plutôt[36], il est fort probable que le facteur « ancienneté » joue modérément sur les différences de rémunération entre ouvriers et employés.

L'ancienneté de la main-d'œuvre Godin en mars 1884

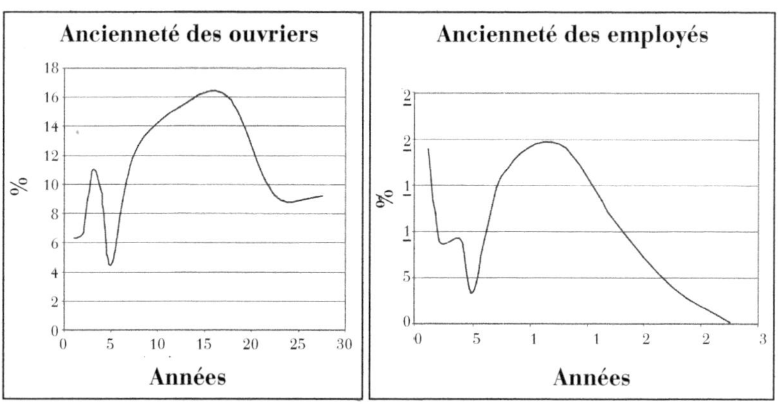

Lecture : un peu plus de 16 % des ouvriers ont, en 1884, quinze années d'ancienneté à l'usine ou au Familistère

D'autres variables encore influent sur la hiérarchie et le niveau des rémunérations, l'âge et le sexe fort certainement[37]. Faute, là encore, de pouvoir en évaluer le poids exact, il faut signaler l'importance de la qualité de « capitalistes » dont bénéficient les travailleurs après la fondation de l'Association. Les rémunérations varient ainsi selon le statut, le niveau de salaire ou d'appointements étant largement corrélé à la place occupée sur l'échelle des droits et des prestiges[38].

Les niveaux de rémunération du travail selon le statut dans l'Association en 1888

	Ouvriers, ouvrières et apprentis à la quinzaine			**Employés et employées au mois**		
	Moins de 50 francs	**De 50 à 90 francs**	**Plus de 90 francs**	**Moins de 100 francs**	**De 100 à 350 francs**	**Plus de 350 francs**
Associés	2	51	7	5	27	6
Sociétaires	29	169	10	16	34	0
Participants	138	287	7	15	22	1
Auxiliaires	497	74	0	58	7	0

F. Bernardot, *op. cit.*, p. 99.

La qualité de membre de l'Association dépend il est vrai de nombreux paramètres, à commencer par la qualification professionnelle des travailleurs, si bien qu'il est difficile d'évaluer, sur la base des seules données disponibles, l'effet propre de chaque variable. Aux inégalités de rémunération se superposent enfin des différences dans l'accès au profit, qui ne font qu'accentuer les écarts entre le bas et le haut de la pyramide familistérienne. Tout comme le père de l'école sociétaire, Godin réprouve, on s'en rappelle, le principe d'égalité. Sur ce point au moins, il aura transformé l'essai fouriériste.

*

En tant qu'industriel, Godin est un homme comblé. Tout, ou presque, lui sourit. En quelques décennies, le petit atelier de fonderie a cédé la place à deux belles usines qui assurent à son directeur le statut envié de fer de lance de la production mondiale des appareils d'économie domestique. Avec des dizaines de brevets à son actif, Godin est à la tête d'un petit royaume industriel qui a pu prospérer grâce à l'imagination et l'effort de celles et ceux qu'il a rassemblés sous son aile. Guise n'accueille donc pas qu'un Palais social. C'est aussi un creuset où se donne à voir, dans toute sa plénitude, un monde industriel en pleine ébullition et en expansion permanente.

Un tel tableau ne devrait-il pas réjouir, tant le succès est évident et ses effets sur la main-d'œuvre plus que probants ? Sur le plan économique, il y a tout lieu d'être satisfait. Mais, à la seule considération des politiques de produit et de mobilisation des forces de travail, que l'utopie semble loin ! Après que Godin a fondé l'Association du capital et du travail, les années 1880 entérinent un tournant réaliste et gestionnaire. L'industriel donne congé aux grands principes fouriéristes comme la reconnaissance du talent par le vote ou la structuration et le mélange des élans individuels par le biais de séries élémentaires. S'il n'a pas renoncé formellement à la procédure électorale (le vote demeure un dispositif de régulation dans les statuts de 1880) et s'il transforme définitivement ses salariés en capitalistes, Godin n'a toujours pas subverti en revanche l'organisation du travail et les hiérarchies professionnelles. Il est vrai aussi qu'il ne l'a jamais désiré…

12] [En quête de paix sociale

L'action que mène Godin durant une large partie de sa vie est indissociable d'un contexte spécifique, qui voit l'affirmation d'institutions représentatives des intérêts de la classe ouvrière. Votée le 21 mars 1884, la loi Waldeck-Rousseau en est l'expression la plus spectaculaire. En abrogeant la loi Le Chapelier, elle offre la possibilité aux groupes professionnels de se constituer en syndicats et d'agir en toute légalité. Après la Commune, le mouvement ouvrier avait été mis sous éteignoir. Durant les années 1870, décennie au cours de laquelle Godin accède à des responsabilités politiques locales, régionales et nationales, les associations ouvrières reprennent vie. Grâce à l'action de vulgarisation de Paul Lafargue et de Jules Guesde, le marxisme acquiert par ailleurs statut de doctrine révolutionnaire, aux côtés d'autres pensées de la subversion sociale comme les théories anarchistes que promeuvent les disciples de Michel Bakounine. Cible de certains révolutionnaires[1], Godin n'ignore pas ces thèses. À la différence de leurs auteurs, il déplore le tour violent que prennent les confrontations de classe. « En ce moment, il n'y a pour ainsi dire ni entente ni confiance possible entre patrons et ouvriers. La grève est le seul moyen dont le travailleur fasse usage pour obtenir ce qui lui semble dû. Mais la grève est une source de souffrance, une cause de ruine pour l'ouvrier. En outre, elle est souvent inefficace. Il faut abolir cet état de choses en instituant un régime nouveau[2]. »

Plutôt que de s'en tenir à de simples incantations, Godin agit, et il le fait très tôt en organisant, avec un succès tout relatif, la représentation des intérêts du travail au sein de sa propre entreprise. L'échec le plus retentissant est, on l'a vu précédemment, la tentative avortée de constitution de groupes et d'unions de groupes. Il n'est pas certain qu'à la fin de sa vie Godin ait nourri à ce sujet un trop grand regret puisque, l'Association du capital et du travail ayant vu le jour, les intérêts du travail pouvaient être formellement représentés et respectés. Godin ne s'est pas uniquement engagé dans la voie de la représentation du travail. Il s'est aussi impliqué dans la constitution d'un groupe patronal. Si la tentative échoue, l'histoire mérite d'être narrée dans la mesure où elle est révélatrice de la manière dont Godin conçoit les relations de travail et surtout parce qu'il s'agit là d'une tentative originale de structuration des forces patronales à un niveau régional. Enfin, autant Godin appelle de ses vœux l'institution d'associations représentatives des intérêts du travail et du capital, autant il regarde les grèves comme des symptômes de dysfonctionnement dont il faut prévenir l'apparition. En tant qu'employeur, Godin fait très rarement l'expérience de ce type de conflit qui, dans la France de la fin du XIXe siècle, commence à fleurir un peu partout dans le tissu productif[3].

1. Organiser la représentation du travail et du capital

En 1871, alors député, Godin a affaire à des demandes qui ne le laissent pas insensibles et qui l'interrogent sur l'avenir souhaitable des relations de travail. Il s'intéresse par exemple à la requête des mécaniciens et chauffeurs adressée au ministre des Travaux publics et aux députés de l'Assemblée nationale. Les mécaniciens et chauffeurs s'inquiètent des dégradations de leurs conditions de travail (liées aux excès de charge et de vitesse des machines), dénoncent la diminution du nombre de jours de congé (un par mois contre trois auparavant) et se plaignent de la création de classes inférieures de mécaniciens et de chauffeurs, ce qui a provoqué la déqualification de certains à qui il a été reproché des insuffisances dans leur travail[4]. Dans une note manuscrite, Godin réagit à l'affaire et, dans un style télégraphique, il accumule les remarques : « Les dangers de l'antagonisme », « Il ne nous suffit pas d'étudier le travail, la situation des classes ouvrières. Nous devons à l'Assemblée des études et des rapports », « Nous pouvons proposer des lois. Pour prévenir l'antagonisme, il faut des moyens ».

Représenter le travail

Quelle voie faut-il précisément suivre ? Godin ne milite ni pour le collectivisme ni pour l'égalitarisme absolu. Il est partisan d'une reconnaissance des associations à même de promouvoir, grâce à l'union et à l'entente, les intérêts des ouvriers et des employeurs. L'un des enjeux les plus importants est d'éviter la dérive des conditions de travail et de vie sous pression de la loi de l'offre et de la demande des biens telle que la théorisent, non sans arrière-pensée normative évidente, les économistes libéraux. À contre-pied exact de ce point de vue, Godin en appelle à la garantie du travail et à la structuration des forces sociales au service de la concorde générale. « Je vous convie, mes amis, s'exclame-t-il lors de la fête du Travail de 1866, à solliciter l'attention des pouvoirs publics dans toute la mesure possible, pour que le gouvernement cherche à faire cesser cette déplorable concurrence dépréciative et déloyale des produits du travail, à empêcher l'abaissement des salaires au-dessous des besoins des travailleurs, à faire que des syndicats soient constitués à cet effet en même temps qu'ils auraient à réglementer le nombre d'heures de travail maximum de la journée de travail[5]. »

Pour représenter le travail dans son entreprise, Godin n'a pas attendu 1884. Au sein de l'usine de Guise, il instaure en 1857 un système de délégués chargés de l'administration du fonds de secours mutuels et de la représentation du personnel dans les questions de travail et de règlement d'usine. Ce comité d'ouvriers « pourra être appelé à donner son avis sur les mesures qui seront prises en vue de l'amélioration du bien-être des ouvriers attachés à l'établissement[6] ». Un tel système de représentation repose sur un choix fondamental : les personnes éligibles, tout comme les électeurs, le sont au nom des fonctions qu'elles exercent. Autrement dit, c'est le travailleur, non la personne, qui bénéficie ici du droit de voter et d'être élu. La procédure électorale adoptée par Godin n'est donc pas la simple réduplication dans l'univers industriel d'un principe politique universaliste qui reconnaît à tous les citoyens un statut équivalent. « Remplacer l'exercice du suffrage par la vérification et l'enregistrement mathématiques continus des valeurs effectives et, en attendant l'instauration de cette méthode supérieure, attribuer le vote à la fonction : tel sera le pivot des conclusions résultant des expérimentations multiples et variées du suffrage dans l'établissement[7]. » On sait le destin des expérimentations de Godin à ce sujet. Si la formule fouriériste échoue, le travail reste néanmoins représenté par des délégués élus.

Dans une publication ouvertement hostile à Godin, l'auteur d'un article sur la grève au Familistère explique à ce sujet, en 1930, que l'usine abrite un syndicat du travail dont la paternité est attribuable à Godin. « Ce syndicat se compose de 18 membres, dont 9 sont élus par les seuls familistériens associés et sociétaires, et 9 par tous les ouvriers et employés de l'usine, âgés d'au moins 21 ans. À l'usine, les ouvriers sont classés par catégories, comme pour les élections prud'homales. Le mandat, renouvelable, dure un an. Élections en avril pour 5 membres, et en octobre pour 4[8]. » L'auteur fait référence ici au comité des délégués des ouvriers mis en place selon les statuts adoptés en 1880 lors de la fondation de la nouvelle Société du Familistère de Guise. Ce comité des délégués nommés au Familistère et à l'usine représente tous les ouvriers pour les questions de salaire et de travail. Par l'entremise de son président, le comité soumet les problèmes à l'administrateur-gérant. Celui-ci réunit le comité et discute avec lui pour résoudre les difficultés. Faute d'y parvenir, l'administrateur-gérant peut associer le conseil de gérance au comité afin qu'ils débouchent ensemble sur une solution[9]. Pour donner corps, au sein de son usine au premier chef, au projet de réforme qu'il défend au moment où il lance sa pétition en faveur de la révision de la loi du 21 mars 1884, Godin avait tenté de persuader ses ouvriers de transformer le comité des délégués en véritable syndicat. C'est l'échec. Interpellé à ce sujet par Godin lors d'une conférence (9 juin 1887), M. Deroo, ex-président du comité des délégués des ouvriers, explique qu'il a insisté à plusieurs reprises auprès de ses collègues pour qu'ils se constituent en syndicat mais qu'il n'a pas réussi à les convaincre[10]. Godin demande aux personnes présentes dans l'assemblée de bien vouloir s'expliquer. Pourquoi diantre les délégués refusent-ils de sauter le pas en direction du syndicat ? Nul ne répond.

La rude confrontation de Godin et des siens avec la presse anarchiste est l'occasion d'en apprendre encore un peu davantage sur les relations de travail dans l'entreprise. En 1886, le journal *Le Révolté* s'attaque ouvertement à Godin. « Il y a par le monde des industriels qui se font des rentes en élevant des lapins, il y en a d'autres qui édifient des fortunes en élevant des petits fondeurs[11]. » Ce type de diatribe avait certainement de quoi irriter, et c'est pourquoi en réponse *Le Devoir* rappelle qu'à l'usine Godin les relations de travail ne sont pas soumises à l'arbitraire patronal, contrairement à ce qu'il est donné d'observer ailleurs. Chez Godin, un règlement définit précisément les conditions de travail. Son application et son évolution sont garanties par des délégués élus qui peuvent toujours en référer si nécessaire au conseil de gérance, un excellent rempart contre les caprices que pourrait manifester la direction. Il ne faut pas oublier non plus le conseil de surveillance, cet autre organe de représentation du travail dont Godin n'est pas peu fier. Où sont les organisations industrielles, explique l'industriel en réponse aux critiques anarchistes[12], dont les ouvriers nomment chaque année le conseil de surveillance ? Ce dernier, surenchérit le fondateur, est tout entier composé de membres pris dans les rangs des salariés. Les statuts leur donnent droit et mission de tout voir et de tout vérifier.

Outre qu'elle cherche à rétablir une image écornée par la presse révolutionnaire, la conférence prononcée au mitan de l'année 1886 vise au rappel à l'ordre au sein de l'usine de Guise, qui a accueilli dans son sein un ouvrier porté à l'agitation sociale. Godin ne le ménage guère, et tout laisse penser que la sanction a été sans appel. « D'où sont venues les tentatives de désordre que je relève aujourd'hui ? D'un homme que j'ai accueilli, alors qu'il était dans des conditions où toute porte se fût fermée devant lui, je suis intervenu en sa faveur ; et qu'est-il venu en retour faire ici ? Chercher à semer le découragement parmi les ouvriers, à compromettre le travail qui lui était confié, puis à calomnier l'Association dans la presse. Il n'y a qu'un seul parti à prendre à l'égard de tels hommes : les repousser de nos rangs[13]. » On ne saurait être plus explicite.

[Une tentative de constitution de syndicat patronal

Cette même année 1886 fournit l'occasion à Godin de se lancer dans une nouvelle aventure. L'industriel picard va tenter d'organiser les intérêts du travail et du capital au-delà des murs du Familistère. Le point de départ est une difficulté d'ordre économique. 1886 est une année sombre. Face à la crise commerciale à laquelle ils doivent faire face, de nombreux employeurs réagissent par une diminution des salaires, ce qui crée immédiatement de multiples foyers de grèves. À l'usine de Guise, la situation n'est pas meilleure qu'ailleurs. Le 9 octobre, F. Dequenne rédige une note[14] qui fait le point sur l'état de la concurrence. Les salaires que peuvent atteindre les meilleurs mouleurs varient entre 5 et 7 francs par journée de travail dans les usines concurrentes de Sougland, Aisne, Nanquette, Corneau et Boucher, et entre 3 et 5 francs chez Faure. La tendance est partout à la baisse. Comment enrayer le processus ? Godin polit une réponse cohérente. Plutôt que de se combattre, les industriels ont tout intérêt à s'organiser. Par courrier du 15 octobre 1886, Godin propose à treize de ses confrères de l'Aisne et des Ardennes de s'unir entre chefs d'entreprises ayant toutes pour mission la construction d'appareils de chauffage. Une centaine d'ouvriers (mouleurs, fondeurs) et contremaîtres de ces établissements sont également destinataires du courrier. Il serait possible, estime Godin, d'établir un syndicat général des patrons et un syndicat général des ouvriers de cette branche d'activité.

L'objet de ces syndicats pourrait être d'élever les salaires à un même niveau dans toutes les usines pour un même nombre d'heures de travail. Les syndicats pourraient également arrêter de concert un tarif des gains gradué correspondant aux diverses séries ou catégories d'ouvriers dans chaque usine, tarif au-dessous duquel aucun chef d'établissement ne pourrait payer les ouvriers de chacune des séries ou catégories. Pourquoi ne pas imaginer, autre solution possible, de fixer une moyenne de prix des salaires au-dessous de laquelle la paie générale ne pourrait descendre ? Godin propose également de confier aux syndicats le soin de fixer un nombre d'heures uniforme pour la journée de travail dans tous les ateliers, dix heures par exemple. Le syndicat des patrons et celui des ouvriers auraient pour tâche enfin de signaler les manquements aux règles à un comité chargé de faire redresser ces infractions par les moyens légaux.

Outre que la manière dont, dans ce courrier, Godin envisage les relations de travail préfigure de façon étonnante les régulations qui verront le jour en France au XXe siècle, les arguments ont ceci de stimulants qu'ils prennent à contre-pied l'évidence libérale la plus commune. Une fois opérée dans un établissement, la baisse des salaires oblige les autres chefs d'industrie à faire pareillement. « Ce n'est donc qu'un avantage momentané pour ceux qui provoquent la baisse, avantage acquis au prix de la gêne et de la misère de la classe ouvrière. (…) Notre société a repoussé et repousse comme le moyen de concurrence le plus déplorable que l'avidité du gain a pu provoquer. Nous n'avons pas cédé à ce courant de réduction des salaires qui est certainement le fait le plus reprochable et le plus affligeant qui existe aujourd'hui dans l'industrie. Car, avec la réduction des salaires, les ouvriers ne peuvent plus acheter que le pain nécessaire à leurs familles tant qu'ils ont du travail. Mais les salaires faisant défaut aux masses laborieuses, celles-ci n'achètent plus les produits de l'industrie. Alors la production reste en magasin et le chômage en est la conséquence. Privées de travail, des familles entières tombent dans la misère. Cette situation devient affreuse et ses effets sont à redouter pour tout le monde[15]. »

Si l'initiative en faveur des syndicats fonctionnait, assure Godin, il serait possible de faire pression sur le corps législatif pour demander l'introduction de la même mesure dans toutes les industries qui ont surtout pour objet de satisfaire aux besoins intérieurs de la nation. La suggestion de Godin ne rencontre guère de succès. Les employeurs sollicités ignorent la demande, quand ils n'affichent pas ouvertement leur hostilité au projet de l'industriel de Guise. Dans un courrier en date du 21 octobre[16], un patron de Revin (H. Vaulet et Cie) explique que son activité de chauffage est trop marginale pour qu'il se joigne au mouvement. Les autres employeurs affirment que l'idée est tout bonnement impossible à mettre en œuvre. Il n'est qu'une exception, la maison Hourlier, Anceaux, Desquilbet & Cie (St-Michel, Aisne) qui fait parvenir à Godin une lettre (datée du 1er novembre) pour soutenir l'initiative[17]. Du côté des ouvriers, pour des raisons fort différentes (dont la difficulté à se défaire des interdits patronaux), la réception n'est guère meilleure.

Lettre de Charles Poulet, modeleur à Revin, à J.-B. A. Godin, 16 novembre 1886

Monsieur Godin, gérant de la Cie,

J'ai l'honneur de répondre à votre honorable circulaire que j'ai reçue il y a quelques jours, après en avoir fait part à plusieurs de mes camarades, et dont je serais satisfait, si je pouvais réaliser à Revin vos propositions à l'effet d'établir un sindicat général ouvriers mais à Revin la chose n'est pas possible, car nous autres ouvrier, nous sommes sous le joug de beaucoup de jésuites, et il est présentement défendu de faire de la propagande soit dans les ateliers ou dans les estaminets.

1° À l'atelier, les contremaîtres ne sont pas partisans de cette sorte de chose là, qu'au contraire, ce sont tous hommes dont auquel leurs avenir et presque faites

2° Dans les estaminets, c'est la police secrette qui circule et qui rapporte le lendemain ce qui c'est dit la veille, ou qui c'est fait.

Nous avons essayer de former une chambre sindicale qui n'a su tenir, par force de menace de patrons, ou contremaître, même que plusieurs ont été menacer d'être renvoyer, un seul c'est trouver sans travail pendant un certain temps comme ayant été trop présent à la chose.

C'est pourquoi monsieur Godin, je regrette beaucoup que la chose a Revin ne puisse se réaliser car moi et plusieurs de mes camarades nous trouvons que vos idées sont bonnes et nous serions heureux de nous voir figurer parmi les votres, je c'est bien moi, Poulet Charles, enfants de l'usine, élevé au familistère, que vous avez toujours eu de bonnes idées, que vous avez toujours chercher à améliorer le sort de l'ouvrier, je souhaiterais de tout mon cœur, que tous les patrons soit de votre bord.

Peut être monsieur Godin, au sujet d'un sindicat général des patrons, que a mon point de vue, le meilleur partie à prendre ce serait de toutes une réunion entre vous autres tous, en choisissant un lieu de rendez vous comme Charleville comme étant à peu près le centre des usines industrielles d'articles de chauffage de l'Aisne, de la Meuse et des Ardennes, alors si la chose entre vous pouvais se réaliser avec l'appui des patrons nous autres ouvriers nous nous serions bientôt sindiquet.

Voila Monsieur mes idées que je vous pose à ce sujet, je serais bien heureux de pouvoir réaliser à Revin vos bonnes idées, mais avec le temps qui court, ils n'ont pas permis a un ouvrier de ce mettre a la tête de ces choses sans être certains d'être occuper ailleurs.

Veuillez monsieur Godin agréer mes salutations respectueuses

Poulet Charles, modeleur a Revin. [sic]

VII(1)-8/4, fonds FGP.

[2. Pétition et projet de loi

La mobilisation échoue mais Godin ne baisse pas les bras. Comme souvent, il imagine un substitut à l'idée défaillante. « Je n'ai pu réunir suffisamment d'adhésions pour espérer que ma proposition puisse aboutir par la voie que j'avais d'abord envisagée comme pratique. Nous

nous sommes donc décidés à adresser aux Chambres une pétition qui va être signée par tous les ouvriers de notre contrée[18]. » Et effectivement Godin fait circuler un document qui réclame « une sanction à la loi du 21 mars 1884 sur les syndicats ouvriers, et par cette sanction un remède aux crises du travail et de l'industrie ». Le texte est mis en débat le 13 janvier 1887 à l'occasion de la séance mensuelle de la Société de paix et d'arbitrage du Familistère[19]. Lecture faite aux présents, personne ne demande de modification de la proposition rédigée par Godin, qui vise fondamentalement à faire réglementer le salaire par voie légale, à défaut d'une organisation entre les parties de l'industrie régionale du chauffage. Adressée aux membres du corps législatif, la pétition est placée formellement sous la responsabilité des gérants, ingénieurs, chefs d'atelier, contremaîtres et ouvriers des fonderies de Guise.

Le document reprend, en le détaillant encore davantage, l'argumentaire du courrier adressé aux chefs d'entreprise et aux ouvriers mouleurs. Parce que le salaire est un droit du travailleur, les pétitionnaires demandent de « laisser aux chambres syndicales ouvrières le droit de décider du nombre d'heures de travail de la journée et du prix moyen qui doit être payé dans tous les établissements, sauf aux patrons d'augmenter ce prix s'ils le veulent ». Pour agir, il faut réviser la loi du 21 mars 1884, qui demeure trop faiblement contraignante. Nombreux sont les patrons qui continuent d'abuser de leurs prérogatives et qui gèrent de façon totalement arbitraire. Dans de nombreux établissements, les travailleurs qui proposent la constitution de syndicats sont congédiés. « Il vous appartient donc, Messieurs les Députés, de compléter la loi, afin de réprimer ces abus et de faire cesser cet état de choses, désastreux pour les ouvriers, pour le travail et pour l'industrie nationale. » La pétition propose ensuite un ensemble fourni de mesures qui ne sont pas sans rappeler l'esprit fouriériste qui avait animé Godin lors de la constitution des groupes[20].

La réaction est un peu plus positive qu'en 1886. Par courrier du 28 février 1887, Eugène Galloy, secrétaire de la chambre syndicale des ouvriers ardoisiers de Fumay, écrit à Godin pour lui signifier qu'il a fait part de la pétition au conseil de la chambre en question. Cela a produit le meilleur effet, explique-t-il, et nous espérons recueillir 500 à 600 signatures et 300 dans le pays voisin de Fumay. Par courrier du 23 mars 1887, E. Galloy s'adresse à nouveau à Godin pour lui dire qu'il est très heureux du résultat de la pétition. Celle-ci a pris de l'extension dans les Ardennes. Il suggère à Godin de faire passer celle-ci dans les journaux socialistes (tels *Le Prolétariat*, *Le Cri du Peuple*, *Le Journal du Peuple*...). E. Galloy se propose quant à lui de faire écho à l'initiative en donnant lecture du document lors du congrès ouvrier du 27 mars à Fumay, où seront réunis tous les délégués de toutes les chambres syndicales des Ardennes. Le succès est en fait fort localisé. Globalement, la pétition recueille peu de signatures et certains réagissent fort tardivement, tel le syndicat cloutier de Gespunsart, qui ne renvoie sa copie qu'en janvier 1888, quelques jours à peine avant la mort de Godin.

Au sein même du Familistère, la pétition peine à trouver des relais parmi les ouvriers, y compris à l'intérieur du comité de délégués. En juin, Godin fait part de son étonnement au président et au secrétaire dudit comité, qui ne l'ont pas informé des hésitations et des résistances de leurs membres à joindre la pétition aux fonds envoyés, en gage de solidarité, aux grévistes soutenus en France comme à l'étranger par les travailleurs du Familistère[21]. Godin explique qu'il a dû lui-même faire parvenir le document aux ouvriers en grève qu'il soutient à distance. Et, une fois de plus, il rappelle le sens d'un projet que certains ouvriers n'ont toujours pas compris.

Aussitôt la pétition parue dans *Le Devoir*, Godin adresse le texte à plusieurs députés. Il souhaite obtenir conseil sur le meilleur moyen d'inciter l'Assemblée à prendre en considération la proposition. Par courrier du 2 février 1887, M. Bovier-Lapierre, député de l'Isère, explique que la pétition ne peut déboucher qu'à la condition d'avoir statut de texte que le gouvernement ou un groupe de députés pourront soumettre à la Chambre[22]. Godin n'attend pas. Il rédige une proposition de loi destinée à réviser celle du 21 mars 1884. Dans ce document, l'industriel commence par remarquer que, si elles ont souvent mis en lumière et dénoncé l'arbitraire syndical, les grèves n'ont jamais conduit à l'amélioration des conditions de la classe ouvrière. Tout au mieux ont-elles permis de maintenir le niveau des salaires. Mais à quel prix ! celui de la privation, de l'écrasement, du renvoi... Voilà pourquoi Godin propose « de créer une juridiction préventive des coalitions et des grèves par les voies amiables et la coalition des intérêts et des chefs d'industrie[23] ». Un long exposé des motifs justifie la démarche. La classe ouvrière est naturellement poussée à demander des augmentations de salaire. Cela n'est pas anormal. Le travail a le droit de participer aux bénéfices nets de la production industrielle et agricole. Pour que les parties puissent s'entendre en cas de litige, il faut faire intervenir la raison et le bon sens dans la discussion, écarter les entraînements de la passion et éviter l'irritation des intérêts opposés. Pour ce faire, la loi peut intervenir afin d'exercer un rôle protecteur au profit de chacun en particulier et de l'ordre public en général.

Impressionné par la situation en vigueur en Angleterre et en Belgique, Godin entre dans le vif de la matière juridique à l'aide de douze articles. En substance, le modèle proposé est le suivant. Lorsque les patrons ou les ouvriers souhaitent procéder à une modification des conditions de travail ou du régime de l'atelier et que résistance il y a, la partie intéressée au changement portera sa demande devant le maire de la commune, qui s'empressera ensuite de vérifier l'état réel du différend. Puis le maire invitera les ouvriers et les patrons à nommer, chacun de leur côté, par scrutin de liste (et à leur libre choix), trois membres pour la formation d'un jury conciliateur. Le maire convoquera ensuite le conseil municipal, qui choisira un septième membre pour présider le jury conciliateur et il nommera également un secrétaire de jury, lequel n'aura pas voix délibérative. Le jury pourra entendre séparément les parties et s'emploiera à jouer une fonction conciliatrice. Si, dans le délai d'un mois, il n'y parvient pas, la suspension de travail deviendra possible, mais le jury pourra poursuivre sa mission. Le dernier article propose d'abroger la loi du 25 mai 1864 (relative à la suppression des délits de coalition et de grève). La mort a-t-elle empêché Godin de mener le projet jusqu'aux portes de la Chambre ? Cela est fort probable. Bien qu'il soit resté dans les cartons, le modèle de relations de travail qu'il élabore en dit long sur les obsessions de Godin. Les grèves constituent pour lui un sujet de préoccupation majeur et récurrent. C'est « une chose malheureuse pour l'industrie, malheureuse pour les ouvriers qui y prennent part ; c'est la ruine pour les patrons ; c'est la privation, la souffrance et la misère pour beaucoup d'ouvriers[24] ».

[3. La grève, malheur public

Pour Godin, la grève n'est pas un pur accident de l'histoire. Aux yeux de l'industriel, en effet, « les causes et l'importance des conflits s'accroissent à mesure que l'industrie se développe, parce que les moyens de pressurer l'ouvrier augmentent aux mains des exploiteurs[25] ». Afin de supprimer la domination, faut-il appeler à une amplification des conflits ? Parce que Godin est fondamentalement un apôtre de la paix sociale, sa réponse est résolument négative. À l'instar de C. Fourier, l'harmonie est pour lui un idéal que les luttes et les tensions ne peuvent que compromettre. Son statut d'employeur ne peut que conforter un tel avis. De fait, en théorie comme en pratique, Godin s'oppose à la grève, mauvais remède à de vraies questions sociales.

[Godin et la question des grèves

« Il faut des institutions nouvelles en faveur de l'industrie et du travail. Il faut des syndicats du travail, de la fabrique et de l'industrie[26]... » Ce propos est extrait d'un article que Godin donne au *Devoir* en 1878, à un moment où l'Angleterre est sujette à des grèves de grande ampleur dans le Lancashire. Plus de 75 000 ouvriers ont cessé le travail afin de protester contre les pressions à la baisse de leurs salaires. Sensible tout au long de sa vie aux manifestations concrètes que revêt la question sociale, Godin se saisit de l'événement pour ciseler son analyse[27]. Si leurs formes évoluent, les grèves n'en constituent pas moins un « véritable malheur public[28] », non pas tant pour les difficultés qu'elles provoquent que par les symptômes qu'elles révèlent. Les arrêts de travail sont des dysfonctionnements imputables – Godin y revient – à une erreur de raisonnement que commettent les économistes. Lorsque les entreprises n'arrivent pas à écouler les biens qu'elles produisent, nombre d'entre eux préconisent la baisse des salaires. La compression des coûts et donc des prix doit permettre de vendre plus facilement. Quel leurre ! « La baisse du travail et des salaires se généralisant, la masse du peuple cesse d'acheter n'ayant plus de ressources suffisantes : la consommation se ralentit et le mal s'aggrave[29]. » Voilà pourquoi les grèves se multiplient ! S'il condamne les arrêts de travail, Godin tient en revanche pour positive l'existence des syndicats. Qu'ils rassemblent des ouvriers ou des employeurs, ces organisations servent d'entraves aux excès des « maraudeurs de l'industrie ». En prévenant la baisse des salaires, ils enrayent les dynamiques économiques négatives que ne manquent jamais de produire les politiques préconisées par les économistes.

Quelques mois à peine après que Godin a livré ces réflexions, la France est à son tour le théâtre de conflits du travail. Plusieurs milliers d'ouvriers des mines d'Anzin stoppent la production pour protester contre les aléas du chômage et les réductions de salaire que celui-ci provoque. C'est à nouveau l'occasion pour Godin de revenir dans *Le Devoir* du 4 août 1878 sur la question des grèves. L'industriel déplore que le travail ne bénéficie pas de législation protectrice propre. La propriété et le capital sont des sources de revenus auxquelles il n'est pas possible, à la différence du travail, de porter atteinte par cessation d'activité. Imagine-t-on, au nom de la situation économique, de priver le fermier de sa rente et le capitaliste de l'intérêt de ses titres ? Bien évidemment non.

Entonnant pour l'occasion un ancien hymne fouriériste, Godin affirme que la chose est d'autant plus paradoxale que le travail joue un rôle actif dans la production tandis que, en tant que « travail déjà fait », le capital est voué à la passivité. Il faut donc fournir des garanties nouvelles au travail, ne serait-ce que pour des raisons morales, à commencer par « l'intérêt que nous devons porter à la vie humaine dans la personne de nos frères[30] ». Accorder de telles garanties, c'est, en d'autres termes, remplir un devoir social. La solution évoquée par Godin ne surprend pas. Pour favoriser la paix, le plus juste consiste à faire profiter les travailleurs des bénéfices de l'industrie dans la proportion exacte où ils ont concouru à la production des richesses. « Du jour où ce principe d'équité sera consacré, les conflits entre patrons et ouvriers disparaîtront ; et les grèves n'auront plus besoin d'être[31]. » Dans le numéro suivant du *Devoir*, Godin est un peu plus précis. Pour garantir le travail et le protéger contre les risques du chômage et de la misère, il convient de prélever sur les bénéfices une part qui, au lieu d'être distribuée à des personnes (les actionnaires) étrangères à la production, puisse servir à faire fonctionner des institutions de solidarité et de mutualité. « La grève, écrit-il plus tard encore, quels que soient ses résultats, laisse le mal subsister ; elle n'est pas le moyen d'établir la justice ni l'équité dans les rapports entre chefs d'industrie et ouvriers. Pour établir cet accord, il faudrait un pouvoir supérieur, celui de l'autorité de la loi[32]. » Ainsi que l'indique cette citation extraite de *La République du travail*, Godin s'affirme plus étatiste au fil des années. À contre-pied de Karl Marx et de Ferdinand Lassalle, auxquels il reproche d'avoir bâti une métaphysique du capital qui impute à ce dernier tous les maux de la terre (guerre, impôts, inégalité politique...), il en appelle à la loi pour établir la justice dans la répartition des richesses et éradiquer ce faisant les risques de conflits sociaux.

[Grèves au Familistère

Godin n'attend pas que la loi protège le travail et les travailleurs. Il met tôt en place des institutions qui satisfont à un tel impératif. Cela n'empêche pas les tensions d'exister. Lorsque Godin part à Versailles en 1871, le conseil auquel il délègue une partie de ses pouvoirs suscite le trouble en durcissant les règles de contrôle relatives à la ponctualité dans les ateliers. Les râpeuses sont les premières à réagir le 4 janvier 1872. Pour manifester leur désaccord, elles cessent aussitôt le travail. La sanction tombe immédiatement : la direction de l'usine met à pied les contestataires. La punition est durable. Il faut attendre six mois pour que, en une période où le manque de main-d'œuvre est pourtant criant, les protestataires soient réembauchées. En juin, le conseil d'administration décide qu'il n'y a pas lieu de maintenir « l'interdiction qui pèse sur les râpeuses grévistes, lesquelles pourront dès à présent être réadmises suivant les divers besoins des ateliers[33] ». Cet incident constitue-t-il un accroc exceptionnel dans l'histoire des relations de travail au Familistère ? La réponse n'est pas simple. Il n'est pas aisé en effet, à l'aide des archives disponibles, d'évaluer la réalité des conflits dans chacun des ateliers comme dans l'ensemble de l'usine. On ne possède pas par exemple de statistiques fiables sur les arrêts du travail. Tout au plus peut-on mesurer de façon indirecte l'importance de ces derniers à l'aide d'un indicateur qui embrasse large puisqu'il intègre l'ensemble des journées perdues pour absentéisme des salariés, quelles qu'en soient les raisons.

Évolution du taux d'absentéisme dans l'usine de Guise

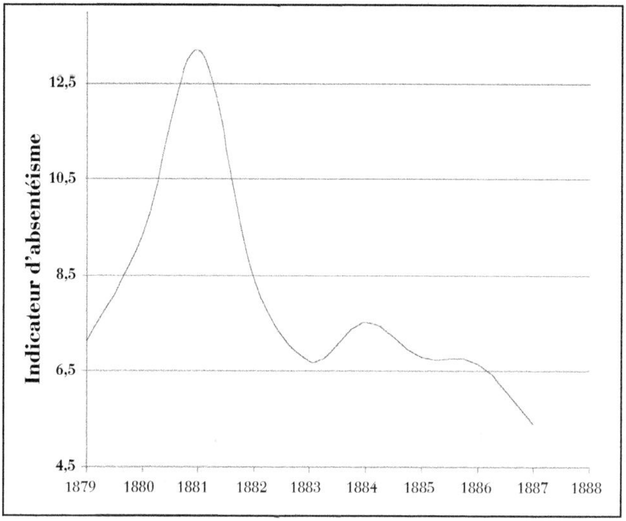

L'indicateur d'absentéisme est le suivant : (nombre de journées de travail perdues pour fait d'absentéisme/nombre de journées qui auraient dû être prestées) × 1 000. Tirées du livre de F. Bernardot de 1889 (p. 104), les données valent pour chaque exercice comptable (l'année 1880 renvoie donc ici au bilan 1879-1880).

Comme l'indique le graphique précédent, un pic exceptionnel est détectable en 1880 et 1881. C'est qu'une nouvelle fois des arrêts de travail paralysent l'usine de Guise. Le samedi 30 octobre au matin, les ouvriers prennent connaissance par voie d'affichage des nouvelles modalités relatives aux amendes pour absence de l'atelier, qui figurent au chapitre II du titre sixième des statuts de la toute nouvelle Association. L'article 66 stipule notamment que « le travailleur qui arrive après la fermeture de l'établissement est admis à entrer, au cours de la demi-heure qui suit chaque reprise de travail, moyennant une amende de 25 centimes ». L'étincelle met d'autant plus facilement le feu aux poudres que certains travailleurs sont mécontents du sort qui leur est réservé au sein de la structure juridique que vient de fonder Godin : ils auraient aimé être associés, ils ne sont que sociétaires ou participants. Face au mécontentement, les délégués ouvriers se réunissent entre 9 heures et 10 heures mais ne peuvent saisir directement Godin du problème puisque ce dernier est en déplacement. À dix heures et quart, lorsque le fondateur revient de Laon où il a siégé dans une session extraordinaire du conseil général, il trouve les ouvriers rassemblés dans les cours. Il entend les délégués exposer les griefs mais ne peut étouffer immédiatement les rancœurs. Après la discussion, une partie des ouvriers se met à la tâche, les autres refusent de s'y atteler. La tension est palpable au point que la police est dépêchée sur les lieux le lendemain[34].

Le dimanche, Godin prononce une conférence qui réunit à peine 150 personnes. La plupart des rebelles sont absents. Godin explique qu'aucun refus n'a jamais été enregistré concernant un des statuts proposés et que les procédures pour attribuer le grade d'associé exigent un engagement que tous ceux qui sont potentiellement intéressés n'ont pas rempli, etc. Visiblement dépité, Godin ne peut s'empêcher de sanctionner les fautifs. Il demande « à tous les adhérents qui ont pris part à la manifestation [de la veille] de regarder leur engagement à l'Association comme nul et non avenu. Tous ceux d'entre eux qui veulent réellement en faire partie auront à renouveler une adhésion infirmée par les faits qui viennent de se passer[35] ». S'agissant enfin des amendes, tous les travailleurs profiteront du nouveau système, affirme le fondateur, puisque l'argent sera versé au fonds d'assurance mutuelle contre la maladie. Le « grand mal », conclut-il, c'est le « manque de foi ». « Ce n'est pas dans la rue qu'on peut s'entendre » pour régler les problèmes et arriver à transformer la population laborieuse du Familistère en une « population économe, rangée, active, prospère, modèle enfin[36] ». Quand la séance est levée, Godin est chaudement applaudi. Le lendemain de la réunion est un lundi de Toussaint. « C'était donc deux jours fériés pendant lesquels, comme d'habitude, les ateliers ont été fermés. (…) Le mardi 2 novembre, tous les ouvriers étaient à leurs travaux, avec leur exactitude habituelle[37]. »

L'affaire n'est pas close pour autant. Le 3 novembre 1880, *Le Conservateur de l'Aisne* (journal clérical) rapporte qu'une grève se serait déclenchée dans les ateliers de Godin le samedi 30 octobre. Le journal local rend compte en ces termes de l'événement : « Sept cents ouvriers environ auraient refusé de reprendre leur travail pour ne pas consacrer un nouveau règlement, aux termes duquel le premier tiers devient amendable. Nous croyions que l'organisation familistérienne de l'usine Godin la mettait à l'abri de ces éventualités. M. Godin trouvera en cela un sérieux élément de réflexions[38]. » *Le Temps* reprend l'information le lendemain et, à sa suite, de nombreux autres journaux de tous bords relaient l'information, avec des termes parfois peu amènes[39]. *La Marseillaise* du 6 novembre affirme que « cette grève est une nouvelle preuve du peu de valeur de tous ces palliatifs qu'on nous donne comme des solutions pratiques de la question sociale. Il n'y a qu'une seule manière de résoudre la question sociale, c'est l'abolition du salariat, qui ne peut être obtenue qu'en mettant à la disposition des travailleurs la matière première, l'outil, le crédit et l'échange. Hors de là, pas de salut ». *Le Prolétaire* du même jour n'est pas moins tendre. « Il n'est pas de ruse qui ait été employée par la bourgeoisie pour tromper la masse ouvrière : le Familistère de Guise est l'une des conceptions bourgeoises sur lesquelles comptaient le plus les Girardin et les Napoléon III. Or, le socialisme pratique, essai Godin, vient de se donner à lui-même le démenti le plus formel : une grève vient de se déclarer dans cette famille incomparable de travailleurs socialistes jouissant paisiblement des fruits de leurs travaux. » Dans un courrier adressé à É. de Pompéry, Godin affirme pour sa part que « les bruits de grève ici sont une calomnie cléricale à laquelle *Le Devoir* répond dans son prochain numéro[40] ».

De fait, la contre-offensive du Familistère ne tarde pas. Un démenti systématique est envoyé aux dix-sept journaux qui se sont faits les porte-voix de l'incident. Au nom de l'Association, A. Fabre (associé, membre du conseil) prend la plume et explique qu'« il n'y a pas eu de grève du tout dans ce que vous appelez la fonderie de M. Godin et qui, en réalité, appartient à l'Association du Familistère de Guise. Une société qui doit comprendre plus d'un millier de participants ne s'installe pas sans donner lieu dans les débuts à un échange d'explications surtout avec les ouvriers qui ne se sont pas encore complètement rendu compte des avantages d'une société qui leur distribue en ce moment en parts d'intérêts sur le fonds social une somme d'environ 600 000 francs[41] ».

Godin s'adresse directement pour sa part au rédacteur du *Courrier de l'Aisne* et dénonce un « acte de mauvaise foi et de sotte méchanceté ». « Ouvrier moi-même, poursuit Godin, je n'oublierai jamais mon origine, jamais je ne voudrai que l'ouvrier courbe la tête devant moi, jamais je ne manquerai de respect à sa dignité que j'estime à l'égal de la mienne (...). Ce que je demande à mes ouvriers, c'est d'être unis entre eux, c'est de s'unir à moi d'intention pour accomplir tout le bien possible au profit de leurs familles ; et j'ai la satisfaction de trouver pour cela un facile accès dans leur cœur, et de pouvoir distribuer le pain de l'esprit à leurs enfants, en même temps qu'ils leur donnent le pain du corps. » Godin se plaint aussi longuement des allégations mensongères portées à son encontre.

Quelle a été en réalité la raison déterminante de l'incident qui a été transformé en grève par les journaux ? Les amendes ou la hiérarchie instituée par la nouvelle structure juridique ? Dans une lettre qu'il adresse au citoyen Colombier (membre de la société de l'industrie rapière de Vienne), A. Fabre laisse entendre à demi-mot que les différences de statuts au sein de l'Association ont fondamentalement contrarié certains travailleurs. « Ce sont là des motifs avoués ou non qui certainement donneront lieu plus d'une fois à des explications, comme cela a eu lieu samedi 30 octobre. Il n'y a rien en ceci qui ressemble à une grève : c'est l'usage du droit de réunion de discussion que l'Association doit reconnaître en première ligne[42]. » Bien qu'il soit difficile d'en élucider sûrement la portée, l'incident dit l'incertitude et le mécontentement des ouvriers face à la politique de hiérarchisation statutaire que la nouvelle Société du Familistère de Guise grave dans le marbre du droit. Fallait-il utiliser le terme de grève à ce propos ? Les bagarres sémantiques, on le sait, ne sont jamais neutres.

*

En 1929, longtemps donc après le décès de Godin, une grande grève trouble le Familistère, sous l'influence directe de sept « unitaires », membres du syndicat de travail et tous conseillers municipaux communistes de la ville de Guise. Déclenché le mardi 18 novembre à la suite d'une revendication non satisfaite d'augmentation des salaires dans les ateliers de montage et de modelage, suivi par une grande majorité des 2 250 ouvriers de l'usine, le conflit prend un tour violent au début de la semaine suivante. Suite au blocage de l'entrée de l'usine par les ouvriers protestataires, les gendarmes interviennent. La bagarre éclate, l'émeute prend de l'ampleur. Deux heures durant, les pompes inondent la foule. Un homme est blessé. Interrogé par un journaliste de *L'Œuvre*, Louis Victor Colin (administrateur-gérant de l'Association) explique que, conformément aux préceptes de son illustre prédécesseur, il est moralement interdit de faire grève dans son entreprise[43]. En dépit de ce rappel à l'ordre placé sous le sceau de Godin, le conflit traîne en longueur, et l'activité ne reprend son cours normal qu'à la toute fin du mois de décembre. Seule sanction : le renvoi de 85 auxiliaires, autrement dit de la main-d'œuvre la moins intégrée de l'usine[44].

Bien qu'il voie le jour quarante ans après la disparition du fondateur du Familistère, cet incident méritait d'être conté. R. Rabaux, qui a vécu l'épisode, en limite la portée. « Provoquée par le mécontentement d'un atelier dans lequel beaucoup d'ouvriers sont associés, déclenchée par un familistérien très vite débordé, récupérée par une centrale syndicale politisée, [la grève] ne sera suivie, après quelques hésitations et de regrettables violences, que par 300 ouvriers environ sur 2 000, pour la plupart des auxiliaires[45]. » Il n'empêche. Ce conflit est symptomatique du poids d'un héritage qui, longtemps, informe les relations de travail dans l'usine de Guise. Les révolutionnaires critiques du système mis en place par Godin l'avaient bien vu[46]. Ils avaient compris la force du charisme du fondateur et de ses principes d'action. Pour s'opposer à l'administrateur-gérant du moment, même les meneurs communistes revendiquent en 1929 la paternité de Godin ! Si, constatent-ils, les auxiliaires souffrent plus que les autres des contrecoups provoqués par le conflit, c'est aussi parce qu'ils n'ont pas encore atteint le stade suprême d'associé, statut qui personnifie l'association harmonieuse du capital et du travail. En ce domaine au moins, les influences doctrinales de Godin demeurent vives…

13] [Utopie et institution du travail

Après les développements qui viennent d'être consacrés à l'œuvre de Godin, à la vie au Palais social et aux conditions de travail à l'usine de Guise, il est temps de saisir autrement l'abondant matériau ordonné au fil des pages précédentes. L'ambition de ce chapitre consiste à répondre de manière beaucoup plus synthétique que précédemment au problème sociologique posé en introduction. Comment au Familistère l'utopie a-t-elle contribué à l'institution du travail ? La réponse à un tel questionnement ne va pas de soi. Elle suppose en effet d'accepter, à la façon de Max Weber, que les croyances puissent avoir un quelconque effet sur les pratiques. La question posée est d'autant plus difficile à traiter que l'utopie est une catégorie que ni C. Fourier ni Godin n'ont souhaité adopter pour caractériser leurs façons de voir et d'agir. Le philosophe de Besançon s'en sert même comme d'une notion repoussoir pour dénoncer les philosophes et les moralistes qui, séduits par le « rêve du bien », sont dans le même temps démunis de « moyens d'exécution » et de « méthodes efficaces » pour parvenir à leurs fins[1]. L'utopie est donc impuissante, voire dangereuse. A la différence des marchands de songe, C. Fourier et Godin étaient résolument décidés à faire advenir *hic et nunc* leurs projets associationnistes. L'un et l'autre n'ont jamais eu l'intention de conserver dans une quelconque boîte à illusions les ambitions qu'ils avaient pour leurs proches comme pour la société entière[2].

L'utopie est un genre qui a fortement souffert plus généralement du mauvais coup porté, avec d'autres il est vrai, par K. Marx et F. Engels. Dans le chapitre III du *Manifeste du parti communiste* (1848), les deux compères distinguent le socialisme réactionnaire, le socialisme conservateur ou bourgeois et, enfin, le socialisme et le communisme critico-utopique (Saint-Simon, Fourier, Owen...). Ce dernier courant, qui a fait son apparition aux premiers temps de la lutte entre prolétariat et bourgeoisie, est bien porteur d'une critique sociale radicale. Mais, constatent F. Engels et K. Marx, parce qu'il ignore la puissance émancipatrice de la classe ouvrière, le socialisme critiquo-utopique récuse toute forme d'action révolutionnaire. Pire, pour donner corps à ses expérimentations, il cherche à concilier les antagonismes et il fait appel « aux cœurs et aux caisses » des bourgeois. En 1880, F. Engels enfonce le clou. Dans l'opuscule tiré de son *Anti-Dühring*[3], il associe l'utopie à une espèce de socialisme éclectique moyen. La seule voie révolutionnaire, affirme-t-il à l'unisson avec K. Marx, est celle du socialisme scientifique. Il est grand temps de faire table rase de ce legs inutile et de passer outre les fausses oppositions (rêves/réalité ; utopie/science) qui nous ont trop longtemps encombré l'esprit[4].

Pour donner sens à l'entreprise de Godin, il est pourtant bien impossible de faire l'économie d'une problématique de l'utopie. J'entends par là une interrogation sur les conditions de production et sur les effets de ces modèles abstraits d'organisation du monde social qui, bien qu'insolites et improbables, bousculent les pratiques et les représentations instituées. Tel est le travail de l'utopie. Pour rendre raison des multiples impacts provoqués à Guise par l'invitation à bâtir un univers d'inspiration fouriériste, je suggère d'appréhender le travail et ses supports multiples (logement, école, famille...) à l'aide de la langue de l'utopie. En raisonnant de la sorte, je ne cherche pas tant à mesurer les multiples et nécessaires écarts entre le mètre étalon du Phalanstère et la réalité du Familistère qu'à prendre au sérieux tous les discours sociétaires, à commencer par celui de l'industriel picard. Car la langue de l'utopie est aussi celle de Godin, fouriériste impénitent et hétérodoxe, qui parle au monde en espérant le transformer à coup d'esquisses discursives abstraites et d'actions volontaristes tout à fait concrètes. Appliquées au travail, les langues de l'utopie que manient C. Fourier et Godin ont évidemment un air de famille mais elles ne sont pas pour autant identiques. Pour en appréhender la logique, les apparentements, les synergies, les tensions et la portée, il convient, comme pour toute étude d'un langage doté d'un minimum de formalisme, de distinguer leur syntaxe, leur sémantique et leur pragmatique.

[1. La cohérence syntaxique comme fondement des institutions totales

En tant qu'étude des règles qui ordonnent les relations entre les éléments d'un tout, la syntaxe n'a que faire du sens véhiculé par les termes de la langue. Elle porte intérêt à l'organisation interne des phrases, à l'agencement des syntagmes, aux normes de réécriture qui conditionnent le sens des propos, aux règles de dérivation et de transformation, etc. Le discours utopique sur le travail possède lui aussi une syntaxe propre. Le problème est que les codes de la modélisation ne font pas nécessairement consensus. Aussi convient-il d'opérer un choix raisonné, parce qu'heuristique, dans les registres de grammaire disponibles. Au regard du problème posé, la sociologie durkheimienne de l'institution paraît d'un usage particulièrement fécond. Pour s'en persuader, convenons de définir l'institution comme un processus à quatre composantes : la construction de représentations partagées du monde à l'aide de catégories communes, la production de formes identitaires typiques, l'intégration à un collectif porteur de valeurs et, enfin, la régulation sociale[5].

Ces quatre pièces élémentaires ont toutes été, d'une manière ou d'une autre, travaillées par É. Durkheim ou par ceux qui s'en réclament. La première est au cœur de la réflexion livrée dans *Les Formes élémentaires de la vie religieuse* (1902), ouvrage dans lequel le père de la sociologie française met à mal le caractère prétendument universel des catégories de l'entendement comme celles de temps, d'espace, de genre, de personnalité... Dans l'esprit d'É. Durkheim et dans la foulée de P. Bourdieu, on peut évoquer un processus de di-vision pour désigner la façon dont les institutions informent nos jugements sur le monde à l'aide des catégories qu'elles produisent et qu'elles véhiculent. Comme le montre Mary Douglas[6], il n'est pas besoin d'adopter un postulat culturaliste radical pour analyser un tel processus. Il suffit de reconnaître qu'à condition d'être confortée par des intérêts réciproques ou tout simplement par l'expérience une convention fondée initialement en nature ou par commodité peut s'imposer en raison et prétendre organiser l'ordre universel. Le cas classique est celui de la division de sexe qui, souvent, justifie et légitime les rapports de domination entre les hommes et les femmes[7].

L'individuation, deuxième pièce, est le produit d'un mouvement historique de long terme, qui mène vers une société des individus. C'est là, on l'aura reconnu, la thèse centrale d'É. Durkheim dans *De la division du travail social* (1893). L'école, l'État ou encore la famille participent activement d'une telle dynamique qui fait basculer les sociétés modernes du côté de la solidarité organique. Concrètement, il s'agit d'inculquer aux individus la capacité à acquérir la conscience la plus claire possible des fondements de leur action, de manière à les amener progressivement à l'existence morale et de les doter d'une autonomie de la volonté. En bref, les institutions contribuent directement au « culte de la personne humaine ». Pour utiliser une terminologie contemporaine étrangère à É. Durkheim, cette lame de fond historique invite à travailler les fondements sociaux de la construction de soi et à s'interroger sur les dynamiques identitaires des individus.

L'intégration et la régulation sont les deux derniers processus qui participent au travail d'institution du social. Ce sont eux pour l'essentiel qu'É. Durkheim convoque dans *Le Suicide* (1897). Le premier a pour fonction de régler l'articulation entre individu et société. Les institutions intègrent dans la mesure où elles permettent aux personnes d'interagir, de se conformer à un modèle uniformisé de passions et d'adopter des idéaux et des représentations semblables. La famille, les organes politiques et la religion sont des instances privilégiées de cette fin. La régulation, enfin, désigne la production des règles qui assurent l'esprit de discipline. Ce travail de normalisation des pratiques a notamment pour enjeux la production de hiérarchies sociales légitimes. C'est pourquoi il n'est pas de régulation possible sans contraintes. Mais, pour avoir une quelconque efficacité, celles-ci doivent pouvoir s'appuyer sur une morale qui justifie leur existence et leur effectivité.

Sans qu'il y ait à préjuger du sens social sur lequel débouche le travail d'institution, les quatre pièces qui viennent d'être distinguées s'ordonnent de façon plus ou moins cohérente les unes avec les autres. Au vrai, et on touche là les limites de la mobilisation du paradigme linguistique, la cohérence syntaxique est davantage l'exception que la règle. Elle ne fonctionne que dans le cas des institutions totales, autrement dit ces configurations réelles ou imaginaires au sein desquelles tous les éléments instituants jouent conjointement et se confortent mutuellement, sans contradictions[8].

Matrice du travail sociétaire

Di-vision	**Régulation**
• Division première : Phalanstère/monde extérieur • Divisions secondaires : groupes et séries ; répartition des tâches selon l'âge et le sexe	• Le désir comme moteur • La spontanéité comme mode de coordination des tâches • La rivalité et le gain comme modes de stimulation
Individuation	**Intégration**
• Statut d'associé, non de salarié • Rémunération du talent et reconnaissance par le vote • La variété du travail comme condition d'épanouissement individuel	• Le travail est attrayant • Le travail se réalise entre amis • Garantie de bien-être pour tout le peuple, y compris les plus pauvres

Tel qu'il est pensé et présenté dans le discours fouriériste, le travail sociétaire a valeur d'institution totale. Les quatre processus entrent en effet en résonance parfaite les uns avec les autres : les divisions qui structurent le monde du Phalanstère (opposition entre celui-ci et le monde extérieur, segmentations internes des activités) confortent la logique des règles d'organisation du travail fondées sur des principes de désir, de spontanéité, de rivalité ; la variété des tâches et les formes de rémunération sont pareillement conformes aux exigences de régulation et facilitent l'intégration entre amis grâce à un travail attrayant, etc. Dans un cas comme celui-ci où tous les rouages s'engrènent parfaitement, l'institution du travail ne connaît pas de ratés. La configuration n'est pas du tout la même dans le cas de Godin, dont les paroles et les actions ne peuvent revendiquer la pleine cohérence. On sait le prix que le Familistère a dû parfois payer pour cela : apathie, blocages, conflits, désespérance, etc.

[2. La sémantique de Godin au travail

La langue utopique possède aussi une sémantique dont la vertu première est de produire du sens. À ce titre, l'utopie n'est ni un type-idéal, ni un idéal régulateur. Elle n'est pas un type-idéal[9] car, toutes saturées d'ambitions morales et politiques, les épures abstraites que dessinent les discours utopiques n'ont pas vocation heuristique. Il est donc toujours quelque peu spécieux de s'en tenir uniquement à la mesure de l'écart entre le rêve et la réalité pour porter une quelconque appréciation « objective ». L'utopie n'est pas non plus réductible au statut d'idéal régulateur[10] ou, autrement dit, au statut d'horizon désirable mais à jamais inaccessible. En mathématique, l'asymptote ne produit pas la courbe qui tente désespérément de l'embrasser. Le discours utopique, à l'inverse, informe la matière sociale.

[Sens et neutre

Pour être plus exact encore, disons que la sémantique de l'utopie présente un double caractère instituant. Elle véhicule d'abord un ensemble de signifiants qui orientent les pratiques sans jamais les enfermer dans un modèle étroitement corseté. Le discours de l'utopie est comparable de ce point de vue à une forme de signalétique. Un panneau laisse l'incertitude persister quant à l'interprétation des symboles utilisés (la flèche, la main...), quant au chemin exact à emprunter, quant à la distance à parcourir... « Donc je puis dire que le poteau indicateur laisse subsister un doute. Ou plutôt : parfois il en laisse subsister, parfois non. Et là il ne s'agit plus d'une proposition philosophique, mais d'une proposition empirique[11]. » Il n'en va pas différemment avec la rhétorique du non-lieu. Celle-ci indique un sens qui est rarement, pour ne pas dire jamais univoque. L'analyse des pratiques qui se réclament de ces politiques discursives constitue de ce fait une stratégie de premier ordre pour mettre à nu la manière dont le sens est accaparé, négocié, infléchi… et finalement investi dans des pratiques et des dispositifs.

La sémantique a valeur instituante pour une seconde raison encore. Comme l'a montré Louis Marin, le discours utopique est l'expression du neutre, ce « degré zéro de la synthèse dialectique des contraires[12] ». Tel l'essieu de la roue, le neutre occupe le centre d'une structure organisée, en règle le fonctionnement, en définit les oppositions pertinentes… avec, au surplus, cette singularité d'être au cœur du dispositif et en même temps d'en être exclu. L'essieu fait tourner la roue, mais il n'est pas dans la roue. Le neutre n'est donc pas synthèse des contraires, il n'est « *ni* l'un *ni* l'autre, en attendant d'être l'un *et* l'autre[13] ». L'utopie de More n'est ni l'Angleterre ni l'Amérique mais l'entre-deux de la contradiction historique qui tenaille le début du XVIe siècle. Le discours sociétaire, quelle qu'en soit sa forme exacte, dit pareillement les tensions qui traversent une société en pleine mutation et en route déjà vers une industrialisation de masse[14]. Pas plus que les autres systèmes discursifs à visée utopique, enfin, les langues de Fourier et de Godin ne sont réductibles à de pures inscriptions textuelles. En tant que « simulacres de synthèse », les discours que les deux hommes produisent n'appartiennent ni à l'ordre du concept ni à celui de l'image. Ils fonctionnent en fait comme des schèmes de l'imagination dont l'usage a des effets sur la pratique sociale.

[Égoïté et fraternité

Voilà pourquoi, si baroque que puisse paraître la langue de Godin, il convient d'en prendre au sérieux les attendus, la structure et les implications. Au cœur de celle-ci, nous l'avons vu, un couple de contraires en tension permanente et jamais surmontée : d'un côté l'« égoïté » (ou égoïsme), de l'autre la fraternité. Expression de l'imperfection morale, le premier terme désigne un amour excessif de soi-même qui rend les êtres « impuissants à s'élever à l'idée de se rendre utiles aux autres ; ils ne songent qu'à ramasser leur nourriture ; ils n'aiment qu'eux-mêmes[15] ». Quand elles ne sont pas contrôlées par les lois de la vie universelle, les envies qu'apportent avec eux les facultés, le désir, les besoins et la passion peuvent susciter tout le contraire de la morale fraternelle. « La pluie fécondante, faute d'être utilisée par de sages dispositions, forme un torrent dévastateur, au lieu de fertiliser les campagnes ; ainsi la Passion marque par ses désordres et ses écarts l'urgence pour la Société de tirer parti des forces que la Nature a déposées en nous, en leur donnant essor[16]. » L'égoïsme est donc du côté du passé, des forces matérielles non maîtrisées, de la convoitise et de la cupidité, de l'amour désordonné pour soi-même, du privé, etc. La fraternité est à l'inverse l'âme d'un monde à venir qui, tout en respectant les lois de la Nature, saura s'élever au rang de la morale et du spirituel et imposer la recherche du bien commun au titre d'objectif partagé par tous. L'économie politique est l'incarnation savante de la première force, l'économie sociale celle de la seconde.

Au regard des dichotomies qui feront fortune un peu plus tard en sociologie (société militaire/société industrielle ; communauté/ société ; communalisation/sociation ; solidarité mécanique/solidarité organique), la partition sociétaire qu'utilise Godin fait figure de parent pauvre. Non seulement elle manque d'un minimum d'assise analytique, mais surtout elle ignore le mouvement historique d'individuation dont É. Durkheim a suggéré qu'il ne menait ni vers un monde d'êtres exclusivement intéressés par eux-mêmes, ni vers une société communautaire et fraternelle. En dépit de ces limites évidentes, les représentations de Godin ont une efficacité forte et durable. Grâce aux rêves fouriéristes qui l'habitent, l'industriel guisard segmente de manière binaire les êtres, les choses, les idées, les pratiques... dans un discours qui présente toutes les apparences du neutre au sens défini précédemment. Pour lui comme pour ceux qu'il abrite sous son aile, Godin forge un cadre d'interprétation de la Vie qui permet tout à la fois de comprendre, d'expliquer et d'agir.

Une première manière de tester la pertinence d'une telle proposition consiste à analyser le discours de Godin. Pour ce faire, la déposition effectuée devant la commission extraparlementaire du ministère de l'Intérieur fournit un matériau particulièrement intéressant. Pour l'occasion, Godin rend compte explicitement du but de son entreprise et il en décrit les volets multiples[17]. Même sommaire, l'analyse de contenu de ce discours public débouche sur un résultat intéressant. Toutes similaires sur le plan formel (opposition égoïté [E]/fraternité [F]), de multiples disjonctions structurent par emboîtements successifs le registre discursif de l'industriel socialiste. Le Familistère produit des richesses (« capital », « travail », « association ») et fournit un ensemble d'équivalents mis à disposition des « familles » de la « classe ouvrière ». Ni manufacture standard ni caserne ouvrière, le Familistère est un espace neutre qui, comme toutes les manifestations vitales, met en tension l'égoïté et la fraternité, la nature et la culture, la richesse et ses équivalents, etc. À l'usine, le corps ouvrier souffre au contact de la matière. Au Palais social, la famille ouvrière est éduquée et apprend les vertus de la morale hygiéniste et solidariste. Deux paradigmes du travail s'affrontent ainsi : d'un côté, la sueur et la volonté individuelle ; de l'autre, la morale et la solidarité.

La disjonction fonctionne également à des niveaux inférieurs. Elle oppose les chefs d'entreprise portés par les forces de l'égoïté aux ouvriers qui œuvrent, eux, collectivement. L'action du capitaine d'industrie peut elle-même être divisée en pratiques gestionnaires déterminées par des enjeux financiers (« bénéfices », « actionnaires »…) [E] et d'autres par des enjeux matériels (« matière première », « appareils ») [F]. Du côté des travailleurs, la dichotomie sépare le pôle privé de la rémunération et du statut d'emploi [E] des règles collectives [F] qui associent les individus dans un même espace de régulation. Pour décrire le Palais social, Godin mobilise une même partition : d'un côté, le « mal profond », le « paupérisme »… [E] ; de l'autre, les « réformes », la « rationalité », les « corps élus »… [F]. Et au sein même du Palais social, l'espace privé familial [E], sur lequel les femmes ont davantage le contrôle, fait face aux écoles [F], lieu commun de socialisation au service de l'instruction des futurs travailleurs.

Égoïté et fraternité dans le registre discursif de Godin

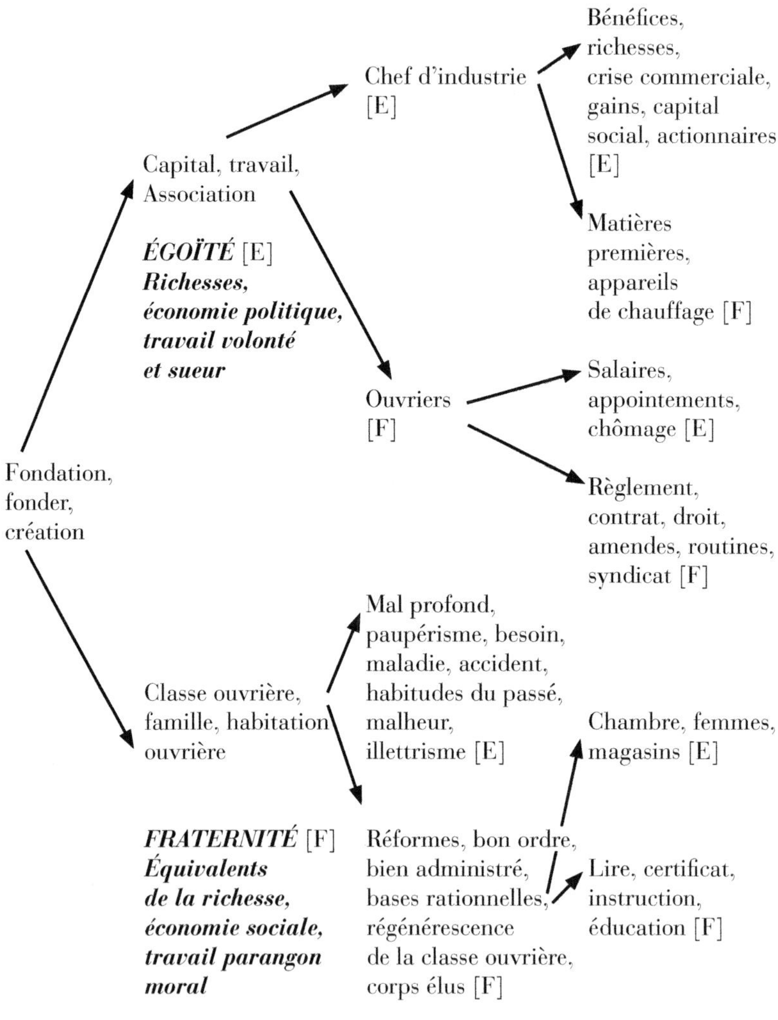

Le schéma n'épuise pas, loin s'en faut, toute la réalité du monde de Godin. Il livre néanmoins la principale clef d'interprétation du

discours tenu par le fondateur du Familistère tout le long de sa vie d'industriel. Contrairement à celle de C. Fourier, cette sémantique a des effets extrêmement concrets sur les familles ouvrières. À la façon dont « l'homme a le corps pour instrument de manifestation[18] » des forces de l'esprit, le Familistère porte l'empreinte matérielle des oppositions qui viennent d'être mises en évidence. Royaume de l'égoïté, l'usine est l'espace où le *pneuma* fouriériste souffle avec le moins de vigueur. Sans richesse, impossible, quoiqu'en dise formellement Godin, d'en distribuer des équivalents. Voilà pourquoi, alors même qu'il érige le travail au rang de valeur suprême, Godin ne cherche pas à en transformer l'organisation selon des modalités radicalement nouvelles. Au Palais social, là où le travail sert de référentiel pour les pratiques dérivées (ouvrage domestique, éducation...), la fraternité s'alimente davantage en revanche au sein sociétaire. Ce n'est pas tout. Par effets de symétrie, d'emboîtement et de différenciation systématiques, de multiples fragments institutionnalisés d'égoïté et de fraternité composent un champ de forces multipolaire qui structure le sens social véhiculé par l'architectonie familistérienne. En soi, aucun espace ne peut être labellisé [E] ou [F]. La sémantique n'a de valeur que relative. Elle est construite par un jeu d'oppositions qui structurent le tout, si bien qu'il n'est pas incongru de lire l'égoïté là où, à un niveau supérieur, la fraternité paraît prendre le dessus.

Composé de services collectifs publics (économat, écoles, théâtre), le sud du Palais porte ainsi tous les signes de la fraternité [F], bien plus en tous les cas que les pavillons d'habitation, où l'on cultive, dans le privé de l'espace familial, les relations les plus intimes [E]. Une même tension organise, à un cran inférieur, l'espace sud de la communauté. Parce qu'ils procurent de quoi satisfaire des besoins naturels, les économats portent la marque de l'égoïté [E]. Ils s'opposent à ce titre au monde de la culture et de la sociabilité [F] où officient les enseignants, Godin, les troupes d'acteurs... Ce dernier bloc se subdivise lui-même en deux pôles structurants : les écoles, lieu d'apprentissage de l'autonomie individuelle [E] et le théâtre, salle d'enseignement et de conférence que, dans *Solutions sociales*, Godin assimile à un Temple de la Religion de la Vie et du Travail[19] [F]. Le schéma ainsi esquissé gagne encore en cohérence avec l'inclusion de la syntaxe héritée de la matrice du travail sociétaire qui, pour partie, inspire Godin : la nourricerie inculque dès le berceau les vertus de la solidarité (intégration), les pavillons d'habitation constituent l'un des creusets les plus spectaculaires de la régulation, l'école construit l'identité des futurs travailleurs (individuation), le théâtre est un lieu où Godin tente régulièrement de mieux relier ses ouailles (intégration), l'Oise, les bâtiments d'eau (piscine, buanderie)[20] ainsi que les jardins servent de frontières « naturelles » pour di-viser le Familistère entre l'usine et le Palais. La place centrale di-vise et oppose pareillement l'espace de la famille à celui de l'instruction et de la culture, etc.

Égoïté [E], fraternité [F] et institution du travail dans l'espace familistérien

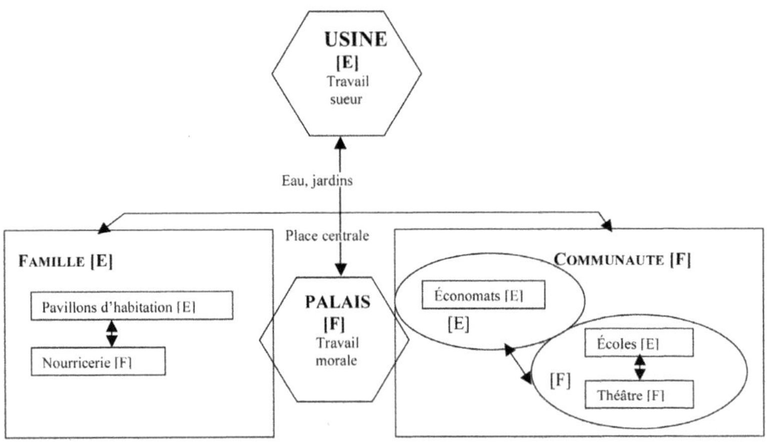

[3. De Fourier à Godin

Telle que la parlent C. Fourier puis Godin à sa suite, la langue de l'utopie gagne encore en intelligibilité à l'examen de sa composante pragmatique. Il faut, pour s'engager dans une telle direction, accorder une sérieuse attention aux contextes d'énonciation ainsi qu'aux intentions des locuteurs. Appliquée au cas qui nous occupe, la prescription mène à un premier constat. Au regard de la modélisation du travail sociétaire qu'il propose, C. Fourier a statut de puissance discursive extérieure. Les mots utilisés dessinent l'espace utopique du Phalanstère sans que jamais celui qui les mobilise et les agence ne s'impose au titre de garant des processus qui, en abstraction, instituent le travail. Parce qu'il ne se heurte pas ce faisant aux blocages et aux tensions que ne manquent jamais de provoquer les multiples rationalisations matérielles qu'imposent les épreuves de la pratique sociale, l'épure proposée peut prétendre au statut d'institution totale. Le discours de C. Fourier n'est pas, il est vrai, exempt de contradictions internes. Mais force est de reconnaître que, dans la mesure où elle prend place dans un contexte tout à fait différent et qu'elle est assortie de formes d'action également peu comparables, la langue de Godin n'avait guère de chance d'être le simple décalque, à quelques années près, de celle du maître de l'école sociétaire. Sous influence fouriériste, Godin, on l'a vu tout au long de ce livre, bâtit un autre modèle de travail.

[L'institution du travail : premier mouvement (1859-1878)

Dès la fondation du Familistère, Godin se différencie de C. Fourier d'une double manière. Il se place d'abord au centre du jeu, non en situation d'extériorité. Son action s'apparente plus précisément à celle d'une figure tutélaire qui ordonne les divers compartiments de la vie des travailleurs et de leurs familles. Godin parle, décide, contrôle… Les options qu'il défend pèsent directement sur les quatre processus qui instituent le travail familistérien. Le deuxième écart est également imputable au statut de Godin. Celui-ci est un manufacturier qui, à peine de disparaître en tant que tel, ne peut se démarquer trop radicalement des pratiques économiques dominantes. De ce fait, sa conception du travail est plutôt classique, pour ne pas dire désenchantée. « Fourier a trop pensé et trop dit que l'organisation du travail devait résulter du fait naturel de la série.

C'est une erreur. Le travail ne s'organisera que par la sueur et la volonté humaine[21]. »

Matrice du travail familistérien (1859-1878)

Di-vision	**Régulation**
• Divisions premières : Familistère *versus* le monde extérieur ; *Godin* versus *les travailleurs et leurs familles* • Divisions secondaires : partage du travail selon l'âge et le sexe ; groupes et unions de groupes ; *partage du collectif productif de l'usine entre familistériens et non familistériens*	• La rivalité et le gain comme mode de stimulation • *Domination d'un système professionnel et (auto)surveillance* • *Le travail d'encadrement au service de la coordination des tâches*
Individuation	**Intégration**
• Rémunération du Talent *(Génie pour Godin, Mérite pour le personnel)* et reconnaissance par le vote • Le travail comme volonté et comme sueur • Reconnaissance de soi au travers de la figure paternelle de Godin	• Garantie de bien-être face aux risques • *Le travail comme morale et comme parangon* • *Le travail comme support de rites festifs intégrateurs (fêtes de l'Enfance et du Travail)*

Lecture : les éléments ajoutés par Godin à la matrice fouriériste initiale sont indiqués en italique.

Le double écart de Godin donne vie à une forme de travail qui conserve certains traits du modèle fouriériste mais qui rompt aussi d'une façon décisive avec ce dernier puisque l'immanence et la force du désir ne constituent plus le cœur du modèle. Omniprésente, l'ombre du fondateur « verticalise » les rapports sociaux tandis que la sueur et l'hygiène s'imposent au rang des valeurs morales qui assurent au travail ses vertus identitaires ainsi que son statut « religieux ». Godin maintient ferme, il est vrai, certaines orientations fouriéristes : di-vision entre la communauté et le reste du monde, division des tâches selon les âges et les sexes, assimilation de l'éducation à une propédeutique du travail, vénération du talent[22] et confiance dans les vertus du vote, transformation des produits du facteur de production « nature » en fonds collectifs au service de la solidarité, etc. Il n'empêche. Le double geste fondateur de Godin a pour effet de briser le caractère total du modèle de travail qu'il institue en référence à la matrice fouriériste. Du point de vue de l'économie sociale, écrivait Godin quelques jours avant sa mort, « j'ai fondé l'institution la plus complète qui existe au monde[23] ». Le Familistère est peut-être une institution complète mais, au sens défini précédemment, le travail n'a pas à Guise statut d'institution totale.

Au cours des pages précédentes, nous avons touché du doigt de nombreux cas de figure qui illustrent une telle affirmation. Parmi toutes les tensions qui limitent l'emprise totale, il en est une qui structure durablement la vie de la collectivité familistérienne. D'un côté, Godin travaille sans relâche à la promotion du mérite à l'aide des expédients les plus divers (diplômes, honneurs publics, primes). D'un autre côté, le Familistère est une école de la solidarité. La morale qui sert à cimenter le collectif des producteurs et de leur famille célèbre sans relâche les bienfaits de l'appartenance à une communauté qui n'est pas, certes, composée d'égaux mais dont l'intégration n'a de chance d'être effective qu'à la seule condition de ne pas pousser aux extrêmes les différences dans la reconnaissance. Le problème de ce conflit dans les critères de justice[24] est qu'il ne souffre pas de résolution à valeur universelle. Ce n'est qu'en pratique qu'il est possible de mesurer l'importance des tensions. Nous avons pu observer précédemment comment, en opposition aux principes méritocratiques de Godin, le personnel de l'usine s'est empressé de dire par la voie des urnes sa préférence en faveur d'une solidarité aux couleurs financières.

[L'institution du travail : second mouvement (1882-1888)

De telles tensions entre les processus à valeur instituante ne débouchent pas nécessairement sur du conflit ou des blocages irréductibles. Un tournant, nous l'avons vu, est négocié au Familistère entre 1878 et 1882. Durant cette courte période, quatre inflexions modifient le mode de fonctionnement de l'usine et du Palais social : l'abandon définitif par Godin des croyances en la vertu du vote ; la relégation du talent au statut de facteur de production secondaire ; la création d'une Association du capital et du travail et la fondation juridique conjointe d'une hiérarchie statutaire parmi le personnel ; le durcissement, enfin, du contrôle au sein de l'usine (amendes infligées aux retardataires) et du Palais social (création d'un règlement intérieur écrit). Pour donner vie aux objectifs associationnistes autrement que par la voie infructueuse de la participation et de l'incitation, pour remédier également aux effets d'une démographie aux effets négatifs, Godin donne corps à sa présence et à son action à l'aide d'outils normatifs plus formalisés qu'auparavant. Ceux-ci banalisent la fonction occupée à la tête du Familistère. Fondateur, Godin le reste. Mais désormais il est administrateur-gérant et un associé parmi les autres, avec des droits spécifiques certes, mais associé tout de même.

Du vivant de Godin et sous son impulsion directe, le nouveau cadre consacre l'évolution progressive d'une légitimité de type charismatique vers une autre de nature rationnelle et légale. Voilà un constat qui fournit de l'eau au moulin de Max Weber[25]. Pour ce dernier, la domination charismatique, dont l'efficacité tient à la valeur personnelle d'un maître ou d'un chef, est nécessairement conduite à évoluer sous la pression de mobiles variés. Dans le cas du Familistère, le motif central prend la forme de tensions multiples entre les divers processus qui instituent le travail. Pour tempérer les contradictions et consolider la cohérence syntaxique de son propre modèle, Godin renonce à certains principes fouriéristes de base (le vote comme maïeutique au service de la reconnaissance du talent, la dynamique des séries...). En 1880, les statuts du personnel de l'Association ignorent le mérite mais tentent d'articuler autrement, et plus efficacement, les principes d'inégalité et de solidarité. Ce nouvel arrangement s'avère efficace de longues années durant. Il ne résiste pourtant pas à l'usure du temps. Le repli élitiste des associés sur eux-mêmes aura raison, avec d'autres forces négatives, de la nouvelle matrice imaginée par Godin.

Matrice du travail familistérien (1882-1888)

Di-vision	**Régulation**
• Divisions premières : Familistère *versus* le monde extérieur ; Godin *versus* les travailleurs et leurs familles • Divisions secondaires : *hiérarchie par statuts des membres de l'Association* ; partage du travail selon l'âge et le sexe	• Domination d'un système professionnel • *Durcissement du contrôle et de la surveillance* • Le travail d'encadrement au service de la coordination des tâches
Individuation	**Intégration**
• Le travail comme volonté et comme sueur • *Vers un statut d'associé, non plus de salarié* • Reconnaissance de soi au travers de la figure paternelle de Godin et *le statut conféré par la place occupée dans la hiérarchie de l'Association*	• Le travail comme morale et comme parangon • Le travail comme support de rites festifs intégrateurs (fêtes de l'Enfance et du Travail) • Garantie de bien-être face aux risques

Lecture : les éléments ajoutés par Godin après 1878 et tous intégrés en 1882 sont indiqués en italique.

*

L'utopie fouriériste a-t-elle acquis au Familistère, ainsi que pourraient le laisser penser les thèses de L. Marin, le statut de « force critique dans la fiction qui convertit en figures ironiques les données historiques du monde[26] » ? L'ironie n'est pas le terme le plus adéquat pour désigner les effets performatifs des discours de Godin ou pour décrire les innovations sociétaires que l'industriel socialiste tente, avec des succès très inégaux, d'imposer aux siens. La notion de tension, voire de dialectique négative, convient mieux pour dire de quelle manière la langue de C. Fourier perd en cohérence syntaxique lorsque Godin la parle tout en en subvertissant des fondements élémentaires. Les formes d'institution du travail qui se succèdent au Familistère enregistrent les modulations successives que, de plus en plus désenchanté, le fondateur du Familistère impose à la matrice fouriériste originelle.

Un second résultat, plus surprenant encore, dérive de l'examen des discours et des pratiques de Godin. Alors qu'il place le travail au centre de la vie sociale au point d'en faire le parangon des pratiques éducatives, domestiques, politiques…[27], c'est hors de l'espace productif que la langue de l'utopie offre le plus de prises empiriques. Comment expliquer un tel écart entre l'influence de la doctrine sociétaire sur les conditions de l'habitat ou encore sur l'éducation familistérienne, et celle, quasiment nulle, sur le champ de l'activité productive ? La réponse tient paradoxalement au statut hégémonique du travail dans la vie sociale. Quand, dans une économie capitaliste plus concurrentielle que jamais, la production des richesses s'impose au titre d'objectif collectif prioritaire, la transformation radicale de l'organisation du travail est un problème quasiment insoluble pour les entrepreneurs qui souhaitent allier utopie et performances productives. Il n'en va pas de même, ou beaucoup moins en tous les cas, dans les différents autres registres de ce que Godin nomme les équivalents de la richesse. Là le travail n'a statut que de référentiel, ce qui facilite grandement l'ingestion des préceptes d'inspiration fouriériste.

Conclusion] [Après Godin

À Guise, l'histoire opère un brusque tournant lorsque, au seuil de l'année 1888, Godin décède. Le Familistère ne disparaît pas avec son fondateur. Il passe même aisément le cap du nouveau siècle. Au long des décennies qui suivent la disparition de Godin, les femmes et les hommes de l'usine et du Palais social continuent de faire vivre à leur façon le projet associationniste. Les embûches ne manquent pourtant pas, qui auront finalement raison d'une expérience au long cours unique en France. À la fin des années 1960, victime à la fois de contingences extérieures et de son incapacité à faire évoluer son mode de fonctionnement, le Familistère rend les armes. L'usine est vendue, le parc de logements également. Cette conclusion brosse à très gros traits cette traversée dans le temps.

[1. Le Familistère en deuil

« Deuil sur deuil ! Le Fondateur du Familistère est disparu de ce monde !! » L'entame du *Devoir* du 22 janvier 1888[1], numéro spécial bordé de noir, exprime en quelques mots à peine le trouble qui vient d'envahir le Palais social. Le 15 janvier, soit treize jours exactement après son fils, Godin disparaît soudainement. « Parti ! lui qui la veille encore était l'âme, la vie de ce monde, embryon du monde nouveau. Parti tout à coup, à la suite d'une indisposition qui paraissait d'abord très bénigne, une simple indisposition d'entrailles, dont on croyait avoir raison avec quelques laxatifs… On ne pouvait croire à un pareil malheur[2]. » Cette conclusion du numéro, tout entier consacré à la vie et à l'œuvre du grand homme, dit d'une autre façon encore la stupeur qui cloue le petit monde du Familistère. Le fondateur n'est plus. Dès le décès connu, la nouvelle se répand dans la ville mais bien au-delà également du petit territoire de la Thiérache[3]. Au Familistère, on veille de longues heures. Dans un appartement du premier étage, là où Godin repose, les habitants et les ouvriers de l'usine viennent s'incliner avec émotion durant les quelques journées qui précèdent l'enterrement.

Les funérailles du 19 janvier sont à la hauteur de l'homme qui quitte le monde. Pour rendre un dernier hommage à Godin, près de 1 800 personnes se pressent auprès du catafalque dressé dans le pavillon central. Le mausolée est couvert de fleurs et de couronnes qu'amis, collaborateurs, connaissances ou simples admirateurs sont venus déposer. Vers 14 heures, un cortège se forme pour accompagner l'industriel fouriériste vers sa dernière demeure. Comme pour tous les défilés dont le lieu est si coutumier, l'ordre est minutieusement réglé. En tête, les pompiers de la ville et leur commandant. De nombreux enfants leur emboîtent le pas, juste devant la fanfare qui imprime un rythme solennel à l'événement. Derrière, les couronnes et le cercueil cérémonieusement porté à bout d'épaules par six solides garçons. Des représentants de la Chambre et la famille suivent de peu, avec à leur traîne de multiples employés du Familistère (rédacteurs, membres du conseil de gérance, responsables de caisses, délégués de Laeken…). Des personnalités officielles extérieures les accompagnent. Le cortège laisse enfin place aux membres de l'Association et à la foule de la population guisarde.

Au pied de la tombe, les discours se succèdent avant que la terre enfouisse Godin à jamais. Visiblement ému, F. Bernardot, secrétaire du conseil de gérance, loue à n'en plus finir ce « génie du bien », son « cher et bien-aimé fondateur ». Plus solennel, le préfet de l'Aisne, Proudhon, rappelle quels furent les multiples engagements publics de Godin, avant de laisser la parole à M. Gaillard, délégué de l'extrême gauche de la Chambre des députés, puis à M. Bertrand, représentant du parti ouvrier belge et de *La Revue socialiste*, à M. Van Gelderen de l'usine de Laeken, à M. Flamant, maire de Guise, etc. Ils sont douze, collaborateurs, hommes d'action et responsables politiques, à honorer les uns après les autres la mémoire du disparu. Le Familistère continuera à le pleurer officiellement pendant un an. En 1888, nul n'a le cœur à fêter le travail et l'enfance. À l'occasion de ces moments rituels, seule une petite cérémonie est organisée pour procéder aux remises des récompenses.

La phrase qui clôt le dernier courrier rédigé par Godin pourrait servir d'épitaphe à l'heure où il s'éloigne : « Les réformes mêmes les plus sages seront sans effet appréciable tant que le sort des nations sera laissé à la merci de la sottise, de la méchanceté et de l'ambition humaine[4]. » Étonnant mélange de réalisme économique et d'espoir utopique, la figure charismatique du fondateur représente, aux yeux de tous ceux qui portent le deuil ce jour noir de janvier, l'exact inverse de ces travers qui, bien après lui encore, ont continué de mener le monde.

[2. Le Familistère au fil de l'histoire

Godin décédé, comment continuer ? Qui doit le remplacer à la tête de l'Association du capital et du travail ? Quelques heures avant de disparaître, sentant ses forces fondre à vue d'œil, Godin suggère au conseil de gérance réuni autour de lui de confier la tâche à Louis Victor Colin, un brillant ingénieur de 23 ans à peine, qui fut major des arts et métiers de Châlons[5]. Mais ce dernier, qui ne possède même pas le statut d'associé, s'estime trop jeune pour assumer la fonction. Il refuse. Le nom de Marie Moret s'impose alors à l'évidence. Le 29 janvier, la compagne de Godin est élue à scrutin secret, lors de l'assemblée générale extraordinaire, par 86 voix sur 90 associés inscrits. La Société du Familistère reste constituée sous le nom de son fondateur, mais la raison sociale change. Ce sera désormais : Veuve Godin et Compagnie. Le 12 février, l'assemblée générale élit un administrateur-gérant désigné pour seconder Marie Moret. Il s'agit de François-Charles Dequenne, un chef de service qui compte près de vingt-cinq ans d'ancienneté dans l'usine. Avec une telle nomination, une vacance de pouvoir ne risque plus d'advenir. En cas d'incapacité majeure de l'administrateur (décès, démission, révocation), son second prendra immédiatement les rênes.

Peu désireuse en fait de prendre le relais à la tête de l'Association, la jeune veuve s'entoure d'une équipe de quatre responsables auxquels elle souhaite déléguer nombre de ses responsabilités : François André, directeur commercial, François-Charles Dequenne, directeur de fabrication, Antoine Pernin, directeur du matériel et M. Tisserant, un proche de Godin. Les grandes réformes ne sont pas à l'ordre du jour. Les premières décisions sont plutôt symboliques. On procède d'abord à l'érection d'un mausolée dans le jardin d'agrément, là exactement où Godin repose, ainsi que d'une statue au centre de la place d'honneur du Familistère[6]. La seconde décision est une modification des statuts. Marie Moret et les siens s'assurent que le nom de Godin figurera toujours dans le titre de la société, qui devient « Ancienne maison Godin. Société du Familistère de Guise, Association du Capital et du Travail ». Il est confirmé enfin, Godin en avait approuvé le principe, que le Familistère participera à l'Exposition universelle de 1889[7]. Le 1er juillet 1888, Marie Moret démissionne, estimant que la période de transition qu'il lui revenait d'assumer est désormais épuisée. Son devoir est ailleurs. Comme elle l'a promis à Godin, elle travaillera à la publication et à la diffusion de son œuvre. Bien que d'une santé fragile, elle ne cessera jamais pourtant de s'intéresser à certains aspects de la vie du Familistère, l'éducation au premier chef. Marie Moret démissionnaire, à F. Dequenne de prendre la direction de l'Association qui se nomme désormais « Dequenne et compagnie ».

Moins charismatique que Godin, le nouvel administrateur-gérant se heurte assez vite à l'animosité et à la défiance de certains membres du conseil de gérance. Les tensions ricochent jusqu'à provoquer, y compris chez les ouvriers, une opposition ouverte à la direction. Le conflit « vint peut-être aussi de ce que la Gérance eut plus le souci d'assurer la prospérité matérielle de l'Association que de poursuivre les efforts de Godin pour l'éducation des travailleurs[8] ». F. Dequenne réussit néanmoins à assumer sa fonction jusqu'en 1897, avant de passer le relais à L. V. Colin pour trente-cinq ans de responsabilité. Durant le mandat de F. Dequenne, un processus s'achève. En 1894, après de longues années de remboursement du capital avancé par Godin, les membres de l'Association sont enfin pleinement propriétaires. Mais d'autres décisions invitent à emprunter des chemins que le fondateur n'aurait peut-être pas souhaité explorer : assimilation du statut d'associé à celui de sociétaire (novembre 1888) ; réforme des retraites dont le montant n'est plus fonction désormais que de la seule ancienneté, et non plus du mérite *lato sensu* (novembre 1888) ; réduction à un an de la durée du mandat de conseiller de gérance (1890)[9].

Ces quelques réformes à teneur égalitariste sont autant de brèches dans la philosophie méritocratique de Godin. En même temps, et cela n'a rien de contradictoire, « le groupe des associés commence dès cette époque à se renfermer dangereusement sur lui-même. Dès la fin du siècle, l'admission dans les locaux prend un caractère héréditaire (…) ; le Familistère cessant de s'agrandir, bien des personnes méritantes et de grande valeur pour l'Association, qui auraient au même titre qu'eux mérité une place, se voient exclues des plus hauts grades de l'Association du fait de cette méthode quasi systématique[10] ». L'esprit fouriériste qui soufflait grâce à Godin perd en puissance, y compris après l'avènement de L. V. Colin à la tête de l'Association. En revanche, sur le plan économique, comme sur celui des conditions de vie, les familistériens gagnent le siècle nouveau dans les meilleures conditions. Entre 1880 et 1913, les effectifs de l'usine croissent de 32 % et le chiffre d'affaires de 84 %, ce qui « atteste de l'importance des gains de productivité accomplis[11] ».

Dans les années et les décennies qui suivent, le Familistère n'est pas épargné par les soubresauts de l'histoire. Durant la Première Guerre, le Palais social subit pillages et destructions. L'aile gauche du Familistère est incendiée. L'usine, qui est réquisitionnée en 1917 par les Allemands, est quasiment détruite. En 1919, un rapport chiffre le montant des préjudices. Il faudra 10 millions pour réhabiliter l'outil de production, 2 millions pour réparer le Palais social. Avec l'aide de l'État, l'Association reconstruit. Sous la houlette de L. V. Colin, elle retrouve rapidement la voie de la prospérité. En 1929, 2 188 salariés, dont 1 339 participants, travaillent à l'usine. Le nombre des associés, lui, n'a pas bougé. Déjà tangibles avant guerre, les tensions s'avivent alors entre ces derniers et le reste du personnel. Lors de la grande grève de 1929, les associés ne soutiennent pas le mouvement.

Au Palais social, dès les années 1920, le renouveau est aussi à l'ordre du jour. Les institutions de prévoyance, les services éducatifs, les associations, etc., sont tous remis sur pied, au plus grand bénéfice des habitants. Plusieurs indicateurs révèlent cependant que des mues s'opèrent. La population familistérienne vieillit et se féminise[12]. Pour répondre à la demande que ne manque pas de provoquer la reconstruction et pour pallier les carences de force de travail imputables à la guerre, l'entreprise recrute dans les campagnes. Plus instable, la nouvelle main-d'œuvre s'adapte difficilement. Au sein de l'usine, la part des familistériens diminue et les positions que ces derniers occupent désormais les tiennent éloignés des métiers les plus rudes et les moins rémunérés, ce qui renforce la forte propension du groupe à la clôture. Parce que l'on ne peut plus augmenter le nombre des logements, l'admission au Palais social prend par ailleurs un tour résolument héréditaire. Et lorsqu'« une fille de la ville épousait un fils d'associé, pour s'installer au Familistère, elle devait être acceptée par le conseil de gérance[13] ». À l'usine, toutes ces évolutions contribuent à creuser l'écart entre les ouvriers familistériens et les autres. La segmentation se traduit notamment en termes politiques : tandis que les premiers restent fidèles aux options socialistes de Godin, les seconds sont davantage attirés par les sirènes communistes.

La grande crise du début des années 1930 bouscule encore autrement la communauté productive de Guise. Comme les autres, l'usine doit affronter les contradictions d'un régime économique de surproduction. Elle ne peut vendre tout ce qu'elle produit. Le chiffre d'affaires s'effondre et les bénéfices avec. Entre 1932 et 1939, un tiers des salariés sont remerciés. Les principales victimes sont encore les auxiliaires, dont les effectifs diminuent de près de 90 %[14]. En dépit de ces difficultés, l'usine survit. À partir de 1933, elle opte pour une réduction du nombre de ses modèles afin de réaliser des économies d'échelle. Le contrôle de la main-d'œuvre gagne dans le même temps en intensité disciplinaire. Résultat : le Familistère ignore superbement 1936. Aucun conflit social ne germe à l'usine.

À sa prise de fonction, R. Rabaux, qui devient administrateur-gérant en 1933, engage de grandes réformes, à commencer par celle de la mutualité. La tâche n'est pas simple puisque, à plusieurs reprises, il se heurte à l'assemblée générale qui lui refuse sa confiance. R. Rabaux réussit néanmoins. La réduction des inégalités entre associés et non-associés appartient à la liste des priorités du nouvel administrateur-gérant. Il mène les réformes en ce sens, notamment en intégrant les institutions de l'usine et du Familistère dans le cadre des différentes lois et conventions qui offrent aux salariés de la France entière une meilleure protection sociale et une nouvelle légitimité en tant que travailleurs. En 1937, par exemple, la convention collective des employés assure le paiement intégral des appointements durant les premiers mois de maladie. Jusqu'alors, au Familistère, ouvriers et employés bénéficiaient des mêmes avantages. Fallait-il à l'occasion creuser les différences ? « Il fut convenu de faire jouer la solidarité entre tous : les employés payèrent 1 % de cotisation supplémentaire à la Caisse de secours mutuels et les ouvriers bénéficièrent d'une prestation journalière de deux cinquièmes de salaires[15]. »

Comme ailleurs, la Seconde Guerre mondiale inflige ses blessures au monde familistérien : mobilisation des forces vives ; réquisition puis arrêt de l'usine ; reconstitution partielle de celle-ci à Brive (Corrèze) au début de l'Occupation… Les pertes sont moins sévères cependant qu'au sortir de la décennie 1910, si bien que, après le conflit de 1939-1945, le travail et la vie reprennent assez rapidement leurs cours[16]. Comme avant guerre, une des missions de R. Rabaux consiste à adapter la mutualité sociale familistérienne au modèle de sécurité sociale qui est implanté en France sous l'action de Pierre Laroque. Les avantages relatifs des membres de l'Association ne fondent pas à l'occasion. En 1954, quelques mois avant le départ de R. Rabaux[17], la convention nationale de retraite des cadres donne la possibilité d'adhérer à une caisse de retraite complémentaire gérée de façon paritaire, ce qui a pour effet de moduler le montant des pensions en fonction de l'ancienneté et du statut occupé. « Avec une quinzaine d'années d'avance sur l'industrie, explique à ce sujet R. Rabaux, nous fûmes les premiers à conclure avec un organisme paritaire fonctionnant sous le régime de la répartition, pour tout le personnel, sans distinction, un accord de retraite complémentaire à celle de la Sécurité sociale et cela avec des taux de cotisation (donc des allocations de points de retraite) doubles de ceux qui furent adoptés plus tard[18]. »

Au Palais social, les portes de l'école sont à nouveau ouvertes. En dépit de tracasseries administratives à propos de la mixité, les ressorts se retendent. De nouvelles formations professionnelles sont mises en place, qui répondent vite et bien aux exigences d'éducation du moment. La vie associative reprend également ses droits. « Cependant, à partir des années 1950, il semble que l'engouement pour ces sociétés amicales diminue beaucoup, d'autres types de loisir les supplantent petit à petit : la voiture, d'abord, fait que les familistériens ont de plus en plus tendance à aller chercher la détente ailleurs et en famille et se préoccupent moins de ce qui se fait sur place. Surtout, avec l'introduction progressive de la télévision dans tous les foyers, les activités associatives du familistère sont peu à peu désertées[19]. » Il n'est pas jusqu'aux fêtes du Familistère qui perdent de leur âme. La chaleur de la communauté ne s'y manifeste plus comme avant. Pour les animer, les professionnels du spectacle et de la distraction prennent progressivement la place des familistériens. Quant aux assemblées générales de l'Association, elles ne donnent plus guère lieu à discussion, débats et propositions. Seuls les bénéfices intéressent encore.

Dans la décennie 1950 et au début de la suivante, l'entreprise fait l'objet, sous l'impulsion de Raymond Anstell, d'un nouveau mouvement de rationalisation : chasse aux excès, contrôle du travail et des comptes des œuvres sociales, investissements qui, à coup d'emprunts, permettent de moderniser l'outil de production. Le gros de l'effort s'achève en 1964. Mais il est déjà trop tard. Quatre ans plus tard, alors que la jeunesse française clame son désir d'utopie, l'Association du travail et du capital se transforme en société anonyme. L'opération est décidée pour des raisons multiples[20]. Les coûts de production ont explosé et les licenciements opèrent des coupes claires dans le personnel : il y avait encore 1 141 salariés en 1964, il n'en reste plus que 709 quatre ans plus tard. C'est que, en dépit des efforts réalisés, l'entreprise a vieilli. Elle supporte mal les nouvelles conditions techniques et économiques qu'impose un marché international fortement concurrentiel. De moins en moins novatrice, elle n'a pas su se conformer aux demandes évolutives des consommateurs, qui délaissent le poêle à charbon au profit de produits fonctionnant au butane ou à l'électricité. Le cadre juridique de l'Association n'est plus adapté de surcroît à la réalité du droit français. Nombre de dispositions statutaires sont désormais hors normes. Une politique des loyers modérés et un reversement systématique des bénéfices des magasins sous forme de ristournes ont eu progressivement raison par ailleurs des revenus du Familistère, qui compensent de plus en plus difficilement des charges dont le poids grève les bénéfices de l'usine, au plus grand dam des travailleurs non familistériens. Il en est de même avec les assurances sociales. Les pensions coûtent. En raison d'un vieillissement continu de la population familistérienne, la part relative des anciens dans l'Association n'a jamais cessé de croître. En 1954, on compte 415 retraités, 310 veuves, soit au total un pensionné pour trois actifs seulement[21].

Le Familistère n'a donc pas su apprivoiser les nouveaux temps capitalistes. La faute en revient pour partie aux associés, élite aristocratique, déclinante et conservatrice. La défense des intérêts et la forte propension à se transmettre les avantages de génération en génération n'a pas facilité l'acclimatation aux Trente Glorieuses. Le système est plus sclérosé que jamais[22]. La sanction finale est rude : transformation de l'Association en Société anonyme Godin puis rachat de celle-ci en 1970 par l'entreprise Le Creuset, qui s'empresse de se défaire des logements, des annexes et des terrains jugés peu intéressants[23]. Après que le nouveau propriétaire a effectué quelques travaux de modernisation, les logements sont vendus par lots. Mais le Familistère ne part pas pour autant à vau-l'eau. En 1991, le Palais social et ses annexes sont classés au titre des monuments historiques[24]. En 2000, un ambitieux programme, du nom d'Utopia, est mis en chantier par les autorités locales et départementales afin de valoriser l'histoire et le site[25]. Le Familistère entame une nouvelle vie.

*

Que reste-t-il de l'œuvre de Godin ? Que peut nous apprendre la longue expérience « fouriériste » du Palais social ? Maintenant que le temps du souvenir et de la célébration a acquis statut de droit, ces questions s'imposent avec plus de vigueur que jamais. Il est bien évidemment de multiples façons d'y répondre, selon que l'on privilégie un aspect (le logement, l'éducation...), un regard (celui des anciens familistériens, celui de l'observateur extérieur) ou une posture (celle de l'historien, de l'économiste, de l'urbaniste ou du sociologue). L'un des résultats aussi important que paradoxal de cet ouvrage est le suivant : alors qu'il innove en matière d'équivalents de la richesse, Godin est plutôt conservateur dans le champ de l'action productive *stricto sensu*. Quand il touche au noyau dur du travail, le message utopique se heurte en effet à de nombreux obstacles. Du point de vue des relations de travail, le principe méritocratique que draine avec lui l'idéal fouriériste n'a jamais pu composer avec la dynamique communautaire promue par Godin.

Cela se vérifie de différentes manières et à maintes reprises : échec de l'introduction du vote pour reconnaître et rémunérer le talent, différenciation au nom de l'efficacité économique entre strates protégées et non protégées du personnel, clôture fatale d'une petite aristocratie du travail sur elle-même, difficulté pour une population ouvrière encore largement illettrée de se saisir pleinement de l'opportunité de basculer du statut de salarié vers celui de producteur capitaliste[26], etc. L'organisation du travail est un terrain de résistance plus farouche encore. Godin, au demeurant, n'a jamais tenté d'y expérimenter quoi que ce soit d'original. À mille lieues du modèle sociétaire de C. Fourier, il utilise classiquement la force de travail qu'il recrute en manufacturier consciencieux. Un petit monde patronal de l'industrie des appareils de chauffage rétif à toute idée de coordination et une forte concurrence par les prix l'incitent par ailleurs à adopter une politique de la qualité qui se révèle extrêmement payante.

L'expérience du Familistère montre en somme que, en cette fin de XIXe siècle, le travail ne donne pas facilement prise à l'utopie. Mais il en est paradoxalement le support : support moral puisque c'est par la projection tous azimuts d'une éthique productive que, munie de la boussole fouriériste, Godin peut innover avec succès dans le champ de la famille, du logement ou encore de l'école ; support matériel puisque les réussites du manufacturier fournissent les moyens au socialiste associationniste de faire aboutir nombre de ses ambitions. Le travail de l'utopie a porté ses fruits, en laissant néanmoins à l'ordre du jour une tâche redoutable car toujours à renouveler. Grâce à la politique du songe, il ne s'agit rien moins que de subvertir un ordre productif aux effets parfois si iniques et délétères. À l'heure où, tambour battant, le capitalisme mondial bouscule nos manières de vivre et de travailler, un tel programme a plus que jamais saveur d'actualité.

Annexes]

1/Prix décernés par voie de vote aux fêtes annuelles du Travail de 1868, 1869 et 1870

	Année	Total des candidats	Grands prix	1er prix	2e prix	3e prix	Total des lauréats
Employés (tous candidats de par la seule fonction occupée)							
Familistère : gens des services de l'habitation unitaire	1868 1869 1870	59 60 70	3 3 3	2 5 4	10 6 8	8 8 7	23 22 22
Usine : chefs d'ateliers, comptables, surveillants, etc.	1868 1869 1870	55 55 79	3 2 1	5 4 6	6 8 9	13 11 9	27 25 25
Ouvriers de l'usine							
Désignés par capacité et élection	1868 1869 1870	66 37 24	0 0 0	9 6 6	14 5 3	9 9 4	32 20 13
Désignés par élection seule	1868 1869 1870	26 48 58	0 0 0	2 3 6	2 8 7	6 9 7	10 19 20
Désignés par capacité de 1er mérite	1868 1869 1870	57 81 116	0 0 0	5 4 2	5 8 9	6 11 14	16 23 25

M. Moret, *Documents pour une biographie complète de Jean-Baptiste André Godin*, deuxième volume, *op. cit.*, p. 294.

2/Bilan des scrutins de janvier à mai 1870

Catégories d'employés établies d'après les appointements	Nombre des titulaires de chaque catégorie	Dixième du total des appointements de la catégorie en janvier 1870	Dixième du total des appointements de la catégorie en mai 1870	Moyenne des allocations votées à la catégorie au cours des essais	Différence en moins ou en plus avec le dixième des appointements de mai
1re catégorie	3	121,50	128,60	24,59	- 104,01
2e catégorie	4	100,00	100,00	41,51	- 58,49
3e catégorie	9	155,85	162,14	116,85	- 45,29
4e catégorie	29	362,13	382,05	444,03	+ 61,98
5e catégorie	16	121,70	129,68	194,07	+ 64,38
6e catégorie	2	3,10	4,14	12,03	+ 7,89
Totaux	63	864,28	906,61	833,08	

J. Prudhommaux, *Les Expériences sociales de J.-B. A. Godin (1867-1878), op. cit.*, p. 110.

3/Composition des groupes d'électeurs et appointements (élection de mars-avril 1872)

Groupes	Nombre de membres du groupe	Total des appointements du groupe au 31 décembre 1871 (en francs)	Appointements du membre le plus payé du groupe (en francs)	Appointements du membre le moins payé du groupe (en francs)	Appointements maximaux imposés aux électeurs du groupe (en francs)	Appointements minimaux imposés aux électeurs du groupe (en francs)
Usine						
Conseil d'administration	8	81 800,00	7 200,00	2 400,00	7 000,00	2 000,00
Comptabilité et correspondance	9	14 700,00	2 000,00	1 100,00	2 700,00	1 000,00
Expéditions et quinzaine	9	11 400,00	1 800,00	900,00	2 400,00	900,00
Études et modèles	8	16 600,00	3 000,00	1 500,00	8 000,00	1 200,00
Fabrication	8	14 040,00	2 280,00	1 380,00	2 400,00	1 200,00
Familistère						
Groupe des hommes	6	7 780,00	1 800,00	900,00	2 000,00	800,00
Groupe des femmes	9	5 990,00	720,00	540,00	800,00	500,00

J. Prudhommeaux, *Les expériences sociales de J.-B. A. Godin (1867-1878), op. cit.*, p. 128.

4/Répartition des appointements par groupes (élections de mars-avril 1872)

Groupes	Électeurs	Bénéficiaires	Hommes/ femmes	Montant à distribuer (en francs)	Indicateur d'inégalité
Usine					
Conseil d'administration	7	8	8/0	31 800	0,33
Comptabilité et correspondance	9	9	9/0	14 700	0,47
Expéditions et quinzaines	9	9	9/0	11 400	0,92
Études et modèles	8	8	8/0	16 600	0,59
Fabrication	8	8	8/0	14 040	0,35
Familistère					
Groupe des hommes	6	6	6/0	7 790	0,55
Groupe des femmes	9	9	0/9	5 870	0,03

Colonnes 1 et 2 : le nombre des électeurs doit normalement être égal au nombre de bénéficiaires puisque chaque membre du groupe vote pour tous les membres, y compris pour lui-même. Dans un cas, pour une raison non précisée, cette égalité n'est pas respectée.
Colonne 3 : 9/0 = 9 hommes pour 0 femme
Colonne 4 : chaque individu doit répartir le montant de l'enveloppe entre les différents membres du service auquel il appartient. Il doit leur attribuer un minimum au moins et ne pas dépasser un maximum.
Colonne 5 : l'indice d'inégalité varie entre 0 et 1. 0 indique la situation la plus égalitaire. La situation la plus égalitaire est fixée par répartition de la prime à égalité des membres du groupe dans la limite maximale qu'il est possible de leur attribuer. 1 indique la situation la plus inégalitaire. Pour la définir, on accorde par exemple la somme maximale à un individu qui dans les faits a déjà reçu beaucoup, puis à un deuxième… jusqu'à épuisement, étant entendu que pour chaque

groupe des limites d'attribution minimales et maximales de la part de l'enveloppe en jeu sont définies à l'avance. Pour la comptabilité par exemple, l'enveloppe globale à distribuer est de 14 700 francs, chaque membre du groupe doit bénéficier au moins de 1 000 francs et au plus de 2 700 francs. L'indicateur se construit alors en faisant la moyenne des I (j), sachant que pour chaque individu j,

$I (j) = 1 - [\sum (obs (i) - inegal (i))^2/\sum (egal (i) - inegal (i))^2]$ où obs (i) correspond à la somme des primes proposées pour l'individu par l'ensemble du groupe, et où egal (i) et inegal (i) désignent la somme qui lui reviendrait en situation, respectivement, égalitaire et inégalitaire[1].

5/La représentation du travail par groupes, unions de groupes et conseils d'unions en juillet 1877

Groupes (nombre d'inscrits)	*Unions de groupes*	*Conseils d'union*	*Division usine/Familistère*
Factures (8)	Comptabilité	Comptabilité générale	
Comptes (9)			
Salaires (11)			
Contentieux (8)			
Traites (9)	Finances		
Caisse (4)			
Banque (6)			
Matières premières (3)	Approvisionnement		
Stocks (4)			
Fournitures (6)			
Achat (9)			
Transport (3)	Commerce		
Circulaires (6)			
Correspondance (8)			
Commandes (10)			
Voyages (8)			
Dépenses (8)	Prix de revient		
Comptes (14)			
Organisation (10)			
Calculs (8)	Comptabilité de fabrication		
Fondus (3)			
Fabriqués (6)			
Constructions (7)	Machines et outils	Fabrication	
Machines à vapeur (3)			
Transmissions (4)			
Forces (3)			
Wagonnets (7)			
Art (7)	Modèles		
Fumisterie (10)			
Modèles (9)			
Surveillance (6)			
Fonte (5)			
Coke (11)			
Charges (9)			

Poste	Atelier	Section	
Soin (11)	Fusion	Fonderie	USINE
Coulée (6)			
Pièces (11)			
Fondant (0)			
Recherche (5)	Sablerie		
Machines à broyer (4)			
Noirs (6)			
Sables (11)			
Modèles, châssis (11)	Moulerie		
Pièces plates (9)			
Ornement (8)			
Séparation (8)			
Poterie (3)			
Mécanique (13)			
Noyauterie (10)			
Sables (7)			
Outillage (7)			
Ordre (14)	Râperie		
Râpage (14)			
Classement (11)			
Sables (7)			
Enlèvement (6)			
Rangement (7)	Travaux divers		
Propreté (7)			
Choses inutiles (7)			
Ordre (26)	Mouvement et distribution		
Distribution (10)			
Ébarbage (13)			
Cuisinières (49)	Montage	Poêlerie	
Poêles (23)			
Cheminées (14)			
Calorifères (16)			
Foyers (6)			
Buanderies (11)			
Torréfacteurs (12)			
Vernissage (20)	Emballage		
Emballage (18)			
Magasinage (22)			
Accessoires	Garnitures		
Objets (20)			

Fours (21) Produits (4) Assemblage (4) Objets secs (4) Objets humides (6) Réserve (4)	Émaillerie	Émaillerie
Objets à fabriquer (10) Qualité (9) Sable (8) Économie (11)	Fonte malléable	
Cuivre (7) Fusion (12) Quantité (7) Finissage (9)	Cuivrerie	
Classement (8) Protection (7) Quantité (3) Chargement (5) Chemin de fer (7) Petits appareils (4)	Magasins des produits	Magasins et travaux généraux
Bois (16) Emploi (14) Châssis (13) Chauffage (14)	Bois	
Recherche (9) Qualités (7) Magasin (5) Prix (7)	Quincaillerie	
Gazomètre (4) Charbons (4) Canalisation (8)	Éclairage	
Matières (8) Étude (6) Moules (6) Cuisson (7)	Terre réfractaire	
Maçonnerie (10) Toiture (9)	Entretien et réparation des bâtiments de l'usine	

Services	Groupes	Parties	
Écuries (8) Nourriture (9) Chariots (10) Bourrellerie (8)	Chevaux et voitures		
Bâtiments (13) Mansardes (7) Eau (3) Lingerie Fêtes (22)	Logement	Partie domestique du Familistère	FAMILISTERE
Boucherie (15) Boissons (8) Épicerie (16) Boulangerie (3) Fruits (8) Cuisines (19)	Alimentation		
Étoffes (12) Mercerie (6) Confections (4) Coiffures (7) Chaussures (11)	Vêtement		
Vaisselle (9) Papeterie (15)	Ustensiles de ménage		
Bois (15) Charbon de terre (15) Distribution (13)	Combustibles		
Vacherie (12) Porcherie (12) Nourriture (11)	Basse-cour		
Bonne tenue (9) Fruits (9) Légumes (9)	Jardins		
Organisation Dépenses	Bains et lavoirs		
Tenue des livres (8) Vérification (9)	Comptabilité		
[illegible]			

Entretien des salles (8)	Nourricerie et pouponnat	Éducation et instruction
Approvisionnement (8)		
Confection (8)		
Lavage (7)		
Soins (8)		
Éducation (9)		
Entretien (12)	Bambinat et écoles	
Promenade (13)		
Lecture (14)		
Écriture (10)		
Calcul (15)		
Leçons de chose (13)		
Dessin (10)		
Musique (13)		
Géographie (11)		

6/La participation aux groupes selon le statut et le sexe (juillet 1877)

	Nombre de personnes au total	**Nombre de participants aux groupes**	**Pourcentage de participation**
Employés	80	75	94 %
Ouvriers monteurs et emballeurs	215	115	53 %
Ouvriers mécaniciens, émailleurs, tôliers, menuisiers…	245	79	32 %
Ouvriers mouleurs, sableurs…	480	69	14 %
Femmes dans les services de l'usine et du Familistère	59	8	13,5 %

Lecture : 94 % des employés se sont inscrits à au moins un groupe.

7/Bilan de l'activité des groupes, des unions et des conseils sur la période août 1877-août 1878

	Usine	**Familistère**
Nombre de groupes constitués	116	46
Nombre de groupes actifs	30	29
Nombre d'inscriptions	985	459
Nombre de membres	301	86
Nombre d'unions constituées	27	11
Nombre d'unions actives	17	10
Nombre de conseils d'unions	1	1
Nombre de séances des groupes :	118	120
Constitutions	60	58
Travail	58	62
Nombre de séances des unions :	66	45
Constitutions	34	20
Travail	32	25
Nombre de séances du conseil d'unions	29	16
Nombre de propositions examinées	60	62
Jetons de présence distribués	10 551	4 802
Nombre de jetons distribués en moyenne par membre	22	39

8/Évolution des statuts des membres de l'Association

		Associés			Sociétaires			Participants			
Exercices	Admis	Partis ou décédés	En activité	Admis	Partis ou décédés	En activité	Admis	Partis ou décédés	En activité	Intéressés	Total
1879-1880	46	-	46	62	-	62	442	-	442	314	864
1880-1881	11	2	55	11	8	65	120	16	546	153	819
1881-1882	8	2	61	14	9	71	38	-	561	153	846
1882-1883	12	5	68	47	13	104	112	96	577	193	942
1883-1884	5	0	73	57	13	148	69	75	571	209	1 001
1884-1885	13	3	83	60	20	188	64	92	543	202	1016
1885-1886	11	2	92	37	21	204	41	73	511	206	1013
1886-1887	3	2	93	16	18	202	23	43	491	234	1010
1887-1888	13	4	102	67	19	250	52	79	464	256	1072
Situation en 1888	122	20	102	371	121	250	961	474	464	256	1072

F. Bernardot, *op. cit.*, p. 76.

9/Bilan de la Société du Familistère de Guise au 30 juin 1887 (en francs)

Actif	**Passif**
Familistère (immeubles, matériel, marchandises...) : 1 138 955,14	Familistère : 220 002,26
Usine de Guise (immeubles, matériel, matières premières, marchandises...) : 6 760 989,99	Usine de Guise : 515 029,46 (dont 17 045,24 pour Assurance contre la maladie)
Usine de Laeken : 623 438,91	Usine de Laeken : 40 560,73 (dont 4 653,01 pour Assurance contre la maladie)
Comptabilité sociale : 2 796 511,80	Comptabilité sociale (comptes créditeurs, assurances des pensions, amortissement des immeubles et du matériel, fonds de réserve...) : 40 046 080
	Plus-value de l'exercice : 498 223,28
11 319 895,84	11 319 895,84

Les bénéfices bruts (780 774,53) se décomposent comme suit : Familistère (services commerciaux et loyers) : 87 372,52 ; usine de Guise : 548 239,85 ; usine de Laeken : 145 162,16. Dont il faut déduire : amortissements statutaires à Guise et à Laeken : 253 005,91 ; frais d'éducation : 29 545,34. D'où une plus-value au bilan de 498 223,28. Il y a à prélever sur cette dernière somme : intérêts à 5 % au capital : 230 000 ; pour la direction de Laeken : 4 181,00 ; répartition coopérative des magasins du Familistère faite aux acheteurs : 20 743,20.

Reste donc à partager 243 299,08 de la façon suivante : aux intérêts du capital et aux salaires du travail (75 %) : 182 474 ; à l'administrateur-gérant (4 %) : 9 732 ; au conseil de gérance (1 % à chaque conseiller et le reste selon les prescriptions statuaires, soit 16 %) : 38 928 ; pour préparation et entretien d'élèves aux écoles de l'État (1 %) : 2 433 ; à la disposition du conseil pour récompenser les inventions utiles (2 %) : 4 866 ; au conseil de surveillance (2 %) : 4 866.

La somme de 182 474 revenant au capital et au travail est répartie dans les proportions suivantes : salaires payés par le Familistère : 101 752 ; salaires payés par l'usine de Guise : 1 446 328,96 ; salaires payés par l'usine de Laeken : 205 435,29. Concours supplémentaire des associés : 211 924,85. Concours supplémentaire des sociétaires : 186 426,72. Concours du capital : 230 000. Total des services rendus entrant en participation : 2 381 867,93.

En 1887, l'Association possède en parts d'intérêts dans la société, en construction et en matériel un capital de : 5 229 698,86 ; le fondateur : 1 742 004. Le capital réel de la société est donc de 6 971 702,86. Par rapport au fond initial (4 600 000), le capital social a donc augmenté de 2 371 702,86 *i. e.* chaque titre a une valeur de moitié supérieure à sa valeur nominale 150 francs pour 100 francs.

Le Devoir, t. 11, n° 473, 2 octobre 1887, p. 633-635.

Notes]

Introduction]

1. Tous ces éléments de description sont extraits de « La fête de l'Enfance au Familistère », *Le Devoir*, t. 6, n° 209, 10 septembre 1882, p. 564-567.

2. J.-P. de Gaudemar, *L'Ordre et la Production. Naissance et formes de la discipline d'usine*, Dunod, Paris, 1982.

3. Henri Desroche évoque pour sa part un modèle dérivé de fouriérisme. Le grand livre de H. Desroche (*La Société festive. Du fouriérisme écrit aux fouriérismes pratiqués*, « Esprit », Seuil, Paris, 1975) offre un riche tableau des innovations organisationnelles qui ont vu le jour en marchant sur les brisées de C. Fourier. De multiples réalisations fouriéristes peuvent être recensées à travers le monde (États-Unis, Russie, Allemagne, Angleterre, Roumanie, Espagne, Italie). En France, une expérience intéressante voit le jour au début des années 1830 aux portes de Paris, à Condé-sur-Vesgre exactement, sous la houlette de l'école sociétaire. Mais la tentative échoue. Après des débuts laborieux, Condé devient dans les années 1860, une « propriété collective de plaisance » qui n'a plus guère à voir avec l'esprit fouriériste. Il s'agit là, selon l'expression de H. Desroche, d'un « prototype raté ». En 1841, une autre expérience d'inspiration fouriériste est tentée à Cîteaux. Cette colonie sociétaire, qui s'éteint en 1844, est aussi un échec. Pour une présentation des principales expériences de communautés d'inspiration fouriériste, oweniste, anarchistes…, cf. J.-C. Petitfils, *La Vie quotidienne des communautés utopistes au XIXe siècle*, « Vie quotidienne », Hachette, Paris, 1982.

4. C. Topalov éd., *Laboratoire du nouveau siècle. La nébuleuse réformatrice et ses réseaux en France. 1880-1914*, « Civilisations et sociétés », Éditions de l'EHESS, Paris, 1999.

5. Il s'agit par exemple de la Société générale des prisons fondée en 1877, de la Société de médecine publique et d'hygiène professionnelle (1877), de la Société des visiteurs (1896), de la Société française des habitations à bon marché (1890)…

6. K. Marx, *Le Capital*, Éditions sociales, livre premier, Paris, 1977, p. 300. Première édition : 1867.

7. En 1923, alors professeur au Collège de France, Charles Gide prononce une série de leçons sur les coopératives de production. Dans une séance de cours qui se tient en mars, il illustre son propos à l'aide du cas du Familistère, dont il décrit les principes et le mode de fonctionnement. Au terme de son exposé, C. Gide

conclut à la réussite dans la mesure où « les travailleurs du Familistère sont contents. Ils sont contents parce qu'ils trouvent dans cet établissement sinon la réalisation plus ou moins idéaliste d'une république ouvrière, et sinon tout à fait l'abolition du salariat, du moins toutes les satisfactions que cherche précisément le petit-bourgeois français, la classe moyenne. », C. Gide, « Trois leçons sur la coopération au Collège de France. Le Familistère de Guise et la Verrerie ouvrière », miméo., mars 1923, p. 6. Pourtant, constate C. Gide, on peut aussi parler d'échec dans la mesure où l'expérience n'a pas fait tache d'huile.

8. S. Deynaud, *Le Devoir*, t. 8, n° 290, 30 mars 1884, p. 193.

9. P. Mercklé, « Utopie ou "science sociale" ? Réceptions de l'œuvre de Charles Fourier au XIXe siècle », dans *Archives européennes de sociologie*, XLV, I, 2004, p. 45-80.

10. J.-M. Berthelot, *1895. Durkheim. L'Avènement de la sociologie scientifique*, « Socio-logiques », Presses universitaires du Mirail, Toulouse, 1995.

11. Les espérances autogestionnaires des années 1960 et 1970 se démarquent quelque peu, il est vrai, d'une telle posture. De cette période riche en imagination sociale, il ne subsiste plus guère que la trace de débats qui peuvent paraître surannés aux yeux de ceux qui se préoccupent avant tout de performance et de compétence. Seuls les travaux d'André Gorz, et ses belles utopies du travail (cf., par exemple, A. Gorz, *Adieux au prolétariat. Au-delà du socialisme*, Galilée, Paris, 1984), constituent une exception de taille.

12. Certains, comme Karl Mannheim, s'en emparent à partir des intentions qui structurent la rhétorique. Dans *Idéologie et utopie*, qui paraît en 1929 (édition française : Rivière, Paris, 1956), K. Mannheim oppose l'idéologie (comme complexe d'idées visant à maintenir l'existant) à l'utopie (comme ensemble d'arguments destinés à promouvoir le changement). D'autres, plus récemment, ont utilisé la théorie des organisations et l'histoire sociale pour donner sens à certaines expérimentations communautaires (R. Moss Kanter, *Commitment and community*, Harvard University Press, Harvard, 1972 ; L. Sargisson, L. Tower Sargent, *Living in Utopia. New Zealand's intentional communities*, Ashgate, Aldershot, 2004). Armés également d'études concrètes, d'autres encore ont donné droit à des modes d'interprétations sociologiques renvoyant aux déterminations structurales des « idéologies utopiques », aux dispositions sociales des agents, au moteur de la frustration relative dans la tentation utopique ou encore au jeu des relations de domination dans le fonctionnement concret des collectifs alternatifs (M. Voisin, « Communautés utopiques et structures sociales : le cas de la Belgique francophone », *Revue française de sociologie*, XVIII, 1977, p. 271-300 ; D. Hervieu-Léger, B. Hervieu, *Le Retour à la nature. « Au fond de la forêt... l'État »*, Le Seuil, Paris, 1979 ; D. Léger, « Les utopies du retour », dans *Actes de la recherche en sciences sociales*, n° 29, septembre 1979, p. 45-63 ; B. Lacroix, *L'Utopie communautaire*, PUF, Paris, 1981).

13. Utopie dérive de *ou-topos* (non-lieu) mais aussi d'*eu-topia* (bon lieu, lieu du bonheur).

14. N. Dockès-Lallement, « Le travail dans l'Utopie de Thomas More », dans Y. Le Gall, D. Gaurier, P. Y. Legal éd., *Du droit du travail aux droits de l'humanité*, PUR, Rennes, 2003, p. 47-63.

15. M. Gauchet, « Visages de l'autre. La trajectoire de la conscience utopique », dans *Le Débat*, n° 125, mai-août 2003, p. 113.

16. L. Marin, *Utopiques : jeux d'espaces*, « Critique », Minuit, Paris, 1973, p. 118.

17. M. Buber, *Utopie et socialisme*, « Bibliothèque sociale », Aubier-Montaigne, Paris, 1977.

18. W. Morris, *Nouvelles de nulle part*, « Les classiques du peuple », Éditions sociales, Paris, 1961, p. 183-184. Première édition originale : 1890.

19. E. Bloch, *Le Principe Espérance*, « Bibliothèque de philosophie », Gallimard, 3 volumes, Paris, 1976, 1982, 1991. Première édition originale : 1959. M. Abensour, quant à lui, pense l'utopie comme la manifestation d'une altérité dont la permanence révèle la capacité de résistance de l'humain face aux dérives de la raison. Cf. M. Abensour, *L'Utopie de Thomas More à Walter Benjamin*, Sens & Tonka, Paris, 2000.

20. Max Weber, « Die protestantische Ethik und der Geist des Kapitalismus », dans Max Weber, *Gesammelte Aufsätze zur Religionssoziologie I*, J. C. B. Mohr (Paul Siebeck), UTB, Tübingen, 1988, p. 17-206. Première édition des articles : 1904-1905. Cf. également Max Weber, *Sociologie des religions*, « Bibliothèque des sciences humaines », Gallimard, Paris, 1996.

21. N. Élias, *Mozart. Sociologie d'un génie*, Seuil, Paris, 1991.

22. P. Bourdieu, *Raison pratique. Sur la théorie de l'action*, Seuil, Paris, 1994, p. 88.

23. Telle est typiquement l'ambition de P. Bourdieu dans l'ouvrage qu'il consacre à Gustave Flaubert (P. Bourdieu, *Les Règles de l'art. Genèse et structure du champ littéraire*, « Libre examen », Seuil, Paris, 1992).

24. Par commodité, je désignerai par la suite ce fonds : fonds FGP. Dix-neuf lettres de Godin extraites de ce fonds ont été transcrites et publiées dans J.-B. A. Godin, *Lettres du Familistère*, photographies H. Fontaine, textes choisis, établis et annotés par F. K. Panni, les éditions du Familistère, Guise, 2008.

25. Le travail a été effectué par Marion Loire, auteure d'un mémoire pour le diplôme d'archiviste paléographe de l'École nationale des chartes. Daté de 1998, ce mémoire a été soutenu sous l'intitulé suivant : *Le Familistère de Guise (1858-1968) : architecture, habitat, vie quotidienne*.

26. M. Moret, *Documents pour une biographie complète de Jean-Baptiste André Godin*, Familistère de Guise, 1910, troisième volume, p. 12. Ce volume, comme les deux qui le précèdent, est une précieuse source d'information. Dans ce triptyque, Marie Moret a rassemblé de nombreux éléments sur Godin, ses influences, ses discours et ses expérimentations sociales. Un quatrième volume était en préparation, mais il n'a jamais vu le jour.

27. Au début, explique Godin dans cette conférence, étaient l'égoïsme, le vol, la ruine et la guerre. Puis « Dieu inspira (...) de sa tendre charité une bonne et intelligente fourmi qui vivait dans le grand taillis au milieu des autres et qui souffrait et travaillait comme elles ». Avant de naître sur terre, cette créature exceptionnelle avait connu un monde bon et sage. Désireuse de soulager la misère de ses congénères, elle persuade les moins mauvais de se retirer sur une île pour y expérimenter une nouvelle façon de vivre. Loin des turpitudes anciennes, la petite colonie bâtit des nids familiaux à étages, organise l'éducation et la protection des plus jeunes, découvre les joies du travail et de la prévoyance (les fourmis apprennent à traire le lait des pucerons de rosier puis à le conserver en prévision), crée une monnaie commune et répartit les richesses pour que chacun ait le nécessaire et que « ceux qui ont travaillé deux ou trois fois plus que leurs voisins soient récompensés en conséquence ». La communauté organise aussi des fêtes et des veillées, construit des magasins et des étables, apprend à chasser les monstres... Victime de rumeurs détestables (les mœurs sont épouvantables, dit-on, on mange les enfants avec du sel ou du sucre), la colonie est finalement assaillie par l'extérieur. Blessée, la bonne fourmi échappe au massacre et encourage très vite ses amis à tenter à nouveau l'expérience. « Bien des années furent nécessaires, conclut Godin, pour accomplir les progrès entrevus. Mais la fourmi de Dieu eut le bonheur de voir poindre avant de retourner dans le monde spirituel l'aurore de cette belle fraternité qui allait faire le bonheur de tous les membres de sa race, et leur ouvrir l'organisation sociale dans laquelle les fourmis vivent encore aujourd'hui. » J.-B. A. Godin, « Conférence du 27 octobre 1861 », fonds FGP.

28. Le projet d'abolition du salariat que concrétise la fondation d'une telle association est bien antérieur en effet aux expérimentations dont il est rendu compte dans les chapitres 7 et 8.

Chapitre 1]

1. G. Delabre, « Godin et le Familistère de Guise. Les raisons d'un malentendu historique », dans G. Delabre, J.-M. Gautier éds., *Godin et le Familistère de Guise à l'épreuve de l'histoire*, Presses universitaires de Reims, Reims, 1989, p. 18.

2. Les données utilisées pour retracer le parcours de Godin proviennent de sources diverses. J'ai d'abord utilisé les informations présentes dans *Solutions sociales* ainsi que les éclairages offerts ponctuellement par Godin à l'occasion de différentes conférences dont *Le Devoir* rend compte. Quelques notes autobiographiques sont également disponibles. Elles constituent l'équivalent de six pages manuscrites rédigées en 1884 par Marie Moret sous la dictée de Godin. Le document a été revu et corrigé par le principal intéressé. Dans ses travaux, Marie Moret a fourni également d'autres indications biographiques sur son mari.

3. M. Moret, « Pour une petite histoire de J.-B. A. Godin enfant », miméo., 1888-1889, p. 1.

4. *Ibid.*, p. 1.

5. E. Weber, *La Fin des terroirs. La modernisation de la France rurale 1870-1914*, Fayard, éditions Recherches, Paris, 1983, p. 441. Première édition originale : 1976.

6. J.-B. A. Godin, « Notes sur mon enfance », miméo., 1884, p. 3.

7. G. Delabre, J.-M. Gautier, *La Régénération de l'utopie socialiste : Godin et le Familistère de Guise*, thèse pour le doctorat d'État ès sciences économiques, université de Paris I, 1978, p. 484.

8. Lettre de J.-B. A. Godin à MM. les gérants de *La Phalange*, 30 avril 1843, fonds FGP.

9. G. Delabre, J.-M. Gautier, *Godin et le Familistère de Guise. Une utopie socialiste pratiquée en pays picard*, Société archéologique de Vervins et de la Thiérache, 1983, p. 14.

10. Godin embauchera également un de ses cousins (M. Dumolon) comme instituteur au Familistère. Celui-ci annonce en juillet 1886 son intention de démissionner, après, semble-t-il, un rappel à l'ordre du conseil.

11. Godin évoque le départ de son frère, sur lequel il avait fondé « quelques espérances » dans un courrier d'octobre 1847. Lettre de J.-B. A. Godin aux gérants de *La Démocratie pacifique*, 31 octobre 1847, fonds FGP. Dans un courrier du 24 avril 1849, Godin s'entretient à nouveau avec son frère à propos d'affaires industrielles.

12. L'entreprise de Barthélémy Godin est mise en liquidation en janvier 1864. Comme l'indique un courrier que J.-B. A. Godin fait parvenir à Barthélémy au début de cette même année (lettre de J.-B. A. Godin à B. Godin, 24 janvier 1864, fonds FGP), les relations entre les deux frères sont plutôt fraîches. Barthélémy a laissé entendre dans une lettre précédente que Jean-Baptiste André n'est pas étranger à sa ruine et il lui demande compensation. Jean-Baptiste André répond vertement, indique qu'il n'a rien fait pour lui nuire, reproche ses égarements et reconnaît qu'il y a désormais entre eux un véritable abîme. La vie sépare les deux frères au point que Jean-Baptiste André perd trace de Barthélémy. Pendant une longue période, il ne possède pas son adresse. La correspondance reprend lorsque la sœur des deux frères Godin et son mari connaissent des difficultés. Dans un courrier adressé à Barthélémy, Jean-Baptiste André écrit : « Je leur ai loué une maison, je les ai pourvus de mobilier et j'entretiens leurs moyens d'existence. Tu peux être tranquille à leur sujet. » Lettre de J.-B. A. Godin à B. Godin, 10 juillet 1885, fonds FGP.

13. En dépit des efforts de Godin pour le convertir à la cause sociétaire (il lui fait parvenir *La Démocratie pacifique* sous forme d'abonnement trois mois durant en 1848), J.-N. Moret semble bien moins sensible que son cousin à la doctrine du « maître » Fourier. Lettre de J.-B. A. Godin à J.-N. Moret, 8 mars 1848, fonds FGP.

14. Lettre de J.-B. A. Godin à M. Villain, député, 10 décembre 1882, fonds FGP.

15. Le fonds du Cnam contient trente-deux lettres envoyées par Godin à son fils entre 1851 et 1855. Il en manque probablement de nombreuses. Faute, de ce

fait, d'avoir pu les consulter toutes, c'est avec une extrême prudence que l'on peut avancer que Godin écrivait fréquemment à Émile (deux fois par mois au moins ainsi que le laissent penser les dates mentionnées sur les courriers disponibles). Godin se plaint régulièrement que son fils ne lui écrive pas avec la même constance.

16. Lettre de J.-B. A. Godin à É. Godin, 6 février 1852, fonds FGP.

17. Lettre de J.-B. A. Godin à É. Godin, 22 septembre 1854, fonds FGP.

18. Lettre de J.-B. A. Godin à É. Godin, 16 janvier 1855, fonds FGP.

19. Lettre de J.-B. A. Godin à É. Godin, 16 septembre 1875, fonds FGP.

20. R. Rabaux, *Un socialisme d'entreprise : Godin et le Familistère de Guise*, multigraphié, 240 pages, p. 101. Cité, sans date, dans J.-B. A. Godin, *Solutions sociales*, La Digitale, Kerflec'h-Mellac, Quimperlé, 1979, note 11, p. 434. Les notes de cette édition du maître ouvrage de Godin, édition sur laquelle je m'appuie, ont été rédigées par Jean-François Rey et Jean-Luc Pinol. *Solutions sociales* paraît pour la première fois en 1871.

21. Lettre de J.-B. A. Godin à É. Godin, 5 octobre 1878, fonds FGP.

22. Conseil de gérance du 27 décembre 1881.

23. En 1883, dans *Le Gouvernement* (ouvrage dont une partie est reprise dans *Mutualité nationale contre la misère*), Godin fait des propositions concrètes afin de réformer l'héritage pour financer un système de mutualité nationale destiné à protéger l'ensemble de la population de la misère. Trois ans plus tard, un numéro d'*Études sociales* revient sur le sujet. « Chaque année, constate Godin, le total des héritages des millionnaires et des personnes possédant plus d'un million est évalué à trois milliards. En supprimant l'hérédité en ligne collatérale, en frappant les héritages en ligne directe et par testament d'un droit d'hérédité progressif et proportionnel, l'État obtiendrait facilement un rendement moyen de 50 %, soit 1 500 millions. », *Études sociales*, numéro spécial « Extinction de la misère par la mutualité nationale », n° 9, juillet 1886, p. 3. C. Pellarin rend compte du projet de 1883 dans « Mutualité nationale contre la misère. Pétition et proposition de loi à la Chambre des députés, par M. Godin, ancien député, fondateur du Familistère », dans *La Critique philosophique, scientifique, littéraire*, n° 20, 16 juin 1883, p. 310-316.

24. C'est là la raison première à l'emménagement tardif de Godin au sein du Familistère. Bien qu'il se soit attribué un grand appartement dans l'aile gauche du Palais, Godin réside encore avec E. Lemaire dans une maison proche de son usine, de l'autre côté de l'Oise. À la fin de l'année 1861, Godin commence cependant à séjourner fréquemment au Familistère afin d'échapper aux tensions domestiques (lettre de J.-B. A. Godin à l'avoué Delpech, 29 novembre 1864, Fonds FGP). Une fois séparé de sa femme, Godin s'installe au Familistère. Il occupe d'abord un logement comme les autres avant de bénéficier ultérieurement d'un vaste appartement de 200 m^2 (réparti sur deux étages) dans l'aile droite du Palais. Dans une lettre à Lecoq de Boisbaudran (24 janvier 1868, fonds FGP), Godin indique qu'il a cessé de résider au Familistère en 1863 mais qu'il est revenu y vivre avec son fils en 1867. Après la mort de Godin, le

logement du fondateur est réservé aux différents administrateurs-gérants qui se succèdent à la tête de l'Association du capital et du travail.

25. Godin propose par exemple à la cour de partager en trois sa fortune personnelle, qu'il estime à 3 000 000 francs au moment où Esther se sépare de lui. J.-F. Rey, J.-L. Pinol, note 71, dans J.-B. A. Godin, *Solutions sociales*, *op. cit.*, p. 478.

26. Note manuscrite, dans R. Rabaux, *op. cit.*, p. 83. Cité par J.-F. Rey, J.-L. Pinol, note 71, dans J.-B. A. Godin, *Solutions sociales*, *op. cit.*, p. 478.

27. Avocat à Nancy, A. Tisserant est, dans les années 1870, le défenseur de Godin dans le procès en séparation avec sa première épouse Esther Lemaire. Les deux hommes deviennent amis. Godin consultera par ailleurs A. Tisserant à l'occasion de l'établissement des statuts de l'Association du capital et du travail.

28. « Mariage mémorable au Familistère », *Le Devoir*, t. 10, n° 410, 18 juillet 1886, p. 449.

29. J.-B. A. Godin, « Objections sur la durée de l'Association du Familistère », *Le Devoir*, t. 10, n° 393, 21 mars 1886, p. 180.

30. Godin rédige une première version de son testament le 15 août 1880. Il le révise ensuite le 14 février 1881, le 1er mars 1886 puis le 30 juin 1887. Dans sa dernière version, le document est composé de vingt-huit articles. Godin fait de la durée statutaire de la Société du Familistère la condition essentielle du legs qu'il lui fait, à savoir la moitié de ses biens. L'autre moitié revient, par obligation légale, à son fils et à sa descendance légitime (article 16). Afin que son épouse puisse continuer à agir au profit de l'Association (notamment en s'occupant de la publication du *Devoir* et des ouvrages posthumes du testamentaire), Godin demande que la Société du Familistère remette à Marie Moret une somme de 300 000 francs en certificats d'apports ou parts d'intérêts dans la Société. Il exige également que Marie Moret ait, toute sa vie durant, qualité de membre honoraire du conseil de gérance. Il demande aussi qu'en raison de ce statut singulier elle ne puisse prétendre aux bénéfices qui reviennent aux conseillers de gérance mais qu'en contrepartie elle puisse toucher une somme fixe de 1 200 francs par an (article 19). Si la Société du Familistère n'avait pas capacité à recevoir ou à conserver la chose léguée, l'État français serait le légataire à titre universel de la moitié des biens (article 21).

31. Les indications biographiques qui suivent sont tirées de : Émilie Dallet, « Biographie de Marie Moret, veuve de J.-B. A. Godin », dans M. Moret, *Documents pour une biographie complète de Jean-Baptiste André Godin*, troisième volume, *op. cit.*, p. IX-XXIII ; G. Patte, « Biographie de Marie Moret, épouse de J.-B. A. Godin », dans *Marie Moret et l'éducation au XIXe siècle*, Presses universitaires de Reims, Reims, 1998, p. 11-19.

32. M. Howland, *La Fille de son père*, Auguste Ghio éditeur, Paris, 1880.

33. Lettre de M. Moret à M. Howland, 18 avril 1878, fonds FGP.

34. J.-B. A. Godin, « Le paupérisme », dans *Le Devoir*, n° 4, 31 mars 1878, p. 49-51.

35. J.-B. A. Godin, « La réduction des salaires et le chômage », dans *Le Devoir*, n° 23, 11 août 1878, p. 353-356.

36. Sous la IIIe République, le thème de la solidarité n'aura rien d'original. Il est même le support d'un mouvement organisé, le solidarisme, qui prétend presque, à la fin du XIXe siècle, au titre de philosophie officielle de la République française. Incarné institutionnellement par le ministre radical-socialiste Léon Bourgeois, le solidarisme constitue la toile de fond intellectuelle d'une action politique qui cherche à se mettre au service de la cohésion sociale et à finaliser la pratique juridique en valorisant le contrat et l'association aux dépens de la concurrence et de la lutte. Arme intellectuelle qui vise autant le conservatisme catholique, le marxisme que le libéralisme, le solidarisme est une des expressions les plus achevées de la morale laïque qui prévaut sous la IIIe République. Elle se donne pour point de départ l'existence d'une dette sociale qui, en société, lie inévitablement les hommes les uns aux autres. En naissant, les hommes bénéficient d'un ensemble d'avoirs (héritage du passé, services sociaux) et devront, en conséquence, œuvrer pour rembourser une telle dette. De là l'idée d'un contrat non écrit, non formalisé juridiquement et qui prend le nom de contrat implicite (Alfred Fouillée) ou de quasi-contrat (Léon Bourgeois). Pour une vue de plus grande ampleur, cf. J. Donzelot, *L'Invention du social*, « L'espace du politique », Fayard, Paris, 1984.

37. J.-B. A. Godin, « La question sociale », dans *Le Devoir*, n° 2, 17 mars 1878, p. 18.

38. J.-B. A. Godin, « Paupérisme et misère », dans *Le Devoir*, t. 6, n° 175, 15 janvier 1882, p. 865-868.

39. J.-B. A. Godin, « Le ministère de M. Gambetta », dans *Le Devoir*, t. 5, n° 166, 13 novembre 1881, p. 722.

40. J.-B. A. Godin, *Solutions sociales*, *op. cit.*, p. 276.

41. Cité par C. Boniface, dans Association du Familistère de Guise, *Notices sur les vues*, ministère de l'Instruction publique et des Beaux-Arts, Musée pédagogique, Melun, 1900, p. 10-11.

42. M. Foucault, « Naissance de la biopolitique », dans *Dits et écrits II, 1976-1988*, « Quarto », Gallimard, Paris, 2001, p. 818.

43. M. Foucault, « Les mailles du pouvoir », *Dits et écrits II*, *op. cit.*, p. 1001-1020.

44. M. Foucault, « La gouvernementalité », dans *Actes*, été 1986, p. 7-15.

45. J.-B. A. Godin, *La République du travail et la réforme parlementaire*, Guillaumin et Cie, Paris, 1889, p. IX.

46. Les ministères sont les suivants : 1) travail, agriculture, industrie et commerce ; 2) instruction publique, écoles, sciences et arts ; 3) finances, solidarité et mutualités nationales ; 4) travaux publics, chemins de fer et canaux ; 5) postes et télégraphes ; 6) justice ; 7) marine et colonies ; 8) affaires intérieures ; 9) affaires étrangères ; 10) défense nationale.

47. *Ibid.*, p. 187.
48. *Ibid.*, p. XIII.
49. « Je n'ai point été à Paris, explique-t-il après les événements de 1848 (...) pour apprendre à connaître le but et les doctrines du socialisme, car nous phalanstériens nous ne connaissons que la science sociale, avec laquelle l'humanité pourrait dès aujourd'hui s'organiser en sociétés où régneraient la vérité, la justice, la liberté individuelle et collective, l'égalité réelle de droit, la fraternité, enfin le bonheur. », Lettre de J.-B. A. Godin à M. Bernus, 3 septembre 1848, fonds FGP.
50. Lettre de J.-B. A. Godin à ?, 21 mars 1847, fonds FGP.
51. J.-B. A. Godin, cité dans M. Moret, *Documents pour une biographie complète de Jean-Baptiste André Godin*, Familistère de Guise, 1897-1901, premier volume, p. 98-99.
52. J.-B. A. Godin, « Aux citoyens électeurs du département de l'Aisne », VII(1)-6, fonds FGP.
53. En fait, lors des élections du 23 avril 1848, tous les phalanstériens subissent la défaite, à l'exception notable de Victor Considerant. En 1849, et dans la foulée des suggestions émises par la commission du Luxembourg (cf. chapitre 3), V. Considerant propose à l'Assemblée la construction d'un phalanstère en banlieue parisienne.
54. Le domicile de Godin fait l'objet d'une autre fouille policière trois ans plus tard encore.
55. « Conférence de M. Godin aux membres de l'Association le 22 mai 1881 », dans *Le Devoir*, t. 5, n° 143, 5 juin 1881, p. 354.
56. Lettre de J.-B. A. Godin à M. Osborne, 28 août 1871, fonds FGP.
57. L. Lestelle, *Étude sur le Familistère de Guise (Son fondateur : J.-B. A. Godin)*, thèse pour le doctorat, université de Paris, faculté de droit, 28 mai, Rousseau, Paris, 1904, p. 9 et suiv.
58. « Jean-Baptiste André Godin », dans *Le Devoir*, t. 12, n° 489, 22 janvier 1888, p. 55.
59. G. Marival, « Godin au conseil général de l'Aisne (1870-1883) », dans G. Delabre, J.-M. Gautier éds., *Godin et le Familistère de Guise à l'épreuve de l'histoire*, *op. cit.*, p. 173. Dans les lignes qui suivent, les informations sur l'action de Godin au conseil général de l'Aisne proviennent pour l'essentiel de cet article très informé.
60. La commission est chargée de la direction de l'usine et de la gestion du Familistère. Elle se réunit toutes les deux semaines et, en son sein, deux membres sont détenteurs d'une procuration qui leur permet d'assumer les décisions en lieu et place de Godin. Ce système ne fonctionne pas longtemps. Des tensions apparaissent rapidement, suite à la mise en place de registres de présence dans les ateliers et les bureaux. La commission est dissoute en 1872.
61. Lettre de J.-B. A. Godin à A. Poëtte, Versailles, 11 janvier 1873, fonds FGP.
62. N. Brémand, *Les Socialistes et l'enfance au XIXe siècle*, thèse pour le doctorat d'histoire, Paris IV Sorbonne, 2006, p. 498.

63. L. Lestelle, *op. cit.*, p. 12.

64. É. Raoux, *Le Familistère de Guise ou le Palais social : brochure imprimée en nouvelle orthographe*, Librairie Blanc, Impert et Lebet, Lausanne, novembre 1872. Avant la publication de cet opuscule, E. Raoux avait déjà rédigé six ans plus tôt un article de huit pages, qui présentait l'œuvre de Godin. É. Raoux, « Une véritable cité ouvrière ou le Familistère de Guise », *Journal de la société vaudoise d'utilité publique*, janvier 1866. Comme l'indique F. Panni, « le français Édouard Raoux, professeur, correspond avec Godin à partir de 1865 après la lecture d'un petit ouvrage d'Alexandre Oyon sur le Familistère. À Lausanne et à Nice, il tente sans résultat de réunir des actionnaires pour fonder un Familistère, entreprise que n'encourage guère l'industriel. Raoux anime en Suisse un cercle de sympathisants aux idées de Godin. », F. Panni, dans J.-B. A. Godin, *Lettres du Familistères*, *op. cit.*, p. 69.

65. J.-B. A. Godin, « L'habitation nouvelle ou le palais communal », dans *Le Devoir*, t. 5, n° 123, 16 janvier 1881, p. 34.

66. *Ibid.*, p. 35.

67. J.-B. A. Godin, « L'habitation humaine et la constitution de la véritable commune », dans *Le Devoir*, t. 5, n° 122, 9 janvier 1881, p. 19.

68. J.-B. A. Godin, « La contribution et l'impôt », dans *Le Devoir*, t. 5, n° 127, 13 février 1881, p. 97.

69. *Ibid.*, p. 99.

70. J.-B. A. Godin, *La République du travail et la réforme parlementaire*, *op. cit.*, p. 146.

71. Chaque opuscule occasionne une dépense de 1 100 à 1 200 francs que Godin prend à sa charge, avec l'espoir de toucher un revenu d'environ 750 francs par titre. Lettre de J.-B. A. Godin à V. Poupin, 7 avril 1874, fonds FGP. L'édition de ces petits ouvrages se fait donc à perte et Godin en assume les frais. Godin avait-il conscience des réalités de l'édition et de la diffusion ? On peut en douter puisque, dans la lettre mentionnée précédemment, il évoque la possibilité que certains ouvrages atteignent des chiffres de vente variant entre 20 000 et 40 000 exemplaires. Un an plus tard, Marie Moret dit sa satisfaction du fait que 6 000 exemplaires au moins de *La Politique du travail* de Godin ont été diffusés ! Lettre de M. Moret à ?, 18 octobre 1875, fonds FGP.

72. Dans la même collection paraissent des ouvrages de Louis Blanc *(Napoléon)*, de Victor Poupin *(La Guerre, Le Mandat impératif)*, d'Ernest Hamel *(Les Origines de la révolution)*, de Léon Richer *(Le Livre des femmes)*, d'Ernest Legouvé *(La Femme en France au XIXe siècle)*, de Jules Simon *(L'Instruction gratuite et obligatoire)*, de Charles Fourier *(Association et travail attrayant)*, de Martin Nadaud *(Les Sociétés ouvrières)*, etc.

73. Cf. la liste exhaustive des publications de Godin à la fin de cet ouvrage.

74. Lettre de J.-B. A. Godin à C. Limousin, 9 septembre 1877, fonds FGP. Aux côtés du *Devoir*, il faut signaler une autre « brochure de propagande »

– *Études sociales* –, qui paraît à partir de 1884. Chacun de la dizaine des numéros publiés traite d'un sujet entier cher à Godin : la présentation du Familistère, la réforme électorale et la révision constitutionnelle, l'arbitrage international et le désarmement européen, l'hérédité de l'État et la réforme de l'impôt, l'extinction de la misère par la mutualité nationale... G. Delabre et J.-M. Gautier signalent un autre journal encore qui paraît à compter de 1885 sous la responsabilité également de Godin. Il s'agit de *Désarmement européen et l'arbitrage international. Bulletin de paix*. G. Delabre, J.-M. Gautier éds., *Godin et le Familistère de Guise à l'épreuve de l'histoire*, *op. cit.*, p. 189.

75. *Le Devoir* contient des rubriques intitulées « Études anticatholiques ».

76. Certains articles, non signés, ont probablement été rédigés par Godin. Sans certitude cependant sur leur auteur, je n'ai pas attribué ces contributions à Godin.

77. É. Champury, le premier rédacteur en chef, travaille à *La Semaine républicaine* avant d'être embauché par Godin en février 1878. Il quitte le journal quand *Le Phare de Loire* (Nantes) lui propose un poste similaire plus intéressant financièrement. S. Deynaud, fils de bonne famille, est un des fondateurs en 1879 du parti ouvrier. Socialiste possibiliste, il collabore avec divers journaux engagés – *Le Prolétaire*, *La Bataille* – avant de rejoindre *Le Devoir*. Il quitte le journal et le Familistère après que Godin lui a refusé de répondre dans *Le Devoir* à des attaques dont il avait été l'objet. Embauché par Benoît Malon pour travailler à *La Revue socialiste*, S. Deynaud n'économise pas, par la suite, les critiques acides à l'encontre de Godin (cf. S. Deynaud, *Trente-trois mois au Familistère*, Imprimerie Desmasure, Hirson, 1887). Issu d'un milieu modeste, G. Rouanet fonde *L'Émancipation sociale* à Narbonne en 1881. Puis il collabore au *Cri du Peuple* de Jules Vallès en 1883 et participe à la création de *La Revue socialiste* en 1885. C'est cette revue qu'il rejoint à nouveau pour en prendre la direction lorsqu'il quitte *Le Devoir* en 1887. G. Rouanet est ensuite élu conseiller municipal en 1889 (avec l'appui de l'Union démocratique des comités républicains socialistes et du comité radical socialiste) et député en 1893. Ajoutons que trois gérants, responsables juridiques du journal, se sont également succédé : A. Massoulard (1878-79), P. A. Doyen (1879-1888) et Marie Moret (1888). Toutes ces informations sont tirées du mémoire de N. Sauvé, Le Devoir *(1878-1888), outil de propagande du Familistère de Guise*, mémoire de master « Cultures, identités, territoires, échanges » en histoire contemporaine, sous la direction de J.-M. Wiscart, université de Picardie Jules Verne, 2006, 102 pages. A. Massoulard a été également secrétaire de Godin. Le fondateur paye un billet de retour à cet émigré français parti tenter, en 1874, l'expérience de la solidarité aux États-Unis et qui informe Godin du mode de fonctionnement des communautés où il séjourne (comme celle d'Icaria qui l'accueille en 1875). F. Panni, dans J.-B. A. Godin, *Lettres du Familistère*, *op. cit.*, p. 103.

78. Lettre de J.-B. A. Godin à S. Deynaud, 9 novembre 1863, fonds FGP.

79. Ces informations comme celles qui suivent à propos du *Devoir* sont extraites de N. Sauvé, *op. cit.*

80. Le rapport d'A. Fabre établit qu'en 1880 *Le Devoir* est en déficit. Le compte-rendu de la séance du conseil de gérance qui entend ledit rapport indique que « la perte de ce service est portée au compte particulier de M. Godin ». Conseil de gérance du 29 janvier 1881. Le compte-rendu de ce conseil de gérance, comme tous ceux auxquels j'ai pu avoir accès, est déposé dans le fonds d'archives du Familistère de Guise.

81. Lettre de J.-B. A. Godin à M. Souplet, 1er mai 1863, fonds FGP. Un tel refus n'empêche pas J. Simon de solliciter Godin en 1874 afin de bénéficier d'informations sur les écoles du Familistère. C. Souplet, qui sert de relais à J. Simon, travaille au *Guetteur*, journal républicain de Saint-Quentin, qu'il dirige de 1833 à 1856. F. Panni, note 1, dans J.-B. A. Godin, *Lettres du Familistère*, *op. cit.*, p. 63.

82. Lettre de J.-B. A. Godin à M. Souplet, *op. cit.*

83. Parmi les personnalités françaises qui l'appuient ouvertement figure par exemple Élie Reclus, militant anarchiste comme son frère Élisée. Élie Reclus est venu visiter le Familistère dès 1866. Lorsque Godin fait l'objet de vives critiques, il manifeste sympathie et fidélité au fondateur du Familistère. Une telle attention va droit au cœur de Godin. Cf. à ce sujet la lettre de J.-B. A. Godin à Élie Reclus, 1er juillet 1886, fonds FGP. Godin connaît également Louis Blanc, qui lui recommande la candidature d'une de ses connaissances. Lettre de L. Blanc à J.-B. A. Godin, 17 janvier 1875, fonds FGP.

84. A. Oyon, *Une véritable cité ouvrière. Le Familistère de Guise*, Librairie des sciences sociales, Paris, 1865. L'ouvrage paraît en anglais sous le titre « A visit to the Familistery » dans *The Social Science Review* en octobre 1865 (traduction de T. Pagliardini). *The Social Science Review* est dirigée par B. W. Richardson.

85. Selon P. Desroche, 95 visiteurs se présentent au Familistère entre 1864 et 1875, 212 entre 1876 et 1888, l'acmé étant atteinte en 1884 (48 personnes). Après la mort de Godin, les chiffres chutent : 35 visiteurs seulement entre 1889 et 1890. P. Desroche, « Visiteurs au Familistère. Étude quantitative d'une irradiation (1864-1900) », dans G. Delabre, J.-M. Gautier éds., *Jean-Baptiste André Godin et le Familistère de Guise à l'épreuve de l'histoire*, *op. cit.*, p. 57-74. Le décompte opéré par F. K. Panni (que celui-ci m'a aimablement fourni) aboutit à un résultat un peu différent : 94 visiteurs entre 1864 et 1875, 224 entre 1876 et 1888 dont 47 en 1884. Il faut noter enfin que *Le Livre des visiteurs*, sur lequel s'appuient les recensions précédentes, n'est pas une source entièrement fiable puisque le passage de certains visiteurs n'y est pas consigné.

86. T. Pagliardini, « Une visite au Familistère ou Maison de travailleurs », dans *Revue anglaise des sciences sociales*, Londres, 1865. La citation est extraite de la traduction parue dans J. Moureau, *Le Salaire et des associations coopératives*, Guillaumin et Cie, Paris, 1866, p. 205-206.

87. L. Lestelle, *op. cit.*, p. 9. À cette liste, il faut encore ajouter la revue *Baby*. Le *Times* présente le Familistère dans son numéro du 5 janvier 1886.

« Le *Times* et le Familistère », dans *Le Devoir*, t. 10, n° 384, 17 janvier 1886, p. 35-36. Sur la manière dont *Le Courrier de Londres* en rend compte, cf. « Opinion définitive du *Courrier de Londres* sur le Familistère », dans *Le Devoir*, t. 11, n° 457, 1er mai 1887, p. 276-278. D'autres journaux anglais (*The Spectator*, *The Christian World*, *The Cooperative News*, *Le Courrier de Londres* ou encore *The Women's Union Journal*) consacrent aussi plusieurs articles à l'expérience familistérienne. D'autres mondes que celui de la presse font aussi l'objet d'informations. Dès 1865, F. R. S. Godwin présente une communication sur le Familistère à la IXe rencontre de la National Association for the Promotion of Social Science, qui se tient le 4 octobre à Sheffield.

88. Lettre de T. Pagliardini à J.-B. A. Godin, 29 avril 1882, fonds du Familistère de Guise.

89. J.-B. A. Godin, « Discours de M. Godin à la fête du Travail », dans *Le Devoir*, t. 5, n° 140, 15 mai 1881, p. 307.

90. V. Neale, *Associated Homes: A Lecture*, Mac Millan & Co., Londres, 1880. Entre autres initiatives, V. Neale traduit et fait publier dans l'édition du 28 octobre 1882 de *The Co-opérative* le rapport complet de Godin à l'assemblée générale des associés du Familistère. V. Neal sert par ailleurs de relais pour obtenir les bons offices d'un traducteur qui rédige en français des textes de R. Owen que *Le Devoir* publie ensuite.

91. J. Rae, « Jean-Baptiste Godin », dans *Good Words*, August 1888, p. 548.

92. H. Roberts est un spécialiste de l'habitat populaire. Il est l'auteur de *The dwelling of the labouring classes*. Le livre, qui paraît en 1850, est aussitôt traduit en français.

93. « Journaux anglais qui ont parlé du Familistère », fonds FGP. D'après ce document, entre 1865 et 1871, plus de 2 000 lignes ont été publiées dans la presse et les revues anglaises.

94. Lettre de J.-B. A. Godin à P. C. Conlaud, 4 mars 1886, fonds FGP.

95. Comme l'indique Catherine Durieux (« Fouriérisme américain, Familistère et amour libre. À propos de "Papa's Own Girl" de Marie Howland », dans *Cahiers Charles Fourier*, n° 17, décembre 2006, p. 25-50), les partisans de l'amour libre aux États-Unis veulent avant tout l'égalité des sexes. Ils revendiquent la possibilité de bénéficier de rapports libres et égaux, non contraints par la loi.

96. En 1878, Marie Moret avouera d'ailleurs à M. Howland que les lettres qu'elle a reçues de Godin étaient toutes écrites de sa main, Godin se contentant de les signer. Lettre de M. Moret à M. Howland, 18 avril 1878, fonds FGP. La distance n'est manifestement pas un frein à l'amitié. Cela est d'autant plus étonnant que le couple d'Américains ne semble pas avoir séjourné au Familistère. « Je suis sensible, écrit Godin à M. Howland, à la sympathique affection que vous me témoignez, mais je me demande pourquoi 2 000 lieues de distance ont ainsi la propriété de donner aux choses d'aussi belles proportions. Ce que je constate au sujet de l'homme que vous n'avez pas vu, je le constate

également au sujet du Familistère que vous n'avez pas vu davantage. », Lettre de J.-B. A. Godin à Marie Howland, 30 juin 1879, fonds FGP.

97. M. Howland, *Papa's Own Girl*, J. P. Jewett, New York, 1874. Le livre est traduit en français par A. Massoulard et M. Moret. Il est publié dans *Le Devoir* à partir du 31 mars 1878. Sur la trajectoire et l'œuvre de M. Howland, cf. C. J. Guarneri, *The utopian alternative. Fourierism in nineteenth century America*, Cornell University Press, Ithaca and London, 1991, p. 397-398.

98. À la réception de l'ouvrage, Godin écrit à M. Howland et lui indique que « maintenant Marie Moret, mon amie et ma parente, qui est aussi ma secrétaire et entièrement dévouée au Familistère, est devenue plus familière avec la langue anglaise, et elle vient justement de relire votre ouvrage. Je sais donc, par elle, que votre roman met en relief, sous la forme la plus intéressante et la plus sérieuse toutes les idées de progrès admises par notre époque. L'amour de l'humanité y brille à chaque page, et l'obligation de mettre cet amour en pratique dans tous les actes de notre vie y est démontrée de la façon la plus heureuse. », Lettre de J.-B. A. Godin à M. Howland, 12 mars 1878, fonds FGP.

99. Sur ce courant, cf. D. Hayden, « Two utopian feminists and their campaigns for Kitchenless Houses », dans *Signs*, vol. 4, n° 2, 1978, p. 274-290. Pour ce qui concerne plus précisément les sources et les influences du socialiste et utopiste E. Bellamy, auteur à succès de *Looking Backward* (1887) et d'*Equality* (1897), cf. C. Durieux, « Les femmes dans l'œuvre utopique d'Edward Bellamy », dans *Revue d'histoire du XIX*[e] *siècle*, n° 24, 2002, p. 71-92.

100. « Nouvelles du Familistère », dans *Le Devoir*, t. 4, n° 101, 15 août 1881, p. 524.

101. « Nouvelles du Familistère », dans *Le Devoir*, t. 4, n° 116, 28 novembre 1880, p. 757-758.

102. « Nouvelles du Familistère », dans *Le Devoir*, t. 4, n° 106, 19 septembre 1880, p. 595.

103. « Le Familistère & le *New York Herald* », dans *Le Devoir*, t. 4, n° 102, 22 août 1880, p. 533.

104. « Nouvelles du familistère », dans *Le Devoir*, t. 4, n° 114, 14 novembre 1880, p. 724. Edward, le second mari de M. Howland, a également rédigé deux articles de présentation du Familistère : « The Social Palace at Guise », dans *Harper's New Monthly Magazine*, vol. 44, Harper & Bros, New York, 1872, p. 701-716 et « The Familistère at Guise, France », dans *Harper's New Monthly Magazine*, vol. 71, Harper & Bros, New York, novembre 1885, p. 912-918.

105. P. Godwin, *Popular view of the doctrines of Charles Fourier*, Redfield, New York, 1844.

106. C. Sauvestre, « Le socialisme pacifique », dans *La Semaine populaire*, supplément du dimanche de la *Petite République française*, n° 23, 16 janvier 1881, p. 2.

107. Un autre Italien, ami intime de F. Vigano, Vincenzo de Castro, rédige par ailleurs une brochure : *Godin e Rossi o la soluzione pacifica della questione sociale in Francia e in Italia*, Milan, 1885.

108. É. Cacheux connaît le Familistère pour l'avoir visité en 1877. Il a entretenu également une correspondance avec Godin cette même année à propos de questions de construction. Cf. Lettre de J.-B. A. Godin à É. Cacheux, 25 avril 1877, fonds FGP.

109. L. Reybaud, « Le Familistère de Guise. *Solutions sociales*, par M. Godin, fondateur du Familistère de Guise, député à l'Assemblée nationale, 1 vol. in-8° », dans *Revue des Deux Mondes*, t. 97, 1872, p. 775-799. Cette contribution est reprise dans l'ouvrage du même auteur, *Le Fer et la Houille*, qui paraît en 1874.

110. L. Reybaud acquiert sa notoriété et sa légitimité intellectuelle grâce, notamment, aux nombreux ouvrages qu'il rédige sur la vie des entreprises et sur les réformateurs socialistes du XIXe siècle.

111. L. Reybaud, « Le Familistère de Guise. *Solutions sociales*, par M. Godin, fondateur du Familistère de Guise, député à l'Assemblée nationale, 1 vol. in-8° », *op. cit.*, p. 776.

112. *Ibid.*, p. 777.

113. *Ibid.*, p. 799.

114. *Ibid.*, p. 799.

115. C. Fauvety, « Solutions sociales », dans *L'Avenir*, 14 octobre 1871.

116. E. Peyrat, « Deux livres, deux esprits », dans *Revue chrétienne*, n° 11, 5 novembre 1871, p. 619-643. L'étude compare le travail de Godin avec un ouvrage de l'abbé A. Gatry intitulé *Les Sources de la régénération sociale*.

117. Parmi les journaux qui évoquent Godin et le Familistère, on peut citer *L'Avenir, L'Avenir de l'Orne, Le Bien public, Le Courrier du soir, L'Écho du Lubéron, L'Éclaireur, La Femme, La France, La France libre, Le Glaneur de Saint-Quentin, L'Indépendant rémois, Le Journal de l'Aisne, Le Journal de Vervins, La Liberté, Le Moniteur des syndicats, Le Nord de la Thiérache, L'Opinion, Le Papillon, Le Patriote poitevin, Le Populaire, Le Progrès de l'Est, Le Progrès du Nord, La République radicale, La Semaine populaire, La Tribune de l'Aisne, L'Union républicaine, L'Union républicaine de l'Eure*, etc.

118. L. Martinet, « À M. Godin-Lemaire, fondeur à Guise en pays de Thiérache », dans *Le Conservateur de l'Aisne*, 18 octobre 1878.

119. J.-F. Rey, J.-L. Pinol, « Présentation », dans J.-B. A. Godin, *Solutions sociales*, *op. cit.*, p. XXVI. Les deux auteurs notent que Godin était abonné à la *Revue socialiste* et y collaborait par épisode.

120. C. Pellarin, « Une visite au Familistère de Guise », dans *La Critique philosophique, politique et littéraire*, 9e année, n° 42, 18 novembre 1880, p. 247-254.

121. C. Limousin, « Le Familistère de Guise », dans *Journal des économistes*, t. 15, juillet-septembre 1881, p. 401-415. C. Limousin publie également sur le même sujet dans la *Revue du mouvement social*.

122. Dans son numéro du 21 novembre 1896, bien après la mort de Godin, *L'Illustration* évoque pour sa part une « caserne sociale ». La visite du Palais de Guise produit une « impression pénible éprouvée en pénétrant dans les froides cours vitrées, qu'aucune couleur vive, aucune verdure ne vient égayer. », cité par O. Martin, « Les familistériens et les autres », dans T. Paquot, M. Bédarida éds, *Le Familistère Godin à Guise. Habiter l'utopie*, « Penser l'espace », les éditions de La Villette, Paris, 1980, p. 127.

123. C. Limousin, « Le Familistère de Guise », *op. cit.*, p. 408.

124. Godin répond à C. Limousin dans « Au *Journal des économistes* et à la *Revue du mouvement social* », dans *Le Devoir*, t. 5, n° 168, 27 novembre 1881, p. 756-760 ainsi que dans « Correspondance. Le Familistère de Guise », dans *Journal des économistes*, t. 16, octobre-décembre 1881, p. 263-269.

125. « Zola est probablement venu à Guise, sans s'y faire connaître de la direction de l'Association, son nom ne figure pas au livre d'or. », R. Rabaux, « Document : causerie du 2 mai 1980 », dans T. Paquot, M. Bédarida éds, *Le Familistère Godin à Guise. Habiter l'utopie*, *op. cit.*, p. 191.

126. É. Zola, *Travail*, Fasquelle, Paris, 1901.

127. É. Zola, dossier préparatoire à *Travail* (5), Bibliothèque nationale de France, N.A.F. 10334, microfilm 4141. Les notes consacrées au Familistère occupent sept pages (p. 388-394) à côté d'autres consacrées à la psychologie des personnages du livre en préparation, à des techniques de production (hauts fourneaux, électricité), aux doctrines anarchistes et collectivistes (Fourier, Kropotkine, Bellamy, Grave) et à des descriptions d'entreprise (Le Creusot, Unieux).

128. F. Engels se révèle plus injuste encore qui, dans *La Question du logement* (1887) écrit : « La colonie de Guise a été érigée par un fouriériste, non en vue d'une affaire de spéculation, mais dans un but d'expérience socialiste (...). Celle-ci est devenue finalement, elle aussi, un simple foyer de l'exploitation ouvrière. », cité par R. Rabaux, « Document : causerie du 2 mai 1980 », *op. cit.*, p. 192, et par J.-F. Rey, J.-L. Pinol, *op. cit.*, p. XXIV.

129. Dans un courrier daté de 1876, Godin explique qu'il vient de proposer à la banque London et Westminster de déposer un million de francs pour l'achat de warrants, placements de long terme qu'il estime sûrs. Lettre de J.-B. A. Godin à MM. Robinows et Marjoribank, 18 octobre 1876, fonds FGP. Godin est par ailleurs actionnaire de la société du canal interocéanique de Panama. Dans l'une des lettres qu'il rédige peu avant sa mort, Godin demande la délivrance d'un certificat nominatif de ses 350 actions ainsi que le dépôt de celles-ci à la Compagnie interocéanique. Lettre de J.-B. A. Godin à MM. Offroy et Cie, 14 janvier 1888, fonds FGP.

130. J.-F. Rey, J.-L. Pinol, *op. cit.*, p. XXVI.

131. J.-F. Draperi, *Godin, inventeur de l'économie sociale*, éditions Repas, Valence, 2008, p. 103.

132. Lettre de M. Durville à J.-B. A. Godin, 5 mai 1880, fonds de Guise.

133. Lettre d'Ernest à J.-B. A. Godin, 6 avril 1882, fonds de Guise.

134. Lettre de L. de Vallières à J.-B. A. Godin, 16 septembre 1885, fonds de Guise.
135. M. Loire, *op. cit.*, p. 294.
136. Lettre de J.-B. A. Godin à M. Howland, 18 avril 1878, fonds FGP.
137. Lettre de J.-B. A. Godin à M. Howland, 25 février 1872, fonds FGP.

Chapitre 2]

1. Cette définition est celle que propose C. Gide dans « Économie sociale », *Exposition universelle internationale de 1900 à Paris. Rapport du jury international. Introduction générale*, vol. 5, Paris, 1903. Elle est citée par C. Topalov, *op. cit.*, p. 30.
2. J.-B. A. Godin, « Comment s'accomplit le progrès social. XXI », dans *Le Devoir*, t. 5, n° 129, 27 février 1881, p. 129-130.
3. J.-B. A. Godin, *Solutions sociales*, *op. cit.*, p. 28.
4. J.-B. A. Godin, *Les Socialistes et les droits du travail*, Librairie de la bibliothèque démocratique, n° 38, Paris, 1874, p. 22.
5. Prosper Enfantin et Michel Chevalier sont condamnés à un an de prison avant d'être finalement graciés en 1833. J'emprunte ces différents éléments relatifs à l'école saint-simonienne à P. Bénichoux, *Le Temps des prophètes. Doctrines de l'âge romantique*, « Bibliothèque des idées », Gallimard, Paris, 1977, p. 305 et suiv. et à J. Russ, *Le Socialisme utopique français*, « Pour connaître », Bordas, Paris, 1987, p. 150 et suiv.
6. J.-B. A. Godin, *Solutions sociales*, *op. cit.*, p. 31.
7. É. Cabet, *Prospectus de la colonie icarienne*, chez l'auteur, 3, rue Baillet, Paris, mars 1855, p. 9.
8. V. Robert, « Géographie de l'utopie. Icariens et phalanstériens à la veille de 1848 », dans *Cahiers Charles Fourier*, n° 10, décembre 1999, p. 75.
9. J.-B. A. Godin, *Solutions sociales*, *op. cit.*, p. 41.
10. B. Viard, « Pierre Leroux et les premières associations en 1830 », dans *Revue du Mauss*, n° 11, 1998, p. 21-27.
11. P. Leroux, *De la philosophie et du christianisme*, Payot, Paris, 1994, p. 195. Première édition : 1832.
12. Bruno Verlet (« De l'association à l'organisation du travail », dans *Cahiers Charles Fourier*, n° 11, décembre 2000, p. 53-66) offre une intéressante analyse de la carrière de ce terme. Les commentateurs de la version de *Solutions sociales* parue en 1979 notent pour leur part que « l'idée d'association réalise l'unanimité après février 1848 : du haut de la chaire de Notre-Dame, Lacordaire exalte l'Association, "le seul grand moyen économique qui soit au monde" et, au Collège de France, Michel Chevalier, ancien saint-simonien, déclare : "L'association est possible dans la production même ; elle y est plus désirable encore que dans la consommation." Des associations ouvrières se constituent, la Commis-

sion du Luxembourg adopte les idées de Louis Blanc et de Buchez, et Corbon, vice-président de l'Assemblée nationale, ouvrier, catholique et socialiste buchezien, dépose un projet de loi dégageant 3 millions de francs pour commanditer ces associations. Selon Corbon, elle doit permettre de préparer "le passage des travailleurs de la situation de travailleurs à celle d'associés volontaires". L'Association créée par Godin en 1880 n'a pas d'autre but. », J.-F. Rey, J.-L. Pinol, note 32, dans J.-B. A. Godin, *Solutions sociales, op. cit.*, p. 452.

13. *Ibid.*, p. 45.

14. Dans sa *Théorie des quatre mouvements*, C. Fourier revendique la filiation intellectuelle de Newton et de Leibniz. À la suite de ces théoriciens de l'attraction matérielle, n'a-t-il pas, lui C. Fourier, découvert l'attraction passionnée et, plus encore, l'unité du système de mouvements qui engage le matériel et le spirituel ? De là la nouvelle science que propose C. Fourier, celle de « l'analogie des quatre mouvements matériel, organique, animal et social, ou analogie des modifications de la matière avec la théorie mathématique des passions de l'homme et des animaux. », C. Fourier, *Théorie des quatre mouvements et des destinées générales*, Les presses du réel, Dijon, 1998, p. 129.

15. Les citations qui suivent sont tirées des extraits du document rédigé par Godin tels que les rend H. Desroche, *op. cit.*, p. 287.

16. *Ibid.*

17. P. Bénichoux, *op. cit.*, p. 359-360.

18. Les figures les plus marquantes de l'école sont presque toutes venues au monde au tournant du siècle : Victor Considerant, le chef de file le plus en vue, est né en 1808, Désiré Laverdant en 1809, Édouard de Pompéry en 1812, Alphonse Toussenel et Hippolyte Renaud en 1803, l'apôtre Journet en 1799, Just Muiron en 1787…

19. *Ibid.*, p. 364.

20. Lettre de J.-B. A. Godin à MM. les gérants de *La Démocratie pacifique*, 1er novembre 1846, fonds FGP.

21. Lettre de J.-B. A. Godin à V. Considerant, 16 août 1843, fonds FGP.

22. Lettres de J.-B. A. Godin à MM. les gérants directeurs de *La Démocratie pacifique*, 12 janvier 1844 et 21 février 1846, fonds FGP.

23. T. Voet, *La Colonie phalanstérienne de Cîteaux (1841-1846). Les fouriéristes aux champs*, Éditions universitaires de Dijon, Dijon, 2001.

24. M. Moret, *Documents pour une biographie complète de Jean-Baptiste André Godin*, premier volume, *op. cit.*, p. 77.

25. J. Russ, *op. cit.*, p. 76-77.

26. M. Moret, *Documents pour une biographie complète de Jean-Baptiste André Godin*, troisième volume, *op. cit.*, p. 265-266.

27. En partant pour le Texas, affirme V. Considerant, « il ne s'agit pas d'abandonner la patrie européenne ; il s'agit, encore et toujours, de préparer son salut et celui du nouveau monde. », V. Considerant, *Au Texas*, Paris, Librairie phalans-

térienne, 1854, p. 173. Sur l'aventure texane de V. Considerant, cf. J. Beecher, *Victor Considerant and the rise and fall of French romantic socialism*, University of California Press, Berkeley, Los Angeles, London, 2001, p. 326 et suiv.

28. *Ibid.*, p. 314.

29. Lettre de J.-B. A. Godin à V. Considerant, 4 février 1854, fonds FGP. Le principe suggéré par Godin dans ce courrier est celui-là même qu'il théorise ultérieurement dans ses *Solutions sociales* et qu'il met en pratique avec la fondation de l'Association du capital et du travail en 1880.

30. Lettre de J.-B. A. Godin à V. Considerant, 10 janvier 1855, fonds FGP.

31. En 1849, ils s'installent finalement à Nauvoo, dans l'Illinois, d'où les mormons viennent d'être chassés. En 1855, la colonie compte 526 Icariens. À ce sujet, cf. J. Prudhommeaux, *Icarie et son fondateur Étienne Cabet*, Édouard Cornély et Cie, Paris, 1907.

32. Lettre de J.-B. A. Godin à V. Considerant, citée par M. Moret, *Documents pour une biographie complète de Jean-Baptiste André Godin*, premier volume, *op. cit.*, p. 562.

33. Lettre de J.-B. A. Godin au chef comptable de Réunion, 26 décembre 1855, citée par M. Moret, *ibid.*, p. 560.

34. A. Savardan, *Un Naufrage au Texas. Observations et impressions recueillies pendant deux ans et demi au Texas et à travers les États-Unis d'Amérique*, Garnier frères, Paris, 1858, p. 161 et p. 166. À propos de ce médecin fouriériste, cf. notamment C. Cosnier, « Auguste Savardan et le phalanstère sarthois », dans *Cahiers Charles Fourier*, n° 16, décembre 2005, p. 7-22.

35. J. Beecher, *Victor Considerant and the fall and rise of French romantic socialism*, *op. cit.*, p. 353-354.

36. B. B. Klier, « Des Fouriéristes au Texas : la famille Considerant à San Antonio », dans *The French Review*, vol. 68, n° 6, May 1995, p. 1035-1050.

37. Lettre de J.-B. A. Godin à F. Cantagrel, 16 mars 1853, fonds FGP. F. Cantagrel lui répond qu'il est bien aise de l'apprendre mais lui suggère d'apporter plutôt ses capitaux à d'autres pour faciliter une entreprise plus satisfaisante encore et ayant quelque chance de se propager plus rapidement.

38. J.-B. A. Godin, *Solutions sociales*, *op. cit.*, p. 92-93.

39. J.-B. A. Godin, « Douzième conférence », dans *Le Devoir*, t. 7, n° 231, 11 février 1883, p. 89. Godin tentera de récupérer une partie de sa mise après l'échec de Réunion. En 1871, alors qu'il est à Versailles, Godin délègue É. de Pompéry à l'assemblée générale des actionnaires de « l'affaire du Texas ». « J'y ai pris part, lui indique-t-il, pour plus de 100 000 francs ; il est probable que toutes les illusions sont tombées maintenant et que les actionnaires n'ont plus en vue que de rentrer dans une faible partie du capital. Ne pouvant me rendre à cette réunion, je vous serai obligé de savoir si la société consentirait à la vente totale de ses terres, si elle rencontrait une occasion favorable. Si elle voulait entrer dans cette voie, je m'occuperais du moyen d'y parvenir. », Lettre de J.-

B. A. Godin à É. de Pompéry, 20 novembre 1871, fonds FGP.

40. F. Duval, *J.-B. A. Godin et le Familistère de Guise*, thèse pour le doctorat de droit, université de Lille, Giard et Brière, Paris, 1905, p. 10.

41. Dans un courrier qu'il adresse à Émile (Lettre de J.-B. A. Godin à É. Godin, 16 février 1853, fonds FGP), Godin se réjouit explicitement du fait que celui-ci puisse faire sa première communion à condition d'avoir la volonté de « bien apprendre » son catéchisme. « Tu seras assez raisonnable, explique Godin à son fils, je l'espère, pour comprendre toute l'importance que cela a pour toi pour l'avancement de ton éducation. » Dans un autre courrier daté du 20 juin 1855, Godin adopte une position quelque peu différente. Après que son fils s'est plaint d'avoir été puni pour avoir participé à un petit chahut durant la prière, Godin répond en expliquant que, sur le fond, il souscrit à la plaisanterie. L'auditoire a dû entendre quelque chose comme : « Je vous salue u u Marie i i i le seigneur est avec vous ou ou ou. » Voilà de quoi faire rire, on le comprend, et Godin avoue qu'il en rit aussi « comme tout le monde a ri avec toi ». Mais « la règle du collège veut que la prière doive être faite avec recueillement et tous ceux qui ne s'y conforment pas sont punissables. » Il est donc normal que sanction il y ait.

42. Cité par J.-B. A. Godin, « Du rôle social de la religion », dans *Le Devoir*, 1878, t. 2, n° 9, p. 130. Une telle philosophie pourrait expliquer aussi le succès du spiritisme auprès de certaines figures socialistes, Godin en tête. La communication avec l'au-delà est une façon de construire une morale sociale en tissant des liens de solidarité avec des êtres disparus dont, à un titre ou à un autre, les personnes vivantes sont toutes débitrices.

43. *Ibid.*, p. 131. Godin précise d'ailleurs, à la même page, que « l'étude des sociétés primitives nous fait voir que la religion s'est imposée à l'homme, comme se sont imposés tous les autres grands faits de la vie ».

44. G. Delabre, J.-M. Gautier, *La Régénération de l'utopie socialiste…, op. cit.*, p. 559. Les relations entre Godin et S. Deynaud s'étant dégradées après que ce dernier a quitté le Familistère, il conviendrait de considérer la période à laquelle S. Deynaud a livré une telle information et, le cas échéant, la traiter avec la distance qui sied.

45. J.-B. A. Godin, « Théocratie et cléricalisme », dans *Le Devoir*, t. 4, n° 108, 3 octobre 1880, p. 625-626.

46. J.-B. A. Godin, « Discours à la fête du Travail », dans *Le Devoir*, t. 9, n° 348, 10 mai 1885, p. 277.

47. J.-B. A. Godin, « Conférence aux membres de l'Association du 19 mai 1881 », dans *Le Devoir*, n° 142, 29 mai 1881, p. 337.

48. J.-B. A. Godin, *Solutions sociales*, *op. cit.*, p. 123-124.

49. « Plan du travail sur la Morale de l'humanité », I(1)-2/11, fonds FGP. Dans ce document, Godin recense 17 peuples (chinois, égyptiens, perses, juifs, germains…) qu'il se propose d'étudier. Il dresse, avec la même intention, une liste de 33 thèmes (conception de Dieu, religion, mariage, famille, travail, prière,

vie, impôt, esclavage...), une autre de 22 personnages (Confucius, Manou, Moïse, Boudha, Pythagore, Socrate, Platon, Jésus Christ, Mahomet, Swedenborg, Campanella, Thomas More, Charles Fourier...) et une autre encore de 9 sectes (shakers, perfectionnistes, baptistes, mormons, quakers, swedenborgiens...).

50. *Ibid.*

51. Le travail n'aura pas été pour autant inutile. L'introduction de *Mutualité sociale* (1880) perpétue l'intention initiale, qui consiste à repérer les racines d'une règle morale universelle à l'aide de l'examen systématique des philosophies les plus variées. Pour ce faire, Godin cite Zoroastre, Manou, Confucius, Meng Tseu, saint Jean, saint Paul, saint Jacques et saint Mathieu.

52. Lettre de J.-B. A. Godin à V. Considerant, 16 septembre 1853, I(5)b-1, fonds FGP.

53. *Ibid.*

54. Les archives du Cnam conservent un ensemble de cahiers de communications qui, y compris après la mort de Godin, portent la trace de relations spirites des proches du fondateur – Marie Moret au premier chef – avec de nombreuses personnes, familistériens disparus, membres de la famille décédés ou personnalités connues (comme R. Owen, Platon ou Godin lui-même).

55. Le compte-rendu qui suit s'instruit du document intitulé « Visites chez M. Slade », I(6)a-5/1, fonds FGP.

56. I(5)b, fonds FGP.

57. E. Kant, *Rêves d'un visionnaire*, Vrin, Paris, 1989, p. 109-110. Première édition originale : 1766.

58. Notes sur Swedenborg, I(4)b-3, fonds FGP.

59. Le monde des spirites n'ignore pas, à l'inverse, l'expérience du Familistère. La *Revue spirite* se fait régulièrement l'écho de la vie du Familistère. À Londres, *The Medium and daybreak* publie un article favorable au Familistère dans son numéro du 11 février 1881. A ce sujet, cf. « Nouvelles du Familistère », dans *Le Devoir*, t. 5, n° 130, p. 196.

60. F. G. Gall (1758-1828) place ses travaux sous les auspices d'une science nouvelle qu'il nomme crânioscopie. Un de ses disciples, Jean Gaspard Spurzheim, propose en 1810 le terme de phrénologie afin de désigner autrement cette science du cerveau.

61. Parke Godwin se fait également l'apôtre, avec d'autres fouriéristes, d'un mouvement en faveur d'une articulation des thèses de C. Fourier et d'E. Swedenborg. Godin le mentionne dans une note manuscrite (I(6)a (2)-2, fonds FGP) consacrée aux influences combinées du fouriérisme et du swedenborgisme.

62. Cité par L. Rignol, « La phrénologie et l'école sociétaire. Science de l'homme et socialisme dans le premier XIXe siècle », dans *Cahiers Charles Fourier*, n° 13, décembre 2002, p. 24.

63. L. Rignol, *ibid.*

64. J.-B. A. Godin, *Solutions sociales*, *op. cit.*, p. 142 et suiv.

65. *Œuvres de Saint-Simon et d'Enfantin*, 1865-1868, t. 14. Cité par J. Russ, *op. cit.*, p. 156.

66. É. Cabet, *op. cit.*, p. 8.

67. P. Bruckner, *Fourier*, « Écrivains de toujours », Seuil, Paris, 1975, p. 84.

68. Cf. par exemple la rubrique « Union libre » du *Devoir*, t. 6, n° 217, 5 novembre 1882 (p. 701), qui rend compte, à travers la presse, du mariage des filles d'Élisée Reclus sous la seule autorité de leur père, en l'absence donc de tout officier du culte mais également de tout officier de l'état civil.

69. J.-B. A. Godin, *Le Gouvernement : ce qu'il a été, ce qu'il doit être et le vrai socialisme en action*, Guillaumin & Cie, Paris, 1883. Cité dans G. Delabre, J.-M. Gautier, *Vers une république du travail, J.-B. A. Godin 1817-1888*, les éditions de La Villette, Paris, 1988, p. 64. Dans ce même ouvrage, J.-B. A. Godin propose de remplacer le Sénat par une chambre féminine, élue par des femmes, dont la mission serait de représenter les intérêts féminins.

70. « Conférence du 20 mai 1861 », notes sur les conférences faites au Familistère par M. Godin, 4ᵉ cahier, fonds FGP.

71. G. W. Noyes, L. Foster, *Free love in Utopia, John Humphrey Noyes and the origin of the Oneida community*, University of Illinois Press, Urbana, 2001.

72. Lettre de J.-B. A. Godin à J. Noyes, 22 août 1874, fonds FGP.

73. Ed. F., « L'Association du Familistère de Guise », dans *Le Droit des femmes*, novembre 1882, p. 170.

74. Camille, « La femme au familistère de Guise », dans *La Citoyenne*, 7 octobre 1883, p. 3. La première partie de l'article a paru dans le numéro précédent de *La Citoyenne* (daté du 2 octobre, p. 3) et la troisième dans le numéro 77 daté du 8 octobre au 4 novembre (p. 3).

75. Godin s'inscrit à ce titre dans un courant dont le porte-parole le plus en vue alors est l'académicien féministe Ernest Legouvé, l'auteur de l'*Histoire morale des femmes* (1849). Critique du code napoléonien de 1804, E. Legouvé défend le principe d'« égalité dans la différence ».

76. J.-B. A. Godin, *Études sociales sur le gouvernement*, chapitre 1. Importance de l'étude du gouvernement, *Le Devoir*, t. 4, n° 98, 25 juillet 1880, p. 465.

77. J.-B. A. Godin, « Douzième conférence », dans *Le Devoir*, t. 7, n° 231, 11 février 1883, p. 89.

78. Bien qu'il ne reprenne pas entièrement à son compte les analyses de Montesquieu, Godin s'inspire de *L'Esprit des lois*, qu'il cite explicitement, pour caractériser les différents régimes qu'il passe en revue (despotisme, monarchie…).

79. J.-B. A. Godin, « De la nomination aux fonctions », dans *Le Devoir*, t. 5, n° 134, 3 avril 1881, p. 211.

80. J.-B. A. Godin, *La Souveraineté et les droits du peuple*, Librairie de la bibliothèque démocratique, n° 79, Paris, 1874, p. 101.

81. J.-B. A. Godin, *La Politique du travail et la Politique des privilèges*, Librairie de la bibliothèque démocratique, n° 92, Paris, 1875, p. 45.

82. J.-B. A. Godin, « Études sociales sur le gouvernement, chapitre 15. La paix et l'abolition de la guerre », dans *Le Devoir*, t. 4, n° 116, 28 novembre 1880, p. 754.

83. J.-B. A. Godin, « Fédération pour la paix (1) », dans *Le Devoir*, t. 5, n° 168, 27 novembre 1881, p. 753. Pour Godin, la guerre n'est pas qu'une chose abstraite. Lui-même a été pris en otage par les Prussiens qui ont occupé le Familistère au début janvier 1871.

84. J.-B. A. Godin, « Discours à la fête du Travail », dans *Le Devoir*, t. 9, n° 348, 10 mai 1885, p. 276.

85. Lettre de J.-B. A. Godin à M. Howland, 5 septembre 1866, fonds FGP.

Chapitre 3]

1. L. R. Villermé, *Tableau de l'état physique et moral des ouvriers employés dans les manufactures de coton, de laine et de soie*, t. 2, J. Renouard & Cie, Paris, 1840, p. 355.

2. L. Blanc, *Organisation du travail*, Bureau de la Société de l'industrie fraternelle, Paris, 1847. Première édition : 1839.

3. J. Léonard, *La Médecine entre les savoirs et les pouvoirs. Histoire intellectuelle et politique de la médecine française au* XIX*e* *siècle*, Aubier Montaigne, Paris, 1981.

4. Cité par F. Moret, *Les Socialistes et la ville. Grande-Bretagne, France, 1820-1850*, ENS éditions, Fontenay-aux-Roses, 1999, p. 36.

5. J.-B. A. Godin, *Solutions sociales*, *op. cit.*, p. 228.

6. J.-B. A. Godin, « L'habitation nouvelle ou le palais communal. XVIII », dans *Le Devoir*, t. 5, n° 123, 16 janvier 1881, p. 34.

7. Le Phalanstère n'est pas encore présent au début de l'œuvre de C. Fourier, notamment dans la *Théorie des quatre mouvements* (1808). Les indications sont en revanche multiples et précises dans le *Traité de l'association domestique-agricole* (1822), ouvrage sur lequel je m'appuie ici. J'utilise la version parue dans *Théorie de l'unité universelle, II*, Dijon, Les presses du réel, 2001, p. 338 et suivantes. On peut compléter le tableau en se référant également au *Nouveau Monde industriel et sociétaire* (1829).

8. C. Fourier, *Théorie de l'unité universelle, II*, *op. cit.*, p. 338.

9. Cette séparation avec le monde des étrangers s'impose d'autant plus dans le premier Phalanstère d'épreuve que C. Fourier prévoit que des curieux afflueront par milliers pour prendre connaissance du Manoir de la phalange. Il serait fâcheux que leur présence gêne les activités domestiques des sociétaires.

10. Les appartements ne sont donc pas destinés à héberger des familles. Ils sont de taille et de confort variables, mais comprennent tous au minimum une chambre à alcôve et un cabinet. Les enfants sont logés dans un dortoir

collectif avant que de pouvoir payer un loyer, à partir de l'âge de quatre ans et demi.

11. *Ibid.* p. 339. C. Fourier précise que ces mesures valent pour un palais du septième degré et qu'à mesure que l'on descend en degré ces proportions doivent être diminuées d'autant.

12. C. Fourier ajoute qu'un grand escalier mène au premier. D'autres conduisent au deuxième et au troisième étage. Deux des grands escaliers latéraux aboutissent au quatrième, là où se trouve le camp cellulaire qui accueille les légions de visiteurs de passage au Phalanstère. Ce camp comprend quatre rangs de cellules coupés en leur milieu par un large corridor central.

13. V. Considerant, *Description du Phalanstère et considérations sociales sur l'architectonique*, Durier, Paris, 1979, deuxième édition revue et corrigée : 1848. V. Considerant fournit de nombreux détails sur des aspects ignorés ou peu explorés par C. Fourier : le fonctionnement des cuisines collectives, la circulation de l'eau courante, le chauffage, l'éclairage...

14. Je reprends ici les principales indications fournies à ce sujet par M. Loire, *op. cit.*, p. 82 et suiv.

15. Projet de la commission du Luxembourg, cité par M. Loire, *op. cit.*, p. 94.

16. *Ibid.*, p. 98. M. Loire précise également que, en 1855, la cité compte 200 maisons réparties sur un espace de 8 hectares. À la fin du siècle, la cité a gagné en surface (60 hectares) et en maisonnées (plus de 1 000), soit l'équivalent de 10 000 personnes représentant 10 à 15 % de la ville de Mulhouse ! Ajoutons que la cité bénéficie de tous les atouts exigés par les hygiénistes de l'époque : largeur des rues et arbres en bordure assurent la circulation de l'air ; fontaines, buanderies et lavoirs procurent de l'eau en abondance... Des services collectifs (cantines pour célibataires, magasins, cabinet de lecture...) sont également mis à la disposition des habitants.

17. J.-B. A. Godin, *Solutions sociales*, *op. cit.*, p. 259.

18. É. Cacheux, *État des habitations à la fin du XIXe siècle*, Baudet & Cie, Paris, 1891, p. 39.

19. É. Champury, « Les habitations ouvrières », dans *Le Devoir*, t. 3, n° 66, 14 décembre 1879, p. 1042.

20. *Le Devoir*, t. 8, n° 290, 30 mars 1884, p. 194.

21. J.-B. A. Godin, *La République du travail et la réforme parlementaire*, *op. cit.*, p. 253.

22. Godin entame les démarches du Clos Dauphin en mai 1856. « Le propriétaire du terrain, qui n'était alors qu'une prairie plantée d'arbres, ne résidait pas à Guise, mais dans la Meurthe, et surtout n'avait pas dans l'idée de se séparer de son bien. », M. Loire, *op. cit.*, p. 179.

23. *Ibid.*, p. 180.

24. V. Calland, A. Lenoir, *Institution des palais de familles, solution de grand problème : le confortable de la vie à bon marché pour tous*, N. Chaix, Paris,

1855 ; V. Calland, A. Lenoir, L. de Noiron, *Institution des palais de familles : résumé de l'exposé général fait au cercle des sociétés savantes*, Paris, mars 1858. Le projet de ces architectes est de donner vie à un palais sociétaire qui, « inspiré du phalanstère de Charles Fourier, consiste en une unité d'une centaine de ménages qui deviennent copropriétaires après vingt ans de location. », F. Panni, note 3, dans J.-B. A. Godin, *Lettres du Familistère*, *op. cit.*, p. 16.

25. Lettre de J.-B. A. Godin à V. Calland, 6 octobre 1857, fonds FGP.

26. M. Moret, *Documents pour une biographie complète de Jean-Baptiste André Godin*, premier volume, *op. cit.*, p. 14-16.

27. Lettre de J.-B. A. Godin à V. Calland, 24 janvier 1858, fonds FGP.

28. M. Loire (*ibid.*, p. 169 et suiv.) note que le projet de 1858 est différent de ce qui sera réalisé ultérieurement. Le plan de départ, qui s'instruit davantage des préceptes phalanstériens, comporte des options qui, finalement, ne seront pas retenues : organisation de l'espace en fonction des nuisances sonores ou encore érection d'un clocheton sur la tour du pavillon central. Même les plans publiés dans *Solutions sociales* en 1871 sont inexacts. À cette date, la totalité du Familistère n'est toujours pas achevée, et certains projets indiqués sur les plans publiés dans le maître ouvrage de Godin (à commencer par les annexes qui devaient faire face à l'aile droite) ne verront jamais le jour. M. Loire ajoute que tout indique néanmoins que Godin a une idée assez précise, dès le début, de l'économie générale de l'ensemble qu'il souhaite ériger.

29. J.-B. A. Godin, *Solutions sociales*, *op. cit.*, p. 288.

30. Cette chronologie est établie à partir des souvenirs de Godin lui-même, qui rappelle les premières étapes de la construction du Familistère dans le discours prononcé lors de la fête du Travail de 1885. Cf. « Discours de M. Godin », dans *Le Devoir*, t. 9, nº 348, 10 mai 1885, p. 273-277. Les informations sont convergentes avec celles que Godin livre en 1864 dans ses « Notes pour servir de complément à la brochure de M. Oyon sur le Familistère », 1859-1865, VII(2)-8, fonds FGP.

31. Ces règles font l'objet de répétitions constantes. L'année suivante, Godin les énoncent en ces termes : « D'abord tous les nouveaux entrants ont un apprentissage à faire et des conseils à recevoir, afin de se mettre au courant de l'habitation et de se servir avec adresse et sans rien gâter de toutes les dispositions du bien-être ménagé ici ; les nouveaux arrivés doivent donc venir aux conférences pour régler leur conduite comme elle doit l'être, et pour savoir au besoin donner d'utiles conseils à leurs parents et amis sur les mesures générales à adopter. », J.-B. A. Godin, « Conférence du 11 novembre 1860 », Notes sur les conférences faites au Familistère par M. Godin, 1er cahier, fonds FGP. Dans les années qui suivent, l'intégration des nouveaux familistériens est également assurée par les anciens, qui se chargent de transmettre les règles de vie commune que le fondateur ne se lasse pas de toute manière de rappeler régulièrement.

32. « Fête pour le baptême du Familistère », Notes sur les conférences faites au Familistère par M. Godin, 1er cahier, fonds FGP.

33. J.-B. A. Godin, notes manuscrites, IV(1)b-7, fonds FGP. Dans ses « Notes pour servir de complément à la brochure de M. Oyon sur le Familistère », *op. cit.*, Godin indique qu'en 1864, 97 familles attendent d'être logées au Familistère. Certaines sont tellement pressées que, en dépit des consignes de Godin, elles viennent occuper les lieux avant même l'achèvement des travaux.

34. Pour répondre à une demande de logement croissante, directement liée à l'élévation du nombre des ouvriers embauchés à l'usine, Godin commence, dès le début des années 1870, par « acquérir ou faire construire, à proximité de l'usine, des immeubles d'habitation qui n'entrent pas dans le cadre du projet familistérien et n'en gardent quasiment aucune des données architecturales. Il existe par conséquent très peu de renseignements sur ces immeubles. », M. Loire, *op. cit.*, p. 228. Godin fait ensuite ériger près du Familistère deux pavillons annexes, celui de la rue de Landrecies (1882) et celui de Cambrai (1883).

35. Le coût total du Familistère s'élève, selon M. Loire (*ibid.*, p. 182), à près de 2 millions de francs, somme importante que Godin prélève sur les bénéfices de son usine.

36. C. Fourier écrit pour sa part qu'il convient d'installer le Phalanstère dans un « pays coupé, varié en expositions et meublé de monticules, comme le pays de Vaud, la Savoie, le Charollais, les belles vallées de Brisgau et des Pyrénées, celles de Bruxelles à Halles ; un pays propre à comporter des cultures variées et pourvu d'un beau courant d'eau. », C. Fourier, *Le Nouveau Monde industriel et sociétaire*, Flammarion, Paris, 1973, p. 161.

37. Le rectangle central a 65 mètres de façades et 40 mètres de profondeur, l'aile gauche 50 mètres de façade et 38 mètres de profondeur, l'aile droite 54 mètres de façade et la même largeur que l'aile gauche.

38. L'administration des impôts taxe pour sa part le Familistère pour l'équivalent de 1 200 portes et fenêtres.

39. C. Pellarin, « Une visite au Familistère de Guise », *op. cit.*, p. 248.

40. L'intérêt des escaliers demi-circulaires est qu'ils sont plus aisés à gravir que des escaliers droits. Les jeunes enfants, les personnes âgées mais aussi les adultes trouveront agréables « ces marches plus larges et convenables pour leur pas » (J.-B. A. Godin, *Solutions sociales*, *op. cit.*, p. 294). Squelettes de fer enrobés de ciment, les escaliers du Familistère ne sont pas seulement larges et solides. À la différence des escaliers de bois traditionnels, ils ne craignent pas le feu et ils ne font pas résonner le pas de ceux qui les foulent.

41. J.-B. A. Godin, *Solutions sociales*, *op. cit.*, p. 294.

42. J.-B. A. Godin, *Le Gouvernement : ce qu'il a été, ce qu'il doit être et le vrai socialisme en action*, *op. cit.*, p. 497.

43. À la mort de Godin, parmi les 498 numéros de logements que comptent les habitations, 2 sont occupés par les bureaux de l'économat, 1 par *Le Devoir*, 5 par l'habillement et 4 par l'épicerie au rez-de-chaussée du pavillon central. Il en va de même au rez-de-chaussée de l'aile gauche dont un appartement est

occupé par la bibliothèque et un par la pharmacie. Un dernier appartement est affecté enfin à la salle du conseil au deuxième étage de l'aile droite. F. Bernardot, *Le Familistère de Guise. Association du capital et du travail et son fondateur Jean-Baptiste André Godin*, Dequenne & Cie, Guise, 1889, p. 187.

44. J.-B. A. Godin, *Solutions sociales, op. cit.*, p. 346.

45. F. Panni, note 21, dans J.-B. A. Godin, *Lettres du Familistère, op. cit., p.* 46.

46. J.-B. A. Godin, *Le Devoir*, t. 8, n° 290, 1884, p. 195.

47. « Le mémoire est très détaillé, et l'on sent que Godin cherche avec le plus grand sérieux à aider, dans la mesure de ses moyens, au passage le plus efficace possible à la pratique : il passe en revue tous les systèmes de chauffage existants, énumère leurs avantages et inconvénients respectifs et imagine des solutions pour combiner ces avantages et réduire ces inconvénients. Il propose de profiter du système ainsi obtenu pour établir un mécanisme d'aération de l'ensemble du Phalanstère à partir de tuyaux circulant dans les caves, proche de celui qu'il utilisera plus tard au Familistère pour l'aération générale des appartements. Enfin, il étend son étude aux "foyers de cuisine" pour lesquels il imagine les dispositions les plus propres à l'économie du combustible et au travail par groupes et séries. », M. Loire, *op. cit.*, p. 146.

48. Dans leur thèse, G. Delabre et J.-M. Gautier (*La Régénération de l'utopie socialiste..., op. cit.*, p. 738) indiquent qu'il existe déjà dans l'Aisne une tradition associationniste (notamment à Saint-Quentin) qui a certainement aidé à faire éclore l'idée d'un système de vente de type coopératif. Godin n'ignore pas par ailleurs l'expérience des « équitables pionniers de Rochdale ». Marie Moret a travaillé, je l'ai signalé précédemment, sur ce groupe, qui fut le premier à ouvrir en 1844 un magasin coopératif près de Manchester. Par l'entremise de V. Neale, l'œuvre de Godin exerce à l'inverse une influence sur le monde de la coopération anglaise (*ibid.*, p. 1084 et suiv.). Godin publie dans *Le Devoir* deux articles intitulés « Aux coopérateurs anglais » (t. 4, n° 101, p. 513-516 et t. 4, n° 102, p. 529-533), dans lesquels il invite ces derniers à ne pas s'en tenir au registre de la consommation mais à agir aussi en coopérateurs dans le domaine de la production et de l'habitation.

49. J.-B. A. Godin, « Notes pour servir de complément à la brochure de M. Oyon sur le Familistère », *op. cit.*

50. F. Panni, note 14, dans J.-B. A. Godin, *Lettres du Familistère, op. cit.*, p. 65.

51. A. Oyon, *op. cit.*, p. 24.

52. Accessibles à tous (familistériens ou non), les magasins sont ouverts en semaine de 7 h 00 à 14 h 30 et de 16 heures à 19 heures, et jusqu'à 19 h 30 le samedi.

53. A. Mary (vraisemblablement un pseudonyme emprunté par Godin, cf. M. Moret, *Documents pour une biographie complète de Jean-Baptiste André Godin*, premier volume, *op. cit.*, p. 163) indique que l'accès au casino est conditionné par un abonnement de 6 francs par an. A. Mary, « Le Familistère de Guise à

l'Exposition universelle », dans *Annuaire de l'association pour 1867*, p. 182-186. Cité par N. Brémand, *Les Socialistes et l'enfance au XIXe siècle*, *op. cit.*, p. 487.

54. Conseil de gérance du 29 janvier 1881.

55. Jusqu'en 1887, une vacherie fournit également du lait à la nourricerie.

56. En 1881, les locaux sont « devenus trop petits pour le nombre des enfants logés aujourd'hui dans les trois pavillons du Familistère. Il est urgent, indique alors le conseil de gérance, ou d'agrandir les salles, ou de laisser à la nourricerie seule la disposition de tout le bâtiment, en transportant ailleurs les enfants de 2 à 4 ans. », Conseil de gérance du 29 janvier 1881.

57. « Il est intéressant de constater que si, au Familistère de Guise, il n'y a pas de clocher, s'il n'y a pas de marque extérieure de l'esprit religieux, c'est néanmoins une croyance profonde qui a guidé le fondateur dans la réalisation de son œuvre. », R. Rabaux, *Un Siècle d'expériences sociales. Godin et le Familistère de Guise*, imp. coop. L'Espoir, Guise, 1943, p. 12.

58. *Le jardin d'agrément & le lavoir-piscine*, conseil général de l'Aisne, 2000.

59. L. Murard, P. Zylberman, *L'Hygiène dans la république. La santé publique en France ou l'utopie contrariée (1870-1918)*, Fayard, Paris, 1996. Cf. également P. Bourdelais éd., *Les Hygiénistes : enjeux, modèles et pratiques*, Belin, Paris, 2001.

60. Un des enjeux des travaux est aussi politique puisqu'il s'agit de réaménager l'espace pour mieux maîtriser les insurrections populaires (comme celles de 1830 et de 1848) et donc en limiter les risques.

61. A. Picard, *Le Bilan d'un siècle (1801-1900)*, t. 6, Exposition universelle internationale de 1900 à Paris, Imprimerie nationale, Paris, 1900, p. 3.

62. *Ibid.*, p. 3.

63. Les indications sur cette ville idéale imaginée par C. Fourier sont contenues dans un petit ouvrage édité en 1849 par ses disciples. Des extraits sont reproduits dans F. Choay, *L'Urbanisme : utopies et réalités, une anthologie*, « Points », Seuil, Paris, 1965, p. 95-105.

64. *Ibid.*, p. 99-100.

65. Sur ce point, cf. F. Moret, *op. cit.*, p. 37 et suiv.

66. F. Lab, « Hygeia, une utopie salutaire », dans B. W. Richardson, F. Lab, *Hygeia. Une cité de la santé*, « Penser l'espace », les éditions de La Villette, Paris, 2006, p. 16.

67. I. Armstrong, « Transparency : toward a poetics of glass in the nineteenth century », dans F. Spufford, J. Uglow éds., *Cultural babbage. Technology, time and invention*, Londres-Boston, Faber and Faber, 1997, p. 123-148.

68. C. Topalov, « Les "Réformateurs" et leurs réseaux : enjeux d'un objet de recherche », dans C. Topalov éd., *Laboratoire du nouveau siècle. La nébuleuse réformatrice et ses réseaux en France. 1880-1914*, *op. cit.*

69. B. W. Richardson, « Hygeia, une cité de la santé », dans B. W. Richardson, F. Lab, *Hygeia, une cité de la santé*, « Penser l'espace », les éditions de

La Villette, Paris, 2006, p. 67. Le capitaine en question est Douglass Strutt Galton (1822-1899), militaire et ingénieur, cousin de Francis Galton (1822-1911), eugéniste bien connu et lui-même cousin de Charles Darwin.

70. V. Considerant, *Destinée sociale*, vol. 1 et 2, Bureau de la Phalange, Paris, 1834, 1838, et vol. 3, Librairie de l'école sociétaire, 1844.

71. M. Foucault rappelle en ces termes les principes du panoptique de J. Bentham : « À la périphérie, un bâtiment en anneau ; au centre, une tour ; celle-ci est percée de larges fenêtres qui ouvrent sur la face intérieure de l'anneau ; le bâtiment périphérique est divisé en cellules, dont chacune traverse toute l'épaisseur du bâtiment ; elles ont deux fenêtres, l'une vers l'intérieur, correspondant aux fenêtres de la tour ; l'autre, donnant sur l'extérieur, permet à la lumière de traverser la cellule de part en part. Il suffit alors de placer un surveillant dans la tour centrale, et dans chaque cellule d'enfermer un fou, un malade, un condamné, un ouvrier ou un écolier. », M. Foucault, *Surveiller et punir*, « Bibliothèque des histoires », Gallimard, Paris, 1975, p. 201-202. Incarnation de la physique du pouvoir de la société disciplinaire, ce dispositif consacre l'ouverture, la visibilité et la pleine lumière comme nouveaux principes de contrôle social.

72. K. Polanyi, *La Grande Transformation*, « Bibliothèque des sciences humaines », Gallimard, Paris, 1983. Première édition originale : 1944.

73. J. Rodriguez, *Le Pauvre et le Sociologue. La construction de la tradition sociologique anglaise (XIXe-XXe siècles)*, « Le Regard sociologique », Presses universitaires du Septentrion, Villeneuve d'Ascq, 2007, p. 39 et suiv.

74. É. Champury, « L'œuvre de M. Chadwick et le Familistère de Guise », dans *Le Devoir*, n° 17, 38 juin 1878, p. 269.

75. *Ibid.*, p. 270.

76. J.-B. A. Godin, *Solutions sociales, op. cit.*, p. 308.

77. *Ibid.*, p. 309.

78. *Ibid.*, p. 309.

79. *Ibid.*, p. 310.

80. *Ibid.*, p. 312.

81. « Le niveau d'écoulement nous permet d'élever l'eau dans les combles de notre vaste édifice, et par conséquent d'alimenter les fontaines de tous les étages. Une tubulure en fonte de plus de 500 mètres de longueur conduit, par des tranches souterraines, cette source vive jusqu'aux abords du magnifique pont de fer que vient de faire construire le Familistère. Après avoir laissé une prise d'eau, pour alimenter la buanderie déjà pourvue d'eau chaude, la tubulure vient s'engager dans un encaissement en chêne, suspendu aux travées du pont, et matelassé de fraisil, de façon à garantir l'eau de la source des variations de la température. Elle traverse ainsi les 26 mètres de largeur de l'Oise, puis, reprenant son cours souterrain et passant entre l'aile gauche du Familistère et les bâtiments annexes, elle vient se souder à un branchement qui alimente d'un côté les écoles et le théâtre, de l'autre les trois corps de logis du Palais social. Une sec-

tion a été réservée pour permettre ultérieurement de conduire les eaux où le besoin s'en ferait sentir, pour l'arrosage des squares et des pelouses. Des procédés entièrement nouveaux ont été employés pour faire sourdre cette eau, remarquablement légère, dont le débit atteint 120 000 litres en 24 heures, à une altitude de 20 mètres au-dessus des terrains et des jardins du Palais social. Ces procédés, imaginés par le fondateur de la Société du Familistère, constituent, dans l'art du sourdage, des moyens d'élever les eaux au-dessus de leur niveau naturel, dans des proportions qui n'avaient pas été obtenues jusqu'à ce jour. », « Nouvelles du Familistère », dans *Le Devoir*, t. 4, n° 109, 10 octobre 1880, p. 644.

82. J.-B. A. Godin, *Solutions sociales, op. cit.*, p. 320.

83. *Ibid.*, p. 327.

84. Dans la cour du pavillon central, la verrière ne compte pas moins de 4 732 carreaux de verre. J.-B. A. Godin a voulu par ailleurs que tous les habitants du Familistère aient un accès strictement égal à la lumière. C'est pourquoi la taille des fenêtres des logements augmente au fur et mesure que l'on descend les étages et que l'on s'éloigne par conséquent de la verrière.

85. *Ibid.*, p. 329.

86. J.-B. A. Godin, *Solutions sociales, op. cit.*, p. 332.

87. J.-B. A. Godin, « Huitième conférence au Familistère sur les erreurs et préjugés de la morale vulgaire et du mal qu'ils causent dans la société », dans *Le Devoir*, t. 7, n° 227, 1883, p. 28.

88. T. Pagliardini, « Une visite au Familistère ou Maison de travailleurs », dans J. Moureau, *Le Salaire et des associations coopératives*, *op. cit.*, p. 221.

89. À la suite de l'hiver particulièrement rude de 1879, *Le Devoir* se plaît à présenter la supériorité du Familistère : le froid s'est moins fait sentir qu'ailleurs, les logements ont mieux résisté à la morsure de l'hiver grâce à leur disposition, à l'épaisseur des murs, au système de chauffage… Par ailleurs, les loisirs (lecture, conversations du casino…) n'ont jamais été interrompus, et les enfants ont pu rester à l'abri tout en continuant à fréquenter l'école. « C'était un vrai plaisir de voir au plus fort de l'hiver que pas un seul des 300 enfants du Familistère n'était insuffisamment vêtu. À l'heure même où de pauvres enfants du voisinage étaient, comme nous l'avons dit, relevés morts de froid dans les chemins, les enfants du Familistère n'ont pas eu à perdre une seule minute de la gaîté si nécessaire à leur âge. Aux heures de récréation, ils ont eu les cours vitrées à leur service, aux heures d'étude, des salles bien chauffées. », « Le Familistère et l'hiver actuel », dans *Le Devoir*, t. 4, n° 70, 11 janvier 1880, p. 19.

90. En 1879, le taux de mortalité des familistériens est, selon F. Bernardot, de 16,71 ‰ pour les hommes et de 20,89‰ pour les femmes, tandis qu'à Guise les ratios sont, respectivement, de 16,40 ‰ et de 12,07 ‰. « En 1879, le Familistère était encore pour une grande part peuplé de personnes fraîchement installées (occupation de la dernière aile) et pas encore habituées à la vie familistérienne ni aux consignes d'hygiène qu'elle impliquait, ce qui explique ses mauvais résultats

à cette date. », M. Loire, *op. cit.*, p. 307. Douze ans plus tard, les normes sanitaires ont fait leur œuvre et la hiérarchie s'est inversée : le Familistère affiche désormais des taux de mortalité plus faibles (12,68 ‰ pour les hommes, 10,99 ‰ pour les femmes) que la ville de Guise (14,66 ‰ et 12,19 ‰).

91. La nourricerie, qui accueille une bonne moitié des nourrissons au début des années 1880 est peut-être fautive. On peut en effet la considérer comme « un foyer propice au développement des épidémies de la prime enfance, eu égard à l'état de la médecine pour l'époque. », G. Delabre, J.-M. Gautier, *La Régénération de l'utopie socialiste…*, *op. cit.*, p. 703.

Chapitre 4]

1. J.-P. de Gaudemar, *op. cit.*, p. 45.
2. L. Reybaud, *Le Fer et la Houille*, Monfort, Brionne, 1874, p. 190.
3. F. de Bry, « Le paternalisme entrepreneurial », dans J. Allouche éd., *Encyclopédie des ressources humaines*, Vuibert, Paris, 2003, p. 1076-1087. À l'aide d'une étude quantitative d'un échantillon de 236 entreprises paternalistes françaises du XIXe siècle, F. de Bry estime que la première forme est largement dominante (plus de 60 %), devant la deuxième (25 %) et la troisième (15 %).
4. M. Perrot, « Hygeia, rhapsodie en gris », préface à B. W. Richardson, F. Lab, *op. cit.*, p. 8.
5. J.-B. A. Godin, *Solutions sociales*, *op. cit.*, p. 299.
6. *Ibid.*, p. 298.
7. *Le Devoir*, t. 8, n° 290, 30 mars 1884, p. 195.
8. J.-B. A. Godin, *Solutions sociales*, *op. cit.*, p. 305.
9. P. Bourdieu, « L'identité et la représentation. Éléments pour une réflexion critique sur l'idée de région », dans *Actes de la recherche en sciences sociales*, n° 35, novembre 1980, p. 63-72.
10. Les écoles de Godin occupent l'exact emplacement des bâtiments d'exploitation agricole du Phalanstère fouriériste. La situation est un peu différente pour ce qui concerne le théâtre. C. Fourier avait prévu une église dans le pli de l'aile droite de son Palais, en position symétrique au théâtre (cf. le plan du Phalanstère reproduit dans *Le Nouveau Monde industriel et sociétaire*, *op. cit.*, p. 167). Le théâtre du Familistère remplit néanmoins une fonction religieuse puisque là s'y déroulent de nombreux moments festifs qui relient les habitants du Palais et que là également Godin, en grand prêtre de la communauté, y prononce ses discours les plus importants.
11. F. K. Panni me fait remarquer fort justement que l'examen détaillé des implantations invite à nuancer le schéma d'ensemble : la buanderie (espace féminin) est ainsi implantée sur la rive droite aux côtés de l'usine, les pavillons d'habitations accueillent des services et des espaces publics… Dans l'ensemble, cependant, les deux oppositions que je viens d'évoquer (cf. aussi à ce sujet le

chapitre 13) structurent bien un espace qu'en plan l'on peut lire, pour reprendre une expression que j'emprunte au commentaire que m'a livré F. K. Panni, comme une succession de pleins et de vides, le vide (les cours, la place) étant unitaire et l'alternance vide/plein assurant une véritable dynamique de socialisation.

12. Comme l'indique R. Rabaux, « les magasins ouverts au Familistère provoquaient des craintes et des rancœurs chez les boutiquiers et créaient entre la ville et le Familistère une animosité qui subsistait encore au temps de ma jeunesse. », R. Rabaux, *Un socialisme d'entreprise. Godin et le Familistère de Guise*, *op. cit.*, p. 81, cité par J.-F. Rey, J.-L. Pinol, note 60, dans J.-B. A. Godin, *Solutions sociales*, *op. cit.*, p. 472.

13. J.-B. A. Godin, *Solutions sociales*, *op. cit.*, p. 301.

14. C. Pellarin, « Une visite au Familistère de Guise », *op. cit.*, p. 252.

15. L. Reybaud, « Le Familistère de Guise. *Solutions sociales*, par M. Godin, fondateur du Familistère de Guise, député à l'Assemblée nationale, 1 vol. in-8° », *op. cit.*, p. 792.

16. Pour empêcher que les ouvriers ne laissent au cabaret ou à la loterie le produit de leurs efforts, ou encore qu'ils ne soient tentés par le repos abusif du Saint Lundi, il suffit, estimait déjà C. Fourier, de prévenir les dettes en faisant aux travailleurs des avances en nourriture, vêtement et logement. C. Fourier, *Théorie de l'unité universelle*, II, *op. cit.*, p. 381.

17. Avis n° 12 et 13 du 26 juin 1863.

18. « Conférence de M. Godin du 30 juin 1881 », dans *Le Devoir*, t. 5, n° 149, 17 juillet 1881, p. 453.

19. *Le Devoir*, t. 8, n° 290, 30 mars 1884, p. 206.

20. « Conférence de M. Godin du 7 juillet 1881 », dans *Le Devoir*, t. 5, n° 150, 24 juillet 1881, p. 467.

21. R. Castel, *Les Métamorphoses de la question sociale*, « L'espace du politique », Fayard, Paris, 1995, p. 268 et suiv. Le jardinage n'est pas, au Familistère, une façon d'attacher durablement les ouvriers à la société industrielle par le biais de la propriété. Les terres, rappelons-le, ne sont pas des biens propres aux travailleurs, elles leur sont louées.

22. C. Limousin, « Le Familistère de Guise », dans *Journal des économistes*, t. 15, juillet-septembre 1881, p. 407.

23. Les données qui suivent proviennent de F. Bernardot, *op. cit.*, p. 231 et suiv.

24. La répartition thématique est la suivante : ouvrages de bibliothèque utile, républicaine, socialiste (400), romans (1 035), histoire, science, lettres, arts (311), philosophie, morale, religion (215), voyages, littérature française et étrangère (204).

25. La première fête du Travail a lieu, non pas en mai, mais le 2 juin 1867. Ces fêtes sont préparées par les conseils qui, en leur sein, élisent un comité en charge de l'événement. En 1870, par exemple, 3 hommes (sur 9 candidats) et 5 femmes (pour 6 candidates) sont élus pour assumer la tâche. Compte-rendu de la réunion officieuse du conseil des hommes du 11 mai 1870, fonds FGP.

26. « Discours de M. Godin à ses employés et ouvriers », dans *Le Devoir*, nº 12, 26 mai 1878, p. 178.

27. L'avis nº 58 placardé au Familistère le 23 février 1865 précise par exemple : « Il y aura bal public, paré et costumé, mardi prochain, 28 courant, au Familistère. La tenue doit être irréprochable, les personnes masquées ne seront pas admises. Les costumés prenant part au bal doivent être mis convenablement, et l'on ne doit pas danser en blouse. »

28. Pour un compte-rendu d'une pièce donnée le dimanche de Pâques 1882, cf. *Le Devoir*, t. 6, nº 188, 16 avril 1882, p. 233-234. Pour le jour de Noël, cf. *Le Devoir*, t. 6, nº 225, 31 décembre 1882.

29. M. Ozouf, *La Fête révolutionnaire (1789-1799)*, « Bibliothèque des histoires », Gallimard, Paris, 1978.

30. « Fête de nuit au Familistère », dans *Le Devoir*, t. 5, nº 140, 15 mai 1881, p. 310.

31. « La fête de l'Enfance au Familistère », dans *Le Devoir*, t. 5, nº 157, 11 septembre 1881, p. 578-582 ; « La fête de l'Enfance au Familistère », dans *Le Devoir*, t. 6, nº 209, 10 septembre 1882, p. 561-567.

32. J.-P. Frey, *Le Rôle social du patronat. Du paternalisme à l'urbanisme*, « Habitat et sociétés », L'Harmattan, Paris, 1995, p. 77.

33. J.-B. A. Godin, *Solutions sociales, op. cit.*, p. 396-397.

34. Compte-rendu de réunion du conseil, 1er juin 1861, fonds FGP.

35. F. Mijoul, « Le Familistère de Guise », dans *La Revue socialiste*, 15 juillet 1886, p. 617.

36. J.-B. A. Godin, *Solutions sociales, op. cit.*, p. 401.

37. Dans les catégories sociologiques de Max Weber, le charisme désigne la qualité extraordinaire d'un personnage à qui l'on prête des forces surnaturelles, surhumaines ou, à tout le moins, inaccessibles au commun des mortels. La reconnaissance libre de telles qualités par ceux qui sont dominés correspond, psychologiquement, à « un abandon tout à fait personnel, plein de foi, né ou bien de l'enthousiasme ou bien de la nécessité et de l'espoir. », Max Weber, *Économie et société*, « Recherches en sciences humaines », Plon, Paris, 1971, p. 249. Première édition originale : 1922.

38. J.-B. A. Godin, *Solutions sociales, op. cit.*, p. 401.

39. « C'est ainsi que fonctionnent, au Familistère et dans son Usine, les Sociétés, les Corporations et les Comités : de l'Éducation, de l'Instruction, de Secours et de Prévoyance, de Pharmacie, des Soins médicaux, des Pompiers, de la Musique, du Théâtre, des Fêtes et Plaisirs, de Cercle de la Bibliothèque, des Réclamations du Travail, etc. », *ibid.*, p. 402-403. Pour pouvoir participer aux élections de ces différents comités, il convient d'être sorti de l'école et en état de se suffire par ses capacités au travail. À défaut, l'âge minimal est de 16 ans pour les garçons comme pour les filles.

40. Compte-rendu de la réunion officieuse du conseil des dames du 12 octobre 1869, fonds FGP.

41. Extrait du discours de M. Léguiller-Blondel à l'occasion de la remise d'une croix et des palmes d'officier d'Académie à M. Godin, *Le Devoir*, 1883, t. 7, nº 226, p. 3.

42. « Le Jour de l'an au Familistère », dans *Le Devoir*, t. 11, nº 435, 9 janvier 1887, p. 20.

43. J.-B. A. Godin, *Le Devoir*, t. 2, nº 229, 28 janvier 1883, p. 59.

44. Pour ces infractions, l'amende se monte à dix centimes en 1888. Les peines sont inscrites sur le tableau d'affichage de la cour centrale du Palais social. L. Bertrand, *Une Visite au familistère de Guise*, Messagerie de la presse belge, Revue socialiste, Librairie du Familistère, Paris, Bruxelles, Guise, 1888, p. 29.

45. Les avis disponibles dans les archives du Cnam sont répertoriés dans un cahier (VI(2)-2). La période concernée va du 1er juin 1862 au 11 juillet 1868. Pour une présentation et une analyse de contenu, cf. O. Vacher, « Avis affichés dans un habitat collectif. Du festif au punitif », communication au colloque international au Familistère de Guise, « Villages ouvriers, utopie ou réalités », 16-17 octobre 1993.

46. J.-B. A. Godin, *Solutions sociales, op. cit*, p. 400.

47. Lettre de J.-B. A. Godin à M. Rousseau, 16 janvier 1879, fonds FGP. Cette lettre est reproduite dans J.-B. A. Godin, *Lettres du Familistère, op. cit.*, p. 125-126. F. Panni fait l'hypothèse que le courrier s'adresse à Jules Rousseau, familistérien depuis 1863, et qui fut l'un des premiers le 13 août 1880 à adhérer à l'Association du capital et du travail.

48. Lettre de J.-B. A. Godin à M. et Mme Defontaine, 8 novembre 1879, fonds FGP.

49. Les volumes de la correspondance de Godin ne contiennent que peu de lettres de ce type. En tant que responsable des services d'enfance, Marie Moret ne se prive pas de pareilles admonestations à l'encontre de certains enseignants. Elle fait ainsi la leçon à Mme Defontaine lorsque sa classe semble « tomber en voie de décadence ». Marie Moret demande à l'institutrice de reprendre les choses en main et de ne pas prêter attention aux rumeurs à son encontre. Elle lui demande également de ne pas faire autant de fautes dans ses courriers et de réviser au plus vite sa grammaire ! Lettre de M. Moret à Mme Defontaine, 10 mars 1874, fonds FGP.

50. Conseil de gérance du 28 mars 1882, fonds FGP.

51. Par la suite, « à chaque fois qu'un familistérien prenait femme en dehors du Familistère, celle-ci, après une courte "présentation" devant le conseil de gérance, se voyait remettre le "Règlement intérieur". », J.-F. Rey, J.-L. Pinol, note 90, dans J.-B. A. Godin, *Solutions sociales, op. cit.*, p. 490.

52. J.-B. A. Godin, « Correspondance. Le Familistère de Guise », dans *Journal des économistes*, t. 16, octobre-décembre 1881, p. 266.

53. L'article que fait paraître C. Sauvestre sur le Familistère dans *La Semaine populaire, op. cit.*, confirme l'absence de consignes écrites jusqu'en 1881 : « Les règlements n'y sont pour rien : il n'existe pas de règlement au Familistère. Le ton, le milieu a tout fait. »

54. F. de Bry, *op. cit.*, p. 1083.

55. E. Goffman, *Asiles*, « Le sens commun », Minuit, Paris, 1968, p. 41. Première édition originale : 1961.

56. L. Reybaud, « Le Familistère de Guise. *Solutions sociales*, par M. Godin, fondateur du Familistère de Guise, député à l'Assemblée nationale, 1 vol. in-8° », *op. cit.*, p. 799.

57. Avis du 21 août 1867, fonds FGP.

58. Lettre de J.-B. A. Godin à M. Moret, 28 juillet 1872, fonds FGP.

Chapitre 5]

1. J.-J. Rousseau, *Émile ou De l'éducation*, Garnier, Paris, 1961. Première édition : 1762.

2. T. Todorov, *Frêle bonheur. Essai sur Rousseau*, Hachette, Paris, 1985.

3. « L'industrie de la tribu des bambins et bambines est initiative d'éducation harmonienne, puisque c'est sur l'âge de 3 ans à 4 et demi qu'il faut opérer le développement des nombreuses vocations industrielles. Pour les faire éclore chez l'enfant, on lui donne pleine liberté de parcourir les ateliers dès qu'il est en état de marcher et d'agir, dès l'âge de 2 ans et demi et même plus tôt, pourvu qu'il soit conduit par l'un des surveillants désignés pour guides enfantins (nous les nommerons BONNES et BONNAINS), qui chaque jour ont des postes et sentinelles dans tous les ateliers où abordent les poupons qu'il faut conduire. », C. Fourier, *Traité de l'association domestique-agricole*, dans *Théorie de l'unité universelle, II, op. cit.*, p. 458.

4. M. Dommanget, *Les Grands Socialistes et l'éducation*, Colin, Paris, 1970.

5. Cela ne signifie pas que le travail d'instruction soit un enjeu mineur. Au contraire, d'autant que, au milieu du XIXe siècle, un tiers de la population française est illettré.

6. Il est fort possible que Godin ait eu à connaître personnellement Jules Ferry, les deux hommes étant élus à l'Assemblée nationale au début des années 1870. Un bulletin de l'Assemblée indique notamment que Godin et Jules Ferry ont siégé à la commission pour l'examen de la proposition de MM. Pelterau-Villeneuve et Delsol concernant l'abrogation de la loi sur les coalitions des patrons et des ouvriers. VII(1)-5/1, fonds FGP.

7. Y. Déloye, *École et citoyenneté. L'individualisme républicain de Jules Ferry à Vichy : controverses*, Presses de la Fondation nationale des sciences politiques, Paris, 1994.

8. C. Fourier, *Traité de l'association domestique-agricole*, dans *Théorie de l'unité universelle, II, op. cit.*, p. 468.

9. J.-N. Luc, *L'Invention du jeune enfant au XIXe siècle. De la salle d'asile à l'école maternelle*, Belin, Paris, 1997, p. 73.

10. F. Cantagrel, *Les Enfants du Phalanstère : dialogue familier sur l'éducation*, Le Chevalier, Paris, 1844.

11. La correspondance entre Godin et F. Cantagrel est extrêmement fournie durant la décennie 1860 (plus d'une centaine de lettres). La raison tient au fait que F. Cantagrel sert de relais à Paris pour les affaires de l'industriel de Guise, et notamment pour lui trouver de nouveaux employés. L'en-tête des courriers que F. Cantagrel fait parvenir à son ami picard durant la décennie 1860 porte la mention « L'indique et cherche fuites des appareils de gaz ».

12. F. Panni indique que A. Savardan recommande chaudement Alphonse Latron, son protégé, au fondateur du Familistère. Bien qu'il n'ait pas pour habitude d'ouvrir aux fouriéristes les portes du Palais social, « qu'ils s'imaginent à tort comme le phalanstère réalisé », Godin finit par employer A. Latron comme cuisinier aux économats. F. Panni, note 5, dans J.-B. A. Godin, *Lettres du Familistère*, *op. cit.*, p. 60.

13. J.-B. A. Godin, « Discours à la fête de l'Enfance du dimanche 5 septembre 1880 », dans *Le Devoir*, n° 105, 12 septembre 1880, p. 578.

14. J.-B. A. Godin, *Solutions sociales*, *op. cit.*, p. 358-359.

15. IV(2)-9/7, fonds FGP.

16. En transformant la salle d'asile en école maternelle, le décret de 1881 imbrique cette étape de l'éducation dans une filière constituée.

17. « Conférence donnée par M. Godin à Lausanne le 2 septembre 1881 », dans *Le Devoir*, n° 158, 18 septembre 1881, p. 596.

18. Avec la fondation de l'Association en 1880, il est spécifié, étant donné l'importance accordée par Godin à l'éducation, que les familistériens doivent laisser leurs enfants à l'école jusqu'à 14 ans au moins (et non 12 ans comme l'exige alors la loi). Cette obligation n'existait pas auparavant.

19. Cette même année, le Familistère double ses classes primaires afin de s'adapter au flux croissant d'élèves.

20. É. Durkheim, *De la division du travail social*, PUF, Paris, 1978. Première édition : 1893.

21. « Familistère de Guise », dans *Le Devoir*, n° 290, 30 mars 1884, p. 205.

22. É. Champury, « L'habitation unitaire et les enfants en âge de fréquenter l'école », dans *Le Devoir*, n° 137, 24 avril 1881, p. 265.

23. L'orthographe du nom est fluctuante. On trouve parfois Pape-Carpantier, d'autres fois Pape-Carpentier.

24. C. Cosnier, *Marie Pape-Carpantier. Fondatrice de l'école maternelle*, Fayard, Paris, 2003, p. 283-284.

25. Lettre de J.-B. A. Godin à M. Howland, 20 avril 1874, fonds FGP.

26. L. Mozère, *Le Printemps des crèches*, L'Harmattan, Paris, 1992.

27. M. Pape-Carpantier, *Notice sur l'éducation des sens et quelques instruments pédagogiques*, Delagrave, 1878, p. 45. Cité dans C. Cosnier, *op. cit.*,

p. 223. Pour le reste, M. Pape-Carpantier recommande les équipements suivants : un préau, un espace pour le jardinage enfantin, des hamacs pour le repos des enfants et, bien sûr, du matériel pédagogique (planches et tableaux illustrés, papier, cubes, coquillages...).

28. La description qui suit emprunte pour partie aux indications fournies par J.-B. A. Godin dans *Solutions sociales, op. cit.*, p. 371 et suiv.

29. La planche mesure trois mètres de long sur deux mètres cinquante centimètres de large. Montée sur roulettes, la pouponnière est aisément déplaçable, ce qui facilite le travail de nettoyage des locaux.

30. J. Prudhommeaux, *Le Familistère illustré. Résultats de vingt ans d'association (1880-1900)*, Guillaumin & Cie, Paris, non daté, p. 39. Jules Prudhommeaux, auteur par ailleurs d'un ouvrage sur les expérimentations sociales de Godin, est le mari de Marie-Jeanne Dallet, elle-même la fille d'Émilie Dallet, sœur de Marie Moret. É. Dallet a occupé une fonction d'enseignante au Familistère et dirigeait l'école en l'absence de sa germaine, avant de prendre à son tour la direction des services de l'enfance. C'est par ce biais familial que J. Prudhommeaux, professeur de lettres investi dans le mouvement coopératif, est amené à s'investir dans les affaires du Familistère, au titre notamment de membre du conseil de gérance.

31. Selon cette théorie, l'émulation industrielle du poupon est favorisée par la fréquentation d'enfants âgés de six mois à un an de plus. « Lorsqu'un poupon ou bambin a parcouru dans la journée une demi-douzaine de pareils groupes, et essuyé leurs quolibets, il est bien pénétré de son insuffisance, bien disposé à consulter les patriarches et vénérables qui ont la bonté de lui donner des leçons. », C. Fourier, *Traité de l'association domestique-agricole*, dans *Théorie de l'unité universelle, II, op. cit.*, p. 464.

32. *Bulletin de la société des crèches*, avril 1882, p. 522.

33. Lorsque, à l'occasion d'un échange épistolaire avec J. Delbrück, il évoque les biberons Thier, Godin dit son insatisfaction : cela ne peut servir que pour les liquides. « Il me semble, écrit-il, qu'il serait possible de faire un biberon qui permette à l'enfant de manger son potage seul, ce qui diminuerait considérablement les embarras de la becquée et semblerait plus digne de ces petites créatures. » Godin décrit ensuite de façon précise comment il envisage la fabrication de ces « biberons à potage ». Lettre de J.-B. A. Godin à J. Delbrück, 21 décembre 1864, fonds FGP. Cette lettre a été reproduite dans J.-B. A. Godin, *Lettres du Familistère, op. cit.*, p. 51-55.

34. J.-B. A. Godin, *Solutions sociales, op. cit.*, p. 373.

35. *La Vie scientifique* reconnaît à Godin ce coup de génie d'avoir su imaginer de coucher les enfants non plus *dans* mais *sur* le son. A. Leyritz, « Les bébés sur le son », dans *La Vie scientifique*, n° 120, 13 janvier 1898, p. 60-62.

36. Il s'agit en l'occurrence de grandes planches mobiles de 6 mètres de longueur que l'on peut réunir sur trois tréteaux de façon à dresser de longues tables autour desquelles les enfants prennent place.

37. IV(2)-3, fonds FGP.

38. Lors de la fête de l'Enfance de 1883, Godin fait le bilan d'une telle politique appliquée au cas de ses propres écoles. « Nous sommes parvenus à faire disparaître le miroitement de la lumière sur le tableau noir et sur les cartes, miroitement qui souvent empêche les élèves de voir et de suivre la leçon faite par le professeur. Nous sommes arrivés à ce résultat en plaçant les fenêtres suffisamment haut pour que les rayons réfléchis par les cartes et tableaux se dirigent vers le sol et non plus vers les yeux des élèves. De cette façon, on peut maintenant dans nos classes d'école lire sur les tableaux et les cartes de tous les points de la classe, sans aucune gêne pour qui que ce soit. », J.-B. A. Godin, « Discours de M. Godin à la fête de l'Enfance », dans *Le Devoir*, t. 7, n° 261, 1883, p. 563.

39. N. Brémand, *Les Socialismes et l'enfance. Expérimentation et utopie (1850-1870)*, « Histoire », Presses universitaires de Rennes, Rennes, 2008, p. 291. A la suite de G. Delabre et J.-M. Gautier, N. Brémand note que « ces plans furent brevetés et repris pour la construction du mobilier scolaire en France jusqu'à une époque récente. », *ibid.*, p. 291.

40. J.-B. A. Godin, « Les écoles publiques. II », dans *Le Devoir*, n° 3, 24 mars 1878, p. 40.

41. Le compte est le suivant : 6 années de classes primaires × 40 semaines par an × 25 heures par semaine hors les travaux d'aiguille.

42. J.-B. A. Godin, « L'enfant et les bancs de l'école », manuscrit, non daté, IV(2)-12/1, p. 6.

43. J.-B. A. Godin, « Résumé des données principales sur l'installation des écoles », dans *Courrier de l'Aisne*, non daté, IV(2)-3.

44. J.-B. A. Godin, « Les écoles primaires. Discours de M. Godin à la distribution des récompenses aux lauréats du concours cantonal et des écoles de Guise », dans *Le Devoir*, n° 208, 3 septembre 1882, p. 547.

45. Par exemple, dans une lettre du 2 septembre 1875, M. Godin s'enquiert d'un instituteur en chef à qui il souhaite confier la première classe (les plus de 10 ans) et la supervision de l'école. Il propose un appointement de 200 francs par mois (les adjoints d'enseignement en poste au Familistère touchent 100 à 125 francs par mois). Le logement sera au choix mais à la charge de la personne. Il précise qu'il désire un homme marié. Si sa femme était institutrice, elle pourrait trouver un emploi à côté de lui. Dans un courrier ultérieur, après qu'on lui a certainement proposé une candidature d'un homme de 53 ans, Godin précise qu'il préférerait un âge moins élevé, car la personne serait moins usée et moins proche de la retraite. Trente ans seraient l'idéal. Il précise par ailleurs : « Je pourrais même donner la direction en chef à une femme si elle était en état de diriger la première classe des garçons aussi bien que celle des filles ou une école mixte comprenant les deux sexes de 10 à 12 ans. », IV(2)-10/2, fonds FGP.

46. IV(2)-8/2, fonds FGP.

47. En 1873, ce conseil est composé de MM. : de Crisenoy, préfet de l'Aisne et président du conseil ; Bretignière, inspecteur d'académie et vice-président du conseil, Abbé Dours, vicaire général ; Combier, président du tribunal civil ; de Namuroy, procureur de la République ; Thiéfaine, conseiller général ; Moriez, inspecteur primaire et secrétaire du conseil.

48. Lettre du préfet de l'Aisne à J.-B. A. Godin, 20 décembre 1872, IV(2)-10/1, fonds FGP.

49. Doté d'un brevet de capacité qui le rend apte à l'enseignement, A. Poëtte est instituteur au Familistère depuis 1868. La copie de la lettre de demande officielle est archivée : IV(2)-10/1, fonds FGP.

50. IV(2)-8/1, fonds FGP.

51. Dans un courrier adressé à l'inspection (lettre de J.-B. A. Godin à M. l'inspecteur d'académie de Laon, 11 mars 1874, fonds FGP), Godin demande « sous quelle forme et de quelle manière le curé doit faire cet enseignement dans mes écoles ».

52. N. Brémand, *Les Socialistes et l'enfance au XIXe siècle*, *op. cit.*, p. 512.

53. Dans une lettre du 30 juin 1874 adressée à Mme Paquerot (IV(2)-10/1, fonds FGP), Godin explique que le ministre de l'Instruction publique a promis qu'il ne serait pris aucune mesure sans que le fondateur du Familistère en soit avisé. Il ajoute que, de son côté, le ministre poursuit l'examen de l'affaire.

54. Dans une lettre au *Courrier de Saint-Quentin*, le conseiller municipal suspendu répond qu'il ne s'agit pas de 20 tables mais de 28 de cinq places chacune ; 140 élèves sont donc concernés.

55. Amélie Monarque (femme Dirson) est mariée à un homme employé chez Godin. Tous deux habitent le Familistère depuis 1866. En 1874, elle possède à son actif huit ans d'enseignement au sein du Palais social. Marie Anastasie Chamion (femme Paquerot) habite avec son mari au Familistère depuis avril 1874. Dans la lettre qu'elle envoie à l'inspection académique (IV(2)-9/6, fonds FGP), elle demande l'autorisation de professer au Familistère, après qu'elle a acquis de l'expérience en tant qu'institutrice remplaçante dans les écoles communales de la Seine (Ivry et Arcueil notamment).

56. Lettre de J.-B. A. Godin à M. le préfet, 30 août 1875, fonds FGP. Godin envoie une lettre de relance au préfet au même sujet le 8 septembre de la même année.

57. Lettre de J.-B. A. Godin à M. le préfet et MM. les membres du conseil départemental de l'Instruction publique, 29 octobre 1875, fonds FGP.

58. IV(2)-10/2, fonds FGP.

59. Le programme concentrique signifie que les trois cours (élémentaire, supérieur et moyen) s'inspirent d'un programme similaire de façon à pouvoir en approfondir le noyau dur.

60. K. J. Morgan, « Forging the frontiers between State, Church, and Family: Religious cleavages and the origins of early childhood education and care

policies in France, Sweden and Germany », dans *Politics & Society*, vol. 30, n° 1, March 2002, p. 113-148.

61. J.-N. Luc, *op. cit.*, p. 261.

62. *Le Devoir*, t. 8, n° 290, 30 mars 1884, p. 194.

63. J.-B. A. Godin, « L'instruction primaire », *Le Devoir*, n° 52, t. 3, 7 septembre 1879, p. 816.

Chapitre 6]

1. J.-B. A. Godin, « Classification des caractères, des intelligences, des capacités et des vocations par l'instruction publique », dans *Le Devoir*, n° 137, 24 avril 1881, p. 258. Dans *Le Gouvernement : ce qu'il a été, ce qu'il doit être et le vrai socialisme en action*, Godin propose de généraliser l'élection par les pairs dans l'ensemble du système éducatif. « Le concours devant le jury, explique-t-il en substance, indiquera particulièrement les aptitudes de l'élève à l'instruction ; mais le classement fait par le vote de ses pairs fera davantage ressortir le degré d'estime et de confiance que chaque élève inspire à ses semblables ; ce qui aura une très grande importance pour apprécier le parti à tirer de ses connaissances, dans les carrières publiques ou privées. », J.-B. A. Godin, *Le Gouvernement : ce qu'il a été, ce qu'il doit être et le vrai socialisme en action*, *op. cit.*, p. 454. Selon Nathalie Brémand (*Les Socialistes et l'enfance au XIXe siècle*, *op. cit.*, p. 547), Godin s'inspire « du principe de classification des aptitudes et des capacités des étudiants qui existait alors dans les écoles nationales d'arts et métiers ».

2. Compte-rendu de la réunion du conseil, 21 juillet 1861, fonds FGP.

3. M. Pape-Carpantier, C. Delon, F. Delon, *Manuel de l'institutrice comprenant l'exposé des principes de la pédagogie et le guide pratique de la première année*, Hachette, Paris, 1869, p. 7-8.

4. Pour J.-J. Rousseau, avant 15 ans, c'est-à-dire avant l'accès à l'âge de raison, il ne faut pas soumettre l'enfant à l'apprentissage des relations sociales et des qualités morales ni encombrer son esprit avec des lectures et une éducation à des opérations abstraites.

5. J.-N. Luc, *op. cit.*, p. 221.

6. N. Laisné (1810-1896) est d'abord sous-officier avant de devenir professeur de gymnastique à l'hôpital des enfants malades puis inspecteur dans les écoles de la ville de Paris. Il est l'auteur de différents ouvrages sur la gymnastique, qui paraissent dans la décennie 1860.

7. J.-B. A. Godin, *Solutions sociales*, *op. cit.*, p. 380.

8. C. Choiselle, « Marie Moret, pédagogue », dans Association pour la fondation Godin, *Marie Moret et l'éducation au XIXe siècle*, *op. cit.*, p. 43-53.

9. J.-B. A. Godin, *Solutions sociales*, *op. cit.*, p. 378.

10. Lettre de M. Pape-Carpantier à J.-B. A. Godin, 1er février 1872, fonds FGP.

11. Lettre de J.-B. A. Godin à M. Pape-Carpantier, 3 septembre 1872, fonds FGP.

12. Lettre de M. Pape-Carpentier à J.-B. A. Godin, 8 septembre 1872, fonds FGP.

13. M. Pape-Carpantier, *Conseils sur la direction des salles d'asile*, Hachette, Paris, 1846, p. 122.

14. De fait, le décret de 1855 porte la trace de ses multiples recommandations. Le programme correspond « dans ses grandes lignes à ce qu'indiquent les livres de Marie-Pape Carpantier : découverte de la lecture (des mots de deux syllabes), de l'écriture (imitation des lettres sur l'ardoise), du calcul (nombres simples, addition et soustraction à l'aide du boulier-compteur et multiplication à l'aide de chansons), du dessin linéaire (figures géométriques les plus simples), du chant. À tout cela s'ajouteront des connaissances usuelles sur les divisions du temps, les couleurs, les plantes, les industries, les éléments, les noms des États d'Europe et de leurs capitales et ceux des départements français, etc. Comme dans les premières années des salles d'asile, les travaux manuels consisteront en couture, tricot et parfilage. L'instruction religieuse ne "comporte point de longues leçons". », C. Cosnier, *op. cit.*, p. 211.

15. M. Pape-Carpantier, C. Delon, F. Delon, *op. cit.*, p. 7.

16. *Ibid.*, p. 37.

17. IV(2)-13, fonds FGP, p. 14-15. Ce passage est extrait d'un document manuscrit intitulé « Écoles maternelles du Familistère. Exercices de géométrie animée avec baguettes de bois ». Rédigé à l'encre bleue, agrémenté de nombreux schémas, il comporte 15 pages au total. Les sujets abordés sont : les lignes, les lignes droites, les lignes brisées (courbes, perpendiculaires), les angles, les polygones, les triangles, le losange, les rectangles, les parallélogrammes, les trapèzes, les circonférences et les cercles, l'ovale et la spirale.

18. E. Brouard, « Phonomimie », *Dictionnaire de pédagogie d'instruction primaire*, Hachette, première partie, tome 2, Paris, 1887, p. 2368-2369.

19. Lettre de J.-B. A. Godin à l'inspecteur primaire, 25 mars 1879, fonds FGP.

20. « Discours de M. Godin à la fête de l'Enfance de 1887 », dans *Le Devoir*, nº 469, 11 septembre 1887, p. 579. Une méthode similaire est utilisée pour fortifier le sens de la géométrie des enfants. La maîtresse montre une figure, et les enfants doivent la reconstruire à l'aide de cartons de couleur.

21. F. Fröbel, *Manuel pratique des jardins d'enfants*, F. Claessen, Bruxelles, Hachette, Paris, 1859.

22. Conformes aux indications nationales, les matières du programme en vigueur dans les écoles du Familistère sont les suivantes : instruction morale et civique ; lecture, écriture et langue française ; calcul, système métrique ; histoire, géographie, spécialement la France ; science naturelle, physique ; des-

sin ; géométrie, algèbre, comptabilité, mécanique ; musique ; gymnastique ; travaux manuels (travail du fil de fer, modelage, vannerie… pour les garçons ; couture, coupe, assemblage et économie domestique pour les filles). Pour un descriptif détaillé du contenu des programmes, cf. « Discours de J.-B. A. Godin à la fête de l'Enfance de 1886 », dans *Le Devoir*, n° 418, 12 septembre 1886, p. 577-583.

23. Au Familistère, néanmoins, « l'enseignement mutuel fut abandonné au profit de l'enseignement simultané. Tous les enfants travaillaient en même temps sur le même exercice, guidés par un enseignant. », N. Brémand, *Les Socialismes et l'enfance*, *op. cit.*, p. 282.

24. É. de Pompéry, « Un cas de socialisme pratique : le familistère de Guise », dans *La Philosophie positive*, t. XV, juillet-décembre 1875, p. 234.

25. Le dessin fait l'objet d'une spécialisation par sexe. Les garçons dessinent des objets d'industrie, d'art et de manufacture, les filles des objets de ménage, des meubles, de la vaisselle, des coupes de vêtements…

26. É. Champury, « L'éducation mixte », dans *Le Devoir*, n° 90, 30 mai 1888, p. 339. L'article est une mise en scène fictive de type platonicien. La citation est attribuée ici à Godin face à un interlocuteur incrédule quant à la politique de mixité pratiquée au Familistère.

27. É. Champury, « L'éducation mixte. II », dans *Le Devoir*, n° 91, 6 juin 1880, p. 355. Le propos est, ici encore, placé dans la bouche de Godin.

28. « Les écoles primaires. Discours de M. Godin à la fête de l'Enfance au Familistère », dans *Le Devoir*, n° 209, 10 septembre 1882, p. 561-564.

29. *Le Devoir* publie en 1879 une chronique qui, inspirée des pratiques en vigueur aux États-Unis, demande que les femmes reçoivent une éducation égale à celle des hommes. « Étudiant les mêmes leçons, préparant les mêmes devoirs, ils seront tous intéressés aux mêmes choses ; ils s'imprégneront de la même morale ; ils se prépareront l'un près de l'autre à devenir des membres utiles et solidaires de la société. Ils se moraliseront l'un l'autre par le travail et l'émulation, ou plutôt ils n'auront pas besoin de se moraliser, car on les créera moraux par leur éducation même. », Jeanne P., « Les écoles mixtes », dans *Le Devoir*, n° 65, 7 décembre 1879, p. 1036.

30. É. Champury, « Les intérêts de l'enfance et le Familistère », dans *Le Devoir*, 1880, p. 262. Là encore, l'article prend la forme d'un dialogue platonicien qui met en scène Godin et un sceptique, qui finit par être convaincu des atouts de l'organisation familistérienne.

31. É. Champury, « L'éducation mixte. II », *op. cit.*, p. 355-356. Le propos est toujours placé dans la bouche de Godin.

32. J. Delbrück, *Le Franc-Maçon*, juillet 1851, p. 72. Cité par C. Cosnier, *op. cit.*, p. 192.

33. A. Prost, *L'Enseignement en France (1800-1967)*, Colin, Paris, 1968, p. 306 et suiv.

34. Conseil de gérance du 29 mars 1881.

35. J.-B. A. Godin, *Solutions sociales, op. cit.*, p. 369.

36. « On devra former aux petites bandes un trésor corporatif pour l'exercice de cette générosité. Si l'on accorde aux petites hordes l'emploi d'un huitième de leur patrimoine en service philanthropique, on pourra bien accorder aux petites bandes l'emploi d'un seizième, et au besoin le produit des agios de leurs actions, agios que l'enfance accumule, parce qu'elle gagne toujours au-delà de sa dépense. », C. Fourier, *Le Nouveau Monde industriel et sociétaire, op. cit.*, p. 263.

37. La première couverture de ces cahiers porte pour titre « Écoles du familistère de Guise. Cahier d'… ». Elle est assortie d'une gravure du Familistère. Vient ensuite une deuxième page intitulée « Préceptes de morale. Tout pour le bien de l'humanité », qui fournit aux enfants l'essence de la morale du Familistère : « La Vie est pour chacun de nous le bien le plus précieux. (…) Faire du mal à ses camarades, leur être nuisible est une mauvaise action. La perfection s'acquiert par le travail (...). La malpropreté est un signe d'imperfection morale… » Le texte est signé « Le Fondateur du Familistère aux élèves des Écoles de l'Association ».

38. IV(2)-12/7, fonds FGP. Ce document a statut de chapitre II.

39. IV(2)-7/1 et 2, fonds FGP.

40. Parmi les visiteurs du Familistère figure Célestin Bouglé, sociologue durkheimien proche du courant solidariste. Dans l'ouvrage qu'il consacre aux socialismes français, C. Bouglé ne mentionne cependant que fort brièvement l'expérience du Familistère. « Où chercher celles qui ont pu réaliser une part du programme fouriériste ? Il en est qui s'en sont directement inspirées, par exemple le familistère de Guise, fondé et entretenu par Godin, admirateur de Fourier. Il ne se contente pas d'y installer – à côté d'ateliers où l'on fabrique les poêles – un « palais social » pour la vie commune des travailleurs. Il veut qu'ils participent aux bénéfices de l'entreprise et que grâce à leur part de bénéfices ils en deviennent les actionnaires. On distingue d'ailleurs diverses catégories de travailleurs, suivant les parts qu'ils perçoivent : auxiliaires, participants, sociétaires, associés. Les directeurs et membres du Conseil de Contrôle touchent 18 % : c'est la part du Talent prévue par Fourier. Au total, un certain nombre des idées qui lui étaient chères prirent corps dans cette Association modèle, malheureusement restée unique. », C. Bouglé, *Socialismes français*, Colin, Paris, 1932, p. 130.

41. *Le Devoir* publie régulièrement de « bons » devoirs des élèves du Familistère.

42. Outre ces objectifs, il est attendu des enfants de cet âge qu'ils puissent aussi manger à tour de rôle à la cuillerée sans vouloir prendre la part de leur voisin ; manger seuls comme des grands ; aller par imitation et adroitement sur les petits sièges d'aisance entraînés par l'exemple des grands camarades du pouponnat ; regarder jouer les bambins et écouter leurs chants ; admirer les oiseaux de la volière ; causer avec le perroquet ; se promener sur les balcons et sur la pelouse ; causer avec les petits amis ; obéir aux bonnes…

43. « On ne berce jamais les enfants à la nourricerie, c'est plaisir de les mettre au lit tout éveillés comme de grandes personnes, de les voir s'endormir sans pleurer ni crier et de s'éveiller de même : le bercement supprimé, c'est une conquête de plus faite sur les erreurs et la routine. », J.-B. A. Godin, *Solutions sociales, op. cit.*, p. 374.

44. Notes manuscrites, (IV)2-12/2, fond FGP.

45. H. Nadault de Buffon, *L'Éducation de la première enfance*, Librairie classique de Perisse frères, Régis Buffet et Cie, Paris et Bruxelles, 1863, deuxième édition, p. 90.

46. J.-B. A. Godin, *Solutions sociales, op. cit.*, p. 367.

47. *Récréations instructives* est, plus exactement, « un périodique illustré de pédagogie nouvelle et de vulgarisation attrayante des sciences, des techniques et des arts publié par Jules Delbrück et édité par Hetzel de 1860 à 1864. », F. Panni, note 5, dans *J.-B. A. Godin, Lettres du Familistère*, *op. cit.*, p. 54.

48. A. Oyon, *op. cit.*, p. 32.

49. J.-B. A. Godin, *Solutions sociales, op. cit.*, p. 370.

50. N. Brémand, *Les Socialistes et l'enfance au XIXe siècle*, *op. cit.*, p. 543.

51. Note manuscrite datée du 14 octobre 1880. IV(2)-7/1 et 2, fonds FGP.

52. Intervention de Godin au conseil de gérance du 29 mars 1881.

53. J. Prudhommeaux, *Les Expériences sociales de J.-B. A. Godin*, Imprimerie nouvelle, 1919, Paris, p. 71.

54. Le *Bulletin de la société des crèches* d'octobre 1889 publie les autres renseignements qui suivent, tout aussi intéressants. Entre le 1er juillet 1888 et le 30 juin 1889, la nourricerie a reçu 46 enfants, qui représentent l'équivalent de 13 800 journées de présence. Les dépenses de l'exercice se sont élevées à 7 126,34 francs. Six femmes ont été employées (pour un salaire de 2 393,91 francs au total). Le pouponnat a reçu durant cette même période 75 enfants (22 500 journées de présence). Trois femmes y ont été employées pour un salaire de 1 848,92 francs au total. Il est également noté que le Familistère de Guise a reçu du jury de l'Exposition une médaille d'or pour ses institutions patronales.

55. La répartition est la suivante : pouponnat (34 garçons, 46 filles) ; première année maternelle (52, 53), deuxième année maternelle (40, 44) ; troisième année maternelle (36, 27) ; première année primaire (13, 32), deuxième année primaire (20, 21) ; troisième année primaire (23, 21) ; quatrième année primaire (23, 19) ; cinquième année primaire (22, 11) ; cours complémentaires (9, 9). J.-B. A. Godin, « Discours de Godin à la fête de l'Enfance », *Le Devoir*, t. 9, nº 366, 13 septembre 1885, p. 564.

56. Les enfants à l'hygiène douteuse sont lavés et changés à leur arrivée ; les mères reçoivent du linge propre en échange de celui qui a été souillé ; le matériel et les berceaux sont toujours nettoyés après avoir servi ou été salis ; le bâtiment, enfin, fait l'objet d'un entretien quotidien. M. Loire, *op. cit.*, p. 393.

57. Cette société a statut d'établissement d'utilité publique (décret du 17 juillet 1869). Son but est d'aider à fonder et à soutenir les crèches mais aussi à perfectionner et à propager l'institution. Elle accorde des subventions aux crèches dont les statuts et le règlement lui ont été communiqués.

58. « J'ai fait plus, se targue Godin lorsque, un an plus tard, il rend compte de son action, j'ai offert de construire aux mêmes conditions une école primaire et supérieure de trois ou quatre années, en faisant ressortir qu'une telle fondation ouvrirait à la ville la perspective d'une subvention de 150 000 francs à son profit, subvention composée de mes abandons et de ce que la ville eût reçu de l'État. Ma proposition n'a pas reçu l'accueil suffisant pour en permettre l'exécution de concert avec la ville ; je tâcherai donc de réaliser seul ce projet. », J.-B. A. Godin, « Discours de Godin à la fête de l'Enfance », *Le Devoir*, n° 261, t. 7, 9 septembre 1883, p. 562-563.

59. P. Robin, « Familistère de Guise », *Dictionnaire de pédagogie et d'instruction primaire*, sous la direction de F. Buisson, Paris, Hachette, vol. 1, 1882, p. 986-987. P. Robin est un anarchiste, « qui dirigeait alors lui-même un orphelinat expérimental d'éducation intégrale dans l'Oise, qui s'inspira beaucoup, et très ouvertement, de l'œuvre de Guise. », N. Brémand, *Les Socialistes et l'enfance au XIXe siècle, op. cit.*, p. 513.

60. J.-B. A. Godin, « Discours de M. Godin à la fête de l'Enfance », *Le Devoir*, t. 7, 9 septembre 1883, *op. cit.*, p. 562.

61. Un tel succès des filles incite Godin à critiquer, une fois encore, l'article 49 de la loi du 15 mars 1850 en vertu duquel « les lettres d'obédience tiendront lieu de brevets de capacité aux institutrices appartenant à des congrégations religieuses ». Les professeurs laïques du Familistère, affirme Godin, sont bien plus efficaces du point de vue de l'éducation des filles que les congréganistes (affectées en règle générale dans les écoles de filles).

62. Selon les statuts de l'Association, les frais annuels d'éducation et d'instruction ne peuvent être inférieurs à la somme de 15 000 francs pour la rémunération des personnes attachées au soin et à l'enseignement de l'enfance et à la somme de 10 000 francs pour tous les frais généraux de l'éducation et de l'instruction. En 1880, les frais annuels des services pour les six classes (nourricerie, pouponnat, bambinat, troisième classe, deuxième classe, première classe) atteignent 19 071,81 francs.

63. M. Halbwachs, « Introduction », dans É. Durkheim, *L'Évolution pédagogique en France*, PUF, Paris, 1969, deuxième édition, p. 2. Première édition : 1938.

64. Au Familistère, les adultes peuvent aussi bénéficier d'enseignements destinés à parfaire leur instruction. Des cours du soir leur sont offerts dès les années 1860. L'avis n° 163 du 29 septembre 1866 indique ainsi : « Les habitants du Familistère sont informés que les cours d'adultes pour le semestre d'hiver devant ouvrir lundi prochain 1er octobre, il y aura ce jour-là, à 8 h du soir réunion générale et préparatoire en la salle d'école. Sont priées d'y assis-

ter : 1° Les personnes qui voudraient faire partie du corps des enseignants, afin de se consacrer, dans la mesure de leurs aptitudes à l'Instruction de leurs semblables, 2° les personnes qui voudraient profiter d'une manière suivie et sérieuse des leçons qui y seront données tous les jours à 8 h du soir. »

65. J.-B. A. Godin, « L'instruction publique, base de direction dans la société. XVII », dans *Le Devoir*, t. 4, n° 119, 19 décembre 1880, p. 801-803.

66. J.-B. A. Godin, « L'enseignement et le Familistère », dans *Le Devoir*, t. 11, n° 461, 10 juillet 1887, p. 441.

Chapitre 7]

1. J.-B. A. Godin, *Solutions sociales*, *op. cit.*, p. 42 et suiv.

2. *Ibid.*, p. 45.

3. *Ibid.*, p. 209.

4. J.-B. A. Godin, *Les Socialistes et les droits du travail*, *op. cit.*, p. 108.

5. Pour une présentation de ces expérimentations, cf. également J. Prudhommeaux, *Les Expériences sociales de J.-B. A. Godin (1867-1878)*, *op. cit.*, ainsi qu'O. Vacher, *L'Expérimentalisme psychosocial et les tentatives expérimentales du fouriériste J.-B. A Godin*, thèse de doctorat d'État ès lettres et sciences humaines, université de Paris-VII, 1992.

6. D. Ricardo, *Des principes de l'économie politique et de l'impôt*, Flammarion, Paris, 1977, p. 81. Première édition originale : 1817.

7. J.-B. A. Godin, *Solutions sociales*, *op. cit.*, p. 192.

8. Le prix réel d'une marchandise (équivalent de la quantité de travail qu'elle permet de commander) est égal à la somme du salaire (prix du travail), du profit (rémunération du capital) et de la rente (loyer de la terre).

9. *Ibid.*, p. 193.

10. J.-F. Rey, J.-L. Pinol, note 52, dans J.-B. A. Godin, *Solutions sociales*, *op. cit.*, p. 467.

11. C. Fourier, *Théorie de l'unité universelle*, *II*, *op. cit.*, p. 317.

12. C. Fourier précise lui-même en *nota* que « la division de ces lots se trouvant faite sur les brouillons par 1/6, 2/6, 3/6, [il] la conserve en avertissant qu'elle serait mieux par 3/12, 4/12, 5/12 (...). Cette différence ne change rien à la théorie. », *ibid.*, p. 790.

13. C. Fourier distingue trois types d'actions (banquières, foncières et ouvrières), dont les rémunérations s'étalent entre 3 et 7 %.

14. *Ibid.*, p. 791-792.

15. Que la rémunération du talent soit proposée par C. Fourier n'est pas pour étonner. Cette option a en effet ceci de révolutionnaire qu'elle permet de rompre radicalement avec le principe d'attribution des avantages sur base héréditaire qui caractérisait l'Ancien Régime. À ce sujet, cf. R. Sennett, *Respect*.

De la dignité de l'homme dans un monde d'inégalité, « Pluriel », Hachette, Paris, 2003, p. 77 et suiv.

16. C. Fourier, *Théorie de l'unité universelle, II*, *op. cit.*, p. 794.

17. *Ibid.*, p. 806.

18. *Ibid.*, p. 804.

19. *Ibid.*, p. 808.

20. J.-B. A. Godin, *Solutions sociales*, *op. cit.*, p. 208.

21. *Ibid.*, p. 208.

22. Dans les archives, je n'ai pas trouvé de notes de Godin sur la troisième *Critique*, qui est celle où est exposée la théorie du génie. Ce constat ne permet pas, bien sûr, de conclure que Godin n'a pas lu ce volet du triptyque kantien.

23. E. Kant, *Critique de la faculté de juger*, Vrin, Paris, 1982, p. 138-139. Première édition originale : 1790.

24. M. Moret, *Documents pour une biographie complète de Jean-Baptiste André Godin*, Familistère de Guise, deuxième volume, 1902-1906, p. 135.

25. J.-B. A. Godin, *Solutions sociales*, *op. cit.*, p. 213.

26. *Le Devoir*, t. 15, 1891, p. 137. Cité par M. Moret, *Documents pour une biographie complète de Jean-Baptiste André Godin*, deuxième volume, *op. cit.*, p. 214.

27. M. Moret, *Documents pour une biographie complète de Jean-Baptiste André Godin*, deuxième volume, *op. cit.*, p. 221.

28. Cette information comme celles qui suivent sont tirées de la note manuscrite V(1)-19, fonds FGP.

29. Le conseil définit l'employé comme toute personne attachée à un titre quelconque à l'usine et ayant action sur les ouvriers (exemple : les surveillants) ou bien faisant un travail déterminé non rétribué à l'heure, tant au Familistère qu'à l'usine.

30. Les informations qui suivent sont extraites du compte-rendu de la réunion du 26 avril 1867.

31. Parmi les employés, on compte alors une trentaine de salariés de la comptabilité générale et des bureaux d'ateliers, une trentaine de surveillants et une cinquantaine de personnes au service du Familistère.

32. Deux personnes obtiennent le meilleur score de 25 voix chacune, puis deux de 24… Dix-huit bénéficient de 11 voix chacune. Pour arriver au nombre de 95 élus, trois ouvriers titulaires de 11 voix (les trois recrutés à l'usine le plus récemment) sont écartés.

33. V(1)-19, fonds FGP.

34. Trois manquent à l'appel. Un est absent, un autre se présente après la fermeture du bureau de vote, le dernier tente – sans succès – de se faire représenter par une tierce personne (ce que le règlement n'autorise pas).

35. Dix hommes recueillent 19 voix et deux 18.

36. M. Moret, *Documents pour une biographie complète de Jean-Baptiste André Godin*, deuxième volume, *op. cit.*, p. 237. Pour relater l'expérience des

votes lors de la fête de 1867 comme celles des années qui suivirent, je m'inspire largement du compte-rendu détaillé qu'en donne Marie Moret dans le second volet de ses documents pour une biographie de Godin.

37. Chaque bulletin comportant dix noms, on aboutit en effet, dans chaque catégorie, à un total de 954 voix pour une somme de 1 000 francs à partager.

38. Ces notes de fabrication sont le produit du contrôle des ouvriers. Elles sont tenues au jour le jour, voire heure par heure. Elles indiquent le mérite de l'ouvrier dans différents registres à l'aide de moyens et de critères divers : emploi de gabarits, pesée des pièces, mesure du temps de montage, économie de matière, etc.

39. Cité par M. Moret, *Documents pour une biographie complète de Jean-Baptiste André Godin*, deuxième volume, *op. cit.*, p. 241.

40. Les individus émargent aussi à un groupe sériaire selon les détails des travaux de chaque série. Autrement dit, chacune des quatre séries est structurée selon un premier niveau de groupe à l'aide des catégories de chef, d'employé, de surveillant, etc. Puis viennent des groupes correspondant aux divers genres des travaux de la série. Dans ces groupes, les candidats ouvriers sont présentés comme suit : en tête ceux désignés à la fois par les notes de travail et par l'élection de premier degré ; puis ceux désignés par l'élection seulement ; et enfin ceux désignés seulement par les notes de travail, mais avec la lettre A. Les spécialités de travaux dans chaque série sont reproduites sur les bulletins de vote, et l'électeur est invité à porter, en regard de chacune des divisions qui en résultent, le nom ou les noms (tantôt un, tantôt deux selon l'importance du groupe) des travailleurs les plus méritants.

41. Cité par M. Moret, *Documents pour une biographie complète de Jean-Baptiste André Godin*, deuxième volume, *op. cit.*, p. 257.

42. *Ibid.*, p. 259-260.

43. Le nombre des ouvriers étant de 770, on avait calculé qu'il y aurait – à raison de 4 voix par électeur – 3 080 voix pour nommer 100 candidats, d'où la fixation du maximum de 30 voix.

44. Ce résultat décevant incite Godin à prôner un tout autre mode de désignation lors du discours qu'il prononce à la fête du Travail.

45. Les 97 candidats écartés au vote final comprennent 24 employés et personnes des services du Familistère, 1 ouvrier candidat par capacité et élection, 18 ouvriers candidats par élection seule et 54 ouvriers candidats par capacité de premier mérite.

46. J. Prudhommeaux, *Les Expériences sociales de J.-B. A. Godin (1867-1878)*, *op. cit.*, p. 87-88.

47. Cf., en annexe, le tableau « Prix décernés par voie de vote aux fêtes annuelles du Travail de 1868, 1869 et 1870 ».

48. M. Moret, *Documents pour une biographie complète de Jean-Baptiste André Godin*, deuxième volume, *op. cit.*, p. 297-298.

49. Pour une présentation de ces projets, cf. O. Vacher, « Les affinigrammes électoraux des expérimentés devenant expérimentateurs (1879) », dans G. De-

labre, J.-M. Gautier éds., *Jean-Baptiste André Godin et le Familistère de Guise à l'épreuve de l'histoire, op. cit.*, p. 119-136.

50. Les extraits des annexes aux bulletins des groupes 1 et 4 sont fournis par J. Prudhommeaux, *Les Expériences sociales de J.-B. A. Godin (1867-1878), op. cit.*, p. 97-98.

51. À cette date, les trois employés de l'usine les mieux payés touchent, respectivement, 515 francs, 400 francs et 300 francs par mois.

52. *Ibid.*

53. *Ibid.*, p. 101-102.

54. *Ibid.*, p. 109.

55. Cf., en annexe, le tableau « Bilan des scrutins de janvier à mai 1870 ».

56. J.-B. A. Godin, *Solutions sociales, op. cit.*, p. 208.

57. J. Prudhommeaux, *Les Expériences sociales de J.-B. A. Godin (1867-1878), op. cit.*, p. 116.

58. Les inscriptions sont effectuées par Godin lui-même ou par le conseil administratif après qu'il en a délibéré. Chaque salarié qui souhaite prétendre à une telle récompense peut aussi effectuer une démarche et faire inscrire sa demande.

59. Pour la première qualité, on dénombre 12 abstentions pour 48 voix, 21 pour la deuxième et 23 pour la troisième.

60. J. Prudhommeaux, *Les Expériences sociales de J.-B. A. Godin (1867-1878), op. cit.*, p. 126-127.

61. Cf., en annexe, le tableau « Composition des groupes d'électeurs et appointements (élection de mars-avril 1872) ».

62. Cf., en annexe, le tableau « Répartition des appointements par groupes (élections de mars-avril 1872) ».

63. *Ibid.*, p. 139.

64. V(1)-10, fonds FGP. Le texte complet de cette convention est reproduit dans le chapitre 11.

65. J. Prudhommeaux, *Les Expériences sociales de J.-B. A. Godin (1867-1878), op. cit.*, p. 142.

66. Sur les différents diplômes que j'ai pu consulter pour cette année 1873, une languette de papier blanc recouvre l'espace entre « au suffrage des » et « du Familistère » (l'ensemble est imprimé). Le mot « Conseils » est ajouté à la main. L'ensemble de la phrase est complété, de façon manuscrite toujours, par « et des délégués des ouvriers ».

67. Le comité est composé de 8 mouleurs, 4 ajusteurs, 1 émailleur, 3 mécaniciens-forgerons, 1 constructeur de modèle, 1 menuisier et 2 manouvriers. Ce comité est, en mai 1873, le produit de la fusion six mois auparavant (26 septembre 1872) des comités en charge de la caisse mutuelle de prévoyance de l'usine, de la caisse générale de prévoyance du Familistère et du comité de réclamation (chargé de représenter les ouvriers dans les questions de travail et de règlement d'atelier).

68. Ceux-ci sont financés à l'aide des fonds auparavant utilisés pour le banquet, manifestation à laquelle il est décidé de renoncer, en raison notamment de son maigre succès en 1872.

69. J. Prudhommeaux, *Les Expériences sociales de J.-B. A. Godin (1867-1878)*, *op. cit.*, p. 145-146.

70. Ainsi, 85 personnes bénéficient d'un supplément de rémunération dont le montant varie avec le revenu (6,13 francs par 100 francs d'appointements). Treize primes (dont le montant varie entre 80 et 3 000 francs) sont également distribuées au profit des travailleurs ayant fait bénéficier l'usine d'inventions ou de perfectionnements jugés utiles.

71. Quatre ensembles de qualités sont récompensés : les bons services et les bons offices, l'aide et l'assistance à chacun dans sa fonction, la conduite fraternelle et amicale avec tous ; les perfectionnements et améliorations dans les produits, dans les procédés, dans le travail et les fonctions ; l'initiative et l'activité utiles à l'Association, le travail intelligent ; la bonne conduite, le travail régulier, l'ouvrage soigné et bien fait. Cf. *Le Devoir*, t. 4, n° 118, 12 décembre 1880, p. 787.

72. La lettre est lue par J.-B. A. Godin à l'occasion de sa conférence du 7 juillet au soir. J.-B. A. Godin, « Conférence de M. Godin », dans *Le Devoir*, t. 5, n° 151, 31 juillet 1991, p. 481.

73. *Ibid.*, p. 481-483.

74. L'usine de Laeken est intégrée dans le décompte, ce qui explique que les chiffres soient un peu supérieurs à ceux qui ont été présentés précédemment.

75. J.-B. A. Godin, « Correspondance. Le Familistère de Guise », dans *Journal des économistes*, *op. cit*, p. 267.

76. M. Émile, « La grève du Familistère de Guise », dans *La Révolution prolétarienne*, 15 février 1930, n° 98, p. 3.

77. « Conférence de J.-B. A. Godin du 7 juillet 1881 (suite) », dans *Le Devoir*, t. 5, n° 151, 31 juillet 1881, p. 482.

78. « La fête du Travail au Familistère de Guise », dans *Le Devoir*, n° 11, 19 mai 1878, p. 163.

79. J.-B. A. Godin, « Répartition de la richesse », dans *Le Devoir*, t. 2, n° 1, 15 septembre 1878, p. 34.

80. J.-B. A. Godin, « Le droit à l'existence », dans *Le Devoir*, t. 2, n° 1, 15 septembre 1878, p. 20.

81. *Le Devoir*, t. 8, n° 290, 30 mars, 1884, p. 196.

Chapitre 8]

1. J.-B. A. Godin, « Conférence du 5 juillet 1877 », cité dans M. Moret, *Documents pour une biographie complète de Jean-Baptiste André Godin*, troisième volume, *op. cit.*, p. 61.

2. *Ibid.*, p. 62-63.
3. R. Schérer, « Charles Fourier ou l'écart absolu », dans C. Fourier, *L'Attraction passionnée*, Pauvert, Paris, 1967, p. 9-31.
4. Ces principes sont les suivants : affinité spirituelle de caractère (S) et affinité matérielle de penchants industriels (M) dans le cas de l'amitié ; recherche de gloire (S) et d'intérêt (M) pour l'ambition ; copulation (M) et céladonie (lien de cœur) (S) pour l'amour ; et, enfin consanguinité (M) et adoption (S) pour la famille. Le matériel prime sur le spirituel dans les deux groupes majeurs, et inversement dans les deux groupes mineurs.
5. C. Fourier, *Théorie de l'unité universelle, II, op. cit.*, p. 256.
6. C. Fourier, *Théorie de l'unité universelle, I,* Les presses du réel, Dijon, 2001, p. 357.
7. Dans cette hiérarchie, l'établissement de New Lanarck de R. Owen est classé au rang 5 ¼, il est « demi-issue de civilisation », « demi-transition ascendante ». *Ibid.*, p. 371.
8. *Ibid.*, p. 367.
9. Quand C. Fourier mobilise pour la première fois le terme de série, celui-ci est encore peu usité. Il s'agit d'abord et avant tout d'une notion mathématique que C. Fourier transfère au monde social. « Il n'est peut-être pas indifférent d'observer que Jean-Baptiste Joseph Fourier avait en 1807 publié son premier mémoire sur la propagation de la chaleur. Étude mathématique de la façon dont la chaleur se transmettait d'un bout à l'autre d'une tige métallique. C'est alors qu'il mit sur pied la théorie demeurée fameuse et qui joue un rôle primordial en physique et en mathématiques, toujours connue comme "Série de Fourier". Il est à peu près certain que Charles Fourier s'en est inspiré dans sa classification des passions. », J. Debû-Bridel, *L'Actualité de Fourier. De l'utopie au fouriérisme appliqué*, éditions France-Empire, Paris, 1978, p. 77-78.
10. C. Fourier, *L'Attraction passionnée, op. cit.*, p. 132.
11. *Ibid.*, p. 133.
12. *Ibid.*, p. 135.
13. *Ibid.*, p. 135-136.
14. C. Fourier, *Théorie de l'unité universelle, II, op. cit.*, p. 304.
15. J.-B. A. Godin, *Solutions sociales, op. cit.*, p. 46. Une page plus loin, Godin ajoute que « l'analyse qui va suivre n'est donc pas un acte de complète adhésion à toutes les vues de Fourier ; mais c'est l'hommage mérité que je dois aux travaux de cet immortel penseur et à ceux de son école. », *ibid.*, p. 47.
16. La comptabilité générale se décompose ainsi en comptabilité proprement dite, finances, approvisionnements (espace divisé lui-même en achats des matières premières, stocks et dépôts, compte des fournisseurs…), commerce et prix de revient.
17. M. Moret, *Documents pour une biographie complète de Jean-Baptiste André Godin*, troisième volume, *op. cit.*, p. 17.

18. *Ibid.*, p. 50.
19. *Ibid.*, p. 51.
20. *Ibid.*, p. 84.
21. Pour le Familistère, neuf services sont distingués pour l'habitation (logement, alimentation, vêtements, ustensiles de ménage, combustibles, basse-cour, jardins, bains et lavoirs, comptabilité) et trois pour l'éducation (nourricerie, classes enfantines, écoles primaires). Ces services sont eux-mêmes structurés en sous-divisions (46 au total). L'alimentation se subdivise par exemple en boucherie, boulangerie, épicerie, boissons…
22. M. Moret, *Documents pour une biographie complète de Jean-Baptiste André Godin*, troisième volume, *op. cit.*, p. 129. Les deux conseils de direction doivent résulter de la formation des unions de groupes au Familistère – le conseil de l'habitation, le conseil de l'éducation – qui prendront le relais de l'ancien conseil élu. Le mandat de ce dernier avait été renouvelé jusque-là et sans discontinuer depuis 1861.
23. Pour une présentation synthétique des groupes et unions de groupes, cf. en annexe l'organigramme intitulé « La représentation du travail par groupes, unions de groupes et conseils d'unions (juillet 1877) ».
24. En 1877, l'établissement occupe 1 145 travailleurs parmi lesquels 1 022 employés et ouvriers (hommes), 59 femmes (services de l'usine et du familistère), 64 apprentis de 13 à 15 ans.
25. Cf., en annexe, le tableau « La participation aux groupes selon le statut et le sexe (juillet 1877) ».
26. En août 1878, le bilan est le suivant : 459 inscriptions pour 86 volontaires (73 hommes, 13 femmes), tous membres de l'habitation unitaire. Parmi les 73 hommes, 56 (11 surveillants ou contremaîtres, 19 ouvriers, 26 employés ou directeurs) s'étaient classés à la fois à l'usine et au Familistère, et 5 (2 employés, 3 ouvriers) travaillant à l'usine s'étaient inscrits au Familistère seulement, ainsi que 12 hommes employés exclusivement au Familistère (7 comptables ou directeurs de service, 5 ouvriers). Parmi les 13 femmes, on compte 8 employées aux services de l'enfance ou au magasin et 5 simples habitantes du Familistère.
27. C'est retrouver là, me semble-t-il, un résultat classique de la sociologie de l'action collective, résultat énoncé par exemple par D. Segrestin dans « Les communautés pertinentes de l'action collective. Canevas pour l'étude des fondements sociaux des conflits du travail en France », dans *Revue française de sociologie*, XXI, 1980, p. 171-203.
28. Parmi eux, outre Marie Moret, on trouve notamment le directeur de l'école et celui de l'épicerie.
29. Le conseil général des unions de l'usine qui s'était constitué le 16 septembre par la nomination de son bureau comptait 32 membres au lieu de 54 par suite du cumul des fonctions de présidents ou de secrétaires dans différentes unions.

30. Cette commission fonctionne à l'aide de sous-ensembles spécialisés. En mai 1878, on décompte quatre commissions permanentes : comptabilité et règlement (présidence : G., ingénieur et chef d'atelier), produits nouveaux (présidence : P., directeur du matériel), fabrication et procédés (présidence : Mi, contremaître à la fonderie), travaux divers (présidence : Go, chef des travaux des cours).

31. Comme le précise le règlement des groupes, unions de groupes et conseils d'unions, il convient d'être élu à un niveau *n* pour pouvoir siéger de plein droit à un niveau *n* + 1. Dans le plan primitif élaboré par Godin, le conseil général des unions de l'usine devait être l'émanation de six conseils de direction formés eux-mêmes des présidents et des secrétaires des unions et, le cas échéant, de délégués spéciaux. Dans le règlement finalement adopté, rien de tel n'est prévu. L'article 10 stipule simplement que le conseil général des unions est la réunion des présidents et des secrétaires des unions. Ce conseil a donc réuni 54 membres au lieu de 12 comme Godin avait pu l'imaginer initialement.

32. M. Moret, *Documents pour une biographie complète de Jean-Baptiste André Godin*, troisième volume, *op. cit.*, p. 213

33. *Ibid.*, p. 212.

34. Le conseil d'administration de l'usine doit se réunir chaque semaine, et Godin s'engage à ne rien faire sans sa collaboration et son avis. « L'exécution des décisions du conseil sera conférée aux différents fonctionnaires administratifs de l'usine, mais dans l'intérêt de la bonne exécution, M. Godin a jugé opportun de prendre dès à présent une mesure qui consiste à mettre à la disposition du conseil un secrétaire général chargé de centraliser les renseignements dont le conseil aura besoin et de transmettre ces décisions à ceux qui doivent les exécuter. », *ibid.*, p. 325.

35. Une proposition sur les 73 émane de deux personnes de statuts différents (l'un ingénieur, l'autre contremaître), ce qui explique que le total du nombre des innovations proposées soit égal à 74. La source de ces données est M. Moret, *ibid.*, appendice 1, p. 509 et suiv.

36. Peu enthousiaste en réalité à l'idée que les ouvriers puissent quitter leur poste de travail pour assister aux réunions, Godin finira par interdire une telle possibilité.

37. Cf., en annexe, le tableau « Bilan de l'activité des groupes, des unions et des conseils sur la période août 1877-août 1878 ». « Nous n'avons pas de statistique analogue [à celle de la période d'août 1877-août 1878] pour la période qui s'étend d'avril 1878 à octobre de la même année, mais nous savons que l'inertie s'empare peu à peu des groupes et que, dès le mois d'août 1878, on ne trouve plus trace de leur action. », *ibid.*, p. 360.

38. J. Prudhommeaux note qu'un employé s'est fait inscrire « par espièglerie de pince sans rire » dans 55 groupes de l'usine. En réalité, le cas est exceptionnel. Pour J. Prudhommeaux, d'autres facteurs - l'absence de « démarcation » nette entre les groupes, l'inertie des membres... - ont bien davantage contribué à l'échec. Cf. J. Prudhommeaux, *Les Expériences sociales de J.-B. A. Godin (1867-1878)*, *op. cit.*, p. 171 et suiv.

39. Cité par M. Moret, *Documents pour une biographie complète de Jean-Baptiste André Godin*, troisième volume, *op. cit.*, p. 292.

40. C. Fourier, *Théorie de l'unité universelle, II, op. cit.*, p. 253.

41. *Ibid.*, p. 501 et suiv. Marie Moret indique que ces conclusions sont empruntées au *Devoir* (octobre, novembre, décembre 1896 et janvier 1897).

42. *Ibid.*, p. 503.

43. *Le Devoir*, volume 1, 18 août 1878, p. 370.

44. Je m'appuie ici sur le dépouillement de la liste des candidats admis au titre de participants dans les conseils de gérance réunis durant la période évoquée. Dans toutes les séances concernées, à une exception près, deux listes sont dressées, la première recense les candidats qui ont adhéré par écrit, la seconde ceux qui, faute de savoir lire et écrire, l'ont fait par oral.

Chapitre 9]

1. J.-B. A. Godin, *Mutualité sociale et association du capital et du travail ou Extinction du paupérisme par la consécration du droit naturel des faibles au nécessaire et du droit des travailleurs à participer aux bénéfices de la production*, imprimerie E. Barré, Guise, 1891, deuxième édition, p. 81 et suivantes.

2. *Ibid.*, p. 8.

3. C. Fourier, *Théorie de l'unité universelle*, I, *op. cit.* p. 345 et suiv.

4. *Ibid.*, p. 345.

5. *Ibid.*, p. 347.

6. La participation des travailleurs aux bénéfices de la production au prorata de leurs salaires et appointements était entrée en fait en usage au Familistère dès l'année 1876 sous forme d'une inscription en comptabilité au crédit des ayants droit.

7. « Discours de M. Godin à ses Employés et Ouvriers », dans *Le Devoir*, n° 12, 26 mai 1877, p. 180.

8. Cité par M. Moret, *Documents pour une biographie complète de Jean-Baptiste André Godin*, troisième volume, *op. cit.*, p. 30.

9. « Discours de M. Godin à la fête du Travail », dans *Le Devoir*, t. 3, n° 36, 18 mai 1879, p. 564. Pour 1878, ajoute-t-il également, les dividendes ne seront pas inférieurs à ceux de l'année précédente.

10. R. Rabaux, *op. cit.*, p. 97. Cité par J.-F. Rey, J.-L. Pinol, note 89, dans J.-B. A. Godin, *Solutions sociales, op. cit.*, p. 489. J. Prudhommeaux remarque cependant que ceux qui rechignèrent ne tardèrent pas « à revenir de leur erreur. Dans les quelques semaines qui suivirent, 608 bénéficiaires (595 hommes et 13 femmes) signèrent le contre-engagement et reçurent, sous forme de titre de participation, une somme totale de 66,419 francs », J. Prudhommeaux, *Les Expériences sociales de J.-B. A. Godin (1867-1878), op. cit.*, p. 147.

11. J. Huret, *Enquête sur la question sociale en Europe*, Perrin et Cie, Paris, 1897, p. 133. C'est l'auteur de la citation qui souligne.

12. J.-B. A. Godin, « Discours de M. Godin », dans *Le Devoir*, t. 4, n° 87, 9 mai 1880, p. 292.

13. Devant la Commission d'enquête extraparlementaire des associations ouvrières, Godin déclare qu'il s'est trouvé souvent embarrassé face à la multiplicité des textes légaux. « Pour échapper aux difficultés créées par la multiplicité des lois, ajoute-t-il, j'ai dû consulter des avocats qui, à leur tour, étaient aussi embarrassés que moi. », « Enquête de la commission extraparlementaire des associations ouvrières, ministère de l'Intérieur, déposition de M. Godin », *Le Devoir*, t. 7, n° 272, 25 novembre 1883, p. 740 ; ce discours est reproduit également dans *Études sociales*, n° 5, p. 65-80. Pour s'assurer une mise en forme juridique des statuts tout à fait correcte, Godin est assisté par des juristes de profession, à savoir Me Tisserant, ancien avoué à Nancy, Me Foucart (Valenciennes) et Me Vavasseur (Paris). V. Neale est venu également au Familistère pour aider Godin dans cette même entreprise, en lui faisant part notamment de son expérience des associations de production. Sur ce point, cf. M. Moret, *Documents pour une biographie complète de Jean-Baptiste André Godin*, troisième volume, *op. cit.*, p. 442-443.

14. Les statuts sont ensuite déposés au greffe de la justice de paix du canton de Guise et au greffe du tribunal de commerce de l'arrondissement de Vervins. La publicité légale et le dépôt de statuts sont également effectués à Bruxelles, où l'entreprise, possède, on le sait, un établissement.

15. Au début des années 1880, le premier se réunit une fois par mois, le second chaque mardi et le troisième chaque vendredi (« Déposition de M. Godin », dans *Études sociales*, n° 5, p. 76).

16. « Nouvelles du Familistère », dans *Le Devoir*, t. 4, n° 104, 5 septembre 1880, p. 574. Les cinq premiers employés sont F. O. Bourdanchon (employé à la bascule), J.-F. Mismaque (employé à la fonderie), E. L. Dirson (fonderie), A. C. Godin (services divers), M.-L. Rousselle (employée dans les services du Familistère). Les trois derniers sont E. F. André, F. T. Maréchal (mouleur) et A. E. Quent (ajusteur). Parmi ces salariés, tous – à une exception (E. F. André) – bénéficient au moins une fois d'une prime en 1880, 1881 et/ou 1882.

17. « Nouvelles du Familistère », dans *Le Devoir*, t. 4, n° 102, 22 août 1880, p. 533.

18. M. Moret, *Documents pour une biographie complète de Jean-Baptiste André Godin*, troisième volume, *op. cit.*, p. 441-442.

19. « Conférence de M. Godin aux membres de l'Association », dans *Le Devoir*, t. 5, n° 142, 29 mai 1881, p. 339.

20. Godin évoque également le cas des auxiliaires et des mineurs. « La répartition des bénéfices se faisant ici au prorata des salaires et appointements, il reste chaque année une somme de dividendes afférente au travail des auxiliaires. Les auxiliaires,

n'ayant en partage dans la société que les avantages de la mutualité : subventions pendant la maladie et retraite pour la vieillesse, se divisent en deux catégories : les mineurs qui ne peuvent entrer dans l'Association qu'à l'époque de leur majorité ; puis les individus dont le séjour accidentel parmi nous ou le défaut de conduite empêchent l'admission. Quant aux jeunes gens mineurs, filles ou garçons, s'ils sont d'une bonne conduite, la part de dividendes qui leur reviendrait est mise en réserve : l'Association leur constitue ainsi une dot pour l'époque de leur majorité. », « Conférence de M. Godin », dans *Le Devoir*, t. 5, n° 149, 17 juillet 1881, p. 451.

21. Cette interrogation, livrée par M. Barbary, a été évoquée dans le chapitre 4.

22. Le terme de sociétaire, comme celui d'auxiliaire au demeurant, est d'usage dans le mouvement coopératif qui voit le jour au XIXe siècle. Celui-ci est doté d'une longue histoire, impossible à ramasser en quelques mots à peine. Signalons simplement que l'Association des bijoutiers en doré (1834) est réputée être la première des coopératives de production françaises, que l'invention de la notion de « contrat d'association des travailleurs » par l'ancien saint-simonien P. Buchez fournit ses premières lettres de noblesses intellectuelles au mouvement et, enfin, que la loi du 24 juillet 1867 offre une reconnaissance légale aux coopératives. En dépit de ces solides étais, on ne décompte en tout et pour tout en France que vingt-six coopératives de production en 1900. Le Familistère intéresse vivement les partisans de la coopération dans la mesure où leur philosophie repose sur deux principes qui ne sont pas complètement étrangers à Godin : les travailleurs s'associent entre eux pour produire des biens marchands ; les travailleurs détiennent collectivement le capital et le pouvoir de décision. S. Zaidman, « Des associations ouvrières aux SCOP de mai », dans F. Georgi éd., *Autogestion, la dernière utopie ?*, Publications de la Sorbonne, Paris, 2003, p. 331-345. En raison de l'expérience des économats, le mouvement des coopératives de consommation porte également intérêt au Palais social. Au sein de l'école de Nîmes, C. Gide et J. Prudhommeaux servent de relais actifs au profit des idées et de l'œuvre de Godin. Sur l'influence plus générale de Godin sur le mouvement coopératif, cf. G. Delabre et J.-M. Gautier, *La Régénération de l'utopie socialiste...*, *op. cit.*, p. 1057 et suiv.

23. J.-B. A. Godin, « Conférence de M. Godin », dans *Le Devoir*, t. 4, n° 109, 10 octobre 1880, p. 651.

24. Les associés participent aux bénéfices à hauteur de deux fois le montant de leur salaire. Pour les sociétaires, la proportion tombe à une fois et demi et à une pour les participants. Quant aux intéressés, ils reçoivent l'intérêt de leur capital, sans aucun droit d'immixtion dans les affaires. Les auxiliaires ne reçoivent rien d'autre que leur salaire, la part de bénéfice qui leur revient est versée à la caisse d'assurances. En cas de chômage, ils sont les premiers licenciés.

25. L'exclusion fait l'objet de règles différentes, qui en disent long à elles seules sur l'importance de l'inégalité statutaire. L'exclusion d'un associé ne peut être prononcée que sur proposition du conseil de gérance, prise à la majo-

rité des deux tiers des membres du conseil. Elle ne devient définitive qu'après décision conforme de l'assemblée générale statuant à la majorité d'au moins les deux tiers des membres présents. L'exclusion d'un sociétaire ou d'un participant est prononcée par le conseil de gérance à la majorité des voix. Le membre exclu, associé, sociétaire ou participant, passe alors dans la catégorie des simples titulaires de parts d'intérêts.

26. Chaque membre de l'assemblée générale s'est engagé par écrit à œuvrer dans l'intérêt de l'Association, à l'aider à éviter les pertes et à faire des économies, à se rendre utile à toutes les personnes attachées à l'Association, à être bienveillant et obligeant avec elles, à faciliter l'éducation et l'instruction des enfants, à contribuer à rendre le séjour de l'habitation sociétaire agréable à tous, et enfin à se soumettre aux statuts et règlements. Pour un bilan général de l'évolution de la répartition par statuts, cf., en annexe, le tableau « Évolution des statuts des membres de l'Association ».

27. Pour cette distribution, le chi^2 est égal à 80,89. On peut donc affirmer, avec un risque d'erreur de 0,1 %, qu'il existe une relation entre le statut dans l'Association et la position dans l'entreprise.

28. Il est prévu que les administrateurs-gérants qui succéderont au fondateur, mais pas le fondateur lui-même, pourront être révoqués de leur fonction par l'assemblée générale des associés si l'Association ne peut servir deux années de suite d'intérêt du capital, si les pertes sont supérieures à 50 000 francs dans des opérations faites contrairement aux avis de l'assemblée générale ou du conseil de gérance, si l'administrateur-gérant n'observe pas les prescriptions des diverses assemblées du Familistère ou si, enfin, il bénéficie d'un intérêt personnel dans une entreprise ou un marché passé au nom de l'Association.

29. « Assemblée générale ordinaire », dans *Le Devoir*, t. 5, n° 126, 6 février 1881, p. 83.

30. L'emprunt de 3 millions est triplement justifié par l'assemblée générale : il faut 1) anticiper un « événement fatal », à savoir le décès de Godin, qui pourrait précipiter une demande de remboursement du capital détenu par le fondateur dans l'Association ; 2) pouvoir disposer d'argent afin de lancer la construction du Familistère de Laeken, étant entendu que les habitations de l'usine belge sont « incommodes et insalubres » ; 3) faire face à une conjoncture difficile et incertaine. Pour ce faire, l'assemblée générale décide « 1) qu'il sera demandé à l'Administrateur-Gérant d'accorder à la Société un délai de quarante et un ans qui viendra à échéance le 30 janvier 1927, pour se libérer envers lui de la somme de 3 millions à défalquer de celle qu'elle lui doit en compte courant avec obligation de se libérer par acomptes en prévenant au moins trois mois à l'avance ; 2) qu'il sera, du jour de la convention à celui de l'échéance, payé annuellement, le 30 janvier de chaque année, sauf à réserves légales, pour les empêchements à prévoir au contrat, l'intérêt à 4 % de ladite créance ou à un taux inférieur si faire se peut ; 3) qu'une garantie hypothé-

caire sur tous les immeubles sociaux, même par destination, sera consentie en faveur de l'Administrateur-Gérant pour sûreté du remboursement de ladite créance en principal et intérêts, laquelle garantie aura son effet jusqu'à libération. », « Société du Familistère de Guise. Assemblée générale extraordinaire, séance du 15 novembre 1885, à 3 heures de l'après-midi », dans *Le Devoir*, t. 9, n° 377, 29 novembre 1885, p. 743. M. Dequenne est chargé par l'assemblée de représenter la Société dans la réalisation de l'emprunt hypothécaire.

31. En 1888, outre l'administrateur-gérant et les trois élus, siègent dans ce conseil : le directeur commercial, le directeur de fabrication, le directeur du matériel, le directeur des modèles, le directeur du montage, le directeur de la fonderie, le directeur des approvisionnements, le chef de la comptabilité, l'économe, le chef des services du Familistère, le directeur des comptabilités et du contrôle et un conseiller honoraire nommé par le fondateur. Les associés qui souhaitent devenir membres du conseil de gérance doivent avoir été auparavant auditeurs aux conseils de gérance et de l'industrie. Cette opportunité est subordonnée à la rédaction d'un mémoire portant sur les devoirs des conseillers envers l'Association, les attributions que comporte leur emploi et les propositions qu'ils croient profitables à l'intérêt commun. À la suite de l'examen de ce mémoire, le conseil détermine quels sont les candidats qui peuvent être admis à titre d'auditeur au conseil de gérance et au conseil de l'industrie. En 1888, au moment de leur élection, les trois conseillers élus avaient plus de quinze ans d'ancienneté dans l'entreprise pour deux d'entre eux, plus de dix ans pour le dernier. Tous les membres du conseil de gérance doivent par ailleurs déposer chaque année un mémoire relatif à leurs fonctions, ses effets, les prévisions, les innovations possibles…

32. Ce comité est composé de trois membres des différents conseils de l'Association. Ils sont élus par tous les travailleurs, associés, sociétaires et participants.

33. H. Hatzfeld, *Du paupérisme à la Sécurité sociale (1850-1940)*, Colin, Paris, 1971.

34. A. Gueslin, *L'Invention de l'économie sociale. Le* XIXe *siècle français*, Économica, Paris, 1987, p. 106.

35. G. Delabre, J.-M. Gautier, *La Régénération de l'utopie socialiste…*, *op. cit.*, p. 757.

36. Cela n'est pas pour surprendre. L'application de sanctions financières aux ouvriers jugés défaillants est alors pratique courante dans l'industrie française.

37. M. Moret, *Documents pour une biographie complète de Jean-Baptiste André Godin*, deuxième volume, *op. cit.*, p. 127.

38. Cette caisse féminine est également alimentée par le produit des amendes, des cotisations (1 franc par mois) et un complément, que verse l'usine, équivalent au montant des cotisations.

39. J.-B. A. Godin, « Correspondance. Le Familistère de Guise », dans *Journal des économistes*, *op. cit.*, p. 269.

40. É. Dallet, *op. cit.*, p. XIV.

41. *Ibid.*, p. XIV.

42. J.-B. A. Godin, « D'une caisse nationale d'assistance des travailleurs », dans *Le Devoir*, n° 17, 30 juin 1878, p. 257-260.

43. La règle est alors la suivante. Les ouvriers de plus de 16 ans touchent 2 francs par jour durant trois mois, 1,50 franc pendant les trois mois suivants et 1 franc les six mois suivants encore.

44. Pour ceux qui, à leur entrée dans les ateliers ou bureaux de l'Association, avaient moins de 45 ans, l'allocation représente deux fois le montant de la cotisation mensuelle pendant les trois premiers mois, une fois et demi pendant les trois mois suivants, une fois pendant les six derniers mois. Pour ceux qui sont entrés au service de l'Association après l'âge de 45 ans, elle atteint une fois et quart le montant de la cotisation mensuelle pendant les trois premiers mois, une fois pendant les trois mois suivants, les trois quarts de cette cotisation pendant les six derniers mois. Après la durée d'une année, les secours de maladie sont supprimés. Si, alors, le mutualiste est déclaré incurable, il passe à l'assurance des pensions.

45. Neuf sont nommés au Familistère et choisis exclusivement parmi les associés et sociétaires, et neuf sont élus à l'usine par tous les travailleurs sans exception. Les dames du Familistère nomment entre elles neuf déléguées pour l'administration de leur assurance contre la maladie. Les neuf dames et neuf hommes constituent le comité de l'assurance des pensions et du nécessaire et celui des fonds de pharmacie. Il faut avoir 21 ans pour élire et 25 pour être élu. Les membres du comité délibèrent sur toute question intéressant le service de l'assurance qui lui est confié (demandes d'aides…). Ils statuent sur les contraventions. Les amendes et retenues sont consignées sur le carnet de travail de l'ouvrier. S'il s'agit d'un employé, le chef de comptabilité en est avisé. Les membres des comités sont rétribués (25 centimes par séance). Et 5 francs sont alloués tous les mois aux membres de l'assurance des travailleurs.

46. En 1884, *Le Devoir* indique que ce fonds est entretenu par une cotisation de 50 centimes payée par chaque personne âgée de plus de 44 ans qui habite le Familistère, et par une allocation égale au montant des cotisations et versée par l'Association. Bien qu'ils ne cotisent pas, les enfants de moins de 14 ans bénéficient des prestations du fonds.

47. Conseil de gérance du 22 février 1881.

48. Lorsque Godin fait sa déposition devant la commission extraparlementaire des associations ouvrières, il indique que son Association a la charge de 35 pensionnaires : 16 habitent le Familistère, 17 la ville et ses environs, 2 résident à Laeken-lez-Bruxelles. Cf. « Déposition de M. Godin », *Études sociales*, n° 5, p. 72. Pour l'exercice 1888-1889, l'on compte 63 retraités et 43 veuves assistées. Cf. R. Rabaux, « Document : causerie du 2 mai 1980 », dans *Le Familistère Godin à Guise. Habiter l'utopie*, *op. cit.*, p. 186.

49. La grille est la suivante : pour les hommes, après quinze ans de service, 1 franc par jour ; vingt ans, 1,50 franc ; vingt-cinq ans, 2 francs ; trente ans,

2,50 francs. Pour les femmes employées dans les services de l'usine ou du Familistère : après quinze ans de service, 0,75 franc par jour ; vingt ans, 1 franc ; vingt-cinq ans, 1,25 franc ; trente ans, 1,50 franc.

50. On peut ajouter que, lorsque, avant quinze années de service, un membre de l'Association privé de ressources est atteint par un accident d'atelier entraînant une incapacité de travail, il a droit à la même pension qu'après vingt ans de service. Si l'accident survient après quinze ans, la victime touche la pension fixée pour trente ans de service. Les indemnités accordées aux incapacités de travail survenues avant quinze ans d'exercice et sans accident d'atelier sont laissées à l'appréciation du comité de l'assurance et du conseil de gérance.

51. Les bénéfices varient selon le statut et les années. En 1881, tandis que le capital bénéfice d'une rémunération de 5,75 %, les participants touchent un surplus équivalent à 10 % de leurs salaires, les sociétaires 22,5 % et les associés 30,2 %. En 1884, les taux tombent respectivement à 8,21 %, 12,31 % et 16,42 %. L'année de crise 1886 réduit encore les taux à 3,6 % pour les participants, 5,4 % pour les sociétaires et 7,2 % pour les associés.

52. En 1930, Max Émile note que « les “capacités” comprennent une vingtaine de personnes : administrateur-gérant, conseillers de gérance et de surveillance. Pas même 1 % de l'effectif ». Après avoir reconnu qu'une partie va néanmoins aux ouvriers méritants et aux bons élèves, il ajoute : « Notez bien qu'il s'agit là d'un superbénéfice. Chaque “capacité” participe en outre à la part attribuée au Travail, en raison de une fois, une fois et demi ou deux fois ses appointements, selon son grade en tant que membre de la Société. Les “capacités”, elles, sont bien servies. En disant que l'administrateur-gérant, M. Colin, gagne 300 000 francs par an, on reste en dessous de la vérité. », M. Émile, *op. cit.*, p. 4.

53. Cf., en annexe, le tableau « Bilan de la Société du Familistère de Guise au 30 juin 1887 ».

54. Cité par M. Moret, *Documents pour une biographie complète de Jean-Baptiste André Godin*, troisième volume, *op. cit.*, p. 499-500.

55. Pour les intéresser au destin du Familistère, ils bénéficient d'un compte de participation crédité chaque année comme les comptes des participants. Mais ils ne peuvent acquérir leurs titres d'épargne qu'à la seule condition, après leur service militaire, de venir travailler au Familistère.

56. « L'aristocratie au Familistère », dans *Le Devoir*, t. 6, n° 223, 17 décembre 1882.

Chapitre 10]

1. J.-B. A. Godin, *Solutions sociales*, *op. cit.*, p. 123.

2. K. Marx, *Ébauche d'une critique de l'économie politique*, dans *Œuvres, Économie II*, « La Pléiade », Gallimard, Paris, 1968, p. 63.

3. C. Fourier, *Théorie de l'unité universelle*, *I*, *op. cit.*, p. 352. Pour une présentation du travail en Harmonie, cf. J. Beecher, *Fourier*, Fayard, Paris, 1993, p. 293 et suiv. Première édition originale : 1986.

4. C. Fourier, *L'Attraction passionnée*, *op. cit.*, p. 136.

5. J.-B. A. Godin, « Quatrième conférence au Familistère du 15 novembre 1882 », dans *Le Devoir*, 6e année, t. 6, n° 220, 26 avril 1882, p. 745-748.

6. « Discours de J.-B. A. Godin à la fête du Travail du 5 mai 1878 », dans *Le Devoir*, n° 12, dimanche 26 mai 1878, p. 178.

7. J.-B. A. Godin, « Septième conférence au Familistère », dans *Le Devoir*, 1883, t. 7, n° 226, p. 7.

8. Cf. à ce sujet les pages enflammées que rédige Godin dans le chapitre 13 de ses *Solutions sociales*. Pour illustration : « Si le Travail est difficile sur la terre, c'est surtout à son Ignorance que l'homme le doit. Les difficultés qui restent à vaincre sont, aux yeux de la Raison, une œuvre de dévouement que l'Homme doit à la Vie, plutôt qu'un châtiment infligé à sa nature. Le Travail cessera d'être un fardeau, et sa peine aura l'attrait du jour où l'Homme aura compris que le Travail est une Mission Divine dévolue à la Créature Humaine, pour son avancement dans la Vie Infinie. », J.-B. A. Godin, *Solutions sociales*, *op. cit.*, p. 175.

9. J.-B. A. Godin, « Conférence du 7 septembre 1877 au Familistère », cité par M. Moret, *Documents pour une biographie complète de Jean-Baptiste André Godin*, troisième volume, *op. cit.*, p. 142.

10. A. Massoulard, « Le travail », dans *Le Devoir*, n° 13, mars 1878, p. 11.

11. *Ibid.*, p. 11.

12. « Discours de J.-B. A Godin à la fête du Travail du 5 mai 1878 », *op. cit.*, p. 179.

13. J.-B. A. Godin, « Le travail et les obstacles à son émancipation », dans *Le Devoir*, t. 2, n° 26, 9 mars 1879, p. 402.

14. *De la division du travail social* paraît en 1893 après que son auteur a présenté ce travail sous forme de thèse à l'université.

15. J.-B. A. Godin, « Discours à la fête du Travail du Familistère du 7 mai 1882 », dans *Le Devoir*, t. 6, n° 192, 14 mai 1882, p. 292.

16. Les descriptions qui suivent empruntent pour l'essentiel à la série intitulée « Voyage autour du Familistère » parue de façon fragmentée dans plusieurs numéros du *Devoir* au début des années 1880. Il s'agit là d'une des rares sources qui a permis d'appréhender concrètement l'organisation du travail.

17. « Voyage autour du Familistère, Deuxième partie, VII », dans *Le Devoir*, t. 6, n° 174, 8 janvier 1882, p. 858 et suiv.

18. L'accident est rapporté par Émile Godin à son père, alors en déplacement à Paris en compagnie de F. Cantagrel. Lettre d'Émile Godin à J.-B. A. Godin, 6 mars 1865, fonds FGP.

19. « Voyage autour du Familistère, Deuxième partie, VII », *op. cit.*, p. 860.

20. M. Lallemand, inspecteur départemental du travail, « Note sur les installations de moulage mécanique de la Société du Familistère de Guise Colin & Cie, à Guise (Aisne) », direction du travail, 3e bureau, ministère du Travail, de l'Hygiène, de l'Assistance et de la Prévoyance sociales, 2 septembre 1930, p. 1.

21. Conseil de gérance du 28 décembre 1880.

22. « Nouvelles du Familistère », dans *Le Devoir*, t. 6, nº 201, 16 juillet 1882, p. 447.

23. L. Lestelle, *op. cit.*

24. En plus du magasin principal, un second entrepôt stocke les pièces de rechange des meubles et des appareils.

25. *Le Devoir*, 1884, t. 8, nº 290, 30 mars 1884, p. 195.

26. F. Battagliola, *Histoire du travail des femmes*, « Repères », La Découverte, Paris, 2000.

27. M. Perrot, « De la nourrice à l'employée. Travaux de femmes dans la France du XIXe siècle », dans *Le Mouvement social*, nº 195, 1978, p. 3-32. Comme l'a montré Madeleine Guilbert (*Les Fonctions des femmes dans l'industrie*, Mouton, Paris-La Haye, 1966), ce stéréotype structure toujours puissamment les représentations des employeurs au cours des années 1960. Aujourd'hui, il est encore loin d'avoir disparu.

28. F. Battagliola, *op. cit.*, p. 37.

29. « La femme au foyer ou à l'atelier ? », dans *Le Devoir*, nº 303, 29 juin 1884, p. 402-404.

30. J.-B. A. Godin, « Notes pour servir de complément à la brochure de M. Oyon sur le Familistère », *op. cit.*

31. *Ibid.* Au sein du Familistère, Godin fait placarder trois avis (nº 51, 17 janvier 1986 ; nº 70, 27 juillet 1865 ; nº 76, 4 septembre 1865) pour recruter des dames de service intéressées par une activité au sein du service de propreté. Il leur promet une rémunération de 40 centimes pour le balayage et l'entretien d'un balcon et d'un escalier et 40 centimes également pour le balayage et l'entretien de la cour.

32. T. Pagliardini, *op. cit.*, p. 219.

33. « Voyage autour du Familistère, Deuxième partie, X », dans *Le Devoir*, t. 6, nº 177, 29 janvier 1882, p. 52-53.

34. IV(5)-1/3 et 1/4, fonds FGP. À ce moment, S. Deynaud est encore en poste à la rédaction en chef du *Devoir*.

35. S. Deynaud, « Le travail des femmes et l'industrie de la bonneterie. Rapport à M. Godin, fondateur du Familistère », note du 24 novembre 1884, IV(5)-1/4, fonds FGP, p. 4.

36. *Rapport sur la bonneterie du Familistère*, avril 1885, IV(5)-1/2, fonds FGP.

37. J.-B. A. Godin, « Allocution à l'assemblée générale du Familistère », dans *Le Devoir*, t. 9, nº 370, 11 octobre 1885, p. 627.

38. J.-B. A. Godin, « Le travail des femmes et les industries à inaugurer au Familistère pour occuper la population féminine (suite de la conférence) », dans *Le Devoir*, n° 374, 8 novembre 1885, p. 696-697.

39. *Ibid.*, p. 695.

40. *Ibid.*, p. 695.

41. J.-B. A. Godin, « Le travail des femmes et les industries à inaugurer au Familistère pour occuper la population féminine (début de la conférence) », dans *Le Devoir*, t. 9, n° 372, 25 octobre 1885, p. 658-661.

42. *Ibid.*, p. 659.

43. *Ibid.*, p. 661.

44. IV(5)-1/2, fonds FGP.

45. Le nom est illisible.

46. Rapport sur la bonneterie du Familistère, avril 1885, IV(5)-1/2.

47. Pour être plus exact : 28 femmes sont mariées et 6 sont célibataires (on ne possède pas d'indications pour les autres). L'âge varie entre 16 et 40 ans. Les femmes mariées ont un peu plus de 29 ans en moyenne et les célibataires 19. Les célibataires n'ont pas d'enfants, et les femmes mariées pour lesquelles nous disposons d'informations en ont 1,26 en moyenne (une seule en a 4, deux en ont 3, neuf en ont 2, dix en ont 1 et huit aucun).

48. IV(5)-1/6, fonds FGP.

49. *Rapport sur les ouvrières de la bonneterie du Familistère*, IV(5)-1/5, fonds FGP.

50. J.-B. A. Godin, « Conférence de M. Godin », dans *Le Devoir*, t. 5, n° 154, 21 août 1881, p. 530.

51. *Ibid.*, p. 532.

52. *Ibid.*, p. 532.

53. Dans une des nombreuses conférences qu'il prononce en 1883 (*Le Devoir*, t. 7, n° 231), Godin revendique la paternité de C.-H. de Saint-Simon, avec lequel il partage l'idée que ce sont les hommes les plus moraux, les plus intelligents, les plus capables et les plus vertueux qui doivent être appelés au gouvernement.

54. J.-B. A. Godin, conseil de gérance du 29 mars 1881.

Chapitre 11]

1. *Le Devoir*, t. 8, n° 290, 30 mars 1884, p. 207 et suiv.

2. Conseil de gérance du 28 décembre 1880.

3. *Description et fonctionnement du Familistère de Guise*, manuscrit de 7 pages, fonds FGP, p. 6-7.

4. Proportionnelles au revenu des contrevenants, les amendes payées par les ouvriers pris en défaut alimentent les caisses d'un comité composé de six

membres élus. Chargé, chaque quinzaine, de gérer et d'arbitrer les réclamations auxquelles donnent lieu les sanctions infligées aux travailleurs fautifs, le comité a aussi pour mission de distribuer les fonds aux ouvriers dans le besoin (les malades en premier lieu).

5. M. Moret, *Documents pour une biographie complète de Jean-Baptiste André Godin*, deuxième volume, p. 209-210.

6. J.-B. A. Godin, *Solutions sociales*, *op. cit.*, p. 58.

7. J.-B. A. Godin, « Les anarchistes et le Familistère », dans *Le Devoir*, t. 10, n° 408, 4 juillet 1886, p. 419.

8. VII(1)-8/4, fonds FGP.

9. « Les améliorations sociales et l'initiative patronale. Réponse au moniteur des syndicats », dans *Le Devoir*, t. 10, n° 416, 29 août 1886, p. 545. L'article n'est pas signé.

10. VII(1)-2, fonds FGP.

11. Les ventes de fourneaux avaient été croissantes les années précédentes : 35 600 en 1866, 38 200 en 1867, 48 200 en 1868, 48 700 en 1869.

12. VII(1)-2, fonds FGP.

13. VII(1)-2, fonds FGP.

14. Après avoir évoqué les systèmes de travail à la journée, Godin rend compte de sa décision dans *Solutions sociales* (p. 12 et suiv.) et note que beaucoup d'industriels ont, après lui, adopté ce mode de rémunération.

15. J.-B. A. Godin, *Solutions sociales*, *op. cit.*, p. 13.

16. « Conférence de M. Godin », dans *Le Devoir*, t. 5, n° 144, 12 juin 1881, p. 371.

17. F. Bernardot, *op. cit.*, p. 104.

18. La corrélation n'est pas, il est vrai, statistiquement très robuste. Le R^2 est égal à 0,35. Lorsque l'on écarte l'année 1881-1882 pour laquelle le taux d'absentéisme est exceptionnellement élevé, R^2 atteint 0,57.

19. C. Fourier, *Théorie de l'unité universelle*, *II*, *op. cit.*, p. 381.

20. F. Bernardot, *op. cit.*, p. 21.

21. J.-B. A. Godin, *Solutions sociales*, *op. cit.*, p. 15.

22. F. Le Play, *Ouvriers européens. Études sur les travaux, la vie domestique et la condition morale des populations ouvrières de l'Europe*, précédé d'un exposé de la méthode d'observations par F. Le Play, Alfred Mame et fils, 6 volumes, deuxième édition, Tours, 1877-1879.

23. U. Guérin, *Ajusteur-surveillant de l'usine de Guise, renseignements recueillis en 1884 et 1890*, *Les ouvriers des deux mondes*, deuxième série, 28e fascicule, Firmin Didot, Paris, 1892, p. 7. La famille rencontrée par U. Guérin se compose de Victor Isidore, 37 ans, ancien ajusteur devenu surveillant, d'Hermance Louise, 30 ans, qui se consacre aux travaux domestiques, et de leurs trois enfants, Alice Hermance (11 ans), Georges Victor (9 ans) et Georgette Flore (7 ans). U. Guérin décrit en ces termes le couple et les penchants coupables des ouvriers de Guise :

« Le mari et la femme, cette dernière surtout, présentent les traits du caractère picard, c'est-à-dire une certaine rudesse de formes et peu d'affabilité à l'égard des étrangers. Le premier n'est pas atteint du vice de l'intempérance, très répandu chez les ouvriers de la région. Ils absorbent en grande quantité du café et de l'eau-de-vie, qu'ils appellent du "tiopot", ou de l'eau-de-vie et du cidre très chaud, mélange auquel ils donnent le nom de "flip". C'est dans les cabarets qu'ils se livrent à ce plaisir très vif pour eux, et les jours de paie tous les débits de boisson comptent de plus nombreux clients que les autres jours. (...) Une autre tendance des ouvriers, c'est le luxe de l'ameublement. Ils achètent des tapis, des meubles, plus coûteux que ne le comporterait leur situation pécuniaire... », *ibid.*, p. 7-8.

24. L. Lestelle, *op. cit.*, p. 41.

25. Comme l'indique *Le Devoir* (t. 10, n° 408, 4 juillet 1886, p. 418), entre juillet 1885 et juin 1886, le prix de l'heure des ouvriers du moulage varie en moyenne entre 42 centimes (mai 1886) et 49,6 centimes (avril 1886).

26. « En 1863-1865, la moyenne générale était de 3,40 francs pour dix heures, la moyenne actuelle étant de 5,32 francs. », F. Bernardot, *op. cit.*, p. 100.

27. *Le Devoir*, t. 8, n° 290, 1884, p. 193.

28. IV(5)-1/6, fonds FGP.

29. Lettre de J.-B. A. Godin à MM. les membres du conseil d'administration, Bellevue, 30 juillet 1871. Fonds FGP. Cette lettre est reproduite dans J.-B. A. Godin, *Lettres du Familistère*, *op. cit.*, p. 93-96.

30. Pour certains employés, la demande est d'abord examinée par le conseil d'industrie, qui transmet ensuite au conseil de gérance les noms des employés pour lesquels un avis positif a été donné. Le conseil de gérance doit, à son tour, traiter le dossier pour ratifier, ou non, les propositions qui lui sont soumises.

31. Compte-rendu du conseil de gérance du 22 février 1881.

32. Compte-rendu du conseil de gérance du 30 juin 1881.

33. À cette date, 1 146 ouvriers travaillent à l'usine et 28 au Familistère. Du côté des employés, on dénombre 105 salariés à l'usine, 52 au Familistère (dont 16 aux écoles).

34. En 1870, l'appointement moyen des employés « intermédiaires » varie entre 111 francs (économat du Familistère) et 184 francs (dessin, matériel, modèles, menuiserie, construction, cour et écurie) en passant par 121,80 francs (fonderie), 123,50 francs (ajustage, emballage, magasins, émaillage, terre réfractaire) et 129 francs (comptabilité de l'usine). Au milieu de la hiérarchie des employés, les différences d'appointement ne sont donc pas très importantes.

35. La situation est quelque peu différente pour les ouvriers et les employés du Familistère, parmi lesquels on ne trouve pas de hauts revenus.

36. Ces deux courbes présentent un profil gaussien classique. Il est possible que le fort pourcentage de jeunes embauchés qui vient brouiller la représentation en U inversé soit le produit d'embauches récentes liées à une conjoncture un peu plus glorieuse en 1884 que l'année précédente.

37. Sur la période 1879-1888, le gain maximal des femmes ouvrières s'élève à 3,35 francs par jour, pour une moyenne de 2,76 francs et un minimum de 1,93 franc. Pour les enfants (apprentis, qui peuvent se faire embaucher à l'usine à partir de 14 ans), les chiffres sont respectivement de 2,15 francs, 1,84 franc et 1,60 franc. Les différences de fonctions et de temps de travail interdisent de comparer terme à terme ces données avec celles que l'on possède pour les hommes.

38. Pour tester le lien entre qualification d'ouvrier et d'employé d'une part et niveau de rémunération d'autre part, il faudrait disposer de catégories de répartition similaires pour les différentes échelles des revenus. On peut, à défaut, proposer cette répartition possible, qui penche plutôt en faveur d'une politique de l'égalité : 1/3 des employés rémunérés à « moins de 100 francs » ont été ici classés dans les « moins de 50 francs », tandis que tous les ouvriers payés à « plus de 90 francs » sont rangés parmi les travailleurs bénéficiant de « 100 à 350 francs ».

	Moins de 50 francs	**50 à 90 francs**	**100 à 350 francs**	**Plus de 350 francs**
Ouvriers	666	581	24	7
Employés	31	63	90	0

Même en procédant à une classification plus favorable aux ouvriers, le test statistique fournit une conclusion sans appel. Le chi^2 est égal à 503,9. On peut donc affirmer, avec un risque d'erreur de 0,1 %, qu'il existe une relation entre la position dans l'entreprise et le niveau de revenu.

Chapitre 12]

1. Cf. « Les anarchistes et le Familistère », série d'articles qui paraissent dans *Le Devoir*, t. 10, n° 406 du 20 juin 1886 (p. 385-387), n° 407 du 27 juin 1886 (402-404) et n° 408 du 4 juillet 1886 (p. 417-420). L'auteur de ces articles (non signés) n'est pas tendre avec les anarchistes les plus radicaux qu'il assimile à « des malades que nous laisserions aux névroses de l'émeute, s'ils n'avaient risqué, nous ne savons pas sous quelle inspiration, des attaques malveillantes et injustes contre le Familistère. », « Les anarchistes et le Familistère », *Le Devoir*, t. 10, n° 406, p. 385. Godin prononce par ailleurs une conférence sur le thème, qui est reproduite dans *Le Devoir*. J.-B. A. Godin, « Les anarchistes et l'Association du Familistère », t. 10, n° 409, 11 juillet 1886, p. 434-440.

2. J.-B. A. Godin, conférence du 5 juillet 1877, cité par M. Moret, *Documents pour une biographie complète de Jean-Baptiste André Godin*, troisième volume, *op. cit.*, p. 63.

3. M. Perrot, *Les Ouvriers en grève. France (1871-1890)*, Mouton, 2 volumes, Paris, 1974.

4. En contrepoint, les chauffeurs et mécaniciens réclament le paiement des heures supplémentaires quand le temps de travail journalier excède dix heures, un plafonnement à quatorze heures et un retour aux trois jours de congés par mois. Ils revendiquent également des frais de déplacement, une réduction de la vitesse de certaines machines pour éviter les accidents, une augmentation du personnel permanent... Ces informations sont tirées d'une brochure imprimée, adressée aux députés et intitulée *Pétition des mécaniciens et chauffeurs des chemins de fer français à M. le ministre des Travaux publics*, Paris, Association générale typographique, Rodière et Cie, 1871, 24 pages. VII(1)-1/1, fonds FGP.

5. J.-B. A. Godin, « Discours à la fête du Travail », dans *Le Devoir*, t. 10, n° 400, 9 mai 1886, p. 290.

6. M. Moret, *Documents pour une biographie complète de Jean-Baptiste André Godin*, deuxième volume, *op. cit.*, p. 127.

7. *Ibid.*, p. 205.

8. M. Émile, *op. cit.*, p. 5.

9. J.-B. A. Godin, *Mutualité sociale*, *op. cit.*, p. 215-216.

10. « Conférence de M. Godin », dans *Le Devoir*, t. 11, n° 458, 19 juin 1887, p. 385-389.

11. Cité dans « Les anarchistes et le Familistère », dans *Le Devoir*, t. 10, n° 406, 20 juin 1886, p. 386.

12. J.-B. A. Godin, « Les anarchistes et l'Association du Familistère », *op. cit.*, p. 439.

13. *Ibid.*, p. 440.

14. VII(1)-8/4, fonds FGP.

15. Lettre de J.-B. A. Godin aux chefs d'industrie, VII(1)-8/1, fonds FGP.

16. Lettre de ? à J.-B. A. Godin, VII(1)-8/4, fonds FGP.

17. Lettre de MM. Hourlier, Anceaux, Desquilbet à J.-B. A. Godin, VII(1)-8/4, fonds FGP.

18. Lettre de J.-B. A. Godin à MM. Hourlier, Anceaux, Desquilbet et Compagnie, 24 janvier 1887, fonds FGP.

19. Lors des discussions qui suivent la lecture de la pétition, Godin ajoute que « les ouvriers ont eu jusqu'ici recours aux grèves pour améliorer leur condition. Il n'est rien sorti que beaucoup de souffrances. Dans le cas même où les ouvriers obtiennent par la grève, et au prix des plus tristes sacrifices pour eux et leurs familles, ce qu'ils peuvent désirer, ils demeurent sans garantie aucune pour l'avenir. Les exigences contre lesquelles ils ont lutté se représentent au bout de peu de temps. Il n'en serait pas de même si les garanties qui leur sont nécessaires étaient, comme nous le demandons, inscrites dans la loi. », J.-B. A. Godin, « Pétition ouvrière à la Chambre des députés à propos de la loi sur les syndicats », dans *Le Devoir*, 23 janvier 1887, n° 437, p. 55. Le texte est également reproduit dans J.-B. A. Godin, *La République du travail*, *op. cit.*, p. 395 et suiv.

20. La pétition demande exactement i) que les syndicats d'ouvriers soient obligatoires pour toutes les industries ; ii) que les ouvriers de chaque établissement soient constitués de droit en groupes syndiqués ; iii) qu'il y ait obligation pour les groupes ouvriers syndiqués de nommer, dans chaque groupe, un comité ayant son président et son secrétaire ; iv) que chaque groupe d'ouvriers syndiqués soit appelé à voter pour nommer des délégués, en qualité de membres de la chambre syndicale de la spécialité industrielle le concernant ; v) que les patrons se constituent également en chambre syndicale pour s'occuper, concurremment avec les ouvriers, de toutes les questions de travail ; vi) que le lieu de réunion des deux chambres soit le même autant que possible ; vii) que les chambres syndicales de patrons et d'ouvriers aient la faculté de se réunir soit ensemble soit séparément, mais que dans le cas de réunion des deux chambres en une seule, la réunion se fasse à égalité des membres élus des deux côtés, avec un droit égal de vote ; viii) que dans le cas de communications entre les chambres ayant délibéré séparément, si l'accord ne pouvait s'établir sur le sujet de la communication, chaque chambre nomme deux délégués ayant mission de décider dans la question pendante ; et si les arbitres ne pouvaient s'entendre, qu'ils choisissent un cinquième arbitre pour se départager ; faute par eux de s'entendre sur le choix de ce cinquième arbitre, que le président du conseil des prud'hommes du lieu soit de droit le cinquième arbitre ; ix) que la chambre syndicale des ouvriers, eu égard aux garanties à donner au travail, ait seule pouvoir, si les patrons ne se présentaient pas en nombre suffisant, pour délibérer ou, s'ils se refusaient à communiquer avec les ouvriers, de fixer la durée du travail de la journée, d'arrêter le salaire moyen qui devra être payé dans tous les établissements rangés dans les spécialités industrielles comprises dans la même chambre syndicale, en raison de la similitude de leurs productions et de la concurrence qu'ils peuvent se faire ; x) qu'il ne soit permis à aucun établissement de se soustraire aux décisions de la chambre syndicale à laquelle le rattache son genre d'industrie ; xi) que toute chambre syndicale constituée ait pouvoir d'appeler dans son sein les industries en concurrence avec celles qu'elle représente ; xii) qu'enfin les chambres et unions syndicales puissent dresser les statistiques générales de la production, ce qui permettrait de maintenir l'équilibre de la production et de la consommation.

21. Godin doublait alors, sur ses fonds propres, les sommes amassées.

22. Godin fait part de cette réponse dès le 3 février lors d'une conférence à la Société de paix et d'arbitrage du Familistère. Cf. « Conférence de M. Godin », *Le Devoir*, t. 11, n° 440, 13 février 1887, p. 97-102.

23. VII(1)-5/1, fonds FGP. Le texte, long de 5 pages, est manuscrit. Avant que Godin ne rédige ce projet, M. Bovier-Lapierre avait lui-même fait une proposition d'amendement de la loi sur les syndicats.

24. J.-B. A. Godin, Proposition de loi ayant pour objet de créer une juridiction préventive des coalitions et des grèves par les voies amiables et la coalition des intérêts et des chefs d'industrie, notes manuscrites, p. 4, VII(1)-5/1, fonds FGP.

25. J.-B. A. Godin, *La République du travail*, *op. cit.*, p. 361.

26. J.-B. A. Godin, « Les grèves et l'organisation du travail », *Le Devoir*, n° 13, 2 juin 1878, p. 196.

27. On trouve dans les archives de Godin (dossier VII(1)) de nombreuses coupures de presse sur les grèves qui agitent la France dans les années 1870 et 1880. On trouve également un dossier entier sur la législation anglaise sur les associations commerciales et les institutions de prévoyance.

28. J.-B. A. Godin, « Les grèves et l'organisation du travail », *op. cit.*, p. 194.

29. *Ibid.*, p. 195.

30. J.-B. A. Godin, « Les grèves et les moyens de les prévenir », dans *Le Devoir*, n° 22, 4 août 1878, p. 339. Godin développe un raisonnement similaire dans un autre article qui paraît quatre ans plus tard (« Les grèves », *Le Devoir*, n° 183, 12 mars 1882, p. 145-147). Godin condamne à cette occasion l'usage des forces armées que l'État met au service des parties patronales.

31. J.-B. A. Godin, « Les grèves et les moyens de les prévenir », *op. cit.*, p. 339.

32. J.-B. A. Godin, *La République du travail et la réforme parlementaire*, *op. cit.*, p. 363.

33. Compte-rendu du conseil d'administration du 20 juin 1872, VI(2)-10, fonds FGP. La décision ne fait pas l'unanimité. Un membre demande ainsi que « les quatre ou cinq meneuses soient exclues du bénéfice de l'amnistie et ne puissent être rembauchées sous aucun prétexte à la râperie ». *Ibid.* Il n'est pas suivi sur ce terrain par le reste du conseil.

34. « Dès le lendemain, dimanche, le commandant de la gendarmerie arrivait en hâte de Vervins, chef-lieu d'arrondissement, ainsi qu'un certain nombre d'agents de police, a-t-on dit, habillés en bourgeois », dans *Le Devoir*, t. 4, n° 114, 14 novembre 1880, p. 723.

35. « Conférence de M. Godin à tous les travailleurs », 31 octobre 1880, notes manuscrites, 153R1, fonds FGP.

36. *Ibid.*

37. « Une grève au Familistère », dans *Le Devoir*, t. 4, n° 114, 14 novembre 1880, p. 721.

38. Cette citation comme les extraits de journaux qui suivent sont tirés des coupures de presse conservées dans le carton VII(1), fonds FGP.

39. Il s'agit des journaux suivants, de tendances fort différentes (cléricaux, conservateurs, républicains, radicaux et socialistes) : *Le Temps, Le Soir, L'Impartial de l'Aisne, Le Libéral de l'Aisne, Le Conservateur de l'Aisne, Le National, Le Journal de l'Aisne, Le Courrier de l'Aisne, Le Siècle, La Petite République française, Le Figaro, La Marseillaise, Le Glaneur, Le Prolétaire, Le Guetteur de Saint-Quentin, L'Émancipation.*

40. Lettre de J.-B. A. Godin à É. de Pompéry, 9 novembre 1880, fonds FGP.

41. Courrier type envoyé aux journaux, V(1)-5/2, fonds FGP.

42. Lettre d'A. Fabre au citoyen Colombier, 8 novembre 1880, VII(1)-5/2, fonds FGP.

43. « La grève unitaire au Familistère de Guise », dans *L'Œuvre*, nº 5172, jeudi 28 novembre 1929, p. 1-2. VIII(1)-8.

44. « La grève tire à sa fin aux usines Colin et Cie », dans *L'Avenir*, nº 550, dimanche 22 décembre 1929, p. 1. VIII(1)-8.

45. R. Rabaux, « Réflexions et témoignage sur l'Association par un successeur de Godin », dans G. Delabre, J.-M. Gautier éds, *Jean-Baptiste André Godin et le Familistère de Guise à l'épreuve de l'histoire*, *op. cit.*, p. 153. R. Rabaux évoque également ces événements dans *Un Siècle d'expériences sociales. Godin et le Familistère de Guise*, *op. cit.*, p. 25-26.

46. M. Émile, *op. cit.*

Chapitre 13]

1. « Qu'est-ce que l'utopie ? C'est le rêve du bien sans moyen d'exécution, sans méthode efficace. Ainsi, toutes les sciences philosophiques sont des utopies, car elles ont toujours conduit les peuples à l'opposé des biens qu'elles promettaient. », C. Fourier, *Œuvres complètes 11. Manuscrits publiés par* La Phalange, *revue de la Science sociale (1853-1856)*, Anthropos, Paris, 1967, vol. III-IV, p. 356.

2. Comme le note P. Mercklé *(op. cit.)*, dans la mesure où C. Fourier revendique l'invention de l'application de la méthode expérimentale à la science sociale, on peut considérer que l'ambition épistémologique spécifique du fouriérisme est bien d'éviter les dérives de l'utopisme grâce au passage à la pratique.

3. F. Engels, *Socialisme utopique et socialisme scientifique*, Aden, Bruxelles, 2005. Première édition : 1880.

4. En réalité, « ce très général enterrement de l'utopie auquel on assiste dans la seconde moitié du XIXe siècle n'est pas seulement le fait de Marx et d'Engels. La brochure fameuse de ce dernier, en 1880, se borne à expliciter le sentiment d'un changement d'époque largement partagé. Il ne s'agit pas de la lutte d'un courant de pensée contre un autre. Il s'agit de la disparition d'un mode de pensée. L'effacement de l'expression utopique correspond à un approfondissement de la conscience historique communément ressenti et à une transformation concomitante des perspectives de l'action historique. », M. Gauchet, *op. cit.*, p. 117.

5. M. Lallement, *Le Travail. Une sociologie contemporaine*, « Folio », Gallimard, Paris, 2007. L'articulation théorique de ces quatre composantes fait l'objet d'une présentation dans l'introduction de l'ouvrage.

6. M. Douglas, *Comment pensent les institutions ?*, « Bibliothèque du Mauss », La Découverte, Paris, 1999. Édition originale : 1986.

7. Dans un tel processus, l'analogie est souvent déterminante dans la fondation d'une structure formelle des divisions. Tel est bien le cas des rapports de genre. Dans de nombreuses classifications étudiées par les anthropologues, les hommes sont à droite, les femmes à gauche, ils sont au nord, elles au sud, ils sont les supports du sacré, elles ceux du profane ou du sacré impur, etc.

8. E. Goffman utilise déjà l'expression d'institution totale, mais en un sens différent. Sans la négliger, je me démarque de cette façon de voir du sociologue américain, qui me paraît encore trop débitrice d'un schéma qui assimile l'institution à une instance de socialisation à même d'infuser, du haut vers le bas, un ensemble de valeurs et de normes. En insistant à l'inverse sur la pluralité et l'autonomie relative des quatre processus, la présente modélisation invite non seulement à observer chacun d'entre eux dans sa spécificité propre mais aussi à pointer les absences, tensions, contradictions…, bref les imperfections syntaxiques inhérentes à tout travail d'institution.

9. Max Weber, *Essais sur la théorie de la science*, « Recherches en sciences humaines », Plon, Paris, 1965.

10. E. Kant, *Critique de la raison pure*, Vrin, Paris, 1946. Première édition originale : 1781.

11. L. Wittgenstein, « Investigations philosophiques », dans *Tractacus logico-philosophicus* suivi de *Investigations philosophiques*, « Tel », Gallimard, Paris, 1961, p. 156.

12. L. Marin, *op. cit.*, p. 9.

13. *Ibid.*, p. 32-33.

14. En énonçant un tel lemme, je suis fidèle, me semble-t-il, à la thèse de L. Marin, tout en m'en écartant puisque L. Marin juge que son schéma ne fonctionne que pour la période de rupture avec un système féodal dont la carapace craque de toutes parts pour laisser percer le nouveau monde du capital.

15. J.-B. A. Godin, « La question sociale, I », *op. cit.*, p. 18.

16. J.-B. A. Godin, *Solutions sociales, op. cit.*, p. 142.

17. J.-B. A. Godin, « Déposition auprès de la commission extraparlementaire au ministère de l'Intérieur », *Études sociales*, n° 5, *op. cit.*

18. J.-B. A. Godin, *Solutions sociales, op. cit.*, p. 142.

19. *Ibid.*, p. 369.

20. L'eau est un élément classiquement utilisé dans la rhétorique utopiste pour figurer la frontière qui sépare l'Ici de l'Ailleurs. Cf. par exemple le rôle de la baignade comme opérateur de transition dans les *Nouvelles de nulle part* de William Morris, *op. cit.*

21. Lettre de J.-B. A. Godin à E. Howland, 11 janvier 1872, fonds FGP.

22. Derrière une confusion sémantique permanente, Godin scinde cependant le talent en deux : le génie (au sens kantien), qu'il est le seul à incarner ; le mérite, qui doit constituer un idéal pour ses salariés.

23. Lettre de Godin à MM. les présidents et les membres du comité départemental de l'Exposition universelle de 1889, 10 janvier 1888, fonds FGP.

24. On retrouve là des éléments de la modélisation des sentiments de justice que propose François Dubet dans *Injustices. L'expérience des inégalités au travail*, Seuil, Paris, 2006.

25. Max Weber, *Économie et société*, *op. cit.*, p. 253 et suiv.
26. L. Marin, *op. cit.*, p. 46.
27. Preuve de l'importance de la projection du paradigme du travail sur ses supports, Godin utilise parfois le terme de Palais du travail pour désigner le Palais social. C'est par exemple le cas dans la conférence du 29 novembre 1860. Notes sur les conférences de J.-B. A. Godin, deuxième cahier, fonds FGP.

Conclusion]

1. *Le Devoir*, numéro spécial Jean-Baptiste André Godin, t. 12, n° 489, 22 janvier 1888.
2. *Ibid.*, p. 62. Godin avait déjà manifesté auparavant quelques signes de faiblesse. *La Tribune de l'Aisne* écrit ainsi dans son compte-rendu de la fête du Travail de 1886. « Habituellement M. Godin improvisait son discours et s'en tirait éloquemment. Cette année, en raison de la fatigue qu'il éprouve depuis un certain temps, il l'a lu, et son auditoire en a été quelque peu étonné, mais il n'en a pas été moins charmé. », *La Tribune de l'Aisne*, 5 mai 1886. F. Panni indique par ailleurs que la santé de Godin a toujours été fragile. C'est pourquoi l'industriel spirite est curieux « des pratiques médicales marginales comme l'homéopathie ou le magnétisme. Il se fait lui-même soigner par imposition des mains depuis les années 1860. », F. Panni, note 14, dans J.-B. A. Godin, *Lettres du Familistère*, *op. cit.*, p. 123.
3. Le *Times* fait part du décès de Godin dans son édition du 18 janvier 1888 en ces termes : « The founder of the "Familistère" at Guise, Aisne, died yesterday. St. Jean Baptiste André Godin was the son of a locksmith, and was born in 1817. In 1846 he set up as an ironfounder at Guise, and speedely became wealthy. In 1859 he erected the "Familistère", consisting of 600 cottages, with cooperative shops, club, theatre, etc., for his workmen. In 1871, he was elected a Deputy, but withdrew from public life in 1875. »
4. « La dernière lettre de Godin », dans *Le Devoir*, t. 12, n° 490, 29 janvier 1888, p. 63.
5. R. Rabaux, « Document : causerie du 2 mai 1980 », *op. cit.*, p. 178-192. Pour une histoire du Familistère après la disparition de J.-B. A. Godin, cf. Jessica Dos Santos, *L'Utopie en héritage. Le Familistère de Guise. 1888-1968*, Presses universitaires François Rabelais, Tours, 2016.
6. Elle demeure plantée là encore aujourd'hui. Enclume, pince et marteau à ses pieds, Godin continue donc d'occuper l'endroit. Dressé dans son costume d'industriel, un livre en main droite, la gauche tendue vers le Familistère, il tourne le dos au pavillon central pour fixer Guise, le monde.
7. « Si l'économie sociale peut être représentée dans notre pays, ce que j'ai réalisé devrait avoir les titres à en faire partie… » affirme Godin dans un des derniers courriers qu'il rédige pour justifier la présence du Familistère à une telle

manifestation. Cf. Lettre de Godin à MM. les présidents et les membres du comité départemental de l'Exposition universelle de 1889, 10 janvier 1888, fonds FGP.

8. R. Rabaux, *Un Siècle d'expériences sociales. Godin et le Familistère de Guise*, *op. cit.*, p. 43.

9. Pour R. Rabaux, une telle décision s'apparente à une hérésie. En réduisant de deux ans le temps de la fonction, l'objectif était de faire profiter des avantages matériels de la fonction (la perception de 1 % des bénéfices…) à un plus grand nombre. « La fonction de conseiller de gérance cesse de ce fait d'être une récompense du mérite – du talent, pour reprendre l'expression de Godin –, c'est une prime de fin de carrière, pour les seuls associés, sans considération de compétence. », R. Rabaux, « Document : causerie du 2 mai 1980 », *op. cit.*, p. 185.

10. M. Loire, *op. cit.*, p. 502.

11. G. Delabre, J.-M. Gautier, *La Régénération de l'utopie socialiste…*, *op. cit.*, p. 1131.

12. En 1890, le Familistère enregistre 50 naissances. Les chiffres tombent à 33 en 1900, 18 en 1911, 15 en 1926. « Cette chute de la fécondité va entraîner une diminution de la dimension des familles. À âge égal du chef de ménage, les familles des familistériens sont moins nombreuses et plus simples que celles des employés ou des ouvriers de l'usine. », J.-L. Pinol, « Le Palais social, les projets de J.-B. A. Godin et les pratiques familistériennes », dans T. Paquot, M. Bédarida éds, *Le familistère Godin à Guise. Habiter l'utopie*, *op. cit.*, p. 92-93.

13. *Ibid.*, p. 100.

14. L'effectif du personnel des autres catégories reste en revanche à peu près stable. M. Loire, *op. cit.*, p. 515.

15. R. Rabaux, « Document : causerie du 2 mai 1980 », *op. cit*, p. 188. R. Rabaux explique que, dans un même esprit, les secours aux veuves et les bourses d'études sont étendus à l'ensemble des travailleurs de l'usine lorsque, en 1945, un comité d'entreprise est mis en place.

16. Pour avoir connaissance du témoignage d'un familistérien né en 1926, qui rend compte notamment de sa jeunesse dans les années 1930 et 1940 au Palais social, cf. *Le Familistère par Jean Baudaux*, Laon, Conseil général de l'Aisne, Le Familistère par lui-même, volume 1, 2001.

17. En conflit avec les associés, R. Rabaux quitte la fonction d'administrateur-gérant. Deux membres du comité d'entreprise lui proposent de déclencher une grève pour empêcher son départ. Il refuse. Il est alors remplacé par Raymond Anstell.

18. R. Rabaux, « Réflexions et témoignage sur l'Association par un successeur de Godin », *op. cit.*, p. 157.

19. M. Loire, *op. cit.*, p. 522.

20. Pour un exposé détaillé sur ce sujet, cf. G. Delabre, J.-M. Gautier, *La Régénération de l'utopie socialiste…*, *op. cit.* Ajoutons simplement que l'usine de

Laeken-lez-Bruxelles ferme ses portes en 1960 et que, « en 1971, les derniers habitants quittent un familistère dont la cour centrale et les logements de rez-de-chaussée servent depuis dix ans déjà d'entrepôt et de salle d'exposition des articles Godin. Exit le familistère de Bruxelles, racheté et aménagé en bureaux par une société de déménagement. », A. Brauman, « Architecture d'émancipation et libertés programmées », dans A. Brauman, *Jean-Baptiste André Godin (1817-1888)*, éditions des Archives d'architecture moderne, Bruxelles, 1980, p. 28.

21. R. Rabaux, « Réflexions », dans J.-B. A. Godin, *Solutions sociales*, *op. cit.*, p. LI.

22. G. Delabre, J.-M. Gautier, *La Régénération de l'utopie socialiste...*, *op. cit.*, p. 1316.

23. Ainsi que l'indique M. Loire, en 1969, le groupe du théâtre et des écoles est cédé à la ville de Guise. Après réfection, celle-ci les transforme en école municipale.

24. M. Loire, *op. cit.*, p. 528.

25. Ce programme est porté par le conseil général du département de l'Aisne en collaboration avec la Ville de Guise. Un syndicat mixte agit à ce titre, qui bénéficie du concours financier de l'État, de la Région Picardie et de l'Union européenne.

26. Ce sont là autant de reproches majeurs que les socialistes eux-mêmes ne tardent pas à adresser à l'expérience Godin. La façon de fonctionner du Familistère « a l'inconvénient de ne point habituer les travailleurs à l'administration par la responsabilité complète et surtout elle divise la solidarité ouvrière ; chaque catégorie de l'usine fait un clan spécial. Elle a arrêté tout développement syndical, quelquefois tout progrès socialiste. C'est pourtant l'exemple le plus désintéressé et le plus hardi de philanthropie, mais il porte en même temps les autres. Le Familistère n'est pas dû à l'effort propre de la classe ouvrière, et celui-ci ne deviendra réellement son œuvre, son caractère prolétarien et socialiste ne s'affirmera que lorsque les travailleurs du familistère auront transformé l'usine et s'y sentiront réellement chez eux. », « Société du Familistère de Guise », chapitre XIII, *Encyclopédie socialiste, syndicale et coopérative de l'internationale ouvrière*, Aristide Quillet éditeur, Paris, 1913, p. 428-429.

Annexes]

1. Pour une présentation et un usage de cet indicateur, cf. M. Giry-Coissard, X. Niel, « Homogénéité et disparité des classes dans les collèges publics », dans *Note d'information*, n° 97.30. Direction de l'évaluation et de la prospective, ministère de l'Éducation nationale, de la Recherche et de la Technologie, juillet 1997, 6 pages.

Bibliographie]

ABENSOUR (Miguel), *L'Utopie de Thomas More à Walter Benjamin*, Sens & Tonka, Paris, 2000.

ARMSTRONG (Isobel), « Transparency: toward a poetics of glass in the nineteenth century », dans SPUFFORD (Francis), OGLOW (Jenny) éds, *Cultural babbage-technology; time and invention*, Faber and Faber, Londres-Boston, 1997, p. 123-148.

ASSOCIATION DU FAMILISTÈRE DE GUISE, *Notices sur les vues*, ministère de l'Instruction publique et des Beaux-Arts, Melun, Musée pédagogique, 1900.

BATTAGLIOLA (Françoise), *Histoire du travail des femmes*, « Repères », La Découverte, Paris, 2000.

BEECHER (Jonathan), *Fourier*, Fayard, Paris, 1993. Première édition originale : 1986.

BEECHER (Jonathan), *Victor Considerant and the rise and fall of French romantic socialism*, University of California Press, Berkeley, Los Angeles, London, 2001.

BÉNICHOUX (Paul), *Le Temps des prophètes. Doctrines de l'âge romantique*, « Bibliothèque des idées », Gallimard, Paris, 1977.

BERNARDOT (François), *Le Familistère de Guise. Association du capital et du travail et son fondateur Jean-Baptiste André Godin*, Dequenne & Cie, Guise, 1889.

BERTHELOT (Jean-Michel), *1895. Durkheim. L'Avènement de la sociologie scientifique*, « Socio-logiques », Presses universitaires du Mirail, Toulouse, 1995.

BERTRAND (Louis), *Une visite au familistère de Guise*, Messagerie de la presse belge, Revue socialiste, Librairie du Familistère, Paris, Bruxelles, Guise, 1888.

BLANC (Louis), *Organisation du travail*, Bureau de la Société de l'industrie fraternelle, Paris, 1847. Première édition : 1839.

BLOCH (Ernst), *Le Principe Espérance*, « Bibliothèque de philosophie », Gallimard, Paris, 3 volumes, 1976, 1982, 1991. Première édition originale : 1959.

BOUGLÉ (Célestin), *Socialismes français*, Colin, Paris, 1932.

BOURDELAIS (Patrice) éd., *Les Hygiénistes : enjeux, modèles et pratiques*, Belin, Paris, 2001.

BOURDIEU (Pierre), « L'identité et la représentation. Éléments pour une réflexion critique sur l'idée de région », dans *Actes de la recherche en sciences sociales*, nº 35, novembre 1980, p. 63-72.

BOURDIEU (Pierre), *Les Règles de l'art. Genèse et structure du champ littéraire*, « Libre examen », Seuil, Paris, 1992.

BOURDIEU (Pierre), *Raison pratique. Sur la théorie de l'action*, Seuil, Paris, 1994.

BRAUMAN (Annick), *Jean-Baptiste André Godin (1817-1888)*, éditions des Archives d'architecture moderne, Bruxelles, 1980.

BRAUMAN (Annick), « Architecture d'émancipation et libertés programmées », dans BRAUMAN (Annick), *Jean-Baptiste André Godin (1817-1888)*, éditions des Archives d'architecture moderne, Bruxelles, 1980, p. 21-29.

BRÉMAND (Nathalie), *Les Socialistes et l'enfance au XIXe siècle*, thèse pour le doctorat d'histoire, université de Paris-IV Sorbonne, 2006.

BRÉMAND (Nathalie), *Les Socialismes et l'enfance. Expérimentation et utopie (1830-1970)*, « Histoire », Presses universitaires de Rennes, Rennes, 2008.

BROUARD (Eugène), « Phonomimie », *Dictionnaire de pédagogie d'instruction primaire*, Hachette, première partie, tome 2, Paris, 1887, p. 2368-2369.

BRUCKNER (Pascal), *Fourier*, « Écrivains de toujours », Seuil, Paris, 1975.

BUBER (Martin), *Utopie et socialisme*, « Bibliothèque sociale », Aubier-Montaigne, Paris, 1977.

CABET (Étienne), *Prospectus de la colonie icarienne*, Paris, chez l'auteur, 3, rue Baillet, mars 1855.

CACHEUX (Émile), *État des habitations à la fin du XIXe siècle*, Baudet & Cie, Paris, 1891.

CALLAND (Victor), LENOIR (Albert), *Institution des palais de famille, solution de grand problème : le confortable de la vie à bon marché pour tous*, N. Chaix, Paris, 1855.

CALLAND (Victor), LENOIR (Albert), DE NOIRON (Louis), *Institution des palais de familles : résumé de l'exposé général fait au cercle des sociétés savantes*, Paris, mars 1858.

CANTAGREL (François), *Les Enfants du Phalanstère : dialogue familier sur l'éducation*, Le Chevalier, Paris, 1844.

CASTEL (Robert), *Les Métamorphoses de la question sociale*, « L'espace du politique », Fayard, Paris, 1995.

CASTRO DE (Vincezo), *Godin e Rossi o la soluzione pacifica della questione sociale in Francia e in Italia*, Milan, 1885.

CHOAY (Françoise), *L'Urbanisme : utopies et réalités, une anthologie*, « Points », Seuil, Paris, 1965.

CHOISELLE (Roland), « Marie Moret, pédagogue et propagandiste », dans ASSOCIATION POUR LA FONDATION GODIN, *Marie Moret et l'éducation au XIXe siècle*, Presses universitaires de Reims, Reims, 1998, p. 43-53.

CONSIDERANT (Victor), *Destinée sociale*, vol. 1 et 2, Bureau de la Phalange, Paris, 1834, 1838 et vol. 3, Librairie de l'école sociétaire, 1844.

CONSIDERANT (Victor), *Au Texas*, Librairie phalanstérienne, Paris, 1854.

CONSIDERANT (Victor), *Description du Phalanstère et considérations sociales sur l'architectonique*, Durier, Paris, 1979. Deuxième édition revue et corrigée : 1848.

COSNIER (Colette), *Marie Pape-Carpantier. Fondatrice de l'école maternelle*, Fayard, Paris, 2003.

COSNIER (Colette), « Auguste Savardan et le phalanstère sarthois », *Cahiers Charles Fourier*, n° 16, décembre 2005, p. 7-22.

DALLET (Émilie), « Biographie de Marie A. Moret, veuve de J.-B. A. Godin », dans MORET (Marie), *Documents pour une biographie complète de Jean-Baptiste André Godin*, Familistère de Guise, 1910, troisième volume, p. IX-XXIII.

DE BRY (Françoise), « Le paternalisme entrepreneurial », dans ALLOUCHE (José) éd., *Encyclopédie des ressources humaines*, Vuibert, Paris, 2003, p. 1076-1087.

DE POMPÉRY (Édouard), « Un cas de socialisme pratique : le familistère de Guise », dans *La Philosophie positive*, t. XV, juillet-décembre 1875, p. 217-241.

DEBÛ-BRIDEL (Jacques), *L'Actualité de Fourier. De l'utopie au fouriérisme appliqué*, éditions France-Empire, Paris, 1978,

DELABRE (Guy), « Godin et le Familistère de Guise. Les raisons d'un malentendu historique », dans DELABRE (Guy), GAUTIER (Jean-Marie) éds, *Godin et le Familistère de Guise à l'épreuve de l'histoire*, Presses universitaires de Reims, Reims, 1989, p. 11-18.

DELABRE (Guy), GAUTIER (Jean-Marie), *La Régénération de l'utopie socialiste : Godin et le Familistère de Guise*, thèse pour le doctorat d'État ès sciences économiques, université de Paris-I, 1978.

DELABRE (Guy), GAUTIER (Jean-Marie), *Godin et le Familistère de Guise. Une utopie socialiste pratiquée en pays picard*, Société archéologique de Vervins et de la Thiérache, 1983.

DELABRE (Guy), GAUTIER (Jean-Marie), *Vers une république du travail, J.-B. A. Godin (1817-1888)*, les éditions de La Villette, Paris, 1988.

DELABRE (Guy), GAUTIER (Jean-Marie) éds, *Godin et le Familistère de Guise à l'épreuve de l'histoire*, Presses universitaires de Reims, Reims, 1989.

DÉLOYE (Yves), *École et citoyenneté. L'individualisme républicain de Jules Ferry à Vichy : controverses*, Presses de la Fondation nationale des sciences politiques, Paris, 1994.

DEYNAUD (Simon), *Trente-trois mois au Familistère*, Imprimerie Desmasure, Hirson, 1887.

DESROCHE (Henri), *La Société festive. Du fouriérisme écrit aux fouriérismes pratiqués*, « Esprit », Seuil, Paris, 1975.

DESROCHE (Paulin), « Visiteurs au Familistère. Étude quantitative d'une irradiation (1864-1900) », dans DELABRE (Guy), GAUTIER (Jean-Marie) éds, *Jean-Baptiste André Godin et le Familistère de Guise à l'épreuve de l'histoire*, Presses universitaires de Reims, Reims, 1989, p. 57-74.

DOCKÈS-LALLEMENT (Nicole), « Le travail dans l'Utopie de Thomas More », dans LE GALL (Yvon), GAURIER (Dominique), LEGAL (Pierre-Yannick) éds, *Du droit du travail aux droits de l'humanité*, PUR, Rennes, 2003, p. 47-63.

DOMMANGET (Maurice), *Les Grands Socialistes et l'éducation*, Paris, Colin, 1970.

DONZELOT (Jacques), *L'Invention du social*, « L'espace du politique », Fayard, Paris, 1984.

DOS SANTOS (Jessica), *L'Utopie en héritage. Le Familistère de Guise. 1888-1968*, Presses universitaires François Rabelais, Tours¾2016.

DOUGLAS (Mary), *Comment pensent les institutions ?*, « Bibliothèque du Mauss », La Découverte, Paris, 1999. Édition originale : 1986.

DRAPERI (Jean-François), *Godin, inventeur de l'économie sociale*, éditions Repas, Valence, 2008.

DUBET (François), *Injustices. L'expérience des inégalités au travail*, Seuil, Paris, 2006.

DURIEUX (Catherine), « Les femmes dans l'œuvre utopique d'Edward Bellamy », dans *Revue d'histoire du XIX*[e] *siècle*, n° 24, 2002, p. 71-92.

DURIEUX (Catherine), « Fouriérisme américain, Familistère et amour libre. À propos de "Papa's Own Girl" de Marie Howland », dans *Cahiers Charles Fourier*, n° 17, décembre 2006, p. 25-50.

DURKHEIM (Émile), *De la division du travail social*, PUF, Paris, 1978. Première édition : 1893.

DURKHEIM (Émile), *Le Suicide*, PUF, Paris, 1983. Première édition : 1897.

DURKHEIM (Émile), *Les Formes élémentaires de la vie religieuse*, PUF, Paris, 1960. Première édition : 1912.

DUVAL (Fernand), *J.-B. A. Godin et le Familistère de Guise*, thèse pour le doctorat de droit, université de Lille, Giard et Brière, Paris, 1905.

ÉLIAS (Norbert), *Mozart. Sociologie d'un génie*, Seuil, Paris, 1991.

ÉMILE (Max), « La grève du Familistère de Guise », dans *La Révolution prolétarienne*, 15 février 1930, n° 98, p. 3-11.

Encyclopédie socialiste, syndicale et coopérative de l'internationale ouvrière, « Société du Familistère de Guise », chapitre XIII, Aristide Quillet éditeur, Paris, 1913, p. 423-429.

ENGELS (Friedrich), *Socialisme utopique et socialisme scientifique*, Aden, Bruxelles, 2005. Première édition originale : 1880.

FOUCAULT (Michel), *Surveiller et punir*, « Bibliothèque des histoires », Gallimard, Paris, 1975.

FOUCAULT (Michel), « La gouvernementalité », dans *Actes*, été 1986, p. 7-15.

FOUCAULT (Michel), « Naissance de la biopolitique », dans *Dits et écrits II, 1976-1988*, « Quarto », Gallimard, Paris, 2001, p. 818-825.

FOUCAULT (Michel), « Les mailles du pouvoir », *Dits et écrits II, 1976-1988*, « Quarto », Gallimard, Paris, 2001, p. 1001-1020.

FOURIER (Charles), *Œuvres complètes 11. Manuscrits publiés par* La Phalange, *revue de la science sociale (1853-1856)*, Anthropos, Paris, 1967, vol. III-IV.

FOURIER (Charles), *L'Attraction passionnée*, Pauvert, Paris, 1967.

FOURIER (Charles), *Le Nouveau Monde industriel et sociétaire*, Flammarion, Paris, 1973. Première édition : 1829.

FOURIER (Charles), *Théorie des quatre mouvements et des destinées générales*, Les presses du réel, Dijon, 1998. Première édition : 1808.

FOURIER (Charles), *Théorie de l'unité universelle, I*, Les presses du réel, Dijon, 2001.

FOURIER (Charles), *Théorie de l'unité universelle, II*, Les presses du réel, Dijon, 2001.

FREITAG (Barbara), « Le Familistère de Guise, un projet utopique réalisé », dans *Diogène*, n° 209, 1, 2005, p. 101-108.

FREY (Jean-Pierre), *Le Rôle social du patronat. Du paternalisme à l'urbanisme*, « Habitat et sociétés », L'Harmattan, Paris, 1995.

FRÖBEL (Friedrich), *Manuel pratique des jardins d'enfants*, F. Claessen, Bruxelles, Hachette, Paris, 1859.

GAUCHET (Marcel), « Visages de l'autre. La trajectoire de la conscience utopique », dans *Le Débat*, n° 125, mai-août 2003, p. 112-120.

GAUDEMAR DE (Jean-Paul), *L'Ordre et la production. Naissance et formes de la discipline d'usine*, Dunod, Paris, 1982.

GIDE (Charles), « Trois leçons sur la coopération au Collège de France. Le Familistère de Guise et la Verrerie ouvrière », miméo., mars 1923.

GIRY-COISSARD (Monique), NIEL (Xavier), « Homogénéité et disparité des classes dans les collèges publics », dans *Note d'information*, n° 97.30, Direction de l'évaluation et de la prospective, ministère de l'Éducation nationale, de la Recherche et de la Technologie, juillet 1997, 6 pages.

GODIN (Jean-Baptiste André), *La Souveraineté et les droits du peuple*, Librairie de la bibliothèque démocratique, Paris, n° 79, 1874.

GODIN (Jean-Baptiste André), *La Politique du travail et la Politique des privilèges*, Librairie de la bibliothèque démocratique, Paris, n° 92, 1875.

GODIN (Jean-Baptiste André), « Correspondance. Le Familistère de Guise », dans *Journal des économistes*, t. 16, octobre-décembre 1881, p. 263-269.

GODIN (Jean-Baptiste André), *Le Gouvernement : ce qu'il a été, ce qu'il doit être et le vrai socialisme en action*, Guillaumin & Cie, Paris, 1883.

GODIN (Jean-Baptiste André), « Notes sur mon enfance », miméo., 1884.

GODIN (Jean-Baptiste André), *La République du travail et la réforme parlementaire*, Guillaumin & Cie, Paris, 1889.

GODIN (Jean-Baptiste André), *Mutualité sociale et association du capital et du travail ou Extinction du paupérisme par la consécration du droit naturel des faibles au nécessaire et du droit des travailleurs à participer aux bénéfices de la production*, imprimerie E. Barré, Guise, 1891, deuxième édition.

GODIN (Jean-Baptiste André), *Solutions sociales*, La Digitale, Kerflec'h-Mellac, Quimperlé, 1979. Première édition : 1871.

GODIN (Jean-Baptiste André), *Lettres du Familistère*, photographies FONTAINE (Hughes), textes choisis, établis et annotés par PANNI (Frédéric K.), les éditions du Familistère, Guise, 2008.

GOFFMAN (Erving), *Asiles*, « Le sens commun », Minuit, Paris, 1968. Première édition originale : 1961.

GODWIN (Parke), *Popular view of the doctrines of Charles Fourier*, Redfield, New York, 1844.

GORZ (André), *Adieux au prolétariat. Au-delà du socialisme*, Galilée, Paris, 1984.

GUARNERI (Carl J.), *The utopian alternative. Fourierism in nineteenth-century America*, Cornell University Press, Ithaca and London, 1991, p. 397-398.

GUÉRIN (Urbain), *Ajusteur-surveillant de l'usine de Guise, renseignements recueillis en 1884 et 1890, Les ouvriers des deux mondes*, deuxième série, 28e fascicule, Firmin Didot, Paris, 1892.

GUESLIN (André), *L'Invention de l'économie sociale. Le XIXe siècle français*, Économica, Paris, 1987.

GUILBERT (Madeleine), *Les Fonctions des femmes dans l'industrie*, Mouton, Paris-La Haye, 1966.

HALBWACHS (Maurice), « Introduction », dans DURKHEIM (Émile), *L'Évolution pédagogique en France*, PUF, Paris, 1969, deuxième édition, p. 1-6. Première édition : 1938.

HATZFELD (Henri), *Du paupérisme à la Sécurité sociale (1850-1940)*, Colin, Paris, 1971.

HAYDEN (Dolores), « Two utopian feminists and their campaigns for kitchenless houses », dans *Signs*, vol. 4, n° 2, 1978, p. 274-290.

HERVIEU-LÉGER (Danièle), HERVIEU (Bertrand), *Le Retour à la nature. « Au fond de la forêt… l'État »*, Le Seuil, Paris, 1979.

HOWLAND (Marie), *Papa's Own Girl*, J. P. Jewett, New York, 1874. Traduction française : *La Fille de son père*, Auguste Ghio éditeur, Paris, 1880.

HURET (Jules), *Enquête sur la question sociale en Europe*, Perrin et Cie, Paris, 1897.

KANT (Emmanuel), *Critique de la raison pure*, Vrin, Paris, 1946. Première édition originale : 1781.

KANT (Emmanuel), *Critique de la faculté de juger*, Vrin, Paris, 1982. Première édition originale : 1790.

KANT (Emmanuel), *Rêves d'un visionnaire*, Vrin, Paris, 1989. Première édition originale : 1766.

KLIER (Betje Black), « Des Fouriéristes au Texas : la famille Considerant à San Antonio », dans *The French Review*, vol. 68, n° 6, May 1995, p. 1035-1050.

LAB (Frédérique), « Hygeia, une utopie salutaire », dans RICHARDSON (Benjamin Ward), LAB (Frédérique), *Hygeia. Une cité de la santé*, « Penser l'espace », les éditions de La Villette, Paris, 2006, p. 13-26.

LACROIX (Bernard), *L'Utopie communautaire*, PUF, Paris, 1981.

LALLEMAND (M.), « Note sur les installations de moulage mécanique de la Société du Familistère de Guise Colin & Cie, à Guise (Aisne) », direction du travail, 3e bureau, ministère du Travail, de l'Hygiène, de l'Assistance et de la Prévoyance sociales, 2 septembre 1930.

LALLEMENT (Michel), *Le Travail. Une sociologie contemporaine*, « Folio », Gallimard, Paris, 2007.

Le Familistère par Jean Baudaux, Le Familistère par lui-même, volume 1, Laon, Conseil général de l'Aisne, 2001.

LE PLAY (Frédéric), *Ouvriers européens. Études sur les travaux, la vie domestique et la condition morale des populations ouvrières de l'Europe*, précédé d'un exposé de la méthode d'observations par LE PLAY (Frédéric), Alfred Mame et fils, 6 volumes, deuxième édition, Tours, 1877-1879.

LÉGER (Danièle), « Les utopies du retour », dans *Actes de la recherche en sciences sociales*, nº 29, septembre 1979, p. 45-63.

LEGOUVÉ (Ernest), *Histoire morale des femmes*, Gustave Sandré, Paris, deuxième édition, 1854. Première édition : 1849.

LÉONARD (Jacques), *La Médecine entre les savoirs et les pouvoirs. Histoire intellectuelle et politique de la médecine française au XIXe siècle*, Aubier-Montaigne, Paris, 1981.

LEROUX (Pierre), *De la philosophie et du christianisme*, Payot, Paris, 1994. Première édition : 1832.

LESTELLE (Louis), *Étude sur le Familistère de Guise (Son fondateur : J.-B. A. Godin)*, thèse pour le doctorat, université de Paris, faculté de droit, 28 mai, Rousseau, Paris, 1904.

LIMOUSIN (Charles), « Le Familistère de Guise », dans *Journal des économistes*, t. 15, juillet-septembre 1881, p. 401-415.

Le jardin d'agrément & le lavoir-piscine, Conseil général de l'Aisne, 2000.

LOIRE (Marion), *Le Familistère de Guise (1858-1968) : architecture, habitat, vie quotidienne*, mémoire pour le diplôme d'archiviste paléographe de l'École nationale des chartes, 1998.

LUC (Jean-Noël), *L'Invention du jeune enfant au XIXe siècle. De la salle d'asile à l'école maternelle*, Belin, Paris, 1997.

MANNHEIM (Karl), *Idéologie et utopie*, Rivière, Paris, 1956. Première édition originale : 1929.

MARIN (Louis), *Utopiques : jeux d'espaces*, « Critique », Minuit, Paris, 1973.

MARIVAL (Guy), « Godin au conseil général de l'Aisne (1870-1883) », dans DELABRE (Guy), GAUTIER (Jean-Marie) éds, *Godin et le Familistère de Guise à l'épreuve de l'histoire*, Presses universitaires de Reims, Reims, 1989.

MARTIN (Odile), « Les familistériens et les autres », dans PAQUOT (Thierry), BÉDARIDA (Marc) éds, *Le Familistère Godin à Guise. Habiter l'utopie*, « Penser l'espace », les éditions de La Villette, Paris, 1980.

MARX (Karl), *Ébauche d'une critique de l'économie politique*, dans *Œuvres, Économie II*, « La Pléiade », Gallimard, Paris, 1968.

MARX (Karl), *Le Capital*, Éditions sociales, livre premier, Paris, 1977. Première édition originale : 1867.

MARX (Karl), ENGELS (Friedrich), *Manifeste du parti communiste*, Paris, Flammarion, 1998. Première édition originale : 1848.

MERCKLÉ (Pierre), « Utopie ou "science sociale" ? Réceptions de l'œuvre de Charles Fourier au XIXe siècle », dans *Archives européennes de sociologie*, XLV, I, 2004, p. 45-80.

MIJOUL (F.), « Le familistère de Guise », *La Revue socialiste*, 15 juillet 1886.

MORET (Frédéric), *Les Socialistes et la ville. Grande-Bretagne, France, 1820-1850*, ENS éditions, Fontenay-aux-Roses, 1999.

MORET (Marie), « Pour une petite histoire de J.-B. A. Godin enfant », miméo., 1888-1889.

MORET (Marie), *Documents pour une biographie complète de Jean-Baptiste André Godin*, Familistère de Guise, premier volume, 1897-1901.

MORET (Marie), *Documents pour une biographie complète de Jean-Baptiste André Godin*, Familistère de Guise, deuxième volume, 1902-1906.

MORET (Marie), *Documents pour une biographie complète de Jean-Baptiste André Godin*, Familistère de Guise, troisième volume, 1910.

MORGAN (Kimberly J.), « Forging the frontiers between State, Church, and Family: Religious cleavages and the origins of early childhood education and care policies in France, Sweden, and Germany », dans *Politics & Society*, vol. 30, n° 1, March 2002, p. 113-148.

MORRIS (William), *Nouvelles de nulle part*, « Les classiques du peuple », Éditions sociales, Paris, 1961. Première édition originale : 1890.

MOSS KANTER (Rosabeth), *Commitment and community*, Harvard University Press, Harvard, 1972.

MOZÈRE (Liane), *Le Printemps des crèches*, L'Harmattan, Paris, 1992.

MURARD (Lion), ZYLBERMAN (Patrick), *L'Hygiène dans la république. La santé publique en France ou l'utopie contrariée (1870-1918)*, Fayard, Paris, 1996.

NADAULT DE BUFFON (Henri), *L'Éducation de la première enfance*, Librairie classique de Perisse frères, Régis Buffet et Cie, deuxième édition, Paris et Bruxelles, 1863.

NEALE (Vansittart), *Associated homes: A lecture*, Londres, Mac Millan & Co., 1880.

NOYES (George Wallingford), FOSTER (Lawrence), *Free love in Utopia, John Humphrey Noyes and the origin of the Oneida community*, University of Illinois Press, Urbana, 2001.

OYON (Alexandre), *Une véritable cité ouvrière. Le Familistère de Guise*, Librairie des sciences sociales, Paris, 1865.

OZOUF (Mona), *La Fête révolutionnaire (1789-1799)*, « Bibliothèque des histoires », Gallimard, Paris, 1978.

PAGLIARDINI (Tito), « Une visite au Familistère ou Maison de travailleurs », dans *Revue anglaise des sciences sociales*, Londres, 1865. Une traduction a paru dans MOUREAU (Jules), *Le Salaire et des associations coopératives*, Guillaumin & Cie, Paris, 1866, p. 205-252.

PAPE-CARPANTIER (Marie), *Conseils sur la direction des salles d'asile*, Hachette, Paris, 1846.

PAPE-CARPANTIER (Marie), DELON (Charles), DELON (Fanny), *Manuel de l'institutrice comprenant l'exposé des principes de la pédagogie et le guide pratique de la première année*, Hachette, Paris, 1869.

PAQUOT (Thierry), BÉDARIDA (Marc) eds., *Habiter l'utopie. Le Familistère Godin à Guise*, « Penser l'espace », les éditions de la Villette, 2004.

PATTE (Georgette), « Biographie de Marie Moret, épouse de J.-B. A. Godin », dans ASSOCIATION POUR LA FONDATION GODIN, *Marie Moret et l'éducation au XIXe siècle*, Presses universitaires de Reims, Reims, 1998, p. 11-19.

PELLARIN (Charles), « Une visite au Familistère de Guise », dans *La Critique philosophique, politique et littéraire*, 9e année, n° 42, 18 novembre 1880, p. 247-254.

PELLARIN (Charles), « Mutualité nationale contre la misère. Pétition et proposition de loi à la Chambre des députés, par M. Godin, ancien député, fondateur du Familistère », dans *La Critique philosophique, scientifique et littéraire*, n° 20, 16 juin 1883, p. 310-316.

PERROT (Michelle), *Les Ouvriers en grève. France (1871-1890)*, Mouton, 2 volumes, Paris, 1974.

PERROT (Michelle), « De la nourrice à l'employée. Travaux de femmes dans la France du XIXe siècle », dans *Le Mouvement social*, n° 195, 1978, p. 3-32.

PERROT (Michelle), « Hygeia, rhapsodie en gris », préface à RICHARDSON (Benjamin Ward), LAB (Frédérique), *Hygeia, une cité de la santé*, « Penser l'espace », les éditions de La Villette, Paris, 2006, p. 5-9.

PEYRAT (Eugénie), « Deux livres, deux esprits », dans *Revue chrétienne*, n° 11, 5 novembre 1871, p. 619-643.

PETITFILS (Jean-Christian), *La Vie quotidienne des communautés utopistes au XIXe siècle*, « Vie quotidienne », Hachette, Paris, 1982.

PICARD (Alfred), *Le Bilan d'un siècle (1801-1900)*, t. 6, Exposition universelle internationale de 1900 à Paris, Imprimerie nationale, Paris, 1900.

PINOL (Jean-Luc), « Le Palais social, les projets de J.-B. A. Godin et les pratiques familistériennes », dans PAQUOT (Thierry), BÉDARIDA (Marc) éds, *Le Familistère Godin à Guise. Habiter l'utopie*, « Penser l'espace », les éditions de La Villette, Paris, 1980, p. 81-101.

POLANYI (Karl), *La Grande Transformation*, « Bibliothèque des sciences humaines », Gallimard, Paris, 1983. Première édition originale : 1944.

PROST (Antoine), *L'Enseignement en France (1800-1967)*, Colin, Paris, 1968.

PRUDHOMMEAUX (Jules), *Icarie et son fondateur Étienne Cabet*, Édouard Cornély et Cie, Paris, 1907.

PRUDHOMMEAUX (Jules), *Les Expériences sociales de J.-B. A. Godin (1867-1878)*, Imprimerie nouvelle, Paris, 1919.

PRUDHOMMEAUX (Jules), *Le Familistère illustré. Résultats de vingt ans d'association (1880-1900)*, Guillaumin & Cie, Paris, non daté.

RABAUX (René), *Un siècle d'expériences sociales. Godin et le Familistère de Guise*, imp. coop. L'Espoir, Guise, 1943.

RABAUX (René), « Réflexions », dans GODIN (Jean-Baptiste André), *Solutions sociales*, La Digitale, Kerflec'h-Mellac, Quimperlé, 1979, p. XL-LVI.

RABAUX (René), « Document : causerie du 2 mai 1980 », dans PAQUOT (Thierry), BÉDARIDA (Marc) éds, *Le Familistère Godin à Guise. Habiter l'utopie*, « Penser l'espace », les éditions de La Villette, Paris, 1980, p. 178-192.

RABAUX (René), « Réflexions et témoignage sur l'Association par un successeur de Godin », dans DELABRE (Guy), GAUTIER (Jean-Marie) éds, *Jean-Baptiste André Godin et le Familistère de Guise à l'épreuve de l'histoire*, Presses universitaires de Reims, Reims, 1989, p. 147-159.

RAE (John), « Jean-Baptiste Godin », dans *Good words*, August 1888, p. 548-554.

RAOUX (Édouard), « Une véritable cité ouvrière ou le Familistère de Guise », dans *Journal de la société vaudoise d'utilité publique*, janvier 1866.

RAOUX (Édouard), *Le Familistère de Guise ou le Palais social : brochure imprimée en nouvelle orthographe*, Librairie Blanc, Imbert et Lebet, Lausanne, novembre 1872.

REY (Jean-François), PINOL (Jean-Luc), « Présentation », dans GODIN (Jean-Baptiste André), *Solutions sociales*, La Digitale, Kerflec'h-Mellac, Quimperlé, 1979, p. XI-XXXVIII.

REYBAUD (Louis), « Le Familistère de Guise. *Solutions sociales*, par M. Godin, fondateur du Familistère de Guise, député à l'Assemblée nationale, 1 vol. in-8° », dans *Revue des Deux Mondes*, t. 97, 1872, p. 775-799.

REYBAUD (Louis), *Le Fer et la Houille*, Monfort, Paris, Brionne, 1874.

RICARDO (David), *Des principes de l'économie politique et de l'impôt*, Flammarion, Paris, 1977. Première édition originale : 1817.

RICHARDSON (Benjamin Ward), « Hygeia, une cité de la santé », dans RICHARDSON (Benjamin Ward), LAB (Frédérique), *Hygeia, une cité de la santé*, « Penser l'espace », les éditions de La Villette, Paris, 2006, p. 57-78.

RIGNOL (Loïc), « La phrénologie et l'école sociétaire. Science de l'homme et socialisme dans le premier XIXe siècle », dans *Cahiers Charles Fourier*, n° 13, décembre 2002, p. 21-58.

ROBERT (Vincent), « Géographie de l'utopie. Icariens et phalanstériens à la veille de 1848 », dans *Cahiers Charles Fourier*, n° 10, décembre 1999, p. 59-76.

ROBIN (Paul), « Familistère de Guise », dans *Dictionnaire de pédagogie et d'instruction primaire*, sous la direction de BUISSON (Ferdinand), Hachette, vol. 1, Paris, 1882, p. 986-987.

RODRIGUEZ (Jacques), *Le Pauvre et le Sociologue. La construction de la tradition sociologique anglaise (XIXe-XXe siècles)*, « Le regard sociologique », Presses universitaires du Septentrion, Villeneuve d'Ascq, 2007.

ROUSSEAU (Jean-Jacques), *Émile ou De l'éducation*, Garnier, Paris, 1961. Première édition : 1762.

RUSS (Jacqueline), *Le Socialisme utopique français*, « Pour connaître », Bordas, Paris, 1987.

SARGISSON (Lucy), TOWER SARGENT (Lyman), *Living in Utopia. New Zealand's intentional communities*, Ashgate, Aldershot, 2004.

SAUVÉ (Nicolas), Le Devoir *(1878-1888), outil de propagande du Familistère de Guise*, mémoire de master « Cultures, identités, territoires, échanges » en histoire contemporaine, sous la direction de WISCART (Jean-Marie), université de Picardie Jules-Verne, 2006.

SAVARDAN (Auguste), *Un naufrage au Texas. Observations et impressions recueillies pendant deux ans et demi au Texas et à travers les États-Unis d'Amérique*, Garnier frères, Paris, 1858.

SCHÉRER (René), « Charles Fourier ou l'écart absolu », dans FOURIER (Charles), *L'Attraction passionnée*, Pauvert, Paris, 1967, p. 9-31.

SEGRESTIN (Denis), « Les communautés pertinentes de l'action collective. Canevas pour l'étude des fondements sociaux des conflits du travail en France », dans *Revue française de sociologie*, XXI, 1980, p. 171-203.

SENNETT (Richard), *Respect. De la dignité de l'homme dans un monde d'inégalité*, « Pluriel », Hachette, Paris, 2003.

STUMBERGER (Rudolf), *Das Projekt Utopia. Geschichte und Gegenwart des Genossenschafts- und Wohnmodells « Familistère Godin »*, VSA Verlag, Hamburg, 2004.

TODOROV (Tzvetan), *Frêle bonheur. Essai sur Rousseau*, Hachette, Paris, 1985.

TOPALOV (Christian) éd., *Laboratoire du nouveau siècle. La nébuleuse réformatrice et ses réseaux en France (1880-1914)*, « Civilisations et sociétés », éditions de l'EHESS, Paris, 1999.

TOPALOV (Christian), « Les "Réformateurs" et leurs réseaux : enjeux d'un objet de recherche », dans TOPALOV (CHRISTIAN) éd., *Laboratoire du nouveau siècle. La nébuleuse réformatrice et ses réseaux en France (1880-1914)*, « Civilisations et sociétés », éditions de l'EHESS, Paris, 1999, p. 11-58.

VACHER (Odile), *L'Expérimentalisme psychosocial et les tentatives expérimentales du fouriériste J.-B. A. Godin*, thèse de doctorat d'État ès lettres et sciences humaines, université de Paris-VII, 1992.

VACHER (Odile), « Les affinigrammes électoraux des expérimentés devenant expérimentateurs (1879) », dans DELABRE (Guy), GAUTIER (Jean-Marie) éds, *Jean-Baptiste André Godin et le Familistère de Guise à l'épreuve de l'histoire*, Presses universitaires de Reims, Reims, 1989, p. 119-136.

VACHER (Odile), « Avis affichés dans un habitat collectif. Du festif au punitif », communication au colloque international au Familistère de Guise, « Villages ouvriers, utopie ou réalités », 16-17 octobre 1993.

VERLET (Bruno), « De l'association à l'organisation du travail », dans *Cahiers Charles Fourier*, n° 11, décembre 2000, p. 53-66.

VIARD (Bruno), « Pierre Leroux et les premières associations en 1830 », dans *Revue du Mauss*, n° 11, 1998, p. 21-27.

VILLERMÉ (Louis-René), *Tableau de l'état physique et moral des ouvriers employés dans les manufactures de coton, de laine et de soie*, t. 2, J. Renouard & Cie, Paris, 1840.

VOET (Thomas), *La Colonie phalanstérienne de Cîteaux (1841-1846). Les fouriéristes aux champs*, Éditions universitaires de Dijon, Dijon, 2001.

VOISIN (Michel), « Communautés utopiques et structures sociales : le cas de la Belgique francophone », *Revue française de sociologie*, XVIII, 1977, p. 271-300.

WEBER (Eugen), *La Fin des terroirs. La modernisation de la France rurale (1870-1914)*, Fayard, éditions Recherches, Paris, 1983. Première édition originale : 1976.

WEBER (Max), « Die protestantische Ethik und der Geist des Kapitalismus », dans WEBER (Max), *Gesammelte Aufsätze zur Religionssoziologie I*, J. C. B. Mohr (Paul Siebeck), UTB, Tübingen, 1988, p. 17-206. Première édition des articles : 1904-5.

WEBER (Max), *Essais sur la théorie de la science*, « Recherches en sciences humaines », Plon, Paris, 1965.

WEBER (Max), *Économie et société*, « Recherches en sciences humaines », Plon, Paris, 1971. Première édition originale : 1922.

WEBER (Max), *Sociologie des religions*, « Bibliothèque des sciences humaines », Gallimard, Paris, 1996.

WITTGENSTEIN (Ludwig), « Investigations philosophiques », dans *Tractacus logico-philosophicus* suivi de *Investigations philosophiques*, « Tel », Gallimard, Paris, 1961.

ZAIDMAN (Sylvie), « Des associations ouvrières aux SCOP de mai », dans GEORGI (Frank) éd., *Autogestion. La dernière utopie ?*, Publications de la Sorbonne, Paris, 2003, p. 331-345.

ZOLA (Émile), dossier préparatoire à *Travail* (5), Bibliothèque nationale de France, N.A.F. 10334, microfilm 4141.

ZOLA (Émile), *Travail*, Fasquelle, Paris, 1901.

Bibliographie de J.-B. A. Godin]

[1. Ouvrages

Solutions sociales, Le Chevalier éditeurs et Guillaumin & Cie éditeurs, Paris, Bruxelles, Office de publicité, 1871, 663 pages, 33 illustrations, 8 planches hors texte. Nouvelle édition : présentée et annotée par Rey (Jean-François) et Pinol (Jean-Luc), augmentée de réflexions par Rabaux (René), La Digitale, Kerflec'h-Mellac, Quimperlé, 1979, LVI-502 pages.

Proposition de loi ayant pour but de fixer le mode d'emprunt devant servir à payer l'indemnité de guerre, Imprimerie du Journal officiel, Versailles, sans date, 15 pages.

Les Socialistes et les droits du travail, Librairie de la bibliothèque démocratique, Paris, 1874, 192 pages. [Extraits de *Solutions sociales*].

La Richesse au service du peuple, Bibliothèque démocratique, Paris, 1874, 191 pages, préface de Poupin (Victor). Cette brochure reprend la deuxième partie de *Solutions sociales* consacrée à la description du Familistère. Nouvelle édition : *La Richesse au service du peuple, le Familistère de Guise*, G. Durier, Neuilly, 1979, 130 pages. *La Souveraineté et les droits du peuple*, Paris, Bibliothèque démocratique, 1874, 192 pages. Notice de Poupin (Victor).

La Politique du travail et la Politique des privilèges, Paris, Bibliothèque démocratique, 1875, 192 pages. Notice de Poupin (Victor).

Au suffrage universel, Librairie du Familistère, Paris, Guise, 1875. [Extraits de *La Politique du travail et la Politique des privilèges*]. Deuxième édition : Librairie du Familistère, Guise, 1885, 100 pages.

Mutualité sociale et association du capital et du travail ou Extinction du paupérisme par la consécration du droit naturel des faibles au nécessaire et du droit des travailleurs à participer aux bénéfices de la production, Guillaumin & Cie, Paris, Auguste Ghio, 1880, 275 pages. Cet ouvrage regroupe les statuts et règlements de la Société du Familistère de Guise. Deuxième édition publiée par Dequenne (François) avec les modifications apportées aux statuts depuis la fondation de l'Association du Familistère de Guise et un extrait du testament de J.-B. A. Godin, impr. E. Baré, Guise, 1891, 267 pages.

À MM. les membres du conseil général des ponts et chaussées, Impr. Vve Ethiuo-Pérou, Paris, 1880, 7 pages. Lettre sur le tracé de chemin de fer du Cateau à Laon, par Godin (Jean-Baptiste André) et Delorme (J.), maire de Guise.

Le Gouvernement : ce qu'il a été, ce qu'il doit être et le vrai socialisme en action, Guillaumin & Cie, Paris, Auguste Ghio, 1883, 568 pages.

Mutualité nationale contre la misère. Pétition et proposition de loi à la Chambre des députés, Guillaumin & Cie, Paris, 1883, 127 pages. [Extrait de *Le Gouvernement : ce qu'il a été, ce qu'il doit être et le vrai socialisme en action*]. Deuxième édition avec une préface de GODART (Justin) : Guise, documents sur le Familistère et son fondateur, 1920, 98 pages.

La Réforme électorale et la révision constitutionnelle, Guillaumin & Cie, Paris, 1884, brochure de 16 pages.

L'Hérédité de l'État ou la Réforme des impôts, Guillaumin & Cie, Paris, 1884.

« Notes sur mon enfance », 1884, 6 pages manuscrites, document déposé aux archives du musée du Familistère.

Associations ouvrières, enquête de la commission extraparlementaire au ministère de l'Intérieur, 1885, brochure de 16 pages.

Ni impôts, ni emprunts. L'hérédité de l'État dans les successions, base des ressources publiques, Guillaumin & Cie, Paris, 1886, brochure de 16 pages.

Travail et consommation par l'hérédité nationale, Guillaumin & Cie, Paris, 1886, brochure de 16 pages.

L'Hérédité nationale. Objections, questions et réponses, Guillaumin & Cie, Paris, 1887, brochure de 16 pages.

Scrutin national au bulletin de liste et renouvellement partiel annuel, Guillaumin & Cie, Paris, 1887, brochure de 16 pages.

Social solutions, Lovell Company, New York, 1887. Traduit du français par HOWLAND (Marie), 326 pages, portrait, illustrations et planches hors texte.

La République du travail et la réforme parlementaire, Guillaumin & Cie, Paris, 1889, 550 pages. Ouvrage posthume édité par MORET (Marie).

La Réforme parlementaire et constitutionnelle, impr. La Gutenberg, Versailles, 1920, 30 pages. [Extraits de *La République du travail et la réforme parlementaire*].

Godin et le familistère de Guise : une utopie socialiste pratiquée en pays picard, Vervins, Société archéologique de Vervins et de la Thiérache, 1980, 330 pages. Textes de GODIN (Jean-Baptiste André) choisis, présentés et annotés par DELABRE (Guy) et GAUTIER (Jean-Marie).

Vers une république du travail, les éditions de La Villette, Paris, 1988. Textes de GODIN (Jean-Baptiste André) choisis, présentés et annotés par DELABRE (Guy) et GAUTIER (Jean-Marie). Préface de DESROCHE (Henri) et de FLAMAND (Jean-Paul).

Le Mariage est un reste d'esclavage, éditions d'ores et déjà, Paris, 2015. Présentation et notes par LALLEMENT (Michel).

[2. Revues publiées sous la direction de J.-B. A. Godin

Le Devoir, journal de l'Association du Familistère, hebdomadaire (du n° 1 du 3 mars 1878 au n° 537 du 23 décembre 1878) puis mensuel à partir de janvier 1888 (19 tomes de 1878 à 1906).

Études sociales, Guise, Librairie du Familistère, publication éphémère à partir de 1884.

Le Désarmement européen et l'arbitrage international. Bulletin de la Paix, publication éphémère à partir du 4 janvier 1885.

[3. Articles principaux dans des journaux et des revues

Le Courrier de Saint-Quentin, 16 juillet 1848.
Revue spirite, janvier 1878.
La Religion laïque, août 1879, septembre 1886.
« Correspondance. Le Familistère de Guise », dans *Journal des économistes*, 16, octobre-décembre 1881, p. 263-269.
Le Messager de Liège, 15 février 1887.
La Revue socialiste, mai 1889 (article posthume).

[4. Autres documents

27 volumes d'environ 500 folios de doubles de la correspondance de Jean-Baptiste André Godin de 1843 à 1888, Paris, Cnam, fonds FGP.

Correspondance, articles et ouvrages, centre de documentation du Familistère de Guise.

Lettres de Jean-Baptiste André Godin aux dirigeants de l'école sociétaire, archives nationales, cote 18 AS 38.

Interventions à la tribune de l'Assemblée nationale, tables analytiques des débats de 1871 à 1875.

Filmographie]

Adda (Catherine), *Une cité radieuse au XIXᵉ siècle : le Familistère de Guise*, Arte-La Sept, 1997.

Baissat (Bernard), *Jean-Baptiste André Godin. L'Homme qui réalisa son utopie*, Les productions de La Lanterne, VF/couleur, 2005, 59 mn.

Dangas (Pierre), *Le Familistère de Guise*, FR3 Picardie, 1976, 13 mn 15 s.

Lepeuve (Monique), *Monsieur Godin ou le Familistère*, produit par Pierre Riboulet, 1974, 50 mn.

Martin (Paul-Louis), *Un aventurier nommé Godin*, FR3 Lille, 1985, 90 mn.

Morvan (David), Le Guillermic (Erwan), *Une aristocratie populaire*, produit par le Syndicat mixte du Familistère Godin, DVD, 2006, 26 mn.

Pinol (Jean-Luc), documentaire pour l'émission de Ory (Pascal), *Histoires d'en France*, FR3, 1981.

Wamin (Stéphane), *Les Gens du Tas de briques*, production Familistère de Guise, VHS Secam, 1998, 26 mn.

Table des illustrations]

Table des matières]

Ce volume,
le premier de la collection
« L'histoire de profil »
publié aux Éditions Les Belles Lettres,
a été achevé d'imprimer
en décembre 2022
par La Manufacture Imprimeur
52202 Langres Cedex, France

N° d'éditeur : 10433
N° d'imprimeur : 221132
Dépot légal : décembre 2022